Johannes Baumgarten

Deutsch-Afrika und seine Nachbarn im schwarzen Erdteil

Johannes Baumgarten

Deutsch-Afrika und seine Nachbarn im schwarzen Erdteil

ISBN/EAN: 9783742869449

Hergestellt in Europa, USA, Kanada, Australien, Japan

Cover: Foto ©Andreas Hilbeck / pixelio.de

Manufactured and distributed by brebook publishing software (www.brebook.com)

Johannes Baumgarten

Deutsch-Afrika und seine Nachbarn im schwarzen Erdteil

Deutsch-Afrika
und seine Nachbarn im schwarzen Erdteil.

Eine Rundreise
in abgerundeten Naturschilderungen, Sittenscenen und ethnographischen Charakterbildern.

Nach den neuesten und besten Quellen,
für
Freunde der geographischen Wissenschaft und der Kolonialbestrebungen,
sowie für den höheren Unterricht.

Von

Dr. Johannes Baumgarten,
Mitglied des Kolonialvereins, Ritter des roten Adlerordens 4. Kl.

Zweite, bis auf die neueste Zeit ergänzte Ausgabe.

Mit einer Karte von Deutsch-Afrika.

Berlin 1890.
Ferd. Dümmlers Verlagsbuchhandlung.

Vorwort zur ersten Auflage.

Bis vor einigen Jahren haben die zahlreichen deutschen Forschungsreisenden und Missionare, welche auf dem afrikanischen Kontinente und in den anderen überseeischen Gebieten unter unsäglichen Mühen und Gefahren für Wissenschaft und Kultur arbeiteten, fast ausschließlich die Ausdehnung der britischen Weltmacht gefördert, die ihren Kolonialbesitz jedes Jahr erweiterte und einen ungeheuren, immer steigenden Gewinn daraus zog. Während England riesige Kapitalien in seinen Kolonieen anlegte und durchschnittlich jährlich 750 Millionen Mark Zinsen daraus erhielt, während es auf allen Punkten der Erde seine Handelsoperationen vervielfältigte, aus seinen zahlreichen Kolonieen ganz Europa mit Rohstoffen versorgte, die ganze Welt mit den Produkten seiner Industrie überschwemmte und mit einer Dampferflotte, die noch heute zehnmal zahlreicher ist, als die deutsche (1886: 5792 englische Dampfer mit 6 595 871 Tonnen — 579 deutsche mit 654 814 Tonnen), den ganzen Seehandel an sich zu reißen drohte, begnügten sich die Deutschen mit dem akademischen Vergnügen der Erweiterung der geographischen Kenntnisse und mit einem kümmerlichen Anteil am Welthandel, der zu der Größe und Bildungsstufe der Nation in keinem Verhältnis stand und obendrein von dem herablassend bewilligten, nicht immer sichern Schutz der Engländer und Franzosen abhing. Es dauerte lange, bis unsere Gelehrten, unsere Politiker und Nationalökonomen endlich aus den Lehren des rastlosen, entsetzlichen, internationalen Konkurrenzkampfes in Handel und Industrie die sozusagen mathematische Überzeugung schöpften, daß gegenwärtig eine bloße Kontinentalmacht ohne eigene Kolonieen auf die Dauer nicht existenzfähig ist, daß eine Nation, die sich für ihre Industrie die Rohstoffe, für die übermäßig wachsende Bevölkerung in jährlich steigenden Verhältnissen die Nahrungs- und Genußmittel vom Auslande zuführen läßt, ohne daß letzteres, das selbst eine übermächtige Industrie besitzt, ein genügendes Äquivalent an Industrieprodukten dagegen abnimmt, allmählich, wie Hindostan, der Verarmung entgegengeht und jedenfalls seine politische Unabhängigkeit nicht behaupten kann.

Als endlich diese Überzeugung bei den maßgebenden Stellen feststand, trat zur Überraschung des Auslandes und anfangs zu nicht geringem Ärger unserer kosmopolitischen Träumer die deutsche Kolonialpolitik, durch die Reichskanzlei energisch gefördert, praktisch ins Leben und stellte in kaum drei Jahren eine Reihe von Kolonialgebieten in Afrika und Melanesien, deren Gesamtareal an Umfang 60 000 deutsche Quadratmeilen weit übersteigt, unter den Schutz der deutschen Reichsflagge, sicherte diesen Besitz durch Verträge mit England, Frankreich und Portugal und eröffnete so den nationalen Spannkräften ein weites, für Jahrhunderte ausreichendes Feld der Thätigkeit. Mit dieser großartigen welthistorischen Thatsache ist das Deutsche Reich auf eine seiner Machtstellung würdige Weise in die Reihe der Weltmächte mit überseeischem Länderbesitz getreten.

Als nach der Entdeckung Amerikas England und die romanischen Nationen sich mit Eifer und großartigen Erfolgen auf den überseeischen Handel warfen, blieb Deutschland, durch die Kurzsichtigkeit der Hansastädte und durch seine politische Zersplitterung gelähmt, mit verderblicher Teilnahmlosigkeit in den alten kontinentalen Gleisen stehen und bereitete jenen wirtschaftlichen Rückgang vor, der Deutschland als Handelsvolk mehr und mehr hinter England und Frankreich zurücksetzte und schließlich in userm Jahrhundert den größten Teil der deutschen Seehandelsflotte für guten Frachtlohn definitiv in den Dienst des englischen Importes zu stellen drohte. Wir stehen an einem ähnlichen Wendepunkt unserer Geschichte wie um 1500, bei dem es sich doch noch weit mehr um die politische Unabhängigkeit und den wirtschaftlichen Wohlstand der Nation handelt.

Aber das heutige Geschlecht, das Kaiserliche Deutschland, wird hoffentlich den welthistorischen Moment nicht verpassen: unsere zahlreichen geographischen Gesellschaften, Kolonial- und Exportvereine haben wenigstens in einem bedeutenden Teil der Gebildeten so viel weltwirtschaftliches Verständnis verbreitet, so viel Teilnahme für Welthandels- und Kolonialdinge geweckt, daß ein Rückschritt nicht mehr zu befürchten ist. Allerdings darf die Thatkraft, die Arbeits- und Unternehmungslust keinen Augenblick erlahmen, denn jeder Stillstand in der Konkurrenz der Kulturvölker ist eine Niederlage.

Die jetzige Generation hat daher patriotische Pflichten zu erfüllen und Aufgaben zu lösen, welche für die ganze Zukunft des Deutschen Volkes entscheidend werden müssen. Sie hat zunächst das bloße Verständnis weltwirtschaftlicher Dinge zu vertiefen und daraus, wie die Engländer, zu festen Überzeugungen zu gelangen, welche gegen alle Parteileidenschaften sich unverrückt behaupten und vor politischen Abenteuern wie vor staatsökonomischen Mißgriffen bewahren; sie hat die neugewonnenen Arbeitsfelder für unsere Kinder und Enkel vorzubereiten, die stets langsamen und schwierigen Anfänge der Kultivation zu machen und Selbstlosigkeit zu üben, indem sie nicht von vornherein auf rasche Gewinne spekuliert oder den Nachkommen durch Raubwirtschaft in Handel und Bodenausbeutung die Ernten der Zukunft vorwegnimmt.

In einzelnen Ständen Deutschlands, von denen nur einer erwähnt werden mag, ist leider noch immer ein Mangel an reger Teilnahme für Kolonial- und Welthandelsdinge vorhanden, der einem von Kindesbeinen an damit beschäftigten Engländer ganz unverständlich erscheinen muß. Während der englische, holländische, ja selbst der französische Kapitalist und Rentner sich an ausländischen Unternehmungen reichlich beteiligt und dadurch das Nationalvermögen steigt (in Holland beträgt es pro Kopf 5600 Mk., in England 4880, in Frankreich 4350, in Deutschland 2700), läßt der Deutsche im allgemeinen sich in kein Unternehmen ein, dessen Coupon er nicht sofort abschneiden kann. Als es galt, das Niger- und Benuegebiet für England zu erwerben, fanden sich in einigen Tagen Kapitalisten, die 20 Millionen zusammenschossen, um den Franzosen ihre 30 Faktoreien dort abzukaufen. Die kleinen französischen Rentner sind zahlreich am Suezkanal, sowie an einer ganzen Reihe überseeischer Banken beteiligt, die ihnen 16—18 pCt. Dividenden abwerfen. Engländer und Franzosen erwarten nicht, wie die überklugen Deutschen, daß man ihnen von überseeischen Unternehmungen die Gewinne sogleich auf einem Präsentierteller entgegenbringe.

Der Mangel an Unternehmungslust steht auch hier, wie sich in Frankreich handgreiflich gezeigt hat, in engster Beziehung zur Unkenntnis von Kolonial- und Welthandelsdingen. Die Hebung der geographischen Studien in Frankreich seit 1871 führte zunächst zu einer regeren und umfangreicheren Teilnahme an Kolonialunternehmungen und Forschungsreisen, dann zur Gründung von nicht weniger als 52 Handelsmuseen mit Exportschulen und schließlich zu einer nicht unbedeutenden Steigerung des französischen Seehandels. Nun beweist die oben gerügte Teilnahmlosigkeit für unsere eigenen Kolonieen, daß manche sogenannte Gebildete von unseren so hochstehenden geographischen Studien, von den vorzüglichen Leistungen unserer Geographen und Forschungsreisenden weniger berührt worden sind, als es zum Gedeihen unserer Kolonialbewegung erforderlich wäre. Sie stehen durch ihre Erziehung und althergebrachte Praxis den Forderungen der Neuzeit fremd und abwehrend gegenüber und werden sich hierin erst nach gewonnener besseren Einsicht ändern.

Aus dem Vorstehenden wird man die Überzeugungen und Beweggründe kennen lernen, welche mich zu der Zusammenstellung des vorliegenden Werkes veranlaßten. Ich will zunächst die geographische und ethnographische Kenntnis unserer afrikanischen Kolonialgebiete in weitere Kreise der Gebildeten verbreiten, welche die umfangreichen Quellenwerke zu lesen, weder Lust noch Zeit haben; ich will ferner durch eine Rundreise in Afrika, welche vor allem in prägnanten Darstellungen Sitten, Charaktereigenschaften und Geistesverfassung der Eingeborenen vor die Augen führt, dazu beitragen, in jenen Kreisen dauerndes Interesse für Geographie anzuregen und zu befestigen; ich will schließlich unseren höheren Schulen passende, abgerundete Stoffe für den Unterricht und die Privatlektüre bieten und in unserer Jugend eine lebendige Teilnahme für die weitere Entwickelung unserer überseeischen Schutzgebiete wecken. Man braucht nur einen Blick auf das Inhaltsverzeichnis zu werfen, so wird man erkennen, daß es im ganzen Charakter des Buches liegt, aus dem Leben und Treiben der afrikanischen Völker manches Interessante und Charakteristische, welches man in größeren streng wissenschaftlichen Werken vergebens suchen wird, zur Kenntnisnahme zu bringen. Photographien des wirklichen Lebens sind aber für große Leserkreise wertvoller als abstrakte wissenschaftliche Darstellungen, was wir Deutschen leider noch zu oft vergessen. In dieser Beziehung ist mein eigener Anteil am Buche durch eine Reihe von selbständigen Aufsätzen, Überarbeitungen und Übersetzungen aus ausländischen Quellen nicht unbedeutend. Ich bitte meine Kritiker dabei nicht zu vergessen, daß ich weniger wissenschaftliche Leistungen, als populäres Verständnis und besonders geistige Anregung und Weckung des Interesses für Geographie und Ethnographie im Auge hatte. Selbstverständlich mußte ich zur Schilderung unserer Kolonieen nur die Darstellungen der zuverlässigsten Augenzeugen und Forschungsreisenden heranziehen.

Der Leser soll daraus klare, bestimmte, positive Begriffe, keine irreführenden Phantasiebilder gewinnen.

Da ich mit vollständiger Vorurteilslosigkeit, die nationalen Interessen stets im Auge behaltend, zu Werke gegangen bin, so habe ich mich durch die entgegenstehende Meinung einiger sonst hochverdienten Forscher nicht abhalten lassen, die Sache der Deutschen Mission in mehreren Darstellungen entschieden zu vertreten. Selbst wenn religiöse Gründe, selbst wenn die Rücksicht auf die hohe Kulturaufgabe Deutschlands in seinen Kolonialgebieten nicht dafür sprächen, so müßte dieses dennoch die Erwägung der Thatsache thun, daß die überraschend lebhafte Teilnahme weiter Volksschichten für unsere Kolonieen durch die fortwährende Anregung, welche die Kenntnisnahme der Missionsarbeiten zu Wege brachten, vorbereitet wurde, und daß auch in Zukunft für einen großen Teil unseres Volkes die Missionsthätigkeit noch lange eine breitere Grundlage reger Teilnahme an afrikanischen Dingen sein wird als die bloßen Handelsinteressen. Übrigens zeigen sich auch unsere Kolonialvereine und geographischen Gesellschaften, sowie die geographischen Zeitschriften fast ohne Ausnahme den Missionen freundlich gesinnt, welchen sie noch fortwährend die wertvollsten Beiträge zur Erweiterung der geographischen und linguistischen Wissenschaft verdanken. Ich habe dieses im Buche durch einige höchst interessante Beläge exemplificiert.

Central-Afrika ist nur so weit berücksichtigt worden, als es mit unsern Kolonieen in Berührung steht; die betreffenden Darstellungen reihen sich daher angemessener andern Abteilungen an, was ich bei der Beurteilung nicht zu vergessen bitte. Eine Schilderung von ganz Afrika konnte nicht im Plane einer „Rundreise" liegen und hätte auch den Umfang des Werkes übermäßig vergrößert.

So übergebe ich denn meine Arbeit den Lesern in der Hoffnung, daß sie daraus Belehrung und Anregung schöpfen werden. In der großen Zeit, in welcher wir leben, muß jeder Deutsche auf seinem Posten es für eine Ehre und eine heilige Pflicht halten, für unsere nationalen Interessen, welche heute mit denjenigen des gesicherten Bestandes und Gedeihens der abendländischen Kultur identisch sind, sein Scherflein, so winzig es auch sein mag, beizutragen; und letzteres habe ich nach Kräften versucht.

Dr. Johannes Baumgarten.

Vorwort zur zweiten Ausgabe.

Zur Übersicht der deutschen Kolonieen in Afrika.

In den letzten zwei Jahren hat das Verständnis der weltwirtschaftlichen und kolonialpolitischen Aufgaben Deutschlands durch die eingehende Beschäftigung der Journale, der Zeitschriften und zahlreicher Vereine mit denselben in weiten Kreisen der Gebildeten so zugenommen, die Notwendigkeit des Besitzes überseeischer, vom Auslande unabhängiger kolonialer Produktions= und Absatzgebiete wird heute von einer stetig steigenden Zahl von Industriellen und Kaufleuten für so unabweisbar gehalten, daß die letzten jedenfalls baldigst vorübergehenden Hemmnisse und Rückschritte des kolonialen Ausbaues in Ost= und Südwestafrika nicht im stande gewesen sind, im Deutschen Volke eine Entmutigung oder ein Verlangen nach Aufgeben unserer afrikanischen Kolonieen hervorzurufen, und Graf Herbert Bismarck, dessen Energie es gelang der britischen Kolonialmacht gegenüber unsere wertvollsten afrikanischen Besitzungen zu erringen, hat im Reichstage am 14. Dezember 1888 nur die Überzeugung und Hoffnung der Mehrzahl der Deutschen ausgesprochen, als er im Namen der Regierung erklärte, daß „dieselbe festhalten würde an der großen Aufgabe, Afrika der Gesittung, dem Christentum und der Kultur zu erschließen". So darf man denn auch zuversichtlich erwarten, daß der Reichstag im wohlverstandenen Interesse einer gesunden, weltwirtschaftlich fortschreitenden Gestaltung unseres Handels und unserer von Überproduktion bedrohten Industrie das Festhalten und den weiteren Ausbau unserer Kolonieen als eine nationale Ehrensache anerkennen und mit den Mitteln dazu nicht kargen wird. Gelingt es, durch einträchtiges Zusammengehen mit England die berechtigten Interessen des außerordentlich bedeutenden englisch=

deutschen Importgeschäftes und der deutschen Rhederei sicher zu stellen, zugleich aber auch unsern heutigen kolonialen Besitz ein für allemal den Übergriffen, Anzettelungen und Beeinträchtigungen englischer und französischer Privatgesellschaften und Unternehmer zu entziehen, also vor allem die Grenzen der Interessensphären nach allen Seiten genauer als in den Londoner und andern Abmachungen definitiv festzustellen, so wird ohne Zweifel der gesicherte Besitz die zögernde deutsche Unternehmungslust wecken und vermehren und damit auch die materiellen Hülfsmittel herbeiziehen, welche bisher den großartigen Zielen gegenüber unverhältnismäßig gering waren.

Der nahezu bewältigte Aufstand in Deutsch-Ostafrika wird nur eine kurze Unterbrechung des raschen Aufblühens dieser Kolonie bilden. In Westafrika hat sich dank der regelmäßigen direkten Dampfschiffsverbindung die Ein- und Ausfuhr außerordentlich gehoben, so daß z. B. von Hamburg dahin fast ebensoviel als nach China ausgeführt ward und 570 000 Doppelzentner im Jahre 1888 überstieg. In den letzten zehn Jahren ist überhaupt, nach einem Artikel der „Afrika-Post", der Schiffsverkehr nach Westafrika achtmal größer geworden.

Unsere afrikanischen Kolonieen zerfallen bekanntlich in die unter einem Kaiserlichen Gouverneur und einem Verwaltungsrate von Europäern und Eingeborenen stehenden Kronschutzgebiete Togoland, Kamerun, Deutsch-Südwestafrika und die Gesellschaftsschutzgebiete Deutsch-Ostafrika und das Witugebiet. Der unmöglich genau zu bestimmende Flächeninhalt wird zusammen auf 50 bis 60 000 ☐ Meilen mit 2 000 000—2 400 000 Einwohnern angegeben. Das Folgende soll zur Ergänzung der im Buche mitgeteilten Spezialschilderungen das Wichtigste über die Zustände in letzter Zeit und die dringendsten Aufgaben für die nächste Zukunft in kürzester Fassung zusammenstellen.

Togoland.

Heutige Ausdehnung und Zustände. — Ziele und Aufgaben der Kolonie.

Nachdem im Jahre 1886 die nordwestlich von Togoland gelegenen Königreiche Towe, Kewe und Agotime durch den Kaiserlichen Kommissar Falkenthal unter deutschen Schutz gestellt worden, vergrößerte sich die Kolonie durch den Anschluß der nördlichen Gebirgslandschaften Agome, Agu und Gbele, so daß heute das ganze Gebiet den von H. Zöller angegebenen Umfang: 18676 ☐ Kilometer mit 575 000 Einwohnern weit überschreitet. Die Reisen von Dr. Henrici im Jahre 1887, C. von François, von Puttkamer (2 Reisen), Dr. Wicke und Dr. Wolf im Jahre 1888 haben die Märe von der undurchbringlichen, meist unfruchtbaren Wildnis im Hinterlande der Togoküste und der Wertlosigkeit der ganzen Kolonie gründlich beseitigt und herausgestellt, daß außer herrlichen, der reichsten Ausbeute harrenden Urwäldern viele Landschaften einen äußerst fruchtbaren Boden besitzen, der jährlich zwei Ernten liefert und den lohnendsten Anbau aller wertvollen tropischen Pflanzen gestattet. Auf parkähnlichen Baumsavannen leben in zahllosen Dörfchen und Gehöften die fleißigen ackerbautreibenden Ewe-Neger, die unseren Kolonisten als Arbeiter gern und billig (täglich ca. ½ Mk.) die besten Dienste leisten. (Siehe Dr. Freiherr von Danckelmann Mitteilungen von Forschungsreisenden und Gelehrten aus den deutschen Schutzgebieten. 5 Hefte. 1888—89.)

Dr. Wolf hat das Verdienst, im Mai 1888 das Abeli-Land (8° n. Br.) erreicht und dort auf dem 710 m hohen Abado-Berge die Station Bismarcksburg angelegt zu haben, die später durch den Bau eines Forts eine erhöhte Bedeutung erhielt, namentlich in Bezug auf das nahe unruhige Dahomeh. Die Lage der Station macht sie zu einem Sanatorium sehr geeignet. Man stelle sich übrigens unter „Sanatorium" keine kostspielige Anstalt wie in Europa vor. Ein Häuschen mit 3—4 Räumen, leicht und luftig gebaut in gesunder Lage genügt dazu. — Über die heutigen Verhältnisse des Togolandes ist höchst lesenswert das Werkchen des Dr. Henrici, der zuerst die Gebirgslandschaften durchreiste. Wir geben daraus im Anhange eine ebenso charakteristische als ergötzliche Episode: Ein Reisetag im Togolande. (Ein „vielgereister Landwirt" Herr Krüger hat gegen Dr. Henrici, mit welchem er die Reise unternahm, eine Anklageschrift wegen Zurücksetzung veröffentlicht (Dr. C. Henrici, Die Togogesellschaft und d. d. Togogebiet. Berlin 1889). Aus einem Vergleiche beider Schriften dürfte sich ergeben, daß Dr. Henrici, trotz des ihm vorgeworfenen Schulmeistertums, ein Feuerkopf ist, wie wir deren noch recht viele nötig hätten, und daß Feuer und Wasser nicht zusammen passen.

Togoland hat seit dem 1. Oktober 1888 dieselben Rechtsverhältnisse wie Kamerun. Es hat ein Gericht erster Instanz; das Berufungsgericht für beide Gebiete ist jedoch in Kamerun, dessen Gouverneur auch über die Todesstrafe entscheidet. Ein preußischer Feldwebel hat eine Anzahl Eingeborener als schwarze Garde zum Polizeidienst ausgebildet. Unter dem hochverdienten Kaiserlichen Kommissar Herrn von Puttkamer hat der Handel (Einfuhr über 3 Millionen Mark) bedeutend zugenommen und die Einfuhrzölle decken beinahe ganz die Verwaltungskosten, die nicht groß sind, da die Regierung nur aus dem Kaiserlichen Kommissar, einem Sekretär und einem Zollverwalter besteht. Die Verhältnisse zu den Eingeborenen haben sich so freundlich gestaltet, daß sogar ein einheimischer König zum Kaiserlichen Beamten eines Verwaltungsbezirkes ernannt worden ist.

Die Fahrt von Hamburg aus dauert 30 Tage und kostet 1. Kajüte 500 Mk., 2. Kajüte 350 Mk., Frachtgut für jeden Kubikmeter 30 Mk. Monatlich gehen zweimal Woermannsche Dampfer nach Westafrika. Die obengenannten Beamten und Reisenden bezeichnen fast übereinstimmend als

Ziele und Aufgaben der Kolonie:

1. Anlage einer botanischen Versuchsstation, hierauf Anlage von Plantagen nicht im Küsten- und Lagunengebiete, sondern im Innern, namentlich in den Gebirgsgegenden, in Kebu, Apossa, Adeli, sowie in Ober-Towe, Kewe, Agome, Agotime, Gbele u. a. In manchen Gegenden läßt sich eine sehr erträgliche Viehwirtschaft und Forstkultur damit verbinden. (Siehe hierüber die interessante Mitteilung aus Dr. Wolfs Reise im Anhange dieses Buches.)

2. Ein guter fahrbarer Weg durch Agotime bis an das Gebirge. (Nach Herrn von Puttkamer mit geringen Kosten herzustellen.)

3. Herstellung einer dauernden Handelsverbindung mit Salaga, dem starkbesuchten innerafrikanischen Markte.

4. Allmähliche Schöpfung einer Truppe aus Eingeborenen für Eventualitäten mit Dahomeh und den Aschantis. Der Anfang dazu ist gemacht.

5. Stationierung eines Arztes, der von den Europäern sehr vermißt wird, da ein solcher, schwer zu erreichen, nur in Kamerun wohnt.

6. Eine Lebensfrage für die Entwickelung der Kolonie ist die Ausdehnung der zu engen westlichen Grenze bis zum Voltaflusse.

Sie wäre vielleicht auf diplomatischem Wege zu erlangen, da die englischen Interessen auf diesem Zwischengebiete durchaus nicht bedeutend genug sind, um ein Festhalten desselben zu erheischen. Außerdem muß England bedacht sein, dem drohenden und allmählich wachsenden Vordringen der mohammedanischen Massen am Niger und Benue nicht allein gegenüberzustehen. Die Franzosen haben am Senegal und oberen Niger sehr damit zu kämpfen gehabt, es wird den Engländern nicht ausbleiben, und zwar in naher Zeit.

Ein großes britisches Niger=Benue=Reich ist im Entstehen, dem der westliche Sudan weit offen steht, ja zum großen Teile zufallen wird. Kein verständiger Deutscher wird die thatkräftigen Briten darum beneiden oder ihnen eifersüchtig entgegenarbeiten wollen, aber es liegt im eigensten Interesse Englands, eine Macht wie das Deutsche Reich freundnachbarlich und einträchtig in Afrika neben sich zu haben, um im Falle der Not als Christenmenschen das mohammedanische Barbarentum Schulter an Schulter abwehren zu können. Dieses hohe Ziel wird aber nur dann erreicht, wenn England dem deutschen Reiche seinen Kolonialbesitz nicht verkümmert und demselben ordentliche Grenzen gewährt und von Privatunternehmern unangetastet läßt. Die Gefahr, und keine gering anzuschlagende, liegt auf Seiten Englands, wenn bald im Togolande, bald, wie wir sehen werden, in Kamerun, Südwest= und Ost=Afrika die Deutschen über englische Beeinträchtigungen, Übergriffe, Übervorteilungen u. s. w. klagen und das Deutsche Volk die Überzeugung gewinnt, daß das „Wohlwollen" der englischen Regierung dem übermächtigen und rücksichtslosen Vorgehen der Beamten und Privatleute gegenüber entweder thatsächlich ohnmächtig ist oder nach alter Kolonialpraxis wenig thun will, wie die Geschichte aller englischen Kolonieen genugsam beweist.

Kamerun.

Heutige Zustände. — Die letzten Forschungsreisen. — Die Ergebnisse von Kunds Expedition, entscheidend für die Zukunft der Kolonie. — Notwendige Rektifizierung der Grenzen. — Zustand der evangelischen Missionen.

Unter der Kaiserlichen Verwaltung macht Kamerun langsame aber sichere Fortschritte und wie Togoland ist die Kolonie nahe daran, ihre Ausgaben (im Etatsjahr 1888/89 geschätzt auf 178 000 Mark) durch ihre Einnahmen (167 000 Mark) zu decken und zunächst die Beamten aus Mitteln des Landes zu bezahlen. Der Postverkehr ergab schon im ersten Jahre, Juni 1887 bis Juni 1888, folgende Zahlen: von Europa 4300 Briefe und Karten, 2250 Drucksachen und Mustersendungen, 84 Einschreibebriefe und 295 Pakete; von Kamerun nach Europa 3850 Briefe, 170 Drucksachen und Mustersendungen, 104 Einschreibebriefe und 78 Pakete. Nach den afrikanischen Küstenplätzen ca. 500 Briefe hin und her. Kamerun ist wie Togoland dem Weltpostverein beigetreten. Ein botanischer Garten ist im Entstehen begriffen.

Die geographischen und ethnographischen Verhältnisse des Landes sind im Buche (Seite 315—360) so erschöpfend dargestellt, daß wir wenig hinzuzufügen hätten, weshalb wir hier uns auf Mitteilung über wichtigere Vorkommnisse aus neuester Zeit beschränken.

Die vollständige Erschließung des Hinterlandes von Kamerun bis zum Benue hat unter den Gouverneuren Herren von Soden und Zimmerer bedeutende Fortschritte gemacht. Bekanntlich hatte Dr. B. Schwarz Ende 1885 die Gegenden diesseit und jenseit des Kumbaflusses, das Bafonland bis dicht an den oberen Kalabar durchforscht; die schwedischen Kolonisten Waldau und Knutson waren in demselben Jahre rund um das Kamerungebirge bis nördlich an den Richard- und Elefanten-See gewandert, was 1887 der Missionar Comber in einem kleineren Bogen wiederholte. Die schwedischen Reisenden umfuhren den See, erforschten das Quellengebiet des Memeh bis zum Mokono und erreichten über Balundu Betikko (Colli). Spätere Reisen des Herrn von Soden ergaben, daß der Memeh und der östlich von Rio del Rey mündende Rumbi gleich sind. Bei Schwarz findet sich auch die Notiz, daß eine einzige deutsche Niederlassung in Klein-Popo einen jährlichen Umsatz von 2 Millionen Mark und sämtliche deutsche Niederlassungen an der Westküste einen solchen von gut 50 Millionen Mark ergeben, wodurch es erklärlich wird, weshalb eine steigende Konkurrenz und eine zu aufmerksame Teilnahme von seiten der deutschen Heimat hier nicht sehr erwünscht sein dürfte.

Wichtiger waren die Expeditionen von Dr. Zintgraff, Premierlieutenant Kund, der bis Adamaa vordrang, und Tappenbeck, Dr. Weißenborn und Braun (1887—88). Dr. Zintgraff umging in zwei getrennten Teilen das Kamerungebirge von Westen nach Osten, erreichte den Elefantensee und errichtete an dessen Südufer die Barombi-Station. Die Expedition Kund machte den ersten Vorstoß in Groß-Batanga im Oktober 1887, den zweiten vom 7. November 1887 bis März 1888. Die geographischen Ergebnisse waren höchst wichtig. Es wurde zunächst das Rätsel des „großen Njong", der für einen Nebenfluß des Kongo gehalten wurde, gelöst. Am 19. Januar 1888 erreichten die deutschen Forscher in einer Höhe von 500 m und in einer Entfernung von mehr als 300 km von der Küste den großen Njong, welcher mit einer recht bedeutenden Wassermasse nicht nach Osten, sondern nach Westen strömte. Der große Njong oder Zánnaya, wie ihn die Eingeborenen nennen, ist ein weit aus dem Innern Afrikas, aus Adamaua kommender Strom, der zwar auf der Stelle, wo Kund auf ihn traf, bei 400 m Breite und niedrigstem Wasserstande nicht schiffbar war, aber es weiter unten wurde. Er ist identisch mit dem Lom auf Habenichts Karte. Auf dem 750—800 m hohen centralafrikanischen Plateau mit Randgebirgen von 1000—1400 m Höhe fanden die Forscher unabsehbare Savannen und damit abwechselnd ungeheure Waldregionen. Sie konnten von hier aus nicht direkt nach Kamerun zurückkehren, da sie von den wilden Bakokos überfallen wurden, wobei Kund und Tappenbeck sowie die Hälfte der Leute mehr oder weniger schwer verwundet wurden.

Die Kundsche Forschungsreise bezeichnet für Kamerun eine neue und höchst wahrscheinlich großartige Epoche der kolonialen Entwickelung, was sich aus einer ganz nüchternen Erwägung der erzielten geographischen Ergebnisse und deren Folgerungen ergiebt. Die Hauptergebnisse sind folgende:

1. Von den oberhalb der Kataraktenregion des Küstengebietes schiffbaren Flußläufen befinden sich im Kamerungebiete zwei: a) der bei Klein-Batanga mündende Beundofluß, im Innern Njong oder Nlong genannt; b) der bei Malinba mit den beiden „Borea" und „Bornu" genannten Flußarmen, bei Kamerun mit mindestens noch einem Arm, dem Quaqua, mündende Zánnayafluß, den die Eingeborenen den „großen Njong" nennen. Beide Flüsse haben außer an der Küste weiter im Innern noch eine zweite Kataraktenregion, von ersterer durch eine längere schiffbare Strecke getrennt, oberhalb dieser zweiten Region sind sie wieder schiffbar, sehr wahrscheinlich weit nach dem Innern hinein.

2. Die Wasserscheide des Kongo und der im Kamerungebiete mündenden Flüsse liegt nicht nahe der Küste, ein Nebenfluß des Kongo ist also schwerer zu erreichen, wie man bisher meinte.

3. Die Wasserscheide zwischen den linken Nebenflüssen des Benue und den Flüssen des Kamerungebietes liegt weit im Innern, dem Benue näher als Kamerun. Der Zánnaya führt zweifellos das Wasser eines großen Flußgebietes bei Kamerun in das Meer.

4. Die Völkerscheide liegt nicht nach dem Benue hin, sondern östlich und südlich am Zánnayastrome.

5. Vulkanische Bildungen sind auf dem durchforschten Gebiete nicht gefunden worden *).

Von den außerordentlich wichtigen commerziellen und kolonialpolitischen Folgerungen, welche sich aus diesen Entdeckungen ergeben, heben wir nur folgende hervor:

a) Die entdeckten Flußläufe werden eine Ausdehnung des Kamerunhandels, ohne Benutzung des Benue, auf direktem Wege nach dem Sudan über Adamaua gestatten; die weiten Ländergebiete, welche bisher europäische Produkte lediglich durch mohammedanische Händler vom Benue erhielten, werden dieselben in Zukunft auch von Kamerun aus über den Zánnayafluß erhalten, dessen Ufer die Mohammedaner bereits besuchen.

b) Die Ausschließung des deutschen Kamerungebietes von der Handelsstraße des Benue auf einer Länge von mehr als 800 km durch die Engländer wird die meisten Nachteile für die Entwickelung unserer Kolonie verlieren, wenn einmal der Handelsweg nach Adamaua über den Zánnaya hergestellt sein wird. Hierin erkennen auch die neuesten Forschungsreisenden und Sachkenner eines der Hauptziele, die für Kamerun sobald wie möglich zu erstreben sind. Es schließt das nicht aus, daß der Versuch gemacht werden könnte, auf gütlichem Wege von England eine Rektifizierung der westlichen und nördlichen Grenzen unserer dortigen Interessensphäre zu erwirken. Die Grenzlinie sollte nicht die bisherige nebelhafte, geographisch unsichere und je nach den verschiedenen Karten des Alt-Kalabar zum großen Nachteil und Schmälerung des deutschen Gebietes gezeichnete Linie behalten, sondern naturgemäß das linke Ufer des Alt-Kalabar bis Arun und von dort bis Schebu oder wenigstens bis Schiru am Benue gehen. Die deutsche Grenze würde dadurch kaum 100 km westwärts gerückt und keine großen englischen Interessen schädigen. Die Engländer sollten erwägen, daß das im Entstehen begriffene eng-

---

*) Cf. Dr. Freiherr von Danckelmann. Mitteilungen von Forschungsreisenden und Gelehrten aus den deutschen Schutzgebieten. 1888. 1. Heft.

lische Niger-Benue-Reich eine viel sicherere Gewähr seines Bestandes und seines ungestörten Ausbaues hat, wenn es einen mächtigen Grenznachbarn wie Deutschland hat, mit dem es brüderlich vereint, dem nicht ausbleibenden Ansturm der auch in Westafrika über den Niger und oberen Benue in stetigem Vorrücken begriffenen mohammedanischen Völkermassen widerstehen kann. Wir gönnen den rastlos und mit unübertroffenem kolonialpolititschem Verständnis in Afrika vorgehenden Engländern ein westafrikanisches, unermeßlich bedeutendes Kolonialreich, das wohl in nicht ferner Zukunft der königlichen Regierung unterstellt werden wird, allein wir hegen den nicht unbilligen Wunsch, daß England mit uns hier und in anderen Kolonieen als Freundnachbar „sicherere" und weniger phantastische Grenzen vereinbaren möge. Überhaupt ist, um künftigen Zerwürfnissen vorzubeugen, eine neue definitive Abgrenzung der englischen, französischen und deutschen Interessensphäre im Niger-Benuegebiet durchaus nötig.

Es sei hier noch bemerkt, daß die Quellengebiete des Alt-Kalabar sowie des Bonny oder Okari, vom letzteren auch der größte Teil des Laufes noch unerforscht sind, daß eben dieser Bonny von Reisenden wie Burdo für den Benue gehalten wird, der Daybo und Otta gegenüber in drei Armen nach Süden fließt, während der Hauptlauf westwärts bei Lokoja in den Niger mündet, so daß das untere Stromgebiet des Benue und Niger eine ähnliche Verzweigung der Flußläufe habe wie der Ganges und Irawaddy.

Die evangelische Kamerun-Mission hat bisher mit vielen Hindernissen zu kämpfen gehabt. Seit 1888 haben die deutschen Missionsgesellschaften 12 Missionare zur Besetzung des von den englischen Baptisten verlassenen Missionsgebietes ausgesandt, von denen bereits 4 gestorben sind. Die Baseler haben 160 Gemeindeglieder und 350 Schüler; aber eine kräftige Entwickelung der evangelischen Mission ist aus Mangel an pekuniären Mitteln nicht möglich. Evangelische Missionsniederlassungen sind in Bethel, Tokotodorf, Hickory, Dschibary, John-Akwadorf, Dibombari, Manyamba, Mungo, Bakundu, Viktoria; diese Arbeitsfelder leiden zum teil unter dem Mangel an Wohnungen, Schulen u. dgl., wozu die Eingeborenen nur vereinzelt die Kosten haben aufbringen können. Hierfür müssen also die deutschen Missionsfreunde reichlichere Mittel herbeischaffen. Nächstbem wird sich eine starke Konkurrenz der katholischen Mission geltend machen. In deutschen katholischen Erziehungsanstalten und Missionsseminaren befinden sich bereits einige Söhne von Häuptlingen und kürzlich erhielt einer derselben in Paderborn die Taufe. Wenn, wie geklagt wird, die früheren Freunde und Förderer der evangelischen Mission allmählich abfallen (wie beim Stuttgarter Kamerun=Verein), so haben die Evangelischen es sich selbst zuzuschreiben, wenn die thatkräftigen und opferbereiten Katho= liken ihnen — mit Recht — den Rang ablaufen.

Die Kameruner Land= und Plantagen=Gesellschaft. — Es hat sich im Laufe dieses Jahres eine Kameruner Land= und Plantagen=Gesellschaft mit dem Sitze Hamburg aus 21 Mitgliedern resp. Firmen gebildet, welche beim Bundesrate eine Vorlage um Verleihung der gesetzlichen Korporationsrechte und Genehmigung der beigefügten Satzungen eingereicht hat. Zu dieser Kommanditgesell= schaft gehören die Reichstagsabgeordneten Oechelhäuser (Dessau), Scipio (Mannheim), Dr. Buhl (Deidesheim=Pfalz), Dr. Siemens (Deutsche Bank, Berlin), Ullrich (Pfungstadt), Dr. Bürcklin (Wachen= heim=Pfalz) und C. Woermann (Hamburg). Der Zweck der Gesellschaft ist nicht nur Erwerb, Bewirtschaftung, Verpachtung und Wieder= veräußerung von Ländereien in dem Schutzgebiete von Kamerun, sondern ganz besonders die Anlage und Ausbeutung von Plantagen.

Die höchst günstigen Aussichten dieser Unternehmung, die sich zum Teil schon aus den eingehenden Schilderungen zuverlässiger Forschungsreisenden wie Flegel, Zöller u. a. (S. 315 ff. unseres Buches) ergeben, sind durch die oben erwähnten jüngsten Reisen von Kund und Tappenbeck noch vermehrt worden, und zwar dürfte sich das Zännaya=Stromgebiet als das beste Operationsfeld erweisen, auf welchem etappenweise mit Faktoreien, denen Plantagen und schließlich Missionsanstalten folgen würden, vorzugehen wäre. Hier könnte auch der Versuch mit dem Kolonisations=Vorschlage von Hübbe=Schleiden (siehe mein Buch: Ostafrika) in ausgedehnter Weise gemacht werden, wenn guter Wille und die nötigen materiellen Mittel vorhanden wären. Bei allen diesen Unternehmungen, welche naturgemäß erst nach einigen Jahren einen stetig steigenden Ertrag liefern, ist zähe Ausdauer eine Hauptbedingung des Erfolges; sie wird nebst den materiellen Mitteln, wie die Namen vieler Mitglieder verbürgen, der neuen Gesellschaft nicht fehlen.

Südwest-Afrika.

Den fast erschöpfenden Schilderungen von Land und Leuten in unserem südwestafrikanischen Schutzgebiete (Seite 422—504), aus den Forschungen der Ingenieure, Forschungsreisenden und Missionaren zusammengestellt, haben wir nichts hinzuzufügen, was topographische, klimatologische und ethnographische Verhältnisse betrifft und beschränken uns auf kurze Notizen über die neuesten Zustände.

Die deutsche Schutzherrschaft, von keiner Militärmacht unterstützt, hat dem weiten Ländergebiete (mehr als 20 000 ☐ Meilen) weder Frieden noch Ordnung gebracht. Die hohe Meinung von Deutschlands Macht, infolge deren lange vor 1884 der Geburtstag des Kaisers Wilhelm I. mit Flaggen und Freudenschüssen im Lande der größenteils deutsch sprechenden Herero gefeiert wurde, ist fast geschwunden und ohne Wiederherstellung derselben, ohne Vorhandensein einer ausreichenden, stets sichtbaren und hilfbereiten Schutztruppe ist aus den gegenwärtigen rechtlosen Zuständen nicht herauszukommen, die vor allem die ungestraft raubenden und mordenden Namas veranlassen. Dem Reichskommissar Goering selbst wurden Pferde und Ochsen geraubt. Die Verwirrung im Namalande ist aufs höchste gestiegen, Mord und Gewaltthat sind an der Tagesordnung, das Ansehen der früher so gefürchteten Europäer tief gesunken. „Haben doch Bastard-Rekruten, sagt Dr. Fabri*), als man viel zu spät im Sommer 1888 ein Paar „schneidige" Lieutenants und Feldwebel ins Hereroland entsandte, gelegentlich ihre Exerziermeister tüchtig durchgeprügelt ohne jede weitere üble Folge für die Malefikanten. Handel und Wandel, an sich seit Jahren aufs geringste Maß herabgedrückt, stocken vollends und auch unsere deutsche Mission ist seit ihrem vierzigjährigen Bestehen nie in einer gehemmteren und kritischeren Lage gewesen wie in jüngster Zeit." Dazu kam, daß der Oberhäuptling Maharero, von dem englischen Händler und Ränkemacher Lewis bearbeitet, alle mit den Deutschen geschlossenen Verträge für null und nichtig erklärte, den Schutzvertrag mit Deutschland kündigte und sich unter den Schutz der Königin von

---

*) Dr. Fabri. Fünf Jahre deutscher Kolonialpolitik. Gotha 1889. S. 63 ff. Seine auf gründlichste Sachkenntnis beruhende Darstellung der südwestafrikanischen Zustände und Bedürfnisse wird hoffentlich ihre maßgebende Wirkung nicht verfehlen.

England stellte. Infolge dessen zogen sich alle deutschen Beamten und Mitglieder der deutschen Expeditionen nach der Walfischbai zurück und viele gingen nach Deutschland. Das ganze Intriguenspiel wurde infolge von Goldfunden ins Werk gesetzt, um einem deshalb neuerrichteten kapischen Goldsyndikate, welches mit einem Kapital von 250 000 Pfd. Sterl. arbeiten wollte, in die Hände zu spielen. Seitens der deutschen Kolonialgesellschaft für Südwestafrika wurde daher der Schutz des Reiches nachgesucht (September 1888), worauf ein Schreiben des Reichskanzleramtes erfolgte, in welchem es hieß: „es könne nicht Aufgabe des Reiches sein und liege außerhalb des Programms der deutschen Kolonialpolitik, für die Herstellung staatlicher Einrichtungen unter unzivilisierten Völkerschaften einzutreten und mit Aufwendung militärischer Machtmittel den Widerstand eingeborener Häuptlinge gegen noch nicht fundierte Unternehmungen von Reichsangehörigen in überseeischen Ländern zu bekämpfen." — Es konnte augenblicklich keine andere Antwort kommen. Die Gesellschaft hat sich infolge dessen zur Bildung einer neuen Schutztruppe entschlossen, die heute auf afrikanischem Boden steht und bereits die Flucht des Ränkespielers Lewis veranlaßt hat. Trotz der schweren pekuniären Belastung wird die Gesellschaft, wenn unter kräftigerem Reichsschutz, der sicherlich nicht ausbleiben wird (siehe weiter unten), geordnete und sichere Zustände wiederhergestellt sein werden, mit jährlich steigendem Nutzen weiter arbeiten können. Sie hatte allerdings ihre Haupthandelsstation in dem noch englischen Hafen von Walfischbai eingerichtet, aber durch Anlegung einer Exportschlächterei im deutschen Sandwichhafen (Oktober 1888) begonnen, die deutsche Kolonie von der englischen Oberhand zu emanzipieren. Letzteres wird das nächste Ziel sein müssen; Sandwichhafen hat gute Wasserverhältnisse; eine leicht herzustellende Verbindung mit dem Kuisibthal und dessen ausgedehnten Weideplätzen würde der Niederlassung bald die Bedeutung und Ausdehnung des gegenüber auf dem südamerikanischen Festlande liegenden Fray Bentos erwerben. Die Herero allein würden mit ihrem Reichtum an Rindvieh-Herden allen Bedürfnissen entsprechen können; das später in Angriff zu nehmende Ovamboland ist noch weit reicher. Mit welchem Vorteile die Exportschlächterei arbeitete, geht schon daraus hervor, daß Schlachtochsen von vorzüglicher Qualität und ca. 600 Pfund Schlachtgewicht zu 40 bis 50 Mark in Waren eingekauft werden. Die von dortigen Händlern gezahlten Preise für europäische Waren gestalten einen Aufschlag von durchschnittlich 100 pCt. auf die Einkaufspreise. Im Innern des Landes werden noch weit höhere Preise von den Eingeborenen gezahlt.

Eine andere Aufgabe wäre, eine direktere Verbindung der Küste mit dem vielversprechenden Kaoko- und Ovambolande zu suchen. Auf einer Länge von mehr als 500 km ist die Küste noch lange nicht genau genug untersucht und aufgenommen worden; die Hoffnung einen neuen Hafen zu entdecken, ist bereits von mehreren Geographen und Reisenden ausgesprochen worden. Warum sollte nicht eine kleine, wenig kostspielige Expedition Gewißheit darüber verschaffen?

Da Togoland und Kamerun dem Reiche im nächsten Etatsjahre nichts kosten werden, so wird das Reich auf Südwest- und Ostafrika größere Summen verwenden können. Bei Südwestafrika handelt es sich darum, ob das Reich durch ausreichende Machtmittel ein für allemal seine Autorität durchgreifend herstellen will, oder ob es durch unzeitige Sparsamkeit die Sache in die Länge ziehen und nachher weit größere Kosten aufzuwenden haben wird, wenn es nicht vorzieht, die Kolonie überhaupt aufzugeben. Hier dürften zwei Gesichtspunkte als maßgebend zu betrachten sein:

1. Die wohl sicher zu erwartende Ablehnung der Protektion und die Nichtanerkennung der Ansprüche Lewis von seiten der englischen Regierung wird höchstens vorübergehend diesen Ränkespieler aus dem Lande treiben, zumal er eine große Kapitalmacht hinter sich hat, die ihn in Stand setzen wird, mit Maharero die Ränke fortzusetzen und schließlich den Deutschen den Aufenthalt unerträglich zu machen. Verhandlungen mit Maharero wären (nach Fabri) vergeblich.

2. Es steht zu erwarten, daß ein Strom von englischen Goldgräbern sich über das Land ergießen und ganz andere Machtmittel zur Aufrechthaltung der Ordnung und des Rechtsschutzes nötig machen wird. „Nach den neuesten Nachrichten vom März 1889, sagt Dr. Fabri (S. 85), aus kompetenter Feder haben die Gold-Diggers, die Lewis mitbrachte, Resultate gewonnen, die nach ihren Aussagen ihre kühnsten Erwartungen übertrafen. Erze, wie Wismut, Kupfer, Zinn, Silber und Gold sind, wie sich gezeigt, so reichlich vorhanden, daß diese Diggers sich vor Freude nicht zu fassen wissen. Neben anderen höchst reichen Funden haben sie eine Mine schon 40 Fuß getrieben und da liegen Schätze zu tage. Unsere Landsleute

sind darüber mit ihren Brillen hingelaufen und erklärten: da ist nichts. Sie sind Theoretiker, jene sind Praktiker und scheuen die Arbeit nicht. Es thut mir leid, solches sagen zu müssen. Es scheint, nach den letzten kapischen Zeitungen, daß **Deutschland die Schätze des Hererolandes sich entgehen läßt und sie ruhig den Engländern überlassen wird.**" Dasselbe scheint auch manchem Deutschen in der Heimat, wenn er erfährt, daß man ernsthaft davon spricht, ganze 50 Mann Polizisten zur Bethätigung der Reichsmacht hinzusenden, und wenn man sieht, wie ganz im englischen Interesse, das deutsche südwestafrikanische Gold-Syndikat und die deutsch-afrikanischen Minengesellschaften geheim thun, statt die öffentliche Aufmerksamkeit auf den genugsam konstatierten und den englischen Diggers und Abenteurern bekannten Goldreichtum Südwestafrikas hinzulenken, und in ausgedehnterem Maße die Unternehmungslust zu wecken*).

Seit vier Jahren meldeten die Missionare einstimmig: Bleibt der Reichskommissar ohne Machtmittel, so wird die deutsche Protektion bald noch kläglicher endigen als die englische. Das ist nun leider geschehen und es giebt heute keine andere Wahl, als entweder das deutsche Protektorat ganz aufzugeben, oder dasselbe vollständig wieder herzustellen und dauernd zu sichern. Ersteres wäre eine Schädigung der nationalen und der Weltmachtstellung des Deutschen Reiches, ist also für jeden Deutschen undenkbar.

„So bleibt denn, sagt Dr. Fabri (S. 87), will man die Schutzverträge wieder aufrichten und das völlig gesunkene Ansehen der Schutzmacht wiederherstellen, nichts anderes, als ein unmittelbares, in militärischen Machtmitteln zu tage tretendes Einschreiten Deutschlands. Warum eine solche Expedition nur aus Deutschen bestehen kann, ist aus Vorstehendem schon ersichtlich. Die Schutzbefohlenen wollen endlich einmal etwas von der Macht Deutschlands sehen, damit sie forthin an dieselbe auch glauben können. Farbige gegen Farbige in Streit bringen, würde ihnen, wie gezeigt, nicht nur als

---

*) Schon am 10. Dezember 1887 schrieb die in Kapstadt erscheinende deutsche Zeitung „Das Kapland": Gold wird in reichen, kupferhaltigen Quarzriffen jetzt überall im Lande (im deutschen Schutzgebiete) entdeckt. Ein Goldriff von 3 englischen Meilen Länge, reich an sichtbarem Golde, ist 40 Meilen von Walfischbai festgestellt worden. **Ohne Zweifel wird sich dieses Land als ein zweites Kalifornien entwickeln** 2c. D. Kolon.-Ztg. Nr. 7. 1889.

neuer Beleg der Ohnmacht Deutschlands erscheinen, sondern bei beiden Deutschland erst recht verächtlich machen. Günstig ist für eine europäische Expedition, die natürlich die kühlere Jahreszeit benutzen müßte (Mai etwa bis Oktober), daß das Klima gesund und fieberfrei ist. Eine Kolonne von ein paar hundert angeworbenen, bereits im Militärdienst gestandenen deutschen Truppen würde nach aller Voraussicht genügen, die Zwecke der Expedition zu sichern. Ein paar kleine Kanonen wären wohl weniger des Gebrauchs als des Eindrucks wegen beizugeben, und ein kleiner Trupp mit Lanzen bewaffneter Reiter dürfte nicht fehlen. Die Schwierigkeiten einer derartigen Expedition liegen wesentlich im Wassermangel des Landes und in der Verproviantierung. Schon der über 8 Stunden breite Sandgürtel an der Küste bietet für den Einmarsch von Europäern Schwierigkeit. Es folgt dann etwa noch ein Marsch von 16 deutschen Meilen auf ansteigenden Plateaus, wo das Wasser spärlich ist und nur von mitgenommenem Proviant und teilweise wohl auch Wasser gelebt werden kann. Auf den höheren weidereichen Plateaus würde Fleisch in Überfluß und Milch genügend vorhanden sein. Jedenfalls erforderte der Zug eine sehr starke Kolonne von Ochsenwagen und Treibern."

Die Expedition würde unter den Herero selbst Verbündete finden, da Manasse der Häuptling am Omaruru, nächst Maharero der angesehnste des Landes, mit mehreren andern Häuptlingen an den Schritten gegen die Deutschen sich nicht nur nicht beteiligt, sondern dieselben entschieden mißbilligt, auch die Urkunde für Lewis nicht unterschrieben hat, wodurch sie nach Hereorecht ungültig wird. Die Kosten, jedenfalls einige Millionen, müßten von vornherein reichlich bemessen sein, damit nicht, wie bei so vielen ähnlichen Expeditionen sich herausstellte, nachher ein verdoppelter Aufwand nötig wird. Ein Teil derselben ließe sich decken durch eine während mehrerer Jahre zu erlegende Buße an Schlachtochsen, deren die Hereros wohl hunderttausende besitzen. Aus politischen Gründen würde diese Buße nicht zu hoch ausfallen dürfen.

Dieses sind einige Hauptzüge der Skizze des Feldzugsplanes, den Dr. Fabri mit genauester Sachkenntnis entworfen hat.

Erwägt man, daß andere Kolonialmächte ohne langes Bedenken ganz andere Summen für ihre Kolonieen aufwenden, daß das kleine Belgien für die Kongo=Eisenbahn 10 Millionen hergiebt, so darf man wohl die zuversichtliche Hoffnung aussprechen, daß der deutsche

Reichstag unsere vielversprechenden Kolonieen, in Südwest= wie in Ost=Afrika durch Bewilligung von Geldmitteln, die jedenfalls nicht unter den Leistungen Belgiens für den Kongostaat stehen dürften, definitiv dem Deutschen Reiche erhalten wird.

Deutsch=Ostafrika.

Die Verhältnisse von Deutsch=Ostafrika sind seit dem vorigen Jahre über den Rahmen unseres Buches, welches hauptsächlich eine Rundreise sein soll, weit hinausgewachsen. Unsere ostafrikanische Kolonie bildet nur ein Glied in jenem ungeheuren kolonialpolitischen Netzwerke, worin auf dem Boden von ganz Ostafrika mit dem Sudan und dem Seengebiete die umfangreichsten und verwickeltsten Ereignisse und Interessenkreise durch einander spielen: der Aufstand der Araber, die kulturhistorische Stellung des Islam gegenüber dem Christentum und der abendländischen Civilisation, die Fragen der Unterdrückung des Sklavenhandels von den nicht überall gleichen Standpunkten der Wissenschaft und der Religion, die gegenwärtig offen hervortretenden großartigen Pläne eines neuen, Hindostan an Bedeutung gleichkommenden, britischen ostafrikanischen Kolonialreiches, die täglich umfangreicher und wichtiger werdenden Kulturaufgaben der Mission, die neuen Forderungen, welche die Aufrechthaltung der Kaiserlichen Autorität sowie die Festhaltung und der Ausbau unserer wertvollen Kolonie an den Patriotismus und die Opferwilligkeit der Nation stellen. Zur genaueren Kenntnisnahme und unparteiischen objektiven Beurteilung aller dieser Dinge, für die Behauptung und den weiteren Ausbau der deutschen Weltmachtstellung und damit der Würde und Unabhängigkeit der Nation eine unberechenbare Bedeutsamkeit zu geben, haben wir in einem nächstdem erscheinenden Spezialwerke: „Ostafrika, der Sudan und das Seengebiet" ein reiches, zuverlässiges Material zusammengetragen. Dieses Werk bildet sich ergänzend, mit dem vorliegenden, dessen Darstellungen der westafrikanischen Kolonieen die Kritik als fast erschöpfend bezeichnet hat, so zu sagen eine kleine kulturgeschichtliche und kolonialpolitische Encyklopädie der afrikanischen Dinge, die es auch dem „Nichtgeographen" ermöglicht, unserer kolonialen Expansion mit der Teilnahme und dem Verständnis zu folgen, welches, in breiteren Schichten des Volkes verbreitet, die Willenskräfte des=

selben für die Kolonialsache bestimmt und dadurch dem Reiche die Erfüllung seiner überseeischen Aufgabe erleichtert.

Man ist nur deutsch=national, nicht chauvinistisch gesinnt, wenn man sich freut, daß heute die deutsche Kaiserflagge auf allen Meeren weht, daß Sr. Maj. Kriegsschiffe jetzt in fernen Weltteilen deutsche Häfen anlaufen und unsere Blaujacken und Kaufleute auf deutschem Boden stehen können, daß Afrika den Donner deutscher Kanonen gehört hat; schlimmer als chauvinistisch wäre es, jeden, der der Kolonialbewegung fern steht oder mit der Rechentafel in der Hand das Kolonialbudget heruntersetzen will, für einen schlechten Deutschen zu halten; Fehlen des Verständnisses ist noch kein Mangel an Vaterlandsliebe. Und dann, ist nicht die Besorgnis und Zurückhaltung der Vertreter des außerordentlich bedeutenden englisch=deutschen Importhandels und der Rhederei erklärlich und gewissermaßen berechtigt? Glücklicher Weise ist das deutsche Reich auf dem Wege, durch freundnachbarliches Zusammengehen mit England auch diesen Interessen gerecht zu werden. So dürften denn, wenn das hohe Ziel der deutschen Kolonialpolitik: „Rückhaltloses Zusammenwirken mit England, aber ohne Übervorteilung oder Benachteiligung von dessen Seite" erreicht sein wird, alle jene zahlreichen, noch zurückhaltenden Kreise aus der Handels= und Industriewelt zum Heile des Vaterlandes der Kolonialsache allmählich vollständig gewonnen werden. Das wachsende Verständnis überseeischer Dinge wird die Erreichung dieser Ziele wesentlich fördern; und nach Kräften zu diesem patriotischen Zwecke beizutragen, ist der Zweck unseres Buches.

Koblenz, im Oktober 1889.

Dr. Johannes Baumgarten.

Das deutsche Ostafrika.

Einleitung.

Deutsch-Ostafrika umfaßt gegenwärtig ein zusammenhängendes Gebiet von mindestens 20 000 ☐ Meilen, nachdem durch die Londoner Abmachungen (29. Oktober und 1. November 1886) sowohl die Erwerbungen der Ostafrikanischen Gesellschaft anerkannt, als auch die deutsche Interessensphäre westlich bis zum Tanganyika und dem Kongostaate, nördlich bis zum Ukerewe-See (der zur Hälfte von 1 Grad südl. Br. ab hineinfällt) und der Nordgrenze des Kiliman-Djaro und südlich bis zum Rovuma-Flusse (Kap Delgado) und Nyassa-See ausgedehnt worden ist. Die Erwerbungen im Somallande von der Benadirküste aus zwischen dem Tana und Kap Guardafui werden wahrscheinlich noch über 12 000 ☐ Meilen der deutschen Kulturarbeit sichern. Der Sultan von Sansibar hat den 10 Kilometer breiten Küstenstreifen von Kap Delgado bis an den Tana-Fluß behalten, aber die Häfen Dares-Salaam und Pangani der Zollverwaltung der Ostafrikanischen Gesellschaft überlassen. Deutsch-Wituland ist bei dieser Abmachung ebenfalls anerkannt und nördlich hiervon an der Somalküste dem Sultan von Sansibar nur die schon längst ihm gehörenden festen Plätze Kismaju, Barawa, Marka, Makdischu und Warschek mit einem Umkreis von nur wenigen Seemeilen gesichert worden.

England hat sich durch diese Vereinbarung allerdings den Löwenanteil: die Zugänge zum Sudan und zum Nilthale genommen, aber wenn man gerecht und aufrichtig urteilen will, so muß man gestehen, daß es sich diesen Vorteil durch seine Forschungsreisenden, Missionare und Handelsgesellschaften, welche so erfolgreich seit Jahrzehnten auf dem nördlich von der deutschen Interessensphäre liegenden

Gebiete thätig waren, verdient hat. Auch ist der deutsche Gebietsanteil, der gegenwärtig an den Kongostaat grenzt, nicht bloß wegen der Fruchtbarkeit seines Bodens, wegen seines Reichtums an Metallen und der klimatischen Vorzüge vieler hochgelegenen Gegenden von den meisten Forschungsreisenden und den längere Zeit dort lebenden Missionaren als eines der wertvollsten und schönsten Länder Afrikas, geeignet für den ergiebigsten Plantagenbau, im Dschaggalande und anderen Gebieten der Bergländer selbst für Ackerbaukolonieen, erklärt worden; sondern es haben sich auch Stanley und andere competente Kenner der afrikanischen Verhältnisse dahin ausgesprochen, daß eine über die Hochebene unschwer zu erbauende Eisenbahn nach dem Tanganyika die Ausfuhr eines großen Teiles von Central-Afrika, inclus. des ganzen oberen Kongogebietes an sich ziehen und mit der Ausfuhr der Landeserzeugnisse selbst den Unternehmern einen mit der Entwickelung des Handels und der Bodenkultur jährlich steigenden reichlichen Gewinn bringen würde. Die Engländer planen schon eine Eisenbahn nach dem Ukerewe, und zwar ist es dieselbe National African Company, welche am Niger und Benue, (wo die deutschen Forscher Barth und Flegel vorgearbeitet hatten und der letztere am Fieber, vielleicht auch am gebrochenen Herzen über die Vergeblichkeit seiner Anstrengungen und die Kurzsichtigkeit und Dummheit der Deutschen, den Tod fand) den Franzosen ihre 31 Handelsniederlassungen für 20 Millionen Francs abkaufte und mit einem Schlage das ganze Flußgebiet unter die britische Flagge brachte.

Hoffentlich wird Borniertheit und Unwissenheit uns in Ostafrika keine ähnlichen Erfahrungen bringen. —

Es ist für jeden gebildeten Deutschen eine Pflicht zu wissen, was Deutsch-Ostafrika für uns zu bedeuten hat, und da glauben wir dem Leser keine bessere, zusammenfassende Darstellung bieten zu können, als die des unvergeßlichen, auf dem ostafrikanischen Forschungsfelde — auch einem Felde der Ehre — gefallenen Dr. C. Jühlke.*)

„Eine zweite tropische Kolonie existiert wohl kaum, nach Allem, was bis heute über die holländischen Besitzungen in Ostindien, über Britisch-Indien, über West-Indien und Südamerika bekannt ist, welche sich so vorzüglicher und vor allen Dingen so verschiedenartiger klimatischer Bedingungen erfreut wie das deutsche Ostafrika.

---

*) Kolonial-Politische Korrespondenz vom 12. Juni 1886.

Das soll ja niemals vergessen sein, daß der Aufenthalt in den Tropen überhaupt demjenigen im gemäßigten Klima an Annehmlichkeit nicht gleichkommt, daß Entbehrungen aller Art den Europäer in den Tropen treffen, aber so viel steht denn doch heute fest, daß bei einer ruhig fortschreitenden Entwickelung die künftigen Europäer Afrikas weniger unter jenen Entbehrungen werden zu leiden haben als die Bewohner anderer tropischer Gebiete. Der Fischersche Grundsatz wenigstens, Afrika sei dort gesund, wo es unfruchtbar, ungesund, wo es fruchtbar, scheint mehr und mehr zu einem nicht begründeten Paradoxon herabzusinken. Man wird mit demselben Recht sagen können: es giebt in Ostafrika gesunde Gegenden genug, die zugleich fruchtbar sind, unfruchtbare, die ungesund sind. Das wenigstens lehrt uns jeder neue Bericht, der aus unseren Stationen einläuft, aus Stationen, wo deutsche Herren wohnen und zum Teil angestrengt arbeiten. Das allerdings, was das Leben in Afrika zu einem angreifenden macht, das Marschieren unter fortwährenden Strapazen, wird ja nun mehr und mehr bei den Bewohnern unserer Stationen in Wegfall kommen, und so werden die Berichte über die gesundheitlichen Zustände in Zukunft noch günstiger lauten als bisher. Die Thatsache ist jedenfalls nicht zu leugnen, daß bis zum heutigen Tage in einem Zeitraum von nunmehr bald zwei Jahren von den in Afrika weilenden Beamten der Gesellschaft noch kein Einziger gestorben ist. (Es haben sich draußen befunden 36 und dieselben befinden sich zum Teil noch dort.) Und welche Mannigfaltigkeit des Klimas bieten unsere Gebiete anderen tropischen Kolonieen gegenüber! Von der tropischen Glut der Tiefebene bis zur Grenze des ewigen Schnees, vom feuchten Seeklima bis zu der berufenen gesunden Luft der tropischen Hochebene haben wir alle Klimate beisammen. Allein von diesem Gesichtspunkte aus betrachtet, springen dem vorurteilslosen Beobachter die Vorteile eines solchen Landes sowohl in hygienischer als in kultureller Beziehung denn doch mit geradezu zwingender Gewalt ins Auge; denn diese klimatischen Verhältnisse bergen den größten Teil der Bedingungen für das Wachstum fast aller tropischen Gewächse in sich, sie gewähren andererseits dem Bewohner Ostafrikas die Möglichkeit, unter einer Fülle von Klimaten das ihm Zusagende sich auszuwählen.

Der Rest der Bedingungen für das Gedeihen von Pflanzungsanlagen ist jedenfalls zu suchen in den Bodenverhältnissen, in der Möglichkeit der Herstellung von Bewässerungsanlagen, und auch hier liegen die Verhältnisse in Ostafrika überaus günstig. Gewiß kann auch das Laienauge ein Land auf seine Fruchtbarkeit, auf die Kraft seines Bodens hin beurteilen nach dem Wachstum, welches sich auf seiner Oberfläche entfaltet, und so stimmen denn die Berichte unserer Beamten sehr genau überein mit Allem, was die Reisenden vieler Länder in jenen Gegenden beobachtet haben und wonach die deutschen Besitzungen Uhehe, Usaramo, der größte Teil Usagaras, Nguru, Usambara, das Kilima=Ndjarogebiet und das ganze Land bis hinauf zum Tana die fruchtbarsten, gesegnetsten Gelände in Ostafrika darstellen.

Äußerst vorteilhaft vollzieht sich der geographische Aufbau des Landes. Die afrikanische Küste ist ja überall auf dem ganzen Kontinent eine wenig gegliederte, arm an Häfen; hier aber, die deutschen Gebieten entlang, erreicht sie jedenfalls eine relativ große Mannigfaltigkeit. Auf der verhältnismäßig kurzen Strecke von Korunna bis zum Tana haben wir etwa 6 bis 7 brauchbare, wenn auch kleine Häfen und mehrere geschützte Rheden. Von der Küste landeinwärts erhebt sich das Land ziemlich regelmäßig in Terrassenform: die erste sich zum Gebirge von durchschnittlich 5—6000 Fuß erhebende, welche sich etwa bis zu zehn Tagereisen ins Innere erstreckt, ist auf eine bedeutende Entfernung von der Küste noch den Wirkungen des Seeklimas ausgesetzt; es folgt die Steppe, jene weite wenig fruchtbare Ebene, deren Ausläufer im Süden die Mahala in Usagara ist, und welche sich im Norden bis an den Tana erstreckt; sodann jene Hochgebirgszüge, die in ihren beiden höchsten Erhebungen, dem Kenia und Kilima=Ndjaro die gigantische Höhe von etwa 20000 Fuß erreichen und mit ewigem Schnee bedeckt sind.

Hinter diesen Gebirgen endlich lagert sich die 5—6000 Fuß hohe fruchtbare Ebene, welche ihren Abschluß in der Kette der mächtigen centralafrikanischen Seen findet. Und alle diese Gebiete werden noch von einem gegliederten Flußnetz durchzogen. Wenn auch die Mehrzahl dieser Flüsse und Flüßchen vorläufig nur auf verhältnismäßig kurze Strecken schiffbar ist, so ist doch ihre Bedeutung für das Land darum eine kaum minder große zu nennen, denn in ihnen sind, deutlich erkennbar, die Bedingungen für die Möglichkeit einer in Zukunft durchzuführenden Be= und Entwässerung weiter Gebiete gegeben. Schon jetzt, obschon die vom Neger geübte Kultur eine solche kaum zu nennen ist, ist ein gewisses Kanalsystem über weite Landstrecken verzweigt (so in Taweta, Dschagga, Usambara, Nguru

u. A. m.), und wird der natürlichen Üppigkeit des Landes ein mächtiger Helfer, der alle Produkte zu einer seltenen Schönheit und Größe gedeihen läßt. Mais, Reis, Tabak werden schon heute an den Karawanenstraßen in großen Mengen gebaut, und auf den europäischen Stationen werden Versuche mit fast allen tropischen Gewächsen gemacht. Jene große Masse der Produkte würde bei den mangelhaften Verkehrsverhältnissen heute allerdings noch nicht exportfähig sein, sie wird es aber in dem Moment, wo der erste eiserne Schienenstrang dem Herzen Afrikas zustrebt. Denn man muß nicht vergessen, daß die Empore des afrikanischen Ostens, Zanzibar, der größte Markt- und Handelsplatz, dessen wirtschaftlicher Umschlag einen Wert von 43 Mill. M. repräsentirt, seine Bedürfnisse zum großen Teil heute aus Indien bezieht (z. B. den Reis), daß also mit der Erschließung der deutschen Gebiete durch eine Bahn für derartige Produkte sofort ein Absatzgebiet gegeben ist.

Und auch in anderer Beziehung sind ja für den Handel und den Plantagenbau die Bedingungen überaus günstiger Natur. Eine Sprache (Suaheli) umschließt das ganze weite Gebiet; mit ihr kann man sich überall in den deutschen Besitzungen verständigen, der Hindu, der Araber, der Neger an der Küste bis weit in das Innere hinein, bedient sich ihrer, und am Kilima-Ndjaro bis hinauf in das Somalland ist sie die allgemeine Verkehrssprache.

Der Charakter des Volkes, welches unsere Länder bewohnt, ist, ausgenommen die nördlichen Gebiete, ein durchaus friedlicher, ja furchtsamer. Seit langen Jahren durch Sklavenjagden decimiert, ist diese Rasse heute verkommen und in eine apathische Gleichgiltigkeit und Trägheit versunken, und erleichtert aufatmend erkennt sie in dem Weißen, der jetzt in ihr Land kommt, willig und freudig den Befreier vom arabischen Joch und ihren natürlichen Beschützer. Überall in Ostafrika ist das deutsche Volk als mächtigstes Kriegsvolk bekannt, und überall in seinen Gebieten — das wissen wir alle aus eigenster Erfahrung — werden die Sendlinge Deutschlands freudig aufgenommen, die Mär von dem großen Kriege von 1870 hat ihren Weg bis tief in den schwarzen Erdteil gefunden.

Dort aber, wo die Lage des schwarzen Volkes eine günstigere ist, wo die Beschaffenheit des Landes ihr ihren natürlichen Schutz gewährt und die Sklavenjagden das Gebiet noch nicht veröbet haben, oder nicht mehr veröben, da verfolgt dieses Volk auch heute noch seinen eigentlichen Beruf, nämlich den des friedlichen Ackerbaues.

Diesem ist die große Masse der Bevölkerung aufs Neue zuzuführen, das ist eine weitere Aufgabe aller künftigen Kulturarbeit in Ostafrika, und in der Erfüllung dieser Aufabe wird sich die Basis dafür bieten, auch diese dunkle Rasse dereinst den Zielen einer wahren Civilisation und Gesittung entgegenzuführen.

Das sind in großen Zügen die Bedingungen, welche sich im deutschen Ostafrika einer zukünftigen wirtschaftlichen Entwickelung bieten. Für den, der im nationalen Interesse nichts in die Schanze zu schlagen wagt, bedeuten sie selbstverständlich nichts. Für denjenigen aber, der an die Ausbeutung dieser neuen jungfräulichen Gebiete mit Mut und Entschlossenheit herantritt, der gewillt ist, mit Ausdauer und Energie Mithelfer zu sein an dem großen Werk, welches der Ausführung harrt, bedeuten sie Alles, um so mehr, wenn er in Betracht zieht, daß diese Eigenschaften von jeher die Erzeuger des Erfolges gewesen sind. Schlaffe Naturen allerdings, die Strapazen und Entbehrungen nur von dem gesicherten deutschen Ofen aus ins Auge zu schauen vermögen, an Ort und Stelle aber erlahmen und unterliegen, mögen ruhig daheim bleiben und weiter disputieren über den Wert oder Unwert tropischer Kolonieen.

Das eine mögen aber auch die Kühnen unter den zukünftigen Pionieren bedenken, neue Phasen in der geschichtlichen Entwickelung eines Volkes, wie wir sie heute in den kolonialen Bestrebungen Deutschlands vor sich gehen sehen, werden niemals ohne Mühen, ohne Opfer durchgemacht; nur dort werden unkultivirte Länder zu wirtschaftlichen Paradiesen umgeschaffen, wo treue Arbeit, rastloser Fleiß und unermüdliche Energie sich entfalten. Anders ist ein Erfolg weder in Amerika noch überhaupt irgendwo auf der Erde errungen worden.

Mag der Einsatz für den Einzelnen ein großer sein, er wird in jedem Falle gerechtfertigt durch die hohe Bedeutung, die er fürs gesamte deutsche Vaterland hat."

Der vorstehenden Darstellung des Dr. Jühlke fügen wir einige Erläuterungen geographischer Namen bei. Die Araber nennen die Küste unseres ostafrikanischen Gebietes El Sawahil und die Bewohner derselben ohne Unterschied Sawahili (Suaheli), d. h. Küstenbewohner. Den Küstenstrich von Pangani bis Mombas, oder

Mombaſſa heißt Marima oder Mrima, d. h. ebenfalls Küſte; von Barawa bis Makdiſchu (Magadoro) heißt ſie El Benadir, d. h. Häfen. Die meiſten Ethnographen (auch Fr. Müller) und Reiſenden ſchreiben Somali (die Bewohner des Oſthorns von Afrika), es muß eigentlich Somal heißen, da Somali Singular iſt; wir haben daher die Schreibart Somal durchgeführt.

B.

Bilder aus Deutsch-Ostafrika.

1. Die Landschaften Useguha, Nguru und Usagara.

Nach der Schilderung Stanleys, Camerons, Prices und des englischen Missionars Last.*)

Das Land Useguha ist im allgemeinen flach oder leicht wellig. Es ist mit lichten Waldungen bedeckt, deren Bäume meist klein sind; nur einige sind groß und zu baulichen Zwecken verwendbar. Näher der Küste nimmt das Land ein parkähnliches Aussehen an, mit weitgedehnten Rasenflächen, die hier und da durch Waldung unterbrochen werden; die Waldbäume sind mit zahllosen Schlingpflanzen bedeckt und beschatten dichtes Unterholz. In diesen Waldflecken bauen die Einwohner ihre Dörfer, indem sie das Herz des Waldes ausroden und die äußeren Teile als natürliche Verteidigung stehen lassen. Das Land Useguha ist, im Vergleich mit anderen Distrikten, nicht sehr fruchtbar, obwohl auch hier in den kleinen Thälern viel Getreide gebaut wird, weit mehr als die Eingeborenen bedürfen.

Nguru und Usagara unterscheiden sich von Useguha durch ihren Gebirgscharakter. Die jene beiden Länder durchziehende Gebirgskette wird an verschiedenen Stellen durch weite Ebenen unterbrochen, die mit Hügeln übersäet sind.

Stanley, der auf seinem kühnen Zuge zur Wiederauffindung Livingstones durch Usagara vordrang, schildert dieses Gebirgsland in einigen höchst charakteristischen Worten:

„Vor den Augen des Wanderers, der auf einem der vielen Gipfel steht, entrollt sich im Norden, Süden und Westen ein herrliches Gebirgsbild. Nirgends eine Blöße; denn eine Menge von Kegeln, Spitzen, Kämmen taucht aus dem Mantel grüner Wälder, welche

---

*) Last lebte acht Jahre lang in unseren jetzigen Schutzgebieten, kannte das Land also genauer als irgend ein nur durchreisender Forscher oder Kaufmann es kennen lernen konnte.

die Hänge bedecken, hier empor. Liebliche Thäler, geschmückt mit Palmenhainen, riesigen Tamarisken, Akazien, Euphorbien, durchströmt von raschen Flüssen und geschwätzigen Bächen, durchschneiden das Gebirge. Die Bewohner dieses schönen Landes, namentlich die nördlichen und westlichen Stämme, sind außerordentlich kräftig und muskulös, eitel, voller Selbstgefühl. Die Hautfarbe der Usagara ist schwarzbraun, das oft edel geschnittene Gesicht erinnert nicht an den Neger."

Cameron machte ebenso eine begeisterte Schilderung des Usagaragebirges, seiner unerschöpflichen Fruchtbarkeit, seiner herrlichen Forsten und bestätigte alles, was Burton schon Schönes über Usagara gesagt hatte.

Der Engländer Price, der im Auftrage der Londoner Missions-Gesellschaft 1878 das Land durchforschte, hält die Berge von Nguru, die zum Teil zu Useguha gehören, wegen des gesunden Klimas, der großen Fruchtbarkeit und des gesitteten Charakters der Bevölkerung zur Anlage von Kolonieen und Missionsstationen für geeignet (Station Monda ist seitdem angelegt worden). „Die Berghalden und Thalgründe sind von Dörfern, die kaum einen Büchsenschuß von einander liegen, geradezu bedeckt. Doch könnte das Hauptthal, dessen Fruchtbarkeit in der That wunderbar ist, noch fünfmal mehr Europäer ernähren. Wenn eine gute Straße, deren Herstellung nicht schwierig ist, das Land mit der Küste verbände, so würde sich dasselbe in eine reiche Kornkammer verwandeln. Die Einwohner sind ganz vorzügliche Ackerbauer. Sie sind ohne Widerspruch das sanfteste und sympathischste Volk, dem man begegnen kann. Die Berge und das Thal aber würden bei besserem Anbau den Europäern einen sehr gesunden Aufenthalt gewähren."

P. Horner, der 1877 die Länder Nguru und Useguha besuchte, schreibt darüber: „Von Makangua aus, das nur 2—3 Tagereisen von der Küste liegt, führt der Weg durch herrliche Landschaften; die Fruchtbarkeit ist enorm. Die große Masse Hornvieh auf schönen, unabsehbaren Ebenen beweist, daß die Tetsefliege ganz fehlt, die Häuptlinge besitzen ungeheure Kuhherden. Die Einwohner werden häufig über hundert Jahre alt, halten auf gute Sitten, und ihre Ehrlichkeit ist oft staunenerregend."

Wir fahren mit dem Berichte von Last fort:

Die höchsten Gipfel der Kette erreichen 2000 bis 2400 m Höhe über der See und sind bedeckt mit prächtigen Nutzhölzern, Farren,

Unterholz. Überall zerstreut liegen die Dörfer der Eingeborenen und dicht neben ihnen schöne Gärten. Beide Länder werden durch den Wami und seine Nebenflüsse bewässert. Die Thäler und Hänge der Berge, diese selbst bis zu den Gipfeln hin, sind sehr fruchtbar. Die Bewohner bauen hier in Überfluß, weit über ihren eigenen Bedarf, Mais, Hirse, Bohnen, Kürbisse, Maniok und Bananen. Die Abhänge der Gebirge sind überreich an Quellen, so daß die Eingeborenen bei eintretenden Dürren ihre Grundstücke künstlich bewässern; ich habe sie oft bei derartigen Arbeiten beschäftigt gesehen. Europäische Gemüse gedeihen schnell und erreichen an den Gebirgs- und Hügelhängen treffliche Güte. Während mehrerer Jahre habe ich dem Anbau derselben besondere Sorgfalt gewidmet. Die Station Mamboia liegt 400 bis 430 m über dem Meere, und hier zog ich Kartoffel, Rübe, Mangold, verschiedenerlei Kohl, Möhre, Pastinake, Zwiebel, Rettig, Lattig und manches andere, und alles gedieh gerade so gut wie in England. Beim Kartoffelroden zählte ich eines Tages an einer einzigen Pflanze 62 Kartoffeln; die größte war etwa 5 Zoll lang und so dick wie mein Faustgelenk. Unter ihnen war etwa ein Dutzend zu klein zum Gebrauch. Natürlich war das ein Ausnahmefall, der aber doch zeigt, was das Land leisten kann. Die meisten in England gewöhnlichen Blumen gedeihen gut. Ich habe einige Fruchtbäume von der Küste gepflanzt, Mango, Guave, Granatapfel, Orange, Limone, Flaschenbaum, Melonenbaum und andere; alle diese sind gut gediehen. Daneben nenne ich die einheimische Banane, von der etwa 18 Varietäten vorkommen, und Zuckerrohr, das sich in drei Sorten findet. An vielen Stellen, namentlich auf höheren Erhebungen, würden höchst wahrscheinlich Obstbäume gut gedeihen; auf den Gipfeln der Berge wachsen Brombeeren und Himbeeren wild.

Ich riß einige Wurzeln derselben aus und pflanzte sie in meinen Garten in Mamboia ein; sie gingen an und trugen so große und gute Früchte, wie ich nur je in der Heimat gesehen. Nach meiner Überzeugung finden sich viele Plätze, an denen mit großem Vorteil Cinchona, Kaffee, Thee und Vanille angebaut werden könnten. In den ausgedehnten niedrigen Thälern zieht man große Mengen von Mais und Reis; ersteren verbrauchen hauptsächlich die Eingeborenen, während letzterer verhandelt wird. Niemals fehlt es irgendwie an Nahrungsmitteln in diesen Bergen, und unter europäischer Leitung könnte die gegenwärtige Produktion in enormem Maße gesteigert werden. In der Mitte der Landschaft Usagara liegen die Pumba-Berge, die durch Eisengruben interessant sind. Einen Bericht über die Erzgewinnung gab Last in der Zeitschrift der Londn. Geogr. Gesellschaft. —

„Es giebt hier herrliche Gegenden für Ansiedelungen; das nötige Land würde vom Herrscher des betreffenden Platzes für ein geringes Geschenk an Zeug leicht zu haben sein, oft auch umsonst, da diese Häuptlinge immer froh sind, einen Weißen in ihrem Lande zu haben. Das Klima ist sehr gesund, namentlich in den Bergdistrikten. In Mamboia freute ich mich während der Monate April bis Ende Juli wegen der Kälte stets, des Abends ein Feuer zu haben. Das Thermometer zeigte während dieser Monate um 6 Uhr morgens durchschnittlich etwa 8° R., und pflegte mittags bis 15° oder 18° zu steigen. In den wärmeren Monaten steigt es mitunter bis auf 32° auf der Veranda, und auch die Nächte sind dementsprechend wärmer; aber es ist niemals so heiß, daß man eine Punkah (in Ostindien ein Schirm an der Zimmerdecke zur Erzeugung von Luftzug) nötig hätte.

Die Eingeborenen sind sämtlich Ackerbauer und züchten nur hie und da ein wenig Vieh. Jeder Häuptling hält womöglich eine Herde von Ziegen und Schafen, jedoch mehr als Zeichen seines Reichtums, als des Nahrungswertes halber. Im Charakter sind alle Stämme sich gleich, sämtlich sehr feige. Die Bewohner von Useguha treten großthuerisch und polternd auf, wenn sie sich einem schwächeren Feinde gegenüber befinden; zu Zeiten der Gefahr halten sie aber nicht besser Stand, als die ruhigeren Eingeborenen von Nguru und Usagara. Die letzteren sind ein eminent friebliebendes Volk. Ich habe nahezu acht Jahre unter ihnen gelebt und fand sie stets sehr freundlich gegen mich gesinnt, und so würden sie sich gegen jeden Fremden betragen, der ihnen friedfertig entgegentritt. — Es heißt, daß die Deutschen daran denken, eine Eisenbahn von der Küste nach dem Gebiet der großen Seen zu bauen, die Useguha und Usagara durchziehen würde. Ist dem so, dann dürfen wir hoffen, daß dies reiche und schöne Land bald aufgeschlossen wird, und daß viele Ansiedler an seinen lieblichen Berghängen ihr Heim gründen werden. Jeder ihnen gut Gesinnte kann eines freundlichen Empfanges bei den friedliebenden Eingeborenen sicher sein, und wenn er in seinem Verkehr mit ihnen ehrenhaft und artig ist, wird er sie stets bereit finden, ihm zu helfen und ihn zu respektieren."

2. Die Hochebene von Ugogo und deren Bewohner.*)

Westwärts von Usagara liegt, vor den Winden durch die Berge geschützt, die Hochebene von Ugogo, ein nicht gerade fruchtbares Land, das nur nach der Regenzeit ein angenehmes Ansehen besitzt und während der trockenen Jahreszeit braun und wüstenartig sich vor dem Auge ausbreitet. In physischer und moralischer Hinsicht sind die Ugogo allen bisher genannten Stämmen im Innern weit überlegen; ihr ganzes Aussehen hat etwas löwenhaftes, die Physiognomie ist intelligent. Die Augen sind groß und weit geöffnet, und obwohl die Nase platt ist, die Lippen dick sind, so ist doch das Gesicht nicht von der Mißgestalt wie bei den eigentlichen Negern. Der Ugogo ist heftig und leidenschaftlich; er ist stolz auf seinen Häuptling, stolz auf sein nicht fruchtbares Land, stolz auf sich selbst, auf seine Waffen und Thaten, überhaupt auf alles das, was ihm gehört. Obwohl er eitel, prahlerisch, egoistisch und herrschsüchtig ist, ist er doch der Liebe und der Zuneigung fähig und kann dann selbst trotz seiner Gier nach Gewinn gefällig sein. Die Waffen der Ugogo sind mit großer Geschicklichkeit verfertigt; sie bestehen aus einem Bogen, scharfen, mit Widerhaken versehenen Pfeilen, einigen Assegaien (Wurfspießen), einer Lanze, deren 60 cm lange Spitze einer Säbelklinge gleicht, einer Streitaxt und einem Streitkolben. Da der Ugogo schon von Kindheit an mit der Führung der Waffen vertraut ist, gilt er, 15 Jahre alt, schon als ein Krieger. Soll es zum Kampfe kommen, so eilt ein Bote des Häuptlings von Dorf zu Dorf, indem er aus seinem Büffelhorn den Kriegsruf erschallen läßt. Bei diesem Rufe wirft der Ugogo seine Feldjacke über die Schultern, eilt in seine Hütte und kehrt nach kurzer Zeit als Krieger zurück. Straußen-, Adler- und Geierfedern schmücken dann sein Haupt, ein langer, roter Mantel wallt von den Schultern; in den Händen trägt er den mit schwarzen oder weißen Zeichnungen bemalten Schild von Elefanten-, Rhinozeros- oder Büffelhaut, Lanze und Wurfspieße. Sein Körper ist bemalt, Glöckchen hängen an den Knieen und Fußknöcheln. Um seine Ankunft zu melden, stößt er die Elfenbeinringe an seinen Handgelenken an einander. Ganz ohne Waffen ist der Ugogo überhaupt nie.

---

*) Nach Dr. Hugo Friedmann. David Livingstone und das Gebiet zwischen der Zanzibarküste und dem Tanganyikasee. Aus allen Weltt. V. Jahrg. 1874.

Die Dörfer der Ugogo liegen gewöhnlich in der Nähe von Quellen und die Wohnungen sind wie die der Usagara auf allen vier Seiten von einem gedeckten Hofe umgeben, der mit Thoren versehen ist. Die äußeren Wände haben kleine Öffnungen, welche als Schießscharten dienen. Die Maurerarbeit der Ugogo ist jedoch sehr gebrechlich; denn sie besteht aus einem geflochtenen Zaun, der mit gestampfter Erde überdeckt ist; eine Musketenkugel schlägt leicht durch. Im Innern sind die Hütten durch Verschläge in kleine Zimmer abgeteilt. Während die Kinder auf Fellen, die auf der Erde ausgebreitet werden, schlafen, besitzen die Erwachsenen ein Bett, das aus einer Ochsenhaut oder dem Baste vom Myambobaume besteht und auf einen Rahmen gespannt ist; es heißt Kitamba. Das religiöse Bewußtsein ist ziemlich schwach; sie glauben jedoch an ein himmlisches Wesen, das sie Mulungu nennen, und das sie bei verschiedenen Gelegenheiten anrufen; die Priester gelten als große Zauberer.

Als Haustiere besitzen die Ugogo Katzen, Kühe, Schafe; der Hund wird wie der Ochs zur Mast benutzt und kommt nie ins Haus. Elefanten, Rhinocerosse, Büffel und zwei Antilopenarten bilden das jagdbare Wild. Braune, langköpfige Ratten machen sich als sehr lästige Hausgenossen geltend. Als fleißige Ackerbauer bauen die Ugogo nicht nur Korn (Sirch) für sich, sondern auch für die durchreisenden Karawanen. Die letzteren übernachten jedoch nie in den Dörfern, sondern halten sich denselben möglichst fern und verschanzen sich durch Dornenhecken, um einem etwaigen Überfalle des beutegierigen Volkes vorzubeugen.

Alle die Reisenden, die nach dem Tanganyikasee wollen, nehmen den Weg weiter westwärts über Unyamyembe, eine Landschaft in Unyamwesi, dem „Mondlande". Hier sind die großen Faktoreien der arabischen Kaufleute, von wo aus dieselben ihre Reisediener „Fundi" zum Einkauf von Sklaven und Elfenbein in die umliegenden Landschaften senden. Hier muß jeder Reisende, komme er von der Küste, komme er aus dem Innern, eine Zeitlang verweilen, da die Contracte mit den Trägern nur bis auf diesen Platz lauten und die Träger hier gewechselt werden. Der Hauptort in Unyamyembe ist Tabora, früher Kaseh. Er besteht aus Gruppen arabischer Handelshäuser und einzelnen Dörfern der Eingeborenen. Von hier aus rechnet man bis zum Tanganyikasee noch zwanzig Tagereisen.

3. Ein Urwald im Dschagga-Lande.

Charakteristik der Bewohner des Landes.*)

Die Landschaft Taweta, 750 m über dem Meere, am Fuße des Kilima-Ndjaro, nennt der Schotte Josef Thomson „das kleine afrikanische Arkabien, ein Waldparadies, ein Kaleidoskop von unendlicher Schönheit". Zwar ist der größte Teil des Landes mit der Waldfestung Taweta selbst bei der Londoner Grenzregulierung (1886) den Engländern zugeteilt worden, doch haben wir das ebenso schöne westliche Dschagga-Land behalten, von dem Thomson sagt: „Ich habe noch niemals eine entzückendere, parkartigere Landschaft gesehen."

Von der Küste (Mombas) bis Taweta ist das Land fieberfrei; „kein europäischer Reisender", sagt Thomson, „brauche sich hier vor einer Reise in das Binnenland zu fürchten, wenn er nur Vorsicht im Trinken beobachtet. Die Luft wirkt auf der ganzen Tour stets stärkend und erheiternd. Die kühlen Nächte sichern erquickenden Schlaf."

— In folgender Weise schildert er einen Urwald dieses Landes:

„Wir sind in Verwunderung verloren über die erstaunliche Masse des Pflanzenwuchses, der uns überall in die Augen fällt. Die Natur spielt hier mit der Erzeugung großartiger Bäume, welche häufig 25—30 m hoch astlos emporwachsen, bevor sie ein prächtiges schattiges Laubdach entfalten. Dann verschlingen sich die Zweige mit denen der umstehenden Bäume, bis nur noch schwaches, buntfarbiges Licht durchbringt, welches in unzähligen Lichtern umhertanzt und zittert.

Obgleich die Bäume bis zu jener Höhe ohne Äste sind, so hat es doch nicht den Anschein, als ob wir in einem Walde von Stämmen wanderten, wie zwischen den Masten eines gefüllten Hafens. Ganz im Gegenteil! Von jedem günstigen Punkte schwingen sich biegsam, mit Laub bedeckte Schlingpflanzen von Baum zu Baum oder hängen in zierlichen dunkelgrünen Geflechten am kräftigen Stamme herunter. Schöne Palmen — die Raphia und die Hypaene oder wilde Dattelpalme —, blühende Gesträucher, eine Unzahl Farren und dann wieder blühende Pflanzen, erfüllen die Zwischenräume,

---

*) Nach Thomson und Kurt Weiß. Wir geben hier (s. folgendes Stück) zwei Schilderungen der Landschaften Taweta und Dschagga, da nach den Londoner Abgrenzungen (Dez. 1886) die Demarkationslinie zwischen der deutschen und englischen Interessensphäre diese Landschaften in der Mitte durchschneidet, ein großer Teil also deutsches Land ist.

bis das Auge an dem üppigen Wachstume und der tollen Verschwendung ganz irre wird.

Affen, Hornvögel, Eichhörnchen und das liebliche Geplätscher der Wässer des schneegesättigten Lumi, der den herrlichen Wald von Taweta ernährt und ihm fruchtbare Feuchtigkeit das ganze Jahr hindurch zuführt, beleben das herrliche Bild.

Von Taweta aus genießt man aber auch schon den Anblick des durch seine Silberkrone als König der Berge ausgezeichneten 5800 m hohen Kilima-Ndjaro."

Das Land zeichnet sich aus durch seinen Rindviehreichtum, namentlich sind die Kühe schöne fette Tiere, die übrigens nie herauskommen, sondern mit geschnittenem Futter ernährt werden. An Lebensmitteln ist kein Mangel: Fische, Geflügel, Eier, Hammel- und Ziegenfleisch, Tomaten, süße Kartoffeln, Yams, Maniok, Mais, Zuckerrohr, goldige Bananen und Gemüse verschiedener Art füllen den Tisch der Reisenden mit angenehmer Abwechselung und üppiger Fülle. Nirgends findet man so angenehme Eingeborene, von friedlichen Gewohnheiten, guten Sitten, überraschender Ehrlichkeit.

Kurt Weiß (Meine Reise nach dem Kilima-Ndjaro. B. 1886) schildert die Bewohner des Dschagga-Landes folgendermaßen:

Die Bewohner des Dschagga-Landes machen auf den Reisenden einen ganz andern Eindruck als die verweichlichten, gutmütigen Suahelis. Man sieht hier unter den Männern schöne, kräftige Gestalten und selbst unter den Frauen und Mädchen bemerkte ich einige, welche sogar nach europäischem Geschmack angenehme Gesichtszüge hatten. Die Bekleidung der Männer besteht gewöhnlich in einem Stück Samti, welches mit roter Erde gefärbt ist und einfach über die Schulter gehängt wird, von wo es etwa bis an die Oberschenkel reicht. Die Bewaffnung besteht hauptsächlich in dem Dschagga-Speer, dessen 1½ m langer Schaft mit einem breitlanzettförmigen, an den Rändern scharf geschliffenen, eisernen Blatt versehen ist; zuweilen tritt als zweite Waffe hierzu noch Pfeil und Bogen. Ein großer Wert wird auf Zierrat und Schmuck gelegt. Bei Männern und Frauen werden die Ohrläppchen geschlitzt und im Laufe der Jahre durch immer größere hineingesteckte cylinderförmige Holzstückchen schließlich bis auf die Schultern herabgezogen. In den auf diese Weise verschönerten Ohrläppchen werden dann noch namentlich von den Frauen große scheibenartige Messing- oder Eisendrahtspirale getragen. Um den Hals tragen die Frauen entweder einfache Perlenschnüre aus großen blauen und weißen Perlen, oder 5—6fache Schnüre aus kleinen roten und blauen Perlen. Der Halsschmuck der Männer besteht in Ringen aus starkem Eisendraht, welcher mit dünnem Kupferdraht umwickelt ist, oder aus kleinen Eisenkettchen mit ovalen Gliedern. Die Haare werden von den Männern entweder zu zahlreichen dünnen Strähnen zusammengedreht, die vom Wirbel aus nach allen Seiten gleichmäßig verteilt sind, oder sie werden wie bei den Frauen kurz geschnitten getragen. Arm- und Fußgelenke werden durch außerordentlich starke Eisen- oder Messingdrahtringe verziert. Für ganz besonders schön wird es gehalten, den Körper mit der dort überall vorhandenen roten Erde und mit Fett einzureiben, ein Verschönerungsmittel, welches weder von Männern noch Frauen verschmäht wird. Daß übrigens die Bewohner von Taweta ein kriegerisches Völkchen sind, dafür spricht der Umstand, daß sie, obgleich in der Nähe der räuberischen Massais wohnend, von diesen doch unbehelligt gelassen werden.

4. Das Felsenlabyrinth Teita und die Waldfestung Taweta am Kilima-Ndjaro.

Nach Wernicke und J. Thomson.*)

Vier Tagereisen westlich von Kisulutini liegt Teita, wie schon erwähnt, etwa auf dem halbem Wege nach dem Kilima-Ndjaro; aber die Unwirtlichkeit der Natur und die Feindseligkeit der Menschen verdreifacht die Schwierigkeiten dieses Weges. Krapf und Rebmann waren dort schon vor vierzig Jahren gewandert, der englische Reisende Thomson erst vor kurzem, um auf dem kürzesten Wege durch das Gebiet der kriegerischen und räuberischen Massai das östliche Ufer des Victoriasees zu erreichen. Teita besteht aus einem fast unzugänglichen Felsenlabyrinth, in welchem die als Viehdiebe und Menschenräuber in der ganzen Nachbarschaft verhaßten Bewohner ihre niedrigen, unten aus der Küche, oben aus dem Schlafraum bestehenden Hütten mit kegelförmigen Dach errichtet haben, während sie ihre Felder und Wiesen an den Abhängen der Berge aus Furcht vor den Nachbarstämmen, namentlich den Massai, ohne Ansiedelung lassen. Der erste Missionar unter ihnen hatte eine gute Stunde mit Händen und Füßen bis zu seiner Hütte zu klettern. Die Leute sind

---

*) Aus P. Wernicke. Die Mombas-Mission. Allgem. Missions-Zeitschrift 1886. — Thomson. Durch Massai-Land. Leipzig 1885.

von großer Wildheit, und da jeder Berg von einem besonderen Häuptling beherrscht wird, trotz ihrer geringen Anzahl von im ganzen nur etwa 30 000 selbst unter einander in feindliche Dörfer gespalten. Ihr schon an sich häßliches Gesicht entstellen sie noch mehr durch möglichst massenhafte Verwendung der bekannten afrikanischen Zierraten an Mund, Nase und Ohren, sowie durch das Ausrupfen der Augenwimpern, während sie den in der Regel kräftigen Körper und die Glieder mit Ketten aus allerlei Dingen behängen. Ihr eignes Ungeziefer verzehren sie als Leckerbissen. Sie sind dem Genuß eines bierartigen berauschenden Getränkes sehr ergeben, und schon mancher soll im trunkenen Zustande in der Nähe seiner Hütte eine Beute der zahlreich umherschweifenden Hyänen geworden sein. Ihr Kultus besteht in einer Art Verehrung der Verstorbenen, deren Gebeine, nachdem sie ein Jahr in der Erde gelegen haben, in Kisten eingesammelt werden. Sie glauben an eine Seelenwanderung und an ein höchstes Wesen. Unter einander hassen sie sich, so daß sie nicht wagen dürfen, bei Tage durch die Dörfer anderer Stämme zu wandern. Und doch ist auch zu diesen Barbaren dem Evangelium der Weg eröffnet worden. Im Januar 1883 wurde von Freretown aus der noch junge, aber tüchtige Missionar Wray in Begleitung des altbewährten Binns dahin ausgesendet. Nach einem achttägigen mühseligen Marsche durch wasserlose Gegend fand er gute Aufnahme und durfte die mitgebrachten Bestandteile eines kleinen eisernen Hauses in dem am westlichen Abhange des 4000' hohen Teitaberges gelegenen Dorfe Sagalla zusammenfügen. Binns kehrte auf einem anderen Wege in vier Tagen nach Kisulutini zurück. Nach geraumer Zeit merkten die Leute, daß Wray nicht ihren Feinden ähnlich sei, sondern sie verglichen ihn mit sich selbst und gestanden offen, daß er keines von den bösen Dingen thue, an die sie selbst alle von Kindesbeinen an gewöhnt seien. Der Mzungu (Europäer), sagten sie, ist nicht wie wir, auch nicht wie die Suaheli; nie giebt es Streit bei ihm, er spielt mit unseren Kindern, er läßt unsere eingeölten Leute ruhig neben sich sitzen und kranke Leute treibt er nicht von sich, wie die Suaheli thun; dieser Mensch hat keine Sünde; er hat auch die Habichte verjagt, die unsere Hühner stahlen; er ist ein guter Mann. Wie weit das gute Gerücht über ihn drang, zeigt der Umstand, daß ihm eines Tages ein vornehmer Mann aus dem 20 Meilen entfernten Tschagga eine Kuh zum Geschenk brachte. Der Sprache bemächtigte sich Wray, nachdem er sich des täglichen Verkehrs mit einem

bestimmten Manne versichert hatte, mit ganz erstaunlicher Gewandt=
heit; er verspricht in sprachlicher Beziehung für die dortigen Gebiete
das zu werden, was Rebmann für den Küstenstrich geworden ist.
Es sei bei dieser Gelegenheit bemerkt, daß es gegenwärtig nicht nur
ein Dschagga=Lexikon, sondern auch ein vom Missionar Shaw ver=
faßtes vergleichendes Wörterbuch des Nika, Teita, Kamba und
Suaheli giebt. Wray hatte lange einen schweren Kampf mit dem
Gefühl seiner Vereinsamung, zumal da er vergeblich zu arbeiten
schien. Daher gereichte es ihm zum großen Trost, als nach einigen
Monaten Handford erschien, um ihn zu besuchen. Dieser fand ihn
trotz aller anscheinenden Erfolglosigkeit in der rechten Stimmung
und konnte seine Art und Weise nur billigen. Schon vorher hatte
ihm der Reisende Thomson, der ihn besuchte, ein günstiges Zeugnis
ausgestellt. Als die Heiden ihn eines Tages darum angingen, seine
Zauberkräfte zur Erzielung von Regen zu verwenden, bestellte er sie
zum nächsten Sonntag nach seinem Hause und betete vor ihren Augen.
Am nächsten Tage regnete es und das Erstaunen der Heiden benutzte
er, um noch am selben Tage eine Schule zu eröffnen, zu welcher
auch 20 Menschen kamen. Die meisten erlernten das Alphabet an
einem Tage. Aber am Abend verlangten sie — Bezahlung. Einen
eigentlichen Erfolg konnte er nicht bemerken. Der einzige, der sich
ein wenig zugänglicher zeigte, war ein Mann, der sonntäglich zur
Kirche kam, keine Sonntagsarbeit that und reine Kleider trug; aber
er war kein Teita, sondern ein entlaufener Sklave, der eine Teita=
Frau geheiratet hatte. Es läßt sich denken, wie unter solchen Um=
ständen dem Missionar trotz seiner prachtvollen Aussicht auf die
schneebedeckten Häupter des Kilima=Ndjaro zu Mute gewesen sein
muß. Leider mußte er schon im nächsten Jahre, als die Hungersnot
lange währte, seinen Posten aufgeben. Nachdem nämlich endlich an
der Küste reichlicher Regen eingetreten war, blieb merkwürdigerweise
das Gebiet von Teita gänzlich regenlos. Der Hunger wurde uner=
träglich. Die Ursache wurde von etlichen der Anwesenheit des
weißen Zauberers, bald seiner Glocke, bald seinen Instrumenten zu=
geschrieben, und nur dem Umstande, daß mittlerweile eine Fehde
zwischen seinen Nachbarn und einem Dorfe entstand, in welchem
seine erbittertsten Feinde wohnten, verdankte er seine Rettung. Im
elendesten Zustande kam er nach Freretown und wurde nun dem Bi=
schof Hannington nebst Handford ein willkommener Begleiter auf
den Reisen nach dem Innern. Zuerst ging es wieder nach Teita

zurück, wo sich der Bischof persönlich von der vorläufigen Unmöglichkeit einer Missionsarbeit, aber auch von dem guten Eindruck überzeugte, den Bray als frommer Christ überall hervorgebracht hatte. Der Hunger hatte nur noch einen kleinen Rest von seßhaften Einwohnern übrig gelassen, denen mit Hilfe von hundert Trägern Nahrung und Saatkorn zur Bestellung der nächsten Ernte gebracht wurde. Als man aber hinterher nachforschte, hatten sie das Saatkorn nicht gesät, sondern in der Not aufgezehrt.

Nun ging es an die Aufsuchung weiter westlich und günstiger gelegener Missionsplätze. Zunächst erlangte man Eingang in die zwischen Teita und dem Kilima=Ndjaro gelegene merkwürdige Waldfestung Taweta, eine 7 Meilen lange und 1 Meile breite, von gigantischen Waldbäumen verteidigte Niederlassung, welche nur durch ein einziges verschließbares Thor zugänglich ist. Die Reisenden fanden hier eine Thalsenkung von 2400' Höhe, ein Paradies von Schönheit und Fruchtbarkeit, begrenzt von dem kühlen Alpenstrom Lumi, eine nicht geringe Bodenkultur und geschickte Bewässerung, zum ersten Male eine Bienenzucht, ehrliche, reinliche, arbeitsame und höfliche Menschen, aber bei kolossalem Aberglauben die größte Sittenlosigkeit. Außerdem erwies sich das Klima als ungünstig. Nicht nur die Europäer, sondern auch ihre schwarzen Begleiter von der Küste bekamen Fieberanfälle. Übrigens ist Taweta der Platz, den schon Krapf als erste innere Station bezeichnet hatte. Ermutigender schienen anfänglich die Aussichten in dem den südlichen Teil des Kilima=Ndjaro einschließenden Dschagga=Lande sich gestalten zu wollen. Schon durch Rebmanns drei Ausflüge dahin waren Land und Leute etwas bekannt. Eigentliche Dörfer giebt es dort nicht, und die zerstreuten Niederlassungen könnten an die Bauernhöfe Westfalens erinnern, wenn nicht die großartige Natur zunächst zum Vergleich mit den Alpen einlüde. Auch hier fanden die Reisenden ohne bedeutendere Schwierigkeiten Aufnahme. Unter mancherlei echt afrikanischen Ceremonien, unter denen namentlich die durch gemeinschaftliches Spucken auf den Kopf eines Schafs vermittelte Schließung des Freundschaftsbündnisses zu erwähnen ist, wurden sie im März 1885 bei dem Häuptling Mandara, demselben, mit dem schon von der Decken Blutsfreundschaft geschlossen hatte, eingeführt, der sie inmitten einer Leibgarde von schwarzen Athleten in seiner prächtigen, fürstlichen Haltung, mit seinem intelligenten Gesicht und seinen, wo es ihm paßte, freundlichen Augen unwillkürlich an das erinnerte, was einst Stanley von bem Kaiser Mtesa erzählt hatte. Aber auch Manbara ist nur ein Tyrann, der sich zur Oberherrschaft über die übrigen Häuptlinge zu erheben trachtet und sich die Anwesenheit der weißen Männer wohl gefallen ließ, um durch sie die Vorteile europäischer Kultur, besonders die Künste des Bauens, der Pulver- und Waffenfabrikation zu erlangen, und der Bischof hatte, wie vordem schon der Reisende Thomson, Mühe, dem Geschenk einer Hütte zum bleibenden Wohnsitz zu entgehen.

Der Menschenschlag am Kilima-Ndjaro machte den Eindruck der Kraft und Intelligenz, und die Missionare sahen sich verlangend nach passenden Plätzen für ihre Arbeit um, deren Besetzung auch bei der Stimmung des Häuptlings Manbara keine Schwierigkeiten gemacht haben würde. Außerdem lockte nicht nur die wunderbar schöne Natur des Alpenlandes, die selbst den Jubelruf der sonst gegen Naturschönheiten stumpfen Afrikaner hervorrief, sondern vor allem die Erwartung, daß in so bedeutenden Höhen mit ihren regelmäßig jeden Monat wiederkehrenden Niederschlägen die Gesundheit des Missionars geschützt sein werde. Aber bald sahen sie ihre Täuschung ein. Denn noch während ihres Aufenthaltes daselbst trat die Regenzeit ein und belehrte sie durch kolossale Güsse, daß ein Hochland in Afrika denn doch immer noch sehr verschieden von einem solchen in Europa sei. Wieder stellten sich Fieberanfälle ein, und ohne für den eigentlichen Missionszweck etwas Greifbares erreicht zu haben, traten sie die Rückreise an. — Unterdes berichtet eine neueste Nachricht, daß sich auch im Dschagga-Lande selbst der Missionar Fitch niedergelassen hat (1886) und daß Manbara sich gegen ihn freundlich zeigt.

5. Moschi am Kilima-Ndjaro.
Ein ostafrikanisches Landschaftsbild.
Nach Thomson und Kurt Weiß.*)

Moschi, das Residenzdorf des Häuptlings Manbara, des Kriegsführers der Djagga (Dschagga), an der Schwelle des Massai-Landes, liegt in wunderbar schöner Lage auf einem 1066 m hohen schmalen Rücken, welcher nach beiden Seiten von einem steilen, tiefen Thal

---

*) Thomson. Durch Massai-Land. Leipzig 1885. — Kurt Weiß. Meine Reise nach dem Kilima-Ndjarogebiet im Auftrage der Deutsch-ostafrikanischen Gesellschaft. Berlin 1886.

begrenzt wird. In der östlichen Schlucht stürzt ein Gebirgsbach rauschend hinunter. Vom oberen Teil des Bergrückens leiten sehr geschickt angelegte Miniaturkanäle das Wasser eines kleinen Baches über den ganzen Bergrücken, und verbreiten so über ihn während des ganzen Jahres fruchtbringende Feuchtigkeit. Einen reicheren und mannigfaltigeren Anblick genoß ich an keinem anderen Punkte Afrikas. Die reiche Grasdecke wechselte ab und war gemischt mit Bananen=Wäldchen, Feldern mit Bohnen, Hirse, Mais, süßen Kartoffeln, Yams und Tabak. Hier und da standen gleich Wachen kleine Gruppen stämmiger Bäume. Die Ufer der Bewässerungskanäle waren mit zarten Frauenhaar=Farren und ähnlich aussehenden Gewächsen reich besetzt. Träges Vieh lag um die Hütten herum oder weidete in kniehohem saftigen Grase; lustige, muntere Ziegen hüpften um die Kanal=Ufer oder führten mit drohender Miene heitere Kampfspiele auf. Mit ungeheuren Fettschwänzen beladene Schafe sahen so lebensmüde aus, als ob sie sehnsuchtsvoll auf das Messer warteten.

Moschi, wie es vor mir lag, hatte die reiche Fruchtbarkeit und das gefällige Aussehen von Taweta, aber den schönen Vorzug eines Wechsels von Berg und Thal vor diesem voraus. Nach Süden, Osten und Westen war die Aussicht unbeschränkt; nach Norden türmten sich in gebietender, majestätischer, Ehrfurcht einflößender Mächtigkeit und stiller Ruhe die schneebedeckten Gipfel des Kilima=Ndjaro und Kimawenzi empor. Während der Kilima=Ndjaro mehr abgerundete Formen zeigt, kennzeichnet sich der Kimawenzi mit seinen scharfen, senkrecht ansteigenden Zacken deutlich als ehemaliger Vulkan. Nach Nordwesten konnte man auch den im Massai=Lande liegenden zweithöchsten Berg Ostafrikas, den Meruberg, sehen. Nach Süden und Südosten öffnen sich die Berge und gewähren eine meilenweite Aussicht auf das Flachland und das Uguena=Gebirge. Nach keiner Seite hatte man das Gefühl der Beschränkung, das Blut lief wärmer durch die Adern, angeregt durch die nervenstärkende Bergluft, bis man sich gedrungen fühlte „Prächtig!" zu rufen und den Berg himmelwärts zu erklimmen. In Moschi überkam Einen nicht das Gefühl des köstlichen, lotusessenden Nichtsthuns, wie in dem träumerischen, poetischen Leben zu Taweta.

6. Das Binnenmeer Tanganyika.

Entdeckung und erster Anblick des Sees. — Die Eingeborenen. — Eigentümliche Sitten und Gewohnheiten.

Nach den Beschwerden einer mehr als halbjährigen Reise, am 10. Februar des Jahres 1858, erreichte Burton mit seinen Begleitern eine Hügelkette, von welcher er, den Himmel beobachtend, am Horizont eine blaue Linie erkannte, welche, von der Sonne glänzend beschienen, einen Bergzug andeutete. Weiter schreitend, fragte Burton seinen arabischen Begleiter, was jene glänzende Linie dort unten sei. Der Araber antwortete, das ist Wasser, das ist der See, den du suchst.

Bei diesem Anblick ergriff den Reisenden ein wahrer Ingrimm, um solcher unbedeutenden Pfütze willen seine Gesundheit geopfert und das Leben vieler Anderer in die Schanze geschlagen zu haben und er verwünschte und verdammte die lügnerischen Araber und ihre Übertreibungen.

Aber man näherte sich dem See, der Stand der Sonne wurde günstiger, die Bäume verbargen nicht mehr einen Teil des Horizonts und siehe, es entwickelte sich der See Tanganyika in seiner ganzen Pracht und Schönheit, da ruhte er im Schoße der Berge und im Glanze der tropischen Sonne. Man konnte seine blauen Wogen auf die Ferne von wenigstens 18 deutschen Meilen übersehen. Die Länge desselben war durchaus nicht zu überblicken, sie beträgt, wie spätere Untersuchungen zeigten, wenigstens 75 deutsche Meilen.

Am Horizonte erhob sich ein Gebirge wie eine Mauer von grauem Stahl, gekrönt durch einen weitgestreckten Nebel, durch welchen die Spitzen der Berge drangen, die sich auf einen tief dunkelblauen Himmel lebhaft abhoben. Felsspalten sah man von dort herabsteigen, sie schienen sich tief in das blaue Binnenmeer zu versenken.

Sobald man sich dem langersehnten Ziele näherte, so entwickelte sich immer mehr davon, man bemerkte Vorgebirge, welche weit hinein traten und von reizenden Inseln umkränzt waren. Durch das Fernrohr konnte man Dörfer und wohlbebaute Felder, konnte man auf dem See zahlreiche Ruderkähne bemerken. Endlich war man so nahe, daß man das Gemurmel der Wellen hören konnte, und Burton sagt, daß die Gegend so wunderschön sei, daß, um mit den allerherrlichsten Landschaften der bekannten Erde zu wetteifern, nichts fehle, als einige Villen und schöne Gärten im englischen Geschmack.

Der Reisende vergaß alles, die erlittenen Gefahren und Strapazen, die Ungewißheit der Rückkehr, er war hingerissen von dem, was er sah, und die Begleiter teilten sein Entzücken. Noch an demselben Abende versicherte er sich einiger Kähne und er vermochte kaum den Morgen zu erwarten, um sich ihrer zu bedienen.

Aber was ihn in Erstaunen setzte, war die geringe Bevölkerung; er hatte aus den Beschreibungen der Araber vernommen, daß hier eine gewaltige Hauptstadt sei, daß hier ein ausgedehnter Markt die Völker der Umgegend versammle, und nun schien es, als sei von allem diesen nichts zu finden; auch die Stadt Ujyi war nicht zu sehen. In zwei langen Kähnen saßen die Reisenden, von Ruderern umgeben, und befuhren das langersehnte Binnenmeer, dessen Breite so groß war, daß man selbst von den höchsten Bergen der Umgegend das andere Ufer nicht sehen konnte. Nach mehrstündigem, ziemlich schnellen Fahren gelangte man in eine immer flachere Seegegend, unzählige Wasserpflanzen bedeckten die Oberfläche, und endlich stießen die Schifflein mitten unter einem großen Haufen anderer, die im Schilf verborgen waren, auf den Sand, das war der Quai der großen Handelsstadt Ujyi.

Die Reisenden stiegen aus und befanden sich in einem Haufen Eingeborener, größtenteils von ziegelroter Farbe, welche in den heißen Strahlen der Mittagssonne brieten und sich dabei ganz wohl zu befinden schienen. Braten konnte man diese Existenz wohl nennen, denn nicht nur befanden sie sich den glühenden Strahlen der Sonne ohne allen Schutz ausgesetzt, sondern sie waren auch hinlänglich mit Fett begossen, um mürbe, wenn auch vielleicht nicht schmackhaft zu werden. Die Leute waren hier des Handels wegen versammelt, aber sie hatten doch nicht unterlassen können, sich aufs köstlichste zu schmücken. Wer nur reich genug war, um es zu bezahlen, hatte sich ganz mit rotem Ocker oder Mennige bestrichen, ein teurer Handelsartikel, also ein sehr kostbares Kleid. So geschmückt besuchten sie, wenn das Wetter günstig war, d. h. wenn die Sonne zur Genüge brannte, den Bazar, um unter einem Lärm, welcher mehrere Meilen in der Runde hörbar war und unter der Entwickelung eines ammonialkalischen Geruches, wie ihn Cäsar schwerlich empfand, wenn ihm das Volk im Amphitheater zujauchzte, ihre Hammel, ihre Hühner, ihre Fische zu verkaufen, wobei nicht selten Zank und Streit und infolge deſſen einige kleine Mordthaten ſich begeben, die dann einen Krieg der verſchiedenen Stämme unter einander zur Folge haben.

Die Bewohner dieſer Gegenden haben ganz eigene Anſichten von Schönheit, welche, wie es ſcheint, von beiden Geſchlechtern geteilt werden. Daß ſie ſich rot bemalen und von Öl triefen, wiſſen wir bereits, aber ſie ſcheeren ſich auch ſtellenweiſe das Haupt, oder auch ganz und gar, oder ſie bilden ſich von geſchorenen und nicht geſchorenen Stellen erhabene oder flache Diademe, oder Calotten, oder Tonſuren, andere flechten ſich dürftige Zöpfchen, welche ſtramm in die Höhe ſtehen, noch andere ſetzen ſich mehr oder minder ſchmale Trichter auf das Haupt, kurz, es iſt erſichtlich, daß ſie ſich ſehr wohl auf Verzierung ihres Körpers verſtehen, aber das Glänzendſte und Vortrefflichſte ſcheint ihnen die Verzierung mit weißer Farbe. Während der ganze Körper rot iſt, oder ſchwarz, wenn ſie nicht reich genug ſind, um die rote Farbe zu bezahlen, alſo leider ſich ſo tragen müſſen, wie die Natur ſie geſchaffen hat, wird der Kopf und das Geſicht mit Kreide ſchneeweiß angeſtrichen, geradezu damit bedeckt, bekleckt, was dann, wie Burton verſichert, ihnen ein ebenſo häßliches als groteskes Anſehen giebt. Der Reiſende thut ſehr Unrecht, dies zu ſagen, er ſpricht damit nur ſeinen eigenen ſchlechten Geſchmack aus; würde das nicht ſchön ſein nach den Begriffen der Bewohner von Ujyi, ſo würden ſie ſich nicht auf ſolche Weiſe zu ſchmücken ſuchen.

Der Name Ujyi bezeichnet übrigens auch das Land, dasſelbe umfaßt dasjenige Gebiet, was nördlich von der Route Burtons und nördlich von dem Fluſſe Malagarazi liegt.

Kleider ſind bei dieſen Leuten im allgemeinen nicht üblich, nur die Reicheren verſchaffen ſich dieſe Unbequemlichkeit, indem ſie grobe, aber grell gefärbte Baumwollenzeuge von den Reiſenden erhandeln. Einige Männer tragen Felle von Tieren, einige Frauen tragen Schürzen von dem Baſt verſchiedener Bäume oder daraus geflochtene Matten, immer aber ſind dieſe durch das ſehr dunkle Cocosöl gelb gefärbt und mit ſchwarzen Streifen, welche man mit Kohle darauf gezeichnet und eingerieben hat, verziert. So ſtellen ſie ein Tigerfell vor, oder ſie ſind eine Entſchuldigung für ein mangelndes Tigerfell. Meiſtenteils aber gehen die Leute ganz unbekleidet, was ihnen ſchon deshalb beſſer paßt, weil ſie dann nicht nötig haben, ihre Kleidungsſtücke zu reinigen; ſie ſind überhaupt keine Freunde vom Waſchen, es möge ſich dabei um den eigenen Körper oder um das gedachte

Kleidungsstück handeln. Ist dies letztere wirklich so weit gediehen, daß sie selbst zu der Überzeugung kommen, es nun nicht mehr in dem Zustande tragen zu können, in dem es vor ihnen liegt, so können sie sich doch nicht entschließen, es zu waschen, sondern sie fetten es mit Öl ein und kratzen nachher den aufgeweichten Schmutz mit Holzspähnen ab.

Ein ihnen allen angehöriges Stück — wie soll ich es nennen? der Bekleidung? des Schmuckes? des täglichen Gebrauchs? jedenfalls aber einen Gegenstand, den sie nicht entbehren können — ist eine starke Klammer oder Klemme, welche einen ganz sonderbaren Zweck hat.

Die Leute sind übermäßig dem Tabakschnupfen ergeben, aber sie schnupfen nicht auf unsere Weise. In einem kleinen ausgehöhlten Horn befindet sich der geriebene Tabak, in einem anderen, etwas größeren, befindet sich Wasser, und ohne diese beiden verläßt kein Eingeborener seine Hütte. Wenn sie schnupfen wollen, so gießen sie etwas Wasser in die hohle Hand, rühren da hinein den erforderlichen Tabak und ziehen die so vorbereitete Flüssigkeit in ein Nasenloch, halten es dann mit dem Finger zu und ziehen den Rest in das andere Nasenloch, es gleichfalls mit dem Finger schließend. Nun kommt die Klemme. Die beiden Schenkel derselben werden geöffnet, und sie wird über die Nase geschoben, so daß dadurch die beiden Öffnungen derselben fest geschlossen werden; auf diese Weise genießen die guten Leute das unbezahlbare Kraut, und sie lassen die Klemme auf der Nase sitzen, bis das durch den Tabak erzeugte Kribbeln vollständig erschöpft ist. Man sieht, daß auf solche Weise viel mehr genossen wird, als wir im stande sind, unserem Produkte abzugewinnen.

Rund um den großen See wohnen eine Menge verschiedener Völkerschaften, welche behaupten, daß sie sich auf das deutlichste von einander unterscheiden, allein Burton und Speke behaupten, daß sie fast gar nicht verschieden von einander seien, und daß ihre Sitten und Gebräuche so ähnlich sind wie ihre Namen, die sämtlich mit einem U anfangen — Ugoma, Ukuha, Ukate, Urundi, Ubunha, Utowe, Utembe u. u.

Die Leute sind beinah Amphibien; sie können ohne Beschwerde Stunden lang im Wasser bleiben, indem sie gleich den Seehunden bald hoch, bald tief schwimmen, bald senkrecht stehen, eine Gelenkigkeit und eine Kraft entwickeln, welche an das Unglaubliche grenzt, aber obwohl ihnen all dergleichen bis auf die ermüdendste Arbeit durchaus nicht schwer zu werden scheint, so thun sie doch nicht den geringsten Dienst, ohne sich denselben unverschämt bezahlen zu lassen. Unter einander scheinen sie nicht höflich umzugehen, wiewohl sie außer dem Hause ein gewisses Ceremoniel zu beobachten pflegen. Sie fassen sich bei der Begegnung bei den Armen und scheuern sich an einander wie Schweine an einem Zaunpfahl, wobei ein jeder dem andern zuruft: „Wie befindest Du dich, wie befindest Du dich!" Im andern Falle beugen die einander begegnenden Frauen die Kniee bis zur Erde und wiederholen solche stumme Verbeugungen. Die Kinder sind wahrhaft abscheulich, sie sind häßliche, fratzenhafte Nachahmungen ihrer Eltern und verschmähen jede Civilisation, sind untereinander in fortwährendem Zank und Hader, sie beißen sich mit den Zähnen und kratzen sich mit ihren krummen Klauen wie boshafte Katzen; auch zwischen Eltern und Kindern sah Burton keine andere Art von Verkehr, als daß sie einander kniffen, bis es blaue Flecke gab, oder sich bis aufs Blut kratzten.

Der Trunk oder der Genuß des berauschenden Hanfes ist ein auf die erschreckendste Weise verbreitetes Laster. Nirgends sieht man so viele schwankende und taumelnde Gestalten mit schwerer Zunge lallend, wie hier; diese Creaturen nähern sich mehr den Tieren als den Menschen.

Nach Zimmermann und Burton.

7. Zusammentreffen Stanleys mit Livingstone am Tanganyika-See.

Nicht weniger als 236 Tage waren verstrichen, seitdem Stanley von Bagamoyo an der Ostküste Afrikas in das Innere des Landes aufgebrochen war. Die „New-York-Herald-Expedition", wie sich die von dem kühnen Reisenden geführte Kolonne von eingeborenen Trägern nannte, hatte sich unter den manigfachsten Abenteuern durch die zwischen der Küste und dem Tanganyika-See liegenden Gebiete hindurchgeschlagen, und am 10. November 1871 glücklich einen Hügel erreicht, von dessen Spitze aus sie durch das dunkle Laub der Bäume die Wasserfläche des von Speke und Burton 13 Jahre früher entdeckten Sees schimmern sahen. Es war ein entzückender Anblick. Gleich geschmolzenem Silber breitete sich der Tanganyika zu ihren Füßen aus; duftige, blaue Berge umsäumten den Horizont, Palmenwälder spiegelten sich in den Fluten, über dem herrlichen Landschaftsbilde wölbte sich das reine Azur des afrikanischen Himmels. Burton und Speke hatten diesen Anblick einst ebenfalls genossen; aber der eine derselben war damals halb lahm, der andere halb blind infolge der ausgestandenen Strapazen, Stanley dagegen gesund wie ein Fisch im Wasser. Mit vollen Zügen genossen alle das lang ersehnte Schauspiel. Dann brach die Expedition wieder auf, um ein paar Stunden später ihren feierlichen Einzug in Ubschibschi, dem vielgenannten arabischen Handelsplatze am Ostufer des Tanganyika, zu halten. Mit flatternden Fahnen, unter wiederholten Flintensalven näherte sich die Schar dem Dorfe. Staunend erblickten die herausströmenden Bewohner des Handelsplatzes, die Wajiji, Wanyamwezi, Wangwana, Warunbi, Waguhha und Araber das von einem riesigen Kerl getragene Sternenbanner der Vereinigten Staaten. Bald aber erinnerte sich deren einer, der auch schon einmal in Zanzibar gewesen war, daß er diese Flagge auf dem dortigen amerikanischen Consulate hatte flattern sehen, und sofort hallt ohrenbetäubend der Ruf durch die Menge: Bindera Kisungu — die Flagge eines Weißen, Bindera Merikani — die amerikanische Flagge! Dann begann ein Händeschütteln und Bewillkommnen, das kein Ende nehmen wollte. Mitten in diesem Gedränge vernimmt Stanley plötzlich die Worte:

„Good morning, sir!"

Verblüfft schaut er um sich, und vor ihm steht, mit dem schwärzesten aller Gesichter, ein mit einem langen weißen Hemd und einem Turban aus amerikanischem Zeug bekleideter Mensch.

„Who the mischief are you?" (wer zum Kukuk bist du?) fragte Stanley erstaunt.

Ich bin Susi, Livingstones Diener, replizierte der Schwarze lächelnd, und zeigte eine Reihe glänzend weißer Zähne.

„Was, ist Dr. Livingstone hier?"

„Ja, mein Herr."

„In diesem Dorf?"

„Ja, mein Herr."

„Bist Du dessen ganz sicher?"

„Ganz sicher, mein Herr. Komme ich doch soeben von demselben."

„Und ist der Doktor gesund?"

„Nicht so ganz, mein Herr."

„So lauf' denn und sage dem Doktor, ich komme."

„Ja, mein Herr," und Susi rannte auf und davon wie ein Toller.

Mittlerweile war die Menge immer dichter geworden, so daß Stanley mit seiner Schar kaum mehr vorwärts kam. Endlich erblickte er in einem Halbkreise von arabischen Magnaten einen weißen Mann mit grauem Bart, der ein blaues Käppi mit Goldborte, ein Camisol mit roten Ärmeln, und graue Beinkleider trug. Es war Dr. David Livingstone! Wie gern wäre Stanley dem längst Gesuchten freudetrunken um den Hals gefallen. Livingstone war jedoch ein Engländer und Stanley erinnerte sich dessen, wie Engländer selbst in fernen Ländern gelegentlich sehr steif sein können. Erzählt doch der Historiker Kinglake in seiner Reisebeschreibung „Erthen", wie er, ferne von der Heimat, in einer Wüste Palästinas einen seiner Landsleute begegnete. Je näher sich die beiden kamen, desto brennender wurde für Kinglake die Frage, ob und wie sich zwei Gentlemen, die einander noch nie vorgestellt worden waren, grüßen sollten. Hätte der unbekannte Landsmann zuerst das Schweigen gebrochen, so würde auch er mit tausend Freuden geplaudert haben; aber derselbe schwieg, und so kam es, daß die beiden Söhne Albions sich damit begnügten, durch Abnehmen des Hutes sich ihre gegenseitige Ehrerbietung zu bezeugen, und dann — schweigend an einander vorübereilten.

Etwas weniger steif, aber immer noch kühl genug, war die Begrüßung der beiden großen Afrikaforscher.

Dr. Livingstone, I presume (denke ich), begann Stanley, indem er festen Schrittes zu Livingstone herantrat und seinen Hut abzog.

„Yes," antwortete der also Angesprochene gütig lächelnd, indem er seine Mütze ein klein wenig lüftete.

Auch Stanley bedeckte jetzt wieder sein Haupt, dann reichten sich beide die Hände, und Stanley sagte mit lauter Stimme:

„Ich danke Gott, Doktor, daß ich Sie sehen durfte."

„Ich bin dankbar," antwortete Livingstone, „daß ich Sie hier bewillkommnen darf."

Das war der erste schwache Ausdruck dessen, was in jenem Augenblick der beiden Männer Herzen bewegte. Hinter dem seltsamen Gemisch von Verlegenheit und falschem Stolz, welches in den ersten Worten Stanleys zu Tage tritt, barg sich eine ganz unbändige Freude, denn der glückliche Finder hätte sich am allerliebsten in die Hand gebissen, oder einen tollen Luftsprung gemacht, um seine mächtige

Gefühlsbewegung zu besänftigen. Livingstone selbst aber dankte in demselben Augenblick Gott inbrünstig für die wunderbare Hilfe, die ihm in dem amerikanischen Reporter zu teil geworden. War er doch damals, wie er in seinem Tagebuch schreibt, ganz in der Lage jenes Mannes, der zwischen Jerusalem und Jericho in die Hände der Räuber gefallen war. An Körper und Geist gebrochen, von seinen schwarzen Begleitern bis auf wenige treue Diener schmählich verlassen, von den arabischen Kaufleuten hintergangen, belogen und betrogen, von fast allen Subsistenzmitteln entblößt, weilte Livingstone seit fast vier Monaten in Ubschibschi. Die Not war aufs höchste gestiegen, da erschien Stanley dem Kranken wie ein Engel vom Himmel.

Kaum waren dann die beiden Glücklichen aus der schwarzen Umgebung heraus in Livingstones Hütte getreten, wo sie kein Etikettenzwang mehr genierte, so schlossen sich die Herzen gegen einander auf, und des Fragens und Antwortens war kein Ende bis in die tiefe Nacht hinein. Was konnte doch Stanley dem Manne alles erzählen, der seit Jahren von der Welt Lauf nichts mehr gehört hatte. Stanley berichtete von der Eröffnung des Suezkanals, der Vollendung der Pacificbahn, dem Sturze der Königin Isabella, er erzählte, wie deutsche Soldaten vor Paris standen, wie der „Schicksalsmann" ein Gefangener auf Wilhelmshöhe war, wie die Königin der Mode und Kaiserin von Frankreich, Eugenie, hatte fliehen müssen, er erzählte von Bismarck und Moltke und tausend anderen Dingen, und Livingstone hörte zu mit jenem Interesse, welches sich bei civilisirten Menschen insgemein dann einzustellen pflegt, wenn dieselben ein paar Jahr lang keine Zeitungen mehr unter die Hände bekommen haben.

Stanley selbst hat uns diese denkwürdige Nacht mit wunderbarer Anschaulichkeit geschildert in seinem Werke „How I found Livingstone", dem seltsam genug erst sechs Jahre nach seinem Erscheinen, im Jahre 1878, die Ehre wiederfuhr, ins Deutsche übersetzt zu werden, während in dem gleichen Zeitraum viele Dutzende der elendesten Romane mit Beschleunigung in die Sprache des Volkes der Dichter und Denker übertragen wurden, ein neuer Beweis dafür, wieviel leichter es dem litterarischen Schunde im Gegensatz zu wirklich gediegener Lektüre wird, in unserem hochgebildeten Säculum sein Fortkommen zu finden.

Gustav Peyer.

Die Erschließung Central-Afrikas. Basel, Detloff 1881.

8. Unter den wilden Massai in Deutsch-Ostafrika.

Tägliche Lebensweise auf dem Marsche. — Unter den wilden Massai. — Kriegstänze. — Beständige Lebensgefahren. — Thomson als weißer Zauberer.

Es dürfte angezeigt sein, dem Leser eine Vorstellung von unserer täglichen Lebensweise zu geben. Es war anerkannte und unverletzliche Regel, auf dem Marsche zu sein, bevor die Sonne sich über den Horizont erhob. Beim frühesten Zeichen der Dämmerung, häufiger noch beim ersten Krähen der verschiedenen von der Karawane mitgeführten Hähne, taumelten wir aus dem Bett, tauchten das Gesicht in kaltes Wasser, und wenn die Gegenstände gerade sichtbar wurden, saßen wir draußen beim Frühstück, während die Askari das Zelt abschlugen, das Feldbett aufrollten und alles marschfertig machten. Für das Frühstück wurde nur wenig Zeit bestimmt, und wenn das Karmoisinrot des Morgenhimmels in goldigen Glanz überging, wurde das Zeichen zum Aufbruch gegeben.

Ich selbst gehe voran mit dem Vortrab, das Lager liegt hinter uns, und in der frischen, kräftigen Morgenluft eilen wir lustig vorwärts. Um diese Zeit haben die Leute einen kapitalen Schritt und jeder sucht in freundschaftlichem Wetteifer an die Spitze zu gelangen. Wie die Sonne jedoch höher steigt, stimmt sich ihr Enthusiasmus herunter. Die Schwachen und Faulen beginnen hinten zu bleiben und bald sieht man sie hier und dort ihre Lasten abwerfen, sei es um auszuruhen, sei es unter dem Vorwande etwas in Ordnung zu bringen. Marodieren wird jedoch nicht gestattet und die Rast darf immer nur kurz sein. Jedermann weiß, daß einschlafen soviel heißt als rascher Tod durch den Speer eines Massai. Martin bewacht den Nachtrab unserer Abteilung und sieht dort nach dem Rechten, während ich vorn meine Messungen und sonstige Beobachtungen anstelle und wenn möglich übermütige Rhinoceros und Büffel schieße und so gleichzeitig Gefahren beseitige und den Topf fülle. An die Wildnis werden wir übrigens gründlich erinnert, wenn wir die hungrigen Leute wie gefräßige Hyänen über das Wild herstürzen sehen, um mit Messerhieben und unter zänkischem Geschwätz sich die fetteren oder zarteren Teile zu sichern. Verwundungen sind nicht ungewöhnliche Vorkommnisse, und häufig muß unter dem sechtenden Pack durch die drohend aufgehobene Rute die Ordnung wiederhergestellt werden, zumal jeder weiß, daß Drohungen niemals umsonst ausgestoßen werden.

Zwei Stunden nach dem Abmarsch aus dem Lager wird Halt gemacht, damit die lange Reihe sich wieder eng anschließe, denn jetzt bei sich erwärmender Atmosphäre beginnen die Massai zu erscheinen. Von allen Seiten werden wir begrüßt mit „Schore! Schore!" (Freund). Ich persönlich werde mit „Leibon!" (Medizinmann) begrüßt, was ich mit einigen unartikulirten Töne erwiedere, um zu verstehen zu geben, daß ich ganz Ohr bin. „Gusak!" (Deine Hand) wird dann verlangt. Nachdem sie derb geschüttelt ist, kommen wir zu einem neuen Abschnitt in der förmlichen Begrüßung mit dem Worte „Sobai?" (Wie geht es Dir?), worauf ich antworte „Ebai!" (Gut!), dann läßt der Besucher seinen Begrüßungen einen Zusatz folgen, indem er fragt „Jogon? maschetan!" (Hörst Du? Eine Perlenschnur!), und ohne Zaudern wird eine solche dem reckenhaften Bettler überreicht. Mehr Vergnügen macht es, unter Begleitung freundlichen Lächelns die „Ditto" zu begrüßen, und zwar auch in anderen Worten als für Männer passen — („Tagirenja!" worauf sie „Eo!" antwortet). Abgesehen von der Begierde nach Geschenken, empfangen uns die Massai mit aristokratischer Würde. Sie laufen nicht wie in den südlicher gelegenen Ländern ängstlich beiseite, noch rennen sie unter rohem Gelächter und gemeinem Geschrei nebenher. Ruhig beobachten sie uns, neugierig ohne allen Zweifel, verbergen aber ihre Gedanken unter einer anscheinend gleichgültigen Miene.

Um Mittag wird der zum Lager ausersehene Platz erreicht. Jeder Händler sucht sich eine passende Stelle, und großes Rennen und Laufen findet statt um den Platz unter schattigen Bäumen oder um andere begehrenswerte Stellen. Der erste Mann, welcher eine geschützte Lokalität erreicht, sichert sich seine Ansprüche, indem er sie mit seiner Flinte oder einem andern Gegenstande belegt, und dann wird ihm niemand sein Recht streitig machen. Muhinna war hierin groß; er schien instinktiv die wohnlichste und traulichste Ecke zu erkennen, und verstand den Kniff, dort zuerst anzukommen. Wenn jeder im Lager ist, werden die Güter eines jeden Händlers aufgestaut und mit Fellen oder sonstigen Gegenständen bedeckt, um sie vor den spähenden Augen und diebischen Fingern der Massai zu behüten. Wachen werden ausgestellt und ohne Zeitverlust gehen die Männer mit Axt und Gewehr hinaus, dornige Akazien umzuhauen, um eine starke Boma oder Umzäunung herzustellen. Die Flinte wird für alle Fälle fertig gemacht, während kräftige Hiebe sich gegen die Stämme richten, und bald liegen die Bäume da, um weiter behandelt oder im laut schallenden Chor von Scharen der Leute nach den abgesteckten Linien geschleppt zu werden. Martin überwacht diese Arbeiten, während ich neben unserm mächtigen Warenhaufen Stellung nehme, mich den Blicken der Eingeborenen preisgebe und mit einer Tasse Kaffee labe, gewöhnlich in Gesellschaft von Jumba, der sich darauf versteht, in solchen Augenblicken heranzulavieren.

Während die Arbeiten fortschreiten, erscheinen verschiedene Banden El-Moran von allen Seiten her, strahlend in einem neuen Überzieher von Lehm und Fett, mit großen Speeren in der Hand, die in den Strahlen der Sonne funkeln, und mit Schilden, welche die Wappen der besonderen Distrikte oder Anführer in neuer Ausrüstung tragen. In der Nähe des Lagers vollführen diese Krieger eine Menge militärischer Bewegungen zum Beweise, daß sie einige Anfangsbegriffe militärischer Kunst und des Wertes der Zucht und der einheitlich geschlossenen Thätigkeit besitzen. Darnach thun sie sich zusammen, stecken ihre Speere in den Boden, lehnen die Schilde dagegen und vollführen sodann einen besondern Tanz. Ein Krieger hüpft einige Schritte vorwärts; dann springt er mit strammgehaltenem Körper, die Waffen an der Seite festnehmend und ohne die Kniee zu beugen, verschiedene Mal gerade aufwärts und wirft gelegentlich mit einem plötzlichen Ruck das lange Haar des Hinterkopfes sich über die Stirn. Während einer von ihnen diesen Tanz ausführt, singen die anderen mit den ernsthaftesten Gesichtern der Welt einen lächerlichen Willkommengesang (nämlich zur Plünderung!). Die Verzerrungen ihrer Gesichter und ihr sonstiger tiefer Ernst vereinigen sich zu einem unbeschreiblich komischen Bilde.

Nachdem der Tanz vorüber ist, sind sie bereit, zum Geschäft überzugehen. Die hauptsächlichsten Redner auf beiden Seiten tauschen erst wohlgesetzte Begrüßungen aus. Diesem folgt eine langbrähtige Erörterung über die angemessene Höhe des zu zahlenden Tributs. Bis die Hongofrage entschieden ist, wird die Umzäunung fertig, und wir sind geschützt vor jeder ernsten Gefahr, obgleich die Verdrießlichkeiten erst jetzt beginnen. Die Zelte sind aufgeschlagen und eine zweite Dornenhecke ist um sie angelegt, welche nur eine kleine Stelle offen läßt. Diese wird von zwei Askari bewacht, welche mit freundlichen Manieren und süßen Worten die Schrecken eines Einbruchs der Massai zu mildern bemüht sind. Alle solche Versuche sind freilich in der Regel umsonst, denn keiner wagt Hand an einen Krieger zu legen, der sich in den Kopf gesetzt hat, mich und meine Sachen zu sehen. Mit der größten Unverschämtheit stößt er die Wache beiseite, macht sich breit und läßt sich gehen, kommt mit einer „Gott grüß dich Junge, schmeckt das Pfeifchen!"=Arie auf mein Heiligtum zu und setzt sich mit seiner übelriechenden fettstarrenden Person auf mein Bett oder was sonst seinen Bequemlichkeitsgelüsten zusagt. Förmlich selbst in seiner Anmaßung, pflegt er dann mich zu grüßen und bittet um einige Perlen. Diese gebe ich ihm in größter Eile, damit er sich nur rasch wieder entferne. Nachdem ich endlich seinem unverschämten Gaffen alle Wunder meines Zeltes und meiner Person preisgegeben habe, komplimentiere ich ihn hinaus, nicht ohne daß er einige übelriechende Erinnerungen an seine Gegenwart zurückläßt. Die unwürdige Behandlung, die wir zu erdulden haben, ist geradezu unbeschreiblich. Hätte ein Krieger mich bei der Nase zupfen wollen, so hätte es keine Hilfe dagegen gegeben; und hätte er mich „auf die rechte Backe geschlagen", so hätte ich, gehorsam den Worten des Evangeliums, ihm auch noch in aller Unterwürfigkeit „die linke anbieten" müssen. Dank meinem Rufe als Medizinmann kamen solche Dinge indessen bei mir nicht vor. Aber vom Morgen bis zum Abend wurde ich wie eine „Ausstellung" betrachtet, und mußte stets bereit sein, an die kriegerischen Bettler meine Perlen zu verschenken, — denn eine Weigerung durfte man sich gar nicht träumen lassen. Kein Mann wagte seine Flinte wegzulegen oder etwas frei liegen zu lassen. Nur in großer Zahl durfte man Wasser holen oder Brennholz sammeln gehen. Das Lager wurde beständig in Unruhe erhalten, die sich zuweilen steigerte, wenn ein Massai gewaltsam Hand an etwas legte, was selbst mitten im Lager oft geschah, und damit ins Freie wollte. Dank unserer Vorsicht gelang es ihnen selten; aber sonst war es unmöglich, es wieder zu erhalten, da kein Mensch an den Dieb herankommen konnte; man durfte ihn nicht einmal aus dem Lager ausschließen, ohne das Leben zu gefährden.

Gegen Sonnenuntergang pflegen sich die Krieger in ihre Dörfer zurückzuziehen, so daß man einigermaßen wieder aufatmen kann. Das Thor wird geschlossen und eine Wache daneben aufgestellt. Dann durfte man die Gewehre weglegen, Feuer anzünden und die Mahlzeit bereiten. Die Zungen lösten sich und eine allgemeine Heiterkeit trat ein, als wäre eine große Last von uns genommen. Dann und wann wurde es still, wenn ein Herumstreicher der Massai von der Wache angerufen oder ein Gewehr abgefeuert wurde, um ihn fortzujagen. Das Geräusch des Lagers erreichte seinen Höhepunkt drei Stunden nach Sonnenuntergang und nahm dann allmählich ab, wenn die von der Arbeit und Last des Tages ermüdeten Träger, vollgegessen bis zum Rande, einer nach dem andern sich schlafen legten und nachher nur noch das häßliche Lachen und Heulen der Hyänen, das gelegentliche Brüllen der Löwen und das Bellen der Schakale durch die klare mitternächtliche Luft ertönte.

Einige Tage nachher verfiel Thomson auf ein Mittel, sich bei den Massai als weißer Zauberer in Respekt zu setzen und sich dadurch vor Todesgefahr zu sichern. „Ich erzählte ihnen, daß ich der weiße Leibon der Lajomba (Suaheli) sei, daß ich das Land besuche, um durch meine geheimen Mittel für die Händler die Stellen ausfindig zu machen, wo man Elfenbein kaufen könne. Mbaratien (ihr Haupt-Leibon) sei ein Stümper im Vergleich mit mir. Es könne ja doch kein großer Medizinmann eine Haut gleich der meinigen haben oder solches Haar wie ich? „Nun, bu da!" sagte ich, „komm heran, und ich will dir deine Nase abnehmen und wieder ins Gesicht setzen. Komm her, du brauchst nicht bange zu sein. Ah! du willst nicht! Sehr gut. Nun sich einen Augenblick her und ich will dir etwas Neues zeigen. Du siehst meine Zähne? Höre, wie fest sie sind." (Dabei klopfte ich mit meinen Nägeln dagegen.) „Ihr seht, es ist kein Betrug dabei. Nun wartet einen Augenblick, bis ich den Kopf wegbreche. Da seht, weg sind sie!" Jetzt schauderte aber jedermann in höchster Verwunderung und die ganze Gesellschaft war auf dem Punkte zu fliehen. Sie beruhigend, drehte ich noch einmal den Kopf herum, brachte die Zähne im Nu wieder in Ordnung und unter vielen freundlichen Verbeugungen vor meinen verwunderten Zuschauern klopfte ich noch einmal an meine Zähne. Der freundliche Leser möge nämlich wissen (im tiefsten Vertrauen natürlich), daß ich ein paar künstliche Zähne habe, welche zu dieser Zeit wirklich Goldes wert waren. Ich hantierte deshalb zum Staunen der Massai in angegebener Weise mit ihnen, und weil sie glaubten, ich könne das Gleiche mit meiner Nase oder den Augen thun, so riefen sie mich sofort als den leibhaftigen „Leibon n'bor" (weißer Medizinmann) aus. Josef Thomson.[*]

Durch Massai-Land. Forschungen in Ostafrika.
Aus dem Engl. von W. von Freeden. Leipzig, Brockhaus 1885.

---

[*] Thomson hat 1883 und 1884 zuerst das Land der berüchtigten und gefürchteten Massai (1° N — 5° S) von Mombas bis zum Kenia (18400 Fuß),

9. Die ostafrikanischen Karawanen.

Die Wege in Ostafrika und deren Beschwerlichkeiten. — Die Träger-Karawanen im Innern. — Charakteristik des Pagazi. — Eine Unyamwezi-Karawane. — Eine Suaheli-Karawane.

Gebahnte und geebnete Wege, durch Arbeit und Kunst hergestellte Straßen sind in Ostafrika durchaus unbekannt. Man hat nur schmale Pfade, die wenige Spannen breit durch den Fuß der Menschen und Tiere in den Boden getreten werden. Während der Regenzeit verschwindet ein solcher Pfad, „er stirbt aus", wie die Afrikaner sagen, indem er von Gras überwuchert wird. In den Wüsten und offenen Gegenden laufen oft mehrere solcher Pfade neben einander her; in Buschwäldern sind sie eigentlich nur Gänge, Tunnels unter Dornen und Baumzweigen, und der Träger hat große Not, mit seiner Ladung hindurch zu kommen. In angebauten Gegenden findet man sie zuweilen durch eine Art von Hecken, Baumstämme, die querüber gelegt werden, und dann und wann durch eine Art Pfahlwerk versperrt. Etwa ein Fünftel der Wegstrecke muß man in offenen Gegenden auf die Krümmungen rechnen, auf anderen Strecken manchmal zwei Fünftel oder die Hälfte. In Uzaramo und Khutu gehen die Wege durch hohes Gras, das nach Regengüssen sich niederlegt und in der trockenen Jahreszeit versengt am Boden liegt. Andere Pfade ziehen die bestellten Felder entlang, oder durch Flüsse, deren Wasser dem Wanderer zuweilen bis an den Leib und an die Brust reicht, durch Moräste oder tiefe Wasserlöcher. In Usagara ist das Erklimmen der Bergstufen ungemein schwierig, wegen der tiefen Betten trocken liegender oder nasser Gießbäche, steiler Anhöhen, die wie Leitern ansteigen und an denen der Fuß auf Steingeröll oder verflochtenen Wurzeln ausgleitet; dort müssen die Esel allemal entlastet werden.

Nicht minder unangenehm und beschwerlich sind solche Wege, welche an den Ufern der zahlreichen Flußbette und durch Dorngestrüpp am Fuße der Hügel hinlaufen. Von Usagara bis zum

---

Baringo-See und Victoria-Njansa zweimal durchzogen. Vom Kilima-Ndjaro (17 000') an durchwanderte er eine Reihe von Bergketten von 6 500—13 000' Höhe, in beständiger Lebensgefahr. Möchte der kühne Engländer, der bis zum Alter von 26 Jahren bereits drei Forschungsreisen in das Innere von Afrika unternommen hatte, unter uns Deutschen recht viele Nachahmer finden. Das vortrefflich übersetzte Werk ist reich an interessanten ethnographischen, geologischen und botanischen Einzelheiten und vorzüglich illustriert. B.

westlichen Unyamwezi zieht der Pfad hauptsächlich durch solche Dorngebüsche und dünne Wälder, in welchen die Bäume am Wege angebrannt oder entrindet worden sind. Hügel kommen auf dieser Strecke nicht vor, aber nach langen Regen hat sie überall Moräste. Als Wegweiser dienen Pfähle, zerbrochene Töpfe und Kalebassen, Hörner und Schädel von Tieren, Nachahmungen von Bogen und Pfeilen, die dorthin zeigen, wo Wasser ist, und ausgehülsete Durrakolben. Manchmal wird auch ein junger Baumstamm über den Pfad hin gebogen, oder ein anderer eingegraben, den man mit einem Graswische, Schneckenhäusern oder dergleichen verziert. Wo mehrere Straßen zusammentreffen, werden die, welche man nicht einschlagen soll, mit einem Baumzweige oder Strichen bezeichnet, die man mit dem Fuße zieht. Am allerschlechtesten sind die Wege im westlichen Uvinza und in der Nähe von Ubschibschi, denn sie führen abwechselnd und oft beinahe gleichzeitig durch Schlamm und Morast, Flüsse und Bäche, Dorngestrüpp und Gras, über unebenen Boden und an steilen Abhängen hinauf oder hinab. Die Furten sind selten mehr als brusttief. Nur über zwei Flüsse, den Mgeta und den Rugumu, sind Baumstämme gelegt, die ganz rohe Brücken bilden; etwas weiter aufwärts kann man aber beide durchwaten. Nur allein der Malagarazi ist auch in der trockenen Jahreszeit so tief, daß man nur vermittels einer Fähre hinübersetzen kann. In den bevölkerten Gegenden hat man Kreuzwege, und wo sie nicht vorhanden sind, ist das Gebüsch oft so dicht, daß nur Elefant und Rhinoceros hindurchbringen können. Eine Schar tüchtiger Arbeiter würde dort eine Woche lang vollauf zu thun haben, um einen Weg für einen einzigen Tagmarsch zu bahnen.

In Zanzibar wird behauptet, im Innern gebe es keine Karawanen. Das ist ganz richtig, wenn man damit den Begriff von Kamelen und Maultieren verbindet, wie in Arabien und Persien, paßt aber nicht, wenn man eine Schar von Leuten, welche des Handels wegen reisen, als Karawane bezeichnet, und das Letztere muß man doch, denn Kamele sind ja nicht etwa die Hauptsache. Die Wanyamwezi kommen seit undenklichen Zeiten an die Küste hinab; manchmal und zeitweilig ist eine Straßenlinie durch Krieg oder infolge von Blutfehden verschlossen gewesen, dann aber wurde stets eine andere geöffnet. Ehe die Zunahme des Verkehrs die Leute bewog, als Träger in den Dienst der Handelsleute zu treten, und das geschieht erst seit wenigen Jahren, mußten die Kaufleute ihre Waren durch Sklaven befördern lassen, welche sie an der Küste mieteten, und auf der nördlichen und südlichen Route, also nach dem Nyanza= und Nyassa=See, geschieht das auch noch jetzt. Die Wanyamwezi betrachten gegenwärtig das Lasttragen bei einer Karawane als einen Beweis männlicher Tüchtigkeit, Knaben saugen die Lust zu diesem Gewerbe gleichsam mit der Muttermilch ein, Jungen von sechs oder sieben Jahren nehmen einen kleinen Elefantenzahn auf die Schulter, und man sagt von einem jungen Menschen, der nicht Lust hat, Träger zu werden, er sitze in der Hütte und brüte Eier aus. Der Pagazi ist ein merkwürdiger Mensch; beim Vermieten wird er vom Kaufmann so hohen Lohn als irgend möglich herauszudrücken suchen; dann arbeitet er um seinen Sold Monate lang; trifft er aber unter= wegs in einer heimziehenden Karawane einen Freund, der ihn zum Ausreißen beredet, so wird er ausreißen und die Früchte seiner An= strengung, den Lohn, im Stiche lassen. Man muß darum bei solchen Gelegenheiten die Träger streng überwachen. Ohne weiteres und ohne eine Veranlassung würden diese Wanyamweziträger nicht fort= laufen, weil dergleichen von der öffentlichen Meinung streng ver= urteilt wird, aber kein Kaufmann ist im stande, sich die Zuneigung dieser Leute derart zu erwerben, daß nicht gelegentlich der eine oder der andere sich entfernte. Manchmal hängt das Verbleiben der Trägerschar wie an einem Haar; es ist vorgekommen, daß sie alle bei einem sehr geringfügigen Vorwande die Ballen weggeworfen haben und abgezogen sind. Unter Umständen empfiehlt es sich, ihnen ihre Kleider mit Beschlag zu belegen und sie namentlich bei Nacht von bewaffneten Sklaven bewachen zu lassen. Doch nützen auch diese Vorkehrungen nicht immer, und ist der Flüchtling einmal über die Lagerstätte hinaus, so hält es sehr schwer, ihn wieder zurückzu= bringen. Wir haben schon bemerkt, daß es bei ihm als Ehrenpunkt gilt, das Gepäck nicht mitzunehmen; dagegen stiehlt ein Sklave, der die Karawane heimlich verläßt, allemal.

In der Kisawaheli=Sprache nennt man Karawanen Safári, vom arabischen Safar, eine Tagereise, im Innern Rugendo oder Lugendo, einen Gang. Auf den Hauptstraßen findet man fast immer dergleichen. Nach aufwärts gehen sie am liebsten in den Monaten, in welchen die große und die kleine Regenzeit schließen, also nach der Küste im Juni und September, weil dann Wasser und Lebensmittel in Menge vorhanden sind. Wer in der trockenen Jahreszeit auszieht, hat auf größere Beschwerden zu rechnen, muß für den Proviant das Doppelte, vielleicht das Dreifache zahlen, und auch darauf gefaßt sein, daß viele Träger ihm entlaufen. Aus dem Innern nach der Küste hinab gehen die Karawanen, mit Ausnahme der eigentlichen Regenzeit, immer; aber es hält schwer, die Leute von Unyanyembe zwischen Oktober und Mai zum Verlassen ihres Herdes und ihrer Felder zu bewegen. Wenn sie ihr eigenes Elfenbein fortschaffen, machen sie sich ohne weiteres auf den Weg, und die Sorge für das Feld bleibt den Weibern und Kindern, aber vom Kaufmanne verlangen sie in dieser Zeit übertrieben hohen Lohn und zaudern auch dann noch.

Die Löhnung ist verschieden und wechselt oft. An der Küste liegt manchmal eine sehr große Menge von Trägern, die alle gern so rasch als möglich in ihre Heimat zurückwollen. Dann bricht zwischen den verschiedenen Gruppen heftiger Streit aus, weil jede einzelne die anderen zurückdrängen und zuerst bei einer demnächst abziehenden Karawane in Dienst treten möchte. Als die Wanyamwezi erst anfingen sich als Lastträger annehmen zu lassen, forderten sie für eine Reise von der Küste bis in ihre Heimat den Wert von sechs bis neun Dollars in Domestics, gefärbtem Baumwollenzeug, Messingdraht und Sungomadschi, das heißt einer Glasperle von der Größe eines Taubeneies. Bald nachher fielen die Löhne, stiegen aber wieder mit dem Anwachsen des Verkehrs bis auf zehn und zwölf Dollars im Jahre 1857. Dazu kommen dann noch die Lebens= mittel, nämlich nach alter Sitte ein Kubabah, 1⅕ Pfund Getreide täglich, oder in Ermangelung desselben Maniok, Bataten und der= gleichen, und an der Grenze ein Ochse, der als Geschenk betrachtet wird. Der Lohn für eine Reise nach der Küste ist geringer, weil die Träger auf Rückfracht rechnen. Die Araber nehmen an, daß ein Träger vom Meeresgestade bis an den Tanganyika=See und wieder zurück auf etwa 20 Dollars zu stehen komme. Die Wanyamwezi lassen sich immer nur bis Unyanyembe annehmen, und dort muß man eine neue Schar mieten. Die Stärke einer Karawane hängt natürlich von den Umständen ab; manche zählen nur ein halbes Dutzend, andere dagegen einige hundert Köpfe; sie stehen jedesmal unter einem Mudewa, Kaufmann. An gefährlichen Stellen wird still gehalten, damit mehrere Karawanen sich vereinigen und dann, fünfhundert bis tausend Mann stark, einem Feind erfolgreichen Widerstand leisten können. Aber in manchen Gegenden ist für eine so große Menschenmenge nicht genug Mundvorrat herbeizuschaffen, und starke Karawanen kommen immer nur langsam vorwärts; manchmal erschöpfen sie auch das Wasser ganz und gar, so daß die nachfolgenden Not leiden.

In Ostafrika hat man dreierlei Arten von Karawanen, die eine wird ausschließlich von Wanyamwezi gebildet, die zweite von freien Suaheli, oder Jumbi, Sklavenfaktoren, im Auftrage ihrer Herren geleitet; an der Spitze der dritten stehen Araber. Der Träger, Pagazi, entspricht dem westafrikanischen Carregador. Die Wanyamwezi vereinigen sich in möglichst großer Anzahl; einige tragen ihre eigenen Güter, andere werden von kleinen Eigentümern gemietet, und alle zusammen wählen einen Mtongi, arabisch Ras Kafilah, das heißt Anführer, Obmann, Leiter. In einer solchen Unyamwezi=Karawane giebt es weder Ausreißer noch Mißvergnügte; sie kommt rasch vorwärts, die Träger sind von Sonnenaufgang bis gegen elf Uhr morgens in Bewegung, machen zuweilen auch einen Nachmittagsmarsch, und schleppen ohne Murren schwere Lasten, namentlich Elefantenzähne, an denen manchmal zwei zu tragen haben; das Elfenbein wird dann an eine Stange gebunden, und das nennt man eine Mziga ziga. Oft sind die Schultern gedrückt, die Füße wund, und die Leute gehen halbnackt, um ihre Kleider zu schonen. Decken oder Zelte haben sie nicht, sondern schlafen auf der Erde, nehmen als Geld eiserne Hacken mit, wofür sie unterwegs Korn eintauschen, oder zahlen damit den Sultanen Zwangstribut. Nur wenige haben eine Ochsenhaut zum Lager, einen irdenen Topf, einen Stuhl und einen Kilindo, das heißt Koffer von Baumrinde, in welchem sie Zeuge und Glasperlen verwahren. Bei unkräftiger Nahrung leiden sie viel von den Beschwerlichkeiten der Reise und vom Klima, manchmal brechen unter ihnen die Blattern aus, aber trotzdem kommen sie, wenn auch abgemagert, doch ziemlich wohlbehalten an der Küste an. Mit einer solchen Karawane kann ein Europäer nicht wohl reisen.

Die Träger, welche ein arabischer Kaufmann (im Kisawaheli Mtabschiri, arabisch Mundewa) mietet, werden viel besser gehalten, essen mehr, arbeiten weniger und verursachen vielerlei Umstände. Außerdem sind sie unverschämt, maßen sich an, die Zeit des Aufbrechens und der Rast zu bestimmen, und klagen stets über viele Arbeit; zu Hause müssen sie sich mit einem magern Brei begnügen, unterwegs dagegen ist ihnen auch das Beste kaum gut genug, und sie haben immer nur Essen im Kopfe und auf der Zunge. Manchmal sind sie auf Fleisch mit einer Art von Wahnsinn versessen. Vom geschlachteten Ochsen erhält der Kirangozi (Anführer der Träger) den Kopf, nachdem er Brust und Lende den Mtongi (Haupteigentümer der Waren) gegeben; das Übrige wird unter die verschiedenen Khambi, Tischgenossenschaften, verteilt. Für einen Europäer ist es auch nicht rätlich, mit einer solchen Karawane der Araber zu reisen, weil sie viel Zeit vertrödelt, ohne eigentlichen Plan bald rasch, bald langsam vorwärts geht, und auch sonst mancherlei Übelstände hat.

Anders verhält es sich mit den Handelskarawanen, welche von Suaheli, Wamrima und den Sklavenfaktoren (Funbi, etwa ähnlich wie die Pombeiros im portugiesischen Afrika) geleitet werden. Diese wissen mit den Pagazi umzugehen, und verstehen deren Sprache und Sitten. Solche Safari hungern nicht wie jene der Wanyamwezi, und prassen auch nicht wie die Araber. Unterwegs haben sie weniger Beschwerden, an den Halteplätzen richten sie sich gemächlich ein und leiden wenig durch Krankheiten. Diese Halbafrikaner hegen große Abneigung gegen die Araber und alle anderen Fremden, legen ihnen möglichst Hindernisse in den Weg, verbreiten unter den Eingeborenen allerlei nachteilige Gerüchte, verlocken die Träger und Sklaven zum Ausreißen und geben sich die größte, obwohl vergebliche Mühe, ihr altes gewinnreiches Monopol des Handels mit dem Innern zu behaupten.

Burton.

10. Leben und Treiben in einem ostafrikanischen Dorfe.[*]

Der Ostafrikaner führt ein weit behaglicheres Leben als der indische, vielgeplagte Bauer, der Reiot, und kann in dieser Beziehung den Vergleich mit der großen Masse der Landleute mancher europäischer Länder aushalten. Das gilt freilich nur von solchen Bezirken, welche nicht allzusehr durch den Sklavenhandel zerrüttet worden sind.

Zum Nachtlager dient eine Kuhhaut und man steht früh auf. Am Tage ist die Hütte kühl und ganz angenehm; beim Schlafengehen wird jedoch der Eingang zugemacht und dadurch die Luft drückend und unangenehm. In der Stunde vor Sonnenaufgang verspürt man Kälte, zündet ein Feuer an und greift sogleich zu dem unzer-

---

[*] Forschungsreisen in Arabien und Ostafrika. II. Bd. (Burton, Speke, Rebmann, Krapf.) Bearbeitet von Karl Andree. Leipzig, 1861, Costenoble.

traulichen Gefährten, der Tabakspfeife. Späterhin wird der aus Binsen geflochtene Thürvorhang weggenommen, und man geht hinaus, um sich von den erwärmenden Strahlen bescheinen zu lassen. Die Dörfer sind stark bevölkert, die Häuser stehen dicht neben einander, und die Bewohner derselben können in aller Bequemlichkeit miteinander schwatzen. Etwa um sieben Uhr ist der Thau vom Grase verschwunden, und nun treiben die Knaben das Vieh auf die Weide hinaus, um erst gegen Sonnenuntergang mit demselben zurückzukehren. Abends um acht Uhr genießt man einen Brei, der aus Durra bereitet wird; man nennt ihn Ugali; wer sich Pombe, Bier, verschaffen kann, trinkt davon von früh bis spät.

Der Mann hat nach seinem Frühimbiß die Pfeife genommen und ist zur Iwanza gegangen, einer großen Hütte, welche als Versammlungs- und Gesellschaftsort dient und wohin die Frauen nicht kommen dürfen. Dort verweilt er den größten Teil des Tages über müßig, schwatzt, lacht, schläft und schmaucht Tabak. Nicht selten vertreibt er sich die Zeit durch Spiel, denn das ist seine Leidenschaft. Sehr beliebt ist „Kopf oder Rücken", das er mit einem flachen Steine, einem runden Stück Zinn oder mit dem Boden eines zerbrochenen Topfes spielt; einige verstehen auch das Bao, welches an der Küste häufig vorkommt; es ist eine Art von Roulette, das man mit starken Marken spielt, auf Tafeln, in welchem tassenförmige Vertiefungen angebracht sind. Unter den Wanyamwezi haben sich manche durch das Spiel so sehr zu Grunde gerichtet, daß sie sich als Sklaven verkaufen mußten; andere haben ihre Mutter gegen eine Kuh oder zwei Ziegen beim Spiel eingesetzt. An Streitigkeiten und Schlägereien ist natürlich bei solchen Belustigungen kein Mangel, sie pflegen indessen unter Bewohnern ein und desselben Dorfes unblutig abzulaufen. Zu anderweitigem Zeitvertreib schnitzelt man an einem Stück Holz, bohrt Pfeifenröhre und umflicht dieselben mit Draht, schert einem Nachbar den Kopf, zieht sich auch wohl die Haare aus Bart, Brauen und Augenlidern, oder putzt an den Waffen herum.

So kommt die Mittagszeit heran und der Afrikaner schlendert nach Hause, um gegen ein Uhr seine Hauptmahlzeit einzunehmen, welche die Frau für ihn bereit hält. Indessen liebt er es doch sehr, mit anderen beisammen zu sein und läßt auch wohl die Speisen nach der Iwanza bringen, wo sich dann auch seine Knaben und einige männliche Verwandte einfinden, um an der Mahlzeit teil zu nehmen.

Dem Wilden und dem Barbaren ist das Essen die Hauptsache, sein Eins und Alles; am Tage denkt er unabläsfig daran und nachts träumt er davon. Der Magen ist sein Gebieter, und mit Mißgunst blickt er auf jeden, der mehr und bessere Speisen hat als er selber. Seine Hauptnahrungsmittel sind Fisch und Fleisch, Getreide und Gemüse; daneben genießt er Milch, Butter, Honig und einige Früchte, zum Beispiel Bananen und die Früchte der Guinnapalme; zur Berauschung trinkt er Pombe, das heißt Hirsebier, Palmwein und Mawa, das ist Pisangwein.

Der arme Mann genießt täglich Getreide, entweder Durra, Mais oder Babschri (Panicum); Weizenbrot haben nur die Araber, Reis wird nicht allgemein gebaut.

Nach der Mahlzeit streckt der Ostafrikaner sich aus, hält einen langen Schlaf, wie am Morgen, und dann raucht er, schwatzt und spielt. Gegen Abend ist alles draußen, um die Kühle zu genießen; die Männer sitzen vor der Iwanza, der Versammlungshalle; die Frauen und Mädchen holen Wasser, setzen sich dann auf kleine Stühle, schmauchen Tabak und unterhalten sich miteinander. Späterhin melkt man die Kühe, macht die Thür zu und geht schlafen; doch sitzen die Männer oft bis in die Nacht hinein um ein Feuer in der Iwanza. Diese Menschen sind noch nicht einmal so weit, daß sie einen Docht kennen oder Fett zum Brennen in ein Gefäß thun; statt der Lampen oder Kerzen bedienen sie sich eines Steckens von dem ölhaltigen Mtata- oder Msasabaume; er ist gelb und hart, hat dichtes Korn, biegsames Holz mit wenig Knoten, und wird auch zu Speeren, Bogen und Gehstöcken benützt. Solch ein Stecken brennt etwa eine Viertelstunde lang mit heller Flamme. Um Mitternacht liegen alle in tiefem Schlafe und schnarchen bis Tagesanbruch. Zur Glückseligkeit gehört ein Rausch bei Tage und Bewußtlosigkeit während der Nacht; man steht morgens früh auf, um schon nach einigen Stunden die Wonne des Schlafes wieder haben zu können.

Bei einem solchen Leben und Treiben würde ein Europäer bald zu Grunde gehen, aber jene Barbaren halten dasselbe aus. Sie haben keinen Branntwein und leiden deshalb nicht an Säuferwahnsinn, und ihr Gehirn strengen sie höchstens bei ihren Glücksspielen ein klein wenig an. Abspannung oder Anspannung der Nerven kommt bei ihnen nicht vor. Die Sommerzeit wird in vollständiger Trägheit verlebt, aber wenn der Winterregen kommt, muß man sich allerdings etwas um das tägliche Brot bemühen. Dann verläßt der

Bauer zwischen sechs und sieben Uhr morgens seine Hütte, manchmal ohne etwas genossen zu haben, weil jetzt Nahrungsmittel seltener werden; er speist erst, wenn er bis Mittag gearbeitet hat und dann wieder heimkommt. Nachmittags arbeitet er wieder ein wenig, und dabei müssen ihm die Weiber helfen. Abends gehen alle unter Gesang ins Dorf zurück.

Zur Zeit des Mondscheins ergeht es dem Afrikaner wie dem Schakal; er wird aufgeweckt und ungewöhnlich regsam. Die Mädchen werden unter Getrommel und Getöse aus den Hütten geholt, um den Tanz mit anzusehen, der übrigens nur höchst selten für beide Geschlechter gemeinschaftlich ist. Bei ihren Sprüngen sind sie allemal sehr ernsthaft, und auch von ihrer Musik läßt sich nicht viel Rühmliches sagen. Sie halten den Takt ganz vortrefflich, aber im übrigen ist es mit ihrem musikalischen Sinne schlimm bestellt; sie bringen es nicht über die einfachsten und einförmigsten Tonkombinationen hinaus, und auch in dieser Beziehung, wie in allen anderen Dingen, fehlt ihnen das Talent zum Schaffen. Doch muß hervorgehoben werden, daß sie an Harmonie ihre Freude haben; der Fischer singt zum Ruderschlag, der Träger, wenn er seine Last schleppt, die Frau, wenn sie Korn zermalmt. Manchmal sitzen die Bauern am Abend stundenlang im Kreise und wiederholen mit unablässigem Eifer immer und immer wieder ein paar Noten, die sich stets gleich bleiben, und ein paar Worte, die eigentlich nichts bedeuten. Das Recitativ wird vom vollen Chore unterbrochen, der zumeist in Dur fingt.

In die Einförmigkeit des täglichen Lebens und Treibens kommt einige Abwechslung durch häufige Trinkgelage und zuweilen durch eine Jagd. Die Gäste versammeln sich früh am Tage, und nehmen im Kreise Platz und setzen sich je zu Dreien oder Vieren dicht nebeneinander, damit die Schale besser herumgehen könne. Der Mwaubafi, der Mann, welcher dieselbe füllt und jedem einzelnen reicht, bedenkt und bedient zuerst die Häuptlinge und Ältesten, welche auch größere Gefäße erhalten als die übrigen. Der Sonso, Trinkbecher, der auch auf Reisen als Feldflasche dient, wird von den Frauen aus einer Grasart, Mawu, oder wilden Palmblättern verfertigt. Die Stengel werden gespalten und zu feinen Fäden gedrillt, welche dann von unten auf zusammengerollt, aneinandergelegt und zusammengebunden werden, so daß das Ganze einem abgestumpften Kegel oder einer türkischen Kappe, dem Fez, gleicht. Häufig wird dieser Becher mit roter und schwarzer Farbe verziert; er ist etwa fünf Zoll tief, hat sechs Zoll im Durchmesser und hält ungefähr ein Quart. Er geht unablässig in der Runde umher und niemand läßt eine Reige darin; die Zecher machen eine Pause nur, wenn sie schwatzen, lachen, eine Prise nehmen, Tabak kauen und Bhany rauchen. Auf solche Weise vertreibt man sich die Zeit wohl vier Stunden lang, und allemal so lange, bis das für ein solches Fest zubereitete Pombe zu Ende gegangen ist. Dann schwanken die Trinkbrüder mit rotunterlaufenen Augen nach Hause, um zu schlafen. Schwerlich sieht man in irgend einem europäischen Lande so viele Trunkenbolde wie in Ostafrika; auch die Weiber, welche übrigens nicht in Gemeinschaft der Männer trinken dürfen, haben ihre Pombegelage und berauschen sich.

11. Charakter der Ostafrikaner.

Dem Psychologen bietet Ostafrika ein ausgedehntes Feld für die Beobachtung. Dort findet er den Geist des Menschen noch in den Anfängen und der materiellen Natur und deren Wirkungen dermaßen unterworfen und von denselben so abhängig, daß er sich weder fortentwickelt noch zurückschreitet. Man könnte fast in Versuchung geraten, diesen Menschen eher wie eine Ausartung civilisirter Geschöpfe zu betrachten, denn als einen Wilden, welcher den ersten Schritt vorwärts thut, wenn er nicht offenbar für jede Weiterentwickelung unfähig wäre. Ihm fehlt der Ring vom echten Metall; in ihm ist kein so reiches und volles Wesen wie etwa im Neuseeländer, den man — bis auf einen gewissen Grad — erziehen und ausbilden kann. Er scheint einer jener kindischen Rassen anzugehören, die sich nie bis zum Mann emporheben, und wie abgenützte Glieder aus der großen Kette der beseelten Natur herausfallen. In ihm vereinigt sich die Unfähigkeit des Kindes mit der Unbiegsamkeit des Alters, die Unzulänglichkeit des Kindes und die Leichtgläubigkeit der Jugend mit dem Slepticismus der Erwachsenen und der Steifnackigkeit des Alters, das am Überkommenen klebt. Er hat Meer, Seeen, und wohnt in einem vielbesuchten Lande; seit Jahrhunderten steht er in unmittelbarem Verkehr mit den weiter entwickelten Anwohnern der Ostküste, und jeder hat wenigstens Araber, wenn auch nicht gerade Europäer gesehen. Und doch ist er vor der Schwelle des Fortschrittes stehen geblieben; bei ihm ist keine höhere und mannigfaltigere

Stufe der Einsicht zum Vorschein gekommen. Selbst die einfachen Wahrheiten des Islam haben keinen Eindruck gemacht auf diese Menschen, welche zwar denken können, aber alles Denken hassen, weil sie sich vollauf damit beschäftigen, ihre leiblichen Bedürfnisse zu befriedigen. Ihr Geist ist auf Gegenstände beschränkt, die sich hören, sehen und fühlen lassen; er ist in den Kreis des sinnlich Wahrnehmbaren gebannt und kann darüber nicht hinaus; auch will und mag er sich lediglich nur mit dem Augenblicke, mit der Gegenwart beschäftigen. Gedächtnis und Phantasie fehlen ihm.

Dieser Ostafrikaner erscheint, wie andere Barbaren auch, als ein seltsames Gemenge von Gutem und Bösem; aber das schlimme Element ist sorgfältig gepflegt worden, das gute gar nicht. Im allgemeinen kann man als Regel annehmen, daß der civilisirte Mensch, der höchste Typus, dem Antriebe der Verstandeskraft, der Vernunft, gehorcht; der Halbcivilisirte (z. B. die großen Völker im Osten) läßt sich von Gefühlen, Wallungen und Neigungen in einer für uns oft unbegreiflichen Weise bestimmen; der Barbar erscheint als Sklave des äußern Antriebes, der Leidenschaft und des Instinktes, die alle nur äußerst schwach vom Gefühl beeinflußt werden; er hat ganz und gar keinen Begriff von geistiger Zucht. Dem höher gebildeten Menschen erscheint er als ein der Vernunft abgekehrtes Geschöpf, ein Geschöpf, in welchem keine Logik ist, eine Masse von lauter Widersprüchen. Seine Wege sind nicht unsere Wege, seine Vernunft ist nicht wie unsere Vernunft. Er leitet Wirkungen aus Ursachen ab, die wir nicht kennen, er erreicht seine Zwecke und Ziele durch Mittel und Wege, für welche wir kein Verständnis haben; seine Kunstgriffe und sein ganzes Verfahren sind so einfältig und ohne alle Folgerichtigkeit, daß sie uns gerade dadurch überraschen, verächtlich erscheinen.

Dieser Schwarze ist ein Embryo von zwei höheren Rassen geblieben, dem Europäer, dessen Geist thätig und gegenständlich, analytisch und perceptiv ist, und dem idealen, subjektiven, synthetischen und reflektiven Araber. Er hat viel von den schlechten Merkmalen der niedriger organisirten Typen des Ostens, nämlich geistige Versumpfung, körperliche Trägheit, unentwickelte Moralität, Aberglauben und kindische Leidenschaft.

Der civilisirte Mensch trachtet dahin, seine Selbstsucht zu verdecken, bei diesem Barbaren tritt sie dagegen ganz offen hervor. Dankbarkeit kennt er nicht, wer ihm eine Wohlthat erzeigt, wird für schwach gehalten, ihm ist die Hand, von welcher er Futter erhält, ganz gleichgültig. Über den Tod eines Verwandten oder Kindes klagt er vielleicht am Abend, aber am andern Morgen denkt er nicht mehr daran. Gastfreundschaft übt er nur, wenn dabei etwas zu gewinnen ist, und seine erste Frage bleibt allemal: Was willst du mir geben? Einem Fremden, der ins Dorf kommt, wird die allerschlechteste Hütte angewiesen, und wenn er sich beklagt, entgegnet man ihm, draußen sei ja Platz genug. Sein Wirt verlangt für alles, was er giebt und gewährt, sogleich Vorausbezahlung; ohne diese kann man Hungers sterben, wenn auch ringsum Lebensmittel vollauf wären.

Es gäbe für den Fremden keine Sicherheit, wenn er nicht das Schießgewehr hätte, und wenigstens die Häuptlinge die Notwendigkeit von Handel und Verkehr einigermaßen begriffen; deshalb nehmen sie den Kaufmann unter ihren Schutz. Der Handel bringt Vorteile, von anderen Fremden erwartet man dergleichen nicht, und behandelt sie deshalb mit weniger Rücksicht. Der Schwarze verweigert einem verschmachtenden Mann einen Trunk Wasser, wenn er auch Überfluß daran hat; er wird keine Hand ausstrecken, um die Waren eines anderen zu bergen, wenn auch tausende dabei verloren gingen. Was geht ihn das an? Aber er geberdet sich lächerlich heftig, wenn ihm selber ein zerlumptes Stück Zeug oder ein lahmer Sklave abhanden kommt. Er ist geizig und karg auch dann, wenn etwas ihm Vergnügen macht; seine Köter liebt er mindestens eben so sehr wie seine Kinder, aber er giebt diesen Hunden nur selten ein wenig zu fressen, und kann nicht begreifen, daß die Araber ihre Esel mit Korn füttern; er giebt sein Erstaunen darüber mit einem langgezogenen Hi! hi! zu erkennen. Er ist höchst unbedachtsam, kennt keine Vorsorge, denkt nicht an morgen, und wird uns gewiß nicht den Weg zeigen, bevor man ihm Glasperlen gegeben hat. Es wurde schon bemerkt, daß in allen Dingen Vorausbezahlung geleistet werden muß; freilich hält niemand ein gegebenes Versprechen und keiner glaubt sich durch irgend eine Verpflichtung gebunden. Verlangt man auch nur für eine Stunde Kredit von ihm, dann entgegnet er: „In meiner Hand ist nichts."

Wahrheitsliebe ist unter derartigen gesellschaftlichen Verhältnissen keine Tugend, und die Lüge ist auch dann an der Tagesordnung, wenn der Lügner von ihr weder Nutzen noch Vergnügen zu erwarten hat. Wenn ein Unhyamweziführer dem Reisenden sagt, daß nur eine kurze Strecke bis zum nächsten Halteplatze sei, dann darf er mit Zuversicht darauf rechnen, daß ihm ein langer und beschwerlicher Weg bevorsteht, und umgekehrt. Der Schwache und Unterdrückte benützt die Unwahrheit als eine Waffe, aber der Schwarze in diesem Lande will belogen sein und hat das Sprichwort: „Es ist besser, betrogen zu sein, als nicht betrogen zu werden."

Auch halsstarrig und ungestüm ist dieser schwarze Ostafrikaner, und keine Zucht würde über ihn etwas vermögen, und in dieser verstockten Widerspenstigkeit und seinem Eigensinn gleicht er manchen Tieren. Wenn er beim Tauschhandel irgend einen Gegenstand, auf welchen er sich einmal gesteift hat, nicht erhalten kann, so schleppt er gewiß alles, was er mitgebracht hat, wieder nach Hause, und wäre es auch noch so weit hin. Alles Handeln hat ein Ende, sobald der Verkäufer dem, welcher bietet, den Rücken zuwendet; gefordert wird ohne alle Rücksichtnahme auf den Wert einer Ware. Nie geht ein Geschäft glatt vor sich, es ist allemal Ärger dabei. Rachsucht ist eine stark vorwaltende Leidenschaft; dafür liefern die vielen blutigen Fehden zwischen nahe verwandten Stämmen den Beweis. Rache und Wiedervergeltung ersetzen einen Rechtszustand, von welchem man gar keine Ahnung hat, und Vaterliebe, Sohnes- und Bruderliebe scheint man nicht zu kennen. Selten wird ein Mann um einen gestorbenen Vater, um seine Mutter, um einen Verwandten eine Thräne vergießen, und von Trauer wird man wohl nur ausnahmsweise eine Spur zu finden vermögen. Es ist wahrhaft peinlich, wenn man mit ansehen muß, daß ein von den Blattern ergriffener Träger mitten im Walde liegen bleibt, ohne daß seine Gefährten sich weiter um ihn bekümmern. Der Mann wird vielleicht noch einige Tage leben, aber kein Lohn, nicht einmal die Glasperle, wird einen andern Menschen vermögen, dem Kranken einige Pflege angedeihen zu lassen. Man wird ihn von jeder Hütte forttreiben; er mag sich, wenn er kann, ein Obdach im Freien aus Zweigen zurecht machen. Er stellt dann seine Schale mit Getreide und seine mit Wasser gefüllte Kalebasse neben sich hin und wartet ab, bis er stirbt. Dann ist er ein Fraß für die Hyänen und die Raben. Der Schwarze bricht oft plötzlich in Wut aus, und bei diesen Anfällen läßt er sie an lebendigen und unbelebten Gegenständen ohne Unterschied aus; er ist ungeduldig bis zum Lächerlichen und wird manchmal wahnsinnig, wenn sein Wille ihm nicht geschieht. In seinem eigenen Lande stellt sich seinem ganzen Treiben kein Hindernis entgegen, dort kann er anmaßend und heftig sein, aber in anderen Gegenden darf er sich so nicht gebärden. Die Araber sagen: „In ihrer Heimat sind die Schwarzen wie Löwen, bei uns wie Hunde." Die Weiber sind wie Furien und im höchsten Grade widerspenstig; es ist unmöglich, sie zum Schweigen zu bringen, und beim Zanke der Männer schelten sie tapfer mit und hetzen weiblich; sie weinen nur selten. So redselig und geschwätzig sind die Schwarzen, daß sie selbst den redseligsten Araber ermüden. „Lange Worte!" Maneno marefu, hört man alle Augenblick als Vorwurf aussprechen. Im Rausche ist der Ostafrikaner sehr reizbar; er stellt dann die Beine weit auseinander, schreit, fährt mit den Armen umher, oder schwingt Speer, Bogen und Pfeil wütend in der Luft, doch kommt es nicht gar oft zum Blutvergießen.

Beim ganzen Negerstamme, und auch bei diesen Schwarzen, ist der Zerstörungssinn sehr scharf ausgeprägt; ein Sklave, der etwas zerbricht, wird dabei unwillkürlich ein Gelächter der Schadenfreude erheben. Das eigene Leben gilt dem Schwarzen sehr viel, aber das eines andern, und wäre dieser auch ein naher Verwandter, achtet er nicht höher als das einer Ziege. Man hat bei Feuersbrünsten in Zanzibar gesehen, daß die Schwarzen noch Holz in die Glut warfen und vor wilder Wonne tanzten und sangen. Bei dergleichen Gelegenheiten werden sie dann von den Arabern wie Hunde totgeschossen.

Die Ehe ist ein Handelsgeschäft. Der Mann muß eine Frau nehmen, weil er eine solche braucht, um sich behaglich zu fühlen, und deshalb kauft er die Ware. Der Vater verlangt von dem Bewerber so viele Kühe, Stücke Zeug oder Arm- und Fußreifen von Messingdraht, als dieser ablassen kann; nachher gehört die Tochter dem Käufer, bei welchem sie mit dem Vieh in gleicher Linie steht. Der Mann kann seine Frau verkaufen; ein anderer Mann, welcher sie ihm etwa wegnimmt, muß für sie so viel zahlen als sie auf dem Sklavenmarkte wert wäre. Mitgift kennt man nicht, Feierlichkeiten beim Abschluß einer Ehe eben so wenig; der Vielweiberei ist keine Schranke gezogen, und die Häuptlinge rühmen sich der Anzahl ihrer Frauen.

Diese Schwarzen sind gierig und gefräßig, und lieben häufige und kleine Mahlzeiten, um sich den Genuß des Essens recht oft zu verschaffen. Selbst die civilisirteren Kisawaheli haben keine Ausdrücke für Frühstück, Mittagsmahl und Abendessen. Auch die ostafrikanischen Barbaren können im Notfall mit wenig Speise sich behelfen, dagegen ertragen sie den Durst nicht. Ein Träger erhält täglich 1½ Pfund Getreide; dieses könnte, wenn er eßbare Gräser und Wurzeln hinzunähme, für mehrere Tage ausreichen, aber an ein Aufbewahren und Aufsparen denkt keiner. Viel essen, das ist des Lebens höchster Zweck, wohlverstanden nächst der Berauschung. Der Schwarze trinkt, bis er nicht mehr stehen kann, dann legt er sich zum Schlafen hin, und nachdem er die Augen wieder aufgeschlagen hat, trinkt er wieder von neuem. Zechgelage sind hochwichtig und gehen allem andern vor.

Der Neger hat kein Wohlwollen und kennt keinerlei Ehrfurcht oder Festigkeit; er hat auch kein Gewissen, also auch keine andere Besorgnis, als die, daß der Geist des Getöteten ihn belästigen könne. Er raubt, als verstehe sich dergleichen von selbst, und bettelt unverschämt; er ist entsetzlich niederträchtig, und wenn er nicht gerade betrunken ist, übt er gewiß Schlechtigkeiten aus.

Dieses ganze wilde und rohe Treiben wurzelt in dem völligen Mangel an Ehrerbietung, welche den Ostafrikaner kennzeichnet; er weiß gar nicht, was Ehrfurcht, Verehrung, Veneration ist. Sein Gemeinwesen besteht aus zwei großen Abteilungen, denn es giebt nur Herren und Sklaven; gesellschaftliche Unterschiede und Stufen kennt dieser Schwarze nicht, und er behandelt, vom Häuptling allein abgesehen, jedermann als seinesgleichen. In das Haus des ersten besten Fremden tritt er ohne weiteres unangemeldet ein, mit seiner ohnehin harten, bellenden Stimme spricht er stets so laut als möglich, und ist glücklich, wenn er sich selber reden hören kann. Seine Anrede hat einen befehlshaberischen Ton, sein ganzes Benehmen etwas Rohes und Freches, und dem allen entspricht der Ausdruck seines Auges. Er streckt seinen ungewaschenen, mit schmierigem und zerlumptem Baumwollenzeug oder Ziegenfell umhüllten Leib sofort auf einer Haut aus und sucht sich den besten Platz in der Wohnung des Fremden aus. Auf der Reise eilt er rasch vorwärts, um wo möglich die beste Hütte für sich in Beschlag zu nehmen. Der Inhaber einer Karawane mag in Regen und Thau schlafen, das kümmert seine schwarzen Träger nicht, wenn sie nur Obdach haben; er macht dann wohl einen Versuch, für sich gleichfalls eine trockene Stelle zu erobern, aber die Träger machen ihm keinen Platz, sondern bleiben liegen. Deshalb sagen die Araber: „Diese Menschen haben keine Scham." Sehr lästig wird ihre im höchsten Grade zudringliche

Neugier, welcher der Fremde sich gar nicht erwehren kann; er muß sie eben gewähren lassen. Sie kommen meilenweit her, um ihn anzuglotzen, heben den Zeltvorhang auf, um hineinzugucken, und benehmen sich unverschämt. Lungernde Frauen, Knaben und Mädchen treiben sich unterwegs stundenweit neben der Karawane umher.

In geistiger Beziehung ist dieser Schwarze ganz unfruchtbar, roh, für alles, was Fortschritt, Entwickelung und Veränderung heißt, vollkommen unfähig. Gleich anderen Barbaren hat er wohl Gabe zum Beobachten, aber er kann aus seinen Wahrnehmungen etwas Ordentliches nicht ableiten. Seine Intelligenz ist in einen engen Kreis eingeschlossen, und über denselben kann dieser Schwarze gar nicht hinaus. Er bleibt stehen, wie manche Asiaten, aber steht weit tiefer als diese allesamt. Er liebt die Musik, aber hat es, aus sich selber heraus, doch nicht weiter als bis zum Pfeifen gebracht. Metrische Gesänge kennt er nicht, so gern er auch singt; er improvisirt einige Worte ohne Sinn oder Rhytmus und wiederholt sie in einem langgezogenen Recitativ immer und immer wieder bis zum Ekel, und schließt zuletzt mit einem durch die Nase hervorgestoßenen Ah, ha!

Das hier Bemerkte paßt im allgemeinen auf sämtliche Stämme, doch sind auch Unterschiede und Ausnahmen vorhanden.

Deutsch=Wituland.

Schilderung von Land und Leuten.
Aus dem Tagebuche des Regierungs=Baumeisters Hörnecke.*)

Das ganze Land, soweit ich es kennen gelernt habe, ist mit einer außerordentlich reichen Vegetation bedeckt. An der Küste, soweit der Einfluß der Flut vorhanden ist, ziehen sich Mangrove=Walbungen entlang, welche besonders an den Flüssen weit in das Innere hineinreichen. Sie sind dicht verwachsen und vollständig unpassierbar; sie gewähren aber ein schönes Bild dadurch, daß einzelne andere Baumarten zwischen sie eingesprengt sind, deren Gipfel über die niedrigen Mangroven hinausragen. Im sumpfigen Terrain war viel Schilf

---
*) Deutsche Kol.-Zeit. 1886. S. 484.

vorhanden. Das ganze Land war entweder flach und niedrig und in diesem Falle in der Regenzeit überschwemmt oder hügelig und wellig. Es hat dann einen parkartigen Charakter, doch findet sich hier auch an einzelnen Stellen Urwald, der sich in weit größerem Umfange am Tanaflusse, wo er mit weiten Grasflächen abwechselt, vorfand. Das Gras war hier 1—3 m hoch. Der Wald ist außerordentlich reich an Formen, der Boden mit dichten Laubmassen bedeckt; mitten in denselben vermodern umgestürzte Baumriesen. Von weitem machen die mächtigen Bäume einen schlanken Eindruck, in der Nähe imponieren sie durch ihre kolossale Massigkeit. Die von den Zweigen herabhängenden zahllosen Ranken und Schlingpflanzen machen mit dem Unterholz zusammen ein Durchkommen fast unmöglich.

Nach der Küste zu sind die Laubhölzer mit einer Weidenvarietät untermischt, im Innern machen den Hauptbestandteil der Wälder Laubhölzer und Palmen aus. Die ersteren haben bedeutende Dimensionen. Von ihnen habe ich besonders zwei Arten als gutes Nutzholz liefernd kennen gelernt, den bombaro, dessen Holz große Ähnlichkeit mit dem unserer Eichen hat, und den bomba, welcher mehr unserer weichen Buche zu vergleichen ist. Aus dem letzteren stellen die Eingeborenen ihre Kanoes her. In einem meiner Kanoes fanden 33 Personen Platz. Ich ließ auch einen bombaro aushöhlen, doch erforderte dies der großen Härte des Holzes wegen eine sehr lange Zeit.

In den Wäldern fand ich eine große Menge von Gummilianen, oft von Armdicke, aus denen beim Anschneiden das Pyra reichlich hervorquoll. Auffallend war mir der große Affenreichtum; fast aller Orten kamen dieselben in den mannigfachsten Arten vor und trugen sehr zur Belebung des Gesamtbildes bei. An einigen Orten zeigten mir die Leute einen Baum, welchen sie Mapera ya Kizungu nannten; die Eingeborenen stellen aus ihm eine Art Rosenwasser her. Ein anderer Baum, Mtafeli, soll gute kleine Früchte liefern. Ananas traf ich mehrfach wild wachsend von bedeutender Größe und schönem Geschmack.

Unvergeßlich wird mir auch die Durchfahrt nach dem Tana bleiben. Ich war bereits in der Nähe desselben und fuhr mit Kanoes mitten durch den herrlichsten Palmenwald an einer Stelle hindurch, wo der Tana über das Ufer getreten war und das Wasser zum Fahren eine genügende Tiefe hatte. Der Weg war natürlich vollständig verwachsen, aber die viele Mühe, welche wir beim Freimachen desselben hatten, wurde reichlich aufgewogen durch den zauberhaften Anblick, welcher sich uns in stets wechselnden Bildern darbot. Während der Belebzoni=Kanal meistens von Grasflächen eingefaßt ist, wird der Osi vielfach auf beiden Seiten durch dichte Wälder begleitet.

Was die Bevölkerung anbetrifft, so besteht dieselbe in der Nähe der Küste aus Suaheli, Negern, Arabern und Hindus. Letztere haben den Handel in der Hand. In einigen größeren Küstenplätzen und den sonstigen, von den Arabern besetzten Orten übt der betreffende Gouverneur die höchste Gewalt aus. Dieselbe erstreckt sich dann auch auf die Ortschaften der nächsten Umgebung. In jeder dieser befindet sich eine Art Gemeindevorsteher, welcher gewöhnlich der Suahelirasse angehört und im allgemeinen die Ordnung aufrecht erhält. Sklaven bestraft er selber; haben sich freie Leute eines Vergehens schuldig gemacht, so muß er dieselben zum Gouverneur senden. Weiter im Lande hat Said Bargasch keinen Einfluß, doch war er bestrebt, seine Macht immer weiter auszudehnen. Den Sultan von Witu hat er in den letzten zwanzig Jahren immer mehr vom Meere abgesperrt.

Nun, die Ränke der Engländer, welche noch bis zum letzten Augenblick, als der Sultan bereits mit Herrn Denhardt einen Vertrag abgeschlossen hatte, auf den Untergang des Witu=Herrschers zu Gunsten des Sultans von Zanzibar hinarbeiteten, sind gottseidank durch das Einschreiten der deutschen Reichsregierung zu Schanden geworden.

Die Stadt Witu hat ungefähr 6—800 Häuser, und hat eine ziemlich gesunde Lage auf einer Anhöhe. Die Abhänge derselben sind frei, nur mit hohem Gras bewachsen, in dem einzelne kleine Baumgruppen zerstreut liegen. Die Stadt selber liegt dagegen, ebenso wie einige der benachbarten Dörfer, in einem dichten Urwalde, der den Orten zum Schutz dient und bislang nicht gelichtet werden durfte. Witu hat zwei Ausgänge. An die Stelle des dichten Waldes tritt hier eine starke Pallisadenwand, in der sich nur eine sehr schmale und niedrige Öffnung befindet, durch welche man nicht aufrecht hindurchgehen kann. An jedem Thor befindet sich fortwährend eine Wache. Nachts werden die Thore durch Baumstämme, welche zwischen eingegrabenen starken Pfählen davor gelegt werden, geschlossen. Die Suahelibevölkerung in den Küstenplätzen lebt meist vom Handel, im Innern vom Ackerbau. In den größeren Orten giebt es auch allerlei Handwerker. Es werden einfach verzierte Gefäße aus gebranntem Thon hergestellt, sowie einfache Schmiede- und Schlosserwaren angefertigt. Ferner existieren Holz- und Horndrechslereien. Eine große Anzahl von Leuten beschäftigt sich mit der Anfertigung von Matten, Körben und Säcken aus Palmblättern. Zimmerleute und Tischler verfertigen zum Teil reichverziertes Hausgerät, Thüren u. s. w. Die Formen der Ornamente erinnern an die Blütezeit der arabischen Baukunst und dürften sich noch von der ersten arabischen Invasion erhalten haben. Wie hoch man das Handwerk schätzt, geht wohl auch aus einem Gespräch hervor, welches ich eines Tages mit dem ersten Minister des Sultans von Witu hatte, welcher auch ein Sherif, d. h. ein Abkömmling des Propheten ist (im Fastenmonat Ramassan hält dieser die Gebete in der Moschee selber ab); er sagte mir, er bete jeden Freitag außer für seinen Sultan auch für den großen Sultan in Stambul. Als ich ihn darauf aufmerksam machte, daß er von jetzt an auch den Deutschen Kaiser in sein Gebet einschließen müsse, erwiederte er, er wolle nicht allein für den Deutschen Kaiser, seinen Wesir und seine Soldaten bitten, sondern auch dafür, daß in seinen Schambas alle Früchte gedeihen, sowie für alle Handwerker und Ärzte in Deutschland.

Die Galla sind ein nomadisierendes Volk im Westen von Witu, welche aber immer mehr von den nördlich wohnenden noch kriegerischeren Somal zurückgedrängt werden. Sie sollen zahlreiche Viehherden besitzen, welche sie jedoch in der Regenzeit auf hochgelegene Weiden zurückgetrieben hatten. An einigen Stellen fangen sie bereits an, den Acker zu bebauen. Am Tana sind sie bereits seßhaft geworden. Sie wohnen hier entweder für sich allein, oder aber auch mit den Pokomos, zuweilen auch Arabern, in einem Ort gemeinschaftlich, dann aber in besonderen Quartieren, und bauen hier Reis und Mais. Sie sind sehr schlanke Gestalten und haben eine mehr semitische Gesichtsbildung, fast wie die Somal. Ihre Waffen sind meistens Spere, Schild und Schwert. Nur selten haben sie Feuerwaffen.

Am ganzen Tana hinauf bis in die Nähe des Kenia wohnen Pokomos in kleinen Ortschaften zerstreut. Sie sind außerordentlich kräftig gebaut, zuweilen auch groß, aber ihrem Charakter nach das gerade Gegenteil der kriegerischen Gallas. Die Haupterwerbsquelle bietet ihnen besonders der fischreiche Tana. Sie bauen nur außerordentlich wenig Reis und Mais, da ihnen die Araber, Suahelis und Gallas ihre Vorräte fortzunehmen pflegen. Sie verrichten für diese überhaupt jede Arbeit, die dieselben verlangen. Die Stämme am oberen Tana haben sich jedoch von den Gallas unabhängiger zu halten gewußt. Alle die Volksstämme traten uns außerordentlich freundlich entgegen, soweit sie nicht daran durch die Soldaten des Sultans Said Bargasch gehindert wurden. Von ganz besonderer Wärme war meine Aufnahme in Witu, sowohl seitens des Sultans und der Großen, wie seitens der Bevölkerung. Ich verdanke dieselbe ebenso wie auch die weitere Unterstützung des Sultans von Witu ebenfalls Herrn Denhardt, welcher mich dem Sultan auf das beste empfohlen hatte.

Die Häuser der Suaheli sind von der Form der unserigen; ein= stöckig mit einem Giebeldach. Eine Art Fachwerk aus hölzernen Trägern und Pfählen, deren Verbindung oft durch Baststricke bewirkt ist, wird mit den starken Mtamastengeln ausgefüllt und dann beider= seits mit Lehm beworfen.

Über die jetzige Bebauung des Landes läßt sich folgendes sagen. In der Küstengegend sah ich in der Nähe der kleinen Ortschaften viele Äcker, welche mit Reis (mpunga), Mais (mahindi), mtama und kunde bepflanzt waren. Außerdem sah ich zahlreiche Kokospalmen. Bei meinem Marsch nach Kipini und Witu kam ich durch sehr große Schambas, ein Maisfeld war über zwei Kilometer lang; auch Reis= plantagen in bedeutender Ausdehnung passierte ich. Die ganze Um= gegend von Witu ist mit Schambas übersät. Außer Mais=, Reis= und Mtamafeldern sah ich hier große Plantagen von Bananen und Zuckerrohr, außerdem viele Bataten. Herr Denhardt hatte hier auch Kartoffeln angepflanzt, welche sehr gut gediehen. Ferner fand ich vielfach in der Nähe von Witu Sesam. Der Sultan besitzt selber eine Ölmühle, welche von einem Kamel getrieben wird. In seinen Gärten ferner zieht er auch die mannigfachsten Gemüse, sowie To= maten und Citronen, diese sind aber sehr klein und haben wenig Saft. Orangen habe ich hier nur wildwachsend vorgefunden; sie haben einen sehr sauren Geschmack.

In dem Witulande erntet man häufig viermal im Jahre, und zwar in der Hauptregenzeit, der masika, dreimal, in der kleinen Regenzeit, mouli, einmal. Das Land wird in der Weise urbar ge= macht, daß das Gras abgebrannt wird, resp. es werden die Bäume angehauen und später ebenfalls abgebrannt. Das dadurch gewon= nene Land ist von einer ganz vorzüglichen Beschaffenheit; erst nach einer längeren Reihe von Jahren läßt der Ertrag nach, dann läßt man das Land abwechselnd ein Jahr um das andere brach liegen. Von Pflügen und Graben ist entweder gar nicht oder nur in geringem Maße die Rede. Die Leute entfernen nur das Unkraut und bringen dann mit einer kleinen, eigentümlich geformten Hacke den Samen ein. Das Land ist schon von Natur locker genug. Der Boden enthält außer der Humuserde Thon und ziemlich viel Sand und hat eine rötliche Farbe. Dasselbe ist auch am Tana der Fall.

Bei Tjarra befinden sich außerordentlich große Schambas, besonders Reis-, Mais-, Bananen- und Zuckerrohrfelder sah ich hier in einer enormen Ausdehnung, ebenso Plantagen von Kokospalmen und Mangobäumen. Die Besitzer sind meist reiche Suaheli aus Kau und Kipini. Das ganze Land sieht hier wie ein einziger großer Garten aus. Am Belebzoni-Kanal und am Osi sah ich keine eigentlichen Schambas, sondern nur kleinere Felder der Eingeborenen.

Hörnecke.

Die Suaheli.

Die Suaheli-Sprache. — Charakteristik des Suaheli-Negers. — Der Ackerbau. — Bodenprodukte und Ausfuhr.

Die Einwohner von Deutsch-Ostafrika gehören zur weitverbreiteten Nation der Suaheli.

Das Gebiet der Suaheli-Sprache erstreckt sich ungefähr südlich von Angoxe in der portugiesischen Kolonie Mozambique bis nördlich in die Gegend von Tula. Dort fängt ungefähr das Somal-Sprachgebiet an und erstreckt sich bis nach Abessinien. Die zwei Hauptsprachen im Gebiete des Sultans von Zanzibar sind also, außer der arabischen, die Suaheli- und die Somal-Sprache, beides grundverschiedene Sprachen. Während jedoch die Somal-Sprache nur in dem eigenen Gebiet gesprochen wird, erstreckt sich die Suaheli-Sprache einerseits ganz bis auf die von Said Bargasch abhängige Somal-Küste und andererseits bis nach Madagaskar, ja tief ins Innere Afrikas hinein. Sie ist also die Hauptverkehrssprache und unumgänglich notwendig für jeden, der an der Ostküste Afrikas als Kaufmann oder Forschungsreisender etwas ausrichten will.

Da die große Anzahl der Schilderungen*) eine ausführliche Besprechung der Neger und ihrer Verhältnisse hier unnötig macht, so

---

*) Siehe Seite 30—50.

sei nur ganz kurz an diesem Orte erwähnt, daß der Suaheli=Neger im großen und ganzen unkriegerisch, ja geradezu feig ist. Dabei ist er aber doch mit einem gewissen Grade von Pfiffigkeit ausgerüstet. Indessen will der Neger im allgemeinen ganz eigenartig behandelt sein. Man muß ihm imponieren und Vertrauen einflößen zu gleicher Zeit. „Vor allem aber", schreibt Peters in seinem Berichte, „kommt es auch hier darauf an, der Individualität als solcher gerecht zu werden. Es würde ungeheuer thöricht gewesen sein, den jovialen Mbuela (Sultan in Useguha), den etwas täppischen Sultan Ma= fungu Biniani, den egoistisch schlauen Magungo und den sie alle überragenden Muinin=Sagara auf eine Stufe zu stellen. Wo auf der einen Seite eine gewisse burschikose Art des Auftretens am Platze war, da wirkte auf der andern eine Art von ernster Freundlichkeit und auf der dritten mußte man zu herrischer und brüsker Hoch= fahrenheit greifen."

Nicht selten tritt bei ihm ein ganz gesunder Menschenverstand zu Tage, und hat es jemand einmal verstanden, sein Vertrauen zu gewinnen, so ist er von großer Anhänglichkeit. Das Gefühl für Freundschaft ist in sehr hervorragender Weise bei ihm entwickelt. Im allgemeinen ist der freie Neger sehr faul, daher in seinen An= siedelungen der Ackerbau noch auf ziemlich tiefer Stufe steht. Über die Kopfzahl der Bevölkerung des neuen deutschen Gebietes liegen bis jetzt noch keine neuen Angaben vor, nur so viel hat sich bis jetzt erkennen lassen, daß die Dichtigkeit derselben eine geringe ist. Es ist eine sofort in die Augen fallende Erscheinung, daß die Resultate der Agrikultur, verglichen mit den reichen Erwerbsquellen und Boden= erzeugnissen, welche das einem Treibhause gleichende Land zu liefern im stande wäre, sehr minimale sind. Der Grund für die thatsächlich geringe Produktion liegt in verschiedenen leicht erklärlichen Umständen. Vornehmlich hat der Reichtum der Tropen und der mühelose Erwerb der nötigsten Lebensbedürfnisse dem Bewohner dieses gesegneten Erd= striches nie den Zwang eines energischen Wirkens und Schaffens auf= erlegt und darum den Landbau zu keiner gedeihlichen Entwickelung kommen lassen.

Der Neger zieht nur wenig Produkte in der Nähe seiner Hütte, treibt nur wenig Viehzucht und bleibt im allgemeinen arm und geistig zurück.

Die Ursachen der schwachen Bevölkerungsziffer sind in erster Linie die vielen Stammesfehden und blutigen Kriege, welche die

Völkerschaften seit Jahrhunderten untereinander geführt und wodurch sie sich gegenseitig allmählich fast aufgerieben haben. In zweiter Instanz hat die Sklavenausfuhr der früheren Zeiten die Bevölkerung der Negerländer mehr als decimiert, wovon sich die verschiedenen Stämme noch lange nicht erholen werden. Sollen doch durchschnittlich circa 200 000 Negersklaven alljährlich ihrer Heimat entrissen und von der Westküste Afrikas hinweg nach Amerika verschifft worden sein. Zieht man dabei in Betracht, daß diese Ausfuhr ziemlich 400 Jahre gewährt hat, so ist klar, daß dieselbe der größte Massenmord, das systematischste Ausrottungsmittel war, denen gegenüber die größten Blutbäder der alten Nationen nichts sind. Aber eine noch viel größere Ausrottung verursachte der Sklavenhandel des Nordostens. Seit circa 5000 Jahren wird das östliche und mittlere Afrika von den furchtbarsten Menschenjagden heimgesucht, die als Gewerbe und Geschäft auch heute noch von wohlbewaffneten Banden unternommen werden, welche ihre Beute das Nilthal hinabschaffen und „das schwarze Elfenbein" auf dem ägyptischen Markte losschlagen.

Der Ackerbau liegt in seiner Eigenschaft als schwere Arbeit dem weiblichen Geschlechte ob. Da Tierarbeit und Pflug unbekannt sind, so werden in den mit einer Hacke leicht aufgeritzten Boden die Körner mit der Hand eingelegt; die Erde wird wieder darauf geworfen und leicht zugetreten. Das Übrige überläßt man der Sonne. Daß der Neger in verschiedenen Zweigen des Handwerks, z. B. im Weben, Flechten, selbst Schmieden und im Töpfergewerbe ziemlich beträchtliche Fertigkeit besitzt, ist eine allgemein anerkannte Thatsache, und die großen Kriegsflotten der mächtigen ostafrikanischen Seeen legen auch Zeugnis ab für Kenntnisse im Bau der Wasserfahrzeuge. Leider hat noch kein Negerstamm ein Transportmittel zu Lande erfunden, sondern das ausschließliche Transportmittel ist Menschenkraft, und zwar durch Beförderung auf dem Kopfe. Der Mangel an Kommunikationswegen und geeigneten Verkehrsmitteln ist vor allem ein bedeutendes Hindernis für das Emporkommen des Ackerbaues und seine ausgedehntere Pflege. Wenn einmal Schutz und Sicherheit in jenen Ländergebieten sich dauernd niedergelassen haben werden, wird auch die Kopfzahl der Bevölkerung sich rasch heben; haben doch die Neger, ob ihrer Fertilität, einen großen Namen in der Welt.

Zur Einführung von Waren eignen sich fast alle Erzeugnisse europäischer Kunst und Industrie, als da sind: gewobene und gewirkte Zeuge, Flanelle, wollene und baumwollene Wäsche, Decken und Moskitogewebe, Bandeisen und Werkzeuge, Eisen- und Stahlwaren, wie z. B. die verschiedensten Messer, Angelhaken, Näh- und Stecknadeln, Scheren, Arm- und Fußspangen, Flaschen, Gläser, Spiegel, Teller, Schüsseln, Töpfe, Krüge, Salz, Provisionen, Kleider, Schuhwerk, Hüte, Schirme, Uhren, Schmucksachen, Leder- und Galanteriesachen, Toilettengegenstände, Petroleum, Zündhölzer (NB. schwedische), Haaröle und Pomaden, — vor allem aber Rum, Schießwaffen, Munition, Korallen und Glasperlen, kurz alles was Europa produziert, und sei es der obligate Frack und Cylinder, in denen häufig Neger-Gentlemen paradieren. Der Handel ist entweder Tauschhandel oder Handel in bar Geld, in diesem Falle mit arabischen oder englischen Silber- und Goldmünzen. Die Kauris, das früher gebräuchliche Muschelgeld, kommen mehr und mehr außer Kurs und werden ins Innere hinein gebracht, wo sie noch hoch im Werte stehen.

Der Export oder die Ausfuhr der afrikanischen Rohprodukte beschränkt sich hauptsächlich auf Palmöl und Palmkerne, Elfenbein, Affenfelle, Kopal, Ebenholz, Camwood oder Rotholz, Kalabar-Bohnen (eine Gift enthaltende kastanienartige Nuß) und etwas Kautschuk.

M. Lindner.
Das deutsch-ostafrikanische Gebiet. Leipzig 1885. E. Schlömp.

Die Niam-Niam und Monbuttu.*)

Nachdem Dr. Schweinfurth im Februar 1870 das Bongoland (südwestlich von Gondokoro am Nil, Bahr el Djebel 4° südl. Br.) durchzogen hatte, stieß er mit seiner über 1000 Köpfe starken Reisegesellschaft jenseits des Tondjflußes auf die ersten Spuren der Niam-Niam.

Wer sich zum ersten Mal von Niam-Niam umgeben sieht, erzählt er, wird erkennen, daß er es hier mit einem ganz besondern Stamm zu thun hat, es ist in jeder Beziehung ein Volk mit unendlich scharf ausgeprägten Eigentümlichkeiten. An ihrem Äußern ist das Merkwürdigste die lange Haarflechte, die Offenheit ihrer schwefelgelben Augen, die, von dicken Brauen umgeben, weit von einander abstehen, dann die ungewöhnliche Schädelbreite. Die breite Nase ist bei den meisten wie nach einem Modell geformt, der kleine Mund ist von außerordentlich breiten Lippen beraubt; die Körpergröße ist eine mittlere, höchstens 5 Fuß 10 Zoll engl. Der kleine Oberkörper hindert sie nicht, bei ihren Waffentänzen die größte Gewandtheit zu entwickeln. Die Schneidezähne werden, um wirksam in Einzelkämpfen eingreifen zu können, stets spitz gemacht. Die gewöhnliche Kleidung besteht in Fellen, malerisch um die Hüften drapiert, der Mehrzahl nach von Pavianen, deren lange Schwänze dann an der entsprechenden Körperstelle herabhängen. Daher die früheren Sagen von „geschwänzten Menschen" in der Mitte Afrikas. Häuptlinge oder Fürsten haben das Recht, solche Felle von Luchsen oder großen gefleckten Katzen zu tragen. Auf den Haarputz verwenden die Niam-Niam

*) Nach Dr. Georg Schweinfurth. Vortrag in der Geogr. Ges. zu München. A. A. Z. 1872. 211.

ungemein viel, und es wäre sehr schwer, hierin eine neue Form aus=
findig zu machen, die Haare in Flechten zu legen und diese zu
Zöpfen und Knäueln aufzubinden, welche die Niam=Niam nicht be=
reits kennten. Sie haben sehr große Haarnadeln von Elfenbein,
dann einen Strohhut mit Federbusch. Weiter spielen Halsschnüre,
aus den verschiedensten Zähnen (von Elefanten, Löwen ꝛc.) zusammen=
gesetzt, eine Hauptrolle, die auf der dunklen Haut des Körpers
prachtvoll abstechen.

Als Stammesmerkmal haben die Sandeh — das ist der Name,
den sie sich selbst geben — 2 bis 3 mit Punkten ausgefüllte Quadrate
tättowiert, welche eine X=förmige Figur von stets gleicher Gestalt
auf der Brust bilden. Außerdem tragen die einzelnen noch als in=
dividuelles Kennzeichen auf der Brust und am Oberarm einige Tät=
towierungen. Ihre Hauptwaffe ist die Lanze und der Trumbasch,
eine Wurfwaffe; sie besteht aus zwei gleichschenkeligen, mit spitzen
Zacken versehenen Ranken. Bogen und Pfeile sind nicht allgemein
im Gebrauch, wohl aber verschiedene größere Messer mit sichelartiger
Klinge, den türkischen Säbeln nachgebildet. Es ist schwer anzugeben,
ob man dieses Volk ein ackerbauendes oder ein Jägervolk nennen
soll, beide Beschäftigungen gehen bei ihnen Hand in Hand, die
Bodenbestellung ist indes entschieden eine ziemlich geringe, und bei
der Fruchtbarkeit des Bodens erscheint die Arbeit zumal unbedeutend.
Wie in Abyssinien wird auch hier ein wohlschmeckendes Bier ge=
macht, auf dessen Bereitung die Eingeborenen die größte Sorgfalt
verwenden.

Vieh jeder Art fehlt dem Lande, die einzigen Haustiere sind
Hühner und Hunde. Bezüglich des Genusses der letzteren sind sie
ebenso wenig wählerisch wie die Monbuttu und Dinka. Im großen
und ganzen sind jene Völker Anthropophagen, obgleich einige Häupt=
linge großen Abscheu gegen Menschenfleisch zeigen. Sie tragen mit
Ostentation die Zähne der Verspeisten als Schmuck; sie schmücken
alle Gerätschaften mit deren Köpfen. Am häufigsten und allgemein=
sten wird das Fett von Menschen verspeist. Es wurde sogar schon
constatiert, daß Leichen solcher, welche auf dem Marsche starben
und verscharrt worden waren, aus den Gräbern geholt und verzehrt
wurden.

Einer der Gewährsmänner dieser Angabe, dem ich anfangs
stets mit Zweifeln begegnete, mußte einen Teil seiner Aussage buch=
stäblich mit seinem eigenen Leibe bestätigen, als er in der Nachbarschaft

eines Dorfes dieses Stammes seinen raschen Tod fand. Verschmäht wird nur jenes Fleisch, welches von einem mit ekelhafter Hautkrankheit behafteten Körper herrührt.

Städte und Dörfer in unserm Sinne giebt es dort nicht, überall sind Hütten in kleinen Gruppen zerstreut, auch der Wohnsitz des Fürsten besteht nur aus einer Anzahl von Hütten aus Stroh, die er und seine Weiber bewohnen. Die Macht eines solchen Fürsten beschränkt sich auf den Oberbefehl über alle waffenfähigen Männer, auf Vollstreckung von Todesurteilen, auf freie Verfügung über Krieg und Frieden, dann auf das Anrecht eines größern Teils der Beute; dagegen erhält er von den im Stamme selbst gewonnenen Früchten nur das, was seine Weiber und Sklaven ihm erarbeiten. Seine Hofhaltung erkennt man von weitem an den vielen Schilden, welche in Gruppierungen aufgehangen sind und den Bewaffneten seiner Wache gehören. Sonst mangelt aller fürstliche Pomp, und jeder fremdartige Schmuck wird verschmäht. Seine Autorität ist sonst eine vollkommene. Nach dem Tode ist der erstgeborene Sohn der Erbe seiner Rechte, die Brüder werden mit einzelnen Distrikten belehnt.

Die größte Masse des Landes der Niam=Niam fällt zwischen den 4. und 6. Gr. nördl. Br. Soweit das Land bekannt ist, hat es zwischen dem 5. und 6. Grad nördl. Br. einen Flächengehalt von ungefähr 3000 deutschen Quadratmeilen. Zunächst durchzogen die Reisenden das Gebiet des Häuptlings Nganjo. Nach mehreren Tagereisen erreichten sie die Ufer des Ssui=Flusses — diesen Namen trägt der Fluß bei den Niam=Niam. Der Punkt des Überganges der Karawane über denselben war 15 Meilen von der Quelle entfernt; der Fluß ist da bereits ein bedeutendes Gewässer, und die hohen Ufer mit schmalem Flußbett umschließen eine reichliche Wassermenge, welche den Reisenden auf ihrem Rückzuge im Juli beträchtliche Schwierigkeiten verursachte. Die dortige Ufergegend bezeichnet Schweinfurth als eine weit und breit menschenleere Wildnis. Mit dem 5. Breitegrade ändert sich die Bodenbeschaffenheit, die Gegenden werden sehr wasserreich, die Vegetation äußerst mannigfaltig; man könnte während der regenlosen Zeit mit großen Ochsenwagen vom Gazellen=Flusse bis zum oberen Djur gelangen. Vom 5. Breitegrad an treten aber unübersteigliche Hindernisse entgegen, namentlich in Schmalheit der Pfade, den wildverschlungenen Gewächsen, Baumstämmen u. s. w. zwischen Wasser und Sümpfen. Überall erhalten hier die Flüsse ununterbrochene Quellen, das ganze Land gleicht einem gefüllten Schwamm. Die Gegend ist stets geschmückt mit den prachtvollsten Tropenwäldern, die Mannigfaltigkeit der Baumarten ist erstaunlich; der Charakter der Vegetation und Flora entspricht demjenigen, welchen Schweinfurth bei der ersten Betrachtung der Gegenden am Roten Meer und Nil wahrgenommen hatte.

Der Zug der Reisenden ging nun in das Gebiet des großen Häuptlings Uando, der ihnen anfangs mit Drohungen und Feindseligkeiten begegnete, dann aber Friedensboten entgegensandte zu ihrem Empfang. Um zu ihnen zu gelangen, mußten sie einen 80 Fuß breiten Fluß überschreiten und Wälder passieren, in welchen sie Schimpanse trafen; der Umstand, daß Schweinfurth später in einer Hütte allein über ein Dutzend Schädel dieser Tiere traf, ließ ihn auf ihre Häufigkeit in einzelnen Teilen dieses Gebietes schließen. Bei Uando blieb die Karawane mehrere Tage, und wurde von ihm reichlich mit Geschenken bedacht. Hierauf ging es nach Süden fort, man erreichte den Suakin=Distrikt, wo verschiedene Völkerstämme beginnen. Das Studium ihrer Sprache und ihrer Sitten wurde leider durch den Ausbruch von Feindseligkeiten zwischen einzelnen Stämmen und Chartumer Kaufleuten verhindert; unsere Karawane ward hierbei in Mitleidenschaft gezogen und der Dolmetsch Schweinfurths durch einen Pfeilschuß in den Arm getötet. Die Reisenden setzten indes ihren Weg am Rand einer großen Wildnis ungehindert fort, in zwei starken Tagesmärschen erreichten sie ihre erste Niederlassung, und gelangten dann zum Sitze des Häuptlings Mbio, welcher die östliche Hälfte der Monbuttus beherrscht. Der eigentliche Sitz dieses Volkes ist erst südlich vom Uelle=Fluß, den die Reisenden einige Tage später überschritten; das Land grenzt an die Besitzungen der Niam=Niam. Endlich erreichten sie einen großen, westwärts strömenden Fluß, „Uelle", der nach der Configuration von Äquatorial=Afrika nichts anders sein kann, als der in den Tsad=See mündende Schari,*) über dessen Größe uns Barth und Vogel aus Autopsie berichtet haben. Er hat eine Breite von 800 Fuß mit sehr hohen Ufern, bei einer Tiefe von etwa 20 Fuß. Hier durchfließt er das Krebj=Land. Die Eingeborenen haben eine hellere Farbe, als andere Völkerschaften der inneren Gegenden Afrikas; ihre Behausungen umgeben sie mit großem Pomp. Ihr König bereitete unseren Reisenden unauf-

---

*) Durch Erkundigungen, welche Dr. Nachtigal im Süden von Wadai einzog, wird an Stelle von Schweinfurths Uelle der **Bahar Kuta** gesetzt, welcher den Schari noch an Wassermasse übertreffen soll.

hörliche Überraschungen (wodurch giebt Schweinfurth nicht an). Die Fülle der Gewächse ist bezaubernd, es giebt hier Zuckerrohr, Ölbäume, Colocasien u. s. w.

Nachdem der Uelle überschritten war, befand sich Schweinfurth auf Monbuttu-Gebiet, im Centrum Afrikas, sein Hof war hier immer umgeben von dichten Haufen der Monbuttus, welche ihm gestatteten, die interessantesten Studien an ihnen zu machen. Äußerlich unterscheiden sie sich von anderen Stämmen durch hellere Hautfarbe und geringere Muskelkraft, mindestens 5 Prozent derselben sind ganz licht gefärbt. Die Männer bekleiden sich mit großen Stücken der Rinde des Feigenbaumes, die durch Bearbeitung zu einem dicken Gewebe gemacht wird, das einen hübschen Faltenwurf giebt, der durch einen Gürtel festgehalten wird. Die Haartracht ist gleich den Chignons, die Männer setzen auf denselben einen Strohhut mit Federbusch, die Frauen dagegen tragen den Chignon frei, bloß geziert mit großen Haarnadeln oder Kämmen. Die einzige Verstümmelung ihres Körpers beschränkt sich auf die Durchlöcherung der Ohrmuschel, was bei den Frauen dort die Mode erheischt, die auch von den Eingeborenen nie verlassen wird.

Die Bewaffnung besteht aus Lanze, Spieß, Bogen und Pfeilen, sie haben auch hölzerne Schilde, dann seltsam geformte Säbel, Messer aus dem bei ihnen besonders geschätzten Kupfer. Alle anderen Metalle sind ihnen unbekannt. An Kunstfertigkeit übertreffen sie weit die Leistungen der Bongos; Schweinfurth sah ein Meisterstück eines Schmiedes; eine Kette von einer Feinheit und Vollendung, die nur mit einer feinen Kette von Stahl zu vergleichen war. Auch im Holzschnitzen sind sie sehr gewandt, und in Verfertigung von Töpfereiwaren sind sie allen Völkern Inner-Afrikas weit voraus. Am meisten überrascht der Bau ihrer Hütten; zum ersten Mal fand Schweinfurth bei ihnen einen Dachbau mit geschweiften Bogendecken. Ungeachtet aber ihrer Kunsterzeugnisse, welche für Afrikaner eine ungewöhnliche Kultur an den Tag legen, lassen sich auch bei ihnen keine Spuren nachweisen, welche auf die Verehrung eines höchsten Wesens deuten; die bei ihnen geübte Beschneidung ist nur eine alte Sitte. Ihr Begriff des Höchsten ist Freiheit, sie wird durch das Wort Noro ausgedrückt, und auf die Frage, wo sie sich befindet, deuten sie zum Himmel. Die Macht des Königs der Monbuttus erstreckt sich viel weiter als bei dem der Niam-Niam; eine große Schar von Trabanten umgiebt ihn. Auch gehören 80 Frauen zu seiner Umgebung, die in ebenso vielen Hütten wohnen. Vor seinem Hofe versammelt sich bei festlichen Gelegenheiten das Volk zu Tanz und Musik; zu einem solchen Feste gestaltete sich der Empfang, den er Schweinfurth bereitete.

Die Monbuttus sind dem Kannibalismus in weit höherem Grad ergeben als die Niam-Niam. „Ich brauche," sagte Schweinfurth, „um diese Behauptung zu erhärten, nicht auf die Erzählung nubischer Begleiter oder meines Freundes Abu Ssamat zu verweisen, von ihren Raubzügen, von der Art und Weise, wie sie das Menschenfett gewinnen und als Speise zuzubereiten pflegen; ich brauche nur auf die große Sammlung von Schädeln hinzuweisen, die ich um Geld von ihnen erstand und heimsandte, um die Wahrheit zu constatieren, daß trotz seiner hohen Kultur auch dieser Stamm an Wildheit den anderen gleich ist. Und doch sind sie ganz verständige und vernünftige Menschen, die stets die rechte Antwort geben auf das, was man sie fragt, wie denn auch die Nubier nicht genug des Lobes zu sagen wissen von ihrer Zuverlässigkeit in freundschaftlicher Beziehung, ihrer Ordnung im Staatsleben und ihrer Gesittung."
Schweinfurth.

Die Entdeckung des Albert N'yanza.

Einleitung. Die Vorkämpfer der britischen Weltmacht. — Samuel White Baker und seine Gattin; ein Bild ihrer Thätigkeit. — Wie Baker mit seiner heldenmütigen Gattin die entsetzlichsten Mühseligkeiten und Gefahren unter den wilden Völkerschaften überwindet und bis zum Albert N'yanza vordringt.

England hat das Glück gehabt, zur Begründung und Befestigung seiner Weltmacht eine ganze Reihe von Männern zu finden, welche ihre Thatkraft, ihre Vaterlandsliebe, ihre körperliche Tüchtigkeit, ihre hohen geistigen Fähigkeiten fern von der Heimat in allen Weltteilen geltend machten, ohne einen Augenblick die nationalen Interessen aus den Augen zu verlieren; Männer von eisenfestem Charakter, welche um den Einfluß und die Macht Englands zu vermehren, um demselben neue materielle oder geistige Hilfsquellen zu eröffnen, ihre ganze Lebenszeit, ihre Gesundheit, ja all ihr Gut und Blut opferten. Hätten Italien und Spanien, die mindestens eine gleich günstige geographische Lage haben, seit hundertfünfzig Jahren eine genügende Zahl solcher Männer besessen, so ständen sie jetzt als Weltmächte zur Seite Englands. Die deutsche Tüchtigkeit und Thatkraft steht der britischen nicht nach, aber dieselbe hat sich bis zum Juni 1884, wo zum ersten Male unsere Reichsflagge in einem deutschen Kolonialgebiete aufgehißt wurde, fast ausschließlich im Dienste der Wissenschaft und zum Vorteil der Weltmacht Englands und Frankreichs bethätigt; für die Begründung einer überseeischen deutschen Weltmachtstellung waren keine Mittel und wenig Sympathie zu finden. Heute können wir die Hoffnung hegen, daß wir das Übergewicht der Stubenhocker und Kirchturmpolitiker definitiv beseitigen und daß unsere Forschungsreisenden, Missionare und Kaufleute endlich einmal vorzugsweise in deutschem Interesse arbeiten werden.

Unter den Vorkämpfern der britischen Weltmacht nimmt Samuel White Baker eine hervorragende Stelle ein. Am 18. Juni 1821 zu London geboren erfaßte ihn wie alle echten Engländer frühzeitig die Reiselust. Wir finden ihn 1848 auf Ceylon, wo er mit seinem Bruder, dem Obersten Baker, zu Nemera in einer Höhe von 6200 Fuß eine Musterfarm und ein Sanatorium errichtete. Er gab über die schöne Insel zwei interessante Werke heraus: Eight years Wanderings in Ceylon 1855 und The rifle and the honnd in Ceylon 1857. — Im J. 1855 nahm er teil am Krimkriege und baute darauf den Türken die erste Eisenbahn. In Kairo 1861 bereitete er sich zur Erforschung der Nilquellen vor und bereiste in demselben Jahre Abessinien und den Blauen Nil in der Hoffnung, mit Grant und Speke, die zu demselben Zwecke von Zanzibar aus die Nilquellen zu finden suchten, zusammenzutreffen. Im Dezember 1862 unternahm er von Khartum aus die Untersuchung des Weißen Nils, wobei er alle seine europäischen Begleiter durch Sumpffieber verlor. In Gondokoro traf er im Februar 1863 mit Grant und Speke zusammen, welche den großen See Ukerewe (Victoria N'yanza) erreicht hatten, den sie für den Ursprung des Nils hielten. Speke teilte ihm mit, daß die Eingeborenen ihn versichert hätten, im Westen existiere noch ein anderer See, den man für eine zweite Quelle des Nils hielt. Von seiner mutigen Gattin begleitet, welche alle seine Mühseligkeiten und Gefahren teilte, brach Baker sofort zur Entdeckung dieses Sees auf, obgleich ihn seine eingeborenen Führer verließen. Er traf glücklicherweise unterwegs eine Handelskarawane und erreichte mit ihr im März 1863 Latooka, 110 Meilen von Gondokoro; doch hatte er noch ein ganzes Jahr hindurch unsägliche Leiden, Gefahren und Beschwernisse aller Art zu überwinden, ehe er am 14. März 1864 den langersehnten See erblicken konnte. Die nachstehende Schilderung aus Bakers Werk „The Albert N'yanza, great basin of the Nil, 1866" nach der Übersetzung von J. E. A. Martin*) giebt ein lebhaftes Bild der Erlebnisse Bakers vor und bei der Entdeckung. „Ich muß den Leser", sagt er im Vorwort, „bei der Hand nehmen und ihn Schritt für Schritt auf meinem rauhen Pfade durch sengende Wüsten und durstige Sandstrecken, durch Sumpf und Dorngebüsch und unermeßlichen Morast, durch Beschwerden, Strapazen und Krankheit führen, bis ich ihn, von der ermüdenden Reise matt, zu jener hohen Klippe bringe, wo der große Preis ihm plötzlich vor Augen steht — von welcher er auf den ungeheuren Albert-See hinabschaut und mit mir aus den Quellen des Nils trinkt." B.

Schon mehrere Tage lang vorher hatten uns unsere Führer gesagt, daß wir ganz nahe am See wären, und jetzt versicherte man uns, daß wir ihn am morgenden Tage erreichen würden. Ich hatte in ungeheurer Entfernung gegen Westen eine Reihe stattlicher Berge bemerkt und mir eingebildet, der See läge jenseits jener Kette; jetzt wurde mir aber mitgeteilt, daß diese Berge die westliche Grenze des M=wutan N'zige bildeten, und daß der See sich wirklich innerhalb eines Marsches von Parkáni befände. Ich glaubte gar nicht, daß es möglich sei, daß wir dem Gegenstand unseres Suchens so nahe wären. Jetzt erschien der Führer Rabonga und erklärte, daß, wenn wir am folgenden Morgen früh aufbrächen, wir im stande sein würden, uns gegen Mittag im See zu waschen! Jene Nacht schlief ich kaum. Jahre lang hatte ich gerungen, die „Quellen des Nils" zu erreichen. In meinen nächtlichen Träumen während jener schwierigen Reise war es mir stets mißlungen, aber nach so viel harter Arbeit und Ausdauer war der Becher gerade an meinen Lippen, und ich sollte an der geheimnisvollen Quelle trinken, ehe die Sonne zum zweiten Male unterging — an jenem großen Behälter der Natur, der seit der Erschaffung jeder Entdeckung gespottet hatte.

Durch Schwierigkeiten aller Art hindurch, bei Krankheit, Hunger und Müdigkeit hatte ich gehofft, gebetet und gerungen, jene verborgene Quelle zu erreichen, und so oft es unmöglich erschienen war,

---
*) Der Albert N'yanza, das große Becken des Nils und die Erforschung der Nilquellen. Von S. W. Baker. Aus dem Englischen von J. E. A. Martin, Kustos der Univ.-Bibliothek zu Jena. 3. Aufl. Gera, Griesbach, 1876.

hatten wir uns beide entschlossen, lieber auf der Straße zu sterben, als unverrichteter Sache umzukehren. War es möglich, daß sie so nahe lag, und daß wir morgen sagen konnten: „Das Werk ist vollendet?"

Den 14. März. Die Sonne war noch nicht aufgegangen, als ich meinem Ochsen die Sporen gab und dem Führer nacheilte, den, weil ich ihm bei der Ankunft am See eine doppelte Hand voll Perlen versprochen, die Begeisterung des Augenblicks ergriffen hatte. Der schöne, heitere Tag brach an, und nachdem wir ein zwischen den Hügeln liegendes tiefes Thal überschritten hatten, arbeiteten wir uns mühsam den gegenüberliegenden Abhang hinauf. Ich eilte auf die höchste Spitze. Unser prachtvoller Preis sprang mir plötzlich in die Augen. Dort lag, gleich einem Quecksilbermeer, tief unten die großartige Wasserfläche — im Süden und Südwesten ein grenzenloser Seehorizont, glänzend in der Mittagssonne, und im Westen erhoben sich in einer Entfernung von fünfzig bis sechzig Meilen blaue Berge aus dem Busen des Sees bis zu einer Höhe von etwa 7000 Fuß über seinem Wasserstande.

Den Triumph jenes Augenblicks zu beschreiben ist unmöglich; hier lag der Lohn für alle unsere Arbeit — für die jahrelange Zähigkeit, mit welcher wir uns durch Afrika hindurch geplagt hatten. England hatte die Quellen des Nils erobert! Lange zuvor, ehe ich diese Stelle erreichte, hatte ich mir vorgenommen, zu Ehren der Entdeckung mit unserer ganzen Mannschaft drei Hurrahs in englischer Weise zu rufen; aber jetzt, wo ich hinabschaute auf das große Binnenmeer, das gerade im Herzen Afrikas eingenistet lag, wo ich daran dachte, wie vergebens die Menschheit so viele Jahrhunderte hindurch diese Quellen gesucht, und erwog, daß ich das geringe Werkzeug gewesen, dem es gestattet war, diesen Teil des großen Geheimnisses zu enthüllen, während es so vielen, die größer als ich, mißlang, da war ich zu ernst gestimmt, um meinen Gefühlen in eitlem Hurrahgeschrei für den Sieg Luft zu machen, und dankte aufrichtig Gott, daß er uns durch alle Gefahren zum guten Ende geführt und uns beigestanden hatte. Ich stand etwa 1500 Fuß über dem See und blickte von der steilen Granitklippe hinab auf diese willkommenen Wasser — auf jenen ungeheuren Behälter, der Ägypten ernährte und Fruchtbarkeit brachte, wo alles Wildnis war — auf jene große Quelle, die der Menschheit solange verborgen blieb, jene Quelle der Güte und des Segens für Millionen menschlicher Wesen, und als einen der größten Gegenstände in der Natur, beschloß ich, sie mit einem großen Namen zu ehren. Zum unvergänglichen Andenken an einen von unserer gnädigsten Königin geliebten und betrauerten und von jedem Engländer beweinten Fürsten nannte ich diesen großen See den „Albert N'yanza". Die Seeen Victoria und Albert sind die beiden Quellen des Nils.

Der Zickzackweg, auf welchem man zum See hinabsteigen mußte, war so steil und gefährlich, daß wir uns genötigt sahen, unsere Ochsen mit einem Führer zurückzulassen, der sie nach Magungo bringen und auf unsere Ankunft warten sollte. Wir begannen zu Fuß den steilen Paß hinabzusteigen. Ich ging, ein starkes Bambusrohr ergreifend, voran. Meine Frau wankte in äußerster Schwäche den Paß hinab, indem sie sich auf meine Schulter stützte und alle zwanzig Schritte stehen blieb, um auszuruhen. Nachdem wir, durch jahrelanges Fieber geschwächt, aber für den Augenblick durch den glücklichen Erfolg gestärkt, etwa zwei Stunden mühsam gestiegen waren, erreichten wir die wagerechte Ebene unterhalb der Klippe. Ein Spaziergang von etwa einer Meile durch flache sandige Wiesen mit schönem Rasen, der hier und da mit Bäumen und Gebüsch bestanden war, brachte uns zum Rande des Wassers. Die Wellen rollten auf ein weißes Kieselgestade. Ich stürzte mich in den See und trank, durstig von Hitze und Ermüdung, mit dankerfülltem Herzen tief aus den Quellen des Nils. Innerhalb einer Viertelmeile vom See lag ein Fischerdorf namens Vacovia, in welchem wir uns jetzt niederließen. Alles roch nach Fisch — und alles sah wie Fischerei aus, nicht wie die vornehme Kunst Englands mit Angelrute und Fliege, sondern Harpunen lehnten an den Hütten, und Schnüre, fast so dick wie der kleine Finger, waren zum Trocknen aufgehängt, und daran eiserne Angelhaken von einer Größe befestigt, die da zeigte, welche Ungeheuer den Albert-See bevölkerten.

Meine Mannschaft war beim Anblick des Sees völlig bestürzt. Die Reise war so lang gewesen, und „verschobene Hoffnung" hatte ihre Herzen so vollständig krank gemacht, daß sie schon lange nicht mehr an die Existenz des Sees glaubten und überzeugt waren, ich wolle sie nach dem Meere führen. Sie blickten jetzt mit Schrecken auf den See — zwei von ihnen hatten bereits das Meer in Alexandria gesehen und nahmen keinen Anstand, zu behaupten, dies sei das Meer, aber es sei nicht salzig.

Vacovia ist ein elender Ort und der Boden so mit Salz

geschwängert, daß kein Feldbau möglich war. Salz war das Naturprodukt des Landes, und die Bevölkerung beschäftigte sich mit der Bereitung desselben; dies machte den Handel der Seeküsten aus, indem es für Lebensbedürfnisse umgetauscht wurde, die aus dem Innern kamen.

Am folgenden Morgen bei Sonnenaufgang nahm ich den Kompaß und ging, von dem Häuptling des Dorfes, meinem Führer Rabonga und der Frau Batschita begleitet, nach den Gestaden des Sees, um das Land aufzunehmen. Es war schön hell, und mit einem starken Fernrohr konnte ich zwei große Wasserfälle erkennen, welche die Wände der Berge auf der gegenüberliegenden Küste spalteten. Obgleich der Umriß der Berge auf dem hellblauen Himmel deutlich hervortrat und die dunkeln Schatten auf ihren Wänden tiefe Schluchten andeuteten, so konnte ich doch keine anderen Gestalten erkennen, als die zwei großen Wasserfälle, die wie Silberfäden auf der dunkeln Vorderseite der Berge aussahen. Eine Grundfläche war nicht zu sehen, selbst von einer Höhe von 1500 Fuß über dem Wasserspiegel aus, von wo ich den See zum ersten Male erblickte, sondern die hohe Bergkette im Westen schien sich plötzlich aus dem Wasser zu erheben. Diese Erscheinung mußte von der großen Entfernung herrühren, indem die Grundfläche unterhalb des Gesichtskreises lag, denn dichte Rauchsäulen stiegen scheinbar von der Oberfläche des Wassers auf; sie mußten durch das Verbrennen von Prairieen am Fuße der Berge entstanden sein. Der Häuptling versicherte mir, es sei bekannt, daß große Kanoes von der andern Seite herübergefahren, aber es erfordere vier Tage und Nächte harten Ruderns, um die Reise auszuführen und viele Boote seien bei dem Versuch verloren gegangen.

Ungeachtet meiner täglichen Bitten, daß man uns ohne Verzug Boote liefern möchte, waren in Vacovia acht Tage vergangen, und während dieser Zeit litt die ganze Gesellschaft mehr oder weniger am Fieber. Endlich meldete man, daß Kanoes angekommen seien, und ich wurde ersucht, sie anzusehen. Es waren bloß einzelne Bäume, nett ausgehöhlt, aber viel kleiner, als die großen Kanoes auf dem Nil bei M'ruli. Das größte Boot war zweiunddreißig Fuß lang; ich wählte jedoch für uns eins von sechsundzwanzig Fuß aus, das aber breiter und tiefer war. Zum Glück hatte ich in Khartum einen englischen Schraubenbohrer von 1¼ Zoll Durchmesser gekauft und dieses Werkzeug mitgebracht, da ich voraussah, daß es bei Einrichtungen zu Bootenfahrten manche Schwierigkeiten geben werde.

Ich bohrte nun im Dahlbord der Kanoes zwei Fuß von einander liegende Löcher, machte lange elastische Ruten zurecht, spannte sie im Bogen quer über das Boot und band sie an den Bohrlöchern fest. Als dies geschehen war, verwahrte ich sie durch diagonal laufende Stücke und schloß damit, daß ich das Fachwerk mit einer dünnen Schicht Schilfrohr bedeckte, um uns vor der Sonne zu schützen; über das Schilf breitete ich Ochsenhäute, die gut angezogen wurden und festgebunden, so daß sie unser Dach wasserdicht machten. Diese Vorrichtung bildete einen schildkrötenähnlichen Schutz, der für Sonne und Regen undurchbringlich war. Dann legte ich längs des Bodens der Kanoes einige Klötze von ganz leichtem Holz und bedeckte sie mit einer dichten Schicht Gras; dieses wurde mit einer gegerbten abessinischen Ochsenhaut bedeckt und mit schottischen Plaids belegt. Die Vorrichtungen gaben, als sie fertig waren, eine Kajüte ab, die vielleicht nicht so luxuriös wie diejenigen auf den Fahrzeugen der „Peninsular= und orientalischen Gesellschaft", aber, was die Hauptsache, undurchbringlich für den Regen und die Sonne war. In dieses rohe Fahrzeug schifften wir uns an einem stillen Morgen ein, wo kaum ein sanfter Wellenschlag die ebene Oberfläche des Sees bewegte. Jedes Kanoe hatte vier Ruderer, an jedem Ende zwei. Ihre Ruder waren von schöner Gestalt, aus einem einzigen Stück Holz gehauen, das Blatt etwas breiter als das eines gewöhnlichen Spatens, aber auf der innern Seite vertieft, so daß es dem Ruderer eine große Gewalt über das Wasser gab. Nachdem ich mit einiger Schwierigkeit mehrere Hühner und getrocknete Fische gekauft hatte, stellte ich die größere Zahl meiner Mannschaft in das geräumigere Kanoe; dann fuhren wir mit Richarn, Saat und den Frauen nebst der Dolmetscherin Batschita voran und eilten von Bacovia hinaus auf die weite Fläche des Albert=Sees. Die Ruderer arbeiteten tapfer, und das Kanoe, obgleich schwer beladen, durchlief etwa vier Meilen in der Stunde. Eine Aufregung gab es in Bacovia nicht; nur der Häuptling und zwei oder drei Begleiter kamen, um uns abfahren zu sehen; sie hegten den Verdacht, daß man etwa Zuschauer einladen könnte, als Ruderer mitzuhelfen, deshalb war die ganze Bevölkerung des Dorfes ausgerissen.

Als wir die Küste verließen, bat der Häuptling um einige Perlen; er erhielt sie und warf sie in den See, um die Bewohner der Tiefe zu versöhnen, damit nicht Flußpferde die Kanoes umwärfen.

Unsere erste Tagereise war köstlich. Der See war ruhig, der

Himmel bewölkt und die Landschaft höchst reizend. Zuweilen waren die Berge auf der Westküste nicht zu erkennen, und der See schien von unbegrenzter Breite zu sein. Wir fuhren an der Küste hin innerhalb dreihundert Fuß von dem östlichen Ufer; bisweilen passierten wir Flächen von Sand und Gebüsch, die vom Wasser bis zum Fuße der Bergflippen vielleicht eine Meile breit waren; andere Male ruderten wir gerade unter staunenerregenden Höhen von etwa 1500 Fuß vorüber, die schroff aus der Tiefe aufstiegen, so daß wir die Kanoe von den Wänden abstießen und unsere Weiterfahrt dadurch unterstützten, daß wir mit Bambusröhren am Felsen schoben. Diese jähen Felsen bestanden alle aus Urgestein, häufig aus Granit und Gneiß, und waren an vielen Stellen mit rotem Porphyr vermischt. In den Klüften standen schöne, immergrüne Gewächse von allen Farben, darunter riesenhafte Euphorbien, und wo nur immer ein Flüßchen oder eine Quelle durch das dunkle Laubwerk einer Schlucht schimmerte, wurde es von der graziösen und federartigen wilden Dattel beschattet.

Im Wasser spielten große Herden Flußpferde, aber ich versagte mir's, auf sie zu schießen, da der Tod eines solchen Ungeheuers uns sicherlich wenigstens einen Tag aufhielt, weil die Bootsmänner das Fleisch nicht preisgegeben hätten. Krokodile waren außerordentlich zahlreich, sowohl in als außer dem Wasser; wo nur ein sandiger Strand sie zum Sonnen einlud, waren mehrere Ungeheuer zu sehen, die wie Baumstämme in der Sonne lagen. Am Rande des Strandes über dem Hochwasserstandszeichen befanden sich niedrige Büsche, und aus diesem Versteck kamen die Krokobile eiligst ins Wasser herabgelaufen, beim Nahen der Kanoes in Schrecken gesetzt. Enten und Gänse waren nicht vorhanden, weil es keine Futterplätze gab; bis dicht am Ufer war tiefes Wasser.

Unsere Bootsmänner arbeiteten gut, und wir setzten unsere Reise noch lange nach Eintritt der Dunkelheit fort, bis das Kanoe plötzlich nach dem Ufer gesteuert wurde und wir auf einem steilen Strande von vollkommen reinem Sande festsaßen. Man benachrichtigte uns, daß wir uns in der Nähe eines Dorfes befänden, und die Bootsmänner machten den Vorschlag, uns die Nacht hier zu lassen, während sie ausgehen wollten, um Lebensmittel zu suchen. Als ich sah, daß sie die Ruder mitnehmen wollten, befahl ich, diese wichtigen Geräte wieder zu den Booten zu bringen und eine Wache für sie hinzustellen, während mehrere von meiner Mannschaft die Bootsmänner nach dem erwähnten Dorfe begleiten sollten. Mittlerweile stellten wir unsere Angareps auf den Strand, machten mit etwas Treibholz ein Feuer an und bereiteten uns auf die Nacht vor. Die Männer kehrten bald wieder zurück; sie waren von mehreren Eingeborenen begleitet und brachten zwei Hühner und eine junge Ziege mit. Die letztere wurde sofort dem großen kupfernen Topf übergeben, und ich bezahlte den Eingeborenen ihren Wert etwa dreifach, um sie zu ermutigen, am folgenden Morgen Lebensmittel zu bringen.

Während das Essen bereitet wurde, machte ich eine Beobachtung und fand, daß unsere geographische Breite 1° 33' nördlich war. Wir waren schnell gereist, denn wir hatten eine Strecke von 16' geographischer Breite direkt nach Norden zurückgelegt.

Beim ersten Krähen unseres einsamen Hahns bereiteten wir uns zum Aufbruch vor; — die Bootsmänner waren fort.

Sobald es hell war, nahm ich zwei Männer und ging nach dem Dorfe, indem ich vermutete, sie würden in ihren Hütten schlafen. Etwa dreihundert Schritte von den Booten, auf einer schönen Rasenfläche an einer Anhöhe, standen drei elende Fischerhütten. Sie machten das Dorf aus. Als wir ankamen, war niemand zu finden; die Eingeborenen waren entwichen. Ein schöner Strich durchbrochenes Grasland bildete unterhalb der Klippenreihe eine Art Amphitheater. Ich durchforschte die Klippen mit dem Fernrohr, konnte aber keine Spur von einem Menschen entdecken. Unsere Bootsmänner hatten uns offenbar im Stich gelassen, und die Eingeborenen hatten sie begleitet, um nicht genötigt zu werden, uns zu dienen.

Als ich mit dieser Nachricht zu den Kanoes zurückkam, war meine Mannschaft in voller Verzweiflung. Sie konnten nicht glauben, daß die Bootsmänner wirklich davongelaufen wären, und baten mich, sie die Gegend durchsuchen zu lassen, in der Hoffnung, noch ein anderes Dorf zu finden. Ich verbot streng, daß irgend ein Mann von den Booten sich entferne und wünschte uns Glück, daß ich die Ruder gut bewacht hatte, die ohne Zweifel von den Bootsmännern gestohlen worden wären, wenn ich sie ihnen gelassen hätte. Ich willigte ein, bis 3 Uhr nachmittags zu warten. Kehrten die Bootsmänner bis dahin nicht zurück, so gedachte ich ohne sie weiter zu fahren. Auf diese sich selbst widersprechenden Eingeborenen konnte man sich nicht verlassen. Freundlichkeit war bei ihnen nicht angebracht. Wir hatten Kamrasis Befehle, daß uns Boote und Mannschaft gestellt werden sollten, aber an dieser fernen Grenze schienen die Eingeborenen ihrem König keine große Bedeutung beizulegen; dessenungeachtet waren wir von ihnen abhängig. Jede Stunde war wertvoll, da unsere einzige Aussicht, Gondokoro zur rechten Zeit zu erreichen und die Boote zu treffen, von einer schnellen Reise abhing. In dem Augenblick, wo ich vorwärts zu eilen wünschte, traten Verzögerungen ein, die höchst bedenklich waren.

Drei Uhr nachmittags kam heran, aber von Eingeborenen war keine Spur zu sehen. „Springt in die Boote, meine Burschen!" schrie ich meiner Mannschaft zu; „ich weiß den Weg!" Die Kanoes wurden vom Ufer gestoßen, und meine Leute setzten sich an die Ruder. Fünf von meiner Mannschaft waren Bootsmänner von Beruf, aber außer mir selbst verstand keiner die Behandlung der Ruder. Vergebens versuchte ich mein Schiffsvolk zu unterrichten. Rudern thaten sie freilich, aber — ihr Götter, die ihr über die Boote wacht! — wir pirouettierten immer um und um, und die beiden Kanoes tanzten mit einander auf ihrem großen Ballsaal, dem Albert N'yanza, Walzer und Polka. Die Reise hätte bis ins unendliche gedauert. Nach dreistündiger Anstrengung erreichten wir eine Felsenspitze, die sich wie ein Vorgebirge in den See erstreckte. Diese schroffe Spitze war bis zum höchsten Gipfel mit dichtem Dschungel bedeckt, und am Fuße derselben befand sich ein kleines Fleckchen sandigen Strandes, von dem es keinen Ausgang gab außer zu Wasser, da die Klippe auf beiden Seiten bis zum See herabhing. Es regnete, was vom Himmel wollte, und mit vieler Mühe zündeten wir ein Feuer an. Mosquitos gab es in Massen, und die Nacht war so warm, daß es unmöglich war, unter den wollenen Bettdecken zu schlafen. Wir stellten die Angareps auf den Strand, benutzten die rohen Ochsenhäute als Decken und legten uns in den Regen. Im Boote zu schlafen war es zu heiß, zumal da die einstweilige Kajüte ein vollkommenes Mosquitonest war. Jene Nacht überlegte ich, was wohl am besten zu thun sei und beschloß, am folgenden Morgen ein Ruder als Steuer anzubringen. Es regnete die ganze Nacht ohne Aufhören, und beim Anbruch des Tages war die Scene kläglich genug. Die Mannschaft lag auf dem nassen Sande, mit ihren rohen Häuten zugedeckt, durch und durch geweicht, aber noch immer im festen Schlaf, aus dem sie sich durch nichts erwecken ließen. Meine Frau war ebenfalls naß und sah jämmerlich aus. Es regnete noch immer. Ich war bald bei der Arbeit. Ich schnitt mit meinem Jagdmesser ins Hinterteil des Kanoe ein Lager, bohrte unterhalb desselben mit dem großen Bohrer ein Loch und band mit einem Riemen von roher Haut, den ich von meiner mit Wasser gesättigten Bettdecke abschnitt, ein Ruder fest. So machte ich ein höchst wirksames Steuerruder. Von meiner Mannschaft hatte mir keiner geholfen. Während ich hart arbeitete, waren sie unter ihren eingeweichten Fellen liegen geblieben und hatten ihre kurzen Pfeifen geraucht. Sie waren vor Verzweiflung völlig gefühllos, da ihre lächerlichen Anstrengungen beim Rudern am vorhergehenden Abend alle Hoffnung in ihnen vollständig vernichtet hatten. Sie hatten sich ganz in ihr Schicksal ergeben und betrachteten sich als der Geographie geopfert.

Ich warf ihnen den Bohrer hin und erklärte, daß ich zum Aufbruch fertig sei und auf niemanden warten würde. Ich schnitt zwei Bambusrohre ab, machte einen Mast und eine Segelstange und befestigte einen großen schottischen Plaid als Segel daran. Wir stießen das Boot ab. Glücklicherweise hatten wir zwei oder drei Reserveruder; das zum Steuer verwendete Ruder wurde daher nicht vermißt. Ich nahm das Steuer und ermahnte meine Mannschaft, an nichts zu denken als an starkes Rudern. Fort ging's mit uns so gerade wie ein Pfeil zum größten Vergnügen meiner Leute. Es war sehr wenig Wind, aber ein leichtes Lüftchen füllte den Plaid und trieb uns sanft vorwärts.

Als wir um das Vorgebirge herum waren, befanden wir uns in einer großen Bai; das gegenüberliegende Vorgebirge war in einer Entfernung von acht bis zehn Meilen sichtbar. Wollten wir an der Küste der Bai hinfahren, so hätten wir zwei Tage gebraucht. Weiter hinein war noch ein anderes kleines Vorgebirge; ich beschloß daher, direkt nach diesem Punkte zu steuern, ehe ich mich in gerader Linie von einem Vorgebirge zum andern wagte.

Als ich mich umsah, bemerkte ich, daß unser zweites Kanoe etwa eine Meile zurück war und sich die Zeit damit vertrieb, daß es nach allen Gegenden des Kompasses zeigte; — die faule Mannschaft hatte sich nicht die Mühe genommen, das Steuer anzuwenden, wie ich ihr befohlen hatte.

Wir reisten etwa vier Meilen in der Stunde, und meine Leute waren so aufgeblasen, daß sie sich bereit erklärten, ohne Beistand bis zur Nilmündung zu rudern. Das Wasser war vollkommen ruhig, und als wir um das nächste Vorgebirge herum waren, hatte ich die Freude, in einer bequemen kleinen Bai ein Dorf und eine große

Anzahl Kanoes zu sehen, die auf den sandigen Strand gezogen waren, sowie andere, die sich mit Fischen beschäftigten. Auf dem Sande hart am Rande des Wassers, etwa eine halbe Meile von uns, standen eine Anzahl Eingeborene, und ich steuerte gerade auf sie zu. Als wir dicht herankamen, setzten sie sich nieder und hielten ihre Ruder über die Köpfe empor; dies war ein unverkennbares Zeichen, daß sie beabsichtigten, uns freiwillig als Bootsmänner zu dienen, und ich steuerte das Boot auf den Strand. Wir befanden uns kaum auf dem Grunde, als sie sich ins Wasser stürzten, uns enterten und in bester Laune unsern Mast und unser Segel niederrissen, die ihnen höchst albern erschienen (da sie nie Segel benutzen). Sie setzten uns auseinander, sie hätten auf der andern Seite des Vorgebirges gesehen, daß wir Fremde wären, und ihr Häuptling hätte ihnen befohlen, uns zu helfen. Ich bat sie nun, dem zurückgebliebenen Kanoe sechs Mann zu Hilfe zu schicken; dies versprachen sie zu thun, und nachdem wir einige Zeit gewartet hatten, fuhren wir in rasendem Lauf ab, um von Spitze zu Spitze quer über die breite Bai zu rudern.

Als wir im Mittelpunkte der Bai waren, befanden wir uns etwa vier Meilen vom Lande. In dieser Zeit trat von Südwesten her ein Aufwallen des Sees ein. Während wir in Vacovia lagen, hatte ich bemerkt, daß, wenn auch die Morgen windstill waren, in der Regel um 1 Uhr nachmittags sich von Südwesten her ein starker Wind erhob, der eine schwere See auf den Strand brachte. Ich fürchtete jetzt, wir würden einem Sturm ausgesetzt werden, ehe wir das gegenüberliegende Vorgebirge erreichen konnten, denn das steigende Aufwallen des Sees deutete Wind aus der alten Himmelsgegend an, zumal da auf der Westküste sich dunkle Gewitterwolken zusammenzogen.

Ich sagte Batschita, sie solle die Ruderer drängen, vorwärts zu eilen, da unser schweres Kanoe im Fall eines Sturmes sicherlich würde zum Sinken gebracht werden. Ich sah nach meiner Uhr; es war Mittag vorüber, und ich war überzeugt, daß wir gegen ein Uhr einen starken Südwestwind bekommen würden. Meine Mannschaft sah mit ziemlich bleichem Gesicht auf die vorbedeutungsvollen schwarzen Wolken und das zunehmende Aufwallen des Sees, rief aber aus: „Inschallah, es wird keinen Wind geben!" Mit gebührender Rücksicht auf ihren Glauben an eine Vorherbestimmung bestand ich darauf, daß sie die Reserveruder in Bewegung setzten, da unsere Rettung davon abhing, daß wir das Ufer erreichten, ehe das Gewitter herankam. Sie hatten an meine Ansicht zu glauben gelernt und strengten sich aufs äußerste an. Das alte Boot schoß durch das Wasser, aber die Oberfläche des Sees veränderte sich schnell; das westliche Ufer war nicht mehr sichtbar, das Wasser war dunkel, und unzählige weiße Kämme versahen die Wellen mit Spitzen. Die Kanoe arbeitete schwer und bekam dann und wann Wasser an Bord, welches sofort mit Kürbisschalen von meiner Mannschaft ausgeschöpft wurde, die jetzt ausrief: „Wah Illahi el kelam bitär el Hawaga sahhé!" (Bei Allah, was der Hawaga sagt, ist wahr!" Wir befanden uns noch etwa anderthalb Meilen von dem Punkte, nach welchem wir gesteuert waren, als wir unsern Kurs nicht länger einhalten konnten; wir hatten mehrere schwere Seeen an Bord bekommen, und wären wir nicht gut mit Geräten zum Ausschöpfen versehen gewesen, so wären wir untergesunken. Auf mehrere Donnerschläge und heftige Blitze folgte ein furchtbarer Sturm aus etwa West-Süd-West, vor dem wir uns genötigt sahen, nach dem Ufer zu eilen.

In kurzer Zeit erhob sich eine höchst gefährliche See, und mehrmals brachen sich die Wellen an der gewölbten Decke des Kanoe, die sie glücklicherweise etwas schützte, obgleich wir vom Wasser eingeweicht wurden. Jeder arbeitete mit aller Kraft, das Wasser auszuschöpfen; ich dachte nicht daran, daß das Kanoe aushalten könne. Herab kam der Regen in Strömen, von einem fürchterlichen Winde dahergepeitscht. Nichts war zu erkennen, als die hohen Klippen, welche durch das Gewitter hindurch sichtbar waren, und ich hoffte nur, daß wir auf einem sandigen Strande und nicht auf schroffen Felsen ankommen möchten. Wir fuhren tüchtig zu, da die gewölbte Decke der Kanoe einigermaßen als Segel wirkte, und es war ein belebender Augenblick, als wir uns endlich der Küste näherten und an die schäumende Brandung heranfuhren, die sich wild auf einem (glücklicherweise) sandigen Strande unter den Klippen wälzte. Ich sagte meiner Mannschaft, sie sollten sich bereit machen, in dem Augenblick, wo wir den Sand berührten, herauszuspringen und die Kanoe in Sicherheit zu bringen, indem sie das Vorderteil den Strand hinaufzögen. Alle waren bereit, und wir flogen durch die Brandung hindurch, indem die eingeborenen Bootsmänner gleich Dampfmaschinen ruderten. „Da kommt eine Welle; paßt auf!" Und gerade als wir fast den Strand berührten, brach eine schwere Woge über die schwarzen Frauen herein, die im Hinterteil saßen, und versenkte das Boot. Meine Männer sprangen wie Enten ins Wasser, und im nächsten Augenblick wurden wir alle in Bestürzung auf das sandige Ufer gewälzt. Die Mannschaft hing sich an das Boot und zog es fest auf den Sand, während meine Frau, halb ertrunken, aus ihrer urväterlichen Kajüte wie eine Frühlingsfliege aus ihrem Neste kroch und auf das Ufer sprang. „El hamd el Illah! (Gottseidank)" riefen wir alle aus; „nun noch einen Zug — alle zusammen!" und nachdem wir das Boot so weit in Sicherheit hatten, daß es nicht weggespült werden konnte, befahl ich der Mannschaft, die Ladung auszuschiffen und es dann vollends aus dem See zu ziehen. Außer dem Schießpulver, das sich in blechernen Büchsen befand, war alles verdorben. Aber wo war das andere Kanoe? Ich machte mich gefaßt, daß es verloren sein müsse, denn obgleich es viel länger als unser Boot war, ging es doch tiefer im Wasser. Nach einiger Zeit und vieler Angst bemerkten wir, daß es etwa eine halbe Meile hinter uns nach der Küste eilte; es war mitten in der Brandung und ich verlor es mehrmals aus den Augen, aber der alte Baum hielt sich gut und brachte die Mannschaft gerettet ans Ufer.

Zum Glück war nicht weit von der Stelle, wo wir landeten, ein Dorf; wir nahmen Besitz von einer Hütte, machten ein tüchtiges Feuer an und wickelten uns, während unsere Kleider getrocknet wurden, in ausgerungene schottische Plaids und wollene Bettdecken ein, denn wir hatten keinen trockenen Faden mehr.

Zu essen konnten wir nichts bekommen, als einige getrocknete Fische, die, da sie nicht eingesalzen worden, einen ziemlichen haut-goût hatten. Unsere Hühner und auch zwei Lieblingswachteln waren während des Sturmes im Boote ertrunken; die ertränkten Hühner wurden jedoch gedämpft, und bei einem lodernden Feuer und reinlichem Stroh zum Schlafen war die Nachtruhe vielleicht ebenso vollkommen wie in dem Luxus der Heimat.

Am folgenden Morgen wurden wir durch schlechtes Wetter aufgehalten, da noch immer eine schwere See ging und wir entschlossen waren, unsere Kanoes nicht in einem zweiten Sturm aufs Spiel zu setzen. Es war eine schöne Gegend, durch einen prachtvollen Wasserfall belebt, der etwa tausend Fuß von den Bergen herabstürzte, da der Kaiigirifluß sich in einer glänzenden Wassermasse in den See ergoß. Dieser Fluß entspringt in der großen Marsch, über die wir auf unserem Wege von M'ruli nach Vacovia gegangen waren. In der Umgegend sammelten wir einige Champignons, die echten Agaricus campestris Europas, die ein großer Leckerbissen waren.

Am Nachmittag setzte sich die See, und wir brachen wieder auf. Wir waren noch nicht über drei Meilen vom Dorfe aus gefahren, als ich einen Elefanten bemerkte, der sich im See badete; er stand so tief im Wasser, daß er sich nur mit dem obersten Teile seines Kopfes und Rüssels über der Oberfläche befand. Als wir uns näherten, tauchte er ganz unter, nur die Spitze des Rüssels blieb über dem Wasser. Ich befahl den Bootsmännern, das Kanoe so dicht als möglich an ihn hinanzubringen, und wir fuhren eben bis auf neunzig Fuß an ihm vorüber, als er den Kopf aus seinem üppigen Bade erhob. Ich fühlte mich stark versucht zu schießen, erinnerte mich aber an meinen Entschluß und enthielt mich, ihn zu stören; er verließ langsam den See und begab sich in den dichten Dschungel. Eine kurze Strecke über diese Stelle hinaus lagen zwei große Krokobile auf dem Strande und schliefen, aber beim Nahen des Kanoe stürzten sie sich ins Wasser und hoben auf etwa fünfundzwanzig Schritt ihre Köpfe über der Oberfläche empor. In betreff meiner Fletcherschen Büchse war ich unsicher, da sie so vieler Nässe ausgesetzt gewesen war; um sie daher abzufeuern, richtete ich einen Schuß auf das nächste Krokobil gerade hinter das Auge. Die kleine Büchse war in vollkommener Ordnung — Dank Elys „doppelt wasserdichten Centralzündhütchen", die jedem Wetter widerstehen werden — die Kugel traf genau die richtige Stelle; das große Reptil that einen krampfhaften Hieb mit dem Schwanze, legte sich auf den Rücken, mit den Pfoten über dem Wasser und sank allmählich unter. Die eingeborenen Bootsmänner waren beim Knall der Büchse, zum großen Vergnügen ihrer Landsmännin Batschita, furchtbar erschrocken, und nur mit Mühe konnte ich sie bereden, das Kanoe genau nach der Stelle hin zu richten. Da es dicht am Ufer war, so war das Wasser nicht mehr als acht Fuß tief und so schön hell, daß ich, als ich mich gerade über dem Krokobil befand, dasselbe am Grunde auf dem Bauche liegen sah und den blutigen Kopf erkannte, der von der Kugel zerschmettert worden war. Während einer von meiner Mannschaft eine sich zuziehende Schleife machte, nahm ich eine lange Lanze, die einem Bootsmanne gehörte, und trieb sie durch die zähen Schuppen tief in den Rücken des Halses; indem ich die Lanze sanft heraufzog, hob ich den Kopf bis nahe an die Oberfläche des Wassers empor; dann ließ ich die Schleife über denselben gleiten, und das Krokobil wurde gesichert. Es schien ganz tot zu sein, und das Fleisch sollte ein Leckerbissen für meine Mannschaft werden; wir schleppten es daher ans Ufer. Es war ein schönes Ungeheuer, gegen sechzehn Fuß lang, und obgleich es tot schien, so biß es doch wütend an einem Stück Bambusrohr, welches ich ihm in den Mund steckte, um es zu hindern, während des Prozesses der Enthauptung zu schnappen. Die Eingeborenen betrachteten meine Mannschaft mit Mißgunst, als dieselbe große Stücke der ausgesuchtesten Bissen abschnitt und sie in die Kanoes packte; dies dauerte nicht länger als eine Viertelstunde; dann eilten wir an Bord und setzten, gut mit Fleisch versehen — für alle, die es gern aßen —, unsere Reise fort. Was meinen Geschmack betrifft, so kann nichts ekelhafter sein als Krokodilfleisch. Ich habe fast alles gegessen; aber obgleich ich Krokobil gekostet habe, so konnte ich es doch nie dahin bringen, es herunterzuschlucken, der vereinigte Geschmack von schlechtem Fisch, faulem Fleisch und Moschus ist die dem Schwelger dargebotene Speise.

Jenen Abend sahen wir einen Elefanten mit einem Paar ungeheurer Stoßzähne; er stand, als wir Halt machten, auf einem Hügel, etwa eine Viertelmeile von den Booten. Dieser Versuchung half mir ein Fieberanfall widerstehen. Es regnete wie gewöhnlich, und da kein Dorf in der Nähe war, so bivouakierten wir im Regen auf dem Strande in Massen von Mosquitos.

Die Unannehmlichkeiten dieser Seereise waren groß; am Tage waren wir in unsere kleine Kajüte eingeengt, wie zwei Schildkröten in eine Schale, und des Nachts regnete es fast immer. An die Nässe hatten wir uns gewöhnt; aber keine Acclimatisation kann den europäischen Körper mosquitofest machen; wir hatten daher wenig Ruhe. Für mich war es harte Arbeit, aber für meine unglückliche Frau, die sich kaum von ihrem Sonnenstich erholt hatte, waren solche Beschwerden höchst qualvoll.

Am folgenden Morgen war der See ruhig, und wir brachen früh auf. Die Einförmigkeit der Reise wurde durch die Gegenwart mehrerer schöner Elefantenherden unterbrochen, die ganz aus Bullen bestanden. Ich zählte vierzehn dieser großartigen Tiere, alle mit gewaltigen Stoßzähnen, die sich zusammen in einem kleinen seichten See unterhalb der Berge badeten, welcher mit dem Hauptsee durch einen sandigen Strand in Verbindung stand. Diese Elefanten standen nur bis ans Knie im Wasser; da sie sich gebadet hatten, waren sie vollkommen rein, und ihre kolossalen schwarzen Gestalten und großen weißen Stoßzähne bildeten ein schönes Gemälde in dem ruhigen See unter den hohen Klippen. Es war eine Scene, die im Einklang stand mit der Einsamkeit der Nilquellen — die Wildnis von Felsen und Wald, die blauen Berge in der Ferne, und die große natürliche Fontaine, geschmückt mit den gewaltigen Tieren Afrikas; die Elefanten in ungestörter Erhabenheit, und Flußpferde, die ihre ungeheuren Gestalten in der großen Quelle des ägyptischen Stromes erquickten.

Ich befahl den Bootsmännern, das Kanoe ans Ufer zu fahren, damit wir landen und die Scene genießen konnten. Da entdeckten wir sieben Elefanten am Ufer etwa sechshundert Fuß von uns im hohen Grase, während die Hauptherde von vierzehn prächtigen Bullen sich majestätisch in dem ruhigen See badete, indem sie von ihren Rüsseln herab kalte Ströme über Rücken und Schultern gossen. Es gab keine Zeit zu verlieren, da jede Stunde wichtig war; wir verließen das Ufer und ruderten von neuem die Küste entlang.

Ein Tag nach dem andern verging, und die Zeit des Reisens dauerte von Sonnenaufgang bis zum Mittag, wo regelmäßig ein starker Sturm mit Regen und Donner eintrat und uns nötigte, unsere Kanoes ans Ufer zu ziehen. Das Land war sehr spärlich bewohnt, und die Dörfer waren arm und elend, die Leute höchst ungastfreundlich. Endlich kamen wir in einer ansehnlichen Stadt an, die in einer schönen Bai unter jähen Klippen lag, deren grasreiche Wände mit Ziegenherden bedeckt waren; es war Eppigoya, und die Bootsmänner, die wir aus dem letzten Dorfe erhalten hatten, sollten uns an diesem Orte abliefern. Die Verzögerungen, welche durch das Verschaffen von Bootsmännern herbeigeführt wurden, waren höchst ärgerlich; es schien, daß der König Befehl gesandt hatte, jedes Dorf solle die nötigen Ruderer stellen; so wurden wir von einem Orte zum andern gerudert; in jedem derselben wurde die Mannschaft gewechselt, und keine Belohnung, sie mochte noch so groß sein, konnte sie bewegen, bis zum Ende unserer Reise bei uns zu bleiben.

Als wir in Eppigoya landeten, kam uns sogleich der Ortsvorsteher entgegen, und ich machte ihm den Vorschlag, er solle uns einige Böckchen verkaufen, da der Gedanke an eine Schöpskarbonade den Appetit im höchsten Grade reizte. Weit entfernt, uns mit diesem Leckerbissen zu versehen, trieben die Eingeborenen augenblicklich ihre Herden weg, und der Ortsvorsteher brachte uns, nachdem er ein großes Geschenk an Perlen erhalten hatte, ein krankes Lamm zum

Geschenk, das nahe daran, eines natürlichen Todes zu sterben, und nichts als Haut und Knochen war. Zum Glück gab es Hühner in Tausenden, da die Eingeborenen sie nicht zur Nahrung benutzten. Wir kauften das Stück für eine blaue Perle (Monjur), was in Geld 250 Hühner für einen Schilling (10 Sgr.) betrug. Eier wurden in Körben gebracht, die mehrere Hunderte enthielten.

In Eppigoya wurde das beste Salz erzeugt, und wir kauften einen guten Vorrat, auch einige getrocknete Fische. Auf diese Art verproviantiert, verschafften wir uns Bootsmänner und traten unsere Reise wieder an.

Kaum waren wir sechshundert Fuß weiter gefahren, als wir direkt an das unter der Stadt gelegene Ufer gesteuert wurden und unsere Bootsmänner kaltblütig ihre Ruder niederlegten und uns sagten, daß sie das Ihrige gethan hätten, und daß, da Eppigoya in vier Teile geteilt sei, die unter besonderen Ortsvorstehern ständen, jeder Teil Ruderer stellen werde!

So lächerlich dies auch erschien, gegen ihre Entscheidung half kein Streiten, und so wurden wir von einem an den andern eingehändigt und bei viermaligem Wechsel der Bootsmänner innerhalb einer Strecke von weniger als eine Meile etwa drei Stunden aufgehalten! Die völlige Albernheit einer solchen Anordnung, verbunden mit Verzug, während die Zeit höchst kostbar war, stellte die Gemütsruhe auf die Probe. Bei jedem Wechsel begleitete der Ortsvorsteher die Bootsmänner bis zu unserm Kanoe und beschenkte uns beim Abschied mit drei Hühnern. Auf diese Art bildeten unsere Kanoes, da wir schon große Vorräte eingekauft hatten, eine schwimmende Federviehausstellung. Unser Viehstand belästigte uns furchtbar. Da wir keine Körbe hatten, entschlossen sich die Hühner zum Selbstmord, und viele sprangen mit Vorbedacht über Bord, während andere, denen die Beine gebunden waren, sich auf dem Boden des lecken Kanoe ertränkten.

Nach dem zehnten Tage von unserer Abreise aus Vacovia an nahm die Landschaft an Schönheit zu. Der See hatte sich bis auf etwa dreißig Meilen verschmälert und nahm nordwärts an Breite schnell ab. Man konnte die Bäume auf den Bergen am westlichen Ufer erkennen. Während wir unsere Reise nach Norden fortsetzten, sprang die Westküste plötzlich vor und verminderte die Breite des Sees bis auf etwa zwanzig Meilen. Es war nicht mehr der große Binnensee, der in Vacovia einen solchen Eindruck auf mich gemacht

hatte, mit dem reinen Kieselgestade, welches bis jetzt das Ufer ge=
bildet, sondern ungeheure Bänke von Schilf, das auf schwimmender
Vegetation wuchs, hinderten die Kanoes zu landen. Diese Bänke
waren höchst eigentümlich; sie schienen aus abgestorbener Vegetation
entstanden zu sein, aus welcher die Papyrusbinsen Wurzel schlugen;
— die schwimmende Masse war etwa drei Fuß dick und so zäh und
fest, daß man auf derselben umhergehen konnte, wobei man nur bis
über die Knöchel in den weichen Schlamm sank. Unter dem Pflanzen=
floß war äußerst tiefes Wasser, und das Ufer war auf eine Breite
von etwa einer halben Meile durch diese außergewöhnliche Forma=
tion völlig geschützt. Eines Tages riß ein furchtbarer Windstoß
und eine schwere See große Stücke ab, und der Wind, der auf die
Binsen wie auf Segel wirkte, trieb schwimmende Inseln von einigen
Ackern auf dem See umher, um sie abzusetzen, wo sie zufällig hängen
blieben.

Am dreizehnten Tage befanden wir uns am Ende unserer Reise.
Quer über den See war die Breite an diesem Punkte zwischen fünfzehn
und zwanzig Meilen, und die Erscheinung des Landes nach Norden
war die eines Delta. Die Ufer waren auf beiden Seiten durch un=
geheure Bänke von Schilf versperrt, und als das Kanoe am Rande
derjenigen auf der Ostseeküste hinfuhr, konnten wir mit einem Bam=
bus von fünfundzwanzig Fuß Länge keinen Grund finden, obgleich
die schwimmende Masse wie festes Land erschien. Wir waren in
einer vollkommenen Vegetationswildnis. Im Westen erhoben sich
Berge gegen 4000 Fuß über den Spiegel des Sees, eine Fortsetzung
der Kette, welche das westliche Ufer von Süden aus bildete; —
diese Berge nahmen an Höhe nach Norden hin ab, und der See
endete in dieser Richtung in einem breiten Thal von Schilf.

Straßenbilder aus Mombassa und Feretown
an der Ostküste Afrikas.

Von meinem Hause in der Stadt Mombassa führt der Weg zur
englischen Church Mission Society-Station, wohin ich gehen wollte,
zunächst der Nyia Ku (Großen Straße) entlang. Hier haben die

reichen Araber ihre Häuser erbaut: große ein- und zweistöckige Gebäude mit kleinen vergitterten und durch Läden verschlossenen Fenstern. Zu den Seiten der prächtig geschnitzten, schweren, hölzernen Hausthür ziehen sich gemauerte Bänke hin, auf denen Palmstrohmatten liegen. Hier schlafen am Tage Scharen fauler Sklaven, während abends ihre Herren, Kaffee schlürfend und Betel kauend, die Zeit totschwatzen. Ins Innere des Hauses gelangt ein Fremder selten. In den kleinen dunkeln Zellenräumen auf der Veranda, die den centralen Hofraum umgeben, spinnt sich das monotone Leben der Frauen ab.

Weiter schreitet man an den Magazinen und Läden der indischen Kaufleute vorbei. Fast nackte, schweißtriefende Neger tragen unter lautem Wechselgesang*) meist zu zweien an armdicken, auf den schwieligen Schultern liegenden Pfählen Sorgum, Mais und Sesam in Palmstrohsäcken, große Ballen europäischer Baumwollenstoffe, Metalldraht oder schwere Fässer voll Glasperlen, meist für den Binnenhandel bestimmt. Andere verschließen Copalfässer mit nassen Kuhhäuten; Orseille packt man in große Mattensäcke.

Wohlgefällig lächelnd überschaut der Baniane durch die großen runden Brillengläser seinen Reichtum, zählt und notiert die anlangenden Waren. Einer seiner Gehilfen markirt mit spitzem Meißel einen mächtigen Elefantenzahn, die jüngste Beute seiner Schlauheit. Wenn das Elfenbein, welches als Broche die Brust unserer Schönen ziert oder als Knöpfchen den Stock des Stutzers schmückt, erzählen könnte, wieviel würde man erfahren von Gefahren und Mühen, von Blut und Überlistung, wodurch man seiner habhaft wurde.

Mitten durch die bunte, lärmende Menge auf dem Nyia Ku wandelt dummstumpf das heilige Rindvieh der Bananen, denn hier ist es noch nicht, wie in der Stadt Zanzibar, von der Straße verbannt. Friedlich lagert sein Mist neben anderm Unrat.

Weiter führt der Weg an einer Mosley vorbei. An der Schwelle des Heiligtums stehen die Sandalen, welche die Andächtigen vor dem Eintritt ablegen müssen. Es sind meist alte, verschlissene, denn, sagen die Leute, nimmt man gute mit, so werden sie leicht von den Herauskommenden, die in heilige Gedanken versunken sind, verwechselt.

---

*) Alles was diese Leute gerade in dem Augenblicke hören, setzen sie in ihre Musik über. So vernahm ich einst in einem französischen Handelshause Zanzibars folgenden Canon der Neger:
Que ce que cinq
Que ce que ça
in unendlicher Wiederholung.

Auf dem mattenbedeckten Boden der weiten Halle verrichten die Frommen ihre Gebetsgymnastik; andere liegen im Schlafe des Gerechten versunken an den kühlsten Stellen. Am Fenster nach der Straße zu sitzt ein arabisches Schneiderlein; er sitzt hier Tag für Tag und führt mit beschaulicher Andacht seine Nadel. Hinter seinem linken Ohr hängen die langen Nähfäden. Jeder Vorübergehende kennt ihn und tauscht Begrüßungen mit ihm aus. Ein halbes Dutzend junger Schriftgelehrten sitzt daneben mit untergeschlagenen Beinen und plappert mit rasender Geschwindigkeit und Monotonie Kapitel nach Kapitel aus dem Koran her, jeder eine andere Sure, wodurch, wie leicht zu denken ist, ein heilloser Lärm entsteht. Aber er wird noch weit übertönt von dem gellenden Gesange einer eben vorüberziehenden langen Reihe von Neger=Mädchen und =Knaben, welche, vom Strande kommend, Holzblöcke und Korallensteine auf dem Kopfe tragen, um damit einen Kalkofen zu errichten. Sie haben mich bemerkt und mögen sich an einen Europäer erinnern, der sich einst in Mombassa häuslich niederließ und dann nach Europa zurückkehrte, denn sie singen:

    O Mzungu mbaia
    Yenga yumbo
    U quenda uleia.

Das heißt:

  O böser Europäer!
  Baust dir ein Haus (errichtest einen Hausstand)
  Und gehst (wieder) nach Europa (zurück).

Vorüber zieht die lustige Schar.

 Ein anderes, wohl noch lebhafteres Bild zeigt sich. Ein kleiner Knabe, der die Schule geschwänzt, wird von seinem Vater zur herben Pflicht zurückgeführt, indem seine Füße mit einer Schnur derart gefesselt sind, daß er nur kleine Schritte machen kann. Er ist über und über mit Laub und Federn behangen und seine Schulkameraden tanzen um ihn und lachen ihn aus. Es ist das gewiß ein sehr probates Mittel gegen das Schwänzen.

 Zwischen den morschen Trümmern eines alten Stadtthores hindurch und durch enge Gassen zwischen hohen Häusermassen, auf denen Schmutz und schwarze Algentünche den Glanz längst vergangener besserer Tage verhüllen, an einem Brunnen vorbei, erreicht man endlich das Ende der Stadt und tritt in die Plantage. Einige

Bombaxbäume, behangen mit Fruchtkapseln, fallen zuerst auf. Ihre seidenweiche Baumwolle wird zum Stopfen von Kopfkissen gebraucht.

Soviel ich mich auch bemühte, die Bewohner Ostafrikas zum Sammeln des Abansonienbastes als Exportmittel für die Papierfabrikation anzuregen, sie sind so in Faulheit versumpft, daß sie nicht zu neuen Erwerbsquellen greifen. Was hat ein üppiges, aber ungesundes Klima aus den kräftigen Omân-Arabern gemacht, die einst als Eroberer in Ostafrika einzogen? Sie verleben ihre Tage schlafend, schwatzend und allenfalls betend. Ihre Kinder tragen alle Untugenden ihrer schwarzen Mütter, oder sind, von Araberinnen geboren, schwächlich und sterben nicht selten am Fieber beim Zahnen.

Die Sklaven dieser Araber sind wenn möglich noch fauler, als sie selbst. Ein Netto-Erlös von 4 Mar. Ther. Thaler im Jahre von jedem Sklaven gilt als sehr hoch, dabei dient der größte Teil der Felderzeugnisse zur Speise dieser Leute. Was Wunder, daß die meisten Araber tief verschuldet sind; die Plantagen gehören ihnen nur nominell, in Wirklichkeit aber den schlauen indischen Kaufleuten.

Ich bestieg mit meinen Leuten einen der Baumkähne, welche anscheinend pro bono publico vom Zollhauspächter in Mombassa gehalten werden. Meine Diener Sabi und Mekanjira führten die Ruder (eine Stange mit aufgenagelter runder Brettscheibe), der kräftige Mabruki die lange Stoßstange, die zugleich zur Steuerung dient. Ich selber hockte auf dem nassen Boden des Kahnes, die Flintenriemen über die Brust geschnallt, Uhr und Pedometer in einem Tuche auf dem Kopfe tragend, damit bei etwaigem Umschlagen nichts verloren gehe oder durchnäßt werde. Ohne Unfall erreichten wir das andere Ufer des breiten Meeresarmes und befanden uns nun in Kisa-uni der Eingeborenen, in Feretown der Engländer.

Im Jahre 1875 hat die Church Mission Society hier große Strecken Landes von den Arabern gekauft und mit bedeutenden Mitteln den Aufbau einer Stadt für befreite Sklaven begonnen. Prächtige Häuser von indisch-europäischer Bauart dienen den Missionaren zum angenehmsten Aufenthalte. Eine Schule, ein Hospital und eine Kirche sind durch milde Stiftungen philanthropischer Engländer errichtet. Ein kleiner Dampfer vermittelt monatlich den Verkehr mit Zanzibar, also mit Europa. Den Negern sind niedliche kleine Häuschen, meist mit Eisendach, oft auch mit eisernen Wänden, zu Familienwohnungen angewiesen. Eine durch Dampf getriebene Säge richtet die Mbambakofi (Afzelia cuanzensis Welw.) und andere Baumstämme, welche in den Creek's wachsen, zu, und geschickte indische Tischler verarbeiten die Bretter ꝛc. weiter. Maurer, Schmiede und andere Handwerker sind emsig beschäftigt; einige der befreiten Neger legen selbst mit Hand an; der größte Teil derselben wird aber — ob mit ihrem eigenen Willen und Nutzen? — geistig beschäftigt. Ich weiß nicht, ob es von Vorteil für das Emporblühen dieser Freistadt ist, daß der Kern der schwarzen Bevölkerung aus Indien hierher verpflanzt wurde. Es sind dies vor Zeiten von englischen Kreuzern aufgebrachte ostafrikanische Sklaven.

Viele dieser freien Sklaven dünken sich, auf ihr Christentum und ihre europäische Kleidung pochend, Europäer, und benehmen sich hoffärtig oder bestenfalls herablassend gegen die frisch zugebrachten Befreiten. Ihre durch hohe Löhne sanktionirte Faulheit bildet gewiß kein gutes Beispiel für Neulinge. Sehr zu bedauern ist ferner, daß das zu Feretown gehörige Ackerland zu den sterilsten der doch sonst so fruchtbaren Zanzibar-Küste gehört. Übrigens wird Feretown, besonders wenn Ostafrika englisch werden sollte, eine bedeutende Zukunft haben, denn als Hafen ist die Bai von Mombassa und speciell der Ankerplatz vor der englischen Station wohl der vorzüglichste der ganzen Küste. Die Missionare Feretowns haben mich aufs freundlichste aufgenommen. Mögen ihre menschenfreundlichen Arbeiten reiche Früchte zeitigen!

J. M. Hilbebrandt.
Zeitschrift der Ges. für Erdkunde. Berlin, 1879.

Die Gallaländer.

Produkte, Klima, beste Lebensweise der Europäer.

Die sehr zahlreichen kriegerischen, grausamen Galla haben sich vom afrikanischen Hochland seit mehr als 3 Jahrhunderten nach Norden und Osten bis an den indischen Ocean verbreitet und sind auch in Habesch eingedrungen, das viel von ihnen zu leiden hat. Sie sind braun oder schwarz, oft ziemlich hell, mit langem, fast schlichtem Haar, gerader oder Adlernase, stolz und wild und wurden wie Mongolen und Kanantschen zu einem kühnen Reitervolk, besitzen auch große Schaf-, Rinder- und Ziegenherden, sind sinnlich und geschickt in Verstellung und haben zum Teil den Islam angenommen. Ihre Sprache ist wohlklingend; die heidnischen Stämme werden demokratisch regiert, die mohamedanischen von Stammesältesten.

Wir lassen speciell das Galla-Borana-Gebiet durch Claus von Anderten schildern.

Das Galla-Borana-Gebiet zwischen Abessinien und Harrar im Norden, dem Tana resp. kleinen unbedeutenden Völkerstämmen nördlich des Flusses im Süden, dem Nil im Westen und dem Sultanat Jussuf Alis und vielen anderen kleinen Somal- und Galla-Sultanaten im Osten liegend, wird bewohnt von einem kriegerischen nomadisierenden Hirtenvolke und ist seit Jahren das Ziel aller europäischen Mächte. Die Engländer versuchen seit Jahrzehnten, sich einen Eingang in das an allen afrikanischen Produkten reiche Hinterland zu verschaffen, um den gesamten Handel nach Zeila und Berbera zu dirigieren. Die Franzosen haben, nachdem sie in Obock mit ihrer Kohlenstation ein so unglückliches Ende genommen, zur Zeit aufgehört, Expeditionen nach dem reichen Suban zu senden. Die Österreicher haben vor circa 4 bis 5 Jahren durch Expeditionen versucht, Harrar nebst Hinterland zu gewinnen; aber da ihnen die Geldmittel fehlten, haben sie nichts ausgerichtet und Harrar wieder verlassen. Die Italiener schicken jährlich viele Expeditionen südlich Schoa und Harrar, um hier zu rekognoszieren und eventuell festen Fuß zu fassen. Nach Aussagen einiger italienischer Geographen und Offiziere (unter denen zwei sehr gut Kigalla sprachen) sind die Gallaländer sehr reich an allen afrikanischen Produkten, u. a. auch Edelsteinen.

Das Galla-Borana-Gebiet ist bis jetzt noch von keinem weißen Manne betreten und erforscht. Dasselbe, sagen die Galla-Barreta, von mir über ihre Stammesbrüder befragt, aus, sei ein sehr wasserreiches Bergland und böte den großen Viehherden reiche Nahrung. Viel Wild, besonders Elefanten und Flußpferde, solle die Thäler bewohnen, während auf den Berghängen die Bewohner mit ihren Herden hausen. Das Land scheint reich an Eisen und anderen Metallen zu sein, denn die Galla-Borana fertigen sich ihre Instrumente zur Bearbeitung des Elfenbeins selbst. Sie geben an ihre Stammesbrüder, unsere Unterthanen, in Tauschgeschäften sehr schön genau geschnitzte glatte Elfenbeinringe, welche von diesen mit Vorliebe an den Armen getragen werden. Selbst sind diese aber nicht im stande, auch nur ähnliche schnitzen zu können, da ihre Messer hierzu in keiner Weise ausreichen. Auch die Somal behaupten, ihr Hinterland sei sehr reich an Elfenbein und Häuten. Beide Produkte gelangen vielfach durch die Somal über Kißmayu, Magbischu und in Zukunft gewiß auch über Obia in großen Quantitäten in den Handel. Myrrhen, Straußenfedern, Elfenbein, Häute, Honig und Sammeli (gekochte Butter, welche von allen südlichen Völkern sehr geschätzt wird), sollen die Gallas in reichem Maße für etwas Zeug (Sackleinwand), Draht und andere Artikel in die Nähe der Küste bringen. Es kann der Deutsch=ostafrikanischen Gesellschaft jetzt, wo sie in Obia einen schönen Hafen an einer verkehrsreichen Karawanenstraße besitzt, nicht schwer fallen, sich in den Gallaländern ein reiches Handelsgebiet zu erschließen.

Das hiesige Klima mit seiner tropischen Hitze und seiner vielfach sehr feuchten, geradezu dicken Luft verlangt vom Europäer, besonders aber von Neuangekommenen, einige sanitäre Vorsichtsmaßregeln, damit er nicht erkranke. Geschützte windstille Thäler soll der Europäer besonders in der ersten Zeit vermeiden, weil in diesen vielfach Fiebermiasmen sind, die in dem vielleicht angegriffenen oder prädisponirten Körper dann leicht die Oberhand gewinnen und das afrikanische Fieber, welches der Malaria sehr ähnelt, erzeugen. Chinin, weniger wirksam Salicyl, ist ein vorzügliches Mittel gegen dasselbe. Wer keinen Kranken=Thermometer besitzt, nimmt am besten morgens, abends und am Tage oder bei Nacht, wenn er sich recht unwohl fühlt, je eine starke Dosis. Abends starkes Massieren des ganzen Körpers mit darauf folgendem warmen Fußbad ist ein vorzügliches Mittel, um die Glieder= und Rückenschmerzen zu entfernen. Der Deutsche soll in Afrika alle Spirituosen und fette Speisen auf das gewissenhafteste vermeiden und sich mit kräftiger Pflanzennahrung und magerem Fleisch begnügen, um seine Gesundheit wohl zu erhalten.

Viel Bewegung ist mit ein Haupterfordernis, um den Magen, welcher durch übermäßiges Trinken so leicht geschwächt wird, in guter Thätigkeit zu erhalten. — Das beste Getränk ist gekochtes, filtrirtes Wasser mit Citronensaft, dann leichter Wein oder Bier, Tabakrauchen wird von allen Ärzten empfohlen, ebenso der Genuß der kleinen roten Pfefferschoten (Zanzibar=Pfeffer), der die Speisen besser würzt und gesunder ist, als Mixed pikles, die durch Transport so leicht verderben.

Bei der Beobachtung dieser einfachen Vorsichtsmaßregeln: viel Bewegung, nur gekochtes Wasser trinken, keine fetten Speisen und Spirituosen genießen, kann sich meines Erachtens hier jeder gesunde Europäer bald acclimatisieren und wohl fühlen; doch andernfalls ist die Existenz des Deutschen auf die Dauer hier sehr fraglich. Unter freiem Himmel zu schlafen ist nicht gerade gesund, doch wenn es sein muß, bei sonst vernünftigem Leben nicht gesundheitsstörend. Auch kann man die beiden schädlichen Morgenstunden mit den kalten, feuchten Niederschlägen von 4—6 Uhr ja leicht zum Marschieren ꝛc. verwenden.

Bei vernünftiger Lebensweise wird meines Erachtens der deutsche Kolonist hier bei billigerem Unterhalt dieselbe Arbeit verrichten lernen, die er in der Heimat zu thun gewohnt war. Die heißen Stunden kann er ja ebenso, wie er es in Deutschland thut, vermeiden. Alle Angriffe auf hiesiges Klima und die sehr fragliche Zukunft unserer neuen deutschen Kolonie sind meines Dafürhaltens unberechtigt. F. J. Graf Pfeil und andere Herren, die sich längere Zeit hindurch ununterbrochen auf dem Kontinent aufgehalten und somit sanitäre Beobachtungen gesammelt haben, werden mir Recht geben und mit mir auf eine glückliche Zukunft des neuen Deutsch=Ostafrika hoffen. Wer von den vielen Erkrankungen der Europäer im Kongo=Staate Schlüsse auf das Klima in Ostafrika ziehen will, für den würde es sich sehr empfehlen, zuvor Erkundigungen über die Lebensweise der Kongo=Staatsunterthanen einzuziehen. Die Quantitäten geistiger Getränke aller Art und die Konserven, welche dort verzehrt werden, würden wohl besser in eine Kolonie am Nord= oder Südpol passen, als in das tropische Klima.

Claus von Anderten.

Kolonial=Politische Korrespondenz 1886. Nr. 30.

Die Somal
an der Ostspitze Afrikas.*)

I.

Das Somalland (12000 □M.) gehört noch immer zu den am wenigsten bekannten Teilen Afrikas, da der Fanatismus, die verrufene Treulosigkeit, Raublust und Mordgier etlicher Somalstämme, sowie die unwirtliche Natur der Seeküste bisher von dem Eindringen in das Hoch=land des Innern abgeschreckt haben. Die wenigen Europäer, welche den Versuch wagten (Burton, Speke, Hildebrand, Haggenmacher und Revoil im Norden, von der Decken und Brenner im Süden) sind nicht weiter als höchstens 150 km von der Küste eingedrungen; noch 1883 wurde der Italiener Sacioni zu Ogabeen im Herzen des Landes ermordet. Selbst die so kühnen arabischen Händler wagen diesen Versuch nicht.

Man weiß, daß die Somal, welche östlich von den Galla und südlich von den Dankali bis zum Flusse Dschub die ganze Ostspitze Afrikas bewohnen, in drei von einander unabhängige Hauptstämme zerfallen: die Abschi von Zeila am Golf von Aden bis Kap Guar=dafui, die Hawijeh an der Küste des Indischen Meeres bis zur Stadt Obbia (11° nördl. Br.) und die Rahanwehn im Westen der Hawijeh zwischen den Flüssen Dschub und Wobbi. Es sind un=zweifelhaft Verwandte der Bedja, Abessinier und Galla. Als fana=tische Mohamedaner rühmen sie sich ihrer Herkunft aus Arabien.

Die nördlichen Somal bezeichnet Burton nach ihren eigenen Über=lieferungen, ihren scharf bezeichneten physischen Eigentümlichkeiten, ihren Sitten und ihrer geographischen Lage gemäß als ein Misch=lingsvolk, einen Zweig der großen Gallarasse, welcher, gleich den weiland negro=ägyptischen Menschen viel vom kaukasischen Typus

---

*) Die außerordentliche Wichtigkeit, welche in naher Zukunft das Somal=land für die deutschen kolonialen Bestrebungen in Ostafrika haben wird, die un=umgängliche Notwendigkeit, vor allem die Bevölkerung genauer kennen zu lernen, veranlaßt uns, hier drei sich ergänzende, resp. verbessernde Darstellungen des Volkscharakters, der Sitten und Lebensweise der Somal von Burton, Haggen=macher und Claus von Anderten zusammenzustellen. Sie schildern zwei Seiten des ethnographischen Dreiecks: Burton und Haggenmacher den Norden und Anderten den Südosten; das Innere desselben ist noch unerforscht.

in sich aufgenommen hat, weil fortwährend reines asiatisches Blut in seine Adern kam.

Die Somal sind gerade nicht häßlich. Das Haupthaar ist hart und wie Draht; es wächst, wie bei den westindischen Mulatten, in steifen Locken, welche in Büscheln stehen, und eine mäßige Länge erreichen, über die sie nicht hinausreichen. Diese hängen herab. Einige Häuptlinge, Gelehrte und Reiche lassen das Haupt scheren und tragen einen Turban. Insgemein jedoch werden die einzelnen Locken gekämmt und perückenartig frisiert. Die Locken der Beduinen triefen von ranziger Butter. Das Haar ist von Natur schwarz=bläulich; aber man färbt es mit einer Mischung von ungelöschtem Kalk und Wasser, oder in der Wüste mit Aschenlauge. Dadurch wird es gelblich=weiß, und man färbt es dann rot mit Henna, oder bestreicht es mit rotem Öler. Die Perücke von rotgefärbtem Schafs=fell stammt aus der Fremde und wird im Flachlande nicht mehr getragen; schwarz oder weiß kommt sie noch bei den Stämmen in der Umgegend von Harrar vor. Der Kopf ist mehr lang als rund, steht recht gut auf den Schultern, und hat zugleich etwas Arabisches und Afrikanisches. Ohne die Schönheit des Vorderkopfes würde er schwach aussehen. Bis zum Mund herab ist das Gesicht, mit Aus=nahme der vorstehenden Backenknochen, recht hübsch, und es wird durch die Umrisse der Stirn veredelt; die Augen sind groß und wohlgestaltet, aber der Kiefer ist prognath, steht vor, ist also wesent=lich afrikanisch; auch die breiten, nach außen gewandten Lippen zeugen von Negerblut; das Kinn steht vor, zum Nachteil des Gesichts=winkels. Der Bart wird von zwei Büscheln gebildet und ist selten so entwickelt wie bei den Arabern, welche doch schon sehr schwach mit Haaren im Antlitz versehen sind; das Lippenhaar ist kurz und spär=lich, der dicklippige Mund erscheint plump, die Zähne stehen selten so weit vor wie beim Neger, sind aber auch nicht gut. Ohnehin leiden sie durch Kauen des schlechten Suratetabaks, zu welchem man obendrein Asche nimmt. Geraucht wird der Tabak nur von Stadt=bewohnern. Bei den Stämmen im heißen Niederlande ist die Haut sanft, schwarz und glänzend, höher hinauf wird sie etwas lichter, und in der Gegend von Harrar sieht sie aus wie Milchkaffee. Die Beduinen lieben Schönheitszeichen im Gesichte, nämlich gräßliche Einschnitte in das Gesicht, welche bei der dicken Oberhaut wulstartige Streifen bilden.

Die Männer sind schlank und dabei etwas ungeschlacht;

die Schultern sind hoch, der Oberleib ist gerade, das Schienbein etwas nach vorne gebogen; Füße und Hände sind grob, breit und flach.

Die Somal sind argwöhnisch, haben Abneigung gegen die Araber, fürchten und hassen die Türken, verabscheuen die Europäer und hegen Verachtung gegen alle Asiaten, welche sie unter dem Namen der Hindi, Indier, zusammenfassen; denn sie gelten ihnen für Feiglinge. Der Somal hat die Leichtfertigkeit und Unbeständigkeit des Negers, ist leichtsinnig wie der Abessinier, welcher, nach Bischof Gobats Ausspruch, in nichts beständig ist als in der Unbeständigkeit; er ist sanft, fröhlich und zuthunlich, gerät aber, ohne allen Übergang, in wilde Wut und verübt dann die gräßlichsten Handlungen. In Aden befindet er sich viel wohler als in seiner Heimat. Ich habe dort oft gesehen, daß ein Mann in die Hände klatschte, tanzte, sich wie ein Kind gebärdete, um seine Fröhlichkeit auszulassen. Aber hier in Afrika sind die Somal, gleich den Mongolen und anderen Hirtenvölkern, trübsinnig, melancholisch. Sie können stundenlang sitzen und den Mond anstarren. Stets sind sie von Gefahren umgeben und selten des Lebens sicher und darum denken sie nicht an Singen und Tanzen. Viel Gelehrsamkeit macht ihnen die Köpfe verwirrt; wir wissen ja, daß die halbverrückten Fakihs in Nordafrika, die Widad, Priester, durchschnittlich für die Geschäfte dieser Welt untauglich, und viele Hafise, welche den Koran auswendig wissen, nahezu blödsinnig sind.

In betreff des persönlichen Mutes gleichen sie anderen Wilden. Eine Schlacht gilt schon für sehr bedeutend, wenn anderthalb Dutzend Mann fallen; gewöhnlich fliehen sie, sobald ein halbes Dutzend am Boden liegt. In einem Kraal, in welchem hundert Tapfere die Straußfeder tragen und sich also des Mordes rühmen können, gewahrt man vielleicht nicht einen einzigen verstümmelten oder verwundeten Mann, während in einem arabischen Beduinenlager mindestens die Hälfte Spuren von Blei oder Stahl am Leibe aufzuweisen hat. Auch der Tapferste wird einem Gefecht ausweichen, wenn er seinen Schild vergessen hat; das Erscheinen eines Löwen oder der Knall eines Schießgewehrs preßt ihnen einen Schrei des Entsetzens aus, und bei ihren Raums oder Raubzügen in Rotten hüten sie sich wohl, dem Feinde offen gegenüber zu treten. Freilich werden ihrer zwei oder drei einen unbewaffneten Menschen oder einen, der schläft, brav genug ermorden; indessen wird die gegenseitige Erbitterung unter einzelnen Stämmen manchmal so heftig, daß Mann gegen Mann mit Speer und Dolch kämpft.

Ich fand die Somalbeduinen gutmütig und gastfrei; mit etwas Tabak gewann ich aller Gunst, und mit wenigen Ellen groben Baumwollenzeuges konnte ich meinen Bedarf an Lebensmitteln bestreiten. Sie behandelten mich wie ein Lieblingskind, ich mußte Milch trinken und Schöpsenfleisch essen, man bot mir Mädchen zum Heiraten, drang in mich beim Stamme zu bleiben, Häuptling zu werden, Löwen zu schießen und Elefanten zu töten. Man fragte mich: „Du bist doch klein; was hat dich bewogen, daß du dich bei dieser Kälte auf die Stierhaut bei uns unter den Baum setzest?" Freilich waren alle, gleichviel ob Häuptlinge oder Arme, arge Bettler, und die Araber nennen darum das Somalland Belab wa issi, das „Land gieb mir etwas". Aber sie sind mit wenigem zufrieden, und eine offene Hand machte mir überall gute Freunde.

Die Somal halten sich zur Schafeïschule des Islams. Es ist eine Eigentümlichkeit, daß sie, nicht einmal in den Städten, Gebete über einen Toten sprechen. Die Feierlichkeiten bei der Heirat sind einfach; man bestimmt den Preis für die Braut, einigt sich über den Schmaus, und ein Priester oder Pilger spricht das Gebet über das Paar. Ich bin oft zum Gebetsprechen angegangen worden, und ich habe dann auch leider manchmal ein Paar mit dem Vorbeten des Fathat eingesegnet, was ein Hohn war, und etwa so viel sagen will, als wenn man eine Trauung in England mit dem Vorlesen eines Abschnittes aus dem Katechismus vornehmen wollte.

Daß unter einem so gemischten Volke noch manche Überbleibsel aus der heidnischen Zeit sich erhalten haben, darf nicht auffallen. So schwört man noch jetzt bei den Steinen, verehrt Steinhügel und heilige Bäume, hat Feuer- und Wasserproben in der Art des bekannten westafrikanischen Bolungo. Ein Mann wird des Mordes oder Diebstahls angeschuldigt und stellt die That in Abrede; er muß nun über eine Speereslänge glühender Holzkohlen gehen, oder einen glühenden Amboß aus dem Feuer holen, oder auch vier bis fünf Muscheln aus einem mit siedendem Wasser gefüllten Topfe hervorlangen. Gleich nachher wird der Arm in ein eben geschlachtetes Schaf gesteckt und während der nächsten vierundzwanzig Stunden nicht besehen oder angerührt. Sie haben Seher und Zauberer, Tawuli, welche den westafrikanischen Grigrimännern gleichen. Sie wahrsagen aus dem Fett und den Knochen geschlachteter Tiere, „thun

Medizin", verkünden Regen, Schlachten und Viehseuchen. Auch wahrsagende Frauen sind vorhanden; beide Geschlechter beten und baden nicht und gelten deshalb immer für unrein; aber man fürchtet sie und sie stehen beim Volke in Ansehen. Die Verkündigung sprechen sie sozusagen in rohen Reimen aus, welche ihrer Angabe zufolge manchmal aus dem Munde eines verstorbenen Wahrsagers kommen. Während der drei Rajalo-Monate (gewisse Monate im Sonnenjahr; der dritte Rajalo begann 1854 am 21. Dezember) wird der Koran nicht über dem Grabe gelesen, und während dieser Zeit finden Verheiratungen nicht statt; wahrscheinlich ist auch das ein Überbleibsel aus dem Heidentum, das glückliche und unglückliche Monate annahm.

II.

Zur Ergänzung und Vergleichung fügen wir die Schilderung Haggenmachers bei, welcher die nördlich hausenden Stämme zwischen Berbera und Libaheli kennen lernte.[*]

„Das Erste, was uns im Volkscharakter der Somal entgegentritt, ist ein großer, aber in falsche Bahnen gelenkter Mut. Bis auf den letzten Blutstropfen sich verteidigend, rächt der Somal das geringste Unrecht, die kleinste Schmähung. Freundschaftlicher Ausgleich gilt als Feigheit und Schande. Schmerzen und Tod haben für das blutdürstige und grausame Volk keine Schrecken. Der Somal liebt die Ehre, d. h. die Ehrerbietung, die andere ihm zollen, doch hat er keinen Begriff davon, die ihm gezollte Ehre durch ehrliches Wesen verdienen zu wollen. Der Wert eines Mannes wird nach der Anzahl seiner Mordthaten bemessen. Besitzt schon der Somal als solcher einen exaltierten Nationalstolz, so steigert sich dieses Selbstbewußtsein bis zur Krankhaftigkeit bei dem Haupte der Familie, des Stammes. Der gekränkte Stammesgenosse findet sicherlich seine Rächer. Witwen und Waisen haben ihre Beschützer gegen fremde Unbill. Geld und Gut sind allmächtig, aber Aufopferung und Dankbarkeit seltene Tugenden. Wirklich grenzenlos ist die gegenseitige Mißgunst der Eingeborenen; spricht man mit einem älteren Manne, so ärgert sich der jüngere Anwesende und erlaubt sich die rohesten Bemerkungen. Ladet man einen zu sich ins Haus, so folgen ihm alle gerade in der Nähe stehenden und setzen sich mit ihm an den

---

[*] Mitteilungen aus J. Perthes Geogr. Anstalt von Petermann, 1876. Ergänzungsheft Nr. 47.

Tisch. Jeder Somal dringt in das Innerste der Hütten ein, alles durchstöbernd; man muß froh sein, wenn man wenigstens des Nachts vor dieser nichtswürdigen Rasse Ruhe hat. Was der Familienvater verdient, wird von den erwachsenen Söhnen und Brudersöhnen geteilt, wenn letztere dem Alten über den Kopf gewachsen sind. Der kleinste Irrtum in der Verteilung kann dem Geber das Leben kosten. Der Somal ist fanatischer Mohammedaner(?); Mord und Diebstahl sind nach seiner Anschauung keine Sünden, die ihm den Weg zum Paradiese verwehrten; Gefühl und Gedanken der Somals sind roh und sinnlich; in all seinem Thun und Handeln ist er berechnender Spekulant. Ob er lieben kann möchte ich bezweifeln; vielleicht liebt er seine schöne Braut, vielleicht sein Pferd, aber gewiß nicht Vater und Mutter. Schwester- oder Bruderliebe scheinen ihm geradezu lächerlich. Der Vater tötet den Sohn und umgekehrt; der Somal mordet jeden, der ihn nur im geringsten beleidigt oder übervorteilt. Die Stämme unter sich leben in beständiger Feindschaft und in fortwährendem Kampfe, und sogar kleine Stammfamilien von 7—800 Mitgliedern reiben sich selbst durch alltägliche Zwistigkeiten auf; es ist fast unmöglich, den fortwährenden Händeln auszuweichen.

Lobenswert ist der Abscheu der Somal vor Trunksucht und Unsittlichkeit, obgleich die Männer allesamt faullenzende Tagediebe sind, deren einzige Beschäftigung das Händelstiften und der Gebrauch der Waffen ist. Die Somal bekennen sich zum Islam, doch existieren Moscheen im ganzen Lande nicht (Irrtum! B.), ebensowenig Schulen. Die Knaben lernen die notwendigsten Gebete, am Abend um ein mächtiges Feuer sitzend. Bei den Rami ist von Religion keine Spur zu finden.

Von Gastfreundschaft will man im ganzen Somallande nichts wissen; das Teilen von Brot und Salz unter gemeinschaftlichem Dache ist kein Schutzmittel gegen Feindschaft. Überhaupt kenne ich keine Sitte, kein Gesetz, das den Fremden oder selbst den Einheimischen vor der unverschämten Raubgier der Eingeborenen schütze. Bei den Aul Yahen und deren Nachbarn kann nur der heiraten, der schon gemordet hat und eine Trophäe von dem Ermordeten aufweisen kann."

III.

Das Volk der Somal, welches sich in seiner Abstammung ziemlich rein erhalten hat, gehört der hamitischen Völkerfamilie an. Seit undenklichen Zeiten bewohnen die Somal die Gebiete Ostafrikas zwischen Abessinien und dem Äquator, der Ostküste einerseits und dem Stromgebiet des oberen Nillaufes andererseits. Da das ganze Volk streng mohammedanischer Religion ist, hat es sich gegen die Nachbarvölker fast ganz abgeschlossen und nur an den Landesgrenzen etwas vermischt.

Nur vorübergehend sind in einigen Küstenplätzen Araber und Hindus als Kaufleute geduldet worden. Da es niemals Reisenden außer dem Baron Claus v. b. Decken, der leider ein so rasches und unglückliches Ende nahm, geglückt ist, mit dem unvermischten Volke in Freundschaft zu leben, so haben sich bis in die neueste Zeit die unglaublichsten Fabeln von diesem Volksstamme erhalten. Wenn ich auch nur 6 Wochen hier gelebt habe, also vielleicht kein kompetentes Urteil besitze, so kann ich doch versichern, daß alle diese Erzählungen wirkliche Fabeln sind. Die Somal sind durchweg ein sehr liebenswürdiger, ordentlicher, reinlicher Menschenschlag, der aber leider eine unbeschreibliche Habgier, die zu zügeln nicht immer ganz leicht ist, besitzt. Das Volk ist nach seiner Lebensweise in Hirten und Städter einzuteilen.

Die Hirtenbevölkerung nomadisiert im ganzen Inneren mit ihren großen Herden und hat keine festen Wohnsitze, während sich die Städter in größeren und kleineren Ortschaften an der Küste niedergelassen haben. Jene ist sehr kriegerisch und unternimmt fast jährlich Raubzüge gegen die Nachbarvölker, um Menschen und Vieh zu rauben und diese Leute dann bei den Städtern gegen Geld, Kleider und andere Handelsgegenstände einzutauschen. Die Städter dagegen treiben Handel nach Indien und Arabien, beschäftigen sich viel mit Haifischfang und Perlenfischerei. Bei den Städtern hat sich die Sitte, alles Fremde zu plündern, dahin gemildert, daß sie zur Zeit nur noch das Strandrecht an ihrer Küste ausüben und von allen ankommenden fremden Schiffen eine gewisse Steuer erheben, welche in Reis oder Matama (indisches Korn) besteht. Diese Abgabe (oder Geschenk) erbittet sehr bescheiden, aber bestimmt, einer der älteren auf das Schiff kommenden Somal. Höchst interessant ist es, die Bevölkerung zu beobachten, wenn sich ein Schiff vor dem Hafen zeigt. Zuerst streitet Jung und Alt, ob es weiter geht oder einläuft, sobald letzteres klar ist, von welcher Station es ist, und was es wohl bringen mag. Nachdem alles hin und her erwogen, stürzt die Jugend in das Meer, um schwimmend das Schiff zu erreichen, während die Männer mit ihren Booten an dasselbe fahren. Auf dem Schiff selbst wogt dann alles hin und her, die kleinen, durchweg schönen Gestalten der Frauen und die straffen, markigen Figuren der Männer; alles wird besehen, angefaßt und beschwatzt. Stehlen thut kein Somal. Nur die ihnen gegebenen Geschenke nehmen sie in ihren Booten mit. Einige Städter haben in der Nähe der Stadt Fruchtgärten, deren Bewirtschaftung den Sklaven obliegt.

Der Typus des Somalhauses ist die kreisrunde, circa 3 Meter im Durchmesser und etwa manneshohe Hütte aus Stangen, Zweigen und Matten. Diese Bauart ist sehr einfach und schnell auszuführen, gewährt Schutz gegen Sonne und Regen und gestattet dem Winde freien Durchzug; denn die Matten unten am Boden lassen sich leicht lüften. Bei der Hirtenbevölkerung findet sich eigentlich nur diese Bauart vor, während der Städter hohe und geräumige viereckige Häuser baut. Die Steinhäuser, die sich die Großen des Landes bauen, stehen unbenutzt, da sie wärmer sind und nicht so luftig.

Ich ziehe auch das einfache Somalhaus in hiesigem Klima jedem Steinhause vor.

Die Kleidung ist sehr einfach, geschmackvoll und besteht fast durchweg aus Amerikano, einem guten, weißen Baumwollenstoff. Der Somal liebt, sich recht phantastisch herauszuputzen, besonders zum Gebet. Geradezu reizend ist die Kleidung der Frauen. Der Kopfputz besteht aus den hübschen, langen, schwarzen Flechten, welche die Frauen in fast undurchsichtigen Netzen verstecken, während die jungen Mädchen die Haare frei tragen. Der meist sehr hübsche Hals, welchen eine Kette von Muscheln oder bunten Steinen ziert (auch Bernsteinketten und andere indische Halsbänder finden sich viel), bleibt ebenso wie Schultern und Arme frei, während der ganze übrige Körper durch eine sehr faltenreich arrangirte Kleidung bedeckt ist. Die Kleidung beider Geschlechter erinnert sehr an die altgriechische.

Die Nahrung der Somal besteht eigentlich nur aus Milch und Fleisch. Das ganze Volk ist daher sehr gesund und kräftig. Aufgeschwemmte, dicke Gestalten sieht man gar nicht, sondern durchweg hübsche, schlanke Figuren mit vielfach edlen Gesichtern.

Wäre die Bevölkerung nicht schwarz, so könnte sie geradezu schön gefunden werden. In den Städten scheren die Männer ihr Haupthaar oder tragen es kurzlockig, während die Hirtenbevölkerung es lang trägt.

Da der Somal wenig oder gar nicht mit den Händen arbeitet, so hat er auffallend hübsche, kleine Hände. Die Sehnen und Muskeln in Armen und Beinen sind gut ausgebildet, und ist der Somal sehr zähe und ausdauernd. Ich selbst sah die mich auf meinen Streifzügen begleitenden Somal von morgens 3 Uhr bis abends 10 Uhr, außer 4 Stunden Mittagsruhe, stets auf den Beinen, immer vergnügt und lustig plaudernd und nicht müde, während meine Zanzibarneger kaum vorwärts zu bringen waren.

Das innere häusliche Leben, in das ich mit der Zeit einen Einblick gewonnen habe, ist wie folgt:

Der Somal, der streng nach den Vorschriften des Koran lebt, hat in hiesiger Gegend meist nur eine Frau, welche ihm den inneren Haushalt führt und die kleinen Kinder erzieht. Sie steht dem Manne vollständig ebenbürtig zur Seite. Wenn mehrere Frauen im Hause sind, so wechseln sie sich tage- oder wochenweise dergestalt ab, daß eine Frau dem Eheherrn Gesellschaft leistet, während die anderen das Hauswesen besorgen. Für alle Beschäftigungen außerhalb des Hauses, wie Kochen, Brotbacken, Holz und Wasser herbeischaffen, sind die Sklaven da, welche außer diesen Arbeiten ein sehr faules und gutes Leben führen. Die Tageseinteilung der Städter in hiesiger Gegend und jetziger Jahreszeit beginnt um 5 Uhr morgens. Nach dem Aufstehen wird gebadet resp. die im Koran vorgeschriebene körperliche Waschung vorgenommen und dann gebetet. Das Frühstück, um 6 Uhr eingenommen, besteht aus Milch, Kaffee oder Thee mit Brot. Den ganzen Morgen bis 11 Uhr verbringen besonders die Männer mit Besuchmachen und -empfangen. Da die wenigsten Geschäfte haben, so genieren sie sich gegenseitig nicht. Um 11 Uhr beten wiederum einige, andere lesen im Koran. Von 12—1 Uhr speist der Somal, und zwar Männer allein und Frauen allein in einem großen Haushalt; in kleinen dagegen speist das Ehepaar zusammen, die Kinder zusammen und ebenso die Sklaven. Nach dem Mahle wird eine zweistündige Siesta abgehalten. Da der Somal sehr gesellig ist, so liebt er es, Freunde bei sich in seiner Häuslichkeit zu sehen und zu bewirten, welches zweifelhafte Vergnügen mir gar oft zu teil wurde.

Nach den landesüblichen Begrüßungsscenen erhält der Gast Thee oder Kaffee, dann Kettebettes mit Syrupsauce, ein recht schmackhaftes Gericht, ferner Pfannkuchen von Mehl, Butter und Zucker und zum Schluß wieder Kaffee oder Thee. Die ganze Mahlzeit nimmt man, auf der Erde liegend oder mit untergeschlagenen Beinen sitzend, mit den Händen ohne Messer und Gabeln oder Löffel aus einer gemeinsamen Schüssel ein. In einzelnen Häusern erhält man nach jedem Gericht ein Gefäß mit Wasser zum Händewaschen, in andern nur zum Schluß.

Das Gespräch dreht sich meist um Deutschland oder um Religion. Mit welcher Liebe und Ehrfurcht diese Mohamedaner von ihrem Gotte sprechen, ist Achtung gebietend. Hier findet man wirkliche und wahre Frömmigkeit. Sehr gerne sprechen sie auch von der christlichen Religion, und sie haben vor Christus eine sehr große Ehrfurcht. Sucht man das Gespräch auf andere Sachen zu bringen, so stößt man auf Aberglauben oder sehr kuriose Ansichten, welche man besser überhört, als zu widerlegen versucht, denn diese Leute zu überzeugen, ist unendlich schwer. Wenn sie auch zum Schluß ja sagen, so beharren sie doch im Stillen auf ihrer Ansicht und handeln darnach.

Zwischen 3 und 4 Uhr nachmittags ist ein abermaliges Gebet vorgeschrieben, welches jeder Einzelne für sich verrichtet. Nur wer Geschäfte hat, besorgt diese jetzt, alle übrigen Männer findet man gruppenweise vor ihren Häusern im Sande sitzend, auch die Frauen besuchen sich in den Häusern oder Hofräumen. Kurz vor Sonnenuntergang versammeln sich alle Männer nach den vorgeschriebenen Waschungen wieder in den Moscheeen und die Frauen in den Häusern zum Gebet. Nach dem Gebet wird die Abendmahlzeit eingenommen, und nach dieser gehen die Kinder schlafen, während die Erwachsenen bis gegen 9 Uhr aufbleiben. Die Erziehung der Kinder schließt sich den Vorschriften des Koran eng an.

Die Somalsprache ähnelt in ihrer Bildung sehr der arabischen, hat aber nur wenige Worte mit dieser gemeinsam, und ich halte sie auch für bedeutend schwerer zu erlernen. Zum Schreiben bedient sich der Somal der arabischen Lettern. Der Somal erkennt außer Gott nur seinen Sultan als Herrn und letzteren auch nicht unbedingt an.

Aus dem Freiheits- und Gleichheitsgefühl entspringt eine gewisse Eifersucht und Habgier, welche keine Schranken kennt und sich bis auf die engste Verwandtschaft, sogar auf Brüder erstreckt.

Wer einem Somal ein Geschenk macht, hat alle auf dem Halse, denn alle wollen dasselbe haben.

Der Somal ist sehr stolz auf sich und sein Volk und hat neben diesem Nationalstolze auch eine große Liebe für seine Stammesgenossen. Vergreift sich jemand an einem Somal, so treten sofort alle Anwesenden für denselben ein. Gegen Fremde ist besonders die im Innern wohnende Hirtenbevölkerung scheu wie Kinder, aber gutmütig und freundlich. Der weiße Mann, wenigstens jeder Deutsche, kann hier ruhig ohne Waffen umhergehen. Er lebt hier sicherer als vielleicht in der civilisiertesten Stadt Europas. Der Sultan regiert, wenn man von einer Regierung sprechen kann, als Despot. Bei jedem wichtigen Schritte, oder jeder zu verhängenden Strafe versammelt er das Volk, welches gerade in der Nähe ist. Der älteste und vornehmste Mann trägt der im Halbkreise um den Sultan sitzenden Menge mit lauter Stimme den betreffenden Fall vor. Nachdem dieser geendigt, geben einzelne alte Erfahrene oder Vornehme ihre Ansicht ab, und spricht der Sultan, beeinflußt oder unbeeinflußt, dann sein Urteil, was sofort vollstreckt wird, resp. als Gesetz gilt. —

Die Sklaven der Somal führen, wie schon erwähnt, ein sehr bequemes und gutes Leben. Da der Somal das Verhältnis von Herr und Diener nicht kennt, so steht der Sklave, besonders wenn Mohammedaner, seinem Herrn vollständig gleich, und ist eher Freund als Diener zu nennen. Der religionslose Neger dagegen steht in einem untergeordneten Verhältnis.

Claus von Anderten.
(Kol.-Polit. Korresp. 1886 Nr. 7. 8.)

Ein Palaver bei den Somal.

Bei einem Somalpalaver, einer amtlichen Unterredung, geht es folgendermaßen zu:

Der Bote steigt langsam vom Maultier herab, tritt mitten unter die Menge, bleibt dann stehen, schlägt die Beine übereinander und hält in jeder Hand einen Speer. An diesem läßt er die Hände und seine ganze Gestalt hinabgleiten, kauert nieder, mustert die Anwesenden, speit einige Male aus, legt die Waffen vor sich hin und nimmt einen Stecken. Mit diesem zieht er Streifen in den Sand, löscht sie aber sogleich wieder aus, weil Unglück folgen würde, wenn er es nicht thäte.

Die Versammlung hockt in einem Halbkreise und macht ernste Mienen; jeder hat seinen Speer vor sich hingepflanzt, hält den Schild so, daß nur das Gesicht über denselben hinausblickt, und die Augen bleiben auf den Redner gerichtet. Zu diesem spricht nun der Häuptling des Kraals:

„Was bringst du Neues?"

Der Gefragte könnte einfach antworten, daß er einen Brunnen gefunden habe, der Brauch will es aber anders; er muß in alle möglichen Einzelnheiten eingehen, den Ton heben und senken, auch in Zwischenräumen heftig auf die Erde klopfen. Das Gespräch spinnt sich in folgender Weise fort:

„Das sind gute Nachrichten, wenn es Allah gefällt."

„Wah Sibba! Jawohl!" — Diese Worte spricht die ganze Versammlung im Tone einer Litanei.

„Ich stieg heute früh auf mein Maultier." — „Wah Sibba! Ja!"

„Dann machte ich mich auf den Weg. — „Ja."

„Nach jener Seite hin." (Sie wird mit dem Finger angedeutet.) — „Ja."

„Dorthin bin ich geritten." — „Ja."

„Ich kam an einem Gehölze vorüber." — „Ja."

„Nachher ritt ich über den Sand." — „Ja."

„Ich fürchtete mich gar nicht." — Ja."

„Spuren von Tieren habe ich gesehen." — „O, o, oh!" — Auf diese hochwichtige Mitteilung folgt eine längere Pause, dann geht es weiter:

„Sie waren noch ganz frisch." — „Ja."

„Ich sah auch Fußstapfen von Frauen." — „Ja."

„Aber Spuren von Kamelen sah ich nicht." — „Ja."

„Endlich sah ich Pfähle." — „Ja."

„Steine." — „Ja."

„Wasser." — „Ja."

„Einen Brunnen." — „Ja."

In dieser Weise fährt der Redner wohl eine Stunde lang fort und erwähnt auch der geringfügigsten Umstände. Er will den Zuhörern die Hauptsache unter allen möglichen Gesichtspunkten darstellen, damit sie alles erwägen und übersehen können, um dann einen reiflichen Entschluß zu fassen.

Burton.

Die Stadt Harrar,
das Paradies im Osthorn Afrikas.

Harrar (30—40 000 Einwohner),*) der Hauptindustrieplatz und der Vereinigungspunkt aller Handelsstraßen der Galla- und Somalländer, worin sich 1885 noch 13 europäische Handelshäuser befanden, ist im Januar 1887 durch den halbbarbarischen abessinischen Unterkönig Menelik von Schoa besetzt und der Emir Abballah Ibn Said vertrieben worden. Der Fall von Harrar ist, nach dem besten Kenner des Landes, Professor Paulitschke, ein großer Gewinn für die Kultur, wenn auch anfangs nur die abessinische Halbbarbarei herrschen wird. Der Verkehr nach Zeyla und Berbera an der Küste des Golfes von Aden wird sich wieder beleben, da Menelik sich europäischen Kaufleuten und Industriellen gewogen zeigt. Für Deutsch-Ostafrika wird Harrar ebenfalls von Bedeutung werden, da Barawa, Makdischu und Obia in unserm Operationsfelde an der Benadirküste Endpunkte alter Verkehrsadern sind, die von Harrar nach dem Indischen Ocean führen.

Die folgende Schilderung ist ein Auszug aus einem Aufsatze in der Kolonial-Politischen Korrespondenz vom 12. März 1887.

Die Lage und Umgebung von Harrar ist derart paradiesisch schön, fruchtbar, klimatisch vorzüglich, kommerziell und strategisch ausgesucht, daß uns daraus klar werden muß, daß wir uns hier sogar auf einer uralten Kulturstätte der Menschheit befinden.

Die Folge des angenehmen, von jähem Wechsel freien Klimas ist, daß der Gesundheitszustand des Volkes zu allen Jahreszeiten ein sehr günstiger ist, und in der That zeugt von dem gesunden physischen Kern des Volkes das hohe Alter, welches die meisten Galla erreichen; es giebt viele 90- und 100jährige Greise, und zu Bubassa lebte zur Zeit der Anwesenheit von Paulitschke ein Mann, der 112 Jahre zählte. Danach resumirt Paulitschke seine Reiseeindrücke über die die Stadt Harrar umgebenden 6 Gallastämme dahin: „Die 6 Stämme wohnen auf einem von der Natur sehr begünstigten Terrain, dessen ergiebiger Boden und reiche Vegetation hier ein in numerischer und physischer Beziehung starkes Volk sich entfalten ließ."

---

*) Harrar hat diesen Namen vom Flusse Erer oder Arar, welches Wort schnell bedeutet. Man schreibt auch Herer, Härär, Arar.

Die Stadt Harrar.

Ebenso an anderer Stelle: „Die Gebirgslandschaft, die an landschaftlichen Reizen mit Schweizer und Tiroler Landschaften wetteifern kann, wie das flache Land, ist dicht bewohnt, und das Vorhandensein so vieler Faktoren materieller Existenz zusammen mit dem reichen Tier- und Pflanzenleben verleiht den Gallagebieten den Charakter opulenter gesegneter Länderstrecken, welche berufen sind, eine Rolle im wirtschaftlichen Kulturleben der Menschheit zu spielen."

Auch das Klima in der Stadt Harrar selbst wird von Paulitschke als äußerst angenehm geschildert. Während vier Wochen, im Februar und März, zeigte in der Regel der Thermometer morgens 6 Uhr 17,5—19,20° C., mittags 20,6—22,2° C., abends 6 Uhr 17,2 bis 19,7° C. Auch in den heißen Monaten Mai und Juni übersteigt die Hitze selten 22° C. In der Regenzeit, vom April bis September, bleibt diese Temperatur dieselbe.

Nordwestwinde und Südostwinde durchwehen daneben während des größten Teils des Jahres das Ererthal, sie bestreichen die Stadt und bringen so angenehme Erfrischung.

Ähnlich wie der Mensch, so entwickelt sich in Harrar, seiner Umgebung, wie überhaupt im ganzen nordöstlichen Gallalande auch das Pflanzenleben in vortrefflicher Weise, zumal die Thalniederungen, besonders jene zwischen dem Hâqim und Gara Mulâter, ferner das Thal des Erer und die Abhänge des Gebirges mit Schichten außerordentlich fruchtbaren Bodens bedeckt sind.

In der Nähe der Stadt, namentlich am Eingang in das Ererthal, breiten sich daher die Felder und Gärten der Einwohner aus. Es giebt über elftausend Gärten in der Nähe der Stadt. Der Gartenbau liefert Kaffee (die Kaffeegärten bedecken terrassenförmig Hügel und Berge), Bananen, Kât, Wars (Farbstoff) und Gemüse aller Art, ferner Zuckerrohr und Obst (Citronen, Pfirsiche, Granatäpfel).

Alle diese Kulturen in der nächsten Umgebung der Stadt, namentlich der Kaffeebau, haben noch eine große Zukunft vor sich, doch mag bemerkt werden, daß nach Paulitschke jetzt schon in Harrar jährlich 50 000 Farasseléh Kaffee (à 17½ Kilogr.) gebaut werden. Der Preis eines Farasseléh Kaffee steht in Harrar auf 3½ M.-T.-Thaler. Aber auch die sonstigen, Harrar in weiterer Entfernung umgebenden Fürstentümer der nordöstlichen Gallaländer weisen eine ähnliche Erzeugungsfähigkeit und Kultivation auf.

Herrliche Wälder von Tamarinden, Sylomoren, Juniperus und

Euphorbien bedecken die Höhen und bilden im Thale dichte Lauben, in die kein Sonnenstrahl eindringt.

In den Thälern sind Matten des saftigsten Grün.

Den Ackerbau betreiben, mit Ausnahme der Ennia, sämtliche Gallastämme.

Derselbe liefert namentlich große Durramengen in Beständen von 4 m Höhe und weit den eigenen Bedarf der Bevölkerung übersteigend. Diese Durra geht nicht nur nach den Somalländern, sondern über Zeyla und Berbera an die Meeresküste, um von da nach Abessinien und Danâkil weiter verfrachtet zu werden. Zur Zeit der Ernte werden eigene Tennen in den Dörfern errichtet, auf welchen unter melodischem Gesange aus Hunderten von Kehlen das Dreschen vor sich geht. Das verbrannte Stroh giebt gute Düngung.

Auch die Baumwolle gedeiht vortrefflich und giebt ein ausgezeichnetes Produkt. Die ausgedehnten Baumwollfelder sind sorgfältig eingezäunt.

Das Zuckerrohr bauen die Galla im Errerthale und zahlen damit einen Teil ihrer Abgaben.

Auch Klee, Tef, Gerste, Arhuba und Minzkraut wird gebaut.

Der Gemüsebau florirt namentlich in Argóbba, einem schönen Dorfe, südlich von Harrar, wo der Boden von einer erstaunlichen Fruchtbarkeit ist.

Das Gemüse und das Obst ist erst seit der ägyptischen Okkupation (1875—1885) nach Harrar verpflanzt und von den klugen Galla rasch ergriffen und kultiviert worden. Auch ägyptisches Korn hat man anzubauen versucht und es gedeiht gut. — Tabak von mittlerer Qualität baut man in Harrar und bei den Itu-Galla.

Die an den stets berieselten Gehängen über der Thalsohle befindlichen Bananen, musa paradisiaca, die Hauptnahrung der Frauen und der Kinder, liefert der Gartenbau von ausgezeichneter Qualität und Größe, ebenso eine Menge sonstiger nützlicher Pflanzenarten, als Mandelbäume, Pfirsiche, Aprikosen, Orangen, Limonen, die freilich sämtlich nicht ganz reif werden, ferner Eierpflanzen, Kürbisse, Kohlarten, Rüben, Kartoffeln, Melonen, griechischen Pfeffer, Anis, verschiedene Arten von Lauch, Zwiebeln ꝛc. Um die Hütten herum ist überall namentlich ein reicher Flor von Cucurbiten, Granatbäumen und Citronen zu sehen.

Außer Bananen bedecken Kaffeegärten die, wie schon erwähnt, stets berieselten Abhänge über den Thälern, ein ganz herrlicher

Anblick zur Blütezeit. Doch zeigen auch die Waldpartieen ganze Komplexe wilder Kaffeebäume.

Der Kaffeebau wird von den Galla sehr rationell betrieben.

Man setzt die Körner in feuchter Erde an, wenn die kleinen Bäumchen hervorgewachsen sind, werden sie in den Handel gebracht.

Im Monat Ramâdan werden die Bäumchen auf Terrassen, denen Wasser zugeführt werden kann, versetzt. Das Bäumchen entwickelt sich zu einer Höhe von 2—4 m und trägt im dritten Jahr bereits Früchte. Von Jahr zu Jahr steigert sich mit der Entwickelung des Geästes der Ertrag. In guter Erde liefert in den nördlichen Gallaländern ein Kaffeebaum ³/₄ Farasseléh à 17½ kg. Im Januar pflegt die erste Ernte stattzufinden. Im Februar und März sind die Kaffeebäume mit prachtvollen weißen Blüten bedeckt.

Der Kaffeebau hat noch eine bedeutende Zukunft vor sich, da alle Bedingungen in physikalischer Beziehung im Lande vorhanden sind, insbesondere warme, feuchte Luft, reichliche Niederschläge, genügender Wasservorrat.

In Summa: die nordöstlichen Gallaländer haben eine Überproduktion von wertvollen Produkten der Pflanzenwelt aller Art!

Ebenso reich ist aber auch das Tierleben.

Die Viehzucht steht in den Gallaländern von Harrar auf einer erfreulichen Stufe. Überall traf Paulitschke die herrlichen mattenreichen Höhen und Bergabhänge dicht besäet mit Herden aller Art, während weiter unten sich Dorf an Dorf reihte.

Die Herden von Buckelrindern bilden den Hauptreichtum der Gallaländer.

Butter und Milch wird in ungeheuren Quantitäten erzeugt. Groß ist der Reichtum an Kamelen. Diese werden vor den Pflug gespannt und dienen nicht minder dem großen Warentransport. Das Pferd dient nur zum Reiten und hat den gleichen Sattel wie bei den Somal. Esel, Fettschwanzschafe, Ziegen, Hühner werden in Masse gehalten.

Die Bienenzucht ist ein von den Galla vorzüglich kultivierter Zweig.

Elefanten finden sich in ganzen Herden vor, werden aber nicht gejagt. Elfenbein giebt es in ungeheuern Mengen. Ebenso verhält es sich mit den Straußen. Auch die ganze sonstige Vogelwelt ist unter den reichen Tierbeständen aller Art großartig vertreten.

Die wasserreichen Gebirgsbäche sind mit Fischarten von wohlschmeckendem Fleische angefüllt.

Trotz alledem ist die Landwirtschaft in Harrar nur Nebensache, denn Harrar ist ein Handelsplatz. — Schon Burton nennt es das Timbuktu des Ostens.

In der That ist Harrar infolge seiner für Handelszwecke so überaus günstigen geographischen Lage eine uralte Handelsmetropole, jeder Einwohner der Stadt ist ein Händler.

Die Abwickelung des täglich um 3 Uhr mittags beginnenden Marktes ist das Haupttagewerk der Stadt. In dieser Zeit ist Harrar, welches circa 27 000 Einwohner zählt, außerdem von etwa 15 000 handeltreibenden, von auswärts kommenden Galla überschwemmt, die abends 7 Uhr vor Thorschluß die Stadt wieder verlassen müssen. Der Warenaustausch ist enorm. Der Export besteht in Kaffee, Tierhäuten, Durra, Fett, Elfenbein, Gummi, Sklaven, Wars, Vieh, Honig.

Harrar hat eine bedeutende eigene Industrie im Gebiete der Weberei, Töpferei, Holzschnitzerei, Flechterei, Seide- und Baumwollenstickerei, Eisen- und Messingarbeiten, Gold- und Silberschmiedekunst, zum Teil auch in der Tischlerei, Ledermanufaktur und Gerberei, Färberei, Kerzenfabrikation, Bäckerei und selbst Buchbinderei.

Man sieht, in dem sonst so fabelhaften Osthorn Afrikas sieht es in industrieller Hinsicht weniger barbarisch aus, als in manchen weiten Länderstrecken Europas.

Lebensweise und Krankheiten in Ostafrika.

Unnötige Furcht. — Wirksamste Diät für Europäer. — Örtliche Einflüsse. — Gesunde Orte. — Neueste Erfahrungen. — Klima im Somallande.

Nach Dr. G. A. Fischer, Kurt Töppen und Haggenmacher.[*]

Wenn ich sagte, daß der Europäer ohne Schaden für seine Gesundheit eine Reihe von Jahren in den Tropenländern Afrikas aushalten könne, so wird das, abgesehen von den Verhältnissen, über

---

[*] Aus: Mehr Licht im dunkeln Weltteil. Betrachtungen über die Kolonisation des tropischen Afrikas, unter besonderer Berücksichtigung des Zanzibar-Gebiets. Von Dr. G. A. Fischer, praktischer Arzt in Zanzibar. Hamburg,

die er keine Macht hat, nicht wenig von seiner Lebensweise abhängen. Sie muß eine rationellere sein, als wie man sie hierzulande meist zu führen pflegt. Da aber gerade die in den Tropen sich aufhaltenden Europäer vielfach das Gegenteil von dem thun, was der Gesundheit dienlich ist, so kann man sich nicht wundern, daß so viele an den „Folgen des Klimas" zu leiden haben. Man muß es gesehen haben, wie von einem großen Teile der europäischen Kaufleute in Indien gelebt wird, um zu verstehen, daß so viele Leberkranke nach Europa zurückkehren. Brandy, Bier, Brandy und noch einmal Brandy und eine Reihe Fleischspeisen dreimal am Tage. Und worin bestehen die Ausgaben in geistigen oder körperlichen Leistungen gegenüber der Unsumme von eingeführten leistungsfähigen Stoffen? In dem unter Ächzen und Stöhnen erfolgten Ersteigen der Comptoirtreppe, in der geringen Anstrengung weniger Geschäftsstunden und in einer Spazierfahrt vom und zum Geschäftslokal! Kann es da Wunder nehmen, daß man in jenem Klima an intensiveren Stoffwechselkrankheiten zu leiden hat, als in dem unsrigen, wo auch schon viele Leute an solchen laborieren? Hierzulande kann man aber schon manche Diätfehler ungestraft begehen, die sich in den Tropengegenden in gefährlicher Weise rächen. Die in Bombay lebenden jungen Engländer treiben auch dort vielfach ihren Sport: Polo, Ballspiel, gymnastische Übungen, und haben dieser Sitte zu verdanken, daß sie trotz des vielen Brandys verhältnismäßig wenig unter dem Klima leiden. In Zanzibar beteiligten sich in den letzten Jahren an diesen Spielen auch die deutschen Kaufleute, die bei Mäßigkeit in alkoholischen Genüssen sich immer einer guten Gesundheit erfreuten und auch

---

Friederichsen, 1885. M. 2,50. — Diese gediegene, durchaus unentbehrliche Schrift kam gerade zur rechten Zeit als „Rezept, wie das Vorwort sagt, gegen das bedenkliche Afrikafieber, von dem viele Leute gegenwärtig ergriffen sind". — „Jedoch nicht um denselben Afrika zu verleiden — Verfasser ist selbst ein eifriger Anhänger der Kultivation Afrikas —, sondern um ihnen die Fieberdelirien zu vertreiben, die ein klares Denken und eine nüchterne Auffassung nicht gestattet." — Der hochgeschätzte Afrikareisende behandelt darin nach eigener Anschauung und Erfahrung: 1. Handelsverhältnisse. 2. Kultivationsfähigkeit afrikanischen Bodens. 3. Verwendung des Europäers in Afrika. 4. Lebensweise und Krankheiten. 5. Die Neger und der Handel. 6. Die englische Sklavenbefreiung und die kirchlichen Missionen. 7. Die Sklaverei. 8. Der Sultan von Zanzibar. 9. Erziehung des Negers zur Arbeit und seine Arbeitsleistung. 10. Charakter und Sitten der Neger. 11. Der Europäer im Verkehr mit den verschiedenen Stämmen. Kulturmissionen. 12. Die Deutsch-ostafrikanische Gesellschaft. 13. Afrikanische Tiere im Dienste des Menschen. 14. Der Kongostaat. 15. Deutsch-Afrika.

bei längerem Aufenthalte noch eine frische europäische Gesichtsfarbe zeigten. Was mich persönlich anbetrifft, so habe ich während meines siebenjährigen Aufenthaltes so gut wie gar keine geistigen Getränke zu mir genommen. Bei vorwiegend vegetabilischer Kost habe ich mich wohler gefühlt, als bei reichlicher Fleischnahrung. Früchte sind immer gesund, wenn sie gekocht genossen werden. Das Fleisch der noch vollkommen unreifen Mangofrucht giebt, mit starkem Zuckerzusatz gekocht, ein dem Apfelmus ähnliches, sehr angenehm säuerlich schmeckendes Gericht, das auch Dysenteriekranken gut bekommt. Der Mangobaum scheint überall im tropischen Afrika gut fortzukommen und kann in Zukunft für die Einfassung der Landstraßen benutzt werden, während die Orange nur auf der Insel Zanzibar gut gedeiht. Bananen rufen bei manchen Personen Verdauungsstörungen hervor. Es scheint, daß die auf gewissem Boden wachsenden Früchte besonders zu solchen Veranlassung geben. So ertrug ich die auf Zanzibar wachsenden Ananas, auch in Menge genossen, sehr gut, während die von der Küste stammenden häufig Darmkatarrhe hervorriefen. Was die Kleidung in den Tropen anbetrifft, so will ich hier nur so viel bemerken, daß die Wolle allen anderen Stoffen vorzuziehen ist. Verfasser ist in den Tropen von Baumwolle zu Wolle übergegangen, hat sich dabei wohler gefühlt und ist weniger Erkältungen ausgesetzt gewesen. Bei sehr starker Transpiration bleibt die Wollenkleidung immer trockener, als die baumwollene. Für den Reisenden, der nicht stets in der Lage ist, seine Wäsche häufig wechseln zu können, hat die Wolle noch den großen Vorteil, daß sie nie den unangenehmen Geruch hat, der sich infolge der starken Transpiration bei Baumwolle bald einstellt. In dicken, wollenen Strümpfen leiden die Füße bei angestrengtem Marsche am wenigsten. Daß die Wolle zur Übertragung von Infektionsstoffen geeigneter sei, ist weder bewiesen, noch kommt das in Afrika in Betracht. Bei vielen, die an Baumwolle gewöhnt sind, ruft die Wolle im Anfang eine Reizung der Haut hervor, die jedoch bald nachläßt. Bei Personen, besonders Neulingen in den Tropen, die an starker Rötung und an stechendem Jucken der Haut leiden (Preakle heat), kann es vorübergehend notwendig sein, die Wolle fortzulassen. Übrigens wird man im Innern wohl nur selten von diesem Hautleiden belästigt. — Man mache es sich zur Regel, auch die kleinste Wunde an den Füßen (Wundlaufen, Wundkratzen bei Moskitostichen) mit einem Stückchen Heftpflaster zu bekleben.

In mancher Beziehung sind die Tropen, was Krankheiten anbetrifft, unserm Klima gegenüber im Vorteil. Dyphtheritis und Typhus, die bei uns so viele Opfer fordern, und denen wir in therapeutischer Beziehung ziemlich machtlos gegenüberstehen, sind dort unbekannt. Dysenterie und Malaria sind die einzigen einheimischen Infektionskrankheiten Afrikas, welche dem Fremdling direkt gefährlich werden, gegen die wir aber so ausgezeichnete Mittel besitzen, daß wir sie mit dem besten Erfolge zu bekämpfen im stande sind. Die Dysenterie hat ferner in Afrika im allgemeinen keinen bösartigen Charakter und tritt weniger epidemisch auf; selbst in einem verhältnismäßig unreinen Orte wie Zanzibar, in dem die Dysenterie nie ausstirbt, sind niemals Epidemieen beobachtet worden. Auch besitzen wir in der Brechwurzel (Ipecacuanha), gegen die afrikanischen Dysenterieen ein ausgezeichnetes Mittel, dessen Wirkung kaum weniger sicher ist, wie die des Chinin bei Malaria. Auf Zanzibar finden die meisten Erkrankungen an Dysenterie während des Regens statt.

Was die sogenannten Malaria-Affektionen anbetrifft, auf die wir hier näher eingehen wollen, so sind die Reisenden mehr oder weniger geneigt, die Sonne als Übelthäterin anzuklagen oder sie doch als solche mitwirken zu lassen. Da hat man einmal zwei Stunden im Sonnenbrande gestanden oder auf der Jagd in der Sonne sich stark erhitzt oder in einem Zelte zugebracht, welches von der Sonne beschienen war. Gleich darauf oder bald darauf bekommt man Fieber und, da ein jeder sich bemüht, einen Grund dafür zu finden und die Sonne das Nächstliegendste und Sichtbarste ist, so beschuldigt man nach dem Grundsatz „post hoc, ergo propter hoc" natürlicherweise die Sonne. Und doch ist gerade diese durch ihre austrocknenden und sogar tötenden Strahlen im stande, diejenigen Stoffe unschädlich zu machen, welche die eigentliche Ursache des Fiebers abgeben. Die halbdunkeln, feuchten Orte, wo die Sonne nicht hinbringt, sind dem menschlichen Organismus gefährlich. Wenn man freilich geradezu die Sonne herausfordert, wie z. B. jener belgische Reisende, welcher als erster der von der internationalen Gesellschaft ausgesandten Pioniere in Zanzibar sein Leben lassen mußte, so kann man sich nicht wundern, daß man auch einmal von der Sonne getötet wird. Dieser Unglückliche war eben in Zanzibar eingetroffen, hatte sich weder an die Sonne gewöhnt, noch überhaupt durch Muskelbewegung und Marschieren in dem warmen Klima sich eingelebt, da fällt ihm eines Tages nach einem opulenten Frühstück mit dem üblichen Sherry ein, mittags 1 Uhr das Gewehr auf den Rücken zu nehmen und zur Vogeljagd an den Strand zu laufen. Wenige Stunden darauf war er eine Leiche.

Ich möchte im Gegenteil behaupten, daß Hitzschlag und Sonnenstich in Afrika weniger häufig vorkommen wie bei uns in manchen unserer großen Städte und bei den Märschen des Militärs während der heißen Zeit. Mir ist bei meinem langjährigen Aufenthalte in den Tropengebieten Ostafrikas nicht ein einziger Fall vorgekommen oder bekannt geworden. Es kommen hierbei jedenfalls noch ganz andere Momente in Betracht, wie der bloße Sonnenschein. Einen Sonnenschirm kann man nicht bloß im westlichen Hochlande, wie Stanley meint, sondern auch an der Ostküste entbehren, ohne sich irgend einer Gefahr auszusetzen; und um eine Mütze aus doppeltem Baumwollenzeug gefahrlos tragen zu können, braucht man nicht nach dem oberen Kongo zu gehen. Man sehe sich nur einmal die Matrosen auf den europäischen Schiffen im Hafen von Zanzibar an. Sogar ohne jede Kopfbekleidung arbeiten sie den ganzen Tag auf Deck des Schiffes; ja ich habe unsere deutschen Matrosen stundenlang am Strande thätig gesehen, ohne auf dem Kopfe etwas anderes zu tragen als ein durchlöchertes Strohhütchen. Es ist niemals ein Unglücksfall oder auch nur ein Unwohlsein danach zu konstatieren gewesen! Durch einen englischen Korkhelm geschützt, ist der Europäer immer im stande, sich den ganzen Tag lang der Sonne ohne üble Folgen auszusetzen. Die Kaufleute müssen oft stundenlang in der brennendsten Sonnenhitze am Strande stehen. Ich selbst und manche andere Europäer sind von morgens bis abends umhergestreift und der Jagd nachgegangen, den Kopf nur mit einem leichten Hute bedeckt; ich habe mit solcher Kopfbedeckung stundenlang an der Küste sowohl wie im Innern in der Sonne zugebracht, ohne die geringsten üblen Folgen. Es versteht sich von selbst, daß der Neuangekommene sich nicht sofort in derselben Weise der Sonne und den Strapatzen aussetzen kann, wie das derjenige zu thun vermag, der längere Zeit dort gewesen ist. Man muß sich eben einleben und einüben, bis man sonnenfest geworden ist. Wer die Sonne nicht ertragen kann oder immer einen Schirm nötig hat, der paßt nicht für Afrika.

Ebensowenig wie die Sonne rufen auch Überanstrengungen, schlechte Nahrung, sogenannte Erkältungen, Mangel an Schlaf u. s. w. Fieber hervor. Diese Einflüsse können als befördernde Momente vielleicht mit in Rechnung gezogen werden, nach der Annahme, daß in einem gesunden und kräftigen Körper die Infektionsstoffe weniger leicht Eingang finden oder sich entwickeln können, als in einem kranken und schwächlichen; aber auch das ist nur in beschränktem Maße oder für gewisse Infektionskrankheiten der Fall, bei der Malaria ist das von geringer Bedeutung, häufig genug habe ich das Gegenteil beobachtet. Bei mir selbst habe ich nie einen Zusammenhang nachweisen können. Was speciell Anstrengung und Aufregung betrifft, so ist es eine allen Reisenden bekannte Thatsache, daß man bei anstrengendem Marschieren meist vom Fieber verschont bleibt oder doch nur wenig belästigt wird; daß man aber, sobald man an einem Platze in Ruhe kommt, erkrankt. Hierher gehört auch — obwohl dabei noch andere Umstände zu berücksichtigen sind — die in mancher Beziehung rätselhafte Erscheinung, daß man sich wochenlang in notorisch höchst ungesunden Flußniederungen auf der Flußpferdjagd umhertreiben kann, ohne krank zu werden. Sobald man aber den Platz verläßt, sei es nach einigen Tagen oder erst nach Wochen, so kann man sicher sein, von dem heftigsten Fieberanfall heimgesucht zu werden. Soviel ist aber gewiß, daß eine regelmäßige Muskelbewegung die damit verbundene energische Transpiration und überhaupt der energischere Stoffwechsel gerade für die Tropen ein sehr wichtiges Mittel ist, die Gesundheit zu erhalten.

Ebenso giebt das Wasser in den seltensten Fällen die Veranlassung zu einem Fieberausbruche. Ich selbst habe viel und fast nur Wasser getrunken der verschiedensten Art und von den verschiedensten Lokalitäten: aus Teichen, Bächen, Flüssen, Regentümpeln, Wasserlöchern rc., ohne daß ich jemals Fieber danach bekommen hätte. Ich habe auch bei andern niemals das Wasser als Ursache des Fiebers nachweisen können. Anders verhält es sich mit Darmkatarrhen und Dysenterie. Die Eingeborenen wissen recht gut das schlechte und vielleicht schädliche Wasser von dem zuträglichen zu unterscheiden. Zuerst hat man eine gewisse Scheu. Wenn man aber nach starkem Marsche und energischer Transpiration an einen Wasserplatz kommt und den Neger mit Wohlbehagen trinken sieht, so denkt man nicht erst ans Filtrieren, sondern schlürft gierig und mit Genuß das köstliche Naß, welcher Art es auch sein möge. Es versteht sich von selbst, daß man auf einer Station immer nur filtriertes Wasser genießen wird. Das Medium, welches die verderbenbringenden Keime birgt, ist die Luft, die wir atmen, und sehr häufig nur die Luft in den Räumen, in welchen wir leben. Die Infektionsherde sind in vielen

Fällen mehr oder weniger engbegrenzte Lokalitäten. Das ist von der größten praktischen Wichtigkeit sowohl für den Kaufmann, Beamten und Plantagenbesitzer, wie für den Reisenden, der Afrika besucht. Man darf sich nicht vorstellen, daß die ganze Luft in den fieber=
schwangeren Tropengebieten infektionsfähig sei. Es sind nur immer gewisse Örtlichkeiten, wo sich der giftige Stoff in solcher Dichtigkeit oder solcher Beschaffenheit vorfindet, daß man durch die Einatmung von der Krankheit befallen wird. Das beweisen die verschiedensten Thatsachen. Die Insel Zanzibar hat im allgemeinen in sanitärer Beziehung einen sehr schlechten Ruf. Die alten englischen Berichte schildern das Klima als geradezu mörderisch. Ich hörte sogar, daß Lebensversicherungen früher niemanden aufgenommen hätten, der nach Zanzibar gewollt. Aber man muß wohl unterscheiden zwischen der Stadt und dem Lande. Die Stadt bietet jetzt einen so günstigen Aufenthaltsort für die Europäer, wie ihn vielleicht wenige Tropen=
städte in der Lage und unter den Verhältnissen aufzuweisen haben. Die Europäer haben verhältnismäßig weniger von dem Fieber zu leiden wie die Eingeborenen, besonders die Indier. Und worin ist der Grund zu suchen? Einzig und allein darin, daß die Europäer trockene, reinliche, geräumige, gut ventilierte und freier gelegene Wohnungen besitzen. Eine gesunde Wohnung und speciell ein ge=
sunder Schlafraum ist das wichtigste, worauf der Europäer in den Tropen zu achten hat. Die am Stanley=Pool für Europäer errich=
teten Hütten aus Felsstücken, die mit Erde überworfen sind, müssen in der Regenzeit als durchaus ungesund bezeichnet werden. In den dunstigen, schmutzigen, feuchten und halbdunkeln Wohnungen der Indier herrscht ein dem Europäer sofort auffallender eigentümlicher widriger Geruch, den man am besten mit dem von alter Wäsche oder Kinderzimmergeruch vergleichen kann. Auch in diesen, auf den ersten Blick nicht ungesund erscheinenden schlechtventilierten Woh=
nungen finden die das Fieber erzeugenden niederen Organismen ihre Existenz= und Entwickelungsbedingungen. Leute, welche in solchen Räumen schlafen, werden immer von Fieberanfällen heimgesucht, sie nehmen Chinin über Chinin ohne Erfolg, aber das Fieber ist ver=
schwunden, sobald sie einen andern Schlafraum aufsuchen. Es giebt Europäer, die Jahre lang auf Zanzibar zubringen, ohne Fieber ge=
habt zu haben. Ich selbst habe, obwohl ich in der ersten Zeit meines Aufenthaltes täglich mehrere Stunden auf den Plantagen mich auf=
hielt und an den Teichen der Vogeljagd nachging, niemals Fieber

bekommen. Andererseits konnte ich später bei den meisten Europäern, welche am Fieber zu leiden hatten, den Infektionsort nachweisen. So hatte ein Kaufmann 2 Stunden in einem dumpfigen, lange verschlossen gewesenen Lagerraum arbeitende Neger beaufsichtigt — nach 8 Tagen hatte er das heftigste Fieber. Europäer, welche einen Ausflug auf die Insel gemacht und in einem arabischen Hause übernachtet hatten, lagen nach 8 Tagen alle am Fieber danieder. Ich selbst holte mir mein erstes Fieber in einer feuchten Lehmhütte, nachdem ich 2½ Monate auf Zanzibar und 7 Monate auf den verschiedensten Küstenplätzen zugebracht hatte. Bei mir selbst wie auch bei anderen habe ich die Beobachtung gemacht, daß ein Aufenthalt von einer halben Stunde in gewissen Räumen genügt, um sich anzustecken. Die niederen Organismen, welche die Malariakrankheit hervorrufen, sind in ihrer Entwickelung nicht an den Boden allein gebunden, sondern vermögen auch an allen möglichen anderen Orten zu existieren. Die Keime sind allgegenwärtig, überallhin werden sie durch den Wind verbreitet, aber es bedarf noch besonderer Verhältnisse, um sie für den Menschen gefährlich zu machen. In der trockenen Zeit sind gewisse Gebiete so gesund, daß man auf dem Boden schlafen kann, ohne nachteilige Folgen zu verspüren.

In der Regenzeit, wo die Keime überall zur Entwickelung kommen, auf den Hochebenen des Innern sowohl, wie an der Küste, ist man auch in sonst gesunden Gebieten mehr oder weniger einer Ansteckung ausgesetzt. Herrschen doch auch an den Hochlandsseeen, wie dem Naiwascha, 1900 Meter (6000 Fuß) über dem Meere, sehr bösartige Fieber. Besonders gefährlich sind in diesen Gebieten die Bambuswälder, in denen die Karawanen zahlreiche Träger verlieren. Folgende Bedingungen sind für die Entwickelung der Keime von Wichtigkeit: die nötige Wärme, welche in den Tropen immer vorhanden ist; eine gewisse Feuchtigkeit; Stagnation der Luft; vielleicht auch Abwesenheit des direkten Sonnenlichts. Diese Bedingungen werden in vielen kleinen, nicht regendichten, schlechtventilierten Häusern erfüllt, in den feuchten Zelten der Reisenden, in gewissen Stadtteilen, z. B. in sehr engen, unreinlichen Gassen, in den Mündungsgebieten der Flüsse, im Urwalde, in feuchten, engen Thälern, in sumpfigen Niederungen, in feuchten Wäldern. So lange sich die am Stanley-Pool stationierten Europäer auf einer gut gelegenen Station aufhalten, bleiben sie gewöhnlich gesund; wenn sie aber in dem Urwalde sich zu schaffen machen oder auf die Wasserjagd gehen, werden sie von Fieber befallen. Wir finden in der Zeit die meisten Fieberkranken, wenn Sonnenschein und Regengüsse abwechseln und zugleich Windstillen vorhanden sind. Auf Zanzibar trat in den letzten Jahren regelmäßig im Verlaufe der heißen Zeit, im Dezember, Januar, Februar, wo sich Gewitterschauer und Windstillen einstellten, eine starke Epidemie auf. Diese Monate sollen früher trockener und daher gesunder gewesen sein, während jetzt Juli, August und September die gesundesten sind. In den letzten Jahren gab die Regenzeit im Monat April, weil sie nur kurz und zugleich von starken Winden begleitet war, zu Fieber nicht so sehr Veranlassung wie früher. Ein starker und anhaltender Regen ruft besonders unter den Bewohnern der Lehmhütten Epidemieen hervor, die vorzüglich nach dem eigentlichen Regen auftreten, wenn die durchfeuchteten Wohnungen wieder austrocknen.

Gewisse Gebiete im Innern der Insel und an der Küste sind sehr gefährlich, besonders wenn man die Nacht dort zubringt. Berichtet doch der englische Reisende Burton von einem Boot mit Matrosen, die, um Wasser aus einem kleinen Flusse zu holen, eine Nacht im Boote schlafend zubrachten und infolge dessen alle am Fieber zu Grunde gingen. Rindvieh und Pferde sterben im Innern der Insel bald dahin. Die Fieber, welche man sich in derartigen, mit üppigem Pflanzenwuchs versehenen Niederungen holt, sind gewöhnlich sehr heftig und bösartig; sie bestehen meist in den sogenannten Gallenfiebern, die ich in der Stadt Zanzibar unter den Europäern niemals beobachtet habe. Es geht niemand ungestraft auf die Flußpferdjagd. Von allen Europäern, die in den Niederungen des Kingani- oder Wami-Flusses gegenüber Zanzibar auch nur wenige Tage der Jagd obliegen, ist nicht ein einziger, der frei vom Fieber bleibt.

Die Feuchtigkeit, welche die Fieber erregenden Organismen zur Entwickelung bringt, braucht keine sehr große zu sein. Bei häufigem Regen ist die Luft schon so mit Wasserdampf gesättigt, daß diese Feuchtigkeit schon genügt, einen gewissen Wohnraum zu einem Infektionsherd zu machen. Man hält es oft kaum für möglich, daß in einem Schlafraume, der auf den ersten Blick gar keinen ungesunden Eindruck macht, Ansteckung erfolgen könne. Aber wenn man den Kranken das Schlafzimmer wechseln läßt, so wird das sofort klar. Der oft große Raum, der sich in manchen arabischen, von Europäern bewohnten Häusern Zanzibars an die Küche anschließt, giebt nicht selten zur Miasmenbildung Veranlassung, weil in demselben das

Spülwasser ausgegossen wird. Die in solchen Räumen schlafenden portugiesischen Köche werden das Fieber nicht los.

Es bedarf keiner weiteren Erwähnung, daß ein jedes fruchtbare Gebiet des tropischen Afrika, mag es hoch oder niedrig gelegen sein, Dutzende von Lokalitäten aufzuweisen hat, in denen der Europäer sich unfehlbar infizieren muß, wenn er dort reist, dort wohnt oder gar den Boden bearbeiten will. Die auf den Bergen von Usagara und Assegua wohnenden französischen Missionare haben mehr vom Fieber zu leiden, als die in der Stadt Zanzibar Ansässigen. Sie steigen nach einiger Zeit von ihren „kühlen" und „gesunden" Höhen herab, um sich auf Zanzibar zu erholen. Alle Flußgebiete, besonders die des Lufidschi, Kingani und Wami, bieten auch in ihrem Oberlaufe solche der Gesundheit des Europäers sehr gefährliche Lokalitäten in Menge.

Je größer der Infektionsherd, um so größer die Wahrscheinlichkeit sich auch in der nähern Umgebung desselben zu infizieren. Doch ist die Gefahr durch den Wind, welcher die Keime zuführt, infiziert zu werden, sehr gering. Im andern Falle müßten zu gewissen Zeiten, wo der Wind von dem Innern der Insel Zanzibar zur Stadt weht, mehr oder weniger alle Bewohner, und besonders die Europäer, am Fieber erkranken. Aber zu der Zeit ist der Gesundheitszustand gewöhnlich ein günstiger. Den besten Beweis dafür, daß nicht der Wind die Krankheit direkt zuweht, daß nicht der Boden allein die Keime sich entwickeln läßt, sondern menschliche Wohnräume häufig die Infektionsstätten abgeben, liefern vor allem die Schiffsepidemieen, die ich in Zanzibar zu beobachten Gelegenheit hatte. Ein gewaltiges englisches Wachtschiff, eine alte seeuntüchtige Fregatte, lag ½ englische Meile vom Strande entfernt im Hafen verankert. In den Wohnräumen dieses alten baufälligen Holzkastens entstanden in jedem Jahre bösartige Fieberepidemieen, und zwar in einer Zeit, wo in der Stadt das Fieber nicht stärker wie gewöhnlich herrschte. Der dritte Teil der über 200 Mann betragenden Besatzung lag zuweilen am Fieber krank darnieder. In einem Jahre, wo die Erkrankungen besonders heftig und zahlreich waren, legte man das Schiff an einen andern Platz, weil man der Ansicht war, daß der Wind, welcher von der Insel Zanzibar wehte, die Infektionsstoffe vom Lande herbeitrage. Das Verlegen des Schiffes hatte nicht den geringsten Erfolg. Dann meinte man wieder, die Mannschaft müsse sich das Fieber beim Urlaub vom Lande geholt haben, aber in der Stadt sowohl wie außerhalb derselben litten weder Europäer noch Eingeborene in außergewöhnlichem Maße. Ich hatte schon damals meine Ansicht dahin geäußert, daß in den Schiffsräumen selbst die Ursache gesucht werden müsse, und man überzeugte sich auch schließlich davon. Die Epidemieen traten nämlich während des starken Regens auf, wo die Fenster des Schiffes geschlossen bleiben mußten. Da das Fahrzeug nicht mehr dicht war, so waren die Holzwände der Schlafräume wie mit kleinen Thautröpfchen übersät; dabei ungenügende Ventilation und viele Menschen in einem Raume zusammen. In den Schlafräumen der Mannschaften waren die Erkrankungen am zahlreichsten, aber auch in den Einzelzellen der Offiziere stellten sich dieselben ein. Ich habe ferner auch noch Gelegenheit gehabt, auf französischen Kriegsschiffen ähnliche, zum Teil noch auffallendere Malaria-Epidemieen zu beobachten.

Welche Nutzanwendungen ergeben sich hieraus für den Kaufmann, Kolonisten und Reisenden? Man achte vor allem auf den Platz, auf dem man sein Haus, seine Hütte oder sein Zelt errichten will. Man spare nicht auf Kosten einer gesundheitsgemäßen Einrichtung; denn das zweckmäßige Haus und besonders das gesunde Schlafgemach ist das wichtigste, um gesund zu bleiben. Der Reisende sehe vor allem darauf, ein zweckentsprechendes Zelt mitzunehmen, auch wenn er einige Träger deshalb mehr engagieren muß. Unter einem gesunden Zelte verstehe ich ein solches mit doppeltem Dach; das obere muß aus regendichtem Stoff bestehen und weit über die Zeltwände vorspringen. Das Zelttuch ist bei nassem Wetter in einem regendichten Sacke zu tragen, an schönen Tagen soll man es frei von der Sonne bescheinen lassen. In der Regenzeit meide man es, unter Bäumen oder doch unter dichterem Laubwerk zu lagern; der Aufenthalt in Wind und Regen ist gesunder, als der an dunstigen Stellen, wo die Luft sich weniger erneuert. In der trockenen Zeit mag man das Zelt unter Bäumen aufschlagen, wenn zugleich der Boden trocken und ohne modernde Substanzen ist; aber hat man nur die Wahl zwischen baumlosem Terrain und feuchtem Wald, so wähle man das erstere. Es ist besser im ärgsten Sonnenbrande und Sande als in der dumpfigen Waldluft. Bei Tage kann man sich allerdings in einem solchen freistehenden Zelte nicht aufhalten, wenigstens nicht in den Stunden von 9—4. Dann läßt man sich eine auf Stangen ruhende Überdachung von Gras oder Laubwerk herrichten, welche die Neger in der kürzesten Zeit herzustellen wissen.

Man kann sicher sein, daß man in einem solchen auf trockenem Boden stehenden Zelte, das den Tag über von der Sonne beschienen ist und in dessen Innerem sich eine Temperatur bis 50° C. entwickelt hat, des Nachts nicht mehr von Fieberkeimen infiziert wird. Die trockenen und heißen Gebiete Afrikas sind dem Europäer zuträglicher als die feuchten und kühleren.

Was die Hütte oder das Haus betrifft, so errichte man sie wo möglich auf einem freien, von der Sonne beschienenen Platze, den der Wind bestreichen kann. Viele große, schattengebende Bäume, welche die Feuchtigkeit zurückhalten und die Lufterneuerung erschweren, dulde man nicht in nächster Nähe. Man lasse die schnell austrocknende und damit desinfizierende Kraft der Tropensonne ungeschwächt wirken, was besonders bei Strohdächern von Wichtigkeit ist. Im Innern einer mit Strohdach bedeckten Lehmhütte ist es sehr kühl, wenn das Dach nur genügend hoch ist und man einen seitlichen Spielraum zum Durchstreichen des Windes läßt (scheunenartig). Den Fußboden bilde eine halbfußdicke, aus Asche und Lehm zusammengemengte Schicht, welche festgestampft wird. Man achte darauf, das Innere so einzurichten, daß der Schlafraum nicht nach der Regenseite zu liegen kommt. Die Fenster sollen so angebracht sein, daß möglichst viel Luftzug entsteht. Die Strohdächer der Lehmbauten oder Blockhäuser sollen weit vorspringen, damit die Wände möglichst von Feuchtigkeit verschont bleiben. In der Regenzeit hat man die Windseite durch eine aus Gras oder Palmblättern geflochtene Wand zu schützen, die bei Sonnenschein weggesetzt wird. Aus dem Schlafraum lasse man alles, was nicht unbedingt notwendig ist, fort. Das Waschen und Baden nehme man nicht im Schlafraum vor, auch die schmutzige Wäsche hebe man nicht in diesem auf. Wenn möglich, kalke man die Wände. Der Reisende ist natürlich nicht immer in der Lage, allen diesen Anforderungen gerecht zu werden. Wohnt er während der Regenzeit in einem Zelte, so ist eine Durchfeuchtung der Wände kaum zu vermeiden. Auf einer Station kann man aber die wesentlichen Bedingungen — Auswahl eines guten Platzes für das Haus, Trockenheit, Ventilation, Reinlichkeit — in der Regel erfüllen.

Was die Schiffe anlangt, welche nicht selten in den Flußmündungen oder Flüssen selbst verankert werden, so sind alte, undichte Holzschiffe durchaus ungeeignet, um eine größere Anzahl Europäer unterzubringen. Hier sind die oben angeführten Bedingungen kaum zu erfüllen. Bei jedem Fieber, von dem man befallen wird, achte man vor allem auf die Orte, in denen man sich tags aufhält oder nachts schläft. Hat man Chinin frühzeitig und in richtiger Weise angewandt und wird trotzdem von Rückfällen heimgesucht, so ist die Gewißheit vorhanden, daß man sich in einer bestimmten Lokalität immer wieder von neuem infiziert, sei es nun in der eigenen Wohnung oder an dem Ort, wo man während des Tages beschäftigt ist.

Was das Fieber selbst anbetrifft, so will ich hier nur zur Beruhigung aller derer, welche afrikanische Tropengebiete besuchen, anführen, daß, wenn man versteht das Chinin richtig anzuwenden, dasselbe ein fast unfehlbares Mittel ist. Die zweckentsprechende Anwendung ist aber in manchen Fällen nur dem Arzt möglich, zumal in den Tropengegenden nicht nur die einem jeden, der dort gelebt hat, wohlbekannten charakteristischen Fieberanfälle, sondern auch noch eine Menge anderer versteckter Malaria-Krankheiten sich finden, welche unter dem Bilde verschiedener Organerkrankungen verlaufen und, wenn sie nicht rechtzeitig erkannt werden, nicht minder gefährlich sind wie jene. 2050 Personen, welche außer 400 Europäern meist Indier und Goanesen waren, habe ich während meines Aufenthaltes auf Zanzibar als Malariakranke behandelt. Einer unter diesen ist gestorben, ein Europäer, der lange Zeit in Südamerika gelebt hatte und noch mit einem andern Leiden behaftet war. Vier andere Fälle, welche tötlich verliefen, muß ich besonders erwähnen; sie betrafen Europäer, welche, bereits auf Madagaskar erkrankt, die ganze Seefahrt über ohne Behandlung gewesen waren und in bewußtlosem Zustande in das französische Hospital auf Zanzibar gebracht wurden. Ein fünfter Todesfall betraf einen französischen Contre-Admiral, der lieber sterben, als sich entschließen mochte, eine, wie er meinte, für den Körper so schädliche Substanz wie Chinin zu sich zu nehmen.

Unter jenen 2050 Patienten befanden sich viele Reisende und Kaufleute, welche sich nicht auf Zanzibar infiziert hatten, sondern von den verschiedensten Teilen der Küste von Mozambique, Madagaskar und aus dem Innern Afrikas — nicht wenige aus Usagara — die Krankheit mitgebracht hatten. Es muß ferner eine große Beruhigung für den in Afrika lebenden Europäer sein, zu wissen, daß der erste Anfall niemals mit dem Tode endet, und daß, wenn man sofort bei dem ersten Unwohlsein die nötigen Maßregeln ergreift, selten Gefahr für das Leben vorhanden ist. Ich habe sehr bösartige Fieber beobachten können, in denen — und das ist schon eine große Ausnahme — mit dem Beginn des ersten Anfalles der Kranke bewußtlos zusammenbrach, aber auch bei so heftigem ersten Anfalle trat niemals der Tod ein. Besonders die französischen Ärzte haben die Gewohnheit, alle Fieberkranke zunächst mit Brechmitteln und Abführmitteln zu behandeln. Der Organismus erträgt allerdings eine solche Behandlung in vielen Fällen, in vielen Fällen aber auch nicht. Die Mittel schwächen den Patienten und verursachen oft einen nachteiligen Zeitverlust für die Anwendung des Chinin. Dieses Medikament, zu rechter Zeit und in der richtigen Weise und Stärke gegeben, führt fast in allen Fällen sicher und schnell die Genesung herbei.

Fassen wir noch einmal kurz die Punkte zusammen, welche für alle Gebiete des tropischen Afrika in Bezug auf die sanitären Verhältnisse maßgebend sind, so ergeben sich folgende:

1. Fiebermiasmen finden sich in allen niedrigen wie hochgelegenen Lokalitäten, welche die zur Entwickelung notwendigen Bedingungen erfüllen.

2. In den fruchtbaren, feuchten, wasserreichen, eine üppige Vegetation und viel vegetabilische Zersetzungsprodukte führenden Gebieten ist das Malariagift immer in Gefahr bringender Weise vorhanden.

3. In der Regenzeit ist jeder Boden mehr oder weniger für die Entwickelung des Malariagiftes geeignet.

4. Gesunde und ungesunde Lokalitäten befinden sich oft unweit nebeneinander.

5. Auch die Wohnungen können Infektionsorte für die Malaria bilden.

6. Eine trockene, gut gelegene Wohnung ist die erste Bedingung für die Erhaltung der Gesundheit im tropischen Afrika.

7. Unter günstigen Verhältnissen und unter gewissen Bedingungen kann der Europäer jahrelang ohne Schaden für seine Gesundheit auch in Malariagebieten aushalten.

8. In der günstigsten Lage befinden sich die Missionare und die Leiter von Etappenstationen, auch der Kaufmann, wenn er nicht selbst reist, sondern sich die Waren bringen läßt. Weniger günstig liegen die Verhältnisse für den Plantagenverwalter, noch ungünstiger für den Reisenden und am ungünstigsten für den selbstthätigen Landmann.

Ich hoffe, daß es auch dem nicht medizinisch gebildeten Leser klar geworden ist, was gesund und ungesund heißt im tropischen Afrika. Wenn er in den Zeitungen liest von dem gesunden Klima Inner-Afrikas im allgemeinen oder gewisser Bergländer im besonderen, wenn ihm ein Mann präsentiert wird, der nach zehnjährigem Aufenthalte in Afrika gesund heimgekehrt ist, oder wenn er hört, daß ein anderer gleich nach seiner Ankunft im Innern gestorben sei, so wird er, hoffe ich, nunmehr wissen, was er davon zu halten hat und welche Schlüsse er ziehen und nicht ziehen darf.

Es werden sich gewiß manche Distrikte in der Zukunft durch die Bodenkultur, durch Entwässerung und durch rationelle Pflege der Waldvegetation in gesundheitlicher Beziehung verbessern lassen, ohne der Fruchtbarkeit zu großen Eintrag zu thun, dennoch wird die Malaria immer das Hauptshindernis für die Wirksamkeit des Europäers in Afrika bleiben.

Soweit Dr. Fischer. Ergänzt und bestätigt wurden seine Mitteilungen durch die „Erfahrungen über Ostafrika in klimatologischer und hygienischer Beziehung", welche Kurt Töppen aus Hamburg in der Versammlung deutscher Naturforscher und Ärzte (Sitzung vom 21. September 1886) vortrug. Die Deutsche Kolonial-Zeitung 1886, S. 704 schreibt darüber:

Allgemein wird behauptet, daß das Klima an der Ostküste des tropischen Afrikas besser ist als das der Westküste, und dieses ist auch nicht zu bestreiten. An der Ostküste haben wir einige fieberfreie Plätze, so Brawa, Marka und Makdischu an der Somalküste. Die Vertreter des Hauses Hansing u. Co. in Zanzibar haben hier jahrelange Erfahrungen gemacht und sich stets im Wohlsein befunden. Die Städte liegen dicht am Meer auf der Düne, die sich an der Rückseite bis zur Höhe von ca. 2—300 Fuß erhebt und die Aussicht nach dem Innern des Landes absperrt. Das Trinkwasser ist allerdings schlecht und brakig und erzeugt Verdauungsbeschwerden, wogegen Eingewanderte und Eingeborene fortwährend Arzneien gebrauchen. Wenn einen ein Armer dort um eine milde Gabe anspricht, so pflegt er hinzuzufügen: „um ein Abführungsmittel zu kaufen". — Das hinter der Düne liegende Thal des Wobbi soll sehr fruchtbar, aber auch furchtbar wegen seines Fiebers sein. Auch Lamu, Witu und Momboffa sind als relativ gesund bekannt; dagegen gelten die südlicheren Plätze Bagamoyo, Mgao und Kiloa als sehr gefährlich. Die Stadt Zanzibar gilt bei den dortigen

Europäern für sehr gesund, und erfreuen sich manche derselben bei einer geordneten und regelmäßigen Lebensweise, nachdem das Acclimatisationsfieber überstanden, einer fast dauernden Gesundheit.*) Im Innern von Ostafrika scheint nach Töppens eigenen Erfahrungen, sowie nach Berichten von Reisenden und Missionaren der Europäer durch das Klima viel aushalten zu müssen, was zum Teil schon durch die strapaziöse Reise bedingt wird, welche den Keim zu Krankheiten legt. Tabora besonders ist als einer der gefährlichsten Plätze zu bezeichnen. Allerdings ist seine Lage auch eine sehr ungünstige. In eine weit rings von Hügelketten begrenzte Ebene hineingebaut, steht die Stadt während der Regenzeit zum Teil unter Wasser und ist der Boden so weich, daß schlecht fundamentierte Häuser alsbann fußtief in den Erdboden einsinken. Die französischen Missionare, welche jahrelang in Tabora gewohnt haben, konnten das Klima daselbst nicht ertragen und haben sich jetzt auf einem der benachbarten Höhenzügen angesiedelt. Töppen selbst hat in Tabora schwere Fieber durchgemacht und sein Kollege Harders ist — wie bekannt — dort dem Fieber leider erlegen. — Indier, Araber und Schwarze leiden im ganzen ebensoviel oder noch mehr durch das Klima, als der Europäer, und liegt das auch zum Teil an den schlechteren äußeren Lebensbedingungen.

Wegen der Bedeutung des Somallandes fügen wir nach Dr. Julius Hann (Klimatologie, 1883), resp. nach Haggenmacher einiges über das Klima dieses Landes hinzu.

An der Somalküste fallen (nach Haggenmacher) Winterregen (Dezember bis Ende März), die nicht tropischen Charakter tragen, sondern mehr landregenartig nach kurzen Gewittern auftreten. Die Regen im Hochlande beginnen Ende März. Vom Juli bis Oktober sind die Regen spärlich oder lokal, der Himmel ist aber bewölkt, diese Zeit heißt „Haga". Vom Oktober bis November fallen die Regen mehr im westlichen Teile des Landes, vom November bis Januar im Südosten. Für das Hochland sind die Monate Januar bis Ende März die Trockenzeit, sein Sommer „Djilal", während im Tieflande Regen fällt. Auch die Insel Sokotra hat zwei Regen-

---

*) Nach einem andern Beobachter, Robb, läßt sich allerdings durch zweckmäßige Lebensweise der Schädlichkeit des echt äquatorialen Klimas von Zanzibar sehr wirksam begegnen; man kann ohne ungestraft einige Jahre dort aushalten, aber nach drei Jahren ist für den Organismus des Europäers eine Erfrischung in einem bessern Klima notwendig, wenn er dienstfähig bleiben soll.

zeiten, im Juni und im Januar. Auf den Bergen dieser Insel ist das Klima gesund, aber in den Niederungen herrschen Fieber, namentlich während der Monsumwechsel.

Das nördliche Somalland hat also zwei Regenzeiten, eine große vom April bis Juli und eine kleinere vom Oktober bis Dezember. In der Gegend des Äquators, in den Gallaländern, beginnt die erste Regenzeit im April und währt bis Ende Juni, die zweite fällt auf September und Oktober.

Das Reich Schoa und dessen Bewohner.

Grenzen. — Das Heer. — Der König. — Das Christentum der Schoaner. — Litteratur. — Entsetzlicher Aberglaube und sittliche Versumpfung.

Als Schoa bezeichnet man im weiteren Sinne das ganze Hochland, welches begrenzt wird im Osten von der Adalwüste, im Süden vom Hawasch, im Westen vom Abai (Blauen Fluß) und im Norden von mohammedanischen Gallastämmen. Im engeren Sinne begreift es den westlichen Teil dieses Hochlandes, das im Osten, gegen die Adalwüste hin, den Namen Efat trägt; zu diesem letzteren gehört auch Argobba, das von Mohammedanern bewohnte Niederland. Sowohl Schoa wie Efat haben sehr fruchtbaren Boden und herrliches Klima; Krapf schätzt die ganze Bewohnerzahl auf etwa eine Million.

Der König regierte unumschränkt. Er war der einzige Herr und Meister des Landes, ihm gehörte Leben und Gut seiner Unterthanen, und viele Streitigkeiten schlichtete er persönlich. Das höchste Gericht wird von den „vier Stühlen des Reichs", d. h. vier Richtern, gebildet. Sahela Selassi hatte kein stehendes Heer, sondern nur einige hundert bewaffnete Knechte; zu Kriegszügen mußte jeder Statthalter einen Beitrag stellen, und die ganze bewaffnete Macht konnte auf 30= bis 50 000 Mann gebracht werden, von denen aber nur etwa 1000 mit Flinten, die übrigen mit Lanzen, Schild und Schwert bewaffnet waren.

Die Mehrzahl der Schoaner bekennt sich zum Christentum, nach der Form der koptischen Kirche in Ägypten, von welcher die abessinische Kirche eine Abteilung bildet. Im östlichen Teile sind viele

Mohammedaner, im Süden heidnische Galla. Die Kirchenverfassung ist bischöflich. Den obersten Bischof, den Abuna, d. h. unser Vater, ernennt seit etwa 1280 der koptische Patriarch in Ägypten. Der Abuna ordiniert die Priester und Diakonen, salbt den König und regiert die Kirche in Gemeinschaft mit dem Etschege, Oberhaupte der zahlreichen Mönche. Der zu Ordinierende muß lesen und das nicänische Glaubensbekenntnis hersagen können; der Abuna bläst ihn an, legt ihm die Hände auf, segnet und bekreuzigt ihn, und bekommt dann als Gebühr zwei Salzstücke. Nach der Einweihung dürfen die Priester nicht mehr heiraten, behalten aber die Frau, welche sie einmal haben. Sie lesen lange Litaneien und müssen neben dem Gesangbuch alle Psalmen auswendig lernen. Die Debtera, welche die gelehrte Klasse bilden, Schulunterricht erteilen, Bücher abschreiben und wohl auch beim Kirchendienst behilflich sind, werden nicht ordiniert; ebensowenig die Kirchenvorsteher, Alakas, welche zwischen Staat und Kirche vermitteln.

Die Litteratur der Abessinier umfaßt etwa anderthalbhundert Bücher, wovon manche nur Übersetzungen griechischer Kirchenväter sind. Sie werden in vier Teile oder Gubaiotsch geteilt; die beiden ersten umfassen das alte und neue Testament; der dritte umfaßt die Bücher der Liks, d. h. vollkommenen Meister, z. B. die Werke des Chrysostomus; der vierte die Schriften der Heiligen und Mönche. Wichtig ist, daß die Abessinier die Bibel in der alten äthiopischen (Gheez-) Sprache und jetzt auch im Amharischen besitzen. Sie stellen die Apokryphen den kanonischen Büchern gleich und halten überhaupt die Tradition der Kirchenlehrer für gleichberechtigt mit dem geschriebenen Worte der Apostel und Propheten. Sie haben sehr viele Heiligen; die Maria spielt eine große Rolle; der Aberglaube ist so dick wie nur möglich, und kindische Spitzfindigkeiten, von welchen überhaupt die Dogmengeschichte der Jahrhunderte wimmelt, und mit denen so viele Menschen sich Kopf und Zeit verdorben haben, sind in Habesch sehr arg im Schwange. Die Maria ist z. B. für die Sünden der Welt gestorben und hat wohlgezählt 144 000 Seelen gerettet. Die Kinder werden weiß geboren wie Milch. Der Mensch hat schon vor der Geburt Erkenntnis und Thätigkeit. Die Priester können, freilich nur wenn sie sehr gut dafür bezahlt werden, andere von ihren Sünden durch Beten und Fasten befreien. In dem langen und argen Zank der Kirche über das Dogma vom Ausgang des „heiligen Geistes" haben sich die Abessinier für den Ausgang vom Vater entschieden, auch sind sie Monophysiten, b. h. sie nehmen nur **eine** Natur und **einen** Willen in Christo an.

Lächerlich sind auch die Zänkereien über die Lehre von den drei Geburten, welche seit länger als sechzig Jahren dauern. Ein Mönch in Gondar behauptete, die Taufe oder Salbung Christi mit dem heiligen Geist im Jordan sei eine dritte Geburt gewesen. Der Sohn Gottes, geboren vom Vater von Ewigkeit — erste Geburt, — wurde Mensch in der Zeit, — zweite Geburt, — und getauft im Jordan, — dritte Geburt. Diese Lehre wurde in Schoa, nach langem Kampfe mit den Anhängern zweier Geburten in Christo, durch die Entscheidung des Königs Sahela Selassi zur Kirchenlehre erhoben, alle Priester, welche nicht an die neudekretierte Lehre von den drei Geburten glauben wollten, wurden 1840 abgesetzt; unter Sang und Klang zogen die Eiferer in die Kirche, reinigten sie von den Ketzern, b. h. hier den Altgläubigen, und drangen auch auf eine noch gesteigertere Verehrung der Maria und der Heiligen. Die besiegte Partei wandte sich an den Abuna in Gondar, welcher sie in Schutz nahm und dem Könige von Schoa mit Krieg drohte.

Durch Kaiser Theodoros von Äthiopien, der das Land eroberte, ist nun wieder der alte Glaube von den zwei Geburten herrschend geworden, aber seine Gegner brandmarken ihn als „Messerglauben", weil er die dritte Geburt abgeschnitten habe! —

Überhaupt leben die christlichen Abessinier in einer kläglichen Versumpfung. Sie haben neun Monate im Jahre Fasten, und dazu kommen die vielen Festtage der „Heiligen", an denen lediglich gefaulenzt und wild gelebt wird. Unverheiratete Leute dürfen nicht zum Abendmahl gehen, wohl aber Kinder. Bei der Kommunion wird Weizenbrot mit Traubensaft vermischt und in einem Löffel dargereicht. Für reiche Spenden an den Priester kann man Seelen der Verstorbenen aus der Hölle erlösen; bei der darauf bezüglichen Feierlichkeit wird viel Bier und Honigwein getrunken. Je mehr dem Priester gegeben wird, umsomehr preist er den Verstorbenen selig, und betet ihn aus der Qual heraus. Das abessinische Christentum übt auf seine Bekenner kaum eine moralische Wirkung; alle Reisenden stimmen darin überein, daß die Mohammedaner viel ehrenwertere Leute seien. Grobe Unsittlichkeit ist auch bei Priestern und Mönchen an der Tagesordnung; selten ist jemand frei von einer gewissen schlechten Krankheit. Die Kirche gebietet Einweiberei, aber der fromme König, welcher das Dogma von den drei Geburten Christi dekretierte, hatte bloß — 500 Frauen! Doch seine Priester lobten ihn, obwohl er jede schöne Frau im Lande als sein Eigentum betrachtete. Der Aberglauben hat auch seine ergötzlichen Seiten. Der heilige Aragawi wurde am Schwanz einer Schlange auf den Felsen Damo in Tigre hinaufgezogen. Der heilige Samuel ritt nur auf Löwen; ein anderer wunderlicher Reisender schwamm auf einer Haut über das Rote Meer. Wenn es beim Sonnenschein regnet, dann wird ein Tiger oder eine Hyäne geboren; ein bunter Leopard entsteht, wenn die Wolken buntfarbig aussehen. Eine das Haus umflatternde Nachteule deutet an, daß eine Frau bald gebären werde; die Fledermaus erzeugt Kopfschmerzen. Das Küssen der Kirche, das Tragen einer blauseidenen Schnur am Halse, Fasten und Almosengeben sind Hauptsachen des abessinischen Christentums.

Karl Andree.
Die Expeditionen Burtons und Speles. II. B.

Der abessinische Badeort Wansage.

Unser Weg führte über Wansage, einem der bedeutendsten Badeorte Abessiniens am Gumara-Fluß gelegen.

Die heiße Quelle entspringt auf dem linken Ufer des genannten Flusses in einer Höhe von 2—3 m aus der Erde, und füllt ein vom Negus Theodor errichtetes Bassin mit seinem + 37° C. warmen Wasser. Über dem Bassin ist eine Hütte errichtet, und die hier ihre „Kur" abmachenden Abessinier tummeln sich den ganzen Tag lang im Wasser herum. Oft kommt es zwischen den Kurgästen zu Streitigkeiten, zumal wenn einer länger, als ihm erlaubt ist, Bäder genommen haben soll. So hört man von früh bis spät die brüllenden Töne der Streitenden und die Klagelieder der Weiber und Kinder, die häufig bei dieser Gelegenheit Prügel bekommen.

Es gehen nach Wansage Kranke aller Art, und da es wenige Abessinier giebt, die nicht an einer gewissen galanten Krankheit litten, so sieht man meistens nur Patienten, die gegen diese und ihre Folgen hier Heilung zu finden glauben. Gewöhnlich bleiben die Kranken sieben Stunden lang im Wasser. Die Kurgäste wohnen in kleinen, konischen Hütten, welche, aus Stroh erbaut, sehr an Fischreusen erinnern. Auf einem Hügel ist die königliche Villa erbaut, aus zwei bis drei größeren Tokuls bestehend. Der Negus Johannes liebt es sehr, nach Art der europäischen Fürsten hier Bäder zu nehmen.

Außer der in einer Höhe von zwei bis drei Metern entspringenden heißen Quelle, namens Tscherkos, ist hier noch eine andere, unmittelbar am Gumara-Flusse, die dem heiligen Tekla Haimanot geweiht ist, und deren Temperatur nur + 32° C. beträgt. Hier baden nur die schwer Erkrankten.

Wansage ist der einzige Ort Abessiniens, wo ich öffentliche Gasthäuser, eigentlich Gasthütten, zu sehen Gelegenheit fand. Gewöhnlich bleibt der Abessinier zu Hause und bereitet sich sein Getränk, sei es Merissa oder Tetsch selbst. Wansage dagegen erinnert auch in dieser Hinsicht an unsere Bäder. Nachts herrscht ein teuflischer Lärm, der mit Frauengesang, Händeklatschen ꝛc. untermischt die eigentliche Bademusik ausmacht. Die im Gumara hausenden Riesenfrösche sorgen für eine harmonische Begleitung, welche mit dem J a = Geschrei der Esel und Maultiere erst spät nach Mitternacht endet.

Stecker.

(Bericht über seine Expedition nach Abessinien. Mitteilungen der Afrikanischen Gesellschaft. Berlin, 1881. III. 1. Heft.)

Massua.

Charakter und Lebensart der Bewohner. — Klima. — Handelsgewohnheiten der Abessinier. — Vorzüge der hiesigen Mohammedaner.

Massua (dies ist die richtige Aussprache, nicht Massaua, in der Landessprache Basé) hat die gleiche Lage auf einer Insel wie Suakyn und Agig, und verdankt wie diese seinen Ursprung den fremden Handelsleuten aus allen Weltteilen, die von diesem sichern Anhaltspunkte aus den Handel mit dem Festlande versuchten. Die Bevölkerung, obgleich mit eingewanderten Hindi, Mogrebi, Gallas u. s. w. vermischt, hat den Grundton der Bebuy immer beibehalten, deren Sprache, durch das Arabische viel bereichert, in Massua stets herrschend geblieben ist, wie ihre Sitten und ihr Charakter in den Grundzügen auf der Insel im ganzen immer bewahrt blieben. Wie überall, glauben sich auch hier die Stadtleute von Massua den Landleuten durch feine Sitte überlegen, und Bedup ist bei ihnen fast ein Schimpfname. Der Familienstolz ist so groß, daß erst die Verarmung der letzten Zeiten ein Mitglied einer alten hiesigen Familie nötigen konnte, um Lohn zu arbeiten, während sonst immer die ganze Stadt für die Schulden eines einzelnen einstand. Der Adel ist kein Privilegium der Europäer; die Verwandten des Naib und die Belau überhaupt, so elend sie geworden sind, glauben sich doch immer besser als andere Menschenkinder.

Der Volksstamm hat im ganzen durch die vielfache Rassenvermischung an Schönheit gewonnen; er besitzt ein edles Profil und ist in der Farbe viel heller als die Beduan; die Physiognomie ist, wie bei dem Abessinier, ganz kaukasisch. Die Männer haben in ihrem Gesicht einen Ausdruck von Weichlichkeit, Friedfertigkeit, der ihrem Charakter vollständig entspricht; wirklich haben die Türken von den Eingeborenen der Stadt nichts zu fürchten, sie sind vielmehr die Wölfe unter den Schafen. Eine Flinte in die Hand zu nehmen, ist bei den Stadtbewohnern schon eine große Sache; sie sind Friedensfreunde, in allen ihren Verhältnissen mäßig, ruhig, von einem feinen Ton; es fehlt ihnen nichts als Energie.

Man findet hier gute Handwerker, besonders von indischer Abstammung; sie lernen den Europäern mit Leichtigkeit ihre Kunst ab, denken aber nie an eigene Erfindung. Es werden hier sehr schöne, solide Barken gebaut, die Maurer und Zimmerleute arbeiten mit vieler Geschicklichkeit und Schnelligkeit; man drechselt sehr hübsche Gefäße aus Büffelhörnern und arbeitet nicht übel in Elfenbein, die Frauen flechten die niedlichsten Körbe und Gefäße, die oft wasserdicht sind. An Kunsttalent mangelt es nicht, doch bleibt man beim Hergebrachten stehen.

Die Hauptbeschäftigung der Stadt ist der Handel, besonders mit den Karawanen, für welche die Stadtleute als Kommissionäre fungieren. Es soll hier früher sehr reiche Kaufleute gegeben haben; aber durch die Habsucht der Paschas, durch eigene Großthuerei und Verschwendung sind sie herabgekommen. An Habsucht und Schachergeist fehlt es nicht, und in dieser Beziehung verleugnen sie den semitischen Charakter nicht; aber der Familienstolz, der auch in der jetzigen Armut rege bleibt, verhindert die Leute, sich wieder emporzuraffen. Der alte Reichtum ist fort, aber die schönen Seidengewänder werden nicht abgelegt, und die Hausfrau wird noch immer als eine Prinzessin betrachtet, für welche eine Sklavin arbeiten muß. Urteilt man nach dem äußern Anschein, so glaubt man sich unter großen Kaufleuten, die Stolz und Verschwendung, nicht aber Thätigkeit von ihren Vätern geerbt haben.

Die Gesänge der Stadtbewohner sind fast nur religiös und haben einen eigentümlichen Reiz. Ihre Gebete sind die des Islam, doch sehr lang, besonders das Gebet der Aescha, das fast gesungen wird und nur zu sehr an den Rosenkranz erinnert, dessen Stelle es seit 300 Jahren vertritt. Außerdem sind für alle Gelegenheiten, Feste, Hochzeiten ꝛc. Gesänge üblich, in feierlichen, erhabenen Tönen von wohllautenden Stimmen vorgetragen: ein Chor, der mir oft das Herz erschütterte.

Die Religion erscheint hier viel liebenswürdiger als im übrigen Orient, und der arabische Fanatismus ist fast unbekannt. Schimpfwörter verbietet der gute Ton, der hier herrscht, das tägliche Brot von Ägypten wird hier nicht gegessen, und die arabische Rohheit habe ich zu meinem Troste in Massua nicht gefunden. Alles ist ästhetisch, friedlich, fast weichlich, in allem mäßig, ohne Exzeß im guten noch bösen; der schlechte Charakter bleibt verhüllt und bricht nur selten vollkommen hervor. Aber auch männliche Offenheit ist selten, schmeichlerische Falschheit ein Grundzug des hiesigen Volkscharakters. Hingebung und Aufopferung für den Nächsten, Treue bis zum Tode muß man hier nicht erwarten: der Mangel an energischer Männlichkeit läßt ebensowenig Tugenden als Laster aufkommen und wird zu einem vorsichtigen, gemäßigten Egoismus.

Die Bewohner leben von Fleisch, Reis, Durra, Milch und Kaffee. Geistige Getränke sind meist nur unter den Soldaten beliebt. Die Kleidung besteht in einem gefärbten Futta um die Lenden, einer seidenen Weste und einem langen weißen Hemde; den Tarbusch tragen nur die Türken; dagegen setzt man eine Takkié auf, ein festes buntgewebtes Käppchen, um das man die Mousseline wickelt.

Die Bewohner Massuas habe ich auf kaum 5000 geschätzt, von denen viele die Nacht in ihren Häusern auf dem Festlande zubringen. Doch wird diese Zahl im Sommer durch die Karawanen wohl verdoppelt. Da der Handel die Stadt ernährt, ist die Zahl der steinernen Magazine groß; sie sind aber meist sehr eng und klein und bestehen mit wenig Ausnahmen nur aus einem Erdgeschoß. Als Wohnungen dienen fast nur Strohhäuser, die von denen der Beduan kaum verschieden sind.

Das Urteil, welches Bruce über das Klima fällt, ist bekanntlich gar nicht schmeichelhaft; doch ist mir sein Krankheitsregister nach einem einjährigen Aufenthalte nachgerade komisch vorgekommen. Dysenterieen und Ophthalmieen sind selten, Fieber kommen nur in der Regenzeit vor und sind nie sehr ernstlich. Ich hatte einmal ein Landesfieber, das nach drei Tagen ohne alles Zuthun der Kunst aufhörte. Die Hitze des Sommers ist nicht ungesund, wenn sie auch schwächt und den Appetit raubt.

Die Sommerzeit dauert wie in Europa von März bis Oktober, wird aber fast jedes Jahr durch einen starken Auguſtregen unterbrochen. Im Sommer habe ich im Schatten bis + 40° R. beobachtet und + 35° sind ganz gewöhnlich, in der Nacht wie am Tage. Doch wird die Hitze durch die herrschenden Seewinde gemildert. Die Nächte sind nicht so feucht wie in Ägypten, und ich habe nie nachteilige Folgen verspürt, wenn ich im Freien schlief.

Der Beginn der Regenzeit verzögert sich jenseits der Küstenkette, je weiter man nordwärts geht. Sie tritt in Abessinien schon im April ein und dauert bis zum Juli; bei den Bogos dauert sie vom Juni bis September; bei den Habab vom August bis Oktober; dagegen beginnt sie in den Vorbergen Massuas erst im September und dauert bis zum Januar, und in Massua selbst tritt sie im November ein. Hier regnet es gewöhnlich in der Nacht und sehr stark. Was für uns nicht sehr angenehm ist, wird für die Eingeborenen ein Fest; alles eilt ins Freie, um die erste Kühle nach heißen Sommertagen zu genießen und freut sich der frischen neuen Luft. Das Festland, das im Sommer dürr und wüst liegt, bedeckt sich plötzlich mit reichlichem Grün; die Herden, die im Sommer in den Bergen bleiben, steigen mit dem ersten Regen in die Ebene hinab, die nach kurzer Frist dem Auge das Bild einer vegetationsreichen, von Tausenden von Kamelen, Kühen und Ziegen durchzogenen belebten Prairie bietet.

Ein Blick auf die Karte schon zeigt, daß Massua eine sehr wichtige Stellung im Handel des südlichen Roten Meeres einnehmen muß. Es ist der natürliche Nordhafen von Abessinien, und liegt dem Jemen, dem Lande des Kaffees, gegenüber, kaum zwei Tagereisen davon entfernt. Auch von Djibba ist der Weg nicht weit; er führt über die Inseln von Dahalak, die natürlich einen großen Teil ihrer Meerprodukte auf den Markt von Massua abgeben. Die Ebene zwischen dem Meere und dem Plateau Abessiniens, die unter dem

Namen Samhar bekannt ist, hat auch Erzeugnisse (Gummi, Sema, Butter, Schmalz und Häute), die für den Zwischenhandel des Roten Meeres nicht ohne Wichtigkeit sind. Endlich besteht eine sichere und angenehme Karawanenstraße vom Sennaar und Takka nach Massua, so daß es im stande ist, einen großen Teil der Produkte jener Länder, das Elfenbein, die Hippopotamuszähne, die Tamarinde zu empfangen.

Die Waren, die von den Abessiniern nach Massua gebracht werden, sind meistens Produkte der Gallaländer, so der gute Kaffee, das Gold, das weiße Wachs 2c. Die Gallas bringen ihre Waren gewöhnlich nur bis ins Gotscham, wo der große Stapelplatz, besonders für den Kaffee, ist.

Jeder abessinische Kaufmann (Néggadé) hat in Massua seinen Kommissionär (Nesil), der sein Sicherheitsbürge ist (da Abessinien mit der Türkei keinen offiziellen Verkehr unterhält), ihm ein Haus, Feuer und Wasser liefert und alle seine Geschäfte während seines Aufenthalts besorgt. Dafür nimmt der Nesil von allen Käufen und Verkäufen eine mehr oder minder bedeutende Kommissionsgebühr. Dieser Tribut, der zwischen 5 und 10 Prozent beträgt, ist so fest in den Landesgebräuchen gewurzelt, daß es eine Thorheit wäre, ihn umgehen zu wollen, umsomehr, da es die Nesile sind, welche jedes Geschäft in Händen haben und es, nach ihrer Laune, zu Gunsten ihrer Freunde abmachen.

Geschäfte mit den Abessiniern sind einfach und schnell abgethan. Die ersten Tage nach ihrer Ankunft zögern sie sehr mit dem Verkauf der mitgebrachten Waren, keiner will der erste sein, aus Furcht, den Markt zu verderben. Doch sobald ein großer Kaufmann das Beispiel gegeben und den ersten Verkauf gemacht hat, wird der ganze Vorrat von gleichen Waren in einem Augenblick ohne weiteres Markten losgeschlagen. Tauschhandel ist nicht beliebt. Man muß mit guten Maria=Theresia=Thalern (Ebri) versehen sein, um vorteilhaft kaufen zu können; erst später erhält man bei dem Verkauf der eigenen Waren einen Teil seines Geldes wieder zurück, aber die Abessinier nehmen doch nur ein Drittel oder Viertel des realisierten Geldes in Waren zurück. Der Import ist dem Export bei weitem nicht gleich. Bringen die Abessinier z. B. für 200 000 Thaler Waren nach Massua, so nehmen sie dafür wohl eine Summe von 130 000 Thaler in barem Gelde zurück, und von den 70 000 Thalern, die sie für ihre Einkäufe zahlen, fallen wohl 60 000 auf die indischen Waren der Banianen, so daß auf den europäischen Verkehr nur eine Summe von 10 000 Thalern kommt. Dieser ist demnach nur ein Detailhandel, welcher nicht schwer in die Wagschale fällt.

Ehrlichkeit und Rechtlichkeit sind die erste Bedingung für den, der mit den Abessiniern zu thun haben will. Sie sind sehr mißtrauisch, wittern sofort Betrug, wo sie Schlauheit bemerken, wissen dagegen Offenheit in Geschäften sehr zu schätzen.

Die großen Karawanen kommen, wie gesagt, nur einmal des Jahres nach Massua; doch giebt es viele kleine Kaufleute von Tigré und Hamazen, die während des ganzen Jahres aus- und eingehen und den Markt stets in einiger Thätigkeit erhalten. Die eigentliche Geschäftssaison sind die Sommermonate.

Die bösen Zeiten haben es mit sich gebracht, daß eine Karawane einer kleinen Armee nicht unähnlich sieht. Die großen Néggadés bringen nur wenige Diener nach Massua, da sie eine Unzahl Dienstleute auf der Grenze bei ihren Maultieren zurücklassen. Die Tracht des reisenden Abessiniers besteht in kurzen engen Beinkleidern und einer sehr langen dichten weißen Schärpe, die um die Hüfte gewickelt ist; darüber trägt er die ungenähte viereckige Toga (Guari), von der er ein Ende über die eine Schulter wirft. An seiner Rechten hängt das lange krumme Schwert (Schotel) und außerdem trägt er einen großen runden, buckligen Schild aus Büffelhaut und eine langspitzige Lanze. Aber auch Feuergewehre, mit denen besonders Europäer einen einträglichen Handel treiben, sind von jeher sehr verbreitet gewesen.

Die mohammedanischen Abessinier sind (ohne Zweifel) bedeutendere und bessere Handelsleute, als ihre christlichen Landsleute; ihr Hauptgeschäft ist der Sklavenhandel, der sie oft nach Djibba führt. Ich habe nie ein Volk gesehen, das sich seine Religion so wahrhaft innig zu Herzen nimmt, wie diese Mohammedaner, die neben ihren Glaubensbrüdern, den Arabern, in Zucht und Rechtlichkeit wie Engel dastehen und wahre Früchte des Glaubens tragen. Ohne Zweifel wirkt darauf der Umstand ein, daß sie in Abessinien die Minorität bilden, die stets mehr auf sich achtet, als die Majorität, wie es auch in den paritätischen Ländern Europas sichtbar ist. Die abessinischen Muslimin sind ihrem Glauben sehr zugethan, oft sogar etwas fanatisch, was aber nie offen hervortritt. Sie dienen in Abessinien als Zöllner, wie die Kopten in Ägypten, sind durchschnittlich gebildeter, als die Christen und bessere Rechner und Diplomaten, weswegen sie oft zu Gesandtschaften zwischen christlichen Fürsten gebraucht werden. Sie sind in der Welt des Islam sehr gut angesehen, und es gehen aus ihrer Mitte oft Scheichs hervor, die man auch in Djibba und dem übrigen Arabien sehr hoch verehrt und eines näheren Umgangs mit Gott teilhaftig glaubt.

Die Wahl der Waren, die ein Néggabé nach Massua bringt, ist durch alte Gewohnheit geregelt; es würde einem kleinen Handelsmanne sehr übel genommen werden, wenn er Elfenbein und Gold mit sich brächte, was nur den großen Kaufleuten gestattet ist.

Der christliche Néggabé ist listig und interessiert, aber nicht sehr intelligent und ein ziemlich schlechter Rechner, daher ihn sein Geschäftsfreund in Massua, der mohammedanische Nesil, mit guten Worten nach seinem Wunsche, aber natürlich nicht immer zum Vorteil des Christen zu behandeln versteht. Aber der Krug geht eben nur so lange zum Brunnen, bis er bricht, und Rechtlichkeit bewährt sich auch in Massua als die einzig dauerbare Grundlage des Verkehrs.

W. Munzinger.

Abessinische Kriegsbilder.
Erlebnisse des Missionars Th. Waldmeier.*)

I.

Gründonnerstag 1868 in Magbala. — Anrücken der Engländer. — Niedermetzelung der Gefangenen.

Am frühen Morgen schon begann der Tag zu trauern, schwere Wolken fingen an, die kaum aufgegangene Sonne wieder zu verschleiern.

Die englischen Truppen rückten immer näher; den König, der dies wohl wußte, befiel eine große Unruhe, die ihn unstät von einem Ort an den andern trieb; statt des gewohnten Mutes und der Thatkraft, wodurch er sich stets ausgezeichnet hatte, wandelte ihn nun eine auffallende Verzagtheit an, die seinem ganzen Benehmen einen niedrigen Anstrich gab und auf die Soldaten einen entmutigenden Einfluß ausübte. Der düstere Wolkenhimmel spiegelte ganz die

---

*) Theophil Waldmeier. Erlebnisse in Abessinien. Basel, 1869.

melancholische Stimmung ab, die sich des Heeres bemächtigt hatte. Auch uns war bange. Daß die entscheidende Stunde der Erlösung nahe war, wußten wir wohl; aber sollte es eine Erlösung durch Leben oder durch Tod werden? Todesfurcht und Lebenshoffnung, Finsternis und Licht rangen in unseren Seelen. — Wir Missionare waren alle zusammen auf einem Platz mit unseren Familien. Auch Herr Rassam und seine Gefährten waren bei uns, ganz nahe am königlichen Zelt. Wir suchten einander zu trösten und zu ermutigen.

Nachmittags um 4 Uhr hörte man ein wehmütiges Schreien aus dem abessinischen Gefängnis: „Egsio! Egsio! (Gott erbarme dich unser!)" — „Was ist das?" fragte der König aufgeregt. — „Die Gefangenen", sagte man, „schreien Egsio!" — „Warum schreien sie? Wer ist ihr Vater? (abessinischer Ausdruck der Verachtung). Laßt uns hinuntergehen, ich werde sie fragen, warum sie schreien". Er fragte sie, und sie erwiederten: „Ihre Majestät, wir haben zu Gott geschrieen, weil wir schon einige Tage nichts mehr zu essen haben." Der König, zitternd vor Wut, zog seinen Säbel und schrie: „Hättet ihr mir nicht eure Not anzeigen können? warum macht ihr Spitzbuben ein öffentliches Geschrei, um mich mit der Not, die mich umgiebt, zu verhöhnen? Eure Bosheit will ich strafen." Nun ging ein schreckliches Gemetzel an. Ohne Verhör wurden die Leute ins Freie gebracht, wo sie zum Teil mit Spießen und Säbeln, hauptsächlich aber mit Flintenschüssen getötet wurden. Schrecklich hallten uns die Schüsse ins Ohr, durch welche den ganzen Abend hindurch die Unglücklichen niedergestreckt wurden. Wir dachten nichts Anderes, als der König werde jetzt bei den Abessiniern anfangen, und wenn er mit ihnen fertig sei, auch uns auf grausame Weise töten. — Als die armen Schlachtopfer tot oder halbtot am Boden herumlagen, ließ sie der König über einen ganz nahen, senkrecht abfallenden Felsen von etwa 150' Tiefe hinabwerfen, wo ihre zerschmetterten und verstümmelten Leichen als ein Raub der Hyänen liegen blieben Es waren gegen 200 Gefangene, die so umgebracht wurden. Erst gegen Abend, als sich die Wut des Königs etwas gelegt hatte, fing er an, die Leute zu verhören, und einige wurden begnadigt, besonders Weiber und Kinder. — Oben auf der Festung Magdala selbst wurde niemand hingerichtet, mit Ausnahme der Frau eines Deserteurs, um dessentwillen sein Bruder mit Frau und Kind lebendig verbrannt worden war. Sie hatte ein Kind und lebte ruhig auf der Festung, ohne etwas zu ahnen. Auf einmal kamen einige Soldaten, die vom Könige abgesandt waren, und sagten zu ihr: „Unsere Schwester, nimm dein Kind auf den Rücken, mache dich bereit zur letzten Stunde und komm mit uns." Die arme Frau war standhaft, nahm ruhig, wie gewohnt, ihr Kind auf den Rücken, und folgte den Soldaten hinaus auf einen Felsen, der vom westlichen Rande von Magdala 300′ tief senkrecht abfällt. Über denselben wurde sie auf Befehl des Königs rücklings mit ihrem Kinde hinabgestürzt, und in der nächsten Minute lagen die beiden Leichen grausam zerschmettert unten.

So verging der Donnerstag. Wir gedachten mit Wehmut des treuen Debtera Sahelu, dem ein Jahr vorher an demselben Tag Hände und Füße abgeschnitten worden waren. Das Gemetzel des heutigen Tages machte auch aufs neue den ängstlichen Gedanken in uns rege: „Morgen wird es wohl auch uns ebenso ergehen." Die Nacht brach an, und wir übergaben uns in die Hände des barmherzigen Gottes.

II.

Die Schlacht am Charfreitag. — Sieg der Engländer. — Verzweiflung des Königs. — Sein Selbstmord.

Morgens 6 Uhr kamen königliche Boten eilig in unsere Zelte gelaufen und befahlen uns, so schnell als möglich zum König zu kommen. Wir erschraken zuerst über das unruhige geheimnisvolle Benehmen der Boten, faßten uns aber und folgten ihnen. Der König, der auch heute in seiner innern Unruhe stets hin- und herlief, grüßte uns kalt und befahl uns, den Wagen zur Abfahrt bereit zu halten. Dann ging er in sein Zelt zurück, während die Arbeiter Kanonen und Wagen mobil machten. Nach einiger Zeit kam er im königlichen Schmuck, in einem von Gold und Silber glänzenden Gewande wieder heraus, in seiner Hand die drohende Lanze und in seinem Gürtel zwei Doppelpistolen, die schon manchem Menschenleben ein Ende gemacht hatten. Mit der rechten Hand ließ er die Lanze vibrieren, und die linke hatte er auf den Griff der einen Pistole gelegt. So stand er lange Zeit auf einer kleinen Anhöhe still und schaute trüb und finster hinauf nach Magdala und wieder herab auf uns und die vielen Soldaten. „Heute sieht es nicht gut aus," sagten wir untereinander, „der Herr stehe uns bei, denn sonst haben wir keine Hoffnung". Herr Rassam und seine Genossen wurden wieder auf die Festung hinaufgeschickt, was uns ein böses Zeichen war. Zu gleicher Zeit kam merkwürdiger Weise von dem englischen Oberbefehlshaber Sir Robert Napier ein Brief an den König. Dieser aber nahm ihn gar nicht an, sondern schickte den Überbringer zurück mit den Worten: „Zu was soll der Brief dienen? ich will keine Versöhnung."

Wir mußten nun die verschiedenen Wagen, während sie in ihre Positionen gebracht wurden, beaufsichtigen. Zander, Moritz, Mayer und Flad mußten die Kanonen auf die Vorfestung Fala begleiten. Auf dem Wege dorthin fiel ihnen ein Mörserwagen und ein Kanonenwagen um, und sie hatten mit den ungeschickten und zugleich abgematteten Soldaten große Mühe, diese Geschütze wieder zurecht zu bringen. Br. Saalmüller und ich mußten mit dem König den großen Mörser auf die Vorfestung Selasse transportieren. Dort übergab der König sämtliche Geschütze seinen abessinischen Artilleristen. „Den Europäern", sagte er, „können wir sie nicht anvertrauen, denn erstens könnten sie dieselben durch Verrat den Engländern übergeben, und zweitens werden sie nie auf ihre Brüder schießen, sondern durch ihre Geschicklichkeit den Kugeln eine unschädliche Richtung geben". Uns war das ganz willkommen, denn wir hatten schon lange nur mit Furcht daran gedacht, die Geschütze gegen die Engländer bedienen zu müssen. Um so größer aber schien uns die Gefahr einer grausamen Hinrichtung; denn der König war fortwährend in sehr schlechter Laune. — Er setzte sich auf einen Stein, verlangte sein Teleskop und schaute hinüber auf die von uns angelegte Straße, welche von der Ebene von Dalanta herunter in das Thal des Beschelo und von da nach Magdala hinaufführte. Plötzlich rief er mir zu: „Komm und sieh dort deine Brüder, welche gekommen sind, mich zu töten." Ich empfing zitternd das Fernrohr aus seiner Hand, sah hinüber und erblickte bald die von der Höhe herabsteigenden englischen Truppen. Ich wußte nicht, was ich dem Könige antworten sollte, und gab ihm das Teleskop schweigend zurück. Er fuhr fort: „Es ist mir wirklich wunderbar, daß Gott die Engländer hierher gebracht hat. Hätte ich meine frühere Macht noch in Händen, so wäre ich ihnen schon lange entgegen gegangen und hätte sie gefragt, was sie wollen. Aber jetzt kann ich mit meinen ungetreuen Soldaten nichts thun. Die Engländer haben wohl gewußt, daß sie mich früher nicht angreifen konnten, und daß eine Expedition vor einigen Jahren, als ich Konsul Cameron binden ließ, gescheitert sein würde; deshalb haben sie gewartet, bis ich sehr schwach geworden bin." — „Ihre Majestät," sagte Ras Engeda, „wir fürchten uns nicht, denn bei Ihrem Gott und bei Ihrem Glück! wir werden den Sieg über die Engländer davontragen." — „Mein Freund," erwiederte der König, „wenn wir Gott nicht auf unserer Seite haben, und wenn Er nicht für uns streitet, so sind wir verloren. Denn Macht, Kunst und Wissenschaft hat Gott jenen allein gegeben". Aber der König konnte kein rechtes lebendiges Vertrauen auf Gott und seine Hilfe gewinnen; die Ungerechtigkeiten und das viele unschuldig vergossene Blut, wodurch er so unsäglichen Jammer über das Land gebracht hatte, ließen keinen Glauben in seinem Herzen aufkommen. Sein Benehmen verriet ein Gemisch von Verzagtheit, Stolz und Zorn. Unstät begab er sich bald da=, bald dorthin, setzte sich wieder einen Augenblick auf einen Stein, schaute durch sein Fernrohr, stieß Verwunderungen und Drohungen aus und führte immer Gott im Munde, von dem er doch im Herzen sich verlassen fühlte. Auf einmal sah er die englischen Truppen eine Schlucht heraufkommen. Er fragte mich, ob die Engländer wohl heute noch den Krieg eröffnen würden. „Ich denke nicht," sagte ich, „denn es ist Charfreitag. Übrigens weiß ich nicht, was sie thun werden, denn ich bin kein Soldat."

Saalmüller und ich mußten ihn nach der Vorfestung Fala begleiten, während Flad und die Übrigen mit der Aufrichtung des umgeworfenen Wagens zu thun hatten. Unterwegs gab uns der König noch den leidigen Trost, daß wir uns nicht zu fürchten brauchten, indem wir ja mit ihm sterben würden. In Fala angekommen, setzte er sich wieder auf einen Stein und schaute durch das Fernrohr hinunter auf die englischen Truppen, welche schon ziemlich nähergerückt waren. „Ja, ja," sagte er, „heute haben wir Krieg," schwang sich dann, ohne den Steigbügel zu berühren, aufs Pferd, ritt im Galopp vor den ungeregelten Linien seiner Krieger auf und ab und rief ihnen zu: „Fürchtet euch nicht vor denen, die dort unten gekommen sind; sie sind schwache Menschen, wie wir, und können ohne Gottes Willen nichts thun; freut euch, sie haben euch Tribut, sie haben euch Mittagessen gebracht; alles, was sie gebracht, Gold und Silber, Kanonen und Flinten u. s. w. ist euer. O Übermut, o Übermut der Engländer! Der Diener einer Frau soll nach Äthiopien kommen, um mit einem König daselbst zu streiten. Heute ist der Tag, an dem die Äthiopier mit den Engländern kämpfen, und sagt mir, ich sei ein Weib, ein Mohammedaner, wenn ich nicht heute noch durch Gottes Kraft den Sieg über sie feiern darf."

Nachdem der König so den Mut seines Heeres anzufeuern gesucht hatte, stieg er vom Pferde, setzte sich auf der westlichen Seite von Fala und befahl seinen abessinischen Artilleristen, die Kanonen zu laden. Einer lud eine große Kanone, einen Fünfunddreißigpfünder, und als er damit fertig war, sprang er zu einer andern. Ein Zweiter kam nun hinzu, und ohne es zu wissen und es zu merken, daß die Kanone schon geladen sei, lud er sie nochmals. Wir standen ganz nahe dabei und wollten den König darauf aufmerksam machen, aber in dem allgemeinen Getümmel fanden wir keine Gelegenheit und mußten das Geschütz und die gefährliche Doppelladung ihrem Schicksal überlassen.

Die Engländer unten im Thale ordneten ihre wenigen Truppen, dachten aber an keinen Angriff. Nun kamen die Generale und Offiziere des Königs und sagten ihm: „Ihre Majestät, wir dürfen den Engländern keine Zeit lassen, sich zu sammeln und zu ordnen; jetzt müssen wir hinuntergehen und sie überfallen." —

„Überlassen sie die Sache mir," sagte der Fitaurari Gebrie. Der König wollte anfangs nicht einwilligen, gab aber zuletzt den Bitten seiner Leute nach und ließ sie mit den Worten ziehen: „Gut, geht hinunter, Gott stehe euch bei und vergebe euch eure Sünden," und nun ging es mit furchtbarem Lärm den Berg hinunter. Der König selbst blieb zurück und kommandierte, obwohl auf höchst mangelhafte Art, seine hoffnungsvolle Artillerie. Die doppelt geladene Kanone wurde zur Eröffnung der Schlacht auf Befehl des Königs losgeschossen. Ein furchtbarer Knall, und Kanone, Räder und Lafette lagen in Stücken neben uns am Boden. Das war der erste verhängnisvolle Schuß. Die anderen Kanonen, etwa zwölf an der Zahl, wurden schnell hintereinander abgefeuert. Ein entsetzliches Durcheinander entstand: der eine der Artilleristen hatte keine Kugeln, der andere kein Pulver mehr, der dritte hatte die Lunte verloren, der vierte hatte in der Eile zuerst die Kugel und dann das Pulver in den Lauf geschoben und konnte nun den Schuß nicht mehr herausbringen. Die übrigen schossen gerade wie es kam, und dachten, wenn es nur recht lustig knalle, so werden die Engländer schon Angst bekommen. Nach zweistündiger Kanonade hatten die Abessinier mit etwa 200 Schüssen noch keinen einzigen Mann getötet. Unten im Thale hörte man indes ein lebhaftes Gewehrfeuer. Etwa 7000

Abessinier waren gegen 700 Mann englischer Truppen im Kampf begriffen. Das Gros der Armee war noch nicht angekommen, sondern noch im Anmarsch begriffen und jenseits des Beschelo. Jene Siebenhundert, die Pioniere aus dem Punbjab, unter Major Chamberlain, ließen die Abessinier so nahe als möglich herankommen und empfingen sie dann mit einem so mörderischen Feuer aus ihren Sniber Rifles (Hinterladungsgewehren), daß sie, ohne zum Handgemenge zu kommen, es bald für geraten fanden, das Hasenpanier zu ergreifen. Die Flüchtlinge versteckten sich teils auf dem Begräbnisplatz der Mohammedaner, wo viele Bäume und Gestrüpp vorhanden waren, teils in Felsenritzen und Schluchten, teils in ausgetrocknete Flußbette. Aus diesen Schlupfwinkeln heraus feuerten sie auf die Engländer, bis diese, die indes auch Verstärkung durch Artillerie bekommen hatten, sie mit Raketen, Kanonen- und Flintenkugeln so versorgten, daß sie an keinen weitern Widerstand mehr denken konnten.

Oben in Fala, wo wir mit dem König waren, fingen viele an, Siegeslieder zu singen. Die Artilleristen besonders waren ganz enthusiastisch und wähnten, den Sieg errungen zu haben, während sie doch nicht einen Mann getroffen hatten. Wir dagegen hatten schon gesehen, daß die Sache für die Abessinier schief gegangen war. Auf einmal sausten englische Raketen und Kanonenkugeln zwischen und über uns hin, und töteten hinter uns auf dem Berge Leute, welche am allersichersten Orte zu sein geglaubt hatten. Vor diesem unheimlichen Besuch hatten wir Respekt und suchten uns zu verstecken, so gut wir konnten. Auch die abessinischen Artilleristen, auf welchen eigentlich die meiste Siegeshoffnung beruht hatte, fingen an, ihre harmlosen Geschütze zu verlassen und sich unter dieselben zu verkriechen, und der Kanonendonner verstummte. Ein kalter Regen kam noch dazu, und diejenigen, welche Siegeslieder gesungen hatten, hüllten sich in ihre Kleider ein und lauerten schweigend am Boden. Auch der König schwieg und schaute finster drein, denn er wußte wohl, daß alle Siegeshoffnung dahin war. Zwischen den traurigen und schwarzen Regenwolken blickte auf einmal noch die goldene Abendsonne hervor, und wehmütig, aber doch tröstend war uns ihr Abschied auf einen schönen Auferstehungsmorgen.

Die Nacht brach herein und gebot allenthalben Ruhe und Stille; unten im Thal, wo das eigentliche Gefecht stattgefunden hatte, hörte man noch vereinzelte Flintenschüsse, und hier und da fuhr eine Rakete wie ein Blitz über die Bergklüfte von Arogie hin.

Am folgenden Tage sandte der König Boten zu Lord Napier, um über den Friedensschluß zu verhandeln. Während ihrer Abwesenheit beobachtete er mit seinem Fernrohre das englische Lager und verwunderte sich besonders über die gezähmten Elefanten. „Hier in Abessinien", sagte er, „wollen nicht einmal die Menschen sich unterrichten und bilden lassen. Habe ich nicht schon oft gesagt, daß ich lieber ein gewöhnlicher Arbeiter in Europa wäre, als hier in Abessinien König? Gott thue nach seinem Willen; wir müssen ja doch alle sterben, bevor unsere Wünsche erfüllt sind."

Als von Lord Napier ein Brief eintraf, welcher die Tapferkeit des Königs rühmte und ihm eine ehrenvolle Behandlung im Falle der Unterwerfung unter die Befehle und den Willen der Königin von England zusicherte, sah er darin eine Beleidigung und sandte einen fürchterlichen Schmähbrief an den englischen Oberbefehlshaber. Als die Boten fort waren, saß der König still am Boden, stand dann plötzlich auf, fing an zu beten, machte das Zeichen des Kreuzes auf Gesicht und Brust, zog dann die Pistole und richtete die Mündung in seinen Mund; einer seiner Großen riß die Hand weg, so daß der Schuß an dem Ohre des Königs vorbeifuhr. Aber nun wandte sich die Wut der Abessinier gegen die Missionare, die mit den übrigen anwesenden Europäern niedergemetzelt worden wären, wenn der wieder ruhig gewordene König sie nicht beschützt hätte. Er schenkte allen Europäern, 48 an der Zahl, die Freiheit und schickte sie herunter in das englische Lager.

Tags darauf ergab sich der größte Teil des abessinischen Heeres den Engländern und ließ den König in Magdala allein. Nur 12 Mann blieben ihm treu. Am Ostermontag bombardierten die Engländer den Berg und schritten dann zum Sturme. Der König stand oben auf dem Berg hinter dem zweiten und letzten Thor, das den Zugang zur Festung bildet, und übersah das ganze Schauspiel. Als er nun sah, daß die Engländer bereits das erste, weiter unten liegende Thor passiert hatten, gab er alle Hoffnung auf. Sein Waffenträger sagte ihm: „Ihre Majestät, wir wollen hier unsere Waffen strecken und uns ergeben." Er aber erwiederte: „Du weißt nicht, was David von Gott erbeten hat: Laß mich nicht in der Menschen Hände fallen, denn diese haben keine Barmherzigkeit. Auch ich will nicht in der Menschen Hände fallen." Er zog seine Pistole, schoß sich in den Mund und fiel tot im königlichen Ornat zu Boden.

Äthiopische Bilder.

Die Landschaften Äthiopiens. — Meine Abende am Nil. — Selbsterlebte arabische Nächte. — Die Geschichte von der Sultanin Zubeydeh und dem Holzhauer. — Charakter der arabischen Märchen.

> Es war in der goldenen Zeit
> Des guten Harun-al-Raschid.
> Tennyson.

In meine Reisen auf dem äthiopischen Nil verwebte sich ein romantischer Faden, der bei der orientalischen Stimmung, die mir nun eigen geworden war, zur Verschönerung der Reise wesentlich beitrug. Meine Abendunterhaltungen waren besser als die arabischen. Es war Vollmond, und wiewohl den Tag über ein leichter Nordwind meine Segel füllte, so trat doch regelmäßig mit Sonnenuntergang Windstille ein und dauerte zwei oder drei Stunden. Den Nachmittag über lag ich auf dem Verdeck auf meinem Teppich ausgestreckt und blickte durch halbgeschlossene Augen auf den schimmernden Fluß und seine Ufer. Das westliche Gestade war eine lange paradiesische Laube — so grün, so glänzend, so voll des tiefdunkeln kühlen Laubes majestätischer Sykomoren und endloser Palmengruppen. Ich hatte so schöne Palmen nicht mehr gesehen, seit ich Minyeh in Unterägypten verließ. Dort waren sie schlanker, hatten aber nicht den außerordentlichen Reichtum und die Herrlichkeit dieser Palmen. Die Sonne schien heiß an dem wolkenlosen blauen Himmel; die Luft war von einer glasigen brennenden Klarheit, wie die, welche in dem innersten Feuerherzen wohnt. Die Farben der Landschaft waren wie auf Gold emailliert, so dunkel, so glühend in ihrer bezaubernden Tiefe und ihrem Glanze. Wenn sich endlich der Wind legte, mit Ausnahme einer Brise, die grade stark genug war, um den süßen Geruch aus den purpurnen Bohnenblüten zu locken, und die Sonne in ein Bett von blaßorangem Lichte niederstieg, dann kam auf der andern Seite des Himmels der Mond herauf, eine breite Scheibe von gelbem Feuer, und überbrückte den durchsichtigen Nil mit seinen Strahlen.

Bei solchen Gelegenheiten suchte ich mir einen anmutigen Ort am westlichen Ufer des Flusses aus, wo die Palmen am höchsten und am dicksten zusammenstanden und ließ das Boot am Ufer vor Anker gehen. Achmet breitete dann meinen Teppich aus und legte meine Kissen auf das abhängige Gestade von weißem Sand an den Fuß der Bäume, wo ich im Liegen die fiebrigen Blätter hoch über meinem Haupte sehen und zu gleicher Zeit die breite Bahn des Mondes betrachten konnte, wie er sich jenseits des Nils erhob. Der Sand war so fein und weich, wie ein Daunenbett und hatte eine angenehme Wärme von der Sonne, die den ganzen Tag darauf geschienen hatte. Da wir selten bei einem Dorfe Halt machten, so störte kein Ton die balsamische Ruhe der Scene, außer dann und wann das Heulen eines Schakals, der längs des Wüstenrandes umherstreifte. Achmet saß mit gekreuzten Beinen neben mir im Sande, und Ali, der bei solchen Gelegenheiten meine Pfeife in besonderer Obhut hatte, saß zu meinen Füßen, um dieselbe zu füllen, so oft es nötig war. Meine Bootsleute zündeten, nachdem sie trockene Palmblätter und die harzigen Äste der Mimose gesammelt, neben einem benachbarten Duchnfelde ein Feuer an, und ringsumher gelagert rauchten sie und schwatzten leise, um durch ihre Unterhaltung nicht meine Betrachtungen zu stören. Ihre weißen Turbane und mageren Gesichter wurden durch das rote Licht des Feuers stark hervorgehoben und vollendeten die Naturwahrheit eines Gemäldes, welches schöner war als Träume.

Am ersten dieser Abende, nachdem meine Pfeife zum dritten Male gefüllt worden war, redete Achmet, da er fand, daß ich keine Neigung zeigte, das Schweigen zu brechen, und ganz richtig urteilte, daß ich eher hören als sprechen würde, mich an, wie folgt: „Herr," sagte er, „ich weiß viele Geschichten, wie sie die Märchenerzähler in den Kaffeehäusern von Kairo erzählen, welche Sie unterhaltend finden werden, wie ich denke". „Vortrefflich," sagte ich, „nichts wird mir besser gefallen, vorausgesetzt, daß du sie arabisch erzählst. Dies wird uns beiden angenehmer sein, und so oft ich deine Worte nicht verstehen kann, werde ich dich unterbrechen, und du wirst mir sie, so gut du kannst, englisch erklären." Er begann sofort, und so lange diese abendlichen Windstillen dauerten, glaubte ich, die Märchen von Tausend und eine Nacht in natürlicher Weise zu erleben. Dort in meiner afrikanischen Stimmung schienen mir die wunderbarsten Einzelnheiten ganz natürlich und wirklich, und ich fand an diesen Blüten morgenländischer Romantik einen mir bisher unbekannten Geschmack. Nach meinem neulichen Empfange als König der Franken in der Hauptstadt Berber war es mir nicht schwer, mich als Schahriar, den Sultan von Indien, zu denken, besonders da der Mond mir meinen beturbanten Schatten im Sande zeigte.

Die Geschichten hatten Ähnlichkeit mit denen des arabischen Märchens, indem sie bisweilen von einem Tage zum andern fortgesetzt wurden. Eine derselben war völlig „Ganem, der Sklave der Liebe", aber wie sie Achmet erzählte, unterschied sie sich ein wenig von der bekannten Lesart. Die Hauptgeschichte indes war mir neu, und da ich nicht weiß, daß sie jemals übersetzt worden wäre, so bitte ich um Entschuldigung, daß ich sie erzähle wie sie mir erzählt wurde, und daß ich mir die Freiheit nehme, meine Worte an die Stelle von Achmets Mischung von Arabisch und Englisch zu setzen.

„Sie wissen bereits, Herr," begann Achmet, „daß vor vielen hundert Jahren alles Volk des Islams von einem Kalifen beherrscht wurde, dessen Hauptstadt Bagdad war, und ich zweifle nicht, daß Sie von dem großen Harun-al-Raschid gehört haben, der in der That nicht nur der weiseste Mann seiner Zeit, sondern der Weiseste überhaupt war, den man seit den Tagen unseres Propheten Mohammed, dessen Name gepriesen sei, gekannt hat. Es kommt selten vor, daß ein weiser und großer Mann ein Weib findet, dessen Weisheit der seinigen gleichkommt; denn wie der weisen Männer, die Allah auf die Erde sendet, wenige sind, so giebt es der weisen Frauen noch weniger. Aber hierin war der Kalif vom Himmel begünstigt. Seit den Tagen der Königin Balkis von Scheba, die selbst der Prophet Salomo ehren mußte, gab es kein Weib, das an Tugend oder Weisheit der Sultanin Zubeydeh (Zobeide) gleichkam. Der Kalif unterließ es nie, sie bei wichtigen Angelegenheiten zu Rate zu ziehen, und ihre Klugheit und ihr Verstand vereinigten sich mit dem seinigen in der Regierung seines großen Reiches, wie die Sonne und der Mond zuweilen zur selben Zeit am Himmel scheinen.

Aber denkt nicht, daß Harun-al-Raschid und die Sultanin Zubeydeh ohne Fehler waren. Niemand als die Propheten Gottes — ihre Namen seien gepriesen ewiglich! — war immer völlig gerecht, klug und weise, der Kalif war eifersüchtig und mißtrauisch, was ihn häufig zu Handlungen veranlaßte, die ihn nachher von der bittern Frucht der Reue zu essen nötigten; und Zubeydeh hatte bei all ihrer Weisheit eine spitze Zunge im Kopfe und war oft so wenig vorsichtig, daß sie Dinge sagte, die ihr das Mißvergnügen des Beherrschers der Gläubigen zuzogen.

Eines schönen Tages saßen sie beide an einem Fenster des Harems, welches eine der Straßen von Bagdad überschaute. Der Kalif war übler Laune, denn eine schöne georgische Sklavin, die ihm sein Bezier vor kurzem gebracht hatte, war aus dem Harem verschwunden, und er sah darin das Werk Zubeydehs, die auf eine Nebenbuhlerin ihrer Schönheit immer eifersüchtig war. Während sie nun da saßen und auf die Straße hinabblickten, kam ein armer Holzhauer mit einem Reisigbündel auf dem Kopfe des Weges. Er war magern Körpers vor großer Armut, und seine ganze Kleidung bestand in einem zerlumpten Schurze, den er um den Leib trug. Aber das Wunderbarste war, daß, als er durch den Wald gegangen, wo er sein Bündel gesammelt, eine Schlange ihn an der Ferse gepackt hatte, aber seine Füße waren von den Strapazen so abgehärtet, daß sie den Hufen eines Kamels glichen, und er fühlte weder die Zähne der Schlange, noch wußte er, daß er sie immer noch nach sich zog, indem er seines Weges ging. Der Kalif wunderte sich, als er dies sah, aber Zubeydeh rief aus: „Sieh, o Beherrscher der Gläubigen, dort ist des Mannes Weib!" „Wie," rief Harun jähzornig aus, „ist das Weib also eine Schlange des Mannes, die ihn sticht, trotzdem daß er es nicht fühlt? Du Schlange, weil du mich gestochen hast, und weil du über die ehrliche Armut dieses Menschen gespottet hast, sollst du die Stelle der Schlange einnehmen."

Zubeydeh erwiederte nicht ein Wort, denn sie wußte, daß Sprechen nur den Zorn des Kalifen vergrößern würde. Harun klatschte dreimal in die Hände, und gleich erschien Mesrur, sein oberster Eunuch. „Hier, Mesrur," sagte er, „nimm dieses Weib mit dir, gehe jenem Holzhauer nach und gieb sie ihm zum Weibe; der Kalif hat befohlen, daß er sie nehme."

Mesrur legte seine Hände auf die Brust und beugte sein Haupt zum Zeichen des Gehorsams; dann winkte er Zubeydeh, die aufstand, sich mit einem Schleier und einem Feridschi bedeckte, wie sie die Frauen der Armen tragen, und folgte ihm. Als sie den Holzhauer eingeholt, verkündete ihm Mesrur die Botschaft des Kalifen und übergab ihm die verschleierte Zubeydeh. „Es ist kein Gott als Gott!" sagte der arme Mann; „aber wie kann ich ein Weib ernähren, ich, der ich von meiner Hände Arbeit kaum allein leben kann?" „Wagst du, dem Beherrscher der Gläubigen den Gehorsam zu verweigern?"

sagte Mesrur in so wildem Tone, daß der Mann vom Kopf bis zu den Füßen zitterte; aber Zubeydeh sprach zum ersten Male und sagte: „Nimm mich mit dir, o Mann, da es des Kalifen Wille ist; ich will dir treulich dienen und vielleicht wird dir die Last der Armut durch mich erleichtert werden."

Der Mann gehorchte hierauf und sie gingen miteinander nach seinem Hause, welches in einem entlegenen Teile der Stadt lag. Es hatte nur zwei elende Zimmer und ein Dach, welches vor Alter einzufallen begann. Nachdem der Holzhauer sein Bündel abgeworfen, ging er auf den Bazar, kaufte etwas Reis und ein wenig Salz und brachte einen Krug mit Wasser vom Brunnen. Dies war alles, was er zu bieten hatte, und Zubeydeh, die inzwischen ein Feuer angezündet hatte, kochte den Reis nnd setzte ihm denselben vor. Als er aber begehrte, daß sie ihren Schleier heben sollte, da lehnte sie es ab und sagte: „Ich habe versprochen, die Last deiner Armut nicht vermehren zu wollen. Versprich du mir dagegen, daß du niemals dieses Gesicht zu sehen, noch dieses Zimmer, welches ich zu meiner Wohnung erwählt habe, zu betreten suchen willst. Ich bin nicht ohne Kenntnis, o Mann, und wenn du meine Wünsche beachten willst, wird es gut für dich sein."

Der Holzhauer, dem es von Natur nicht an Verstand fehlte, ersah aus den Worten Zubeydehs, daß sie ein vornehmes Weib sei, und da er dachte, daß er nicht besser thun könnte, als wenn er ihrem Rate folgte, so versprach er sogleich alles, was sie wünschte. Sie erklärte dann, daß, da sie die Wirtschaft besorgen wolle, er ihr jeden Abend alles Geld geben müsse, das er den Tag über für sein Holz erhalte. Der Mann willigte auch darein und brachte eine Handvoll Kupfermünzen heraus, die zusammen nur einen Piaster ausmachen — aber Sie müssen wissen, Herr, daß ein Piaster in den Tagen Harun-al-Raschids vier- oder fünfmal so viel war, wie heutiges Tages. So lebten sie mehrere Wochen miteinander, der Holzhauer ging alle Tage in den Wald und zählte alle Abende seinen Verdienst in die Hände Zubeydehs, die sein elendes Haus rein und behaglich hielt, und sein Essen bereitete. Sie wußte so sparsam hauszuhalten, daß sie im stande war, von dem Piaster, den er ihr gab, zwei Paras zu sparen. Als sie auf diese Weise 20 Piaster gesammelt, gab sie dieselben dem Holzhauer und sagte: „Gehe nun auf den Markt und kaufe dir für dieses Geld einen Esel. Auf diese Art kannst du dreimal soviel Holz nach Hause bringen als bisher, und der Esel kann von dem Grase leben, welches er im Walde findet und welches dich nichts kostet." — „Bei Allah," rief der Holzhauer aus, „du bist ein wunderbares Weib und ich will dir in allem gehorchen."

Er that sofort, wie Zubeydeh befohlen, und war nun alle Abende im stande, ihr drei oder vier Piaster zu geben. Sie besorgte ihm anständigere Kleidung und that Butter an seinen Reispillaf, beobachtete aber immer noch eine so strenge Sparsamkeit, daß er in kurzer Zeit drei Esel statt des einen besaß, und einen Mann dingen mußte, der ihm beim Holzhauen half. Eines Abends, als die Esel mit ihrer Ladung nach Hause kamen, bemerkte Zubeydeh, daß das Holz einen angenehmen Duft von sich gab, wie Moschus oder grauer Ambra; und als sie es näher untersuchte, fand sie, daß es etwas höchst kostbares war, nämlich Holz von einem der Gewürzbäume, welche an der Stelle hervorsproßten, wo die Thränen Adams auf die Erde gefallen waren, als er seine Vertreibung aus dem Paradiese beweinte. Denn damals waren noch die Säfte von den Früchten des Paradieses in seinem Körper und seine Thränen waren von ihnen gewürzt — was die Ursache von all den Gewürzen war, die in den Ländern Serendib und Indien wachsen. Zubeydeh fragte den Holzhauer: „An wen verkaufst du dies Holz?" und aus seiner Antwort erfuhr sie, daß einige jüdische Kaufleute es kauften, die ihm nicht mehr dafür gäben, als für das gewöhnliche Holz, womit sie seinen Reis kochte. „Die verwünschten Juden!" rief sie aus; „gehe sogleich zu ihnen und drohe, sie bei dem Kadi des Betruges eines Gläubigen anzuklagen, wenn sie sich nicht dazu verstehen, dir für dieses Holz hinfort zwölfmal so viel zu bezahlen, als sie dir bisher bezahlt haben."

Der Mann säumte nicht, die jüdischen Kaufleute zu besuchen, die, als sie sahen, daß ihr Betrug entdeckt sei, sehr unruhig waren und sich auf der Stelle dazu verstanden, ihm alles zu bezahlen, was er verlangte. Der Holzhauer brachte nun alle Abende drei Eselsladungen des kostbaren Holzes und zahlte Zubeydeh ein- bis zweihundert Piaster. Sie war bald im stande, ein besseres Haus zu kaufen, wo sie dem Manne nicht nur bessere Nahrung gab, sondern auch nach einem Lehrer schickte, der ihn im Lesen und Schreiben unterrichten sollte. Er hatte sich inzwischen in seinem Äußern so gebessert, und hatte sich die weisen Unterhaltungen Zubeydehs so zu nutze gemacht, daß er ein ganz anderer war, und diejenigen, die ihn in seiner Armut gekannt hatten, ihn nicht wieder erkannten. Aus diesem Grunde war der Kalif, der seinen Zorn gegen Zubeydeh bald bereute und alles Mögliche that, sie wieder zu erlangen, außer stande, eine Spur von ihr zu finden. Mesrur suchte Tag und Nacht auf den Straßen von Bagdad, aber da Zubeydeh nie des Holzhauers Haus verließ, so war all sein Suchen vergebens, und der Kalif war wie wahnsinnig.

Eines Tages, als der Holzhauer auf dem Wege nach dem Walde war, begegneten ihm drei Leute, die seine Esel für den Tag mieten wollten. „Aber", sagte er, „ich verdiene meinen Lebensunterhalt mit dem Holz, das die Esel nach der Stadt bringen". „Welchen Gewinn hast du von jeder Ladung?" fragte einer der Männer. „Wenn es eine gute Ladung ist, verdiene ich oft 50 Piaster," antwortete der Holzhauer. „Nun," erwiederten die Männer, „wir wollen dir 200 Piaster als Miete für jeden Esel auf den Tag geben". Der Holzhauer, der ein so außerordentliches Anerbieten nicht erwartet hatte, stand im Begriff, es anzunehmen, als er bedachte, daß er in allen Dingen dem Rate Zubeydehs gehorcht habe und einen solchen Schritt nicht ohne ihre Einwilligung thun dürfe. Er bat daher die Männer, zu warten, während er nach Hause zurückkehrte und seine Frau zu Rate zog. „Ihr habt Recht gehandelt, Herr," sagte Zubeydeh; „ich lobe eure Klugheit und bin ganz damit einverstanden, daß ihr das Anerbieten der Männer annehmt, da ihr von dem Gelde andere Esel kaufen und euch für den Verlust des eintägigen Gewinnes bezahlt machen könnt, wenn die Männer nicht zurückkehren sollten."

Die drei Männer waren drei berüchtigte Räuber, die einen ungeheuren Schatz aufgehäuft hatten, den sie in einer Höhle in einem der benachbarten Berge verborgen hielten. Sie mieteten die Esel, um diesen Schatz in eine Barke zu bringen, in der sie sich nach Bassora verdungen hatten, wo sie sich als reiche fremde Kaufleute niederlassen wollten. Aber Allah, der alles leitet, läßt die Entwürfe der Gottlosen glücken, bloß damit er sie zuletzt in besto größeres Verderben stürzen kann. Die Räuber begaben sich nach ihrer geheimen Höhle mit den Eseln und beluden dieselben mit all ihrem Raube — großen Säcken voll Gold, Rubinen, Diamanten und Smaragden, welche zu tragen die Tiere kaum stark genug waren. Auf dem Wege nach dem Flusse unterhalb Bagdad, wo das Boot ihrer wartete, blieben zwei von ihnen an einem Brunnen stehen, um zu trinken, während der dritte mit den Eseln weiter ging. Da sagte einer von den zwei zu dem andern: „Laß uns unsern Kameraden töten, damit wir einen größern Schatz haben." Dieser stimmte sogleich bei, und kaum hatten sie den dritten Räuber eingeholt, als der erste mit einem Streiche seines Säbels ihm den Kopf vom Rumpfe hieb. Die Beiden gingen dann eine kurze Strecke miteinander. Da sagte der Mörder: „Ich muß mehr als die Hälfte des Schatzes haben, weil ich unsern Kameraden tötete." „Wenn du damit anfängst, mehr als die Hälfte in Anspruch zu nehmen, dann wirst du schließlich das Ganze haben wollen," sagte der andere Räuber, welcher nicht darauf eingehen wollte. Da gingen sie mit ihren Schwertern auf einander los, und nachdem sie eine Zeit lang gefochten, hatten sie beide so viel Wunden empfangen, daß sie tot auf die Straße niederfielen.

Als die drei Esel fanden, daß niemand sie mehr trieb, schlugen sie aus Gewohnheit den Weg nach des Holzhauers Hause ein, wo sie mit dem Schatze auf dem Rücken glücklich anlangten. Groß war das Erstaunen ihres Herrn, der auf Zubeydehs Befehl die schweren Säcke in das Haus schaffte. Als er aber einen derselben öffnete und der Glanz der Juwelen das ganze Zimmer erfüllte, rief Zubeydeh aus: „Gott ist groß! Nun sehe ich, daß mein Benehmen ihm angenehm ist und daß seine Hand meine Absicht rasch zum Ziele führt." Da sie aber nicht wußte, was den Räubern zugestoßen war, und da sie dachte, daß der Eigentümer des Schatzes seinen Verlust in den Bazars verkündigen lassen würde, so beschloß sie, die Säcke einen Monat lang uneröffnet zu lassen, worauf sie nach dem Gesetze ihr Eigentum wurden, wenn sie nicht inzwischen zurückverlangt worden waren. Natürlich erfolgte kein Ausruf des Verlustes, und nach Ablauf des Monats war sie der Ansicht, daß sie volles Recht auf den Schatz habe, der nach ihrem Anschlage selbst größer war, als der des Kalifen Harun-al-Raschid.

Sie befahl dem Holzhauer, ihr sogleich den berühmtesten Baumeister von Bagdad zu senden, von dem sie gerade dem Palaste des Kalifen gegenüber einen andern Palast bauen ließ, der an Glanz alles übertreffen sollte, was man jemals gesehen. Zum Ankauf der Baumaterialien und zur Auszahlung der Arbeiter gab sie ihm 100 000 Goldstücke. „Wenn die Leute fragen," sagte sie, „für wen ihr den Palast baut, so sagt ihnen, für den Sohn eines fremden Königs". Der Baumeister dingte alle Arbeiter in Bagdad und folgte ihren Anordnungen so gut, daß in zwei Monaten der Palast vollendet war. Seinesgleichen war nie gesehen worden und der

Palast des Kalifen verschwand vor seiner Pracht, wie das Antlitz des Mondes verschwindet, wenn die Sonne sich über den Horizont erhoben hat. Die Mauern waren von Marmor, weiß wie Schnee, die Thore von Elfenbein mit Perlen eingelegt; die Kuppeln vergoldet, so daß, wenn die Sonne schien, das Auge sie nicht anblicken konnte; und aus einem großen silbernen Springbrunnen im Hofe sprang ein Strahl rosenfarbigen Wassers, welches einen angenehmen Duft verbreitete, in die Luft. Von diesem Palaste konnte man mit den Worten des Dichters sprechen: „Er gleicht wahrhaft dem Paradiese; oder ist es das verlorene Haus von Irem, das von den Schätzen des Königs Schebbad gebaut wurde? Möge Freundlichkeit wohnen auf den Lippen des Herrn dieses Palastes und Mitleid eine Zufluchtsstätte in seinem Herzen finden, damit er für würdig gehalten werde, solchen Glanz zu genießen!"

Während der Palast gebaut wurde, ließ Zubeydeh den Holzhauer von den besten Lehrern in allem unterrichten, was seine gegenwärtige Stellung von ihm verlangte. In kurzer Zeit war er ein wahres Muster von Artigkeit; seine Worte waren gewählt und er sprach mit Würde und Anstand, und sein Benehmen war das eines Mannes, der nicht zum Gehorchen, sondern zum Befehlen geboren ist. Als er ihren Wünschen vollkommen entsprach, fing sie an, ihm Schach spielen zu lehren, und brachte mehrere Stunden täglich damit zu, bis er endlich ebenso gut wie sie spielte. Inzwischen war der Palast fertig geworden, und nachdem sie Pferde und Sklaven und alles Nötige für einen fürstlichen Haushalt gekauft, bezogen Zubeydeh und der Holzhauer denselben bei Nacht, um nicht von dem Kalifen bemerkt zu werden. Zubeydeh bat den Holzhauer, sich an das Versprechen zu erinnern, das er ihr gegeben. Sie behielt ihre besonderen Gemächer nebst einer Anzahl von Sklavinnen zu ihrer Bedienung, und schenkte ihm, da ein Harem sich für einen Fürsten ziemt, 20 Circassierinnen, deren jede schöner war, als der Morgenstern.

Am nächsten Morgen ließ sie den Holzhauer rufen und redete ihn folgendermaßen an: „Ihr seht, Herr, was ich für euch gethan habe. Ihr erinnert euch, in welchem Elende ich euch fand, und wie sich alles verändert hat, indem ihr meinem Rate gefolgt seid. Ich beabsichtige, euch noch höher zu erheben, und damit meine Pläne nicht vereitelt werden, bitte ich euch nun, mir zu versprechen, daß ihr mir auf einen Monat von heute ab in allen Dingen gehorchen

Äthiopische Bilder.

149

wollt." Zubeydeh stellte diese Forderung, denn sie wußte, wie rasch ein Glückswechsel den Charakter des Menschen verändern kann und wie bald er als ein Recht betrachtet, was Allah ihm als Gnade gewährte. Aber der Holzhauer warf sich ihr zu Füßen und sagte: „O Königin, ihr dürft nur befehlen und ich muß gehorchen. Ihr habt mir Weisheit und Verstand gelehrt, ihr habt mir königlichen Reichtum gegeben, und Allah vergesse mich, wenn ich es vergesse, euch dagegen Dankbarkeit und Gehorsam zu zollen." — „So geht denn," fuhr Zubeydeh fort, „besteigt dieses Pferd und besucht, von 20 Sklaven zu Pferde begleitet, das Kaffeehaus auf dem großen Bazar. Nehmt eine Börse von 3000 Goldstücken mit euch und unterwegs streut gelegentlich eine Handvoll unter die Bettler. Setzt euch in das Kaffeehaus, wo ihr des Veziers Sohn finden werdet, der ein geschickter Schachspieler ist. Er wird die Leute herausfordern, mit ihm zu spielen, und wenn niemand es annimmt, spielt mit ihm um 1000 Goldstücke. Ihr werdet gewinnen, aber bezahlt ihm die 1000 Goldstücke, als wenn ihr verloren hättet, gebt 200 Goldstücke dem Herrn des Hauses, verteilt 300 Goldstücke unter die Dienerschaft und streut den Rest unter die Bettler aus".

Der Holzhauer that alles, was Zubeydeh befohlen. Er nahm die Herausforderung des Veziersohnes an, gewann das Spiel, bezahlte ihm aber 1000 Goldstücke, als wenn er verloren hätte, und ritt dann zurück nach dem Palaste, von den Beifallsrufen der Menge gefolgt, die laut das Lob seiner Schönheit, die Artigkeit seiner Rede, seine unbegrenzte Freigebigkeit und den Glanz seines Gefolges pries. Alle Tage besuchte er das Kaffeehaus, gab 200 Goldstücke dem Herrn, 200 der Dienerschaft und verteilte 600 an die Bettler. Aber des Veziers Sohn, von Schmerz über seine Niederlage erfüllt, blieb zu Hause, wo er in wenigen Tagen krank wurde und starb. Als dies alles zu des Veziers Ohren kam, empfand er ein großes Verlangen, den fremden Fürsten zu sehen, dessen Reichtum und Edelmut im Munde von ganz Bagdad war, und da er sich für den größten Schachspieler in der Welt hielt, so beschloß er, ihn zu einem Spiele herauszufordern. Er besuchte deshalb das Kaffeehaus, wo er noch nicht lange war, als der Holzhauer in noch größerem Glanze als zuvor erschien. Dies geschah nach den Anordnungen Zubeydehs, die von allem unterrichtet war, was stattgefunden hatte. Er nahm sogleich die Herausforderung des Veziers zu einer Partie um einen Einsatz von 2000 Goldstücken an. Nach einer hartnäckigen Schlacht wurde der Vezier geschlagen, aber der Holzhauer bezahlte ihm die 2000 Goldstücke, als wenn er das Spiel verloren hätte, verschenkte ein drittes Tausend, wie gewöhnlich, und kehrte in seinen Palast zurück.

Der Vezier nahm sich seine Niederlage so sehr zu Herzen, daß ihn sein Ärger, verbunden mit dem Schmerz über den Verlust seines Sohnes, in wenigen Tagen hinwegraffte. Dieser Umstand brachte die ganze Geschichte zu den Ohren Harun-al-Raschids selbst, der augenblicklich von einem großen Verlangen erfüllt wurde, mit dem fremden Fürsten Schach zu spielen, da er nicht zweifelte, daß, da er seinen Vezier immer geschlagen, er auch dem neuen Gegner mehr als gewachsen sein würde. Er sandte demnach einen Offizier in den Palast des Holzhauers mit der Botschaft, daß der Beherrscher der Gläubigen dem Sohne des fremden Königs seine Gastfreundschaft zu erweisen wünsche. Auf Zubeydehs Rat wurde die Einladung angenommen, und der Offizier kehrte rasch zu Harun-al-Raschid zurück, dem er eine solche Beschreibung von der Pracht des neuen Palastes gab, daß dem Kalifen der Mund zu wässern begann und er ausrief: „Bei Allah, das muß ich untersuchen. Kein Mensch, der nicht den Ring Salomos an seinem Finger hat, soll mich in meiner Hauptstadt übertreffen!" In kurzer Zeit kam der Holzhauer in so glänzendem Anzuge an, daß durch seine Erscheinung der Tag heller zu leuchten schien, und mit einem Gefolge von 40 schwarzen Sklaven in Anzügen von carmoisinroter Seide mit weiß und goldenem Turban und goldenen Schwertern an ihrer Seite. Sie bildeten ein Spalier vom Hofe bis in den Thronsaal, wo der Kalif saß, und durch die so gebildete Gasse schritt der Holzhauer, dem zwei Sklaven in silberbrokatenen Kleidern vorangingen, welche zu den Füßen des Kalifen zwei Krystallbecher mit Rubinen und Smaragden von ungeheurer Größe niedersetzten. Der Kalif, erfreut über dieses herrliche Geschenk, erhob sich, umarmte den vermeintlichen Prinzen und ließ ihn neben sich setzen. Nach dem großen Reichtum, den der Holzhauer entfaltete, und der außerordentlichen Anmut und Zierlichkeit seiner Sitten vermutete der Kalif, daß er kein geringerer sei, als der Sohn des Königs von Cathey.

Nach einem trefflichen Mahle schlug der Kalif eine Partie Schach vor, indem er sagte, daß er von der Geschicklichkeit des Prinzen im Schachspiel viel gehört habe. „Nachdem ich mit euch gespielt haben werde, o Beherrscher der Gläubigen," sagte der Holzhauer, „werdet ihr nichts mehr von meiner Geschicklichkeit hören". Der Kalif war entzückt über die Bescheidenheit dieser Rede und das Compliment, das für ihn darin lag, und sie fingen sogleich an zu spielen. Wiewohl der Holzhauer den Kalifen leicht hätte schlagen können, ließ er doch den Letztern die erste Partie gewinnen, was ihn in die beste Laune versetzte. Als aber die zweite Partie gespielt worden und der Holzhauer Sieger war, sah er, daß das Gesicht des Kalifen düster wurde und seine gute Laune sich verloren hatte. „Ihr seid zu großmütig gegen euren Knecht, o Kalif," sagte er; „hättet ihr mir nicht diesen Erfolg zu meiner Ermutigung gegönnt, ich würde zum zweiten Male verloren haben". Bei diesen Worten lächelte Harun, und sie spielten eine dritte Partie, welche der Holzhauer ihn absichtlich gewinnen ließ. Dies war der Rat, den ihm Zubeydeh gegeben, welche sagte: „Wenn du ihn die erste Partie gewinnen läßt, wird er so vergnügt sein, daß du es wagen darfst, ihn in der zweiten Partie zu schlagen. Wenn er dann die dritte Partie gewonnen hat, wird der Umstand, daß du einmal siegreich gewesen bist, seine Meinung von seiner Geschicklichkeit erhöhen; denn wenn wir niemals eine Niederlage erleiden, betrachten wir endlich unsere Siege mit gleichgültigem Auge."

Der Erfolg war gerade derselbe, wie ihn Zubeydeh vorausgesagt hatte. Der Kalif war entzückt von dem fremden Prinzen und machte ihn in wenig Tagen zu seinem Vezier. Der Holzhauer bekleidete seine hohe Stellung mit Würde und Verstand, und wurde sogleich bei dem Volke von Bagdad sehr beliebt. Der Monat, in welchem er Zubeydeh zu gehorchen versprochen hatte, ging nun seinem Ende entgegen. Da sagte sie zu ihm: „Besucht den Kalifen nicht mehr und verlaßt zwei oder drei Tage euren Palast nicht. Wenn der Kalif nach euch sendet, so laßt ihm erwiedern, daß ihr krank seid." Sie sah voraus, daß der Kalif dann seinen Vezier besuchen würde, und erteilte dem Holzhauer eine vollständige Anweisung, was er sagen und wie er sich verhalten solle.

Kaum hatte Harun-al-Raschid von der Krankheit seines Veziers gehört, als er persönlich in seinen Palast kam, um ihn zu besuchen. Er war erstaunt über den Glanz und Umfang des Gebäudes. „Wahrhaftig," sagte er, indem er vor Verwunderung die Hände zusammenschlug, „dieser Mann hat den Ring Salomos gefunden, welcher die Geister nötigt, ihm ihren Beistand zu leihen. In meinem ganzen Leben habe ich keinen Palast wie diesen gesehen". Er fand den Vezier auf einem Lager von Goldbrokat in einem Gemache, dessen Wände von Perlmutter und dessen Fußboden von Elfenbein war. In der Mitte befand sich ein Springbrunnen wohlriechenden Wassers und daneben stand ein Jasminbaum, der in einer Krystallvase wuchs. „Was ist das?" sagte der Kalif, indem er sich auf das eine Ende des Bettes setzte, „ein Mann, dem die Geister dienstbar sind, sollte auch die Geheimnisse der Gesundheit in seiner Macht haben". — „Es ist kein Fieber," sagte der Vezier, „sondern als ich mich neulich in dem Springbrunnen vor dem Abendgebete wusch, kam ich dem Jasminbaum zu nahe und einer seiner Dornen ritzte mir den linken Arm auf". — „Wie," sagte der Kalif erstaunt, „der Riß eines Jasmindornes hat dich krank gemacht?" — „Ihr wundert euch darüber, o Herrscher der Gläubigen," sagte der Vezier, „weil ihr vor einigen Monaten sahet, daß ich unempfindlich gegen die Zähne einer Schlange war, die sich an meine Ferse geheftet hatte?"

„Es ist kein Gott als Gott," rief Harun-al-Raschid aus, als er an diesen Worten den armen Holzhauer erkannte, der unter dem Fenster seines Palastes vorübergegangen war; „und hast du wirklich den Ring Salomos gefunden, und wo ist das Weib, das Mesrur auf meinen Befehl dir brachte?"

„Sie ist hier," sagte Zubeydeh zur Thür hereintretend. Sie wandte sich zu dem Kalifen, und indem sie leicht den Schleier lüftete, zeigte sie ihm ihr Antlitz, das schöner war als je. Harun stieß einen Freudenschrei aus und stand im Begriff, sie in seine Arme zu schließen, als er plötzlich innehielt und sagte: „Aber du bist jetzt das Weib dieses Mannes?"

„Das nicht, großer Kalif," rief der Vezier aus, der nun aufgestanden war, da er nicht mehr Krankheit zu heucheln brauchte. „Von dem Tage, da sie mein Haus betrat, habe ich nie ihr Antlitz gesehen. Beim Barte des Propheten, sie ist nicht weniger rein, als sie reich ist; sie ist es, die mich zu allem gemacht hat, was ich bin. Gehorsam gegen sie war der Same, aus dem der Bau meines Glückes erwachsen ist." Zubeydeh kniete dann vor dem Kalifen nieder und sagte: „Beherrscher der Gläubigen, setze mich wieder in das Licht deiner Gunst ein. Ich schwöre dir, daß ich nicht minder dein Weib bin, als da die Wolke deines Zornes mich beschattete. Dieser ehrenwerte Mann hat keinen Augenblick aufgehört, mich zu achten. Meine gedankenlosen Worte veranlaßten dich, mich fortzusenden, daß ich die Stelle der Schlange einnehmen sollte. Aber ich habe dir nun gezeigt, daß ein Weib auch ihrem Gatten wie der Stab sein kann, worauf er sich stützt, wie das Bad, welches ihn schön macht, und wie die Lampe, womit er seinen Weg erhellt."

Harun-al-Raschid hatte schon lange seine Übereilung und Grausamkeit bitter bereut. Er sah nun in dem, was sich ereignet hatte, die Hand Allahs, die das, was er als Strafe gemeint, in einen Triumph verwandelt hatte. Er setzte Zubeydeh sogleich in seine Gunst wieder ein, und dem Holzhauer, den er noch als Vezier behielt, gab er seine Tochter zur Ehe. Alle Bürger von Bagdad nahmen Teil an den Festlichkeiten, welche 14 Tage dauerten, und der Kalif baute, um seine Dankbarkeit zu verewigen, eine stolze Moschee, die bis auf diesen Tag die „Moschee der Wiederherstellung" heißt. Der Vezier vergalt in edler Weise alle die Mühe, welche sich die Sultanin Zubeydeh mit seiner Erziehung genommen, und zeigte in seiner Anwendung der Gesetze so viel Weisheit und Gerechtigkeit, daß der Kalif niemals Veranlassung hatte, mit ihm unzufrieden zu sein. So lebten sie alle miteinander in der größten Glückseligkeit und Eintracht, bis sie eins nach dem andern von dem Ender der Freuden und dem Trenner der Gefährten heimgesucht wurden."

So endete Achmets Erzählung; aber ohne den Mondschein, die schlanken äthiopischen Palmen und die kühlende Pfeife als Beigabe, fürchte ich, wird diese Reproduktion derselben wenig von dem Reize übrig behalten haben, den ich an dem Originale fand. Es folgten ihr andere und wildere Erzählungen, denen allen der untrügliche Stempel des Orients aufgeprägt war. Sie alle charakterisierte der Glaube an ein unvermeidliches Schicksal, welches die belebende Seele der gesamten orientalischen Litteratur zu sein scheint. Dieser Glaube giebt dem Dichter und dem Erzähler alle mögliche Freiheit, und die arabischen Schriftsteller haben nicht gezaudert, reichlichen Gebrauch davon zu machen. Es hat keine Gefahr, wenn man seinen Helden mit allen möglichen wirklichen und gedachten Gefahren umgiebt, oder wenn man seinen Ansichten alle möglichen Hindernisse in den Weg legt, wenn man weiß, daß sein Schicksal ihn nötigt, dieselben zu besiegen. Er wird für einen Augenblick zur Verkörperung des Schicksals, und die Verhältnisse streichen vor ihm die Segel. Man sieht, daß er von vornherein auserwählt war, das zu thun, was er zum Schluß wirklich thut. Wenn man ein Wunder zu seinem Erfolge braucht, so steht es zu Diensten. Schwierigkeiten häufen sich, um ihn bis zuletzt, bloß damit der endliche Triumph um so vollständiger und eigentümlicher werde. Aber trotz aller dieser Verletzungen der Wahrscheinlichkeiten zeigen die orientalischen Erzählungen eine sehr fruchtbare Erfindungsgabe und sprudeln von Zügen echter Menschennatur. Die tiefe und verzehrende Teilnahme, womit die ungelehrten Araber ihren Erzählungen lauschen, der Halt, den sie im Volksherzen des Morgenlandes haben, zeugen für ihren Wert als Erläuterungen orientalischen Lebens.

Nach Bayard Taylor.
Reise nach Central-Afrika. Übersetzt von Johann Ziethen.

Scenen aus dem Volksleben in Ägypten.

1. Ein Tag und eine Nacht in Kairo.*)

Kaum ist der äußerste Rand der glühenden Sonnenkugel an dem welligen Horizont der arabischen Wüste in majestätischer Schöne emporgetaucht, um mit wunderbarem Purpurlichte die zackigen Gipfel der Bergkette des öden Mokattam zu übergießen, an dessen Fuße, in Dämmerung gehüllt, die „hochgeehrte" Stadt der Kalifen in tiefem Schlummer ruht: da ertönen durch die heilige Stille des Morgens von den luftigen Minarets zahlreicher Moscheen die ernsten, feierlichen Klänge der Sänger, um den Preis und die Vollkommenheit Gottes und seines Propheten Mohammed den frommen Gläubigen zu verkünden. Der Sänger mahnende Worte hörend, daß Gebet besser denn Schlaf sei, öffnen die Muslim ihre Augen, erheben sich alsbald von dem einfachen Lager, das auf einem niedrigen Gestell von Palmenstäben ausgebreitet ist und schütteln ihre faltigen Gewänder aus, mit denen sie sich, nach Brauch des Landes, vollständig bekleidet am vorigen Abend zur Ruhe gelegt haben. Dann wird die Waschung vorgenommen, weniger aus den natürlichen Rücksichten für notwendige Sauberkeit, als vielmehr, weil das göttliche Buch des Propheten, der Koran, befiehlt, vor dem Gebete Gesicht, Hände und Füße mit Wasser zu reinigen. Nun zieht der fromme Moslim die Schuhe aus, wenn anders er solche besitzt, tritt auf den türkischen

---

*) Aus Heinrich Brugsch. Aus dem Orient. Berlin, 1874.

ober perfischen bunten Gebetteppich oder die schmucklosere Binsenmatte und murmelt, das Angesicht nach Osten gewendet, die einleitenden Worte: Allahu akbar! „Gott ist sehr groß!" Bald knieend, bald liegend, bald stehend spricht er in tiefer Inbrunst das lange Gebet. Nichts darf ihn in seiner Andacht stören, soll anders das Gebet seine beabsichtigte Wirkung haben. Mittlerweile hat der Diener oder die dunkelfarbige Sklavin des Hauses den Kaffee bereitet, den sie dem Herrn samt der glimmenden Pfeife darreicht. Voll Ernstes erwiedert er den Morgengruß des dienenden Volkes, schlürft mit lautem Geräusche aus der kleinen zierlichen Tasse den schäumenden schwarzen Trank ein und beginnt nun die traute Unterhaltung mit dem steten Begleiter seines Tagewerkes: seiner Pfeife. In langen Zügen „trinkt er", so nennt er es ausdrücklich, den duftigen Rauch des syrischen Tabaks und bläst voll inneren Vergnügens blaue, sich kräuselnde Wolken in die Luft. Auf dem schwellenden Divan die Glieder bequem ausstreckend, fängt der Kairenser sein Tagewerk mit dem üblichen kêf an, dem überaus verführerischen orientalischen dolce far niente. Überlassen wir ihn seinen Träumen und Phantasieen im eigenen Hause, wo das Treiben wenig Mannigfaltigkeit und Poesie darbietet.

Das stets wechselnde Leben auf der Gasse und auf dem Markte, das ist der anziehende Stoff, der uns gestattet, die bunten, mannigfaltigen Seiten der Kairenser Zustände zu einem heitern Bilde zu vereinigen.

Die Sonne ist allmählich höher gestiegen, die dämmernden Nebel sind zerstreut, der ewig klare, blaue Himmel hat sein Zelt über die Wunderstadt Kairo ausgespannt, welche den Augen des Reisenden das entzückendste Panorama darbietet. Von der Brüstung aus, welche den Felsen umfaßt, auf dessen Höhe die schwarzen Schlünde zahlreicher eiserner Kanonen in drohender Weise die Stadt angähnen, während neben ihnen die Minarets der Moschee Mohammed Alis als göttliche Zeichen des Heiles und Friedens ihre schlanken Häupter in den blauen Äther emporstrecken und die phantastischen Zeichnungen der Alabasterwände dieses Tempels des Islam beim hellen Sonnenschein in wundersamer Pracht blinken und glitzern; von dieser Brüstung aus, etwa 200 Fuß über dem Spiegel des Flusses, schweift der Blick über ein wogendes Meer kastenförmig gebauter Häuser und Moscheeen, deren zierliche Minarets mit dem Halbmond auf der Spitze in zahlloser Menge wie Krystallnadeln in die Höhe schießen,

während zahllose Molkofs oder offene Luftgänge, welche den frischen Nordwind in die Wohnungen der Menschen hineinleiten, wie Souffleurkasten auf den platten Dächern der Häuser in gemeinsamer Richtung nach Norden schauen. Von hohen Mauern eingeschlossen, ragen hier die nickenden Häupter schlanker Palmen und dickbelaubte, schattige Sykomoren, an deren Fuße der Büffel mit verbundenem Augenpaar Jahr aus, Jahr ein das knarrende Wasserrad dreht, aus den lustigen Anlagen eines großen Gartens hervor, in dessen Gängen, wohl bewacht und behütet, die Frauen eines Paschas lust=
wandeln. Indem wir dort an den weißgetünchten Gräbern und ihren aufrecht stehenden Leichensteinen zwischen Cypressen und Aloë=
pflanzen einen Ort der ewigen Ruhe für dahingeschiedene Muslin erkennen, schallen die Höhe hinauf an unser Ohr die ernsten Lieder blinder Sänger, welche einer Leiche vorangehen, während das wilde Geschrei der Klageweiber, die dem Zuge folgen, Mark und Bein er=
schütternd, oftmals ihre sanftern Klagen unterbricht. Im Uebermaß des Schmerzes tanzend und heulend schreit die Witwe dem dahin=
geschiedenen Gatten oder Sohne die seltsamen Worte nach: „O du Kamel meines Hauses!" Das Kamel, unstreitig das nützlichste Tier des Orients, wird so zu einem ernstgemeinten rührenden Bilde der Sorge des Mannes für das Haus.

Auf einer langen Reihe von Bögen ruhend, dehnt sich dort in nicht zu weiter Ferne die alte Wasserleitung der Kalifen bis nach der Vorstadt Alt=Kairos aus, wo der Nil, dicht vorbeifließend, seine silbernen Pfade dahinzieht, und die liebliche Insel Robah mit ihren Gärten und Palästen, mit ihrem weltberühmten Nilmesser, der sagen=
reichen Stelle der Mosesfindung, bald mit sanftem Wellenschlage, bald mit rauschendem Getöse umspielt.

Weiterhin breiten sich auf dem jenseitigen Ufer des Flusses grü=
nende Felder aus, denen Palmenwaldungen mit rotschimmernden Früchten, spiegelnde Wasserflächen und die schwarzen Hütten der Dörfer arabischer Fellahin den Reiz landschaftlichen Wechsels ver=
leihen. Ein schmaler gelbleuchtender Streifen, der sich am äußersten Horizonte entlang zieht, zeigt uns die Grenze an, wo das Reich der großen libyschen Wüste beginnt und wo die sichtbare Kunde der ältesten Geschichte des Menschengeschlechts aufhört. In wundersamer Beleuch=
tung, vom zartesten, magischen Farbenduft umhüllt, strecken da die Marksteine der Geschichte, die Pyramiden, ihre Häupter in die Luft die kein Wölkchen trübt, ein ewig blaues, klares Lichtmeer.

Das Leben in den engen Gassen der Stadt, welche zum Schutze gegen die brennenden Strahlen der Sonne meistenteils mit einem Schirme ausgespannter Tücher und Holzdecken überdacht sind, die alle Gegenstände in ein seltsames Halbdunkel hüllen, beginnt allmählich jenen Anstrich zu gewinnen, der auf den reisenden Abendländer den unüberwindlichsten Reiz ausübt. Die Läden, eigentlich große, viereckige, kastenartige Löcher, die an den Wänden der Häuser in dichten Reihen nebeneinander fortlaufen, öffnen sich; der Kaufmann, seine glimmende Pfeife rauchend, hockt auf einem Kissen am vordersten Estrich seiner Bude. Seine Waren, die im buntem Wirrwarr im Hintergrunde derselben aufgestellt sind, müssen den Käufer selber locken. Der Besitzer preist sie weder an, noch fordert er den Vorübergehenden auf. Eifrig arbeiten in den engen Räumen ihrer Werkstätte die Handwerker, sich der einfachsten Instrumente bedienend, wobei die Füße und Zehen ebenso flink und geschickt mitarbeiten, als die Hände und Finger, die bei dem Orientalen von einer auffallenden Geschicklichkeit und Beweglichkeit sind.

Da ist den ganzen Tag ein Hämmern und Klopfen, ein Klappern und Knarren, ein Pfeifen und Schnurren, ein Wackeln der Köpfe und der Körper, daß man meinen möchte, die Heinzelmännchen seien von Köln nach Kairo übers Meer gewandert, und arbeiteten nunmehr an dem Hauptorte des Islams.

Hier steigt in die Bude eines Barbiers der Kunde hinauf oder hinein (wie man sagen muß, weiß man nicht recht), den rechten Fuß voransetzend, denn er ist der geehrtere, gerade so wie die rechte Hand. „Friede sei über dir," sagt er zum Gruße dem Meister, der ihm sein „Und über dir der Friede" schnell und zuvorkommend als Gegengruß erwiedert. Der schön gewundene Turban wird vom Haupte genommen, Kopf und Gesicht eingeseift, und beides so rein geschoren, daß außer dem langen Zopfe auf der Mitte des Scheitels kein Härlein sichtbar ist. Mit beinahe geckenhaftem Wohlgefallen betrachtet der Geschorene in dem runden Metall- oder Glasspiegel mit Perlmutter-Einfassung seinen weißleuchtenden Schädel und verläßt mit derselben Befriedigung die schmutzige Stube des noch schmutzigeren Barbiers, als der feine Pariser Stutzer das Boudoir eines renommierten Pariser Haarkünstlers. Nun kommt jener Andere an die Reihe, welcher dem Vorigen in die Bude nachgestiegen und durch seinen papageigrünen Turban als ein Nachkomme des Propheten, als ein Scherif gekennzeichnet ist. Die kalte Morgenluft hat ihn zum Niesen gereizt. „Gott Lob!" ruft er aus, „Gott erbarme sich eurer!" rufen ihm die Anwesenden zu. „Gott führe uns und führe euch!" erwiedert der Angeredete nach herkömmlicher Weise. Der Kairenser ist von einer auffallend fast lästigen Höflichkeit und Aufmerksamkeit, die bei der geringsten Veranlassung in hergebrachter Weise ihren wortreichen Ausdruck findet. Man könnte Seiten eines dicken Buches mit derartigen höflichen Formeln füllen, die sich wie Schlag und Gegenschlag zu einander verhalten, und höchstens durch die Seltsamkeit des Gedankens im Anfange anziehen. Später werden sie eine höchst lästige Beigabe einer jeden Unterhaltung, die ohne sie vom Gruß bis zum Abschied hin gar nicht denkbar wäre.

Dort, nicht fern von der Bude des Barbiers, kauft ein Armer ein Gericht gekochter Bohnen und hockt sich nieder, um seine Mahlzeit im Namen Gottes, des Allerbarmers und des Barmherzigen zu beginnen, mit einem Gott sei Lob und Preis zu schließen; hier erhandeln verschleierte Frauen das Kohel und Henna, um sich die Augenränder schwarz und Hände und Füße braunrot zu färben. Vor jener Schreibebude läßt sich ein reicher Araber Amulette gegen den bösen Blick für sich oder sein Pferd oder seinen Esel schreiben, und die ernste Miene des Schreibers giebt ein Zeugnis, daß es inhaltsschwere Worte sind, die er zu Papier bringt.

Das Kaufen ist ein ebenso umständliches, als langweiliges Geschäft. Der Kairenser fordert zehnmal mehr, als die Sache, deren Echtheit oftmals zweifelhafter Natur ist, wert ist. Er ladet den Kaufenden zum Sitzen ein, reicht ihm seine Pfeife, präsentiert den unvermeidlichen Kaffee, der von seinem Knaben aus dem nächsten Kaffeehause herbeigeholt wird, und mit einer Fülle blumenreicher Redensarten beginnt das eigentliche Geschäft, das im glücklichsten Falle eine halbe Stunde dauert. Nach langem Hin- und Herreden, wobei ganz andere Gespräche, als der Kauf, in die Unterhaltung mit hineingezogen werden, um die Aufmerksamkeit des Kaufenden abzulenken, einigt man sich endlich, nachdem sehr oft ein Vorübergehender als Vermittler eingetreten ist. Zur schlimmsten Art der Verkäufer gehören diejenigen, welche dem Kauflustigen den verlangten Gegenstand sogleich mit den Worten anbieten: „Nimm ihn als ein Geschenk!" Man ist sicher, eine übertriebene Forderung hinterher zu hören. Ist der Kauf abgeschlossen und das Geld gezahlt, so erhält der begleitende Diener des Käufers vom Kaufmann ein kleines Geschenk an Geld.

Den Mittelpunkt des geschäftlichen Lebens in Kairo bildet der sogenannte Khan Khalil, ein besonderes Viertel mit einer Hauptstraße und vielen engen Nebengassen, die von langen Reihen nebeneinander liegender Buden der Kaufleute und Handwerker gebildet sind. Die Handwerker sitzen gildenweise zusammen. Da giebt es einen Schustermarkt, wo die Schuster emsig an den gelben und roten Schuhen mit den gekrümmten Spitzen arbeiten, einen Markt der Schneider, der Schreiner, der Drechsler, der Fruchthändler, der Zuckerbäcker, der Pfeifenhändler, der Steinschneider und Schleifer, der Juweliere, der Seifenhändler und Waffenschmiede, der Teppichhändler und wie sie alle heißen mögen.

Das angenehmste Kaufviertel ist der suk-el-rich oder der Markt des Duftes, woselbst alle Wohlgerüche Arabiens und des Südens echt und verfälscht zum Kaufe ausgeboten werden. Selbst ein Blinder findet diesen Markt des Duftes leicht, da der starke Geruch straßenweit zu merken ist.

Die Handwerker arbeiten emsig, die Kaufleute dagegen verrauchen den ganzen langen Tag, sprechen mit ihren Nachbarn und den Käufern und erheben sich nur von ihrem Sitze, um die üblichen Gebete an den bestimmten Tageszeiten zu verrichten. Verlassen sie auf einige Zeit ihren Laden, so hängen sie ein Netz, aus dünnen Fäden gestrickt, davor auf, und kein loser Vogel wird es wagen, die verbotenen Trauben dahinter anzutasten. Die Inschriften auf Papier, mit welchen die Läden der meisten Kairenser Buden versehen sind, enthalten nicht etwa, wie zu vermuten stände, die Firma des Kaufmanns, sondern nur fromme Sprüche oder das mohammedanische Glaubensbekenntnis. Hier liest man: „Wahrlich, wir haben dir einen offenbaren Sieg gewährt," dort: „Beistand von Gott und ein schneller Sieg," „Bringe du gute Nachrichten den Gläubigen," dort wiederum die Anrufung an Gott: „O du Öffner, o du Weiser, o du Abhelfer unserer Bedürfnisse, o du Gütiger." Dieselben Worte werden von den Kaufleuten wiederholt, wenn sie des Morgens, nach dem ersten Gebete, ihre Buden öffnen.

Die Häuser, welche hier und da zwischen den Läden hervortauchen, haben denselben Anstrich, wie die übrigen der Stadt, wenn sie nicht aus der Zeit des schönen, an Arabesken und Verzierungen reichen, älteren Baustiles herrühren, den kein Gebäude heutzutage mehr erreicht. An der großen Thür des Hauses stehen gemeiniglich die Worte: „Er (nämlich Gott) ist der Schöpfer, der Ewige," um den Besitzer des Hauses bei seinem Eintritt an seine Sterblichkeit zu erinnern. Gehört das Haus einem Haggi oder Mekkapilger, so befinden sich über der Thür roh ausgeführte farbige Malereien, ein Schiff, ein Kamel, ein Baum, an dem ein Löwe angebunden ist und fechtende Personen darstellend. Diese neuägyptischen Hieroglyphen sollen Anspielungen auf die Reise nach Mekka zu Wasser und Lande und auf den Mut des Pilgers sein, der weder vor den wilden Tieren, noch vor Räubern zurückgeschreckt ist. Über der Thür jenes neuen Hauses dort hängt eine Aloëstaube oder, wie die Ägypter diese Pflanze benennen, die Gebuld. Sie soll den Bewohnern ein langes, glückliches Leben bringen und sie vor allem Übel und Unglück behüten, während der hohle Panzer eines getöteten Krokodils vor dem bösen Blicke schützen soll. Da, wo die Thüren niedrig sind und offen stehen, dürfen wir ein arabisches Bad voraussetzen, aber wehe dem Manne, welcher eintreten wollte, wäre die Thür durch ein weißes Tuch, nicht größer als eine Serviette, verhängt. Das ist ein Zeichen, daß ein Harem im Bade ist; jedes Eindringen wäre dann lebensgefährlich.

Um das bunte Treiben in den belebtesten Straßen, wo die Menge hin- und herwogt, näher zu prüfen, ist es notwendig und zugleich nach Kairenser Anschauung wohlanständig, eine ägyptische Droschke zu mieten, d. h. einen Esel samt dem zugehörigen Führer, welcher bald in langsamem, bald in schnellem Schritte seinem Tiere nachläuft. Die Eselbuben Kairos, dem Lebensalter vom 4. bis 20. Jahre angehörig, bilden ohne Zweifel den intelligentesten Teil der niederen Bevölkerung der Stadt. Der stete Umgang mit den Fremden, welche sie auf allen Ausflügen in und außerhalb Kairos zu begleiten pflegen, giebt ihnen Gelegenheit, sich einzelne Brocken aller europäischen Sprachen anzueignen, deren sie sich geschickt genug bedienen, um den neuangekommenen Fremdling die ersten Sprachstunden im Kairenser Arabisch zu geben, ihm die Merkwürdigkeiten der Stadt zu erklären, oder im schlimmsten Falle sich über ihn lustig zu machen. Sie haben eine auffallende Geläufigkeit darin, aus einer großen Masse anlangender Reisenden sofort die Nationalität der einzelnen herauszuerkennen, indem sie denselben, einem jeden in seiner Muttersprache, die Esel zu Gebote stellen. Die letzteren nehmen unter den übrigen vierfüßigen Bewohnern Ägyptens einen Rang ein, der dem der Eseljungen unter der niederen arabischen Bevölkerung gewissermaßen entspricht. Sie sind größer als die unsrigen, weniger kopfhängerisch, mutiger und, was die Hauptsache ist, von erstaunlicher Schnelligkeit. Rottenweise lagern sie samt ihren Führern auf den Hauptplätzen und an den Haupteden Kairos. Naht sich ein eselbedürftiger Reiter, so stürzt der ganze Haufe auf ihn zu, und nur mit Hilfe wohl ausgeteilter Prügel bricht er sich endlich Bahn zum Steigbügel seines gewählten Tieres. So beritten geht's lustig in die engen belebten Straßen hinein. Das Drängen und Treiben in denselben ist so bedeutend, daß wir nach altherkömmlicher Sitte der Kairenser einem jeden vor uns Gehenden und den Rücken uns Zuwendenden zurufen müssen. Der Araber kümmert sich wenig um das, was hinter ihm vorgeht; die Begebenheiten des Straßenlebens vor ihm ziehen ihn an, das Schicksal seiner Person bleibt somit der zeitigen Fürsorge seines Hintermannes überlassen, der ihm in drohenden Fällen zuschreien muß: „Mein Herr, geh' rechts, geh' links, nimm deinen Fuß in Acht! nimm deinen Rücken in Acht!" In diesem Falle weicht er aus, doch ohne sich umzusehen, und vermeidet so den unausbleiblichen Zusammenstoß. Die Anrufungen variieren in den Anreden je nach dem Alter und dem Stande der Person. Einer Frau, die verschleiert ist, ruft man zu „Meine Gebieterin!", scheint sie noch jung zu sein „O mein Auge!". Eine Frau aus den niederen Ständen, ist sie selbst alt, hält es für eine Beleidigung, anders betitelt zu werden, als „O du Mädchen!" oder „O meine Schwester!". Den Alten ruft man zu „O Schech!" oder auch „O mein Onkel!", der anständig gekleidete Araber und der Türke erhalten den Ehrennamen „O Effendi!", der Europäer seine specielle Benennung „ya hawageh!" „O Kaufmann!". Dem entsprechend sind auch die etwanigen Erwiederungen. Als ich einst einer arabischen jüngeren Dame von 14—15 Jahren zurief „Weiche rechts aus, meine Gebieterin!", erwiederte sie „Zu Befehl, mein Sohn!" und so passierte denn ihr doppelt so alter europäischer Sohn zu Esel getrost vorbei.

Den Wagen, die den Paschas und den vornehmen Europäern gehören, obgleich deren nicht viele in Kairo vorhanden sind, sowie den Reitern zu Pferde laufen hochaufgeschürzte Araber, welche in der einen Hand einen geschmeidigen Kurbatsch halten, die aus der Haut des Hippopotamus geschnittene Peitsche, in schnellstem Tempo voran. Hilft ihr Zuruf nicht, wobei es nicht zu viel höfliche Redensarten giebt, so hilft der Hieb, und schleunigst weicht der säumige Pilger auf dem Wege aus. Schlimmer ist es, wenn ein mit langen Balken, großen Steinblöcken oder einer sonstigen schweren Last beladenes Kamel gravitätisch durch die Menge einhergeschritten kommt. Da heißt es vorsichtig vorbeiweichen, widrigenfalls die Reiter oder Fußgänger bedeutende unfreiwillige Abweichungen von ihrer Linie nehmen müssen.

Der größere Teil der Pflastertreter Kairos, obwohl ich diesen Ausdruck uneigentlich gebrauche, da der Boden keiner Stadt in ganz Ägypten regelrecht geebnet, geschweige denn gepflastert wäre, gehört der ärmeren arabischen Klasse Kairos an. Die einen verrichten ihre Hantierungen als Boten, Lastträger, Diener oder Verkäufer, die letzteren erfüllen die Straßen mit ihrem durchbringenden näselnden Gesange, der den Zweck haben soll, die Vorübergehenden auf ihre Ware aufmerksam zu machen, obgleich der Inhalt des Gesanges scheinbar in gar keinem Zusammenhange steht mit der Natur der ausgebotenen Waren.

Vor einem Korbe süßer Apfelsinen sitzt da eine arme, mit einem einzigen blauen Kattunkleide bedeckte Frau, das Gesicht ist mit Dak grün bemalt, und die Augenränder mit Kohel schwarz gefärbt, dabei trägt sie einen großen Ring in der Nase, bunte Ketten um den Hals, und mehrere große silberne Ringe an den rotbraun tättowierten Fingern. Kokett zieht sie bei unserem Anblick den Kopfzipfel ihres Kleides über das halbe Gesicht, aus züchtiger Schamhaftigkeit oder den bösen Blick unseres fränkischen Auges fürchtend, ruft uns aber dennoch mit lautem Schrei die Worte des Orangenverkäufers zu: „Honig, o Apfelsinen-Honig!" Dort schleppt sich in gebückter Stellung und mit einem Rocke bekleidet, der aus einigen Ziegenhäuten zusammengenäht ist und auf den Schultern einen schweren Ziegenschlauch voll Wasser tragend, der arme Wasserträger einher. Er bietet das Wasser mit den Worten: „Möge Gott mir Ersatz geben!" zum Kauf an. Da werden uns Rosensträußchen mit dem Rufe hingehalten: „Die Rose war ein Dorn; vom Schweiße des Propheten ist er aufgeblüht!" Dort steht eine ägyptische Dame in ihrem schwarzseidenen Überwurfe, den weißen Schleier vor dem Gesicht, aus dem die schwarzen feurigen Augen euch bald anlachen, bald verächtlich zu durchbohren scheinen. Ihre schwarze Dienerin begleitet sie; sie ist schneeweiß gekleidet wie ihre Herrin schwarz. Da nähert sich ihnen ein kleines Mädchen, Hennablumen anbietend mit dem Zurufe: „O meine Gebieterin! Düfte des Paradieses, o Blumen der Henna!", und beide kaufen von den wohlriechenden Blumen. Der

Mann dort mit seinem Korbe voll Zuckerwerk ruft euch zu: „Für einen Nagel! o Zuckerwerk!" Das ist ein schlimmer Gesell, da er die Kinder und Dienstboten veranlaßt, Nägel und andere Kleinigkeiten aus dem Hause zu stehlen, um dieselben gegen seine Ware umzusetzen. Eine Art von Gemüse, Tirmus genannt, bieten sie mit den Worten aus: „O wie süß das kleine Söhnchen des Flusses!", die Citronen dagegen mit dem Rufe: „Gott mache sie leicht, o Citronen!" und die gerösteten Kerne einer Art Wassermelone mit dem Schrei: „O Tröster dessen, der in Not, o Kerne!"

Leute aller Trachten und aller Zungen, in ruhiger und in lebhafter Stimmung, geben das vollständige Bild eines Karnevals, der tagtäglich die Hauptstraßen Kairos durchwogt. Dort kommt gravitätisch, seinen langen, weißen Bart behäbig streichend, ein türkischer Bey geritten, während der neben ihm laufende Diener, die Pfeife tragend, den Arm auf den Rücken des Tieres gelegt hat. Der Schritt seines Pferdes, das ein blutrotes, mit Gold gesticktes und mit Trobbeln behängtes Zaum und Sattelzeug bedeckt, ist ebenso langsam wie der Gedanke seines Herrn. Schnell zu reiten hält der vornehme Türke für unziemlich und seinem Range unangemessen. „O du Sohn des Hundes!" donnert er einem armen Araber entgegen, der im Vorbeigehen sein Kleid gestreift hat und scheu und schüchtern in der Menge verschwindet. Da taucht neben ihm ein Geist, ein langgelockter, hagerer Mensch auf; sein Kleid ist aus tausend bunten Flicken zusammengesetzt, sein Kopf ist von einer Art Schellenkappe bedeckt, sein Auge ist irre, seine mageren Hände erhebend, bettelt er um ein Almosen. Das ist ein Verrückter oder Heiliger der gechrten Stadt Kairo. Die Verrückten werden nämlich von den Anhängern des Propheten für heilige Personen angesehen, da, ihrer Meinung nach, dieselben von Gott dadurch besonders bevorzugt seien, daß ihr Geist bereits im Himmel weile, während ihr gröberer Teil sich hier auf Erden unter sterblichen Menschen befinde. Sie dürfen die ärgsten Handlungen ungestraft begehen und werden mit der bewunderungswürdigsten Geduld geführt und geleitet. Der feine arabische Effendi in seiner kleidsamen Mamelukentracht bildet hier in Kairo den Lion der arabischen Gesellschaft. Er kleidet sich mit einer gewissen Eleganz, die freilich darin nie etwas Anstößiges findet, daß aus einer goldgestickten roten Jacke der Ellenbogen hervorsieht oder die Schuhe ziemlich sichtbar zerplatzt sind. Er begrüßt den koptischen Moallim oder Schreiber der Regierung, dessen bleiches, rundes Gesicht, noch mehr aber der lange Kaftan von blauem Tuche, der dichtgewundene schwarze Turban und das messingene Schreibzeug im Gürtel, einen echten Nachkommen der alten Ägypter verrät. Nicht den besten Teil der Kairenser Bevölkerung bildet jener türkische Polizeisoldat, den seine Tracht: die griechische Fustanella und die griechische, gestickte Jacke, sofort als den Arnauten kennzeichnet. Ein wahres Arsenal silberbeschlagener Pistolen, Dolche und Messer steckt in seinem Gürtel, über der Schulter hängt das lange Gewehr und in der Hand schwingt er drohend den Kurbatsch. Ein ungeheurer Schnurrbart giebt seinem verschmitzten Gesichte den vollendeten Ausdruck eines Helden aus irgend welcher renommierten Räuberschar. Diese furchtbaren Konstabler Kairos haben die saubere Lebensregel, jeden rechtmäßig oder unrechtmäßig erworbenen Piaster sofort an den Mann zu bringen, da man nicht wissen könne, ob man und wie man die folgende Stunde erlebe.

Dem frommen Derwisch dort, mit dem grünen Kaftan, bezeugt die hohe Pelzmütze auf dem Kopfe, welche er kolettierend wie Bodenstedts Mirza Schaffy hin= und herbewegt, den persischen Ursprung; sein ägyptischer Kollege dagegen schreitet in dem lumpigsten Kostüm hinter ihm her und schwingt die hölzerne Eßschüssel und den Löffel als die besonderen Zeichen seiner Würde. Ihm zunächst wandelt ein deutscher Handwerksbursch, den roten türkischen Fez schräg auf das blonde Haar gesetzt, um jene Ecke in die enge Straße einbiegend, wo er um ein weniges Geld in einer italienischen Locanda sein Zelt aufgeschlagen hat. Heulend und bellend stürzen die Hunde des Viertels auf ihn, den Fremdling, los, als wollten sie nach seiner Paßkarte fragen. Ein Wurf mit Steinen vertreibt aber die ungehobelten Gäste. Da kommen ein paar sonnengebräunte Beduinen auf ihren hageren Pferden angeritten. In malerischer Weise schlingt sich das kamelhärene Gewand um ihren Leib und um den Kopf, und kaum sichtbar lugen die kleinen Augen in die Menge hinein, durch welche sich die Pferde sicher hindurchzuwinden wissen. Zwei arabische Frauen folgen ihnen auf ihrer Fährte. Die eine trägt einen hohen Krug auf dem Kopfe, die andere das kleine Kind auf der Schulter, das, rittlings sitzend, nach orientalischer Weise sich an den Kopf der Mutter stützend, das Gleichgewicht selber zu halten weiß. Beide Weiber reden mit aufgehobenen Händen, die sie häufig zusammenschlagen, auf das Eifrigste miteinander. Sie gehören dem Harem jener edlen Ritter an, denen sie als getreue Ehefrauen den weiten

Weg nach der Stadt zu Fuße folgen müssen. Hier, gegenüber dem kleinen schlechten Hause, in welchem eine Araberin mit lautem Geräusche die Handmühle dreht, verstopft plötzlich ein Haufen von Balken und Steinen den Weg. Man baut ein Haus, die Kinder und Frauen müssen dabei Handlangerdienste leisten, während die Männer das eigentliche Geschäft der Maurer verrichten. Im Takte singend, trägt das schwache Geschlecht die Steine, den Mörtel, das Holz zum Bau herbei; der Aufseher, welcher gemächlich seine Pfeife raucht, treibt sie zeitweise mit Stockschlägen zum schnelleren Laufen an. Scherzweise ruft der vornehme Türke, dessen Maultier von einem großen, zentnerschweren Blocke im Laufe gehemmt ist, einem Mädchen zu: „O meine Tochter, trage mir diesen Stein fort!" Als geborene Kairenserin erwiedert sie mit schnellem Witze: „Zu Befehl, o mein Onkel, nur sei so gütig, mir den Stein auf den Rücken zu legen!" Da kommt uns ein langer Zug verhüllter berittener Frauen entgegen. Rittlings auf ihren hochgesattelten Eseln sitzend, folgen sie eine nach der andern. Diener begleiten sie, die Kinder tragend, und ein schwarzer, fettleibiger, wohlbewaffneter Eunuch in reichem, gesticktem Kostüm reitet zu Pferde voran. Der ganze Harem eines vornehmen Kairensers wird ausgeführt, um irgendwo einen mehrtägigen Besuch abzustatten, die einzige Unterhaltung, welche den Frauen gegenseitig gestattet wird. Malteser, Griechen, Armenier, Kurden, Juden, Syrer, Araber aus Mekka, dazwischen Europäer aus aller Herren Länder drängen sich in buntem Gemisch durcheinander, jeder seinem Geschäfte nachgehend, das er sicher mit dem landesüblichen Stoßseufzer eines „So Gott will!" beginnt.

Welch prächtiges Marmordenkmal unterbricht dort plötzlich die Wände schmutziger Häuser? Um ein Gitterfenster herum, das von weißem Marmor eingefaßt ist, ziehen sich schön geschriebene und vergoldete arabische Buchstaben, Verse aus dem Koran enthaltend, und darunter befinden sich zwei messingene kleine Saugröhren. Da tritt ein Araber heran, legt den Mund an die Röhre und saugt das kühlende Wasser zur Stillung seines Durstes ein.

Wir befinden uns vor einem jener öffentlichen Brunnen, die ein Werk frommer Stiftungen sind. Über ihm ist die Moschee und die Schule. Die letztere, frei nach der Straße zu liegend, besteht aus einem großen Zimmer, auf dessen Boden ordnungslos die jungen Schüler hocken, während der Schulmeister, nebenbei häufig ein

Handwerk verrichtend, in einer Ecke sitzt. Die Kinder haben beschriebene Blechtafeln vor sich und lesen, den Kopf und die Kniee hin- und herneigend, ihre Koranlektionen so wirr und wild durcheinander, daß man meinen möchte, Lehrer und Schüler seien insgesamt zu Narren geworden. Den Schulmeister vermag nichts in seinem Phlegma zu stören; wird er beobachtet, so geifert er sein „Schmutz auf dein Haupt!" oder inhaltsvoller „Gott verfluche deinen Vater!" dem unberufenen Beobachter zu.

Die brennende Sonne mahnt uns daran, daß der Mittag genaht sei. In der That sehen wir die frommen Gläubigen in die offene Halle der Moschee eintreten, ihre Schuhe am Eingange ausziehen und auf die Matten zum Gebete niederknieen. Der Sänger ruft von der Galerie des Minaret die Leute zum zweiten Gebete herbei. „Gott ist sehr groß," singt er, „ich bekenne, daß Mohammed der Gesandte Gottes ist. Kommt zum Gebet, kommt zum Heil, Gott ist sehr groß, es giebt keinen Gott außer Gott!"

Wir benutzen die Zeit bis zum Aser, etwa gegen 4 Uhr nachmittags, wann der Türmer vom Minaret die Anhänger des Propheten zum dritten Tagesgebete auffordert, um in das Hôtel oriental an der Esbekieh einzutreten, und an der langen Tafel im großen Empfangssaal, in Gesellschaft europäischer Reisender, das Déjeuner einzunehmen. Das Phlegma des Engländers, der Witz des Franzosen, das Gemüt des Deutschen, die Galanterieen des Polen, das Feuer des Italieners lassen sofort verraten, welchen Ländern jene geselligen Kreise angehören, die hier an Herrn Colombs Tafelrunde aus persönlicher Neigung und landsmannschaftlicher Anhänglichkeit zusammengerückt sind, im frohen Genusse der Gegenwart, während dienstfertige Araber, unbeholfen genug, den europäischen Emigrés, die meistens als Kellner dienen, Hilfe leisten. Die Tafel ist aufgehoben, man verläßt das Hôtel, in dessen luftigem und geräumigem Hofe arabische Kaufleute Waffen aus der Mamelukenzeit zum Kauf anbieten. Wir schlendern dem Platze der Esbekieh zu, nehmen hier an einem der zahlreichen Tische Platz, die in langen Reihen vor einem Dutzend von Kaffeehäusern aufgestellt sind. Die Esbekieh ist das Eldorado Kairos, ohne sie wäre der Aufenthalt in der Kalifenstadt nicht halb so prächtig. Man denke sich einen großen, schönen Garten mit Bäumen aller Art bepflanzt, dessen Gänge mit grünenden Gebüschen bekränzt sind. Da geht Jung und Alt spazieren. Die Kinder liegen spielend und sich neckend auf dem Boden, die europäischen Fremdlinge, die hohen und niederen Beamten der Regierung, die armen und reichen Kaufleute der Stadt gehen hier auf und ab oder trinken ihren Kaffee.

Wenn bei uns in Norddeutschland der Sturm heult und die Schneeflocken Stadt und Feld mit einem Leichentuche überdecken, auf dem nur die Boten des Winters, die Raben und Krähen, lustig hin- und herhüpfen, wenn die Mutter mit den Kindern in warmer Stube vor dem traulichen Kamin sitzt und ihres lieben Sohnes in weiter Ferne gedenkt: da bleibt wohl der Heißersehnte auf den Gängen der Esbekieh gedankenvoll stehen, bricht eine Rose oder Myrte vom blühenden Strauch und denkt mit tausend innigen Wünschen an die Lieben in der Heimat, die jetzt im warmen Zimmer vor dem rauhen Boreas Schutz suchen müssen.

Er steckt die Rose und die Myrte ein, und ist er zurückgekehrt, so giebt er der Mutter die verwelkten getrockneten Blumen mit den Worten: Nimm, Mutter, die Januar-Rose und -Myrte der Esbekieh in Kairo.

Die Gäste, welche an der Hauptpromenade der Esbekieh vor ihren Tischen sitzen, gemächlich ihren Kaffee oder Rosoglio oder syropo di gomma einschlürfen, und dazu den scharfen Rauch der persischen Wasserpfeife in die Luft blasen, haben das Vergnügen, die ganze vornehme Welt Kairos, Damen und Herren, Orientalen, Levantiner und Europäer an sich vorübergehen zu sehen. Zahllose Bettler, meistens bejahrte blinde Frauen und Männer, die von Kindern geleitet werden, bitten um Gottes und des Propheten willen um ein Bakschisch. „Geh' einmal zu deinen Landsleuten," erwiederte ich eines Tages einem Bettler, der mich täglich auf das Zudringlichste um ein Almosen gequält hatte, und schnell und witzig antwortete er: „O mein Gebieter, Gott lasse dich zu unserm Heile lange leben, gehörst du nicht zu den Söhnen Adams!" Mit treffendem Witze wies er auf meine Abstammung als Mensch hin, und lächelnd reichte ich als Urenkel Adams meinem Bruder vom selben Stamme das Almosen.

Zu den mannigfachen Zerstreuungen, welche den Aufenthalt auf der Esbekieh verkürzen, gehört vor allen die wunderliche Tierfamilie des herumziehenden Kuregati, die aus einem oder mehreren Affen, einem Esel, einem Hunde, einer Ziege und einigen Schlangen besteht. Der Affe tanzt, schlägt das Tambourin, reitet den Hund und Esel und sammelt zuletzt Geld von den Zuschauern ein. Fortwährend

mit ya walid soeir „o kleiner Knabe" angerufen, muß er die
Schlangen aus dem Sacke ziehen, in welchem sie zusammengerollt
daliegen, und der Ziege kleine Klötze unter die Beine schieben, so daß
ihre vier Füße wie zusammengebunden auf einem kleinen Raume dicht
beieinander stehen.

Auf der breiten Straße für Wagen und Reiter, neben dem Platze
der Esbekieh, zieht eine Abteilung kriegerisch aussehender Baschi=
Bozuks vorbei, an ihrer Spitze zwei Paukenschläger, welche unauf=
hörlich und taktlos auf einige Pauken losschlagen. Die Leute der
kleinen Abteilung sind bis auf ein buntrot gekleidetes Mitglied grün
uniformiert. Einer trägt, offenbar zum Staat, einen englischen
Regenrock, andere tragen statt der Reitstiefeln rote Pantoffeln und
haben die Stiefeln ausgezogen und an den Sattelknopf gehängt.
Der Offizier an der Spitze kaut behaglich an einem Stück Zucker=
rohr, ein Soldat hinter ihm ißt einen großen Ziegenkäse, und ein
anderer steckt sich an der brennenden Pfeife eines vorübergehenden
Arabers eine Cigarre an. So reiten die Truppen des Vicekönigs
zu irgend einer Übung aus Kairo hinaus, über die Stelle hinweg,
wo einst ein Thor stand. Der verstorbene Vicekönig Ägyptens hat
nämlich die neueren Stadtthore Kairos, aus einer sonderbaren Anti=
pathie gegen Stadtthore, sämtlich schleifen lassen.

Die Schatten der Abendsonne, welche mit blutrotem Scheine
hinter den Gebüschen der reizenden Nilinsel Rodah verschwindet,
werden immer länger und die Finsternis breitet sich plötzlich wie ein
Schleier über das unruhige Kairo aus.

In leuchtender Pracht tauchen die ewigen Lichter am nächtlichen
Himmel auf. Nur noch in dunkeln, kaum erkennbaren Formen zeich=
nen sich die Umrisse der Häuser am Himmel ab, während das Rau=
schen der Palmenwipfel allmählich verstummt. Der kühlende Nord=
wind legt sich des Abends zur Ruh, um mit erneuerter Kraft am
Morgen lustig in die Segel der Nilbarken zu blasen, welche jetzt
müßig an den hohen Ufern des Nils hin= und herschaukeln. Der
Gesang des Muebdins von den Minarets herab fordert die frommen
Anhänger des Propheten beim Anbruch der Nacht zum Gebet auf,
dem vorletzten von den fünf, welche der Koran vorschreibt. Die
großen, schweren, mit Eisen beschlagenen Thüren, welche die ein=
zelnen Viertel der Stadt von einander trennen, schlagen die Wächter
zu, schieben den mächtigen Riegelbalken vor und geben sich und ihr
Viertel in den Schutz Gottes und seines Propheten. Dann hocken

sie sich, ihre Pfeife schmauchend, auf den Boden hin, um auf den Ruf und das Klopfen eines späten Bewohners gegen das unvermeidliche Bakschisch Einlaß zu gewähren. Wie Leuchttürme tauchen in der Finsternis hin- und herwandelnde Lichter auf. Wir gehen näher und überzeugen uns, daß jeder Bewohner Kairos nach Sonnenuntergang nur mit einer Papierlaterne gehen darf, die ihn vor der Nachtwache schützt, welche eifrig nach dem Gesindel umherspäht, das nur im Schutze der Finsternis, mit Diebslaternen versehen, seinen Geschäften nachschleicht. Wir gehen die lange Straße des Koptenviertels entlang, steigen über die Leiber schlafender Hunde und schnarchender Wächter hinweg und gelangen zu jenem Café, woselbst, von wenigen Öllämpchen erleuchtet, der eifrige Wirt und sein Knabe den beturbanten Gästen, die ringsherum auf Ankarebs sitzen, den Mokka verabreicht. Auf dem Feuerherde steht die große Blechkanne, die von Holzkohlen erwärmt wird, welche der Knabe, den Flederwisch hin- und herbewegend, in steter Glut erhält. Das Gemach des Cafés ist nur klein, von Rauch und Schwel erfüllt, die nach der Straße gekehrte Holzwand ist von durchbrochenem Holzwerk mit Bögen versehen. Die größte Hälfte der Gäste, die nur den niederen Ständen Kairos, aber dem Ägypter von echtem Geblüt, angehören, sitzt auf der Straße, sorgsam sich umschauend, ob nicht ein schlafender Hund ihr Gewand berühre und es dadurch verunreinige. Sie schlürfen ihren Kaffee, rufen den Wirt, wenn das Täßchen ausgetrunken, mit den Worten melium „er ist voll", um augenscheinlich gerade das Gegenteil auszudrücken, ziehen den Dampf aus der kollernden Wasserpfeife oder dem gewöhnlichen Schibuk ein, während jener in der Ecke dort sich aus der Goseh das unerlaubte Vergnügen des Haschischrauchens bereitet. Auf das Höchlichste ergötzt, mit den Augen wohlgefällig blickend und den Kopf wie im Takte neigend, hören sie den Erzählungen eines Bänkelsängers zu, der ihnen die Abenteuer alter arabischer Helden, Antar an der Spitze, in gereimter Prosa recitiert und mit der Dichterviole die herzstärkendsten Verse begleitet. Allgemeines Seufzen, das sonderbare Zeichen des ungeteiltesten Beifalls, das hier und da ein langgedehntes Allah! (Gott) unterbricht, belohnt den Erzähler und Sänger nach jedem Abschnitte.

Endlich steigt der Sänger vom Estrich hernieder, nimmt die Viole unter den Arm, zündet das Licht seiner Laterne an, und wandert nach Hause, während der Wirt die Lämpchen seiner Bude auslöscht, sich in sein Gewand hüllt und zum Schlafe auf den Estrich streckt. Einer nach dem andern verlassen die Gäste das Kaffeehaus. Durch die engen, dunkeln Gassen, deren Häuserwände matt vom Lichte der Laterne erhellt sind, wanken sie schlürfenden Fußes nach Hause. Jedes Geräusch, jede plötzliche Erscheinung, mag ein Steinchen vom Dache fallen, oder ein Hund oder eine Katze ihnen in den Weg treten, oder eine Sternschnuppe am Himmel aufblitzen, macht sie zusammenschrecken. Ein kräftiges Stoßgebet gegen die bösen Geister oder die Ginni und ihren Obersten, den Jblis oder Teufel, murmeln sie unverständlich zwischen den Zähnen, indem sie kaum hörbar die Worte über die Lippen pressen: „Gott schütze uns vor ihren Bosheiten! Konnte nicht der Stein von dem bösen Geist herabgeworfen sein, und ist nicht die Sternschnuppe ein böser Pfeil, den Gott gegen den bösen Ginni schleudert? Möge Allah den Feind des Glaubens damit durchbohren!"

Unter solchen Gesprächen, welche Zeugnis ablegen von dem krassen Aberglauben der Ägypter, erreichen sie ihr Haus, klopfen mit dem eisernen Schlägel mehrmals an die Thür, um Einlaß zu begehren. Sie verschwinden endlich hinter der geschlossenen Pforte, und mit ihnen ist die Gasse öde und leer.

Der Kairenser geht früh zur Ruh, etwa um 8 oder 9 Uhr unserer Zeit nach. So sehr er in seinen dichterischen Phantasieen für die Nacht eine fast schwärmerische Begeisterung zeigt, so wenig entspricht er dem Worte durch die That. Nur da, wo besondere „Phantasieen" oder Lustbarkeiten seiner harren, verschmäht er es nicht, bis zur Mitternacht aufzubleiben.

Wir ziehen unsere Straße weiter. Hier und da tönen die rasselnden Klänge der Darabuke, welche den Gesang der ägyptischen Tänzerinnen begleiten, die in dem Hause irgend eines ägyptischen Wüstlings oder vor einem Harem ihre lüsternen Tänze aufführen. Bei dem türkischen Karaul oder Wachtposten vorbei, der uns sein Kimindero „Wer ba?" zuruft und mit unserer Antwort ibn el belled „ein Sohn der Stadt" zufrieden gestellt ist, biegen wir in die Nebenstraße ein, wo die sonore Stimme des Wächters den Ewigen mit den schönen, durch die Nacht hinhallenden Worten besingt: „Ich preise die Vollkommenheiten des lebendigen Königs, der nicht schläft und nicht stirbt."

Gespensterhaft glänzen im bleichen Mondscheine die weiß angestrichenen Häuser der Esbekieh mit ihrem durchbrochenen Fensterwerk und ihren hervorspringenden Erkern; in zitternden Umrissen zeichnen sich die nickenden Gipfel der Dattelpalmen an dem dunkeln Nachthimmel ab, während furchtsam flatternde Nachtvögel mitunter die Stille der heiligen Nacht unterbrechen. Wir haben endlich unser Ziel erreicht, klopfen mit dem eisernen Schlägel an die wohlverschlossene Hausthür, welche schlaftrunken der arabische Pförtner öffnet, um uns einzulassen. Müde legen wir das Haupt auf die Kissen, um von Kairo und Tausend und eine Nacht zu träumen.

2. Eine arabische Schenke. — Die heulenden Derwische.[*]

Abends unternahm der Herzog, von einem der Dolmetscher und anderen Herren der Gesellschaft begleitet, einen Ausflug durch die Straßen der Stadt, welche das nächtliche Leben des Ramadhan doppelt phantastisch erscheinen ließ. Man besuchte verschiedene Kaffeehäuser, die mit Laternen und lobernden Herdfeuern die Vorübergehenden zur Einkehr einluden und ein interessantes Bild arabischer Schenken boten. Es sind meist sehr enge, stark verräucherte und nur mit einer Lehmbank und einigen niedrigen, aus Palmenstäben zusammengefügten Sesseln, ein paar großen Wasserkrügen, Kochgeschirr und Tassen ausgestattete Gemächer, deren einziger Schmuck in einem hübsch verzierten Thürbogen oder einem Gitter am Eingang, sowie in einer Anzahl von Nargilehs, d. i. Wasserpfeifen mit Glasurnen und biegsamen roten Röhren besteht, aus denen persischer Tabak geraucht wird, und die der beturbante Wirt seinen Gästen gegen eine kleine Entschädigung für die Füllung vermietet. Die Tassen, durchgehends sehr klein, stehen statt auf Untertassen in Metallgefäßen von der Form und Größe unserer Eierbecher. Die Gesellschaft in diesen Räumen raucht, träumt und meditiert. Einige spielen Domino, andere ein Spiel mit kleinen Metallbechern, die mit der Wölbung nach oben auf einem runden Brette stehen. Der Bankhalter versteckt unter einen dieser Becher einen Ring, schiebt die Becher durcheinander und läßt nun raten, wo sich der Ring befindet. Bisweilen erscheint im Kreise der Turbane und Kaftane ein Märchenerzähler oder ein wandernder Straßensänger, welcher in der Weise der altgriechischen Rhapsoden, bald singend, bald deklamierend, Stücke aus der Geschichte Antars, des „Vaters der Ritter", oder aus dem

---

[*] Reise des Herzogs Ernst von Sachsen-Coburg-Gotha nach Ägypten und den Ländern des Habab. Leipzig, 1864.

berühmten Roman Dulhammeh vorträgt, wo dann alles Ohr ist, der Wirt das Kaffeebrennen vergißt, die Spiele ruhen und selbst die Wasserpfeifen ihr Gurgeln mäßigen.

Die Haltung der bärtigen Herren in diesen Lokalen war durchgehends eine höchst anständige. Wir trafen unter ihnen sehr würdevolle und edelgebildete Gesichter, und die Art, wie sie sprachen und sich geberdeten, hatte einen vornehmen Zug. Man empfing uns freundlich, bot uns Sitze an und gab bereitwillig auf unsere Fragen Antwort. Dazu die dunkeln Augen dieser Gruppen, die bunten Farben und der malerische Schnitt der Kleidung, die matte Beleuchtung, die sarazenische Architektur der Häuser draußen — in der That unser Gang durch die Stadt glich einem Traume aus Tausend und einer Nacht.

Gelegentlich ging man an einer beleuchteten Moschee vorüber, deren anmutige Fenstergitter, Portalnischen, Säulenbündel und Rosetten den reinsten, altarabischen Stil zeigten. Dann wieder schmale, dunkle Gassen mit überhängenden Erkern, unter denen nur hier und dort eine einsame Laterne hinankelte, oder die Schatten eines Rudels jener herrenlosen Straßenhunde hinhuschten, welche Kairo zu Tausenden bewohnen. Plötzlich ein kleiner, freier Platz und darauf eine Moschee im Rundbogenstil, vor welcher eine Anzahl dunkler Gestalten, ein wildes Geschrei ausstoßend, sich in den seltsamsten Verrenkungen bewegte, es war ein sogenannter Shikr, einer der Tänze, mit denen die Orden der heulenden Derwische sich in Verzückung zu versetzen pflegen. Um ihren Schech versammelt und einen Kreis bildend, bückten sich, warfen sich, schlenkerten sich die unheimlichen Gestalten schon seit mehr als einer Stunde unablässig taktmäßig auf und nieder. Jedes Bücken begleitete lauter Allahruf, während der Vorsteher Gebetformeln murmelte. Eine einzige, düster brennende Ampel beleuchtete die Scene dieses wüsten Gottesdienstes, der von Minute zu Minute an dämonischer Aufregung zunahm. Einzelne Ausrufe Verzückter ließen sich hören. Einer und der andere der Betergesellschaft, schwächer als die übrigen, schien von der ungeheuren Anstrengung der Lungen und Rückenmuskeln zusammenbrechen zu wollen. Manchem stand der Schaum vor dem Munde, andere rollten die Augen wie Verzweifelte. Ein großer, corpulenter Neger gebärdete sich wie besessen, und es hatte den Anschein, als wäre er wirklich in Wahnsinn gefallen.

Das Allahgebrüll des schwarzen Derwisch wurde zu einem kurzen,

heiseren Bellen, sein Bücken zu einem rasenden Auf- und Nieder-
schnellen, bei dem der Kopf beinahe den Boden berührte. Er hatte
den höchsten Grad der andächtigen Brunst erreicht, welche das Ziel
der Derwischtänze ist, er taumelte, raffte sich auf und taumelte
wieder; die innere Glut hatte, so schien es, das Gehirn des Unglücklichen versengt — er war „malbus" betrunken von Allah, verloren
in der Flamme des Ewigen. Man faßte ihn. Er wand sich brül-
lend und schäumend, um seine Verbeugungen fortzusetzen. Aber
man hielt ihn fest, bis seine Kraft erschöpft war, und legte ihn dann
auf den Steinboden der Vorhalle der Moschee nieder, um über ihn
zu beten.

Wir entfernten uns in einer Stimmung, in der sich Staunen,
Ekel und Grauen mischten. Aber mit Recht ist hervorgehoben worden, daß ein amerikanischer Methodisten-Kamp-Meeting keine würde-
und sinnvollere Art der Gottesverehrung ist, als ein Shikr ägyptischer Derwische.

3. Eine ägyptische Elementarschule.

Ein ägyptisches Schulhaus (Ruttâb) sieht von außen manchmal
recht hübsch aus, das einzige Schulzimmer zeigt jedoch nichts als
die kahlen Wände. Wozu sollen auch Bänke und Tische dienen, die
Schulmöbel barbarischer Nationen! Der Schulmeister (Fiqi) sitzt
mit seinen Zöglingen auf dem Boden. Ersterer gewöhnlich auf der
Thürschwelle, die kleinsten Kinder in seiner Nähe, die anderen im
Hintergrunde mit oder ohne Koran in der Hand; denn es handelt
sich ja hauptsächlich um die Erlernung dieser heiligen Schrift, welche
meistens auch das gesamte Wissen des Lehrers enthält. Es ist ein
interessantes, auch schon von Malern dargestelltes Genrebild: im
Vordergrunde der bärtige Fiqi und dahinter eine Sammlung von
weißen, braunen und schwarzen jugendlichen Gesichtern mit glänzenden Augen, roten Lippen, die oft Reihen weißer Zähne zeigen, und
runde Schädel, die zum Teil mit kurzen Haaren bedeckt oder frisch
rasiert, alle aber mit den vorschriftsmäßigen, wohl erhaltenen zwei
Locken versehen sind; die weiten, dunkelblauen Hemden, aus denen
die bloßen Arme und Beine hervorblicken; als Rahmen die originelle
arabische Bauart des Hauses und schließlich jene halbdunkle Beleuchtung, welche in Ägypten als Gegensatz zu dem grellen versengenden

Sonnenlicht allen Gegenständen im eifrig aufgesuchten kühlenden Schatten eine eigentümliche Färbung giebt.

Sobald das Kind lesen kann, beginnt es das Auswendiglernen des Korans: eine reine Gedächtnisübung, da der Lehrer keine Erläuterungen dazu giebt. Dieses bescheidene Lehrpensum wird durch den Schreibunterricht, sowie durch einige geographische Begriffe und die Anfangsgründe der Arithmetik erweitert. Natürlich ist die arabische Geographie und Weltkunde in der rechtgläubigsten Weise dem unfehlbaren Koran entnommen oder angepaßt: „Der Bien muß!" So wird denn in den türkischen Schulen folgendes gelehrt, und wehe dem, der als Schüler oder gar als ausgewachsener Moslem auch nur an einer Silbe zweifeln würde:

„Es giebt sieben Erden und sieben Himmel; von der bewohnbaren ersten Erde ist Mekka das Centrum. (Welcher Giaur oder Kafir wird es wagen, den Nabel der Erde besitzen zu wollen?) Die zweite Erde unter uns wird von den Winden bewohnt, die dritte und vierte von den Steinen und dem Schwefel der Unterwelt, die fünfte von den Schlangen, die sechste von den schwarzen Skorpionen, so groß wie Maulesel und mit Krallen wie Lanzenspitzen, die siebente ist der Aufenthaltsort des Iblis, des Gottseibeiuns, und seiner Heerscharen. Man weiß nicht genau, was diese Erden zusammenhält, indessen glaubt man, daß die unsrige von einem Felsen getragen wird, den Adern und Wurzeln mit dem Berge Käf verbinden, und daß Gott zuweilen dem Felsen gebietet, eine oder mehrere dieser Wurzeln zu schütteln, wodurch die Erdbeben entstehen. Ibn-esch-Schánĉh, den Allah segnen möge, sagt, Gott habe nach der Schöpfung der sieben Erden gewahrt, daß sie nicht fest genug waren. Er schuf also einen Engel von ungeheurer Größe und Stärke und befahl ihm, sich unter die unterste Erde als Stütze zu stellen. Aber der Engel fand selbst keinen Stützpunkt für seine Füße. Da macht Gott einen Rubinfelsen mit 7000 Löchern, und aus jedem dieser Löcher brach ein Meer hervor. Das half jedoch dem Felsen auch nicht, und Gott war genötigt, um ihn zu stützen, einen ungeheuren Stier zu erschaffen, der 4000 Augen, 4000 Ohren, ebensoviele Nasenlöcher, Mundöffnungen, Zungen und Füße hatte, und jeder dieser Füße ist von dem andern 500 Jahresreisen entfernt und der Name dieses Ochsen ist Koutoukia. Zweimal täglich atmet er und erzeugt dadurch Ebbe und Flut. Allerdings wagen einige arabische Schriftgelehrten, die runde Gestalt der Erde und das Ptolomäische Weltsystem anzunehmen. Sie geben der Erde einen Umfang von 2400 Meilen, jede Meile hat 3000 Ellen, die Elle 3 Spannen, die Spanne zwölf Fingerbreiten, die Fingerbreite fünf Gerstenkörner und das Gerstenkorn endlich sechs Maulefelhaare. Allah Kebir!"

Bei solchen Anschauungen über das Weltsystem ist es nicht zu verwundern, daß noch die alte türkisch=arabische Zeitrechnung festgehalten und die Kalender die wunderlichsten Dinge enthalten. So steht in einem Kalender des Jahres 1885: dieses Jahr ist seit der Schöpfung das 185 262., seit dem Sturze des Satans das 31 884. 2c. Wenn auch die Sonnen= und Mondfinsternisse im Kalender stehen, so hindert das keinen Araber und Türken, an dem Glauben festzuhalten, daß der Weltkörper verfinstert werde, weil sich ein Drache nahe, um ihn zu verschlingen; daher hört man auch bei jeder Finsternis überall Flinten= und Revolverschüsse knallen, weil die Gläubigen dadurch den bösen Drachen zu verscheuchen wähnen. Namen von Heiligen enthält der Kalender nicht, wohl aber Angaben, wie folgende: 1. April: gut zum Nägelschneiden; 2. April: günstiger Tag, um Schulden einzukassieren; 3. April: gut zum Rasieren; 4. April: ungünstig für alle Geschäfte; 5. April: gut zum Heiraten 2c.

In den Städten genießen ziemlich viele türkische Kinder den oben geschilderten Elementarunterricht; auf dem Lande sind die Schulen, wo sie etwa vorhanden sein sollten, wenig besucht. Mädchenschulen existieren nicht. Wozu auch die armen eingesperrten Wesen mit Bildungsstoffen füttern, die sie nur auf Emancipationsgedanken bringen und mit ihrer Lage noch unzufriedener machen, als sie es in den größeren Städten bereits zu sein beginnen. Der Koran hat einen Satz, der eigentlich unserer zahllosen alten Jungfern und unserer neuen Töchterversorgungsanstalten wegen in der Bibel stehen müßte: „Verheiratet diejenigen, welche es noch nicht sind, und wenn Armut sie daran hindert, so gebt ihnen ein wenig von der Habe, welche Gott euch gegeben hat, ihr Reichen, und thut sie zusammen." Aber die Übervölkerung!!

Nach Eduard Dor
(vom Herausgeber).
L'Instruction publique en Égypte. P. 1872.

5. Gebet eines mohammedanischen Knaben.

Mein Freund Burton, erzählt Lane, der während seines langen Aufenthaltes in Ägypten einen großen Schatz wertvoller Kenntnisse über das Leben der heutigen Einwohner erlangt hat, ist so gefällig gewesen, mir eine arabische Abhandlung mitzuteilen, welche das Hezb oder Gebet mit den Verwünschungsformeln enthält, das die muslimischen Knaben in manchen Schulen Kairos täglich zur Zeit des Asr (nachmittags) hersagen, ehe sie wieder nach Hause gehen, außer Donnerstags, wo sie es zu Mittag sagen, weil sie an diesem Tage wegen des folgenden Freitags, ihres Sabbath und Ruhetages, die Schule früher, in der ersten Stunde des Duhr (mittags) verlassen dürfen. In den Moscheeenschulen wird jedoch dieses Gebet nicht recitiert. Ich gebe hier eine Übersetzung:

„Ich suche Zuflucht bei Gott vor Satan dem Verfluchten. Im Namen Gottes des Allbarmherzigen, des Erbarmers! O Gott! unterstütze den Islâm und erhöhe das Wort der Wahrheit, und den Glauben, durch die Bewahrung deines Dieners, des Sultân der beiden Weltteile*) und Khâkân**), der beiden Meere***), des Sultân, Sohnes des Sultân [Mahmûd †] Khân. O Gott! stehe ihm bei und stehe seinen Heeren bei, und allen Heeren der Muslimen! O Herr aller Geschöpfe! O Gott! vernichte die Ungläubigen und Götzendiener, deine Feinde, die Feinde der Religion! O Gott, mache ihre Kinder zu Waisen, und verdirb ihre Wohnungen, und laß ihre Füße straucheln, und gieb sie, und ihre Familien und ihr Gesinde und ihre Frauen und ihre Kinder und ihre Verwandten durch Heirat und ihre Brüder und ihre Freunde und ihren Besitz und ihren Stamm und ihren Reichtum und ihre Länder den Muslimen zur Beute! O Herr aller Geschöpfe!"

Es muß jedoch hinzugefügt werden, daß trotz dieses Fluchgebetes, dem noch ähnliche, z. B. die Khutbet ennaat, angereiht werden können, das ägyptische Volk nicht übertrieben fanatisch ist; und daß, nach den Mitteilungen verschiedener Imams an Lane die Fluchformeln in der Moschee oft ausgelassen werden.

---

*) Europa und Asien.
**) Kaiser oder Beherrscher.
***) Des Mittelländischen oder Schwarzen Meeres.
†) Der regierende Sultan zur Zeit als dieses geschrieben wurde.

5. Der Ramadan-Taumel.
Scenen aus dem mohammedanischen Leben.

Wenn am ersten Tage des neunten Monats des arabischen Mondjahres ein Moslem, aus der Wüste zurückkehrend, vor dem Kabi beschworen hat, daß er am Himmel den ersten Streifen des Neumonds sah, so nimmt der dreißigtägige Ramadan (d. h. der Fastenmonat, welchem noch das Bairamsfest folgt) seinen Anfang. Kanonendonner verkündet der Stadt das freudige Ereignis und schreiende Kinder ziehen mit dem jubelnden Rufe: Ziâm! Ziâm! Ziâm! (Fasten! Fasten! Fasten!) durch die belebten Straßen. Die Nacht wird durchjubelt, es beginnt die Laternenfreiheit, d. h. es ist jedem gestattet, ohne Laterne des Nachts in den Straßen herum zu gehen, was sonst streng verboten ist; die Verkaufsläden bleiben geöffnet, und jeder Moslem ißt und trinkt, so lange nur Geldbeutel und Magen aushalten will. Zwei Stunden bevor die Morgenröte heraufdämmert, rollt der Donner eines einzigen Kanonenschusses über die noch lebendige Stadt, und jeder gute Muselmann würde es für eine Todsünde halten, von jetzt ab bis dahin, wo man am Abend einen weißen von einem schwarzen Faden unterscheiden kann, und wo man auf der hochgelegenen Citadelle Kairos abermals eine Kanone abfeuert, auch nur das Geringste zu genießen. Nicht Rauch noch Wasser darf er trinken (der Orientale sagt: „anna oschrub", ich trinke Rauch und Wasser), noch irgend eine Speise zu sich nehmen; Kinder und Kranke unterliegen jedoch diesem Gebote nicht. Die Genauigkeit, womit der Mohammedaner diese, eine seiner vornehmsten Religionsvorschriften befolgt, ist ganz bewunderungswürdig, und selbst Kinder und Kranke schließen sich davon nicht aus, wenn es ihnen irgend von Eltern oder Wärtern gestattet wird. Ich habe mit Arabern zur Ramadanzeit die Wüste durchzogen und es mit eigenen Augen gesehen, wie Weiber und Männer, wovon letztere noch zu Fuß in der Glut der Augustsonne den Kamelen nachzogen, es über sich brachten, am Tage so wenig Speise als Trank zu sich zu nehmen. Sie begnügten sich, die dürren Lippen mit Wasser zu benetzen und den trockenen Mund auszuspülen, worauf sie das Wasser fortspieen. Diese Erfrischung ist ebenso wie die Waschungen mit Sand, wenn in der Wüste Wassermangel vorherrscht, erlaubt. Der Monat Ramadan durchläuft in dem Zeitraum von 33 Jahren alle Jahreszeiten, und so kommt es, daß derselbe in die glühenden

Sommermonate, in die unangenehmen feuchtkalten Wintertage, in die ägyptische blütenreiche Frühlingszeit, oder in die entsetzlichen fünfzig heißen Windtage fällt, die Khamsin heißen. Wenn die klimatischen Verhältnisse in Ägypten schon den normal lebenden Europäer sehr unangenehm berühren, wie viel mehr den armen hungernden Araber in der Ramabauzeit! Im Sommer arbeitet er hungernd im Schweiße seines Angesichts, im Winter durchschüttelt ungewohnter Frost die halbnackten Glieder, der Frühling erweckt Appetit und Lebenslust, was beides unterdrückt werden muß, und der nervenerregende fünfzigtägige Khamsin kann auch keinen guten Eindruck auf den leeren Magen machen. Müde, unzufrieden, hungrig erblickt er nun um sich die Andersgläubigen, welche essen und trinken, weniger arbeiten als er und satt und zufrieden mit hellen Augen in die Welt hineinschauen. Was ist natürlicher, als daß uns der Mohammedaner dieserhalb gleichzeitig verachtet und beneidet — der Haß ist da! — Der Ramaban ist eine Schule, eine Säezeit des Fanatismus, und ohne die Fasten, welche den Jslam gleichsam wieder aufrütteln, welche die Nacht zum Tage machen und das Innerste nach außen kehren, wäre der Mohammedanismus vielleicht längst eingeschlafen und vergessen. Will man dieses Volk recht kennen lernen in seinem Ramaban-Taumel, so muß man es sich nicht verdrießen lassen, einen arabischen Anzug anzulegen, einen Umzug durch die volksbelebten Straßen zu machen und dabei einen sogenannten Haifisch (ein Kaffeehaus, wo Hauf geraucht wird) zu besuchen. Dort kann man diese Mohnköpfe des Ostens recht kennen lernen. Wir haben oft stundenlang in der Esbekieh (dem öffentlichen Volksgarten Kairos) in einer von bunt blühenden Windearten umrankten, halb hinter riesigen Platanen versteckten Schilfrohrhütte gesessen und umdampft von den ätherischen, feinen Wohlgerüchen des Haschisch, oder vielleicht selbst einige Züge aus einer von brauner Hand freundlich gereichten Tamire (Kokosnuß-Wasserpfeife) thuend, ein märchenhaftes Nachtbild beobachtet.

Zwei wahnsinnige Pilger, d. h. Männer, die in Mekka waren, und die deshalb vom Volke heilig gesprochen sind, weil sie mit merkwürdiger Virtuosität eine Art dumpfen, ruhigen Wahnsinns affektieren, der ihnen durch Betteln so viel einbringt, daß sie mit ihren geringen Ansprüchen in diesem schönen Klima leben können, zwei dieser wahnsinnigen Heiligen saßen regelmäßig des Abends in der erwähnten Hütte, und der eine von ihnen entlockte einer einfachen

Rohrflöte so klagende, liebliche Töne, daß es fast wie Geisterhauch durch die Hütte wehte. Dennoch waren wir wohl die einzigen, welche diesen Tönen lauschten.

Gelächter, Witze, welche nicht allzu ästhetisch waren, und das Gluckern der Wasserpfeifen, verbunden mit dem Brobeln der riesigen Kaffeekannen, erfüllte das enge, gemütliche Gemach. Welch buntes Bild! — Da sitzen und liegen die farbigen Kinder des Islams, weiß, braun und schwarz; die dunkeln Augen glühend und blitzend im Haschischrausche, die Brust wogend; die ruhige, sternhelle Nacht und der bleiche Mond, welcher lächelnd durch die Windenranken schaut und die romantischen, bunten Kostüme des Volkes beleuchtet, welches sich freiwillig unter seine Embleme gestellt hat. Hier ist der heimliche Ort, wo Poesie in der Luft liegt; man betrachte das Volk, welches frei, einig, ungeknechtet in diesen Nachtstunden beisammen hockt, umrauscht von den Tönen der wollüstigen arabischen Musik, umwallt von dem süßen, nervenerregenden Duft des Haschisch, aufgeregt durch den starken, schwarzen Mokkatrank, und man wird es natürlich finden, daß Hafiz und andere orientalische Dichter so schöne, volle Lieder sangen, welche das Abendland erglühen machen durch den warmen Hauch des Morgenlandes! Hier in diesem Haschisch rauscht der Lieder- und Märchenquell; hier verschwärmen Dichter und Bummler ihre Nächte, wenn sie den Tag über vielleicht in einem verhaßten Berufe gearbeitet haben; hier ist die Burnette (der europäische Hut) verpönt und nur der geachtet und gern gesehen, der mitlacht und mitmacht. Dieses aber sind nicht die einzigen Orte, wo es lebendig hergeht — allüberall, in den Hütten der Armen sowohl, wie in den Palästen der Reichen, in Frauen- und Männergemächern ist der Ramadan mit seinen tollen Nachtfreuden eingekehrt. Der Reiche versündigt sich bei Wein und gaumenkitzelnden Speisen, der Arme raucht sein Pfeifchen mit oder ohne Haschisch, trinkt verschiedene Tassen Kaffee und verzehrt das, was er sonst am Tage genießt, in der Nacht.

Ein toller Jubel scheint nun in die sonst so ernst und ehrbar thuenden Mohammedaner gefahren zu sein, und es ist mir oft vorgekommen, als liege der Ton des Oberonschen Zauberhorns in der Luft, welcher die Orientalen aus moralischen Gründen zu so merkwürdigen, außergewöhnlichen Bewegungen zwingt.

Unzufrieden und mürrisch erwacht der Islam nach einem kurzen Schlaf, das ganze Volk sieht übernächtigt aus und geht langsam mit

Ekel an seine verschiedenen Beschäftigungen; tausendmaliges Gähnen scheint die Minuten bis zum Abende zu zählen, bis dahin, wo der tolle Nachtjubel wieder angehen soll. Der Orientale fastet ungern, ja viele brechen sogar bei wohlverschlossenen Thüren das Verbot. Andere halten es mit Pietät bis zur Minute des Kanonenschusses; ich habe es oft gesehen, wie gegen Abend die Diener viertelstundenlang mit der brennenden Pfeife oder mit einem Glase Wasser vor ihrem Herrn stehen, und wie eilig derselbe zugreift, sobald der Schuß über die Stadt hinrollt; er holt darauf alles reichlich nach, was er am Tage versäumte. Eine Hyäne kann nicht gieriger essen, als der als nüchtern und genügsam gerühmte Orientale, und eine Folge davon ist die vergrößerte Sterblichkeit der Rechtgläubigen während der Ramadanzeit; öfter, besonders in den heißen Monaten, übersteigt die Mortalität der islamitischen Bevölkerung von Kairo die gewöhnliche Höhe um das Doppelte. Dem Orientalen fällt es bei seiner zur andern Natur gewordenen Bequemlichkeitsliebe gar nicht ein, sich eine kleine Bewegung im Freien oder nur im Zimmer zu machen, wenn er sich nachts den Magen überfüllt hat; der Prophet, der das wußte, gebot deshalb, daß in den Ramaban-Nächten das Niederwerfen der Rechtgläubigen beim Gebet vierundzwanzig Mal wiederholt werden müsse: eine gewiß sehr naive Verordnung, um die in Unordnung geratenen Bauchmuskeln wieder zur Raison zu bringen.

Der Ramaban ist mit allen seinen Mängeln, die ja der Orientale, sobald er nur eine Stufe höher steht in der Bildung als der Pöbel, auch einsieht, dennoch eine ersehnte Freudenzeit für Jung und Alt, für Reich und Arm. Die öffentlichen Gebäude sind geschlossen, die Beamten arbeiten nur wenige Stunden, das Militär hat Ruhezeit, am Abend legt jeder seine Festkleider an, und selbst die Diener bei Europäern und die kleinen Arbeiter werden von ihren Herren nachsichtig behandelt, wenn sie lässig, unzufrieden und müde an die Arbeit gehen und im halben Schlafe alles schlecht machen oder verderben. Die Vornehmen jagen nachmittags, nachdem sie sich ausgeschlafen haben, hinaus auf die Straße von Schubra und tummeln sich dort herum auf ihren prächtigen Pferden; oft treiben sie ein kriegerisches, von den alten Mamelufen ererbtes Spiel, das sogenannte Geridwerfen, welches auf den Beschauer einen angenehmen Eindruck macht. Die Reiter werfen im vollen Jagen schwere Gerids (Palmzweigstöcke) nach dem Fliehenden, welcher dem Stock auszubiegen oder ihn abzufangen sucht, wobei er genug Gelegenheit hat, seine und seines arabischen Pferdes schöne Formen und Gelenkigkeit zu zeigen.

Abends und die halbe Nacht hindurch sind die sonst um diese Zeit toten und menschenleeren Straßen Kairos mit Hunderten von Spaziergängern belebt, welche nach der Esbekieh strömen, sich frei fühlend von dem lästigen Laternengesetz und von den beobachtenden Blicken der türkischen Polizeisoldaten, welche selbst in umfangreicher Weise Ramadan feiern. Die Kaffeehäuser in der Stadt sind geöffnet und lange bis nach Mitternacht besucht.

(Nach W. Winkler.)

6. Die Krokodilengrotte von Maabdeh.

Die Windstille hielt uns seit drei Tagen vor Anker bei Amabbi fest. Der Aufenthalt in der Kajüte wurde unter dem glühenden Sonnenbrande immer unerträglicher; wir waren des ewigen Rauchens und Faulenzens müde und sehnten den Khamsin herbei, dessen Staubwolken seit mehreren Tagen am westlichen Horizonte zu drohen schienen. Da schlug uns Hassan, unser Dragoman, vor, die einige Meilen von unserem Ankerplatze entfernten Grotten von Maabdeh zu besuchen. Ich erinnerte mich des schrecklichen Abenteuers, welches das Parlamentsmitglied Herr Leigh dort bestanden hatte, und nahm trotzdem den Vorschlag an, ja ich beschloß sogar, ungeachtet der dringenden Mahnungen Hassans, in das Innere der Grotten einzubringen.

Es gelang uns, in Amabbi einige Esel und zwei junge Bursche als Führer aufzutreiben. Bei Tagesanbruch sollten wir (ich und mein Bruder) aufbrechen.

Der Mond war untergegangen, und der dichte ägyptische Nebel umhüllte die Landschaft, als wir geräuschlos über den Strom fuhren und auf dem Sande des andern Ufers ans Land stiegen. Die Luft war inzwischen erstickend heiß geworden, denn der Khamsin näherte sich und verschleierte bereits den Horizont. Vor uns erhoben sich Granathügel, die sich unter den Staubwirbeln wellenförmig zu bewegen schienen; hinter uns, zwischen nahen Ufern eingezwängt, wälzte der Nil brausend und reißend schnell seine gelben Wellen.

Die Führer erschienen, als eben die Sonne aufging. Der Weg führte uns zwei Stunden lang durch reiche Getreide-, Hanf- und

Zuckerrohrfelder bis an den Fuß der Granitfelsen; zu so früher Stunde sahen wir kein menschliches Wesen, selbst nicht in dem von Dattelpalmen umgebenen Fellahdorfe, an welchem wir vorbeikamen. Vor unseren Augen öffnete sich nun ein enges Thal, dessen trostloses Aussehen aller Beschreibung spottet: kein Baum, kein Grashälmchen, nicht die geringste Spur von Graswuchs, nichts als Sand und kahle Felsen, welche die Strahlen der höher steigenden Sonne so glühend heiß auf uns zurückwarfen, daß unsere vertrockneten Lippen barsten und bluteten. Immer tiefer drangen wir in diese Feueresse hinein, und erreichten endlich eine Hochfläche, von welcher wir auf den Strom mit seinen grünen Ufern hinabblickten. Die Hitzeausstrahlung war oben noch schlimmer.

So ging es einige Stunden lang bergauf und bergab bis an den Kamm der Bergkette. Hier stiegen wir in eine von steilen Felsen eingefaßte runde Schlucht hinab, in deren Mitte sich ein längliches Loch zeigte. Wir waren an unserem Bestimmungsorte angekommen.

Wir sprangen von unseren Eseln herab und untersuchten den Eingang, einen weiten horizontalen Einschnitt in dem Felsen, fast wie eine Brunnenöffnung, 10 bis 12 Fuß tief. Vom Rande aus konnten wir einen niedrigen, düstern Gang erkennen, der in das Innere des Berges führte.

Einer der beiden arabischen Führer war bereit, mit hineinzusteigen; der andere hielt es für klüger, oben zu bleiben. Wir organisierten demnach unsere Forschungskolonne dergestalt, daß ein Araber voranging, dann mein Bruder, hierauf Hassan und ich zuletzt folgten. — Wir ließen uns ohne Schaden auf den Boden des Loches gleiten und legten dort die zur unterirdischen Reise überflüssigen Röcke ab. Hierauf schlüpften wir hintereinander unter einen ungeheuren Felsquader, der jeden Augenblick zu fallen und den allzu neugierigen Reisenden den Rückweg für immer verschließen zu wollen schien.

„Und nun," sagte mein Bruder, indem er sich ruhig an den Eingang des Ganges setzte, „was werden wir hier finden? Einen von den Piraten des Kapitäns Kitt (schrecklichen Andenkens) verborgenen Schatz? Etwas auf ol oder il? Petrol oder irgend ein urweltliches Fossil?"

„In der That," antwortete Hassan; „es ist wirklich etwas auf il, mein Herr, nämlich Krokodile".

Und der spaßhafte Dragoman lehnte sich gegen die Felsenwand, um sein Gesicht zu einem vergnügten Lachen zu verziehen.

Wir zündeten einige der mitgebrachten Wachslichter an und drangen 8 bis 10 Fuß in die Höhle vor, dann zwang uns die plötzliche Senkung des Gewölbes auf Händen und Füßen weiter zu gehen. Allmählich wurde der Gang noch enger, so daß wir schließlich, auf dem Bauche liegend, uns mit Händen und Ellenbogen vorwärts arbeiten mußten.

Gerade als ich darüber ungeduldig und besorgt zu werden begann, hob sich die Decke und wir traten in einen mit schönen Stalaktiten geschmückten Saal; doch war der Raum kaum 30 Fuß breit. Am entgegengesetzten Ende öffnete sich ein Gang, in dem wir noch einige Schritte aufrecht machten, dann aber von neuem auf den Knieen und zuletzt auf dem Bauche kriechen mußten.

Die Hitze wurde immer erstickender; der allen Nilfahrern wohlbekannte ekelhafte Geruch der Fledermäuse vermischte sich mit dumpfem Moderduft und den erdharzigen Ausdünstungen der Mumien.

Wie lange wir in diesem zwei Fuß breiten Loche weiterrutschten, kann ich nicht sagen; vielleicht 300 Meter, jedenfalls nicht weniger als 100. Schließlich bereuten wir unsere Verwegenheit. Dazu kam noch, daß, je weiter wir kamen, die infernalische Hitze über alle Beschreibung stieg. Ich weiß aus Erfahrung, was die Hitze in allen Tropen zu bedeuten hat, ich kenne die der Wüste und die des Roten Meeres im Monat Mai, allein niemals habe ich eine Brustbeklemmung wie in diesen scheußlichen Höhlengängen empfunden.

Wir erreichten endlich einen langen und niedrigen Saal, in dem wir wenigstens unsere schmerzhaften, fast steifgewordenen Glieder ausrecken konnten. Das Zimmer war von Steinblöcken überfüllt, über welche wir hinwegklettern mußten. Kaum hatten wir damit begonnen, als plötzlich ein ungeheurer Schwarm von Fledermäusen über uns herfiel, die uns mit den Flügeln ins Gesicht schlugen und sich an unsere Köpfe und Bärte klammerten. Es läßt sich kein größerer Schrecken denken! Mein Bruder schlug wie verzweifelt mit den Armen um sich und tötete sicherlich manchen Angreifer, Hassan blieb unbeweglich auf einem Steinblocke sitzen und rief alle Heiligen des mohammedanischen Paradieses zu Hilfe; ich riß mir die Haare mit den daran hängenden Tieren vom Kopfe.

Unsere Feinde verschwanden jedoch ebenso plötzlich, wie sie

gekommen waren. Sie stürmten wie ein schwarzes Unwetter aus der Höhle heraus, so daß, wie wir nachher hörten, der Araber am Eingange, von Entsetzen ergriffen, sich auf die Kniee warf und Allah um Hilfe anrief.

Nach dieser Unterbrechung kletterten wir über die Steinblöcke weiter und gelangten an einen, einige Fuß über dem Boden in den Felsen eingehauenen Eingang, worin, nach den Löchern an der einen Seite zu schließen, früher eine Thüre gewesen war. Zuerst mußten wir uns bücken, nachher jedoch, während die Hitze und der eigentümliche Mumiengeruch noch intensiver wurden, mit den Knieen und den Händen und zuletzt auf dem Bauche uns weiterarbeiten wie Reptilien.

Bei unserer überreizten Stimmung schien uns der Weg unendlich lang. Es trat mir die Gefährlichkeit unserer Unternehmung vor die Augen. Wenn Fledermäuse in diesen unterirdischen Gängen leben konnten, weshalb nicht auch Schlangen. Es konnte in dem engen Raume keiner an dem andern vorbei; wenn mir, dem Hintersten, etwas zustieß, ein tötlicher Schlangenbiß oder ein Herzschlag infolge der übermäßigen Hitze, so waren meine drei Vordermänner unrettbar verloren, denn sie konnten mich nicht wegschaffen, noch an mir vorbeikommen. Dasselbe meinten meine Gefährten, allein wir waren nun einmal im Zuge und keiner wollte zurück.

Bald darauf, als wir wenigstens auf den Knieen vorwärts kommen konnten, machte ich eine Entdeckung. Ich fühlte unter meiner Hand etwas Schlüpfriges, und warf meinen Kopf mit solcher Heftigkeit zurück, daß ich mir fast den Schädel am Gewölbe zerschmettert hätte, doch hielt ich rasch mein Wachslicht hin, um zu sehen, was es wäre.

Ich sah alsdann, daß der Boden, auf welchem wir krochen, mit menschlichen Überresten bedeckt war und daß ich soeben mit den Fingern über das lange, braune Haar einer Frau gefahren war. Neben meinem Knie lag das Bein eines Kindes; überall lagen Köpfe, Skalpe und Gliedmaßen, einige noch zum Teil mit ihren Mumienbändern umwickelt; sie bildeten mit Sargstücken, Haarbüscheln und dergl. die Bedeckung des Bodens. Hier leuchtete bei dem Scheine unserer Lichter das gelbe Gesicht irgend eines Priesters oder vornehmen Mannes aus der staubigen Masse hervor; dort lehnte sich aufrecht an die Mauer der Leib einer Frau, deren Brust in scheußlicher Weise aufgerissen war.

Ich sah eine Scene so abscheulicher Grabesschändung vor Augen, daß selbst Hassan, der an die Achtung gegen Tote, welche nicht dem Geschlechte der Rechtgläubigen angehören, wenig gewohnt war, im Namen seiner Landsleute jede Beteiligung an diesem Frevel zurück=
weisen zu müssen glaubte. „Es sind englische Reisende, die das ge=
than haben!" rief er aus. Und ich habe Gründe, an die Wahrheit seiner Aussage zu glauben. Ist es jedoch möglich?

Ich erzähle keine erfundene Geschichte und setze meine Phantasie keiner empörenden Scene wegen in Unkosten. Irgend ein Mensch, Muselmann oder Christ, hat diese armen Leichname von Maabbeh auf eine, für seinen Glauben und sein Volk, ja für die ganze Mensch=
heit schändliche Weise mißhandelt, und, was die rohesten Wilden nicht thun würden, weder Alter noch Geschlecht geschont. Ohne ir=
gend einen Zweck waren die Körper auseinander gerissen, die Glieder auf dem Boden ausgestreut, die Schädel ihrer Haare beraubt wor=
den. Nur ein Tollhäusler oder Fanatiker konnte diese Schandthat gethan haben.

Wir drangen nun weiter vor und erreichten eine jener unge=
heuren Höhlen, die vor Jahrhunderten als Grabstätten der heiligen Krokodile dienten. Es bot sich uns ein wahrhaft merkwürdiges Schauspiel dar. Die Tiere lagen auf dem Boden, so dicht als mög=
lich nebeneinander, jedes den Kopf zu Füßen des anderen und ebenso, durch Palmblätter getrennt, schichtweise übereinander. Bis wie weit sich diese Grüfte in den Berg hinein erstrecken, kann nie=
mand sagen; wir konnten nur zwei besuchen. Die Höhlen sind durchaus nicht das Werk von Menschen, auch müssen sie einen an=
deren, den Haupteingang haben — da es vollständig unmöglich ist, Krokodile, deren viele von kolossaler Größe waren, auf dem von uns eingeschlagenen Wege hineinzubringen.

Wie es scheint, wurden die Krokodile zuerst reihenweise aufein=
ander geschichtet, bis die Höhle gänzlich damit angefüllt war; darauf ging man zur Grotte daneben und füllte sie auf dieselbe Weise. Es war uns also unmöglich, die Länge und Ausdehnung der Gruft abzuschätzen, und niemand wird dieses vor Ausleerung derselben thun können.

Besonders bemerkenswert bei diesen sonderbaren Bestattungen ist die außerordentlich große Zahl junger Krokodile, selbst solcher, die noch im Ei, oder kaum demselben entschlüpft sind. Sie sind zu je zwanzig mit Mumienlinnen in Packeten zusammengerollt, die zu

Tausenden die Zwischenräume ausfüllen. Nach einer annähernden Berechnung liegen um jedes erwachsene Krokobil fünfhundert dieser jungen Götter; und in den beiden Höhlen, die man, durch die Mumien kriechend, besuchen kann, sind nach meiner Schätzung wenigstens eine halbe Million, vielleicht sogar befinden sich zehnmal mehr darin, da man das Ende der zweiten Höhle nicht erreichen kann. Man kann sich, wie ich schon sagte, keinen Begriff von der Ausdehnung dieser Höhlen machen, welche bis zur Decke wie Heringsfässer vollgestopft sind. Eine so ungeheure Menge von Mumien setzt entweder eine gleich große Sterblichkeit unter den Eiern und jungen Krokobilen voraus, oder den Gebrauch der Ägypter, die Familien ihrer heiligen Tiere so frühzeitig wie möglich dem Totenreiche zu übergeben.

Nachdem wir alle zugänglichen Stellen der Höhlen untersucht und einige Specimina ihres Inhalts ausgewählt hatten, beeilten wir uns, den Rückweg anzutreten. Das unheimliche Schauspiel dieser von unsern Lichtern phantastisch beleuchteten Höhlen, diese wirr durcheinander liegenden Krokobilmumien und menschlichen Glieder kamen mir zuletzt schauerlich vor. Aus einer Felsenspalte ragten starr, schwarz und wie in Todeszuckungen zusammengezogen, ein Bein und ein Fuß hervor. Seltsam davon angezogen, trat ich näher, um das Glied wieder anständig zu bedecken. Als ich es anfaßte, brach dieser ganze menschliche Überrest, indem er sich wie ins Leben zurückgekehrt emporhob, zusammen; ich fuhr schaudernd zurück.

Wir banden nun mit unsern Gürteln und mitgebrachten Stricken die Beute zusammen, welche wir mit hinausschleppen wollten und legten dann wie früher kriechend den größten Teil des Rückweges zurück. Unsere Nerven waren durch die Hitze, die schlechte Luft und die Geheimnisse der Höhlen so angegriffen, daß wir, nach kurzer Ruhe in dem zweiten Saale, nur mit Mühe den Ausgang und die freie Luft erreichten.

Das Tageslicht schien uns unbeschreiblich glänzend; wir atmeten mit Wonne die brennend heiße Luft, welche uns jetzt im Vergleich zu der unterirdischen Feueresse, die wir hinter uns ließen, erfrischend vorkam. Ich will nicht weiter beschreiben, wie der Himmel mehr und mehr eine schmutzig gelbe Färbung annahm, während die Feuerröte am Rande des Horizonts immer höher stieg, je näher wir dem Ufer des Nils kamen; auch nicht, in welcher Weise jenes Sturmwetter von Sand und Feuer, welches die Araber mit dem Namen

„Khamsin" bezeichnen, uns noch in den Bergen überraschte und bis Kairo begleitete. Auch muß ich unsern Streit mit dem Scheik von Maabbeh übergehen, der durchaus ohne Prozeß unsere beiden jungen Araber aufhängen lassen wollte. Später habe ich noch immer lachen müssen, wenn ich mich an die Grimasse erinnerte, die der würdige Beamte schnitt, als ich ihm meinen Revolver auf die Stirne setzte.

Ich habe einfach zeigen wollen, daß es am Nil interessante Dinge giebt, die gewöhnliche Reisende nicht sehen. Für Nachfolger will ich hier eine Bemerkung machen. Trifft man die nötigen Vorsichtsmaßregeln, so ist der Besuch der Krokodilengrotten von Maabbeh nicht gefährlich; man lasse sich von den Dragomans nicht abraten; aber zwei Dinge sind zu beobachten: die schwächste Person muß zuerst; die kräftigste zuletzt kommen; dann aber gebe man acht auf das Licht! Ein Funken, der auf diese Masse von Zündstoffen in den Gängen und Höhlen fiele, würde im Nu einen Brand entzünden, aus dem es keine Rettung gäbe.

Wenn auch die Höhlen Werke der Natur sind, so müssen doch am wahren Eingange, der noch aufzufinden ist, Bauwerke der Pharaonen sich befinden, die vielleicht höchst interessante Altertümer enthalten. Die unter den Reptilien liegenden Menschenmumien sind wahrscheinlich die der Wächter der heiligen Krokodile, die sicherlich einer tiefstehenden Klasse angehört haben, da sie nicht den geringsten Leichenschmuck tragen; doch bleibt eine Beraubung durch frevelhafte Hand nicht ausgeschlossen.

Nach Octave Sachot, 1877,
vom Herausgeber.

7. In der Moschee.

Verwaltung und Beamte der Moschee. — Die Stellung des Imam. — Öffnung der Moscheeen. — Der Muëdbin und sein Selam. — Feierliche Andacht beim Gottesdienst. — Das Mittagsgebet am Freitag. — Eine mohammedanische Predigt.

Jede Moschee hat einen Vorsteher (Nazir), der das Vermögen an Ländereien, Häusern u. s. w., die der Moschee von dem Gründer oder anderen vermacht sind, verwaltet und die Geistlichen und Unterbeamten besoldet. Zwei „Imâms" sind angestellt, die in jeder größeren Moschee das Amt verwalten. Einer derselben, welcher der „Khatib"

heißt, predigt und betet des Freitags vor der Gemeinde; der andere ist ein „Imám Rátib", oder ordentlicher Imám, welcher die fünf all=
täglichen Gebete denen vorrecitiert, die sich genau zur Gebetszeit hier einfinden. In den meisten kleinen Moscheeen aber ruhen beide Ämter auf einem und demselben Imám. Ferner sind an jeder Mo=
schee ein oder mehrere „Muëbbin" (die den Ruf zum Gebete singen), und „Bowwáb" (oder Thürsteher), je nachdem die Moschee einen oder mehrere „Mád'neh" (oder Menaret) und Eingänge hat; und ver=
schiedene andere Diener sind angestellt, um die Moschee zu kehren, Matten zu legen, die Lampen anzuzünden, bei der „Sákijeh" (oder Wasserrad) zu stehen, durch welche der Teich oder Brunnen oder andere Wasserbehälter, die zu den Abwaschungen nötig sind, mit Wasser versorgt werden. Die Imáms und diejenigen, welche die nie=
deren Dienste verrichten, werden aus dem Vermögen der Moschee besoldet, nicht aus Beisteuern, die vom Volke erhoben werden.

Die Stellung des Imám ist in den meisten Stücken sehr von der der christlichen Priester verschieden. Sie haben keine Macht über andere und genießen keine andere Achtung, als die, welche sie sich durch den Ruf der Frömmigkeit und Gelehrsamkeit erwerben; sie bilden keinen besonderen Stand wie unsere Geistlichkeit, oder eine unauflösliche Verbrüderung, denn ein Mann, der als Imám in einer Moschee fungiert, kann von dem Vorsteher derselben abgesetzt werden; er verliert mit seiner Anstellung und Be=
soldung zugleich den Titel des Imám und hat keine bessere Aus=
sicht, wieder zu dem Amte eines Geistlichen gewählt zu werden, als jeder andere, der im stande ist, dem Amte vorzustehen. Die Besol=
dung eines Imám ist sehr gering, und er muß seinen Lebensunterhalt hauptsächlich durch andere Mittel erwerben, als durch den Dienst in der Moschee. Der Khatib erhält in der Regel monatlich etwa einen Piaster (2³/₄ d englisch, gleich 2 Ngr.), ein ordentlicher Imám etwa fünf Piaster. Manche derselben treiben Handel, viele sind „'Attar's" (Droguisten und Parfümeurs), andere Schulmeister. Diejenigen, welche kein regelmäßiges Geschäft dieser Art haben, recitieren oft den Khur-án gegen Bezahlung in Privathäusern. Sie werden meist unter den armen Studenten der großen Moschee El-Azhar gewählt.

Die großen Moscheeen sind von Tagesanbruch bis kurz nach dem 'Esche oder ziemlich zwei Stunden nach Sonnenuntergang ge=
öffnet. Die übrigen werden in den Stunden zwischen dem Morgen=
und Mittagsgebet geschlossen, und die meisten Moscheeen sind auch

bei schlechter Witterung außer den Gebetszeiten geschlossen, damit nicht jemand mit den Schuhen eintrete und das Pflaster oder die Matten beschmutze. Gewöhnlich tritt man durch das Thor ein, welches sich dem Teiche oder dem Brunnen zunächst befindet (wenn nämlich mehr als ein Thor da ist), um sich zu waschen, bevor man die Stelle betritt, wo das Gebet gehalten wird; und in der Regel wird bei schmutzigem Wetter dieses Thor allein offen gelassen. Die große Moschee El-Azhar bleibt die ganze Nacht über offen, mit Ausnahme der eigentlichen Gebetsstelle, welche „Maksûrah" genannt wird und die von dem übrigen Gebäude abgetrennt ist. In manchen der größeren Moscheeen sieht man, namentlich nachmittags, viele, die müßig herumliegen, miteinander plaudern, essen, schlafen, zuweilen spinnen oder nähen, oder sonst eine einfache Arbeit verrichten; aber ungeachtet dieses Mißbrauchs, der den Vorschriften der Propheten ganz zuwider ist, achten die Muslimen ihre Moscheeen doch sehr hoch. Es giebt Moscheeen in Kairo (wie die Azhar, Hasanejn u. a.), an denen, bis zur französischen Invasion vor wenigen Jahren, kein Franke oder anderer Christ oder Jude vorn vorübergehen durfte.

Am Freitag steigen die Muëbbin eine halbe Stunde vor „Duhr" (oder Mittag) auf die Galerieen der Mád'neh und singen den „Selám", einen Gruß an den Propheten, der nicht überall gleich, in der Regel aber in Worten folgenden Inhalts besteht:

„Segen und Friede sei über dich, o du, der du von großer Würde bist! O Gesandter Gottes! Segen und Friede sei über dich, zu dem der Wahrhaftige gesagt hat: Ich bin Gott! Segen und Friede sei über dich, du erster unter den Geschöpfen Gottes und Siegel der Gesandten Gottes! Von mir sei Friede über dich, über dich und deine Familie und alle deine Genossen!"

Hierauf fangen die Leute an, sich in der Moschee zu versammeln.

Bei dem öffentlichen Gottesdienst der Muslimen herrscht die größte Feierlichkeit und der größte Anstand. Ihre Blicke und Gebärden in der Moschee drücken nicht eine enthusiastische Andacht aus, sondern eine ruhige und bescheidene Frömmigkeit. Während des Gebets lassen sie sich nie ein falsches Wort oder eine unrichtige Handlung zu Schulden kommen. Den Stolz und Fanatismus, welchen sie im gewöhnlichen Leben beim Verkehr mit Personen anderen Glaubens zeigen, scheinen sie mit dem Eintritt in die Moschee abgelegt zu haben und ganz in die Anbetung ihres Schöpfers versunken zu sein, demütig und niedergeschlagen, aber ohne affektierte Demut oder einen erzwungenen Ausdruck des Gesichts.

Der Muslim zieht am Thor der Moschee seine Schuhe aus, legt sie Sohle an Sohle zusammen, nimmt sie in die linke Hand und schreitet mit dem rechten Fuße zuerst über die Schwelle. Wenn er nicht schon zu Hause die vorbereitende Abwaschung vorgenommen, so verfügt er sich sogleich an den Wasserbehälter oder Brunnen, um sich dieser Pflicht zu entledigen. Ehe er sein Gebet beginnt, legt er seine Schuhe (und sein Schwert oder Pistolen, wenn er solche Waffen trägt) auf die Matte, ein wenig vor der Stelle, wo er bei der Niederwerfung mit dem Kopfe den Boden zu berühren gedenkt; die Schuhe werden, Sohle an Sohle, einer auf den andern gestellt.

Die, welche sich zum Mittagsgebet des Freitags versammeln, stellen sich in Reihen, der Seite der Moschee parallel, an welcher sich die Nische befindet und das Gesicht nach dieser Seite zu gewendet. Viele begeben sich erst wenn der Mittags-Adán ertönt, oder kurz vorher, in die Moschee. Wenn jemand mit oder gleich nach dem Selám geht, so betet er, sobald er seinen Platz in den Reihen eigenommen, zwei Rek'ah, und bleibt dann auf den Knieen liegen oder mit gekreuzten Beinen sitzen, während ein Vorleser, der gleich nach dem Selám an dem Lesestuhl seinen Platz genommen hat, die „Sûrat el-Kahf" (das 18. Kapitel des Khur-án), oder einen Teil derselben, vorliest; denn gewöhnlich ist er noch nicht fertig, wenn der Adán ertönt, wo er aufhört. Die ganze Gemeinde läßt sich, sobald sie den Adán hört (welcher derselbe ist wie an den anderen Tagen), auf die Kniee und Füße nieder. Wenn der Adán beenbigt ist, stehen sie auf und beten, jeder für sich, zwei*) Rek'ah, „Sunnet el-gum'ah" (oder die für den Freitag vorgeschriebene Sunneh), welche sie, wie die gewöhnlichen Gebete, mit zwei Begrüßungen beschließen. Dann öffnet ein Diener der Moschee, der „Murakkî" genannt, die Flügelthüren der Kanzeltreppe, nimmt hinter denselben ein gerades hölzernes Schwert hervor und stellt sich ein wenig rechts vom Thorweg, seine rechte Seite gegen die Kibleh gewandt, das Schwert in der rechten Hand mit der Spitze auf den Boden haltend. In dieser Stellung sagt er:

„Wahrlich Gott begünstigt, und seine Engel segnen den Pro-

---
*) Nämlich die Schâfe'i, zu denen die meisten Bewohner von Kairo gehören. Die Hanafi aber beten vier Rek'ah.

pheten. O ihr Gläubigen, segnet ihn und grüßt ihn mit einem Gruße!"*)

Dann fingt einer oder einige „Muballigh's", die auf der Dikkeh (Plattform) stehen, folgende oder ähnliche Worte:

„O Gott begünstige und bewahre und segne den trefflichsten der Araber und 'Agam (oder Fremden), den Imám von Mekkeh und El-Medineh, und (Imám) des Tempels, ihn, dem die Spinne günstig war, indem sie ihr Netz vor die Höhle spann; ihn, den der Dabb**) grüßte und vor dem der Mond sich in zwei Teile spaltete, unsern Herrn Mohammed und seine Familie und Genossen!"

Der Murakki recitiert dann den Adán, (den die Muëddins bereits gesungen haben), wobei er jedesmal nach einigen Worten innehält, und die Muballighs auf der Dikkeh wiederholen dieselben Worte in einem volltönenden Gesang.***) Ehe der Adán beendigt ist, kommt der Khatib oder Imám an den Fuß der Kanzel, nimmt das hölzerne Schwert aus der Hand der Murakki, besteigt die Kanzel und setzt sich auf der obersten Stufe oder der Plattform nieder. Die Kanzeln der großen Moscheeen sind an diesem Tage mit zwei Fahnen geschmückt, auf denen das Glaubensbekenntnis oder die Namen Gottes und Mohammeds eingewirkt sind. Diese sind oben an der Treppe befestigt und hängen zu beiden Seiten herab.

Nachdem der Murakki und die Muballighs den Adán beendigt, wiederholt ersterer eine Tradition vom Propheten und sagt:

„Der Prophet (über den Segen und Friede sei) hat gesagt, wenn du zu deinem Genossen sagst, während der Imám des Freitags predigt, sei still, so sprichst du unbesonnen. Seid still, es soll euch vergolten werden; Gott wird es euch vergelten." Dann setzt er sich nieder.

Jetzt steht der Khatib auf, der das hölzerne Schwert†) in der Hand hält, ebenso wie vorher der Murakki, und hält eine Ermahnung, „Khutbet el-Waaz" genannt. Der Leser wird auf eine muslimische Predigt neugierig sein, ich lasse deshalb hier die

---

*) Khurán XXXIII 56.
**) Eine Art Elbechse, die Lacerta Lybica.
***) In der großen Moschee El-Azhar stehen mehrere Muballighs an verschiedenen Plätzen, damit die ganze Versammlung den Adán hören könne.
†) Zum Andenken daran, daß Ägypten durch das Schwert erworben wurde. Es wird nie von dem Khatib in einem Lande oder einer Stadt gebraucht, die nicht auf diese Weise den Ungläubigen von den Muslimen entrissen worden.

Übersetzung einer solchen folgen, die am erften Freitag des arabischen Jahres gehalten wird.

(Während meines erften Aufenthaltes in Ägypten ging ich in die große Moschee El-Azhar, um das Freitagsgebet von der größten Gemeinde in Kairo verrichten zu fehen. Die Predigt des Khatib der Moschee, Gád-El-Maula, gefiel mir, und fpäter verschaffte ich mir fein Predigtbuch („Dîwan-Khutab"), welches Predigten für alle Freitage des Jahres und die beiden 'Id oder großen Fefte enthält. Ich überfetze hier die erfte Predigt. Das Original ift wie gewöhnlich in gereimter Profa.)

„Preis fei Gott, dem Erneuerer der Jahre und dem Vervielfältiger der Gnaden, und dem Schöpfer der Monate und Tage, nach der vollkommenften Weisheit und der wunderbarften Ordnung; der erhöhet hat die Monate der Araber über alle anderen Monate und verordnet, daß unter den ausgezeichneteren derfelben El-Moharrem der Heilige fei, und mit diefem das Jahr begonnen hat, wie er es befchloffen hat mit dem Zu-l-Heggeh. Wie günftig ift der Anfang und wie gut ift das Ende!*) Ich preife feine Vollkommenheit, die ihn der Genoffenfchaft mit jeder andern Gottheit neben Ihm enthebt. Er hat wohl bedacht, was Er gemacht und feft gemacht, was Er erdacht, er hat allein zum Schaffen und zum Vernichten die Macht. Ihn preife ich, feine Vollkommenheit erhebend und feinen Namen erhöhend, für die Kenntnis und Infpiration, die er huldvoll gewährt; und ich bekenne, daß es keinen Gott giebt, als Gott allein; er hat keinen Genoffen; er ift der heiligfte König; der Friede (b. i. der Gott des Friedens) und ich bekenne, daß unfer Herr und unfer Prophet und unfer Freund Mohammed fein Diener und fein Gefandter und fein Erwählter und fein Freund ift, der Führer des Weges und die Leuchte der Finfternis. O Gott! begünftige und bewahre und fegne diefen herrlichen Propheten, und oberften und ausgezeichneten Gefandten, den von Herzen Barmherzigen, unfern Herrn Mohammed und feine Familie, und feine Genoffen, und feine Frauen, und feine Nachkommen, und das Volk feines Haufes, die Edlen, und erhalte fie in Fülle! — O ihr Diener Gottes! Euer Leben wird Schritt

---

*) Das Jahr beginnt und schließt mit einem heiligen Monat. Es giebt vier heilige Monate: der erfte, fiebente, elfte und zwölfte. In diefen Monaten war der Krieg mit denen verboten, welche diefelben für heilig anerkennen, wurde aber fpäter erlaubt. Der erfte Monat wird auch noch befonders wegen des Tages der A'schûra, und der letzte wegen der Wallfahrt in Ehren gehalten.

für Schritt kürzer, und ein Jahr nach dem andern vergeht; und ihr schlaft auf dem Bette der Sorglosigkeit und dem Pfühl der Ungerechtigkeit. Ihr geht an den Gräbern eurer Vorgänger vorbei und fürchtet nicht den Angriff des Schicksals und der Vernichtung, als ob andere von der Welt weggegangen wären, ihr aber darin bleiben müßtet. Ihr freut euch über die Ankunft der neuen Jahre, als ob sie eurem Leben Verlängerung brächten, und schwimmt in den Meeren des Verlangens, und mehrt eure Hoffnungen und seid allerwege größer, als andere (an Dünkel), und seid träge Gutes zu thun. O welch großes Unglück ist dies! Gott lehrt durch ein Gleichnis. Wißt ihr nicht, daß die Verkürzung der Zeit durch Sorglosigkeit und Schlaf ein großes Unglück ist? Wißt ihr nicht, daß in dem Abbrechen der Leben durch die Beendigung der Jahre eine große Warnung ist? Wißt ihr nicht, daß Tag und Nacht das Leben vieler Seelen teilen? Wißt ihr nicht, daß Gesundheit und Kraft Segnungen sind, die von vielen Menschen begehrt werden? Aber die Wahrheit ist offenbar geworden dem, welcher Augen hat. Ihr steht jetzt zwischen zwei Tagen! Ein Jahr ist vergangen, und zu Ende gekommen, mit seinen Übeln, und ihr seid eingetreten in ein anderes Jahr, in welchem, so Gott will, die Menschheit Hilfe finden wird. Ist einer von euch, der sich zum Fleiß (Gutes zu thun) in dem kommenden Jahre entschließt? oder der seine Fehler bereut, die er in den vergangenen Zeiten sich hat zu Schulden kommen lassen? Glücklich ist, wer Buße thut für die vergangene Zeit, in der Zeit, so da kommt; und elend ist, dessen Tage entschwinden und der sich nicht bekümmert um seine Zeit. Dieses neue Jahr ist angetreten, und der heilige Monat Gottes ist gekommen mit Segnungen für euch, — der erste Monat des Jahres und der vier heiligen Monate, wie gesagt worden ist, und der würdigste des Vorzugs und der Ehre und der Verehrung. Sein Fasten ist das trefflichste Fasten nächst dem, welches auferlegt ist,*) und in demselben Gutes zu thun, gehört zu den trefflichsten Gegenständen des Verlangens. Wer irgend von demselben Vorteil zu ziehen wünscht, der mag fasten den neunten und zehnten Tag, und auf Hilfe warten. Enthaltet euch nicht dieses Fastens aus Sorglosigkeit und weil ihr es für eine Beschwerde haltet; sondern haltet es nach der besten Weise, und ehret es mit den besten Ehren, und wendet eure Zeit gut an mit Anbetung Gottes

---

*) Das des Monats Ramadan.

des Morgens und des Abends. Wendet euch zu Gott in Reue, vor dem Angriffe des Todes: Er ist der Gott, welcher die Reue seiner Diener annimmt und ihre Sünden vergiebt. — Die Tradition. —*) Der Gesandte Gottes (Gott sei ihm gnädig und bewahre ihn!) hat gesagt: „Das trefflichste Gebet, nächst dem vorgeschriebenen,**) ist das Gebet, welches im letzten Dritteil der Nacht gesagt wird, und das trefflichste Fasten, nach dem Ramadan, ist das des Monates Gottes, El-Moharram."

Wenn der Khatib mit dieser Ermahnung zu Ende ist, sagt er zu der Gemeinde: „Betet zu Gott!" Dann setzt er sich nieder und betet still für sich, wie nach den gewöhnlichen Gebeten, indem sie ihre Hände (das Innere der Hand betrachtend) vor sich halten und dann mit derselben über das Gesicht abwärts fahren. Wenn dies geschehen, sagen die Muballighs: „A'mîn! A'mîn! (Amen! Amen!) O Herr aller Geschöpfe!"

E. W. Lane.

(Sitten und Gebräuche der heutigen Ägypter. Aus d. Engl. v. Dr. Zenker.)

Arabische Erzählungen.***)

1. Ibrahims Gottvertrauen.

„Es giebt nur einen Gott und Mohammed ist sein Prophet; derjenige, welcher sein ganzes Vertrauen auf Gott setzt, hat nichts zu fürchten, denn das höchste Wesen kann, wenn es will, ihn in demselben Augenblicke retten, wo der menschliche Geist zu verzweifeln glaubt. Folgendes begegnete buchstäblich dem Ibrahim, einem Sohne des Sega.

Ibrahim war ein weiser Mann und glaubte an Gott, indem er nie einen einzigen Religionsgebrauch vernachlässigte; obgleich er schon alt war, so hatte ihn doch noch nie die eiserne Hand des Unglücks

---

*) Der Khatib schließt seine Ermahnung immer mit einer oder zwei Traditionen des Propheten.
**) Die fünf täglichen Gebete, die im Kur-án geboten sind.
***) H. Hecquard. Voyage sur la côte et dans l'intérieur de l'Afrique occidentale.

berührt. Er besaß drei Frauen, welche er liebte, sie waren einsichtsvoll, gut, arbeitsam und hatten ihn jede mit zwei Kindern beschenkt. Obgleich diese Kinder noch sehr jung waren, so kannten sie doch schon mehrere Kapitel des Koran, und während ihn alle Leute deshalb beglückwünschten, schrieb er alles Gott zu, dem er unablässig dankte und zu ihm betete, er möge ihn nie verlassen.

Eines Tages jedoch überfielen die Mauren plötzlich das Dorf, und nach mutiger Gegenwehr sah er seine Frauen und Kinder wegführen; er selbst wurde gefangen genommen und weit fortgeschleppt. Gefesselt an einen Bewohner seines Dorfes, welcher verzweifelte und unablässig Gott lästerte, suchte er diesen zu trösten, und im Vertrauen auf die Vorsehung wiederholte er ihm wie in glücklichen Tagen jeden Augenblick die Worte: „Verzweifle nicht, Gott ist groß, und seine Macht ist unendlich." So vergingen einige Tage. Da die Mauren ihn so ergeben und gehorsam sahen, ließen sie in ihrer Wachsamkeit nach, obgleich sie noch nicht weit vom Flusse entfernt waren.

Als einst des Nachts alle schliefen, weckte Ibrahim seinen Unglücksgefährten und entfloh mit ihm. Nachdem sie bis zum Anbruch des Tages gegangen waren, verbargen sie sich in den mächtigen Pflanzen der Wüste und hörten, wie die Mauren, welche sie suchten, ihnen näher kamen und sich wieder entfernten. Sobald sie fort waren, war es Ibrahims erste Sorge, Gott für die vollbrachte Rettung zu danken; sein Gefährte dagegen beklagte sich darüber, daß er ihn nicht in der Gefangenschaft gelassen, sondern ihn in Gegenden geführt habe, wo sie verhungern müßten.

Ibrahim versuchte ihm Mut einzuflößen, und sie erhoben sich, um einen Ort zu suchen, wo sie sich der Fesseln entledigen könnten, mit denen sie an einander geschmiedet waren, als sich ein ungeheurer Löwe auf den Gotteslästerer stürzte, ihn erwürgte und ihn zu verzehren begann. Bedeckt mit dem Blute seines unglücklichen Gefährten und den glühenden Atem des Löwen auf seinem Körper fühlend, glaubte Ibrahim, seine letzte Stunde sei gekommen, und schon empfahl er sich Gott, als der gesättigte Löwe sich auf einmal entfernte und sich, die Augen stets auf seine künftige Beute gerichtet, in einiger Entfernung niederlegte.

In einer solchen Lage, rief der Griot, würdet ihr Muselmänner alle, die ihr mich hört, ergriffen von Entsetzen, euch für verloren gehalten haben; gefesselt von dem Blicke des Löwen hättet ihr nichts zu eurer Rettung gethan. Aber Ibrahim, welchen Gott beschützte, verlor den Mut nicht, und indem er seinen Dolch hervorzog, befreite er sich von den Überbleibseln des Leichnams seines unglücklichen Genossen, dessen noch durch die Fesseln festgehaltenes Bein er abschnitt; dann entfernte er sich rückwärts, die Augen stets fest auf die des Löwen gerichtet und vermied jedes Geräusch, sowie er auch bemüht war, die Aufmerksamkeit des Tieres von sich abzulenken.

Eine halbe Stunde später war er weit genug entfernt, um sich aufrichten zu können und sich in der Richtung nach seinem Dorfe zu retten. Am folgenden Tage erblickte er die Fluten des Senegal und glaubte sich gerettet; er stieg in den Fluß, um sich vor dem Gebete zu waschen, aber in demselben Augenblicke, wo er sich aufrichtete, ergriff ihn ein ungeheurer Kaiman und führte ihn mit sich hinab in die Tiefe, wo ihn das Ungeheuer eben verschlingen wollte, als ein anderer Kaiman kam und ihm seine Beute streitig machte.

Der Räuber des Ibrahim war nahe an seiner Höhle, er legte ihn dort nieder und entfernte sich zum Kampfe. Alles dieses geschah in kürzerer Zeit, als man braucht, um es zu erzählen. Ihr wißt, daß die Höhlen der Kaimans aufwärts gehen, so daß das Wasser nicht ihre ganze Tiefe erreicht. So war auch diejenige beschaffen, in welcher Ibrahim, schwer verletzt und kaum im stande, sich über einen Haufen Knochen zu bewegen, gelegt worden war, und er glaubte, diesmal umkommen zu müssen, unterließ aber nicht, aus vollem Herzen zu Gott zu beten, als er in der Tiefe der Höhle einen Lichtstrahl bemerkte; dieser geringe Schein belebte seinen Mut, er fing sogleich an zu graben, indem er die Erde hinter sich warf, um einen Wall zwischen sich und dem Feinde zu machen; nach einer Stunde war er außerhalb des Abgrundes.

Als er die Sonne wieder erblickte, war es seine erste Sorge, sich, das Gesicht gegen Morgen gerichtet, auf die Erde zu werfen und ein langes und heißes Gebet an Gott zu richten. Ein Hirt, welcher sich vor Schrecken verborgen hatte, als er einen Menschen aus der Erde hervorkommen sah, näherte sich dem Ibrahim, sobald er bemerkte, daß er es mit einem Muselmanne zu thun habe, und nach den gewöhnlichen Begrüßungen vernahm der Gerettete, daß er seinem Wohnorte nahe sei, wohin jener sich erbot, ihn zu führen.

Noch an demselben Abend sah Ibrahim sein Dorf wieder, und ich überlasse es euch selbst, zu empfinden, wie groß sein Erstaunen und seine Freude war, als er dort seine Frauen und Kinder wieder=

fand, welche ein Haufe Tukuleurs (Peulhs), die dem Dorfe zu spät zu Hilfe gekommen waren, den besiegten Mauren entrissen hatte.

Der glückliche und von denen, welche seine Schicksale erfuhren, mit Geschenken überhäufte Ibrahim erreichte nun ein ziemlich hohes Alter, um die Kinder seiner Enkel zu sehen, welche er gottesfürchtig erzog. Dies begegnete Ibrahim, dem Sohne des Sega, und beweist, daß Gott groß ist und für die ihm Vertrauenden alles vermag, was er will."

2. Schwierige Wahl.

Es hatte ein Mann seinen Vater verloren und es blieb ihm nun seine alte schwache Mutter übrig, die ihn, den einzigen Sohn, fast vergötterte. Seine junge Frau war dem Manne kurz nach der Entbindung von einem Sohne gestorben. Der Sohn, ein Wunderkind, konnte, kaum acht Jahre alt, schon den Koran lesen; er fürchtete sich vor nichts und schoß mit seinem Pfeile die Vögel im Fluge. Derselbe Mann besaß auch einen Hahn, der, indem er die Erde aufwühlte, ihm täglich 100 Goldkörner brachte; er hatte ferner eine Kuh, welche ihm jeden Morgen ein Kalb gab, und endlich eine Baumwollenstaude, welche anstatt der Blumen jede Nacht 30 gewebte Schurze trug, von denen der eine immer schöner war, als der andere. Nun trug es sich eines Tages zu, daß sein Sohn in den Brunnen fiel und hätte umkommen müssen, wenn man ihm nicht zu Hilfe gekommen wäre; aber zu gleicher Zeit bedrohten eine gefräßige Ziege seine Baumwollenstaude, ein Löwe seine Kuh, ein Schakal seinen Hahn und ein böser Räuber seine alte Mutter, welche er totschlagen wollte.

Nun war die Frage, ob dieser Mann zuerst seinem Sohne, seiner Baumwollenstaude, seiner Kuh, seinem Hahne, oder seiner alten Mutter helfen solle. Jeder sprach darüber seine Meinung aus, und zu Ehren dieser, edler Gefühlsregungen für unfähig gehaltenen, Schwarzen muß man sagen, daß fast alle riefen: Er muß zuerst seinem alten Mütterchen helfen! Die Minderzahl entschied sich für die Rettung des Kindes und nur zwei oder drei, welche merkwürdiger Weise Gefangene waren, sprachen sich zu Gunsten der Tiere aus.

Das Klima von Ägypten.

Seitdem in den letzten Jahren die Zahl der Europäer, welche Ägypten seines heilsamen Klimas wegen zum längeren Aufenthaltsorte wählen, sich bedeutend gesteigert hat, haben wir von den dort ansässigen Ärzten und Naturforschern genauere Berichte über die Witterungsverhältnisse des Landes erhalten.

Ägypten zeichnet sich durch eine große Einfachheit seiner meteorologischen Verhältnisse aus, indem sich in der Temperatur, im Luftdruck und in dem Feuchtigkeitsgrade der Atmosphäre nur geringe Differenzen in den verschiedenen Jahreszeiten zeigen. Diese Regelmäßigkeit und die fast noch wichtigere Gleichförmigkeit der Witterung für längere Zeit nimmt nach dem Süden hin zu und tritt in Theben und Assuan noch weit schärfer hervor. Am wenigsten teilen sie die Küstengegenden: die Städte Alexandrien, Damiette und Rosette, denen auch die besonderen eigentümlichen Eigenschaften des ägyptischen Klimas fehlen, die constante Heiterkeit und Reinheit des Himmels, die trockene Wärme der Luft und deren Frische. Am ungetrübtesten sind diese Eigenschaften wahrzunehmen an der Luft der Wüste, welche ebenso belebend und kräftigend wirkt, wie die Alpenluft, trotz der hohen Temperatur. Die in Kairo ansässigen Europäer ziehen zu ihrer Erholung und Erquickung nicht selten hinaus nach den Pyramidenfeldern von Gizeh, um, unter Zelten lagernd oder in den Königskammern der Cheops-Pyramide für die Nacht Schutz suchend, dort einige Tage zuzubringen.

Prof. Reyer in Kairo verdanken wir ausführliche Beobachtungen über die Temperatur und Witterung in den einzelnen Monaten. Die mittlere Jahrestemperatur von Kairo ist $+ 17{,}9°$ R., die mittlere des Winters $+ 11{,}76°$ R. Der Monat Oktober, dessen mittlere Temperatur $+ 17{,}6°$ R. beträgt, gleicht unserem Hochsommer, die Monate November und Dezember, deren mittlere Temperaturen sich auf resp. $15{,}4$ und $12{,}9°$ belaufen, sind die schönsten des Jahres und gleichen unserm Herbst und Frühlinge. Die Morgennebel widerstehen der Sonne nicht lange, Regen fällt nur selten einige Stunden hindurch, und Winde wehen nur ausnahmsweise einige Tage hintereinander. Mit dem Monat Januar beginnt der eigentliche Winter, der bis zur Mitte des Februar andauert; die mittlere Temperatur des ersteren ist $+ 10{,}6°$ R., die des letzteren $+ 11{,}2°$ R., doch sinkt die Temperatur zuweilen bei Sonnenaufgang bis auf + 3° R. herab, jedoch nur während heftiger Südstürme bei bewölktem Himmel, und die Abende werden nach Sonnenuntergang feucht. In der zweiten Hälfte des Februar, wo abermals ein paar regnerische Tage einzutreten pflegen, beginnt die Temperatur wieder zu steigen, zumal wenn Südwind eintritt; da dieser in den Monaten März und April häufiger zu wehen pflegt, so hebt sich die Temperatur, und die zweite Hälfte des April gleicht unserem Hochsommer, die mittlere Temperatur ist 17,7°. Am unangenehmsten ist der Monat Mai, indem die heftigen Südwinde (Kamsein), die über die arabische und lybische Wüste streichen, häufiger werden und drei bis vier Tage andauern; die mittlere Temperatur ist + 19,5°. Ihren Höhepunkt erreichen diese Winde im Juni, wo sie dann den Nordwinden dauernd Platz machen. Die mittlere Temperatur im Juni beträgt + 22,9°, im Juli + 24°, im August + 23,2° und im September + 22,9°, wo die Luft wegen der gleichzeitigen Nilüberschwemmungen und des beginnenden Zurücktretens des Flusses feucht und schwül ist.

Nach Destouches, Mitglied der wissenschaftlichen Kommission der französischen Expedition, war der mittlere Barometerstand während fünf Jahren 760 Millim., und schwankte zwischen 755 und 764 Millim.; der höchste Stand fällt auf die Wintermonate.

Die Prozente der Dunstsättigung der Atmosphäre während der fünf Jahre im Mittel 54°. Der geringste Prozentgehalt der Dunstsättigung, welcher beobachtet wurde, fiel auf die Monate Mai und Juni mit 38°.

Während fünf Jahren hat Destouches täglich dreimal die Beschaffenheit des Himmels aufgezeichnet, und als durchschnittliches Resultat seiner Beobachtungen stellt sich heraus, daß in 1097 Beobachtungszeiten eines Jahres

720 mal der Himmel heiter war,
245 mal Wolkenbildung stattfand,
95 mal bedeckter Himmel,
25 mal Nebel,
12 mal Regen war.

Der Winter hat die wenigsten heiteren Tage; von den 720 heiteren müßten 180 auf die Wintermonate kommen; es kamen aber durchschnittlich nur 145 auf die Wintermonate; immerhin bedeutend mehr als in Italien.

Der Winter in Kairo besitzt also die Vorzüge des heiteren

Himmels und trockener Luft, weniger als die übrigen Jahreszeiten, dennoch sind sie ihm im Vergleich mit anderen Gegenden in hohem Grade eigen.

In Theben sind die Morgen oft noch empfindlich kühl und die Abende noch ein wenig feucht, während in Assuan die Frische des Morgens schon mehr angenehm ist und bei der dem Gefühle nach absoluten Trockenheit der Luft die herrlichen sternenhellen Abende den Genuß der freien Luft bis in die Nacht hinein auch zarteren Konstitutionen gestatten. In den Mittagsstunden war im Monat Januar, den Dr. Nitzsch dort verlebte, die durchschnittliche Temperatur + 17,6° R. Leider konnte er keine hygronometrischen Messungen vornehmen, seinem Gefühle nach steht jedoch die Dunstsättigung der Luft im Januar und im Beginn des Februar weit unter der Kairos im Mai, die sich nach den Beobachtungen von Destouches im Mittel für 5 Jahre auf 44° stellt.

(Zeitschrift für Allgemeine Erdkunde von Neumann. Neue Folge II.)

Mohammedanische Lebensbilder aus Algerien.*)

1. Das Ait el Kebsch oder Hammelfest. — 2. Das Begräbnis eines Marabut. — 3. Das Verhältnis der Eingeborenen zu der christlichen Einwanderung. — 4. Straßenbilder aus Tlemcen: Die arabische Stadt. Eine Karawane aus der Sahara. Ein Schlangenbeschwörer, Gaukler und Märchenerzähler. In der Zanja der Fakire. Arabische Musik. Der Fakirtanz. Die Jünger des Sidi Mohammed ben Aissa.

1. Das Ait el Kebsch oder Hammelfest.

Eines der größten Feste im mohammedanischen Jahre ist das Ait el Kebsch oder Hammelfest. Es fällt in die Zeit von ungefähr 14 Tagen vor dem mohammedanischen Jahresanfange und stützt sich auf die alttestamentarische Legende von Abrahams unterbrochener Opferung des Isaak, für welchen die Araber jedoch den Ismaël substituieren. Der Jude erfreut sich zwar der gründlichsten Verachtung von Seiten des Arabers, wiewohl dieser im Koran einen

---

*) Aus dem interessanten Werke: Von Algier nach Oran und Tlemcen. Algerische Reise- und Lebensbilder von Otto Schneider und Dr. Hermann Haas. Dresden, 1878.

guten Teil jüdischer Religion verehrt und darum auch den großen Vätern des alten Testaments seine Anerkennung nicht versagt. Erklärt doch Mohammed ausdrücklich, daß seine Religion die Abrahams sei, welche den Götzen nicht opfern wollte und daß sie sich stütze auf den Glauben von Ismaël, Jakob, Moses, Hiob, von David, Salomo und der Propheten. Zu den letzteren zählte er Jesum und gestattete in bunter Reihenfolge den Legenden des alten und neuen Testaments Eingang in den Koran. An dem Feste El Kebsch sucht auch die ärmste muselmännische Familie ein Gericht von Hammelfleisch aufzutischen, und verfällt an diesem Tage daher mancher Wollträger dem Gurgelschnitte. Es hängt dies mit einer zweiten Legende zusammen: Mohammed, der ja selbst unter einem Zeltdache lebte, pflegte auch den Himmel mit einem Zelte zu vergleichen, welches mit dünnen, aber dauerhaften, unsichtbaren Schnüren an die Erdenden befestigt sei. Nur an diesen letzteren vermag die Seele nach dem Tode zum Himmelsraume aufzusteigen. Da der neue Körper, in den sie aber sofort gefahren, noch zu unfertig, gewissermaßen noch nicht erstarkt genug ist, so würde dieser beim Aufsteigen sich leicht an Händen und Füßen verletzen. Er bedient sich deshalb des Schafes, welches dem lieben Herrgott schon seit Abrahams Zeiten angenehm war und welches mit seinen gespaltenen Hufen leichter das Himmelszelt erklimmen kann, um auf seinem Rücken, ist doch seine Körperlast nicht groß, dem Himmel zuzureiten. Auch seitens der französischen Regierung wird dieses Fest in Algier mit 21 Kanonenschüssen des Morgens begrüßt. Ich wurde an demselben zu einem befreundeten, doch unvermählten Mauren zur Diffah, Abendessen, mit ein Paar seiner Glaubensgenossen gebeten und bekam einen delikaten Kuskussuh mit reichlichem Hammelfleisch, sowie später arabisches Gebäck vorgesetzt, als Getränk Limonade. Als wir nach beendigter Mahlzeit in behaglicher Beschaulichkeit die duftende Nargileh schmauchten, ergriff ein junger Mann die zweisaitige primitive Laute und, sie mit einem Stäbchen schlagend, entlockte er ihr eine sanftsummende Melodie, dazu sang er einige Strophen, in welche die andern einfielen.

2. Das Begräbnis eines Marabut.

Die Marabute zählen zu einem priesterlichen Erbadel und zu den einflußreichsten Personen im mohammedanischen Staats- und Gemeindewesen Algeriens. Ihr Rat wird in allen erdenklichen

Fällen eingeholt, ihre, zumeist dem Koran entlehnten Aus- oder Wahrsprüche, werden als Amulette in kleine Ledersäckchen eingenäht und sollen, auf dem Körper getragen, Schutzmittel sein vor möglichen Fährlichkeiten. Jedes ihrer Gebote, das dem bekümmerten Frager auferlegt wird, erfreut sich gewiß striktester Ausführung. Bei Dürre vermitteln sie durch Bittprozessionen den Regen. Ja es gelten diese Männer nicht allein im Leben als gottinspirierte Heilige, selbst nach ihrem Tode sollen sie noch die Macht besitzen, um ein Gebet, an ihrem Sarkophage verrichtet, bei Allah annehmbar zu machen. In Algier selbst und vor der Stadt sind die Grabkapellen Sidi Abder Rhamans el Talebi und Sidi Abder Rhamans bn Kobrin vor allen als segenbringend gerühmt und werden deshalb viel aufgesucht.

In Algier verstarb sehr hochbetagt Ende Februar 1876 einer der geachtetsten und einflußreichsten Marabute; leider habe ich seinen Namen vergessen, ihn selbst aber noch häufig gesehen, wie er in Stadt und Umgegend mit Ehrerbietung begrüßt wurde. Als ich am Tage nach dem Tode des Marabut meine gewöhnliche Ausfahrt ins Freie beginnen wollte, machte mich Hamub darauf aufmerksam, doch ja die Richtung nach dem Jardin d'Essai einzuschlagen, weil in dem nahe dabei gelegenen Friedhofe der ehrwürdige Repräsentant seiner Religion heute beerdigt werden würde. Noch war der Wagen nicht abgefahren, als bereits ein Zug von vielen Tausend festtäglich gekleideten Muselmännern unter Trauergesang einherschritt. Inmitten trug man auf kräftigen Schultern die mit grünem Tuch bedeckte Bahre. Da es aber als ein Beweis der Liebe, sowie auch für ehrenvoll und segenbringend gilt, einem so heiligen Manne auf dem letzten Wege mit seiner Schulter gedient zu haben, so lösten fast jeden Augenblick die Träger sich ab, was allerdings, weil es mit zu großer Hast und zu unregelmäßig geschah, die ruhige Würde der Totenfeier etwas beeinträchtigte. Auch waren nicht immer die Träger von gleicher Größe, und das gab manchmal zu recht bedenklichen Schwankungen des Sarges Veranlassung. Trotzdem gelangte der lawinenartig sich vergrößernde Trauerkonbult ohne Unfall am Ziele an. Ich war auf anderem Wege vorausgefahren und erwartete daselbst mit vielen anderen Personen seine Ankunft. Endlich kam er, noch immer dauerte derselbe Trauergesang fort, alle Wartenden traten in stiller Ehrerbietung hinzu und geleiteten den Toten zu der Grabkapelle, vor welcher einige Mollahs bereits harrten. Auf den Wink des ersten derselben verließ die größere Zahl der Begleiter, nachdem der Sarg hineingestellt worden und der Mollah ein Gebet stehend verrichtet hatte, das Heiligtum und nur die Mollahs, einige hohe Würdenträger und männliche Familienmitglieder des Verstorbenen blieben darin zurück. Ich kann nun freilich nicht sagen, ob der letztere von ihnen in der Kapelle selbst zur letzten Ruhe gebettet wurde, da die Thüren eben geschlossen worden waren. Bei anderen ärmeren Mohammedanern, welche ich früher hierher ohne weitere Begleitung als die der Träger bringen und bestatten gesehen, wurde der Deckel des Sarges, auch die Umwandung desselben weggenommen und der Leichnam auf dem untern Brette in das ausgemauerte, einer Schleuse nicht unähnliche Grab durch eine Seitenöffnung hineingeschoben, die letzte Bekleidung von ihm gezogen und hierauf nach kurzem Gebete des Totengräbers, die offene Stelle zugemauert. Nackt war er aus der Mutter Schoß auf die Erde gekommen, nackt sollte er auch dem Erdenschoße übergeben werden. Die Leidtragenden entfernten sich darauf lautlos, um heimzukehren.

Nach der Lehre des Islam verharrt die Seele im Körper des Beerdigten bis der Erzengel Gabriel vom Himmel niedersteigt, denn Gabriel ist der Engel des Todes. Des Abends naht er dem frisch aufgeworfenen Grabe, löst die Erde, welche den Toten bedeckt und begehrt von ihm strenge Rechenschaft über das Leben, welches er eben vollendet hat. Der Mensch rechtfertigt sich so gut als er kann, dann wird der Körper, aus Staub geschaffen, zu Staube, die Seele aber fliegt zum Himmel auf, dem sie entstammt.

3. Das Verhältnis der Eingeborenen zu der christlichen Einwanderung.

Es ist an mich gar häufig die Frage getreten, ob die französische Oberherrschaft und überhaupt der Verkehr mit Europäern nicht nach und nach eine ändernde Wirkung auf Anschauungen, Sitten und Gebräuche der Orientalen des algerischen Maghreb geäußert hätten und die Hoffnung auf größere Assimilierung und innigere Vereinigung berechtigt sei. Ich glaube dies für längere Zeit noch verneinen zu müssen. Wir sehen zwar einige wenige Mischehen zwischen Mohammedanern und Christen, wir treffen wohl in den Reihen des französischen Militärs so manchen Sohn Afrikas im Dienste mit den Franzosen wetteifernd, wir finden die Vornehmen, Cheiks, Kaids, Marabute oder Chefs größerer maurischer Handelshäuser

nicht nur auf den Festen des Generalgouverneurs und anderer
Würdenträger sich ungezwungen bewegend, wir bemerken, daß in
Cafés und in europäischen Familien der Moslem wohl ein Glas
Wein nicht verschmäht. Wir gewahren den Mohammedaner seine
Neugierde oder Wißbegierde an fremden Institutionen durch Reisen
befriedigen, wir schauen den orientalischen Arbeiter das Land seines
europäischen Brotherrn mit vervollkommnetem Pfluge umackern; vor
den Augen einer großen Arabermenge wurde seinerzeit der Dampf-
pflug eingesegnet und begann vor ihren erstaunten Blicken, alle
Hindernisse des Bodens überwältigend, seine gradlinigen Furchen zu
ziehen. Sobald aber der Araber sein Zelt, seine Gurbi, oder der
Maure und selbst der Kabyle sein Hauswesen betritt, erzählt er wohl
über das, was er gesehen und erfahren, den Seinen Wunderdinge,
er verspürt aber gewiß nicht die geringste Neigung, in seinem eigenen
Heimwesen davon etwas nachzuahmen. Ja selbst der verbesserte
Pflug des Europäers, mit dem er ganz wohl umzugehen weiß, wird
auf dem eigenen Felde, wenn er ihn nicht etwa erborgen kann, nicht
verwendet. Er sieht teilnahmlos seine Rinder sich am althergebrachten primitiven Ackergeräte abarbeiten, bringt ja doch die humus-
reiche Erde auf diese Weise, wenn auch die Furche nicht so tiefgeritzt
ist, auch noch einigen Nutzen; und was kümmert ihn der Schweiß
seiner Tiere. Dieses zähe Festhalten am Althergebrachten wird bedingt durch seinen kindlichen, aber unerschütterlichen Glauben an die
Worte des Korans, welcher seine ganze Religion umfaßt und der
ihm diese als die vollkommenste darstellt. Ist doch in seinen Augen
Mohammed der letzte und größte Prophet, welcher auf Erden gelebt
hat. Erscheinen ihm aber alle anderen Glaubensbekenntnisse tiefer
stehend, warum sollte er von den Anhängern derselben etwas annehmen können? Wer aber diese Indolenz der mohammedanischen
Bevölkerung Algeriens gegenüber so vielen Errungenschaften der
neueren Zeit auf allen Gebieten des menschlichen Wissens betrachtet,
dem will es schwer in den Kopf, daß Glieder desselben Volkes, Bekenner derselben Religion, gestützt auf die Kenntnisse der Ägypter,
Indier, Assyrer, Phönizier, Perser, Griechen und Römer lange Zeit
hindurch auf der Höhe aller Kenntnisse in Botanik, Chemie, Medizin, Pharmacie, Physik, Astronomie, Mathematik, Architektur u. s. w.
gestanden haben könnten? Ja, daß diesem Volke die Wacht für
die Wissenschaft in einer Zeit hauptsächlich vorbehalten war, wo
von dem Abendlande aus die Schatten der Finsternis über

die Welt mit ziemlichem Erfolge verbreitet wurden. Alexander von Humboldt sagt aber in seinem Kosmos: „Es liegt nicht in der Bestimmung des menschlichen Geschlechts, eine Verfinsterung zu erleiden, die gleichmäßig das ganze Geschlecht ergreift. Ein erhaltendes Prinzip nährt den ewigen Lebensprozeß der fortschreitenden Vernunft." Wenn es somit hier den Arabern, dem von Haus aus allerdings nicht unbildsamen, semitischen Urstamme vorbehalten war, an der Warte des Wissens längere Zeit Wacht zu halten, so fiel dies freilich gerade in ihre günstigste Periode, in ihre Blütezeit, von welcher sie seitdem durch türkische Oberhoheit und eine stupidere Auslegung des Korans nach und nach tief herabgedrängt wurden. Heute würden sie schwerlich der früheren hohen Mission mehr gewachsen sein, doch kann man den Koran selbst dafür wohl nicht allein verantwortlich machen.

Als wir einmal im Laufe unserer Unterhaltung auf die größeren nationalen Verschmelzungen zu sprechen kamen, äußerte einer meiner maurischen Bekannten, daß er an eine solche nie und nimmermehr glauben könne, da die Anschauungen beider Völker sich in einem so großen Kontraste befänden, wie Öl und Wasser, welche stets geschieden blieben. Mußte ich aus eigener Beobachtung ihm zur Zeit, ja für noch lange Recht geben, so gab mir sein Vergleich doch den Gedanken ein, es würde auch für dieses Öl und Wasser noch eine Seife gefunden werden können, welche ihre Vereinigung vermitteln dürfe.

4. Straßenbilder aus Tlemcen.

Die arabische Stadt. — Eine Karawane aus der Wüste. — Schlangenbeschwörer, Gaukler und Märchenerzähler. — In der Zanja der Fakire. — Arabische Musik. — Der Fakirtanz. — Die Jünger des Sidi Mohammed ben Aissa.

Das heutige Tlemcen zählt heute kaum 20 000 Einwohner, ehedem bewegte sich in der alten Königsstadt eine Bevölkerung von Hunderttausenden. Es besteht aus drei abgesonderten Quartieren: dem modernen Stadtteile mit dem Judenviertel, dem Quartier der Marokkaner und Kabylen und dem südlichen Teile, der arabischen Stadt.

Wenige Schritte hinter den modernen Bauten beginnt das Gewirr der schmalen und verschlungenen, oft überwölbten Sträßchen und Gäßchen, ein Labyrinth von niederen und geheimnisvollen

Häuschen; verschleierte Frauengestalten huschen vorüber und entziehen sich bei der nächsten Straßenwendung den neugierigen Blicken des Rumi. In kleinen, nischenartigen Buden, welche nur von einer einzigen, zugleich Thüre und Fenster vorstellenden Öffnung Luft und Licht empfangen, betreiben die eingeborenen Handwerker unter den Augen der Vorübergehenden ihr Geschäft. Mit bewundernswerter Geschicklichkeit handhaben sie ihre Werkzeuge, welche seit Jahrhunderten unverändert dieselben geblieben sind, und bedienen sich bei der Arbeit in gleichem Maße der Hände und der Füße. Die Zunft der Sattler hat schon zur Zeit der Könige von Tlemcen besonderes Ansehen genossen ob ihrer Kunstfertigkeit; noch heute bleibt man erstaunt vor ihren kleinen Werkstätten stehen und bewundert die äußerst geschmackvoll mit Gold und Silber gestickten Sattel und Zaumzeuge aus rotem marokkanischen Leder gefertigt, wahre Meisterstücke. —

Wir drängen uns durch die engen Gassen, immer neue Bilder rein orientalischen Lebens hemmen den Schritt. Durch die Fußgänger suchen sich mit ihren schwerbeladenen Burrikos (Esel) die Landbewohner Bahn zu brechen, dabei ihre Waren: Orangen, Citronen und sonstigen Erzeugnisse mit lautem Rufe feilbietend. Wo breitere Straße den schmalen Weg kreuzt, fesselt seltsamer Aufzug das Auge: in langer, ungeordneter Reihe ziehen Kamele vorüber, die zerlumpt aussehenden Tiere sind mit großen, sackartigen Körben belastet, die zu beiden Seiten tief herabhängen; mit wunderlichem Hausrate sind sie angefüllt: mächtige, mit Henkeln versehene Thonkrüge, den alten Amphoren vergleichbar, ragen daraus hervor, allerlei Hausgeräte und abgebrochene Zelte sind sichtbar und daneben hängen in holder Eintracht Hähne und Hennen an den Beinen zusammengebunden in beklagenswerter Lage, aber stoisch in ihr Schicksal ergeben. Und auf dem Rücken der Tiere zusammengekauert sitzen unverschleierte Frauengestalten in blauen, wollenen Gewändern. Buntes Kopftuch umschlingt die wirren, pechschwarzen Haare; an silbernen Kettchen befestigte Goldmünzen verschiedener Größe decken, wie eine Krone, die gebräunte Stirne; kunstreich aus Silber getriebene schwere Kugeln und Ringe fallen, wieder durch silberne Ketten gehalten, von den Schläfen zu den Schultern herab; ähnlicher Zierrat ist um den Hals gelegt, und bei jedem schwerfälligen Schritte des zottigen Kamels klirrt und klingt der Schmuck wie viel hundert silberne Glöckchen. Die Oberarme und die Gelenke und die Knöchel der zierlichen Füße umschließen silberne Spangen aus breitgeschlagenem

Silberblech gefertigt oder aus schmalem, Schlangen darstellenden Silberreise bestehend. Anmutig verstehen es die mit Ringen bedeckten Finger das Fähnchen zu führen, das, aus getrockneten Blättern der Zwergpalme geflochten, eines kühlenden Fächers Dienste vertritt. Den Kamelen folgt eine Schar von Eseln, in Körben Vorräte und bunt bemalte Holztruhen tragend, mit Stöcken bewaffnete Männer treiben die kleinen Tiere zu emsigem Trabe, damit sie gleichen Schritt halten sollen mit ihren größeren Vorgängern. Neben dem zierlichen Eselein, das als leichtere Bürde einen schwarzäugigen, in bunte Farben gekleideten Buben trägt, schreitet rüstig ein älteres Weib mit durchfurchtem Antlitz und hageren, sehnigen Gliedern; mit der Linken stützt sie den Knaben auf seinem Tiere, mit dem Rechten hält sie einen großen leichtfüßigen „Slughi", den arabischen Windhund, und auf ihrem Rücken hängt, mit den kleinen Ärmchen der Mutter Hals umklammernd, ein jüngeres Kind, von dem sackartig zusammengebundenen Kleide gehalten. Dahinter treiben die Hirten eine reiche Herde wolliger, breitschwänziger Schafe und zottiger, gescheckter Ziegen, lustig springen die Zicklein zur Seite, und manches ermüdete Tierchen wird von dem starken Manne unter dem Arm getragen. Den Zug leitet, mit schnellem Schritte voranschreitend, ein jüngerer Mann, mit lautem Rufe und eisenbeschlagenem Stabe schafft er ihm Raum; am Schlusse desselben reitet, ihn bewachend, der Scheikh des Duars, der Herr der Schar auf stolzem Araberhengste. Ein ergrauender Vollbart umrahmt sein energisches, wettergebräuntes Gesicht; die stechenden Augen schweifen prüfend über Herden und Menschen. Mit natürlichem Anstande sitzt er auf seinem feurigen Rosse, dessen Schweif beinahe die Erde streift, und dessen dichte Mähne auf die breite Brust herabwallt. Der weiße Burnus des Reiters bedeckt nicht vollständig ein fein gewebtes, blauseidenes Unterkleid mit roter Verbrämung; über den weichen und wolligen Burnus ist noch ein dunkelbrauner Mantel gelegt, an dem das Kreuz der Ehrenlegion festgeheftet ist; das beinahe durchsichtige Kopftuch wird von einer breiten Binde, aus kamelhaarenen Schnüren gewunden, gehalten. Die Füße ruhen in gelben Pantoffeln, welche, am Absatze offen, selbst wieder über hohe, bis zu den Knieen reichende Reitstiefeln aus rotem, mit Silber gesticktem Leder, gezogen sind. Schwere, in lange, haarscharfe Spitzen auslaufende Sporen sind an breiten Riemen um die Füße geschnallt. Sattel und Zaumzeug sind reich mit Gold durchwirkt, das Roß trägt um den Hals zwei riesige, blendend weiße Eberzähne, welche durch ein silbernes Band zu halbmondförmiger Gestalt vereinigt sind — ein Amulett gegen den bösen Blick. Ein Trupp Reiter folgt ihm, lange, mit Elfenbein eingelegte Flinten tragen die meisten von ihnen auf dem Rücken, an der Seite blitzen die silbernen Scheiben gekrümmter Dolche. Der lange Zug, den wachsame Beduinenhunde umspringen, wandert gegen Norden. Wüstenbewohner sind es, die beim Herannahen sommerlicher Sonne den heißen Boden der Sahara verlassen, um für ihre Herden im kühleren Tell neue Triften und fettere Weiden zu suchen. Wenn aber der Herbstwind über die Sahel weht, bann deutet der Führer des Duars südwärts, die Zeltstangen werden aus der vom ersten ersehnten Regen gelockerten Erde gezogen und die braunen, weiß und schwarz gestreiften Zeltdecken aufgerollt, wieder werden die Tiere beladen, und freudiger eilt das Kamel vorwärts, welches die Witterung heimatlicher Luft mächtig gen Süden zieht. So wandern die braunen Kinder der Wüste jahraus, jahrein, und fragst du sie, wohin die Wanderung gehe, dann weisen sie im Frühjahr nach dem Siebengestirn und im Herbst dahin, wo kaum sichtbar in der Ferne ein hellblauer Streifen die Höhen anzeigt, welche den Tell von der Sahara scheiden. Wo sie rasten? Das wissen sie selbst nicht; wo die Sonne scheint und wo Sterne leuchten, wo frisches Grün die Tiere nährt und ein freundlich Bächlein den Durst stillt. Wo gestern um lustig flackernd Lagerfeuer die ganze Schar sich gesammelt hat, da künden morgen ein paar schwarze Kohlen, daß Menschen daselbst gelagert. Es geht ihnen wie den Wogen des Meeres, die jetzt vor uns auftauchen, um gleich wieder in der Ferne zu verschwinden oder wie den Sandhügeln in der Sahara, ihrem Heimatlande: jeder Windstoß erhebt sie und trägt sie mit sich fort, heute sind sie hier, und morgen wo anders. —

Wir schlendern gemächlich durch die bewegten Straßen; der Freitag, welchen der Muselmann heiligt, zwingt manchen Gläubigen, sein Haus zu verlassen und in der Moschee sein Gebet zu verrichten. Wir nehmen uns volle Zeit und Muße, die schönen männlichen Gestalten, welche unsern Weg kreuzen, zu mustern, müssen es uns dagegen auch gefallen lassen, daß sie auf uns, die einzigen Europäer in diesem arabischen Viertel, neugierige, forschende Blicke richten. Der Araber liebt die schreienden Farben; die heiße Sonne des Südens, die blendend weißen Häuser, der tiefblaue Himmel, der sich darüber wölbt, läßt dieselben noch schreiender hervortreten. Der schwarze Neger kleidet sich mit besonderer Vorliebe in Weiß; sein Sonntagsstaat ist also ein dem unsrigen genau entgegengesetzter.

Vorwärtsstrebend haben wir uns endlich aus dem Labyrinthe von Gängen und Gewölben herausgearbeitet und einen freien Platz (Place Bugeaud) erreicht; neue farbenreiche, lebensvolle Bilder fesseln die Sinne; es dauert eine Weile, bis wir uns zurechtgefunden haben in diesem wogenden Treiben. Hier, vor uns, hat sich ein dichter Kreis von Neugierigen um einen marokkanischen Schlangenbeschwörer geschart: ein langes, grau und weiß gestreiftes Gewand ohne Ärmel hüllt die untersetzte Gestalt ein bis zu den nackten Füßen, an die mit rotem Riemenwerk lederne Sandalen festgeschnürt sind; aus spitz zulaufender Kapuze blickt ein verschmitztes Gesicht. Am Boden neben ihm liegt ein bockledener Sack, von giftigen Reptilien geschwellt, und daran lehnt sich ein derber Knotenstock. Drei alte Neger mit grauem, kurzgeschorenen Barte kauern ihm gegenüber auf einer alten Matte, große Tambourine mit Wucht bearbeitend. Mit beredtem Vortrage leitet er nun die Vorstellung ein und verspricht seltene Augenweide den Zuschauern. In der Hitze der Rede reißt er sich mit den nackten, muskulösen Armen das Oberkleid vom Leibe und steht nun, nur mit einem kurzen, schmutzigen Hemde bekleidet, vor seinem Auditorium. Endlich eilt er zum Schlusse, indem er dem Publikum erklärt, daß es einem anständigen Manne schlecht anstehe, nach beendigter Vorstellung durchzubrennen, ohne zuvor wohlverdienten, milden Beitrag zu entrichten, darum möge man es ihm nicht verargen, wenn er seine Gäste höflichst ersuche, lieber vorher zu bezahlen. Und diese lachen, und die kupfernen Sousstücke fliegen in den Kreis; der Redner wischt sich den Schweiß von der Stirne und die Neger verdoppeln aus Dankbarkeit ihre Kraftanstrengungen. Zur eigentlichen Vorstellung übergehend, ernennt er einen jungen Araber aus dem Kreise der Zuschauer zum Hüter seiner Schlangen; er bewaffnet ihn zu diesem Zweck mit seinem Knüttel, läßt ihn vor dem Sacke niederknieen und öffnet denselben endlich. Bei dem wenig behaglichen Anblick des vielverschlungenen häßlichen Knäuels sinkt der Mut des tapfern Schlangenhüters bedenklich, und als vollends deren Herr und Eigentümer das anmaßende Verlangen an ihn richtet, zum freundlichen Willkommen seine neuen Schutzbefohlenen zu küssen, erklärt dieser, er nehme seine Entlassung aus dem unheimlichen Amte, zu dem er mit Gewalt gedungen worden.

Allein der Zauberer will von diesem Vertragsbruche nichts

wissen, ergreift etliche seiner Schlangen und verfolgt mit diesen den Araber, welcher aus dem enggeschlossenen Kreise vergebens zu entkommen sucht, indem er dazu bei allen mohammedanischen Heiligen schwört, er werde unter den Schlangen ein furchtbares Blutbad anrichten. Der Jubel des Publikums erreicht seinen Höhepunkt, alles lacht und klatscht in die Hände und die vor Freude närrischen Neger schlagen sich mit ihren Musikinstrumenten gegenseitig auf die Köpfe. Nachdem sich dieser Sturm des Beifalls gelegt hat, zieht der Marokkaner aus einer umgehängten alten Ledertasche eine aus Knochen gefertigte Doppelflöte hervor, und während er auf derselben eine einförmige Weise spielt, löst und entwirrt sich der Schlangenknäuel, eine Schlange nach der andern kriecht hervor und hoch aufgerichtet, mit den langen, spitzen Zünglein zischend, folgen sie ihrem Führer, bis dieser und die Tiere ermatten.

Wieder nimmt uns der arabische Stadtteil auf und wieder arbeiten wir uns durch die schmalen, überwölbten Gäßchen und machen endlich Halt bei einem Hause von gutem Aussehen: der Zanja der Fakire des Muley-Taieb. Diese in Tlemcen zahlreiche Brüderschaft hält ihre wöchentlichen Zusammenkünfte in diesem Hause ab. Ein höflicher Diener weist uns einen Platz am Ende eines Ganges an, von welchem aus ich auf den innern Hofraum herabzusehen vermag. Den viereckigen Raum umgiebt auf vier Seiten das einstöckige, mit weißem Kalk beworfene Ordensgebäude; in der linken Ecke desselben befindet sich eine bis zum Rande mit Wasser gefüllte Cisterne, von zierlich geformtem, Arabesken darstellenden Eisengitter umgeben. Auf zwei Seiten des Hofes, mir zur Linken und auch meinem Standorte gerade gegenüber, öffnen sich zu ebener Erde breite Logen, durch lang herabwallende, faltenreiche Vorhänge von bunter Farbe noch verschlossen. Auf dem mit breiten Steinplatten gepflasterten Boden sind Matten gebreitet, auf welchen etwa vierzig Männer in sitzender Stellung mit untergeschlagenen Beinen Platz genommen haben. Zwei räumlich von einander getrennte Gruppen sind zu unterscheiden: in der Ecke, uns gegenüber, bilden sechs Männer einen kleinen Kreis; es sind dies die Musiker und die Vorsänger. Der erste Vorsänger, ein schöner Mann mit reichem, schwarzem Vollbarte giebt die Weise an, als zweite und tiefere Stimme begleitet ihn ein Jüngling. Die Instrumentalmusik wird von einem Kapellmeister geleitet, welcher im Takte, nach dem vom Vorsänger angegebenen Rhythmus ein eisernes Becken schlägt, zwei

Mufiker blafen eine Art Flöte mit hohen, kreifchenden Tönen, ein dritter rührt die Tarbuka, ein aus zwei zufammengebundenen Thongefäßen, über deren Öffnungen Trommelfelle gefpannt find, beftehendes Inftrument. Die andere Gruppe, — beinahe ausschließlich Männer in den reiferen Jahren, — ift der größeren Loge zugekehrt. Ich habe nur zwei Jünglinge, von etlichen zwanzig Jahren, unter ihnen bemerkt; alle fcheinen der wohlhabenden Klaffe anzugehören und find fauber und reich gekleidet. Allen ift der braune, kamelshaarene Burnus gemeinfam, den fie wie einen Mantel über ihre bunte Kleidung geworfen haben und der ihnen mönchifches Ausfehen verleiht. Über dem Turban tragen fie alle das weiße, mit kamelshaarenen Seilen umwundene Tuch, kein einziger von ihnen ift unbedeckten Hauptes. Während die Vorfänger den Gefang anftimmen und das Orchefter einfällt, wird der Vorhang der Loge ihnen gegenüber zurückgefchlagen; inmitten derfelben auf koftbarem Teppiche fitzt des Ordens Meifter, der Uali. Mächtiger, kürbisartiger Turban bedeckt fein Haupt, langer, ergrauender Vollbart fällt über den braunen Mantel, den auch er über die farbigen Gewänder geworfen hat. In den Händen hält er den Rofenkranz aus Perlen von edlem Bernftein. Während ihn die Brüder, fich mehrmals bis zum Boden neigend, begrüßen, dankt er, kaum merklich mit dem Kopfe nickend. Hinter ihm ftehen und fitzen dienende Brüder, feiner Winke und Befehle gewärtig; ernft und fchweigfam überwacht er die religiöfe Übung des Ordens, kein Muskel feines mageren, fcharfen Gefichtes verzieht fich. Die Terraffe des Haufes und den Raum neben der Loge des Uali haben mufelmännifche Damen in dichtgedrängten Reihen befetzt, um dem Myfterium beizuwohnen. Alle find mit dem rauhen, gelblichen Wollengewande bekleidet, welches wie ein Leichengewand die ganze Geftalt einhüllt und das fie unter dem Kinn fo zufammenhalten, daß nur eine kleine Öffnung für ein einziges Auge frei bleibt, die nackten Füße ftecken in Schlappfchuhen, keine trägt Schuhe mit Abfätzen. Bewegungslos, wie gefpenftige Lemuren, lauern fie auf dem ebenen Dache, zuweilen hufcht blitzfchnell und wie ein Schatten ein folches Gefchöpf an mir vorüber. —

Der lang andauernde Gefang ift eine Art Wechfelgefang zum Lobe Allahs, feines Propheten und des Mula-Saah; Takt und Weife wird vom Vorfänger und der Kapelle angegeben und die größere Gruppe entgegnet, diefelbe Weife wiederholend. Es ift etwas Eigenartiges um die arabifche Mufik; wer zum erften Male arabifche

Weisen vernimmt, der wird ihnen williges Ohr leihen; allein wenn der letzte Ton verklungen ist, wird er sich fragen, ob das Musik war, denn des Taktes scheint sie zu ermangeln, und schwer prägt sich die Melodie dem Gedächtnisse ein. An wessen Ohr aber des Öfteren arabische Weisen bringen, dessen Gehör wird sich bald an die seltsamen Töne gewöhnen und er wird die großen Unrechtes zeihen, welche behaupten, daß diese Musik barbarisch sei, mißtönend und von Melodie sich keine Spur darin finde. Die hohen, nur kurz angeschlagenen Töne, welche, rasch in einander verfließend, eine spärliche Weise bilden, die immer und immer wieder aus dem verschlungenen Gewirre der massenhaften Töne sich hervorringt, bis sie in langgezogener, zitternder Note verklingt, wie ein sich der Brust entringender Seufzer, scheinen namenloses Sehnen, unendliche Trauer auszusprechen. Wer sie einmal in sich aufgenommen hat, vergißt sie nicht wieder.

Endlich, auf ein Zeichen des Meisters, entsteht eine Pause, welche die Brüder benutzen, mich, den fremden Eindringling, vom Kopf bis zu den Füßen zu mustern. Dann erheben sich zwölf Brüder vom Boden und bilden, dem Meister den Rücken, der Kapelle und den anderen das Gesicht zukehrend, einen Halbkreis, indem sie mit fest verschlungenen Armen sich halten. Die Ältesten nehmen die Mitte, die Jüngsten die beiden Enden des Halbkreises ein. Und während die Musik eine ganz ähnliche Weise anstimmt, wie die ist, welche wir bei den Aissauas gehört haben, beginnen sie den Tanz, vom Absatze zur Fußspitze sich wiegend und dabei leicht die Kniee beugend, so daß der Unterkörper vorwärts gedrückt wird. Sie begleiten die Musik mit ihrem Gesange, und während des Singens drehen sie im Takte den Kopf von einer Schulter zur andern. Sobald der Name Allahs, des Propheten oder des Mula-Saah genannt wird, neigen sie grüßend den Oberkörper zu Boden, und die bewegungslosen Gespenster geben ihren Beifall zu erkennen, indem sie den langanhaltenden, vibrierenden Diskantschrei: „Zigarit" genannt, im Chore erschallen lassen, und die Sitzenden klatschen im Takte mit den Händen dazu. Immer rascher wird der Takt der Musik, lauter kreischen die Flöten und die Trommel wird mit wuchtigen Schlägen gerührt, rascher werden die Bewegungen der Tanzenden, daß der Kopf beinahe die Brust trifft und dann wieder in den Nacken zurückfällt; die Gesichter der Tanzenden glühen vor innerem Entzücken und hoher Befriedigung, der Jubel der verhüllten Zuschauerinnen kennt keine

Grenzen mehr, unaufhörlicher, immer gellender werdender Zuschrei lohnt die convulsivischen Zuckungen der verzückten Brüder; die Ermatteten treten zurück, von anderen wird die Lücke ausgefüllt, und der tolle Tanz geht weiter bis der Meister winkt. Nach einem letzten Zigarit verlassen die Damen rasch den Zuschauerraum, die Brüder wischen sich die perlenden Schweißtropfen vom verklärten Angesichte, kühlen sich an der Cisterne und verlassen dann insgesamt ihr Haus, um dem Rufe des Muezzin zu folgen; genügend vorbereitet betreten sie nun die Moschee, in der sie Gesang und Gebet wieder aufnehmen.

Bilder aus der Sahara.

I. Der Wüstenaraber und die Karawane. — Am Brunnen. — II. Eine arabische Erzählung. — Sprichwörter.*)

I.

Will man das Wesen der „Freiheit" so recht in Fleisch und Bein erkennen und zu der Überzeugung gelangen, daß die abendländischen Deklamationen und Revolutionen, welche die Bestrebungen zur Realisirung dieses Begriffes veranlaßt haben, so lange, d. h. immer sich um leere Abstraktionen drehen werden, als man nicht auf ein civilisirtes, sozial geordnetes Leben verzichten will, so mache man sich auf einige Monate zum Araber und unternehme, mit gekreuzten Beinen auf schwankendem Kamele sitzend, die Reise vom Mittelländischen Meere quer durch die Sahara nach dem Sudan.

Wie sieht es in dem Kopfe eines Karawanen-Arabers aus? Der Mann hat weder Haus noch Feld, er kennt keine Stadt, keine Behörde, keine Dienstpflicht, keine Steuer, weiß nichts von Rente, Börse, Eisenbahnen, Presse, Polizei, Konstitutionen, Nationalitätenkampf. Alle Ideenkreise dieser Dinge fehlen in seinem Kopfe. Ist dieser darum leer oder unklar?

Der Araber der Sahara schreitet immer gerade aus durch das Flugsandmeer, die Augen auf dasselbe Gestirn geheftet. Sein Leitstern wechselt nicht wie die sogenannten Prinzipien, nach denen die hochcivilisirten Nationen sich vorwärts arbeiten.

---

*) Aus meinem Buche: Außereuropäische Völker. Kassel, 1885.

Während die letzteren in ihren vier Pfählen der Grenzstreitigkeiten wegen und im Kampfe um das Dasein, im struggle of existence keine Ruhe haben, hat der Araber des Gambastammes einen Staat, dessen Grenzen soweit reichen, als ihn der Trab seines Pferdes zu tragen vermag, er findet Datteln in jeder Oase, sein ganzes Besitztum, seine Herden führt er stets mit sich und braucht sich weder mit den Theorieen des Malthus, noch mit denen der Sozialisten zu befassen, auch nicht über Organisation der Arbeit oder das Recht auf Unterstützung zu grübeln.

„Wie fängst du es an, um leben zu können?" fragte eines Tages ein Franzose einen dieser immer und ewig in der Sandwüste umherziehenden armen Teufel.

„Derjenige, welcher diese Mühle geschaffen hat," sagte der Araber, indem er eine respektable Reihe weißer Zähne zeigte, „ist nicht um die Lieferung des Stoffes zum Mahlen verlegen".

In der That lebt der Araber von der Hand in den Mund, auf Gottes Gnade hin. Hat er keine Butter mehr, keine Datteln, keinen Conscoussou, kurz nichts mehr zu beißen, so sieht er, woher der Wind weht, und erblickt er zuweilen am Horizont eine dunkle Wolke, welche, die Sonne verhüllend, wie ein Gewitter heranzieht. Dieses Gewölk ist nichts anderes, als die Vorsehung, welche dem Araber seine Mahlzeit bringt.

Diese Mahlzeit besteht aus einer zwei bis drei Quadratstunden umfassenden Schüssel von Heuschrecken, die fliegende Ernte der Wüste.

Will der Bedawi, der Mann der Wüste, heiraten, so ruft er eine Schar Freunde zusammen und entführt unter einer Salve von Flintenschüssen seine Braut, zu Pferde, wenn er ein Pferd hat, auf einem Esel, wenn er nur einen solchen besitzt, und auf seinem Rücken, wenn's nicht anders geht. Der Vater der Braut rauft sich nicht die Haare aus, wie das ein civilisierter Abendländer thun würde, sondern begnügt sich damit, ihr zum Abschied unbeschränkten Gehorsam gegen ihren Eheherrn anzuempfehlen. Die Frau ist ja nach dem Koran ein untergeordnetes Wesen, unvollkommen, zank- und putzsüchtig, der Mann muß sie schelten und gelegentlich — prügeln. Daher ist auch der Stock in jedem Zelte die ultima ratio des Hausfriedens.

Es giebt zahlreiche Vorwände, eine Frau zu verstoßen und eine andere zu nehmen, wozu der Araber sehr geneigt ist. Trotzdem gilt eine Heirat viel in der Wüste.

„Sobald ein Mann heiratet," sagen die Beduinen, „stößt Chitann (der Teufel) ein fürchterliches Geschrei aus. Alle die Seinigen eilen herbei."

„Was giebt's Herr?"

„Ein Sterblicher ist uns eben wieder entwischt!" antwortet Satan mit einem Ausrufe der Verzweiflung.

So lebt denn der Araber glücklich und sorglos. Als Utilitarier aus der Schule des Sancho Pança treibt er Poesie nur nachdem er gut gespeist hat. Ist der Bauch befriedigt, so sagt er zum Kopfe: Singe! Der geringste Kameltreiber ist ein Diplomat wie Talleyrand, denn er hat das wundervolle Sprichwort erfunden: Wenn derjenige, den du nötig hast, auf einem Esel reitet, so sage zu ihm: Welch gutes Pferd haben Sie da, gnädiger Herr.

Der Handel ist überall das nüchternste und prosaischste Ding von der Welt; aber es dürfte schwerlich eine schönere Fundgrube für poetische Stoffe geben, als die Aufzeichnung der Erlebnisse einer Handelskarawane. Ein Baumwollenballen reist ruhig unter der Garantie einer Assekuranzgesellschaft, ein Lastwagen unter dem Schutze von Gendarmen; beide gelangen ohne Gefahr, ohne Abenteuer an ihren Bestimmungsort. Der Karawanenhandel dagegen ist dramatischer, als irgend etwas unter der Sonne. Hier ist der Reisende fortwährend von Gefahren begleitet, und um ihnen zu entgehen, muß er jeden Augenblick seine Geistesgegenwart bethätigen. Ein Karawanenführer ist ein wandernder Stratege, denn es ist fast ebensoviel Genie nötig, um hundert Kamele nach Timbuktu zu bringen, wie den Feldzug nach Ägypten zu unternehmen.

Zunächst muß der Wanderer sich in jene unermeßlichen Ebenen ohne Wege, ohne Flüsse, ohne Seeen, ohne Bäume vertiefen, wo der Strauß, jener zweibeinige Dromedar Monate lang laufen kann, ohne einen Strauch zu finden, in den er, von der Not gejagt, seinen Kopf stecken könnte.

Der Wind, der beständig den wie eine Springflut vor ihm her wirbelnden Flugsand aufwühlt, verweht die Schritte des Reisenden schon unter seinen Fersen. Die Spuren früherer Karawanenzüge erkennt man nur an langen Reihen von Skeletten, welche die vom Simum begrabenen oder von Räubern gemordeten Menschen und Herden gebildet haben.

Oft wenn der Himmel verdunkelt, die Gestirne verschleiert sind, verirrt sich der Araber; aber die Vorsehung hat ihm wunderbare Naturanlagen gegeben. Er bückt sich und hebt in der Dunkelheit eine Hand voll Gras oder Erde auf, er beriecht sie, führt sie an seine Zunge, und findet dadurch seinen Weg wieder.

Die Hauptschwierigkeit der Reise liegt anderswo. Man muß den Weg nach gewissen Merkmalen nehmen, zum Nachtlager Brunnen finden können, die nur auf der Landkarte des Gedächtnisses stehen. Diese Brunnen sind häufig Gruben im Bette ausgetrockneter Bäche, sie dienen zur Tränke der Tiere und gelten den Arabern als heilige Orte.

Erreicht die Karawane eine solche Pfütze, so laden die Reisenden das Gepäck ab, welches kreisförmig nebeneinander gelegt wird; die Kamele lagern sich in der Mitte. Hierauf legt man sich, in den Burnus gewickelt, schlafen, während einige Leute rings um die Karawane Wache halten.

Zuweilen bleibt auch die ganze Gesellschaft bei hellem Sternenlicht auf, und es werden die Pfeifen angezündet, jedoch nur wenn kein räuberischer Stamm in der Nähe haust, denn der Rauch könnte sie verraten. Die Nacht gehört dem Armen, sagt der Araber, und meint damit euphemistisch den Banditen.

Bei diesen Nachtwachen erzählt der Marabut seine zahlreichen Volkssagen und Legenden, die, mystisch und ironisch zugleich, die entzückten Zuhörer bis zum dämmernden Morgen in Spannung halten.

II.

Folgende Parabel, welche Chancel am Brunnen Sibi-Mohammeds hörte und aufschrieb, ist eine Probe dieser Poesie.

Eines Tages begegnete Sidna Ayssa — so nennen die Araber dort Jesus Christus — dem Chitann, d. h. Satan, welcher vier schwer beladene Esel vor sich her trieb.

„Chitann," sagte er zu ihm, „bist du Kaufmann geworden?"

„Jawohl, Herr, ich habe mehr Kunden als Waren zu ihrer Bedienung."

„Womit handelst du denn?"

„O Herr, ich habe einen ganz vortrefflichen Handel. Sieh nur einmal zu: Von den vier Eseln hier, den stärksten, die ich in Syrien habe finden können, ist der eine mit Ungerechtigkeiten beladen. Wer wird sie mir ablaufen? Die Sultane. — Der andere ist mit Neid belastet. Wer wird dessen Käufer sein? Die Gelehrten. — Der dritte trägt Diebstähle. Und wer wird sie mir abnehmen? Die Kaufleute. — Der vierte endlich trägt außer Treulosigkeiten und Listen aller Art eine ganze Auswahl von Verführungskünsten, die allen Lastern entnommen sind. Wer wird sie kaufen? Die Frauen."

„Du Boshafter," versetzte Sibna. „Möge Gott dich verfluchen!"

Am folgenden Tage verrichtete Sibna Ayssa sein Gebet an derselben Stelle, als er die Verwünschungen eines Eseltreibers hörte, dessen vier Esel, unter der Last keuchend, nicht mehr weiter gehen wollten.

Er erkannte Chitann wieder.

„Gott sei gelobt," sagte er zu ihm, „du hast nichts verkauft."

„Im Gegenteil, Herr," erwiederte Chitann; „eine Stunde nachdem ich dich verlassen hatte, waren alle meine Körbe ausverkauft; allein ich habe wie immer Schwierigkeiten mit der Bezahlung gehabt. Der Sultan hat mich durch seinen Khalifa bezahlen lassen und dieser wollte mir betrügerischer Weise von der Summe noch abfeilschen. Die Gelehrten sagten, sie wären arm. Die Kaufleute und ich, wir schimpften uns gegenseitig Diebe. Die Frauen allein haben mich, ohne zu feilschen, bezahlt."

„Ich sehe jedoch," warf Sibna Ayssa ein, „daß deine Körbe noch voll sind".

„Sie sind mit Geld gefüllt," erwiederte Chitann, indem er die Esel peitschte. „Fort damit zum Kadi!"

So scheint selbst in der Sahara die Justiz der Araber einen satyrischen Hieb zu verdienen, weil sie nicht selten Kläger und Beklagte ruiniert.

So kommt von Cisterne zu Cisterne, von Legende zu Legende die Karawane langsam und mühsam weiter, quer durch glühend heiße Einöden unter brennender Sonne. Aber Kamel und Araber sind geduldig und ausdauernd. Kamel und Araber bilden ein Individuum in zwei Personen. Man hat den Araber einen beweglichen Höcker des Kamels, das Kamel eine Verlängerung des Arabers genannt, den stupiden feierlichen Ernst im Ausdruck des Gesichts haben beide gemeinsam. Sie leben von derselben Nahrung; nur ißt der Araber das Kamel, während letzteres keine Wiedervergeltung übt.

So erreicht die Karawane durch zahllose Gefahren, tausend Stunden weit von ihrem Ausgangspunkt ihren Bestimmungsort im

Sudan. Unterwegs hat man von den Sitten und Gebräuchen der Araber vollständig Einsicht nehmen können.

Die Unterhaltung mit Arabern ist mit Sprichwörtern gewürzt, die, wie bei allen Völkern, einen Schatz nationaler Weisheit enthalten. Einige charakteristische derselben mögen hier eine Stelle finden:

Iß in der Oase und faste in der Wüste.

Verachte nicht den Armen. Auch der gemeine Kiesel enthält die warmen Funken, welche die Nacht dir erleuchten. Sei du, Reicher, der Stahl zu dem Steine, welcher den Funken hervorlockt.

Wenn du den Pfeil der Wahrheit abschießen willst, tauche seine Spitze vorher in Honig.

Die Sorge ist ein Pfeil; berühre du nicht die Sehne des Bogens.

Beiße den Finger nicht, der dir Honig in den Mund streicht.

Schieße deine Pfeile nicht nach dem Himmel, denn das Haupt Allahs erreichst du nie.

Die Glut des Eisens allein ist nichts; du mußt es auch auf den Amboß bringen.

Nach Ansone de Chancel.
Une Caravane dans le désert.

Der arabische Adel in der Wüste.

„Nimm einen Dornbusch", sagte der Emir Abb-el-Kader eines Tages zu mir, „und begieße ihn ein Jahr lang mit Rosenwasser, er wird nichts als Dornen tragen; nimm dagegen eine Dattelpalme, laß sie ohne alle Pflege und sie wird doch Datteln tragen".

Nach den Arabern ist der Adel die Dattelpalme, das gemeine Volk aber der Dornbusch. Im Orient glaubt man an die Kraft des Blutes und der Abstammung; man hält die Aristokratie nicht nur für eine Notwendigkeit im Staate, sondern sogar für ein Naturgesetz. Es fällt da niemandem ein, sich gegen diese Annahme aufzulehnen; im Gegenteil, man fügt sich mit stiller Ergebung. „Kopf ist Kopf, und Schwanz ist Schwanz" wird der erste beste arabische Hirt sagen, und wer es versuchen wollte, den Kopf zum Schwanze und den Schwanz zum Kopfe zu machen, würde ausgelacht werden.

Außer dem uralten und heiligen Adel, der aus den Nachkommen des Propheten besteht (den Sherifs), giebt es bei den Arabern noch einen doppelten Adel, den Religionsadel und den Schwertadel, — die Marabuts und die Dschuabs, von denen die ersteren ihr Ansehen von ihrer Frömmigkeit, die letzteren von ihrer Tapferkeit haben, die einander aber mit unversöhnlichem Hasse verfolgen. Die Dschuabs machen den Marabuts das zum Vorwurfe, was man in allen Ländern von dem geistlichen Stande sagt, wenn er die Leitung der weltlichen Angelegenheiten in die Hand nehmen will; man beschuldigt sie des Ehrgeizes, des Intriguierens und des unaufhörlichen Begehrens nach den Gütern dieser Erde, welches sich unter einer heuchlerischen Liebe zu Gott versteckt. Eines ihrer Sprichwörter: „Aus der Zuia (einem geweihten Orte mit Moschee und Schule) kriecht immer eine Schlange." Die Marabuts ihrerseits beschuldigen die Dschuabs der Gottlosigkeit, der Gewaltthat und der Raubsucht. Die erste Beschuldigung kann ihnen eine furchtbare Waffe in die Hand geben, denn sie sind ihren Nebenbuhlern gegenüber das, was die Geistlichkeit in Europa im Mittelalter dem Adel gegenüber war, den ein Bannstrahl in der festesten Burg erreichte. Wenn die Dschuabs das Volk durch die Erinnerungen an bestandene Gefahren, an vergossenes Blut und Waffenglanz mit sich fortreißen können, so besitzen die Marabuts die unbegrenzte Macht des religiösen Glaubens auf die Gemüter. Mehr als einmal hat ein geliebter oder gefürchteter Marabut die Herrschaft und selbst das Leben eines Schwertadligen gefährdet; den letzteren wollen wir heute schildern. Um sogleich zu zeigen, was ein Adeliger in der Sahara ist, müssen wir beschreiben, was unter einem großen Zelte am Morgen vorgeht.

Die alte Poesie hat häufig von der Menge der Klienten gesprochen, die in Rom in den Hallen der Paläste der Patrizier sich drängten. Ein großes Zelt in der Wüste ist jetzt das, was jene stolzen römischen Paläste waren. Der Führer des Stammes sitzt gravitätisch mit jener würdevollen Haltung, die nur den Orientalen eigentümlich ist, auf einem Teppiche und empfängt nacheinander die, welche sich an ihn wenden. Der eine klagt den Nachbar an, der eine Schuld nicht bezahlen will; der andere will gestohlenes Vieh zurückhaben. Bisweilen klagt wohl auch eine Frau über ihren Mann, der ihr schlechte Nahrung oder Kleidung giebt. Alle diese verschiedenen Klagen hört er aufmerksam und mit der größten Geduld an; er bemüht sich, die Wunden jeder Art, die man ihm zeigte, zu heilen. Dem einen erteilt er Befehle, dem andern einen guten Rat: keinem versagt er seine Hilfe.

Der arabische Häuptling bedarf übrigens nicht bloß der Eigenschaft, die sich Salomo von Gott erbat; die Weisheit muß sich in ihm mit Freigebigkeit und Mut vereinigen. Der größte Lobspruch, den man ihm thun kann, ist: „Der hat das Schwert immer gezogen und seine Hand ist jederzeit offen." Die etwas pomphafte, aber edle und bisweilen rührende Mildthätigkeit, welche übrigens das muselmännische Gesetz allen Gläubigen zur Pflicht macht, muß er fortwährend üben. Sein Zelt muß die Zuflucht der Armen sein, niemand darf in seiner Nähe hungern, denn der Prophet hat gesagt: „Gott wird sich nur derer erbarmen, die selbst Barmherzigkeit üben. Ihr Gläubigen, seid mildthätig und gäbet ihr nur die Hälfte von einer Dattel." Wenn ein Krieger das Pferd verlor, das seine Stärke war, wenn einer Familie eine Herde geraubt wurde, von der sie lebte, so wendet man sich an den Häuptling, immer an den Häuptling. An Gewinn darf er nie denken. Der arabische Adelige, der in so vielfacher Hinsicht an den Herrn im Mittelalter erinnert, unterscheidet sich von unseren Rittern wesentlich durch seine Abneigung gegen das Spiel. Würfel und Karten werden in einem Zelte nie zum Zeitvertreib benutzt. Ein arabischer Häuptling darf weder spielen, noch auf Wucher leihen.

„Nichts", sagt Abb-el-Kader, „erhöht die blendende Weiße eines Burnus mehr als Blut. Der arabische Häuptling muß wie unsere sonstigen Heerführer der tapferste seiner Krieger sein. Sein Einfluß würde sofort vollständig verloren gehen, wenn man vermuten könnte, sein Herz sei schwach, und die Araber verlassen sich nicht auf den Schein, sondern nur auf die Wirklichkeit. Sie bewundern eine hartgestählte Seele, nicht aber ein riesiges Äußere. Und hier dürfte der Ort sein, gegen das allgemein verbreitete Vorurteil zu sprechen, daß eine hohe Gestalt oder Körperkraft tiefen Eindruck auf die Araber machen. Das ist keineswegs der Fall; sie verlangen, daß man rüstig sei, dem Durst, dem Hunger unzugänglich, und im stande, die stärksten Anstrengungen zu ertragen; einem hohen Wuchse und der Muskelkraft, wie etwa der unserer Lastträger, legen sie sehr geringen Wert bei. Sie schätzen ferner die Gewandtheit und den Mut, ob man groß oder klein ist, bleibt ihnen gleichgiltig, ja oftmals sprechen sie, wenn man einen Koloß vor ihnen rühmt: „Was nützt die Größe? Was nützt die Kraft? Das Herz müssen wir sehen. Vielleicht ist es nur die Löwenhaut auf einer Kuh."

Trotz dieser Bewunderung des Mutes kennen die Araber das

oint d'honneur nicht wie wir. Bei ihnen gilt es nicht für feig, vor einer großen Zahl sich zurückzuziehen, ja sogar vor einem schwächern Feinde zu fliehen, sobald man kein Interesse am Siege hat. Die Araber lachen oft unter einander und spotten über die chevaleresken Skrupel der Europäer. Sie sind voll Eifer, wenn das Glück sie begünstigt, zerstreuen sich aber und verschwinden, sobald es sich von ihnen wendet. Daher giebt es bei ihren Urteilen über Tapferkeit wesentliche Unterschiede mit den unsrigen. Ihre Achtung für den Mut treibt sie keineswegs zu übermäßiger Strenge gegen die, welchen diese Eigenschaft abgeht. Ein Feiger wird zwar nie Würden in seinem Stamme erlangen, aber ein Gegenstand der Verachtung ist er trotzdem nicht. Man wird einfach von ihm sagen: „Gott wollte nicht, daß er mutig und tapfer sei; man muß ihn beklagen, ohne ihn zu tadeln." Dagegen verlangt man von einem Mutlosen, daß er wenigstens guten Rat erteilen könne und freigebig sei.

Die Prahlerei wird viel verächtlicher behandelt, als die Furcht. „Wenn du sagst, der Löwe sei ein Esel, so gehe hin und lege ihm einen Zaum an," sagt ein arabisches Sprichwort, das häufig angewendet wird. Trotz ihres heißen Blutes und der Hyperbeln ihrer Sprache verlangen die Araber, daß auch der Mut jene Würde des Schweigens habe, das sie so hoch halten. Sie haben in dieser Hinsicht nichts von den Naturen, die zur Zeit des Cid kämpften, auch nichts in Rücksicht der Zweikämpfe. Diese sind bei ihnen völlig unbekannt. Wenn einer den andern beleidigt hat, so rächt er sich durch Mord. Man findet Leute mit weitem Gewissen, die für einen sehr mäßigen Preis im Auftrag einen Feind beseitigen. Wenn man dagegen mit seinem Gelde mehr geizt, als mit seinem Leben, wenn man rasch nach dem Schwerte, aber langsam nach dem Beutel greift, so lauert man auf eine Gelegenheit, selbst über den herzufallen, von welchem man beleidigt wurde. Man tötet ihn, oder wird getötet; unterliegt man, so vermacht man oftmals die Blutschuld an einen andern, denn wenn auch die Rache nicht unter der Obhut des Zweikampfes steht, existiert sie doch bei den Arabern, und zwar in sehr blühendem Zustande. Oftmals pflanzt sie sich von Generation zu Generation fort. Man findet hier jene Familienkämpfe wieder, welche sonst das Pflaster der italienischen Städte mit Blut befleckten.

Statt Schilderungen von blutigen Fehden will ich lieber einige Bilder aus dem Familienleben geben und bei der Achtung beginnen, welche die väterliche Gewalt bei den Arabern hat. So lange das

Kind klein, gehört ihm gewissermaßen das Zelt, und sein Vater ist fast sein erster Sklave; seine Spiele bilden die Freude der Familie, seine Ausgelassenheit und Einfälle die Lust und Heiterkeit darin; sobald es aber heiratsfähig wird, lehrt man es die Demut und Unterwürfigkeit; es darf nicht mehr vor dem Vater sprechen. Diese unbedingte Ehrfurcht, die es dem Haupte der Familie schuldig ist, gebührt auch dem ältern Bruder. Indessen erreichen die arabischen Sitten, trotz der aristokratischen Strenge, die finstere Härte nicht, welche unter den Patriziern in Rom herrschte. Ein Vater würde hier z. B. seinen Sohn nur dann selbst zum Tode verurteilen, wenn er sich an ihm selbst vergriffen hätte, in jedem andern Falle aber sich darauf beschränken, ihn aus seinen Augen zu verbannen.

Der Charakter des Volks läßt sich am besten aus den feierlichen Augenblicken des Lebens erkennen. Begleiten wir also einen Abeligen der Wüste durch dieselben.

Der Tag, an welchem ein Kind in einem großen Zelt geboren wird, ist ein Tag unermeßlicher Freude. Ein jeder begiebt sich zu dem Vater des Neugeborenen und sagt ihm: „Möge dein Sohn glücklich sein!" Während die Männer sich um den Vater drängen, empfängt auch die Mutter Besuche. Die Frauen des Stammes eilen zu ihr. Männer und Frauen bringen Geschenke, ihrem Vermögen entsprechend. Von den Kamelen, den Schafen und den kostbaren Kleidungsstücken bis zu Getreide und Datteln häufen sich alle Schätze der Wüste unter dem Zelte, das Gott gesegnet hat. Dagegen ist der, welcher diese Zeichen der Achtung und Liebe empfängt, genötigt, in großem Maßstabe Gastfreiheit zu üben. Bisweilen traktiert er die Besuchenden zwanzig Tage lang. Auch die Feste in der Wüste haben den Charakter des Großartigen, der allem eigen ist, was auf diesem Schauplatze ursprünglichen Lebens geschieht. Sobald das Kind sich zu entwickeln beginnt, lehrt man es lesen und schreiben, was indes bei den Tschuabs eine Neuerung ist. Sonst kümmerten sich nur die Marabuts um Gelehrsamkeit. Der Mann vom Schwert verachtete alles Wissen, wie unsere Barone im Mittelalter; man glaubte die Energie seines Mutes anzutasten, wenn man seinen Geist ausbildete; seit man aber gesehen hat, daß bei den französischen Soldaten der Besitz von Kenntnissen die Tapferkeit nicht verringert hat, änderten auch die Araber ihre Ansichten darüber. Viele sagten sich aber auch mit schwermütiger Resignation, wie ich es selbst gehört habe: „Sonst konnten wir in Unwissenheit leben, denn die

Ruhe und das Glück wohnen unter uns; aber in der Zeit der Unruhe und des Kriegs, die wir durchleben müssen, haben wir auch das Wissen zu Hilfe zu rufen." So wirkt der Einfluß der Civilisation, wenn auch langsam, bis in die Wüste.

Die Beschäftigung mit den Wissenschaften hat jedoch die Übung des jungen Wüstenabeligen im Reiten und in der Führung der Waffen nicht beeinträchtigt. Sobald ein Knabe sich auf dem Pferde halten kann, läßt man ihn reiten. Hat er darin einige Sicherheit erlangt, so nimmt man ihn mit auf die Jagd, läßt ihn nach der Scheibe schießen und lehrt ihn die Lanze in die Weichen eines Ebers bohren. Erreicht er sein sechs- oder achtzehntes Jahr, kennt er den Koran und kann Fasten üben, so verheiratet man ihn. Der Prophet hat gesagt: „Heiratet jung: Die Ehe zähmt den Blick des Mannes und regelt das Verhalten der Frau."

Sobald der Abelige verheiratet ist, tritt er in ein neues Leben, in einen Kreis persönlicher Thätigkeit ein. Er ist emancipiert; indessen nicht ganz, er müßte denn Haupt des Zeltes, Herr seines Vermögens und sein Vater nicht mehr am Leben sein. Er zählt von nun an in seinem Stamme zu den Männern der That und des Rates; er hat bereits seine Anhänger, seine Pferde, seine Hunde, seine Falken und sein ganzes Kriegs- und Jagdgeräte. Seine Anhänger sind die jungen Männer seines Alters, seine zukünftigen Höflinge; unter seinem Kriegs- und Jagdgeräte finden sich mehrere, wohl gar viele Gewehre von Tunis oder Algier, die damasciert, mit Silber, mit Perlmutter, mit Korallen ausgelegt sind, Säbel mit ciselierten silbernen Scheiden und Sättel von Sammet oder Marokin, mit Gold und Seide gestickt. Zu seiner vollständigen Ausrüstung gehört ferner die Säbeltasche, mit Pantherfell geschmückt, silberne Sporen, mit Korallen ausgelegt, ein hoher, breiter Strohhut mit Straußenfedern und die Patrontasche von Marokin, die mit Seide, Gold und Silber gesteppt ist.

Hat sein Vater „die Schuld bezahlt, die Gott von jedem Menschen fordert", so gehört ihm das große Zelt mit allen Luxusgeräten, Teppichen, Ruhekissen, Juwelensäckchen, silbernen Tassen und den Jagd-, Kriegs- und Mundvorräten für die ganze Familie, die oft fünfundzwanzig bis dreißig Köpfe zählt. Ihm gehören auch der Hengst und die Stuten vor dem Zelte, die acht bis zehn Neger und Negerinnen und die Korn-, Gersten-, Datteln- und Honigvorräte, die an einem sichern Orte vor einem Handstreiche gesichert sind, die acht- bis zehntausend Schafe und die fünf- bis sechshundert Kamele, die weit umher weiden unter der Obhut von Hirten. Sein Vermögen kann dann auf 30- bis 50 000 Thaler geschätzt werden.

In dem Alter, in dem er steht, im neunzehnten oder zwanzigsten Jahre, hat er sich noch nicht mit der Verwaltung dieses Vermögens zu beschäftigen. Er sucht jetzt noch nur Vergnügen. Wenn er sich in Friedenszeiten zu Pferd mit seinen Freunden und einigen Dienern, welche die Hunde an Leinen nachführen oder wohl auch vor sich tragen auf Kamelen, auf die fernen Weideplätze begiebt, um seine Herden zu besichtigen, giebt es oft Gelegenheit zu einer Jagd auf Strauße und Gazellen. Haben seine auf Entdeckung ausgesandten Diener Strauße gefunden, so fliegen die Reiter auseinander, weit, und umschlingen sie in einem anfangs ungeheuer großen Kreise, der sich aber allmählich verengt, bis man die Strauße sieht und dann unter lautem Jagdrufe auf sie jagt. Jeder wählt sich sein Opfer, folgt ihm in tausend Windungen, erreicht es und tötet es endlich mit einem Schlage auf den Kopf, denn eine Kugel würde die Federn mit Blut beflecken.

Die eigentliche aristokratische und Herrenjagd aber ist die Jagd mit dem Falken. Der Falke, der im Zelte auf einer Stange abgerichtet wird, an welcher er mit einem zierlichen Marokinriemen befestigt ist, wird von dem Herrn selbst sorgsam gefüttert und abgerichtet. Seine Klappe ist mit Seide, Gold und kleinen Straußenfedern geschmückt, seine Fesseln gestickt und mit silbernen Glöckchen versehen. Sobald die Abrichtung vollendet ist, ladet der Herr seine Freunde zur ersten Jagd ein. Alle erscheinen gut beritten. Der Häuptling reitet voraus mit einem Falken auf der Achsel, mit einem andern auf der Hand. „Nach einem Zuge in den Krieg", sagte mir Abd-el-Kader, „ist nichts so schön, als der Aufbruch zur Falkenjagd".

Solche anstrengende Vergnügungen gewöhnen und kräftigen den Adel für den Krieg und die Razzia. Ist eine Karawane geplündert worden, hat man die Frauen des Stammes beleidigt, macht man ihm das Wasser und die Weideplätze streitig, so kommen die Häuptlinge zusammen, und der Krieg wird beschlossen. Man schreibt an alle Häuptlinge der verbündeten Stämme und alle erscheinen an dem bestimmten Tage mit ihren Leuten. Man schwört feierlich, einander gegenseitig Beistand zu leisten. Am nächsten Tage setzen sich alle in Bewegung, selbst die Frauen mit, diese auf Kamelen oder in Palankins, die nicht immer fest verschlossen sind. Es giebt ein malerisches Untereinander von Pferden, Kriegern und Fußvolk.

Der feindliche Stamm seinerseits trifft Vorbereitungen, und nach drei oder vier Tagen treffen die feindlichen Parteien aufeinander. Die Tirailleurs begegnen einander zuerst, und sie beginnen die Feindseligkeiten mit Schmähungen und Schimpfworten, wie die Helden Homers; allmählich entwickelt sich der Kampf in Gruppen von fünfzehn oder zwanzig Personen, bis alles hineingezogen wird. Das Gedränge wird allgemein, alle Flinten knallen, alle Zungen schreien, schimpfen und fluchen und endlich kommt es auch zum Schwertkampfe.

Endlich tritt die Zeit ein, daß der Stamm, welcher die meisten Leute verloren hat, namentlich Häuptlinge und Pferde, sich zurückziehen muß. Es beginnt dann eine allgemeine Flucht, in welcher nur die Tapfersten sich von Zeit zu Zeit umkehren, um dem Feinde noch einige Kugeln auf Geratewohl zuzusenden. Nicht selten stürzt sich der Häuptling verzweifelt, mit dem Säbel in der Hand, in das dichteste Gedränge und findet einen ruhmvollen Tod. Dem Siege folgt die Plünderung in allgemeiner Unordnung, und in dieser wird es noch manchem Besiegten möglich, seine Frauen, seine Pferde und seine kostbarste Habe zu retten.

Kommt der Stamm siegreich zurück, so wird er freudig empfangen und gegen die Bundesgenossen übt man die großartigste Gastlichkeit, bis man sie endlich drei bis vier Stunden weit zurückbegleitet.

Je älter der Araber wird, um so mehr Ernst und Würde erlangt er; jedes weiße Haar in seinem Bart regt ihn zu ernsten Gedanken an; er geht häufiger mit den Dienern Gottes um und erweist sich freigebiger gegen dieselben; er wird frommer; man sieht ihn minder oft auf der Jagd und bei Hochzeiten. Seine Beschäftigungen als Stammeshaupt lassen ihm auch weniger Zeit, obgleich der ritterliche Sinn seiner Jugend in ihm nur schlummert und er niemals in seinem Zelte bleibt, wenn einer seiner Stämme für angethane Beleidigung Rache verlangt. „Ich würde mich glücklich preisen," sagt er, „könnte ich als Mann sterben im Kampfe und nicht wie ein altes Weib". Manche vornehme Familien rühmen sich auch, daß seit Menschengedenken keiner ihrer Vorfahren auf seinem Lager gestorben sei.
Général Daumas,
La Vie arabe, P. 1869.

Die Bevölkerung Marokkos (1884).

I.

Gährung in der mohammedanischen Welt. — Die Bevölkerung Marokkos. — Die Ruwasah. — Die Landessprachen. — Fanatismus der Marokkaner.

In der ganzen mohammedanischen Welt Nord=Afrikas gährt es, man fühlt das Engerwerden des Ringes, den die abendländische Kultur um den verrotteten Islam legt, der nun seine ganze Kraft zusammenzunehmen scheint, um sich der verhaßten Europäer zu er= wehren. In Chartum ist ein fanatischer Prophet entstanden, der alles, was die letzten Decennien mühsam hergestellt haben, vernichten will, und eine ähnliche Rolle zu spielen scheint, wie in den Fünfziger Jahren der berüchtigte Hadschi Omar im westlichen Suban; dort aber wehrt sich sein Sohn Ahmada, Sultan von Segu, vergeblich gegen die Franzosen, die mit bewundernswerter Energie ihre Mi= litärposten vorschieben und Eisenbahnschienen und Telegraphendrähte bis in die Nähe des Niger schaffen. In Ägypten treten plötzlich einige ehr= und geldsüchtige Abenturiers auf, die den harmlosen und fleißigen Fellahs einreden wollen, sie seien eine große Nation, und Ägypten müsse den Ägyptern gehören, und die frei in der Sahara herumschweifenden Tuarik schlagen die Mitglieder einer großen fran= zösischen wissenschaftlichen Expedition tot (Mission Flatters), worin sie neuerdings unterstützt werden von Bu=Amena, Si=Sliman und Genossen, die an der algerisch-marokkanischen Grenze ihr Wesen trei= ben. Aus Marokko hörte man bisher nichts, und erst vor einigen Tagen kam die den Spaniern jedenfalls hochwillkommene Nachricht, daß einige Rifioten auf ein spanisches Schiff gefeuert haben.

Marokko, oder Maghrib=el=Akfa, das entfernte Abendland (the far West), wie es von den Arabern genannt wird, dieser alte Pi= ratenstaat, vor dem die mediterranen Seemächte Jahrhunderte hin= durch gezittert haben, und dem noch bis tief in unser Jahrhundert hinein die europäischen Großmächte Tribut zahlten, hat es meister= haft verstanden, sich sowohl dem abendländischen Einflusse, als auch der Türkenherrschaft zu entziehen. Noch heute herrscht zu Marokko eine ganze Reihe unnatürlicher Zustände: die Vertreter der fremden Mächte wohnen nicht in der Residenz des Sultans, sondern in Tanger und verkehren durch einen marokkanischen Minister mit der

Regierung; die Europäer dürfen nicht im Innern des Landes wohnen und Grundbesitz erwerben. Die letzte Madrider Konferenz hat das allerdings beseitigt, in Wirklichkeit sind die Verhältnisse aber derart, daß sich schwerlich jemand finden wird, der Lust hätte, im Innern Marokkos zu wohnen. Der Export von wichtigen und wertvollen Landesprodukten ist verboten, und nur einige wenige Artikel dürfen außer Landes kommen; die Erlaubnis dazu wird aber immer speciell (gewöhnlich dem Konsul eines Landes) und nur für bestimmte Zeit gegeben. Aber auch von osmanischen Einflüssen ist das Land völlig verschont geblieben. Die von der Lehre des Propheten fanatisierten Araber, welche in ihrem raschen Eroberungszuge über Nord-Afrika hin schon bald nach der Hedschra das Volk des alten Mauritanien unterwarfen und bekehrten, Spanien mit dem Schwert gewannen und erst nach mehr als siebenhundertjähriger Herrschaft wieder nach Marokko zurückgedrängt wurden, das sie bis auf den heutigen Tag beherrschen, halten sich für die echten legitimen Erben der ersten Bekenner des Propheten und betrachten den Anspruch der Türken darauf für eine unberechtigte Usurpation. Für sie ist der Sultan in Fäß der wahre Kalif, das ist Stellvertreter des Propheten; er ist weltlicher und geistlicher Herr, und die jetzige Familie des Herrschers, die Filali, sind Schurafa (Plural von Scherif*); im diplomatischen Verkehr mit den Europäern wird der Sultan Muley Hassan auch als „Sa Majesté shérifienne" angeredet.

Die Bevölkerung des heutigen Marokko ist eine außerordentlich gemischte, denn Mauritanier und Römer, Westgoten und Vandalen, Byzantiner und Araber sind im Laufe der Jahrhunderte über dieses Land hinweggegangen und haben mehr oder weniger tiefe Spuren zurückgelassen. Andererseits bildet heutzutage diese Bevölkerung insofern eine einheitliche Masse, als alle Unterthanen des Sultans Mohammedaner sind; die geringe Menge christlicher Bewohner in den Küstenstädten und die im Lande zerstreuten hispanischen Juden sind nur geduldete Schutzgenossen.

Im allgemeinen kann man, abgesehen von einigen wenigen Renegaten in der marokkanischen Armee, sechs verschiedene Elemente

---

*) Ein Scherif ist ein Mann, der einer Familie angehört, welche direkt von Fatima und dem Schwiegersohne Mohammeds abzustammen vorgiebt; also eine Art geistlicher Adel. Ein Marabut dagegen ist ein Mann, der sich durch besondere Frömmigkeit und Gelehrsamkeit ein hervorragendes Ansehen verschafft hat.

unter der heutigen Bevölkerung dieses Landes unterscheiden: die Berber, die nomabisierenden Araber, die städtebewohnenden Mauren (ein Gemisch aus den beiden Vorhergehenden), Negersklaven, hispanische Juden und Christen.

Im Norden von Marokko, schon wenige Meilen östlich von Tanger, beginnt ein langer, sich weit nach Osten, bis Tunis, erstreckender, steil nach dem Mittelmeer zu abfallender Gebirgszug, der unter dem Namen er rif bekannt ist (das deutsche Wort Riff hat damit nichts zu thun und der Ausdruck „Riffpiraten" ist falsch). Im Süden des Landes bilden die Parallelketten des hohen Atlas die Grenze zwischen Marokko und der Sahara, zwischen beiden Gebirgen aber dehnt sich, das ganze westliche Marokko umfassend, die fruchtbare Ebene El-Gharb (der Westen) aus, während das östliche Marokko, nach der algerischen Grenze hin, wieder von zahlreichen kleineren Gebirgsketten durchzogen ist. Als nun vor Jahrhunderten die Araber anstürmten und die Nachkommen der alten Mauritanier, die heutigen Berber, unterwarfen, zogen sich dieselben in die unwegsamen und rauhen Gebirge zurück, den Eindringlingen die schönen, fruchtbaren Ebenen überlassend. Der Unabhängigkeitskampf der Berber gegen die Araber dauert seit jener Zeit bis auf den heutigen Tag fort; der Sultan von Marokko liegt in der That in permanenter Fehde mit diesen wilden und tapferen Bergbewohnern, und fast jedes Jahr ist in einem Teile Marokkos eine Berber Kabyläh*) im Aufstande.

Diese bergbewohnenden Berber zerfallen nun in zwei ziemlich scharf von einander getrennte Gruppen: die Berber des Nordens, die sich Amâziah (auch Amâzirgh geschrieben) nennen, und die im Süden wohnenden, die Scheluh; erstere sind die sogenannten Ruwafah, Bewohner des Rifgebirges, die gewöhnlich als Kabylen bezeichnet werden. Berber und Araber unterscheiden sich schon äußerlich: der erstere, der nicht selten blond und blau- oder grauäugig ist, hat eine große, kräftige Gestalt, ist kriegerisch und freiheitliebend, aber auch wild und grausam. Durch seine mehr europäischen Gesichtszüge und seine weißere Hautfarbe unterscheidet er sich wesentlich von dem dunkleren, schöneren, meistens weniger kräftig gebauten,

---

*) Es ist Sprachgebrauch geworden, die Bergbewohner Nord-Afrikas einfach als Kabylen zu bezeichnen. Richtiger ist, den Namen der betreffenden Kabyle (Stamm), z. B. Kabyle beni Mada'an ꝛc., hinzufügen.

aber intelligenteren und schlaueren Araber, der übrigens ebenso roh und grausam ist, als jener. Der vorzugsweise die Städte bewohnende Maure, also ein Gemisch der seinerseits von den Spaniern vertriebenen Araber mit den Nachkommen der Mauritanier, hat vom Berber die weiße Hautfarbe und vom Araber die höhere Intelligenz, die er jedoch als Kaufmann, Handwerker und Beamter oft zum Nachteil seines Nächsten verwendet. Es ist gewiß auffallend, daß sich unter den Berbern, also einem hamitischen Volksstamme, nicht so selten blonde und helläugige Leute finden; man hat wohl mit Recht diese Erscheinung auf das Eindringen germanischer Völker, Vandalen und Westgoten zurückgeführt, von denen ein großer Teil in dem eroberten Lande geblieben und in der einheimischen Bevölkerung aufgegangen ist. Es gilt dies übrigens mehr von den im Norden wohnenden Amázigh, wozu also die Rifbewohner gehören, als von den Scheluh im Süden.

Die Landessprache in Marokko ist das Arabische, und zwar der sogenannte maghribinische Dialekt, der als der am wenigsten reine gilt. In der That ist derselbe mit vielen berberischen Worten vermischt; die Berber selbst, obgleich die Mehrzahl das Arabische spricht, haben ihre eigene Sprache. Sie treiben Viehzucht und Ackerbau, soweit wie dies in den gebirgigen Gegenden möglich ist, und es ist erstaunlich, zu sehen, mit welchem Fleiß diese Bergbewohner dem undankbaren Boden jedes Fleckchen Erde abzugewinnen wissen, um ein kleines Gerstenfeld anzulegen. Die Berber des Nordens, also die Rifioten, trieben früher auch eine lebhafte Schiffahrt, und waren als kühne Piraten sehr gefürchtet; bei den Scheluh im Atlasgebirge und den Ländern südlich davon, in Wad-Sus, Tafilalet ꝛc., findet man eine hochentwickelte Industrie in Leder- und Metallwaren.

Diese Berber, besonders aber die Rifioten, sind es, die seit den ältesten Zeiten den aufeinander folgenden Regierungen in ihren schwer zugänglichen Gebirgen meist mit Erfolg Widerstand geleistet haben.

Auch jetzt sind, namentlich die Ruwafah, fast unabhängig und zahlen nur dann in Form von Geschenken Steuern an den Sultan, wenn er oder seine Generale mit überlegener Heeresmacht in ihr Gebiet eindringen. Gefährlich würden sie nur dann dem bestehenden Staatswesen werden, wenn sie sich unter einander verbänden, um gemeinsam der Regierung die Spitze zu bieten. So weit gehen sie aber nicht. Ihr Zweck ist nur, möglichst wenig Abgaben an den

Sultan zu leisten, dem sie als Stellvertreter des Propheten (Kalif) übrigens zugethan sind.

Die Bevölkerung Marokkos, Berber sowohl wie Araber, gelten dem Europäer gegenüber als ungemein fanatisch. Ein gewisser religiöser Fanatismus existiert allerdings, das ist wahr. Der rumi (Römer), wie heute noch jeder Europäer genannt wird, ist im allgemeinen nicht gern gesehen; das Innere des Wohnhauses, die Moscheeen und die verschiedenen heiligen Plätze sind ihm verschlossen; es giebt zahlreiche Mitglieder von religiösen Sekten und Orden, die sich an Fanatismus überbieten, und in keinem mohammedanischen Staate sind an den großen Festzügen die öffentlichen Umzüge unter der Leitung irgend eines Heiligen so grauenhaft und für Nicht-Mohammedaner gefährlich wie in Marokko. Trotzdem ist es aber der religiöse Fanatismus nicht allein, der dem Europäer das Reisen in Marokko erschwert, es hat einen politischen Grund. Man fürchtet in jedem Europäer einen Spion, der nur in das Land kommt, um dasselbe für seine Regierung kennen zu lernen, und besonders mißtrauisch werden Spanier und Franzosen angesehen. Bei den Rifioten kommt dann dazu, daß sie sowohl von den Europäern, als auch von den Vertretern des Sultans befreit sein wollen, und daher schließen sie sich in ihren Bergen vollständig ab. Die Gebirge Marokkos, speciell das Rif, gehören mit zu den unbekanntesten Teilen Afrikas, noch nie sind europäische Reisende in diese unzugänglichen Gebirgsgegenden gekommen, wo hinter jedem Felsen eines mißtrauischen Rifioten droht.

Ähnlich, wenn auch nicht ganz so schlimm, ist es im Atlasgebirge, und meine Durchquerung desselben glich eigentlich mehr einer Flucht, als einer Reise. Es ist in Marokko Sitte, daß jeder europäische Reisende vom Sultan einen Geleitsbrief und eine Eskorte von M'chazini, das ist Landgensdarmen, erhält. Man ist aber genötigt, sich an eine ganz bestimmte Route zu halten, die alle Berberlandschaften vermeidet. Ich kam wiederholt in Berbergegenden, wo man mich über meinen Brief des Sultans auslachte und sich nicht im mindesten darum kümmerte. Wenn man mich beherbergt und ungeplündert weiter ziehen lasse, so geschehe es um Allahs willen, aber nicht, weil es Muley Hassan wünscht.

Die Rusawah, wie überhaupt die Mehrzahl der Berber, sind durchaus nicht so strenge und fanatische Moslemin wie die Araber, und ihre Feindseligkeit gegen die rumi ist vielmehr auf die Furcht zurückzuführen, ihre Selbständigkeit zu verlieren. Die Mehrzahl der Reisenden schildert diese Leute, sowohl die in Marokko, wie die in Algier und Tunis, als zuverlässiger und anständiger in ihrem Benehmen, als die Araber. Letztere sind in der That das lügnerischeste und treuloseste Volk, das mir je vorgekommen.

Dr. Oskar Lenz.

II.
Die Bewohner des Rif.

Das Atlasgebirge entsendet an den Quellen der Mulvia nach NO. einen Zweig, den sogenannten kleinen Atlas, der sich etwas nördlich von Teza wieder gabelt und mit seinen Armen das Littoral umspannt. Der eine derselben zieht nordostwärts, begleitet das linke Ufer der Mulvia und entsendet eine Abzweigung nach Norden, die mit dem Kap Tres Forcas endet. der andere wendet sich zunächst nach NW., und folgt dann der Küste bis Ceuta und zum Kap Spartel. Die nördlich von diesem Küstengebirge gelegenen Landschaften, aus Bergkuppen und kurzen Thälern bestehend, werden von den Bewohnern das Rif, Er-Rif, genannt, welcher Name, wie man gewöhnlich annimmt, zu den wenigen, in der Sprache der Berbern erhaltenen lateinischen Worten gehören und „Uferland" (ripa) bezeichnen soll. Im engeren Sinne bildete das Rif eine der alten 20 Provinzen des marokkanischen Reiches, und stieß im Westen an El Gharb, die atlantische Küstenprovinz von der Mündung des Sebu nordwärts bis Ceuta, während sie im Osten durch den Fluß Recour von der Provinz Gart geschieden wurde, die an Algerien grenzt.

Die Bewohner dieser gebirgigen Küste gehören der Urbevölkerung der Berbern oder Amazirghen an, welche sich, unerachtet aller Invasionen, denen das Land im Laufe der Jahrhunderte durch Römer, Vandalen, Araber ausgesetzt war, namentlich in den Gebirgsgegenden sowohl an der Küste, wie auf der Hauptkette des Atlas, ziemlich unvermischt erhalten hat und noch jetzt etwa die Hälfte der Bevölkerung Marokkos bildet. Das Rif ist so wenig bekannt, daß selbst Renou, Verfasser des über Marokko handelnden Bandes der Exploration scientifique d'Algérie, weder über die Natur des Landes, noch über die Bewohner genügende Auskunft erhalten konnte; er schätzt die Höhe des Küstengebirges auf 600 Meter; einige Gipfel sollen 1000—1200 Meter hoch sein; auch Dr. Lenz giebt nur eine kurze Notiz darüber (s. Seite 227). Ueber den Charakter der Bewohner des Rif, die in viele kleine Stämme zerfallen, und ihre Stellung zum marokkanischen Reiche äußert sich Gräberg bi Hemsö, der sechs Jahre als Konsul in Tanger gelebt hat, folgendermaßen: Im allgemeinen ist die Zahl der Amäzirghen, welche dem Sultan von Marokko vollständig gehorchen und es nicht etwa bloß aus Handelsrücksichten thun oder um sich die notwendigsten Lebensbedürfnisse zu verschaffen, sehr gering; der größere Teil, fast 2 Millionen Individuen, lebt unabhängig unter seinen Omzarghen (Herren), Amucranen (Edeln), Amrgaren (Ältesten), oder unter erblichen Fürsten seines Stammes. Das Volk wohnt unter Zelten, zuweilen auch in Höhlen an hohen und unzugänglichen Orten, wo es seine Unabhängigkeit behauptet und noch im Jahre 1819 unter dem Amrgar M'hausche einen blutigen Kampf gegen den Kaiser von Marokko geführt hat, der mehrere Jahre dauerte. Die Amäzirghen sind von weißer Hautfarbe, mittlerer Statur, schönen athletischen Formen, rüstig, stark, thätig, lebhaft und meist schlank. Sie unterscheiden sich vornehmlich durch ihren spärlichen Bart vor allen anderen Bewohnern Marokkos; wie der Rif-Bewohner sich wieder durch einen grimmigen, boshaften und trotzigen Blick vor allen anderen Amazirghen und besonders vor den Schilluchs auszeichnet. Von Temperament sind sie lebhaft und aufgeweckt. Ihre Hautfarbe ist weißlich, das Haar nicht selten blond, daß man sie bisweilen eher für Landleute des nördlichen Europa, als für Bewohner Afrikas halten sollte. Sie tragen ein einfaches Hemd ohne Ärmel, und Beinkleider; den Kopf scheren sie und lassen nur auf dem Hinterhaupte die Haare stehen, tragen auch keinen Bart mit Ausnahme eines Knebel- und Kinnbartes. Auf den Berggipfeln bewohnen sie Hütten und bisweilen Höhlen wie die alten Troglobyten; in der Ebene bauen sie sich Häuser von Stein und Holz, deren Mauern mit vielen Schießscharten versehen sind. Sie sind trotzig, voller Verwegenheit, wenn sie gereizt werden, unversöhnlich in ihrem Hasse, und treffliche Schwimmer. Ihr Hauptvergnügen ist die Jagd; sie lieben ihre Flinten leidenschaftlich und sparen kein Geld, um sie mit Elfenbein oder Silber zu verzieren. Sie nähren sich hauptsächlich von der Viehzucht. Ihre Lebensart macht sie zu äußerst kräftigen und unruhigen Menschen; sie sind die erbittertsten Feinde der Christen und übertreffen an Fanatismus und Intoleranz selbst die Mauren.

Ganz ähnlich schilderte schon im Jahre 1526 Leo Africanus die Amäzirghen. Sie sind, sagt er, schreckliche und gewaltige Menschen, die weder Kälte noch Schnee achten. Ihre Kleidung besteht aus einem wollenen Hembde auf dem bloßen Leibe, und einem Mantel darüber. Um ihre Beine wickeln sie Lappen als Strümpfe. Auf dem Haupte tragen sie nichts, zu allen Jahreszeiten. Sie haben viele Schafe, Maultiere und Esel, da ihre Berge wenig bewaldet sind. Sie sind die größten Diebe und ruchlosesten Verräter auf der Welt. Den Arabern sind sie sehr feindlich gesinnt und berauben sie des Nachts. . . . Die Wände ihrer Häuser bestehen aus Pfählen, die mit Kalk beworfen sind und ein Strohdach tragen. . . . Diese Gebirgsbewohner sind kräftig und mutig, und im Kampfe ergeben sie sich nicht lebendig. Sie kämpfen zu Fuß und sind unüberwindlich, wenn sie nicht eine zahlreiche Reiterei gegen sich haben. Sie tragen Säbel und Dolche.

Nach Gråberg di Hemsö.

Bilder marokkanischen Aberglaubens.

1. Der rettende Wahn.

Nichts konnte dem Erstaunen gleichen, das mein spanischer Freund und ich in dem wilden Dorfe hervorbrachten, durch welches unsere Reise führte. An jeder Thür standen ganze Familien, uns mit glotzenden Augen anstarrend, während die jüngeren Kinder voll Schreck über eine so seltene Erscheinung zurückwichen. Ein Jüngling, der kühner als die anderen war, näherte sich unserer Gesellschaft und fragte den Habdschi, was wir für Geschöpfe wären? Der Habdschi erwiederte gravitätisch, daß wir Dschins oder böse Geister seien, die er eingefangen habe und nach Larache führe, um sie von dort nach dem Lande der Nazarener zu verschiffen; worauf der Bursche heulend nach seiner Hütte entfloh. Wie mir der englische Reisende Davidson, welcher, im Begriff nach Timbuktu vorzudringen, im Innern Marokkos ermordet wurde, erzählt hat, herrscht in den Teilen Marokkos, die nur selten von Reisenden besucht werden, der allgemeine Glaube, daß die Franken in Verbindung mit Hexen, Dämonen und überirdischen Wesen stehen. Er hatte mehr als einmal dieses Vorurteil benutzt, um sich aus der Lebensgefahr zu retten, in der er sich unter den wilden Stämmen jener Gegenden befand. Davidson war kahl und trug ein Toupet. Als er einst von einem Haufen Araber umringt wurde, die seine Habseligkeiten zu plündern begannen und ihm mit dem Tode drohten, rief er ihnen plötzlich zu, die Macht der Christen zu fürchten, und warf seine Perücke mit den Worten zur Erde: „Da ist mein Haar; eure Bärte werden folgen." Die Araber flohen, indem sie ihre Beute im Stiche ließen. Bei einer andern Gelegenheit, als er astronomische Beobachtungen machte, wurde er von einem Haufen zudringlicher Araber so eingeengt, daß er seine Arbeit nicht fortsetzen konnte. „Ihr Thoren! Sucht ihr den Untergang?" sagte er endlich, indem er sich zu ihnen wandte. „Erkennt die Macht des Nazarenen!" Hierauf winkte er einen der Scheichs zu sich und ließ ihn durch den Sextanten blicken, während er den Index langsam bewegte und den Barbaren merken ließ, wie die Sonne ihre Bahn verlasse und sich der Erde nähere. Blaß vor Schrecken warf der Araber nach einem einzigen Blicke sich ihm zu Füßen und bat um Gnade, indem er ihn anflehte, ihre Herden und Ernten zu verschonen und sie nicht, wie es seiner Überzeugung nach in der Macht des Nazarenen stand, mit Seuche und Mißwachs heimzusuchen.

2. Die bezauberte Turmuhr.

Auf dem Minaret der Dschamaa=Kebir, der Hauptmoschee in Tanger, befindet sich eine große Uhr, deren Werke einst in Unordnung geraten waren und der Reparatur bedurften. Keiner von den Gläubigen wagte jedoch, sich dieser Aufgabe zu unterziehen, da sie nicht einmal entdecken konnten, wo der Fehler eigentlich stecke, obgleich manche von ihnen mit großer Würde und Feierlichkeit ihr Urteil darüber aussprachen. Unter anderem behauptete einer, daß höchst wahrscheinlich ein Dschin oder böser Geist seinen Wohnsitz in der Uhr aufgeschlagen habe, und man versuchte demzufolge verschiedene Beschwörungsmittel, die, wie jeder wahre Gläubige voraussetzen mußte, vollkommen dazu hinreichten, eine ganze Legion von Teufeln auszutreiben — aber vergebens! die Uhr war und blieb stumm.

Es blieb nichts übrig, als sich an einen christlichen Uhrmacher, „einen verfluchten Nazarener", zu wenden, der zum Glück in der

„von Gott beschützten Stadt Tanger" wohnte. Er war aus Genua gebürtig und natürlicherweise ein frommer Christ, weshalb es auch den getreuen Anhängern des Propheten schwer wurde, ihm einen solchen Dienst anzuvertrauen. Die Uhr war in der Mauer des Turmes befestigt, und man konnte unmöglich dem Kaffir erlauben, das Bethaus Allahs mit seinen gottlosen Fußstapfen zu beflecken.

Der eine schlug vor, die Reparatur lieber ganz aufzugeben; ein anderer wollte Bretter über den heiligen Fußboden legen, damit der Ungläubige ihn nicht berühren möchte; aber man hielt dieses nicht für eine hinlängliche Sicherheit, und es ward endlich beschlossen, einen Teil des Pflasters aufzureißen, auf den der Kaffir treten würde, und die Mauern anzuweißen, an denen er vorüberging.

Man schickte also jetzt nach dem Christen und sagte ihm, was von ihm verlangt werde, indem man ihm vor allem einschärfte, die Schuhe und Strümpfe beim Eintritt in den Tempel abzunehmen. „Das thu' ich nicht," erwiederte der tapfere kleine Uhrmacher; „ich habe sie nie abgenommen, als ich die Kapelle der heiligen Jungfrau betrat" — hier bekreuzte er sich mit großer Andacht — „und werde sie gewiß nicht im Hause eures Propheten abziehen."

Die Mauren verfluchten in ihrem Herzen den Uhrmacher und sein ganzes Geschlecht und gingen bestürzt und verlegen auseinander. Die weisen Ulemas versammelten sich am andern Morgen; aber weit entfernt zu einem Entschluß zu kommen, waren sie am Mittag auf eben dem Punkte wie vor dem Frühstück, bis endlich ein graubärtiger Muebbin, der seither geschwiegen hatte, das Wort verlangte.

Der Kaid und der Kabi nickten ihre Einwilligung. „Wenn," begann der ehrwürdige Priester, „die Moschee baufällig ist und Kalk und Ziegelsteine nach dem Innern derselben geschafft werden, läßt man diese Bürden dann nicht durch Esel hineintragen, und sind diese Esel nicht beschuht (b. h. mit Hufeisen beschlagen)?" „Allerdings!" war die einstimmige Antwort. — „Und glaubt der Esel", fuhr der Muebbin fort, „an Einen Gott oder an Mohammed, den Propheten Gottes?" — „Freilich nicht," erwiederten alle. — „Nun denn," versetzte der Muebbin, „laßt den Christen beschuht wie ein Esel hineingehen und wie ein Esel herauskommen". — Die Gründe des Muebbin fanden allgemeinen Beifall und in der Eigenschaft eines Esels betrat der Christ die Moschee von Tanger.

Nach Drumond Hay. (Western Barbary. I.)

Kulturfeindlichkeit des Mohammedanismus.

I.

Die marokkanische Frage. — Der Mohammedanismus fremd und feindlich der Kultur und ohne Vaterlandsgefühl.

Mag man nun sagen, was man will, mag man es leugnen oder verheimlichen wollen: es giebt eine marokkanische Frage. Vielleicht bemüht man sich, sie zu ersticken, zu vertuschen: für lange Zeit wird es nicht gehen. Noch weniger aber wird man der Lösung der nordwestafrikanischen Angelegenheit für immer aus dem Wege gehen können. Ebensowenig wie die Türkei im Frieden sich hat entwickeln und auch nur annähernd auf die Kulturstufe der christlichen Länder Europas hat schwingen können, ebensowenig wird Marokko friedlich sein Geschick und seine Bestimmung erreichen. Hat doch selbst das Land, welches man von allen mohammedanischen Ländern das bestcivilisierte nennen konnte, das alte Pharaonen-Reich, auf regelrechte Weise sich zu einem Staate nicht zusammenschließen können.

Es liegt das im innersten Wesen aller mohammedanischen Länder. Wir sehen wohl, wie in den dem Islam unterstehenden Ländern die Elite der Bevölkerung den civilisatorischen Ideeen huldigt; aber überall bleibt das Volk davon unberührt. Und selbst wenn die vornehme Bevölkerung mohammedanischer Länder Sinn zeigt für Kultur und höhere Gesittung, so beschränkt sich die Regierung dafür mehr auf die damit verbundenen Äußerlichkeiten, als auf das ernste Wesen der Sache.

Dazu kommt noch, daß in allen mohammedanischen Ländern dem Volke das Vaterlandsgefühl abgeht. Den Anhängern einer Religion, wie der mohammedanischen, geht eben ihre Religion über alles. Der Türke so gut wie der Marokkaner kennt wohl einen Muslim, er sagt wohl, „ich bin Muslim und du bist ein Deutscher" (auch dies erst in neuerer Zeit, sonst stets „Christ" für alle Europäer), aber er sagt nie, „ich bin ein Türke, oder ich bin ein Marokkaner". Der Mohammedaner unterscheidet nur „Gläubige" und solche, die ein „Buch" haben (Juden und Christen), und endlich „Ungläubige". Für gewöhnlich nennen die Mohammedaner aber alle Andersgläubige einfach „Ungläubige", also auch Juden und Christen. Daß es in mohammedanischen Ländern aus religiösen

Gründen nicht zur Entwickelung des Vaterlandsgefühls kommen konnte, war ein Grund der Schwäche. Ja, wenn die europäischen Staaten in richtiger Erkenntnis dieser Thatsache schon früher die mohammedanischen Länder hätten befreien wollen, nichts würde sie daran verhindert haben. So mächtig auch die Wirkung sein mag, die in der Verteidigung seines Glaubens liegt, bei denkenden Völkern ist die Verteidigung des Vaterlandes ein viel mächtigerer Hebel. Seinen Glauben kann man am letzten Ende mit sich hinwegtragen, aber niemand trägt sein Vaterland mit hinweg. Vor wenig hundert Jahren verließen allerdings noch Franzosen des Glaubens wegen ihr schönes Frankreich; aber man wird zugestehen, daß um diese Zeit das Nationalbewußtsein auch in den christlichen Ländern noch nicht geweckt war.

Dazu kommt noch, daß in Ländern die Völker keine aus ihnen hervorgegangene Regierung, keine nationalen Fürsten haben, sondern von einer fremden Dynastie beherrscht werden. In der europäischen Türkei herrscht bei überwiegend christlicher Bevölkerung ein Osmanli. In Ägypten herrscht die Dynastie der Mehemed Aliden, aus Macedonien stammend, welche nichts mit den Kopten und den Fellahs, den Ureinwohnern von Ägypten zu thun hat. In Marokko regiert die Dynastie der Schürfa (Schurafa, Plur. von Scherif), also Abkömmlinge von Mohammed, welche aber mindestens zwei Drittel der Bewohner, den Berbern, welche man als die Ureinwohner des Landes betrachten darf, durchaus fremd ist. Bis auf den jetzigen Herrscher des Landes waren stets die Sultane von Marokko die größten Christenhasser, die vollendetsten Tyrannen, viele von ihnen die unmenschlichsten Wüteriche und alle jeder Civilisation abgeneigt. Dabei waren die Sultane von Marokko von einem religiösen Fanatismus beseelt, der an Wahnsinn grenzte und zugleich von einer Verachtung für Andersgläubige begleitet war, welche nur noch durch ihre Unwissenheit übertroffen wurde.

Gerhard Rohlfs.

II.

Islam und Afrikaforschung.
Von Dr. Oskar Lenz.

Jeder christliche Reisende in der Nordhälfte des Kontinents hat neben dem Kampf mit Klima und räuberischer Bevölkerung auch noch den Kampf mit dem Islam aufzunehmen, und hieran sind eben mehr Forscher gescheitert, als an anderen ungünstigen Verhältnissen der zu bereisenden Länder. Es ist leicht begreiflich, daß ein Reisender, der wegen seiner Eigenschaft als Christ von den Tuarik totgeschlagen worden ist, eine allgemeinere Teilnahme erregt, als ein anderer, der dem Tropenfieber erlag, und da die Zahl derer, die dem mohammedanischen Fanatismus zum Opfer fielen, gar nicht so unbedeutend ist, so begleiten den in mohammedanische Länder ziehenden Forscher neben den allgemein menschlichen Sympathieen noch speciell diejenigen des Christen. Zwar zeigt fast jede Religion das Bestreben, die weltherrschende zu werden, und nur die Mittel dazu sind verschieden, aber keine hat sich dieser Aufgabe in rücksichtsloserer Weise zu entledigen gesucht, als der Islam. Er ist die einzig privilegierte Religion von Gottes Gnaden und darf keine andere als ebenbürtig anerkennen; wo aber der Islam unter der Bevölkerung Eingang findet, soll auch gleichzeitig das Land in den Besitz der streitbaren Missionare übergehen. Der Islam verlangt die Weltherrschaft und war zweimal nahe daran, etwas derartiges zu erreichen: einmal im achten Jahrhundert und dann im sechzehnten. Er wurde über die Pyrenäen und die Donau zurückgedrängt und gegenwärtig, wohl schon seit Anfang dieses Jahrhunderts, führt er in Europa wenigstens nur eine klägliche Scheinexistenz. Wohl breiten sich die Bekenner Mohammeds in Afrika und Indien gewaltig aus, aber die rohen Negerstämme Inner-Afrikas, die mühselig ihr Allah Kebir plappern können, werden wohl nie so gewaltige Allahstreiter werden, wie Araber und Türken. Für Europa kann also der Islam nie wieder eine Gefahr werden; die Drohung der Entfaltung der „grünen Fahne des Propheten" und die „Erklärung des heiligen Krieges" hat ihre Bedeutung verloren, und höchstens in Asien oder Afrika könnte damit eine vorübergehende Hemmung in der allgemeinen Entwickelung eintreten.

Der Islam hat scheinbar etwas Imposantes, wenn er in seiner ganzen Größe und Reinheit dasteht, aber sowie er sich nur zu irgend einer Konzession gegenüber der modernen europäischen Kultur hergiebt, wird er zu lächerlicher Karrikatur. Derselbe muß sich prinzipiell völlig ablehnend gegenüber dieser Kultur verhalten, er will und darf dieselbe nicht acceptieren und von diesem Gesichtspunkte aus verschließen sich die Mohammedaner — mögen es Araber oder Türken, Berber oder Neger sein — dem Eindringen abendländischer

Emissäre. Die echten Gläubigen fühlen, daß, sowie das Volk sich mit europäischen Anschauungen vertrauter macht, das Reich des Islam zu Ende ist; ein so starres, konservatives, jeden Fortschritt absolut ausschließendes Religionssystem kann nur bestehen, wenn es völlig intakt gelassen wird, und für den frommen Moslim darf es nichts weiter auf Erden geben, als den Koran und dessen Ausleger. Die Folge ist also in Afrika und einem Teile Asiens die religiöse Unduldsamkeit, die dann beim gemeinen Volke oft in der rohesten Weise zum Ausdruck kommt, und unter der die europäischen Pioniere der Wissenschaft in erster Linie zu leiden haben. Mit diesem Fanatismus paart sich eine im Charakter aller Morgenländer liegende unbegrenzte Habgier, die gemeiniglich noch größer ist, als die religiöse Unduldsamkeit und der die Religion oft genug nur als Vorwand für systematisch ausgeführte Räubereien, Mord und Totschlag dienen muß.

Der zahlreichen Europäer, die jetzt als Touristen den sogenannten Orient besuchen, bringen vielfach eine falsche Meinung vom Islam und den Mohammedanern mit. Sie reisen unter dem Schutze Europas und sehen nur das dem Neuling sicherlich Interessante des mohammedanischen Lebens; ihnen imponieren die ruhigen, würdigen Gestalten der Araber und Türken, die gläubig auf den Ruf des Muezzin hin zur Moschee schreiten, um sich vor Allah in den Staub zu werfen. Dabei wissen sie nicht, daß in diesen Gebeten zur Vertilgung der Ungläubigen aufgefordert, wird und daß den Gläubigen, der sich besonders im Kampf für die einzige und heilige Religion Mohammeds ausgezeichnet hat, unaussprechliche Freuden dereinst erwarten. Harrt doch seiner ein Paradies mit blumenreichen Gärten, kühlenden Quellen, köstlichem Wasser und schönen Houris.

Aber diese Vorliebe für die Mohammedaner haben nicht bloß die flüchtig durchreisenden Touristen; auch zahlreiche Geschäftsleute erklären, viel lieber mit Türken und Araber verkehren zu wollen, als mit den im Orient ansässigen Christen. Es kann nicht geleugnet werden, daß diese letzteren infolge des Jahrhunderte langen Druckes jenes Gefühl für Rechtlichkeit verloren haben, das als Basis eines gesunden Handels angesehen werden muß.

Der Islam erzieht seine Bekenner direkt zur Heuchelei und Lüge gegenüber dem Ungläubigen, und jeder, der längere Zeit mit Mohammedanern zu thun gehabt hat, wird sich gewiß bitter beklagen über die Lügenhaftigkeit und Treulosigkeit derselben; die wenigen Ausnahmen beweisen eben nur die Regel.

Daß es kein zu scharfes Urteil ist, wenn man den Mohammedanern Raubsucht und religiöse Unduldsamkeit vorwirft, dafür giebt es Belege genug. Man sehe nur einmal die Liste der Opfer an, die in den letzten fünf oder sechs Decennien, seit Beginn der modernen Afrikaforschung der Habgier und dem Fanatismus in Nord-Afrika erlegen sind: Der englische Major Gordon Laing, ermordet im Jahre 1826 zwischen Timbuktu und Arauan; der Engländer Davidson, ermordet im Jahre 1836 zwischen Tenduf und El Arib; die Ermordung Vogels und später v. Beurmanns an der Grenze von Wadai; die Holländerin Fräulein Tinné, ermordet im Jahre 1869 im Wad Aberbschudsch zwischen Murzuqu und Rhat; die französischen Reisenden Dorneaux-Duperré und Joubert, im Jahre 1872 ermordet vier Tagereisen südöstlich von Rhadames; Bouchart, Paulmier und Ménoret, 1875 ermordet in Metlili, auf dem Wege zum Tuat; die beiden eingeborenen Führer des Reisenden Largeau, 1876 ermordet auf dem Wege nach Rhat; die Ermordung des österreichischen Malers Ladein im Jahre 1880 in Marokko; die Verbrennung eines Juden in Fäs, der Hauptstadt Marokkos, während meiner Anwesenheit daselbst im Januar desselben Jahres; der Überfall der Gallienischen Expedition nach Segu seitens mohammedanischer Bamboraneger im Jahre 1881; das furchtbare Gemetzel unter den Mitgliedern der Expedition Flatters; die Ermordung dreier algerianischer Missionare, des P. Richard und seiner Begleiter bei Rhadames im Dezember 1881; Karl Soller, ermordet 1881 am Schott Debaia im Wad Draa; die Vernichtung der italienischen Expedition Giulietti auf dem Wege von Affabbai nach dem Dalima; die Ermordung des österreichischen Reisenden Dr. Langer durch Araber (auf asiatischer Seite); ferner die Gefangenschaft Barths in Timbuktu und die Gefangenschaft Nachtigals bei den Tubu; die lebensgefährliche Verwundung von Gerhard Rohlfs im Jahre 1864; die Plünderung der Rohlfsschen Expedition nach Kufrah 1879 durch Leute der Sekte Es Senusi; die Plünderung Soleillets auf dem Wege von Senegal nach Abran 1879, sowie den Angriff auf mich und meine Begleitung durch die Ulad el Alasch bei Timbuctu, die geplante Massakrierung meiner Expedition durch Sidi Hussein in Jlerh und der Angriff des Pöbels auf mein Haus in Tarudam im Jahre 1880. Die Aufstände in den letzten Jahren in Algerien, Tunis und Ägypten sind reich an

Gräuelthaten gegen Andersgläubige. Die Ermordung von Hunderten friedlicher spanischer Kolonisten durch die Horden Bu-Amenas in Algier und das Massacre von Alexandrien zeigen, daß eine Kafirhetze, wie sie seinerzeit in Syrien stattfand, durchaus kein unmögliches Ereignis heutzutage noch ist. Die Art und Weise, wie im vorigen Jahre der hochgelehrte Professor Palmer und seine Begleiter Lieutenant Charrington und Kapitän Gill auf der Sinaihalbinsel ermordet wurden, zeugt von einer bestialischen Grausamkeit der dortigen Araberhorden. Und auf was anderes läßt sich der neueste Aufstand des Mahdi, des falschen Propheten im ägyptischen Sudan zurückführen, als auf einen neuen Versuch des Islam, sich der modernen Kultur und damit seines Zusammensturzes zu erwehren.

Berber und Araber in Marokko.

Gegensätze ihrer Charaktereigenschaften und Lebensweise.

Nach Friedrich Müller und Schweiger-Lerchenfeld.

Die Berber bilden mit den Ägyptern, Bedschas, Somal, Dankal und Gallas den hamitischen Stamm der sogenannten mittelländischen Rasse. Die heutige Sprachforschung hat nachgewiesen, daß die Sprachen aller dieser Völker aufs innigste miteinander verwandt sind und daß sie sich vermöge der ursprünglichen Einheit ihrer Form nur als Abkömmlinge einer in ihnen aufgegangenen Ursprache begreifen lassen. Die Sprachforschung hat ebenfalls die genaue Verwandtschaft der hamitischen Sprachen mit den semitischen nachgewiesen, sodaß eine ursprüngliche Einheit der Semiten und Hamiten bestanden hat und beide Stämme in grauer Vorzeit sich von einander abgetrennt, und gesondert sich ganz eigentümlich entwickelt haben. Diese Stämme sind alle aus Asien eingewandert.

Im Laufe der Zeit haben die Berber, die heute unter dem Namen Imoscharh (auch Imuharh, Amazirghen, Mazig, Tuarik) zusammengefaßt werden, sich mit fremdem Blute bedeutend vermischt; als direkte Nachkommen der alten Libyer, Numibier und Gantuler bilden sie eine weit ausgebreitete, zum teil nomadisierende Nation, welche das ganze westliche Nordafrika bewohnt und namentlich alle

Oasen der Sahara inne hat. Die einzelnen von einander unabhängigen Staaten führen besondere Namen: die in den Gebirgen von Algier und Tunis wohnenden heißen Kabylen (arab. Qabeul, b. i. Stämme), die Gebirgsbewohner im südlichen Marokko Schulluh (Schellöchen) u. f. w. Die Einwanderung der Vandalen, welche helle Hautfarbe, rotblondes Haar und blaue Augen hatten, hat bewirkt, daß einige nordafrikanische Berberstämme andere Rassenkennzeichen haben, als die von der Vandalen=Einwanderung nicht berührten Stämme, namentlich die der Sahara. In Marokko brachte die Verschmelzung mit den Arabern in dem altberberischen Urstamme der Mauruser jene typischen Veränderungen hervor, welche die heutigen Mauren von den übrigen, eigentlichen Berbern unterscheiden.

Die Berber nahmen zwar nach der islamitischen Invasion die Lehre Mohammeds an, aber sie blieben in ihren Charaktereigenschaften, ihren Sitten und physischen Eigentümlichkeiten die Alten. Schweiger=Lerchenfeld schildert (Österreich. Monatsschrift für den Orient 1882. Nr. 1) die Gegensätze zwischen Arabern und Berbern in folgender meisterhafter Weise:

Schon das Äußere unterscheidet den Berber vom Araber. Während er, der Araber, schwarze Augen und schwarzes Haar, ovales Gesicht auf langem Halse hat, erscheint der Berber mit viereckigem Kopf, mehr in den Schultern steckend, und meist blauäugig und rothaarig; der Araber bedeckt den Kopf und womöglich die Füße; der Berber hat Kopf und Füße nackt, trägt ein langes, wollenes Hemd, Gamaschen, Schurzfell und einen Haïk — alles schmutzig und zerlumpt, vom Großvater auf den Vater und von diesem auf den Sohn vererbt. Der Araber lebt unter dem Zelte, das er weiter trägt; der Berber in fester Niederlassung und haftet am Boden. Der Araber ist arbeitsscheu, der Berber fleißig und anstellig. Wenn jener nur notgedrungen sich zum Ackerbau versteht und am liebsten seine Herden weidet, baut dieser seine Thäler gartenmäßig und ergiebt sich mit gleichem Eifer dem Handwerke als Bergmann, als Schmied, und von Alters her als Falschmünzer. Doch scheint der letztere Betrug der allein landesübliche; denn während der Araber sich sehr aufs Lügen versteht und auch im Kriege den Verrat liebt, wäre die Lüge für den Berber (wenigstens für den berberischen Kabylen) eine Schmach, und seinem Angriff schickt er die Kriegserklärung voraus. Der Araber läßt sich den Mord ablaufen, unter den Berbern muß der Mörder sterben und giebt es überhaupt das Recht der Blutrache. Der Berber ist stolz, seinen Schutz auch über Unbekannte zu üben; er liebt die Freiheit über alles und hat sich nie unter einen Sultan gebeugt, wie die Araber.

Dennoch wird nicht zu leugnen sein, daß das berberisch-arabische Mischlingsvolk der Mauren das Berbertum weit überragt, und daß es einst der Träger einer Kultur war, die im moslemischen Orient weder früher noch später ihres Gleichen hatte. Es war dies das klassische Zeitalter des spanischen Maurentums. Aus den Trümmern des Ommejaden-Reiches ging eine ganze Menge berberisch-maurischer Dynastieen hervor, die aber arabischen Kunststil, arabische Wissenschaft und Dichtkunst sich angeeignet hatte. Zumal die Dichtkunst fand begeisterte Pflege. Ein rasch und treffend erdachter Vers konnte ein Dorf eintragen oder die Kette des Gefangenen sprengen. Der Ackersmann dichtete hinter dem Pfluge, und die Staatskanzlei schickte diplomatische Noten in Kassidenform. Wir treffen eine Lyrik des Weines und der Liebe, die auf eine nicht-moslemische Freihaltung der Frauen schließen läßt, wie sie sonst im Orient unbekannt ist. . . . Es versteht sich von selbst, daß an Höfen, wo man den Weintrunk statt des Frühgebetes eingeführt, wo man den trocknen Gaumen der Derwische verhöhnt, gazellenschlanke Mädchen für die wahren Muezzins, deren Augen für die beste Lampe zum Erleuchten der Klause erklärt — daß dort auch keine Spur von Glaubenszwang gegenüber den Nicht-Moslemen vorhanden war. Damals war es jedem Christen unbenommen, sich einer Handelskarawane, die von den nordafrikanischen Küsten nach dem Innern des Kontinents abging, anzuschließen, was heute selbst Reisenden, die unter den Fittichen einer offiziellen Persönlichkeit oder in der Maske als Moslem reisen, allemal schwer wird. . . .

Ueber das gegenwärtige Verhältnis zwischen den Mauren und den Berbern läßt sich in Kürze sagen, daß es ein schlechtes ist. Heiraten zwischen beiden Völkern kommen so viel wie gar nicht vor, und der gegenseitige Verkehr ist auf ein Minimum beschränkt. Der Schlüssel zu diesem Verhältnisse findet sich leicht, wenn man die eigentümliche Stellung der Berber unter allen Völkern des afrikanischen Nordrandes und ihre Vergangenheit in Betracht zieht. Die berberisch-arabische Blut- und Rassenmischung, wozu noch spanische und italienische Elemente kommen, steht zu dem reinblutigen Berbertum oder zu der berberisch-vandalischen Blutmischung im strengsten

16*

Gegensatze. Dazu kommt noch, daß die Machthaber nicht der Berber-
rasse angehören und sich sonach von vornherein in einem nationalen
und politischen Gegensatze zu der Urbevölkerung befinden. Auch
Lebensweise und Sitten entscheiden mit. Dennoch dominiert beispielsweise in Marokko das berberische Element ganz bedeutend. Von der
Gesamtbevölkerung des Gebietes sollen die Berber mindestens zwei
Drittteile ausmachen. Hinsichtlich der räumlichen Verteilung gestaltet sich das Verhältnis für die Berber in noch höherem Grade
günstiger; denn da sie die eigentliche Landbevölkerung repräsentieren
und alle Gebirgsstriche occupiert halten, während die Mauren nur
die Städte oder deren engern Bereich einnehmen, fallen auf jene ein
Fünftel, auf diese vier Fünftel des Gesamtareals. Die Berberstämme
Marokkos sind, wenn man sich ihr Verhältnis zu den Machthabern
vergegenwärtigt, nur nominelle Unterthanen des Sultans. Sie
selber dünken sich vollkommen frei, und jede Abgabe an den Staat
kann ihnen nur durch List und Gewalt abgerungen werden. So oft
der Sultan zu dem Entschlusse gelangt, von den Berberstämmen
Abgaben zu erpressen — was häufiger als billig zu geschehen
pflegt —, so läßt er sich durch die betreffenden Statthalter der Provinzen einen beiläufigen Überschlag des Ertrages der Ernten und
Herden geben und bestimmt darnach seine Forderung. Hierauf wird
diese den verschiedenen Tribus durch ihre Marabuts verkündet und
die Mahnung beigefügt, der Abgabenleistung gutwillig nachzukommen.
Allein selten wird dieser Forderung Folge geleistet, ja die Marabuts
selber sind diejenigen, die die Abgabenverweigerung in erster Linie
verursachen und den Widerstand nach Kräften schüren. Ist dieser
zum offenen Ausbruche gelangt, so bietet der Sultan seine Streit-
kräfte auf, und aus der Abgabenverweigerung entwickelt sich ein regel-
rechter Krieg — natürlich ein solcher nach einheimischen Begriffen,
mit Mord und Totschlag, Plünderung und Raub. Man nennt dieses
Verfahren „eine Provinz auffressen", und man muß gestehen, daß
der marokkanische Staat „einen guten Magen hat".... Natürlich bleiben
die Repressalien seitens der Berber nicht aus. Ihre Einfälle in die
Thalgebiete, die immer elementar hereinbrechen und ihren Zweck vollständig erfüllen, richten ganze Provinzen zu Grunde und verwandeln
blühende Anwesen in eine Wüste, wenn nicht in einen mit Leichen
besäeten Kirchhof. . . .

Die Westküste von Afrika.

Die Küste von Goree bis zum Alt-Kalabar-Strom. — Schilderung von Duke-Town. — Der Negerkönig. — Die Eingeborenen.

Die afrikanische Westküste ist, ihre Nähe zu Europa in Betracht gezogen, von allen zu Wasser erreichbaren Ländergebieten das verhältnismäßig von Reisenden am wenigsten besuchte, und obwohl die englischen Postboote jetzt allmonatlich eine regelmäßige Verbindung zwischen ihren wichtigsten Punkten unterhalten, werden die gefürchteten Klimafieber für immer Jeden abschrecken, den nicht sein Geschäft, Beruf oder die Wissenschaft dahinführen. Die Dampfschiffe, die auf den canarischen Inseln anlaufen, berühren die afrikanische Küste zuerst in der französischen Niederlassung Goree südlich am Senegal, in einer Bucht des dort nur mit spärlicher Vegetation bedeckten Festlandes.

Die nächste Station bildet das englische Bathurst, an der Mündung des Gambia gelegen und Sitz des dortigen Gouverneurs. Der Pflanzenwuchs wird reicher und üppiger, besonders wenn man die Region der Mangrovebüsche passiert hat, doch bleibt die Küste ein einförmig flacher Streif, bis sie sich in den malerischen Kuppen der Bucht von Sierra-Leone zu heben beginnt.

Liberia liegt am Fuße des dichtbelaubten Kap Mount, und dann nimmt die sorgfältig angebaute Kornküste ihren Anfang, wo überall Dörfer und weiße Türme aus den dunkeln Büschen hervorschauen, und Hunderte von Booten, geschäftig vom Lande stoßend, das Meer bedecken, sobald das Dampfschiff in Sicht ist.

Kühn springt im Süden das Kap der Palmen vor, welches das Gebiet der Manou- oder Krufamilie durchschneidet, und dann tritt die Küste in die weite Bucht von Guinea zurück; der Name Guinea hat sich aus dem Mittelalter, von dem goldreichen Guinauha her vererbt, und scheidet sich in Nord- und Süd-Guinea, als deren Grenze das Kamerun-Gebirge, Fernando-Po gegenüber, angenommen wird.

Östlich vom Kap Palmas beginnt das wellenförmige Hügelland der Goldküste, vielfach auf den Höhen noch mit den Kastellen jener Zeit des Faustrechts gekrönt, wo dort die seefahrenden Nationen Europas, Niederländer, Engländer, Franzosen, Dänen, mit Blut und Leben um Gold und Sklaven feilschten. Einige derselben bienen noch jetzt zu Handelscomptoiren und Garnisonen, haben aber vielfach ihre Herren gewechselt, und das alte El=Mina, die erste portugiesische Niederlassung in Guinea, ist jetzt in den Händen der Holländer.

Das sogenannte Cap=Coast=Castle, wenige Stunden von El=Mina gelegen, bildet einen Anlegeplatz der Dampfschiffe, und über die Berge sieht man die Heerstraße hinziehen nach Coomassie, der Hauptstadt des mächtigen und schrecklichen Aschantireichs. Auf ihr stiegen verschiedene Male die Legionen seiner gefürchteten Kriegsscharen nach dem Meere hinab, und mehr als einmal hing der Bestand der englischen Niederlassung an einem schwachen Faden. Doch gelang es, sie zu behaupten, und dadurch bleibt der König von Aschanti vom Meere abgeschnitten, wogegen sein nebenbuhlerischer Nachbar, der König von Dahomey, gleich im ersten Anlauf der Eroberung die europäischen Forts von Byhbah zerstörte, und so sich einen offenen Exportationsmarkt für seine Sklaven schuf.

Weiter südlich beginnen die Flüsse, auf denen der jedes Jahr an Bedeutung zunehmende Palmölhandel getrieben wird, die lange bekannt, aber kaum beachtet waren, deren Mündungen aber jetzt der Reisende in andächtiger Beschauung hinaufsegelt, denn er weiß, daß in ihnen die Wellen des viel gesuchten Niger rollen. Das Dampfboot läuft gewöhnlich in Bonny an, besucht dann später noch den Alt=Kalabar und Kamerun, und schließt seine Fahrt in Fernando=Po, von wo es nach England zurückkehrt, dieselbe Stationsroute in umgekehrter Richtung durchlaufend.

Wir befinden uns vor der Mündung des Alt=Kalabar, eines in einer imposanten Wassermasse, deren Breite auf zwölf bis fünfzehn (engl.) Meilen geschätzt werden mag, ausströmenden Flusses. Bis zur Papageien=Insel (Parrot=Island auf den Karten), wo ein dichter Wald von Rhizophoren täglich neues Land bildet, kann die Einfahrt als ein Arm der See oder ein Ästuarium betrachtet werden, der noch verschiedene andere Zuflüsse aufnimmt. Die Küste Afrikas blickt niedrig und trüb aus dem trüben Wasser in einen grauen Nebel hinein, der dem spähenden Auge jeden Anblick des mächtigen Kamerun=Gebirges, das seitlich aufsteigen muß, entzieht. Etwa fünfzig Meilen aufwärts erreicht man Duke=Town (4° 57′ 65″ nördl. Br.), den Haupt=Stapelort dieses Flusses, auf einem freien, ansteigenden Terrain, dessen frischere Vegetation angenehm gegen die dunkeln Mangrovebüsche absticht, die vorher die Ufer bedeckten. Die

Lehmhäuser der Neger stehen unter und an dem Hügel, von dem die freundlichen Wohnungen einer englischen Missionsstation, im europäischen Stile gebaut, herabschauen.

Der Kalabar war lange Zeit ein bedeutender Ausfuhrhafen für Sklaven, aber in einem 1842 auf Verlangen der englischen Kreuzer unterzeichneten Vertrag machten sich die damaligen Häuptlinge, Eyo und Eyamba, verbindlich, dem Menschenhandel zu entsagen, und seitdem hat die Kultur des Palmöls und seine Ausfuhr bedeutend zugenommen. Sie ist fast ganz in den Händen der Engländer, und mehrere Ölschiffe, die in ihrem abgetakelten Zustande, mit Strohdächern überbaut, schwimmenden Häusermassen glichen, lagen auf dem Fluß vor Anker.

Die Hütten des von den Engländern Duke-Town genannten Fleckens, der bei den Eingeborenen Atarpah heißt und gegen tausend Familien enthalten mag, stehen ordnungslos auf dem unebenen Terrain umher, so daß von Straßen, deren Reihen zwar angedeutet, aber nicht eingehalten sind, kaum eine Rede sein kann, zumal jeder die Straße zugleich als Hof benutzt, um allen Unrat dorthin zu werfen. Der Boden ist ein roter Lehm, der bei Regenwetter sich in einen schlüpfrigen Morast verwandelt, und macht es oft bedenklich, die Abhänge hinabzuspringen, die meistens ein Haus von dem andern trennen. Die Häuser selbst sind aus leichtem Fachwerk aufgeführt, das von außen mit Thon beschmiert und von innen durch Matten und Abteilungen getrennt ist. Viele derselben standen zerfallen oder wenigstens unbenutzt, da der Sohn beim Tode seines Vaters die Wohnung für ein ganzes Jahr leer stehen läßt, um die Ruhe der Seele, die solange darin fortlebt, nicht zu stören. Ehe er aufs neue einzuziehen wagt, errichtet er ein sogenanntes Teufelshaus für die jetzt heimatlose Seele, wo sie von den nekromantischen Ceremonieen-Kundigen beschworen und zu den gewünschten Aussprüchen gezwungen werden kann.

Die Häuser der Reichen schließen freie Plätze ein, um welche Veranden laufen, und tragen mitunter einen balkonartigen Aufsatz als zweiten Stock, zu welchem Treppen hinaufführen. Man könnte leicht versucht sein, viele derselben für Möbelmagazine oder die Bude eines antiquarischen Tröblers zu nehmen, da der gute Ton unter der Negeraristokratie verlangt, ihre Wohnungen möglichst mit allen Arten europäischer Luxusartikel vollzupfropfen, obwohl niemand an ihre Benutzung denkt, oder sie auch nur verstünde. Einen der Matadore des Kaufmannsstandes, der uns zu sich einlud, fanden wir in seinem Prunkgemach so eingepfercht zwischen zerbrechlichen Porzellan-, Glas-Spielsachen, die auf dem Boden umherstanden, daß er weder Hand noch Fuß zu rühren wagen durfte — eine Verurteilung zum Stillsitzen, die ihm anscheinend sehr behagte. Noch überfüllter war ein Saal in der obern Galerie, der die sonderbarste Rumpelkammer der ihm von den Kapitänen gemachten Geschenke bildete, und wo es der Mühe wert gewesen wäre, die Veränderungen der Mode in den letzten fünfzig Jahren zu studieren, von dem Roccoco-Armsessel an bis zum amerikanischen Schaukelstuhl. Da waren Fortepianos, Tische, Stühle, verschiedene Tafeluhren mit und ohne Getriebe, Alabastervasen, Trinkbecher, Seidel und Schoppen, Kronleuchter und Lampenglocken, Teller, Suppenterrinen und Bratschüsseln, alles in der barockften Manier aufeinander gestapelt. Die Wände waren bedeckt mit Ziertöpfen, Spiegeln und Bildern in solchem Überfluß, daß es oft nötig war, zwei oder drei übereinander zu hängen, um Platz zu finden.

In einem Nebenhof standen die Häuser für die Frauen des Harems, die am Kalabar schwere, messingene Trichter an den Beinen tragen, so daß sie sich nur in einem langsamen, schleppenden Gange bewegen können. Die Reicheren besitzen eine große Zahl derselben, besonders der König, mit dessen Frauen nur zu reden schon als ein Kapitalverbrechen betrachtet wird. Der mittlere Hof enthielt einen Holzpfeiler, um dessen Mitte ein eiserner Ring genagelt war, als schützender Fetisch, und zu gleichem Zweck hingen oberhalb jeder Thür Fischknochen herab. In dem benachbarten Kamerun legt man auf einen solchen Fetischstock die Knochen eines Vogels, der innerhalb des Hauses gestorben sein muß. Eine andere Form dieses Fetisches (Ekponyong genannt) ist ein mit Zeug umwickelter Pfeiler, auf den ein Schädel gestellt wird. Daneben findet sich häufig ein Jujubaum gepflanzt, an dem eine parasitische Pflanze wächst und dessen Wurzeln mit Blut begossen werden. Vor der Schwelle wird ein menschlicher Schädel eingegraben, so daß jeder Eintretende ihn mit seinem Fuß berühren muß.

Das Haus des Königs zeichnete sich vor den übrigen nur durch seine Größe aus und war in ähnlicher Weise eingerichtet; doch zeigten die mit gelben und schwarzen Streifen bemalten Wände eine pyramidale Neigung, die ich bei den übrigen Häusern nicht bemerkt habe. Die Decke des Zimmers war vollgesteckt mit Fetischen von

Knochen, Federn, Zeuglappen, Eierschalen u. dgl. m. Der Hof, in dem verschiedene, aus Palmfasern gefertigte Schirme standen, enthielt ein niedriges Fetischhaus, um welches halb mit Wasser gefüllte Blumentöpfe gesetzt waren, und vor der Thür lagen verschiedene Schädel von Menschen und Tieren neben dem eisernen Laufe einer Kanone, die größtenteils in den weichen Boden eingesunken war.

Der Regulus, eine schwerfällige, ungelenke Gestalt, der, wie sein Hofstaat, nur mit einem Lendentuche bekleidet war, empfing uns, indem er mit dem Daumen und Mittelfinger ein Schnippchen schlug, die gewöhnliche Weise der dortigen Landesbegrüßung. Er saß, trotz aller Thronsessel und Divane, die seine Schatzkammer einschloß, auf einer niedrigen Lehmbank, und war eben erst aus dem Schlaf erwacht oder gerade im Begriff, sich dazu niederzulegen, obwohl dieser glückliche Übergangszustand bei ihm, wie bei allen afrikanischen Potentaten, seit der Bekanntschaft mit dem Rum der Sklavenhändler, als der normale angesehen werden darf.

Der verstorbene König Eyamba soll ein eisernes Haus bewohnt haben, das fertig von England verschrieben war, aber nach seinem Tode unter feierlichen Ceremonieen zerstört wurde, damit er sich desselben im Jenseits bedienen könne. Alle zum Lebensunterhalte nötigen Gerätschaften werden aus demselben Grunde, in absichtlich beschädigtem Zustande, mit ins Grab gegeben, auf dem früher auch Sklaven und Weiber geschlachtet wurden. Jetzt wird meistens nur ein Hahn geopfert, der in dem Grabe aufgehängt wird, um darin abzusterben.

Außer dem erwähnten Hause ließ sich dieser durch europäische Civilisationsideeen angesteckte Monarch auch ein paar Pferde und eine Kutsche kommen, obwohl ein Weg, auf dem dieselben gehen konnten, erst gemacht werden mußte. Bei dem Mangel eines Ausdruckes für Pferd in der Efik-Sprache nannten es die Eingeborenen Euang makara (des großen Mannes Kuh), und die Kutsche Ufok unang makara (des weißen Mannes Kuhhaus). So bezeichneten die Tahitier das erste Pferd, das sie sahen, als „des weißen Mannes Schwein", und die Odjibbeways als „das Tier mit ungespaltenem Huf". Da die importierten Pferde bald am Klimafieber litten, so pflegte Eyamba in vollem Ornat und unter ein paar mächtigen Sonnenschirmen gravitätisch hinter seiner Kutsche herzuspazieren, die von einem Haufen Sklaven auf der mit vieler Mühe angelegten Fahrstraße hin- und hergezogen wurde. Gegenwärtig ist von dieser nichts mehr zu sehen, doch lagen auf den am Flusse hinlaufenden Gassen, die durch Faschinen gegen die Überschwemmungen desselben geschützt waren, Sandhaufen aufgeschüttet, mit denen eine Nivellierung des Terrains versucht zu sein schien.

Die Außenwände der besser erhaltenen Häuser zeigten bunte Malereien, deren genaue Regelmäßigkeit anzuerkennen war, da sie mit freier Hand ausgeführt sein sollen. Diese Kunst wird nur von Frauen geübt, die auch Figuren in Calabassen schneiden und chirurgische Operationen ausführen.

Die freien Bürger, die nie eine Handwerksarbeit unternehmen würden, tragen gewöhnlich ihr Haar in ein steifes Horn aufgedreht, das über der Stirn hervorsteht. Viele hatten runde Brandnarben auf Arm und Stirne gedrückt, und wie der Dolmetscher erklärte, bedeutete jede derselben den Wert eines Thalers, der auf Erden in dieser Weise durch Ertragung des Schmerzgefühls angelegt und später im Himmel mit Zinsen zurückerstattet werden würde. Sie würden nach Art der Moxas, durch Baumwolle, die in Spiritus getränkt ist, eingebrannt.

In der Nähe des königlichen Palastes stand auf einer niedrigen Erhöhung das große Palaverhaus des Egboes, eine von Säulengängen umzogene Halle, die im Innern von zwei Metallpfeilern getragen wurde. Vor der Thür stand die heilige Egboetrommel, aus einem hohlen Baumstamm gefertigt, und daneben lag ein mächtiger Basaltblock, der von Fernando-Po oder, wie andere behaupteten, von der Prinzeninsel gebracht sein soll. Alte Bäume im Umkreis, mit aufrechten Eisenstangen abwechselnd, waren mit Zeugfetzen behängt, und an dem Stamm des dicksten derselben lehnten Elefanten- und Manatiknochen, zum Teil in Zeug gewickelt.

Der Eintritt in die inneren Gemächer des Egboehauses ist niemandem außer den in die höheren Grade des Ordens Eingeweihten gestattet.*) Weiterhin kommt man zum Marktplatz, wo jeden andern Tag Frauen ihre Produkte zum Verkauf bringen. Am besuchtesten ist er an dem ersten Tage der Woche, die hier aus acht Tagen besteht, dem Chop-Day oder Aqua-e-bere, an dem jeder sein Haus mit Kuhmistwasser reinigt, und der König gewöhnlich den Kapitänen und

---

*) S. weiter unten genauere Nachrichten über den merkwürdigen Geheimbund des Egboe-Ordens, dem selbst manche europäische Kaufleute genötigt sind beizutreten.   B.

Supercargos der im Hafen liegenden Schiffe ein festliches Mahl giebt.

Der Kalabar oder Bongo heißt in der Sprache der Neger Akpa=Efik oder Wasser von Efik. Der Ursprung ist noch nicht mit Bestimmtheit ermittelt, doch scheint die früher vermutete Verbindung mit dem Niger mittels des sogenannten Croß=River jetzt widerlegt. Der Reisende Colthurst, der im Jahre 1832 von hier in das Innere vordringen wollte, behauptete von der Existenz derselben gehört zu haben, starb aber, ehe er die beabsichtigte Beschiffung hat ins Werk setzen können. Schätzbare Beiträge zur Kenntnis dieses Flusses haben Oldfield, Cummins und zuletzt Beecroft, der frühere Gouverneur von Fernando=Po, geliefert.

Die jetzigen Bewohner von Duke=Town, Old=Town und Ekuritunko oder Creek=Town kommen aus dem Egbo=Sharp=Gebiet an dem Croßflusse. Sie ließen sich unter den Aboriginern, den Kwa, nieder und traten nominell zu ihnen in eine Art Tributpflichtigkeit, wie auch jetzt noch die Oberherrlichkeit von dem König von Kwa=Town oder Abakpa, einige Stunden oberhalb Duke=Town, in Anspruch genommen wird. Früher wurde die Abgabe der europäischen Schiffe an den Kwa=König bezahlt, aber vor einigen dreißig Jahren machte sich Duke Ephraim, der in der nach ihm benannten Duke=Town wohnte, von ihm unabhängig, indem er die Ablieferung unterließ und die Gebühr für sich selbst erhob. Viele Ländereien an beiden Ufern des Flusses gehören noch dem Kwa=Volke, aber eine nach der andern werden dieselben von den Kalabaresen erworben, und die Kwa verschwinden mehr und mehr, so daß ihre Nationalität zum Teil schon in die unbestimmteste Bezeichnung von Buschmännern aufgegangen ist.

Fast alle handeltreibenden Stämme längs der Westküste sind aus dem Innern dahin gewandert, indem die ursprünglichen Besitzer des Bodens entweder unterjocht, verdrängt oder ausgerottet wurden. Der Handel ist das absorbierende Interesse von Kalabar, und jeder ist Kaufmann, meistens Palmölhändler, groß oder klein, je nach seinen Mitteln, der König selbst an der Spitze.

Prof. Dr. Bastian,
Geogr. u. ethnol. Bilder.

Die Kruneger.*)

Im Süden von Liberia schließt sich die sogenannte Kruküste an, die von einer zahlreichen Negerbevölkerung bewohnt wird.

Was für Ostasien und Amerika die Kuli, das sind — mutatis mutandis — für die afrikanische Westküste die Kruneger. Ihre Heimat sind die noch unabhängigen Gebiete im Süden von Monrovia, der Hauptstadt der Negerrepublik Liberia, bis zum Kap Palmas, zwischen dem 4. und 6. Grad nördlicher Breite; dort wohnen die freien Kruneger in zahlreichen Dörfern und Gemeinden und unternehmen von da aus ihre Raubzüge in das Innere, um Sklaven zu fangen; eine ordentliche Beschäftigung, Handel oder Ackerbau, kennen diese Leute ebensowenig wie alle anderen Stämme.

Die zahlreichen Faktoreien, welche längs der westafrikanischen Küste vom Senegal an bis hinunter nach Benguela zerstreut sind, wären übel daran, wenn es keine Kruneger gäbe. Die in den Faktoreien vorkommenden schweren Arbeiten, das Laden und Löschen der großen Kauffahrer, die aus Mangel an Wegen häufig zu unternehmenden Kanoefahrten, das Reinigen und Ordnen der für den Export bestimmten Naturprodukte — Palmöl, Kautschuk, Rot- und Ebenholz, Elfenbein, Erdnüsse ꝛc. —, kurz alles, was in diesen Handelsniederlassungen an schwerer Arbeit zu thun ist, wird von den „croo-boys" besorgt. Die Trägheit der Eingeborenen an den meisten Küstenplätzen ist derart, daß dieselben zu solchen Verrichtungen sich nie hergeben, und selbst da, wo die Eingeborenen in wohlverstandenem Interesse die Anlage einer Faktorei wünschen, können die Europäer doch nicht darauf rechnen, Arbeiter zu bekommen, sondern müssen sich croo-boys verschaffen.

Selbst die regelmäßig verkehrenden englischen Passagierdampfer versehen sich, sobald sie jene Küsten erreicht haben, mit einigen

---

*) Das Auftreten von Krus beginnt, Liberia bedeutend überschreitend, in Sierra Leone, im Nordwesten Liberias, geht die Zahnküste entlang und reicht etwas mehr als 15 Grade weit gegen Osten. Die Krus haben, ähnlich den indischen Kastenzeichen, bläuliche oder schwarze Streifen in der Mitte der Stirne. Ihr Charakter als Menschenrasse ist „Negertypus der höheren Stufe", namentlich zeigt die Vorderansicht des Kopfes bei den Krus die Stirne gut gestaltet und groß, und sie differieren darin günstig von vielen der anderen Negerrassen. (Vgl. von Schlagintweit. Zur Charakteristik der Kruneger. Sitzung der mathem.-phys. Klasse vom 5. Juni 1875.) **Baumgarten.**

Dutzend dieser schwarzen Arbeiter für die Dauer ihrer Reise; die Fahrt derselben geht bis St. Paul de Loanda, und bei der Heimreise werden dann die Neger wieder abgesetzt. Häufig bekommen diese Dampfer auch von Faktoreien den Auftrag, eine größere Anzahl dieser croo-boys mitzubringen oder nach abgelaufener Dienstzeit wieder in ihre Heimat zu befördern, so daß ein solches Schiff oft mit Hunderten dieser lärmenden Passagiere besetzt ist.

Die Kruneger sind brauchbare Arbeiter und als Küstenbewohner besonders gut als Matrosen verwendbar. Ich bin wiederholt auf größeren Küstenfahrzeugen gefahren, auf welchen nur ein einziger Europäer war, als Kapitän, während die ganze Mannschaft aus Krus bestand. Für das Innere des Landes aber sind sie nicht zu gebrauchen; sie fürchten, von den übrigen Stämmen als Sklaven abgefangen zu werden, und diese Furcht ist um so mehr begründet, als sie selbst in ihrem Lande analog verfahren.

Wie weit die auf Fahrzeugen dienenden Kruneger manchmal zerstreut werden, geht daraus hervor, daß der von seiner asiatischen Reise zurückkehrende v. Schlagintweit-Sakünlünski einige von diesen Negern auf einem Schiff in Aden traf; selbst bis nach Deutschland sind sie gekommen, und während meiner Anwesenheit in Gabun ging ein großer Schoner mit Krubemannung und einem Europäer als Kapitän nach Hamburg ab. Ebenso bleiben einzelne als Diener auf den englischen Dampfern und kommen bis Liverpool.

Bei meiner Reise von Hamburg nach Gabun wurde auch die Kruküste berührt, und so waren dies die ersten Neger, mit denen ich überhaupt zusammengetroffen bin.

Unser Kapitän war beauftragt, für die Faktoreien in Gabun Kruleute aufzunehmen, und so warfen wir in der Nähe eines Grand Ceß genannten Punktes die Anker aus. Die langgestreckte flache Küste bietet nirgends einen Hafen, und das Schiff mußte in bedeutender Entfernung vom Lande in offener See liegen bleiben, so daß wir nur mit bewaffnetem Auge das ferne Land mit den zwischen Palmen und Baumwollbäumen versteckten Negerdörfern genauer sehen konnten.

Bald bemerkten wir denn auch zahlreiche kleine Kanoes mit Negern auf uns zukommen, und sobald sie das Schiff erreicht hatten, waren sie auch schon mit affenartiger Geschicklichkeit am Deck. Sie frugen und schwatzten sehr viel, waren überhaupt ungemein lustig und wünschten für Gabun engagiert zu werden. Einige brachten in

Blechkapseln Zeugnisse von Kapitänen und Faktorei-Agenten mit über ihr Verhalten, ja einer dieser Neger, der 10 Jahre zur größten Zufriedenheit seines Herrn in Monrovia gedient hatte, trug eine vergoldete Kette um den Hals mit einem großen silbernen Schild, worauf Name, Dienstzeit u. s. w. eingraviert war. Nicht nur er, sondern auch seine engeren Landsleute waren natürlich sehr stolz auf dieses Arbeitszeugnis.

Die Kleidung der Kruneger ist außerordentlich einfach; sie besteht meistens nur aus einem Lendenschurz von Baumwollenzeug; alte, von Europäern abgelegte Hüte, oft von der verwegensten Façon, wurden vielfach getragen; am Hals und an den Armen sah man häufig Schnüre von blauen und schwarzen Glasperlen, auch dicke Elfenbein- und Messingringe an den Fuß- und Handgelenken sind beliebt, Gesicht und Arme sind gewöhnlich bemalt und tättowiert; besonders charakteristisch für Kruneger ist ein breiter, schwarzer Streifen, der von der Stirn abwärts bis zur Nasenspitze reicht und die Physiognomie sehr entstellt. Die Vorderzähne sind häufig spitz gefeilt, das kurze, wollige Haupthaar wird an einigen Stellen des Kopfes nicht selten weggeschoren, so daß lichte Streifen, von der Stirn nach dem Hinterhaupt zu, hervortreten; ältere Leute hatten einen dünnen Bart. Sehr sonderbar, eigentlich sehr häßlich sah einer dieser Neger aus, der rotes Haar und einen roten Vollbart hatte. Die Hautfarbe ist durchgängig chocolabebraun in verschiedenen Nüancierungen.

Nachdem wir fast zwei Tage gewartet hatten, kam endlich der Häuptling, von dem wir die Kru-Arbeiter engagieren wollten, an; er führt den stolzen Titel König Grando. Es war eine nicht große, aber sehr kräftige Gestalt mit sehr energischen Gesichtszügen und von echtem Negertypus. Er trug ein Stück rotes Baumwollzeug um den Leib, darüber ein weißes Hemb, worüber noch ein mit roten, weißen und blauen Streifen verzierter, sehr weiter, aber kurzer Mantel ohne Ärmel geworfen war, ein Kleidungsstück, wie es bei den Arabern am Senegal allgemein verbreitet ist; bis zu Hosen aber hatte er sich nicht aufschwingen können.

Als Kopfbedeckung diente ein neuer schwarzer Filzhut; am Gürtel trug er einige prachtvolle, große Eckzähne von Leoparden, eine Art Fetischzeichen, nach welchem die croo-boys ungemein begierig sind. Man kann den letzteren keine größere Freude bereiten und sie nicht besser zur Arbeit anspornen, als durch Versprechen von

Tigerzähnen. (An der ganzen Westküste wird der Leopard fälschlich als Tiger bezeichnet; letzterer kommt daselbst natürlich nicht vor.)

König Grando spricht leidlich englisch, d. h. jenes Negerenglisch, das auch Engländer erst lernen müssen, wenn sie an die Westküste kommen, und weiß sich auch sonst recht gut zu benehmen, besonders bei Tisch aß er mit allem Anstand und wußte sehr wohl zur großen Genugthuung der anwesenden Engländer die Gabel mit der linken Hand und das Messer mit der rechten zu handhaben! Jede Speise teilte er mit seinem Bruder, einem baumlangen, starken Burschen, der ihm nicht von der Seite wich, sich aber nicht mit zu Tisch setzte, sondern an der Erde aß.

Grando trank sehr gern Bier; Rum war natürlich auch seine schwache Seite, und beim Anblick des großen Fasses Branntwein, das ihm als Geschenk verehrt wurde, konnte er seine Freude kaum verbergen, obgleich das nil admirari bei den Negerfürsten außerordentlich in Gebrauch ist. Ehe er übrigens das Faß Rum annahm, mußte es geöffnet werden, und sowohl einige Kruleute, als auch die Matrosen unseres Schiffes mußten vor seinen Augen den Rum kosten, da er fürchtete, vergiftet zu werden! Wie berechtigt diese Vorsicht bei den Negerhäuptlingen ist, geht unter anderem daraus hervor, daß König Grando von Grand Ceß wirklich wenige Monate später an Gift gestorben ist, das ihm ein Rivale beigebracht hatte!

Nach langem Hin- und Herreden hatten wir endlich vierzig croo-boys als Arbeiter engagiert; dieselben verdingen sich gewöhnlich auf zwei bis drei Jahre für einen Monatsgehalt von 4 bis 6 Dollars, welche Summe aber nicht in Geld, sondern in europäischen Waren ausgezahlt wird, deren Wertbestimmung allerdings meistens in den Händen des Europäers liegt. Indes haben sich doch schon an vielen Orten, besonders da, wo verhältnismäßig geordnete Zustände herrschen, im Laufe der Zeit für europäische Güter (Zeuge, Gewehre, Pulver, Rum, Salz u. s. w.) bestimmte und von beiden Parteien anerkannte Werte bei Bezahlung für geleistete Dienste oder beim Einkauf von Naturprodukten entwickelt.

Beim Aufnehmen der croo-boys ist es Sitte, daß für jeden derselben zwei Monatsgehalte vorausbezahlt werden, und zwar an den Häuptling des betreffenden Stammes, der seine jungen Anverwandten und Unterthanen, sowie seine Sklaven an Europäer vermietet. Ein Trupp solcher Kru-Arbeiter wird in Abteilungen von 7—10 Mann eingeteilt, deren jede einen, gewöhnlich etwas älteren head-man besitzt, der dem Faktoristen gegenüber verantwortlich ist für das Treiben seiner Untergebenen, diese Macht auch durch häufiges Prügeln im weitesten Umfange zur Geltung bringt.

Sobald ein Trupp croo-boys in einer Faktorei angelangt ist, werden den einzelnen Abteilungen ihre Hütten zum Wohnen angewiesen, den Aufsehern die nötigen Arbeiten übertragen und ein croo-boy als Wachmann ausgewählt. Derselbe ist von aller Arbeit befreit, hat aber dafür alle Nächte die Faktorei zu bewachen und durch häufiges Rufen und Pfeifen zu beweisen, daß er nicht schläft. Gewöhnlich übernimmt dieser Wachmann auch das Amt eines Koches für seine Landsleute.

In den meisten Fällen geschieht es, und viele Krus wünschen es sogar selbst, daß sie nicht regelmäßig alle Wochen oder Monate ihren Lohn ausgezahlt bekommen, sondern erst am Ende ihrer Dienstzeit und während derselben nur hin und wieder eine Kleinigkeit, was sie für die Erledigung ihrer „woman palaver" brauchen. (Palaver ist ein an der Ostküste überall gehörter Ausdruck und bedeutet alles Mögliche; jeder Streit, jeder Auftrag, oder irgend eine Vereinbarung, alles heißt palaver.) Es kommt auf diese Weise, daß viele croo-boys, wenn sie nach zwei- bis dreijähriger Arbeit in ihre Heimat zurückkehren, oft ganze Koffer voll europäischer Waren mitbringen und so eine Zeit lang den reichen Faulenzer spielen können. Sehr oft verdingen sie sich ein zweites und drittes Mal für eine Faktorei, bis sie schließlich sich einige Frauen und Sklaven kaufen und einen eigenen Herd gründen können. Freilich kommt es auch oft genug vor, daß die croo-boys ihren ganzen Lohn verlumpen und ebenso arm in die Heimat zurückkehren, als sie weggegangen sind.

So nützlich nun auch die Krus als Arbeiter sind, so besitzen sie doch auch, und zwar im ausgesprochensten Maße, einen Nationalfehler aller Neger, den stark entwickelten Diebssinn. Es bedarf der größten Vorsicht und einer äußerst strengen Behandlung seitens der Europäer, um ihre Lagerhäuser vor den Einbrüchen sowohl einzelner croo-boys, als ganzer Diebskonsortien zu schützen. Gewöhnlich pflegen die Kru=Arbeiter einer Faktorei die Magazine einer andern zu plündern, und es kommt sogar vor, daß die Eingeborenen sich mit den Krus zu gemeinsamer Arbeit verbinden und die gestohlenen Gegenstände in ihren Hütten verbergen. Dieser Fall ist übrigens nicht so häufig, als man vielleicht meinen könnte; im allgemeinen halten die Kruneger ziemlich fest an ihren jeweiligen Herren, und sind sogar an verschiedenen Plätzen auf deren Schutz gegenüber den unruhigen und raubsüchtigen Eingeborenen angewiesen. Es hat wiederholt Fälle gegeben, wo croo-boys mit den Waffen in der Hand die Faktoreien ihrer Herren verteidigt haben. Vermöge einer erklärlichen Bevorzugung und Begünstigung seitens der Weißen und im Vertrauen auf ihre wirklich oft recht bedeutende Körperstärke, das noch durch ein sehr festes nationales Zusammenhalten untereinander gestützt wird, treten sie meist ziemlich brüske und selbstbewußt der einheimischen Bevölkerung gegenüber auf. Auf isoliert gelegenen einzelnen Faktoreien ist ein Trupp tüchtiger croo-boys von größter Wichtigkeit, sowohl für die Entwickelung des Handels, als auch für die Sicherheit der Magazine und selbst der Europäer.

Unter den vierzig Burschen, die wir an Bord hatten, wählte ich mir einen jungen, höchstens 16 Jahre alten croo-boy als Diener aus. Derselbe hat sich geradezu musterhaft betragen. Während meiner ganzen dreijährigen Reise hat mich William, wie ich ihn nannte, nicht verlassen, in den schwierigsten Situationen verlor er nicht den Mut, und ich konnte ihm alles anvertrauen. Freilich muß der Umstand berücksichtigt werden, daß er unter meiner Begleitung der einzige seines Stammes war und daß ihm alle übrigen mehr oder weniger feindlich entgegentraten und ihn um seine Stellung beneideten. Übrigens wäre derselbe gewiß nicht mit mir in das Innere des Kontinentes gereist, wenn er meinen Plan vorher gewußt hätte; aber ich wurde von dem Häuptling auch für einen Faktoreibesitzer am Ogowe gehalten, und so ging er arglos mit mir; sobald ich ein Stück im Innern war, konnte er nicht fort von mir und war gewissermaßen auf meinen Schutz angewiesen.

Nachdem seit einigen Jahren auf den portugiesischen Inseln St. Thomé und Principe die Sklaverei aufgehoben ist, und die früher blühenden Kaffee- und Cacao-Plantagen infolge dessen verwüstet sind, hat man es versucht, Kruneger für die Plantagenwirtschaft zu gewinnen. Aber bisher ohne Erfolg. Trotz guter Behandlung, hoher Bezahlung und viel weniger schwerer Arbeit, als in den Faktoreien, sind die Neger freiwillig zu solcher Arbeit nicht zu bringen. Mit großen Kosten hat man Hunderte von croo-boys auf diese Inseln geschafft, aber mit der ersten besten Gelegenheit sind sie entflohen. Wo sie irgend ein Kanoe auftreiben konnten, wagten sie selbst die gefährliche Meerfahrt, um nur von dieser ihnen verhaßten

Arbeit fortzukommen. Vielleicht wird sich das mit der Zeit ändern, und das wäre ein Glück für die Westküste. Die Wälder in der Nähe des Meeres sind schon vollständig ausgebeutet, und die Produkte müssen weit aus dem Innern gebracht werden, wobei sie infolge eines verderblichen Zwischenhandels-Systems enorm verteuert werden; man wird also früher oder später daran denken müssen, Plantagen anzulegen. In dem Neger-Freistaat Liberia ist dies bereits mit Erfolg geschehen und der liberianische Kaffee hat auf den betreffenden europäischen Märkten bereits einen sehr guten Namen. Freilich haben die „coloured gentlemen" dieses Staates einen großen Vorteil gegenüber dem Europäer in dem Verkehr mit crooboys und können dieselben leichter zur Plantagenarbeit abrichten.

Zum Schluß mag eine an der Westküste sehr verbreitete Anekdote von einem Kruneger Platz finden, die für ein ganzes System charakteristisch ist. Dieser Bursche war als Arbeiter in einer anglikanischen Mission beschäftigt; er hatte es daselbst gut, nicht zu viele Arbeit, und so blieb er 15 Jahre daselbst. Er hatte sogar in der Schule gesessen und war schließlich getauft worden, galt also als „Christ". Einmal wurde er von einem Reisenden über Verschiedenes ausgefragt und schließlich an ihn auch die Frage gerichtet, was er von Gott halte. „Oh!" antwortete Freund Yim, „Gott ist ganz außerordentlich gut; er hat zwei Dinge geschaffen, für welche ihm die croo-boys nicht genug danken können: den Schlaf und den Sonntag", (an welchem in den meisten Faktoreien nicht gearbeitet wird).

Oscar Lenz.
Skizzen aus Westafrika, 1878.

Das Klima in Senegambien.

Ein Tag während der Regenzeit am Senegal.

Dr. Borius*) giebt folgende charakteristische Beschreibung eines Tages während der Regenzeit, welche zugleich die meteorologischen Erscheinungen, sowie deren Einfluß auf die Europäer uns lebendig vor Augen führt. Diese Beschreibung, obgleich zunächst sich auf

---

*) Borius. Les maladies du Sénégal. Paris, 1882.

St. Louis beziehend, kann man für ganz Senegambien gelten lassen und in weiterem Sinne für den Zustand des Europäers während der Regenzeit überhaupt.

Während der Nacht ist die Luft durch ein Gewitter abgekühlt worden, dem ein kurzer, aber ausgiebiger Regen folgte. Die Sonne erhebt sich am Morgen inmitten von Wolken, die aber bald unter ihren Strahlen sich auflösen. Es machen sich an dem frischen und angenehmen Morgen kaum einige Windstöße aus SW. fühlbar, den Himmel durchlaufen einige leichte, weiße Wollenflocken, die fächerartig vom Horizont ausstrahlen und langsam ihre Form ändern. Einige Augenblicke nach Sonnenaufgang zeigt das Thermometer im Schatten 27° C. Unter dem Einfluß der Windstille steigt die Wärme langsam, und schon um 9 Uhr morgens ist trotz Benützung eines Sonnenschirmes ein Gang eine höchst lästige Leistung. Der Boden, der noch vom nächtlichen Regen benetzt ist, ermüdet indessen die Augen noch nicht mit jenen lästigen Lichtreflexen, welche im Verein mit der Luftwärme, der hohen Feuchtigkeit und den Sumpfmiasmen eine der Ursachen ist, welche die Insolation zu dieser Jahreszeit so gefährlich machen.

Um 10 Uhr ist trotz einer Temperaturzunahme um 2° die Hitze noch ganz erträglich und gestattet, eine gewisse Thätigkeit zu entwickeln. Die Brise von SW. ist etwas stärker, aber unregelmäßig, und sie scheint jeden Moment einschlafen zu wollen. Es ist Mittag, das Thermometer fährt fort zu steigen. Um 1 Uhr erreicht es 30°, die Sonne verhüllt sich zeitweilig, einige Nimbuswolken durcheilen den Himmel von S. nach N., während die Richtung des unteren Windes zwischen W. und SW. oscilliert, aber diese Winde sind sehr schwach, zeitweilig herrscht vollkommene Windstille. Unterdes steigt die Hitze noch langsam und um 4 Uhr zeigt das Thermometer 31°. Der Himmel ist zu drei Viertel mit Wolken bedeckt, die sich am Horizont anhäufen, die Luftruhe wird vollkommen. Die Temperatur ist jetzt außerordentlich peinlich, und obgleich nach 4 Uhr das Thermometer kaum noch um 0,5° steigt, so scheint sich die Hitze doch beträchtlich zu steigern; man ist erstaunt, wenn man auf das Thermometer sieht, daß eine so geringe Temperaturveränderung einen solchen Einfluß hat. Der Körper bedeckt sich bei der geringsten Bewegung mit Schweiß.

Es ist 6 Uhr, die Sonne verschwindet in den dichten Wolken, welche am Horizont angehäuft sind. Sie taucht bald unter in deren

Mitte und färbt sie mit sehr auffallenden kupferroten Tinten. Die Windstille hält an. Die Temperatur bleibt hoch. Einige Windstöße aus W. oder SW. gewähren kaum eine Erfrischung und bringen nicht in das Innere der Wohnungen. Man muß ausgehen oder die Terrassen besteigen, welche sich über den Wohnungen befinden, um freier zu atmen und einige Erfrischung zu verspüren von dem leichten Lufthauch, der immer seltener wird. Eine kleine schwarze Wolke zieht über uns von SW. her, aber sie läßt bloß einige Tropfen fallen, zu wenig zahlreich, um den Boden zu benetzen. Wir kehren zurück. Die Hitze in den Wohnungen ist erstickend, wir suchen vergebens nach einem Luftzug. Das Wasser, das wir, um es kühl zu halten, in porösen Thongefäßen haben, und das am Morgen frisch schien, scheint nun lauwarm, die Temperatur desselben ist gleich der des Wassers in gewöhnlichen Gefäßen. Man braucht nicht mehr das Hygrometer anzusehen, um zu konstatieren, daß die Luft mit Wasserdampf gesättigt ist. Der Dampfdruck ist 23 mm, und es ist diese Sättigung der Luft mit Wasserdampf, welche die an sich nicht außerordentliche hohe Temperatur so erstickend macht.

Nichts läßt sich vergleichen mit dem krankhaften Angstgefühl, in dem sich die Europäer befinden. Unbeweglich in einem Fauteuil ruhend ist der Körper so in Schweiß gebadet, wie nach einer heftigen Anstrengung. Die Ermüdung, die man fühlt, ist aber durchaus nicht dieselbe wie nach einer Arbeit, es ist eine Schwäche in den Gliedern und namentlich in den Beinen, ein unbeschreibliches Gefühl des Unbehagens, welches jede Bewegung, jede physische oder geistige Arbeit von sich ablehnt, aber doch keinen Schlaf zuläßt. Umschwärmt von Wolken von Moskitos, denen man kaum entgehen kann, sucht man vergeblich nach Luft, die zu fehlen scheint. In solchen Momenten ist es, wo der träge Gang der müßigen Stunden uns den Überdruß und die Leiden des Exils fühlen läßt, und wo nach dem Ausdruck unserer Kollegen „die Seele ihr Gefängnis verlassen und es der ersten herrschenden Krankheit überlassen will".

Es ist 10 Uhr, die Windstille ist vollkommen, die Temperatur bleibt noch immer hoch, das Gefühl der Ermüdung macht einer noch peinlicheren Empfindung Platz, der Kopf ist wie in einen eisernen Reifen eingeklemmt, weder Arbeit noch Lektüre ist möglich, sie würden eine Willensanstrengung benötigen, die uns entschwunden, die intellektuellen Kräfte sind noch mehr beprimiert, als die physischen.

So vergeht langsam die Nacht in diesem peinlichen und krankhaften Zustande, oder es entladet sich ein Gewitter und ein reichlicher Regen, unter dessen Einfluß das Thermometer langsam sinkt und uns schließlich doch noch das Gefühl einer wohlthätigen Erfrischung gewährt.

Man kann sich eine beiläufige Vorstellung machen von dem peinlichen Zustand, in dem man sich während der Regenzeit am Senegal befindet, wenn man sich das Gefühl des Unbehagens, welches man in Europa kurz vor Ausbruch eines Sommergewitters empfindet, verzehnfacht denkt.

Dr. Julius Hann.
Handbuch der Klimatologie. Stuttgart, 1883.

Bilder von der Goldküste.*)

I.

Anblick der Goldküste vom Meere aus. — Die Wälder. — Fischerflotten. — Cape-Coast-Castle.

Die Goldküste Afrikas, die sich vom Flusse Assini bis zum Flusse (Rio) Volta erstreckt, bietet ein weites Feld für anziehende und mannigfaltige Betrachtung dar. Ihr sonnenstrahlender Himmel, nur selten durch Trübe oder Ungewitter entstellt; ihr lieblicher Wechsel von Berg und Thal; ihre tiefen, undurchdringlichen Dickichte; ihre majestätischen Waldbäume und die ewiggrüne Frische ihrer üppig wuchernden Pflanzenwelt; ihr Mineralreichtum, der noch verschlossen im geheimnisvollen Schoße ihrer Berge oder in der Tiefe ihrer schwarzen und schlammführenden Ströme ruht; ihre köstlich-süßen

---

*) Aus Cruickshand. Ein achtzehnjähriger Aufenthalt auf der Goldküste Afrikas. Leipzig, 1856. Die genaue Übereinstimmung der ethnographischen Beobachtungen des Dr. Oskar Lenz (Skizzen aus Westafrika, 1878) mit der überaus wertvollen und in betreff der Goldküste noch weit ausführlicheren Darstellung von Cruickshand giebt den folgenden Auszügen aus letzterem Werke ganz das Interesse der Aktualität, besonders auch, da wir nur das herausgenommen haben, was sich seitdem fast gar nicht in den Sitten und Anschauungen der Neger verändert hat.

Früchte; das prachtvolle Gefieder ihrer Vögel; die unendliche Mannigfaltigkeit des Tierlebens, das in ihren wilden Dschungle=Strichen haust: — dies alles umkleidet sie mit einem unbeschreiblichen Zauber, der ein unbestimmtes und wunderbares Interesse in uns erweckt. Wenn der Fremdling ihr vom Atlantischen Ocean aus nahet und ihren Küstensaum duftig und verschwommen in der Ferne zum ersten Male erblickt, zeigt sie sich ihm mit einem Nebelmantel überdeckt und bietet der Phantasie solch ein traumgleiches Bild dar, daß es geringer Anstrengung bedarf, um ihre Odnisse mit selbstgeschaffenen Wesen zu bevölkern. Rückt man ihr näher, so nimmt sie einen melancholischen, monotonen Anblick an, der auf das Gemüt einen unangenehmen, trüben und beklemmenden Eindruck macht, welcher durch den Gedanken noch verstärkt wird, daß man hier die Wohnstätten eines wilden Lebens vor sich sieht.

Ein dunkles, undurchbringliches Geheimnis scheint im Schatten der düstern Wälder zu schweben, die so recht geeignet sind, als Stätten für wilden Götzendienst und grausamen Aberglauben zu dienen. Wenn er aber dem Ufer näher kommt und die verschiedenen Züge der Physiognomie der Landschaft deutlich und markiert herauszutreten beginnen, ruft er natürlich seine Gedanken hinweg aus dem Reiche der Phantasie, um seine Aufmerksamkeit dem neuen, sich vor ihm aufrollenden Schauspiel zuzuwenden. Der sanfte Seewind, der mit ziemlicher Regelmäßigkeit weht, hat die Segel seines Schiffes geschwellt, und dieses gleitet durch die kräuselnden, leise anschlagenden Wellchen der See hindurch, die glitzernd daliegt im Strahlen eines blauen und wolkenlosen Himmels. Er ist betroffen von dem pittoresken Anblick einer ganzen Flotte wirr durcheinander nach dem Strande zusteuernder Fischerkähne mit ihren Mattensegeln und ihren nackten Fischern, nachlässig hingestreckt in ihren gebrechlichen Barken, die schlecht geeignet scheinen, den Gefahren des Meeres zu trotzen. Er vernimmt die fernen Töne ihrer rauhen Gesänge oder mehr in der Nähe das wilde Gegurgel einer unverständlichen Sprache. Er sieht ihnen nach, wie sie dem Strande nahen, an welchem sich die Brandung mit ihrem ewigen Wogenschwalle bricht, durch den die Nachen furchtlos nach dem Lande schießen. Er gewahrt geschäftige Gruppen nackter, schwarzbrauner, glänzender, unstät sich hin= und herbewegender Gestalten, die ihnen beim Landen entgegenkommen und ihre Kanoes ans Ufer heraufziehen.

Er läßt sein Auge die Richtung der Küste verfolgen und auf

ihre verschiedenen Baien und Vorsprünge achten. Er sieht den gewaltigen Ocean, über den er so manchen langweiligen Tag gesegelt ist, von einem Streifen weißen blinkenden Sandes eingesäumt, der ihm das Ansehen eines ungeheuern, mit Silber ausgelegten Spiegels giebt, während das dunkle Laubwerk der Bäume einen passenden Hintergrund bildet. Näher dem Ufer kann er in rascher Folge die Lehmmauern und Schilfdächer der zerstreut gebauten Dörfer der Eingeborenen unterscheiden, die zum größten Teile inmitten von Wäldchen graziöser Kokospalmen nisten, während er weiter einwärts hier und da vereinzelt einen Seidenbaumwollenbaum seinen mächtigen Leib zum Himmel strecken sieht, gleich einer riesigen, zur Bewachung des Landes postierten Schildwache. Bei jeder Fortbewegung des Schiffes bietet das Panorama einen immer und immer wechselnden Anblick dar, aber stets trägt es dasselbe individuelle Tropengepräge der Pflanzenwelt, das für die meisten Europäer bei ihrer ersten Ankunft eine wilde, Robinson-Crusoesche Art von Zauber hat.

Alsbald entdeckt er in der Ferne einen weißen Fleck, der sich mit Hilfe des Fernrohrs als Cape-Coast-Castle mit der auf dessen Zinnen flatternden britischen Flagge ausweist. Seine Seefahrt geht unter einem Sturm gemischter, nicht leicht zu beschreibender Gefühle zu Ende. Die Leichtigkeit und Elastizität der klaren, durchsichtigen Luft; die lachende Lust im sanften Wellenwurf des Meeres; die Idee des Wildromantischen, die sich an das neue, unbetretene, in seiner Schöne vor ihm liegende Land knüpft; dazu das selige Bewußtsein, des Meeres Gefahren überstanden zu haben: — dies alles wirkt belebend und erheiternd auf seinen Geist ein und erweckt eine bunte Mannigfaltigkeit angenehmer Empfindungen.

Das Cape-Coast-Castle, die Hauptniederlassung der Engländer, ward von den Portugiesen erbaut, die es an die Holländer verloren, denen es wiederum von den Engländern entrissen wurde. Dem ursprünglichen Bau sind gemäß den wachsenden Bedürfnissen unserer dortigen Stellung viele Anbaue hinzugefügt worden. Gegenwärtig ist es ein großes, unregelmäßiges Gebäude, das zu Verteidigungszwecken schlecht geeignet ist, aber innerhalb seiner Mauern sowohl gute und bequeme Gemächer für den Gouverneur und die Offiziere, als auch eine Menge Kasernenräume und Warenhäuser von sehr mittelmäßiger Art enthält. Es liegt am Rande des Meeres und wird vor seiner raschen Brandung durch einen ungeheuren Felsen geschützt, gegen welchen die schwerrollenden Wogen mit unablässigem

Brausen anschlagen, die ihren wilden Schaum über die nächstgelegenen Bastionen schleudern.

Auf der nördlichen Seite dieses Kastells liegt die Stadt Cape-Coast, die aus Häusern teils der Europäer, teils der Eingeborenen besteht, welche letztere in gedrängtester Weise und ohne die geringste Rücksichtnahme auf Licht, Luft oder Zugänglichkeit beisammen hocken. So oft es die Umstände gestatteten, z. B. beim Einstürzen von Häusern oder bei einem gelegentlichen Feuer, haben die Gouverneure sich bemüht, durch Öffnung einiger guten Gassen hier ein bischen Regelmäßigkeit herzustellen. Auf diese Weise ist dem Haupteingang zum Kastell gegenüber ein großer, freier Platz entstanden, der als Paradeplatz für die Truppen dient. Von dieser Esplanade aus, dem Schloßthore gegenüber, zieht sich eine breite, zu beiden Seiten mit Sonnenschirmbäumen eingefaßte Gasse von Süd nach Nord, welche die Stadt in zwei beinahe gleiche Teile teilt, vom genannten Thore bis an ihr Ende ununterbrochen sanft aufsteigt, und an ihrem obern Ende mit einer sehr bescheidenen, alles architektonischen Schmuckes entbehrenden, aber kräftig und massiv gebauten Kapelle der Wesleyaner schließt. Die gesamten europäischen Häuser liegen auf der westlichen Seite der Hauptgasse. Ihre unregelmäßige Lage auf der Höhe und am Abhang eines sanft aufsteigenden Terrains, ihre reinlichen, weißen Mauern mit ihren grünen Sommerläden, ihre bunte Untermischung mit den Lehmmauern und Rohrdächern der Häuser der Eingeborenen — alles dies macht, vom Meere aus gesehen, einen angenehmen und malerischen Effekt. Auf der Ostseite der nämlichen Gasse laufen die Häuser der Eingeborenen, eng zusammengepreßt, einen leichtgeneigten Abhang hinab, ziehen sich dann durch eine unebene und felsige Schlucht hin und klettern hierauf unregelmäßig die Seite eines kleinen Hügels, welcher dort die Stadt einschließt, hinan. Die nördliche Seite der Stadt wird von einer andern kleinen, rundlichen Anhöhe überragt, die jäh aus dem Thale aufsteigt und sich zweihundert Fuß erhebt. Ein auf dieser Anhöhe errichteter, mit zwölf Kanonen besetzter Lärmturm beherrscht die an deren Fuß liegende Stadt und das Kastell vollständig, und bietet die ausgedehnteste Fernsicht längs der Küste dar. Auf einer andern kleinen Höhe im Westen der Stadt bildet die Wesleyanische Anstalt mit ihrem Bethaus und ihren Schulgebäuden, die unter den Bäumen vergraben, sich fast dem Blick entziehen, eine schöne und anziehende Partie in der Landschaft, während das Fort Victoria, ein

anderer kleiner Turm auf der nordwestlichen Seite und weiter
landeinwärts liegend, das Bild recht passend abschließt. Der Süden
wird vom Kastell und vom Meere begrenzt.

So sieht Cape-Coast aus. Es mag etwa sechstausend Einwohner zählen; aber von kleinen Höhen halbmondförmig eingeschlossen und unmittelbar an seinen Mauern von dichtem Wald
umfangen, bietet es in seiner nächsten Nähe nur wenig Spuren von
Anbau. Auch ist es mit angenehmen Spaziergängen und anderen
Orten zur Erholung nicht besonders ausgestattet. Wenn die Sonne
sich zu neigen beginnt, sieht man die Europäer durch die obenerwähnte Baumallee nach der fast einzigen Straße im Lande schlendern, die nach einem Salzteiche oder kleinen Salzwassersee, etwa eine
Viertelmeile von der Stadt entfernt und an ihrer westlichen Seite
gelegen, führt. Hier finden sie sich ein, um einen Schluck der kühlen
Abendluft einzuschlürfen. Einige strecken sich auf den Rasen an des
Seees Rande nieder und plaudern über die Ereignisse des Tages,
glücklich, wenn ihnen ein jüngst aus England angelangtes Schiff
etwas Interessantes über ihr Heimatsland gebracht hat. Andere
von rührigerem Wesen, Besitzer einiger Jachtkanoes von aller Art
von Takelwerk, reden sich ein, daß sie die Freuden einer Regatta
genießen, und streiten bei Wettfahrten mit Feuer um die Gewinnung
des Sieges. Und offen gesagt, bietet eine solche Partie wirklich des
Reizenden genug dar, um eine oder zwei Stunden eines einförmigen
Lebens zu verkürzen.

II.
Die Neger der Goldküste.

Grundzüge des afrikanischen Charakters. — Ähnlichkeiten der Fanti mit Nationen
des Altertums. — Keine geschriebene Grammatik. — Schwierigkeit, das Fantische
in grammatische Regeln zu bringen. — Rasche Fortschritte der jungen Neger im
Englischen. — Verbreitung des Englischen. — Musik und musikalische Instrumente. — Goldarbeiten. — Töpferei. — Weberei und Färberei. — Produkte
des Bodens. — Exporte und Importe. — Tracht. — Häuser. — Luxus. —
Gastfreundschaft.

Geboren unter einer tropischen Sonne, mit einem klaren und
heitern Himmel über sich, der selten nur von drauenden Unwettern
verdüstert und durchtobt wird, hat die Gemütsart des Negers der

Goldküste viel mit der Heiterkeit der ihn umgebenden Natur gemein, und seine übersprudelnden Lebensgeister stehen in Einklang mit ihrer verschwenderischen Güte. So freigebig die Erde seinen Bedürfnissen dient, indem sie ihm beinahe ohne Mühe der Arbeit mit dem notwendigen Lebensbedarf versorgt, einen so gedanken- und schrankenlosen Gebrauch macht er von ihren Gaben. Seiner Bequemlichkeit fröhnend und gern einem ruhigen, üppigen Nichtsthun und Nichtsdenken sich hingebend, vermag er nur selten zu großer körperlicher Anstrengung angetrieben zu werden, es sei denn, daß er durch die Aussicht dazu verlockt wird, die Mittel zu einer Schwelgerei zu erlangen, der er sich mit Leib und Seele hingiebt. Begabt mit ausgezeichneten physischen Eigenschaften und geduldig in der Verfolgung seines Ziels, wenn er einmal mit ganzer Seele darauf gerichtet ist, ist er fähig, die härteste Anstrengung und die größten Entbehrungen zu ertragen; sind aber seine Neigungen und Begierden nicht dabei beteiligt, so sinkt er bald in Lässigkeit und Gleichgültigkeit zurück und läßt seine Arbeit unvollendet. So zeigt er sich in seinem rein natürlichen Zustande. Kommt er aber mit Europäern in Berührung und wird er mit einem Denken und Handeln bekannt, das sich in so vielen Beziehungen von der natürlichen Unbedachtsamkeit seines Gemüts unterscheidet, so lernt er bald seine Gefühle verbergen, seine wahren Gesinnungen verhüllen und endet damit, daß er ein vollendeter Heuchler wird. Es fehlt ihm keineswegs an geistigen Fähigkeiten, aber sie werden durch die starke abergläubige Richtung seiner Seele eingeschnürt und gelähmt, und wir sehen bei vielen wichtigen Gelegenheiten die ganze Kraft seiner Vernunft gerade in dem Augenblicke, wo sie sich siegreich behaupten könnte, durch dieses nachteilige Agens zu Boden geworfen.

Seine Ansichten von der Natur, von seiner Lage und allen sie berührenden Verhältnissen sind infolge dessen engherzig und beschränkt und halten sich innerhalb des Kreises seiner Vorurteile, die nichts als das handgreiflichste Voraugenliegen seines Vorteils zu sprengen im stande ist. Sein Gedächtnis ist stark und treu, und er verweilt mit geschwätziger Umständlichkeit bei den Erinnerungen aus seiner Jugendzeit. Seine lebhafte Einbildungskraft ergeht sich gern in angenehmen Träumereien, aber sie ist roh, sinnlich und ungeläutert. Er ist von Natur beredt, spricht mit Leichtigkeit, fließender Anmut und entsprechender Gestikulation und kleidet seine Gedanken in einfache und natürliche Bilder ein. Er macht häufigen Gebrauch von

Gleichnissen und dunkeln und rätselhaften Redeweisen, die er nicht einmal zu erklären sich herbeiläßt, indem er ein augenscheinliches Vergnügen daran findet, seine Zuhörer den verborgenen Sinn ent- rätseln zu lassen. Er ist ein großer Freund rascher und schlagender Antworten, liebt sehr den Scherz und um so mehr, je derber er ist, und hat einen lebhaften Sinn für das Lächerliche. Er hat sein Vergnügen an roher und barbarischer Lustbarkeit und an lärmenden und ungestümen Saufgelagen. Von Temperament ist er lebhaft und jähzornig, wird aber leicht beruhigt, wenn die Beleidigung unab- sichtlich und gering war; wird er aber tief verletzt, so ist es un- möglich, seine Gunst wieder zu gewinnen, wenn man nicht ein Sühnopfer, z. B. ein Geschenk an Rum oder ein Schaf, bringt, womit er seinem Fetisch eine Libation oder ein Opfer darbringt, „um ihm ein gutes Herz zu geben".

In der Aufregung des Augenblicks wird er manchmal von seiner Leidenschaft vollkommen verblendet und begeht Handlungen, die er tief bereut und die er im nächsten Augenblicke ungeschehen machen möchte. Bei alledem ist er im gewöhnlichen Leben ein ganz strenger Beobachter der konventionellen Höflichkeiten, wird nicht leicht beleidigend, ist oft in seinem Betragen würdevoll, voll Achtung für anderer Ansehen und mit Zähigkeit auf sein eigenes haltend. Un- würdige und geringschätzige Behandlung frißt sich tief in sein Herz ein und wird selten vergeben. Seine Gefühlserregungen sind heftig, aber nicht von Dauer und die Eindrücke des Schmerzes bald ver- wischt. Freude und Leid macht sich bei ihm im Singen Luft, und morgens, mittags und abends wiederhallen die Gassen von dem lauten Gesange des Zechbruders, den leidenschaftlichen Liedern des Liebenden und den klagenden Weisen des Trauernden. Er geht schwer auf Freundschaften ein, hält sie aber fest und treu, und wird oft, um seinem Freunde zu helfen, sein Geld und seine Bequemlich- keit zum Opfer bringen. Nicht leicht gewährt er einem Europäer sein Vertrauen, obwohl er ihn mit der größten äußerlichen Ehrer- bietung und Achtung behandelt. Er entdeckt mit raschem Blick die einzelnen Züge und Eigenheiten im Gemüt und Benehmen und sucht sich mit Hilfe von Worten und Handlungen, die er in sich zusammen- faßt, ein wahres Urteil von Charakter zu bilden. Einmal überzeugt von des weißen Mannes Wahrhaftigkeit, Ehre und Gerechtigkeit, von seinen günstigen Gesinnungen gegen die Schwarzen im allgemeinen und von seinen einsichtigen und verständigen Absichten, kann nichts über den kindlichen Gehorsam gehen, mit welchem er sich seiner Leitung hingiebt.

Dieser Einfluß des Europäers beruht nur erst auf einer kurzen Bekanntschaft mit dem Eingeborenen, wenn er aber durch die Zeit und durch ein gleichförmiges, konsequentes Benehmen dauernd geworden sein wird, dann ist der Europäer in der Lage, die starke Schranke seiner Vorurteile niederzureißen. Er ist mit Einem Worte sowohl in seinen verderbten, als in vielen seiner guten Eigenschaften ein wahrer Naturmensch und gerade so wie wir selbst für jene langsame und allmähliche Entwickelung seiner sittlichen und geistigen Fähigkeiten organisiert, wie sie die Verfassung unserer gemeinsamen Menschennatur allein gestattet.

Betrachten wir ihre Sitten und Gebräuche und ihren geistigen Organismus im allgemeinen, so können wir nicht umhin, unwillkürlich von ihrer in vielen Beziehungen bestehenden großen Ähnlichkeit mit demjenigen Zustande der Gesellschaft, wie er uns durch die frühesten Urkunden des Menschengeschlechts überliefert ist, überrascht zu werden. Alles in ihren Vorstellungen, in den Eigenheiten ihrer Sprache, in ihrem Gottesdienste und in der nackten Einfachheit ihrer Sitten verrät ihren Urzustand und überzeugt den aufmerksamen Beobachter, daß er eine Menschenart vor sich hat, die, obgleich alt in ihren Generationen, doch in den meisten ihrer wesentlichen charakteristischen Züge das unverkennbare Gepräge eines früheren Stadiums der Gesellschaft noch an sich trägt. Es ist, als ob wir in das patriarchalische Zeitalter zurückversetzt wären und unter einem Volke in demselben einfachen Naturzustande lebten, und es bedarf keiner Anstrengung unserer Phantasie, um dem Auge des Geistes die Art und Weise vorzuführen, wie die in der heiligen Schrift uns überkommenen Persönlichkeiten dachten, sprachen und handelten, da wir täglich vor unseren Augen lebendige Abbilder menschlicher Wesen von ähnlichen Antrieben, die in ähnlichen Weisen des Ausdrucks und Handelns sich offenbaren, geleitet werden sehen.

Das merkwürdige Zusammentreffen der Afrikaner in vielen Eigentümlichkeiten ihrer Sitten und Gebräuche mit denen der Hebräer und anderer morgenländischen Nationen muß uns zu dem Schlusse führen, daß wir in Afrika eine Kopie derselben erblicken, die nur durch das ungewisse Licht der Tradition gelitten hat, oder daß der menschliche Geist in gewissen Stadien seiner Entwickelung und unter dem Einflusse ähnlicher prädisponierenden Ursachen eine solche wahrhaft wunderbare Gleichförmigkeit in der Richtung und Entwickelungsart zeigt, daß dieselbe als hinreichender Beweisgrund dienen kann, um die Sophistereien der Philosophen über die ursprüngliche Inferiorität der Rasse für immer zum Schweigen zu bringen.

Obwohl in den Regierungsformen, in den Gesetzen, im Fetischdienst und in den gesellschaftlichen Formen der Fanti eine gewisse Ordnung herrscht, so daß es den Anschein hat, als hätten sie einen gewissen Grad der Civilisation lange vor dem Beginn ihres Verkehrs mit den Europäern erreicht, so können wir, wenn wir sie als Ganzes ins Auge fassen, doch nicht zugeben, daß sie über jenen Zustand, den die Europäer als barbarisch zu bezeichnen pflegen, hinausgeschritten seien. Es findet sich bei ihnen keine Spur einer geschriebenen Sprache vor, keine Hieroglyphe, kein Symbol, nichts was den gemalten Geschichten Mejicos oder den verschlungenen Quipos Perus entspräche. Ihre Mitteilungen geschehen durchaus mündlich, und ihre Geschichte ist ein weißes Blatt. Es ist den Europäern nicht gelungen, ihre Sprache unter grammatische Regeln zu bringen, was notwendig sein würde, wenn sie mit römischer Schrift geschrieben werden sollte.

Eingeborenen, welche Schulunterricht genossen hatten, ist es häufig mißlungen, sich in schriftlichen Mitteilungen in ihrer Muttersprache verständlich zu machen, weil sie in betreff der Laute der Wörter nicht übereinstimmen und daher zur Darstellung der Laute verschiedene Buchstaben anwenden. Wir wissen nicht einmal, ob es zu wünschen sein dürfte, daß man sich zur Beseitigung dieses Mangels große Mühe gebe, da, je eher ihre Sprache der englischen, die unter ihnen rasche Ausbreitung gewinnt, Platz macht, es um so besser um ihren Fortschritt im Wissen und in der Sittung stehen wird. Es wird dem Afrikaner nicht schwerer werden, sich eine Kenntnis der englischen Sprache zu erwerben und sie zu schreiben, als es für ihn sein würde, die Grammatik seiner eigenen Sprache zu erlernen und sie beim Schreiben anzuwenden. Die Lehrer finden wenig Schwierigkeit, das Lesen und Schreiben des Englischen beizubringen, und die afrikanischen Knaben, die frühzeitig in die Schule geschickt werden, dürften in Bezug auf ihre Fortschritte einen Vergleich mit englischen Kindern in derselben Stellung und bei gleicher Dauer des Unterrichts aushalten. Ihr Talent zum Nachahmen ist sehr groß. Sie erlernen mit Leichtigkeit die Schönschreibekunst und scheinen im stande zu sein, die Art der Schrift je nach den ihnen vorgelegten Kopien willkürlich zu ändern. Ein einheimischer Schreiber wird im Laufe einer Woche fähig sein, die Hand seines Herrn so genau nachbilden zu lernen, daß es den letzteren verlegen machen wird, zu sagen, ob es seine eigene oder seines Schreibers Hand sei. Nahe an tausend Kinder erhalten Unterricht in den Schulen der Wesleyanischen Missionsgesellschaft, die jährlich einige Hunderte junger Leute recht leiblich gebildet entlassen. Die ununterrichteten Eingeborenen bedienen sich ihrer als Rechnungsführer und zur Besorgung der Korrespondenz, und sie sind jetzt so weit und breit über das Land zerstreut, daß jede Stadt, selbst im fernen Innern, einen oder mehrere dieser Schreiber besitzt, die den Einwohnern als Vermittler ihrer Verbindung mit ihren Freunden in der Ferne dienen. Tagtäglich empfangen der Gouverneur und die Behörden Briefe aus Aschanti, Akim, Wassah, Assin, Apollonia und allen Städten der Fanti. Viele Häuptlinge haben einen Sekretär in beständigem Dienste bei sich, sehr häufig ihre eigenen Söhne, die in den Schulen ihre Erziehung erhalten haben. Auch die Kaufleute bekommen von Handelskorrespondenten im Innern schriftliche Warenbestellungen. Kurz, das Volk genießt jetzt zum größten Teile alle die Vorteile, welche die schriftliche Mitteilung seiner Bedürfnisse und seiner Empfindungen mit sich führt. Insbesondere suchen die prozessierenden Parteien vor unseren Gerichtshöfen sich dieses Mittel zu Nutze zu machen, um ihre Rechtssachen an die Behörde zu bringen. Sie halten dafür, und ganz mit Recht, daß dasselbe der Untreue der Dolmetscher Einhalt thue. Ihre Rechtssachen werden daher mit Sorgfalt niedergeschrieben und an den Gerichtstagen eingereicht. Viele dieser Schriften sind wegen der Einfachheit ihrer Ausführungen und der ehrlichen, ungeschminkten Angabe ihrer Klagepunkte von ganz merkwürdiger Art. Manche Schreiber verlangen für ihre Dienste einen hohen Preis, der, je nachdem sie deren Wichtigkeit taxieren, verschieden ist. Die gewöhnliche Summe, die für die Abfassung eines Briefes gegeben wird, beträgt etwa zehn Pence; es ist uns aber ein Fall zur Kenntnis gekommen, daß vier Pfund bezahlt worden sind, und als der betreffende Schreiber später wegen dieser maßlosen Forderung zur Rede gestellt ward, war die einzige Entschuldigung, die er für eine solche Erpressung zu geben für nötig befand, „daß er es für notwendig erachte, diesen unwissenden Menschen den Wert der Gelehrsamkeit (literature) recht eindringlich zu lehren".

Bei solchen bequemen, verkehrsfördernden Mitteln wird der Betreibung des Handels im Lande und den Plänen des Gouvernements die größte Erleichterung geboten. Wenn der Leser diesen Zustand der Dinge und die allgemeine Ruhe und Sicherheit, die er in sich schließt, dem zerrissenen Zustande des Landes, wie er noch vor fünfundzwanzig Jahren war, gegenüberstellt, so kann er wohl kaum umhin, über die Raschheit des gemachten Fortschritts zu erstaunen.

Die Afrikaner sind leidenschaftlich für Musik eingenommen und haben ein ausgezeichnetes Ohr für sie. Die einheimischen Lieder sind sehr einfach und bestehen nur aus abgerissenen Takten. Ihre Gesänge sind vorzugsweise eine Art Recitativ oder Kirchengesang mit kurzem Chor. Sie sind oft improvisiert, wobei der Hauptsänger einen Vers anstimmt und eine Anzahl Chorsänger in den Refrain mit einfallen. Der erstere steht, während die anderen um ihn sitzen, und verläßt ihn seine Erfindungskraft, so nimmt ein anderer seinen Platz ein und setzt die Unterhaltung, die häufig Stunden lang dauert, fort. Sie besitzen viel Geschick, den Inhalt dieser Lieder den Tagesereignissen zu entnehmen, und gefallen sich im Verspotten von Lächerlichkeiten, in beißenden Sarkasmen, in widerlicher Schmeichelei oder in gerechtem Lobe von Menschen und Dingen, je nachdem es die Umstände zu verlangen scheinen. Die Tapferkeit eines Häuptlings, die Schönheit eines jungen Mädchens, die Freigebigkeit eines Freundes, die Habsucht eines Knickers, die Feigheit einer Memme, die Zärtlichkeit einer Mutter und die getäuschte Hoffnung eines liebenden Herzens bilden bunt durcheinander die Themata dieser Stegreifsergießungen.

Wenn ein Weißer vor diesen Sängern, während sie so beschäftigt sind, vorübergehen müßte, würden sie rasch eine Eigentümlichkeit seines Charakters, ob gut oder schlecht, erfassen und sie unter der ungezügelten Lust der Umstehenden laut besingen. Selbst ein vorübergehender Fremder, den sie nie zuvor gesehen, würde ihrer Aufmerksamkeit nicht ganz entgehen und etwas Auffallendes in seinem Aussehen, in seinem Gange oder in seinem Anzuge schnell ein Gegenstand des Lobes oder Spottes werden (s. auch S. 84). Diese Gewohnheit, Lob oder Tadel der Personen in freiem Gesange öffentlich zu machen, übt einen nicht geringen Einfluß auf das Benehmen aus, denn der Afrikaner ist für die öffentliche Meinung sehr empfindlich und fürchtet sich, dem Spotte preisgegeben zu werden, während der Weihrauch der Schmeichelei ihn zu Handlungen reizt, die ihm die Bewunderung seiner Landsleute gewinnen. Auf diese Weise werden die Sänger und Sängerinnen die Organe der öffentlichen Meinung und vertreten die Stelle unserer Journale und Zeitungen. Die Schärfe ihrer Kritik ist bisweilen so groß, daß sie zu Zwistigkeiten führt, namentlich wenn eine ganze Compagnie oder das Viertel einer Stadt den Gegenstand des verhöhnenden Angriffs bildet.

Ihre musikalischen Instrumente sind weder zahlreich, noch von großem Tonumfange. Sie haben eine Trommel, die aus einem ausgehöhlten und an dem einen Ende mit einem straffen Felle überspannten Baumstamme gebildet ist. Die größere Art wird von einem Träger auf dem Kopfe getragen, während der Trommelschläger nachfolgt und mit seinen Stöcken draufschlägt. Die kleineren Trommeln werden um den Hals gehängt und entweder mit kleinen Schlegeln oder mit den Fingern geschlagen. Diese Trommeln oder Tamtams sind sehr beliebt. Keine Lustbarkeit kann ohne sie stattfinden. Sie scheinen auf den Fanti dieselbe aufregende Wirkung zu haben, welche der Dudelsack auf den schottischen Hochländer ausübt. Er tanzt wie ein Wahnsinniger nach ihrem Klange und hält selbst in den rasendsten Bewegungen mit erstaunlicher Genauigkeit Takt.

Es ist possierlich, die Wirkung dieser rohen Musik auf alle Klassen, auf Jung und Alt, auf Männer, Weiber und Kinder zu beobachten. Mögen sie beschäftigt sein wie sie wollen; mögen sie ruhig durch die Straße gehen, Wasser aus dem Teiche holen oder einer ernsten Prozession beiwohnen — kaum hören sie die raschen Schläge einer fernen Trommel, als sie auch im Nu unwillkürlich zu hüpfen und zu tanzen anfangen. Der Maurer wirft auf eine Minute seine Kelle hin, der Zimmermann verläßt seine Hobelbank, die Kornmahlerin ihren Mühlstein und der Träger seine Ladung, um zu dem begeisternden Klange den Takt zu schlagen. Selbst der Böttcher vermietet sein Faß und keilt seine Reifen nach dem Takte eines Liedes, während die Leute um ihn in Ermangelung anderer Musik nach seinen Schlägen tanzen.

Sie haben auch eine Art Guitarre, Sancho genannt. Sie besteht aus einem viereckigen hohlen Kasten mit einem Halse daran und mit acht in zwei Reihen stehenden und von einem Stege emporgehaltenen Saiten. Sie wird mit den Fingern gespielt und macht eine sanfte, einschmeichelnde Wirkung. Dieses Instrument dient vorzugsweise dem Ausdrucke weicher und ernster Stimmungen der Seele. Der Liebende wie der Trauernde finden Trost in ihren Tönen, die sie mit ihren Stimmen begleiten. Die Mondscheinnächte sind es vornehmlich, wo man den leisen Klang ihrer Klagemelodie vernehmen kann.

Sie besitzen ferner eine lange Flöte, deren Töne einen sehr angenehmen Eindruck auf das Ohr machen und unaussprechlich süß sind. Wenn man ihr lauscht, befällt einen unwillkürlich der Wunsch, mehr zu hören, als die Musiker ihr entlocken, da ihre Musik nur abgebrochene Melodiefragmente, keine vollständige Komposition ist. Sie spielen dieses Instrument meistens zu fünf bis sechs Personen und behaupten, daß sie auf ihm sich miteinander zu unterhalten fähig seien.

Ihr kriegerischstes Instrument ist das Horn, das aus dem kleinen Fangzahn des Elefanten gemacht wird. Es hat bloß ein Loch an der Seite in der Nähe des dünnen Endes und verlangt zum Spielen eine tüchtige Lunge. Jeder Häuptling besitzt einen Hornbläser und seine eigene besondere Melodie. Das Horn hat einen kecken, lauten, herausfordernden Ton und schart das Gefolge um seinen Herrn. Ein Häuptling reist niemals ohne ein bewaffnetes Gefolge, seinen Trommler und Hornbläser. Er kündet seine Ankunft in einer Stadt durch den martialischen Klang seines Hornes an, und noch ehe er selbst gesehen wird, wissen die Einwohner schon an den eigentümlichen Tönen zu unterscheiden, wer es ist. Diese Töne sprechen stets einen kurzen Gedanken aus, der des Häuptlings Tapferkeit oder seine Verachtung gegen andere ausdrückt. Von einem Häuptling aus Anamabu ward einmal durch den Sinn, der in den Tönen seiner Trompete lag, den Bewohnern einer Stadt, die er passierte, großes Ärgernis gegeben, denn sie schienen zu sagen: „Was seid ihr im Vergleich zu mir?" nämlich mit des Hornbläsers Gebieter.

Sie haben weiter noch Handtrommeln, Schnarren und Castagnetten, die bloß dienen, den Lärm, an dem sie großes Vergnügen finden, zu vermehren. Viele haben auf englischen Querpfeifen, Flöten, Flageoletts und Waldhörnern spielen gelernt. Sie fassen unsere Melodieen mit der größten Leichtigkeit auf und spielen sie, nachdem sie sie einige Male gehört, recht erträglich.

Die Künste und Gewerbe haben in diesem Teile der Welt keine bedeutenden Fortschritte gemacht. Die Eingeborenen sind indessen erfinderische Arbeiter in Gold, und fertigen Ringe, Ketten und Spangen, die einem europäischen Künstler nicht zur Unehre gereichen würden. Sie formen das Gold in alle Arten von Gestalten, in vierfüßige Tiere, in Vögel und kriechendes Gewürm, und schmücken ihren Körper mit diesen Zierraten. Sie verstehen auch etwas vom Gerben des Leders, die Fantis stehen aber in der Kunst seiner Zurichtung vielen ihrer Nachbarn nach. Sie sind ferner in der Töpferei zu einiger Vollkommenheit gelangt, denn ihre irdenen Gefäße sind gut und als Wasserbehälter und Kochgeschirre brauchbar. Auch formen sie Bilder aus Thon und brennen sie, wovon wir in einigen Gegenden des Landes merkwürdige Gruppen gesehen haben. So stellen sie beim Tode eines Großen diesen dar, wie er im Staate dasitzt, umgeben von seinen ihn umgebenden Weibern und Dienern. Eine solche Gruppe, die viel Natürlichkeit zeigte, erblickten wir einmal unter einem großen Baume in Abschumakon. Von den Figuren waren einige pechschwarz, einige rotbraun, andere hatten alle Farbenschattierungen zwischen Schwarz und Rot an sich, wie nun eben die Hautfarbe der Originale, die sie darstellen sollten, gewesen war. Sie hatten beinahe Lebensgröße, und die Proportionen zwischen den Männern und Frauen, Knaben und Mädchen waren recht gut beobachtet. Selbst die weichen und zarten Züge im weiblichen Gesicht waren deutlich wiedergegeben. Der Kabossir und seine Vornehmen waren, ihre langen Pfeifen rauchend, dargestellt. Mit diesen Darstellungen wird keine Apotheose des Toten beabsichtigt; sie sind nur Denkmäler zu ihrem Gedächtnis, gleich den Statuen unserer großen Männer. Ihrer Erhaltung wird, nachdem sie aufgestellt worden, keine Sorgfalt gewidmet, denn sie bleiben so lange stehen, bis sie in Stücke zerfallen. Mit Modellierung dieser Figuren beschäftigen sich hauptsächlich die Frauen.

Sie betreiben auch Webereien und bedienen sich dabei eines kleinen Webstuhls, der nach demselben Prinzip wie der englische Handstuhl eingerichtet ist. Sie spinnen den Faden aus der im Lande wachsenden Baumwolle, gewöhnlich aber verwenden sie den Faden aus englischen Tüchern dazu, die sie zu diesem Ende zerzupfen. Das Gewebe ist selten mehr als 4 Zoll breit, und mit einer großen Menge von Farben durchwebt. Manche ihrer Tücher sind mit vieler Sorgfalt gearbeitet und werden bei ihnen zu hohen Preisen verkauft. Die Apollonier fertigen schöne Tücher aus Gras, welche stark und dauerhaft sind, und aus den Fasern des Pisangs und Kokosnußbaums Schnüre, Netze und Seile. Sie sind mit dem Färben bekannt und wenden Rot, Blau und Gelb und ein aus einem Gemisch von Blau und Gelb gebildetes Grün an. Ihre blaue Farbe ist insbesondere sehr schön und dauerhaft. Grobschmiede, Zimmerleute, Maurer, Böttcher, Schneider und Schuhmacher betreiben jetzt ihre blühenden Gewerbe durch das ganze Land.

Ihr Ackerbau befindet sich noch in einem sehr urtümlichen Zustande. Sie gebrauchen bei ihren Feldarbeiten weder einen Pflug, noch Zugtiere. Ihre Hauptprodukte sind Korn, Yamswurzeln, Casaba, Erdnüsse, Pisangfrüchte und Bananen. Außer diesen haben sie noch eine große Mannigfaltigkeit an Früchten, die ohne viel Aufmerksamkeit auf ihre Pflege von selbst zu wachsen scheinen, z. B. Ananas, Guaven, Limonen, Citronen, Orangen, Melonen, Flaschenbaumfrüchte, saure Bissen (anona muricata) und eine Menge Äpfelarten, genannt der Kaschuapfel, der Kormantiner Apfel, der süße Apfel, dann Pumpelnüsse, Ocras, eine Art Muskatellerkirsche und viele Pfefferarten. Sie haben auch die Kokosnuß und die Palmfrucht, aus denen sie Öl pressen, welches den Stapelartikel des Exporthandels bildet. Sie bauen eine Art Kürbis an, der zu ansehnlicher Größe wächst und ihnen sehr nützlich ist. Sie werden als Flaschen, als Trinkschalen, als Wasserkrüge und Tröge gebraucht.

Die Ausfuhrartikel der Goldküste sind Goldstaub, Elfenbein, Palmöl, Mais, Erdnüsse, Malagetta=Pfeffer und Kopalgummi. Die drei erstgenannten Artikel bilden ihre Stapelwaren. Das meiste Gold wird von den aschantischen Handelsleuten geliefert. Es findet sich überall im Boden des Landes als Goldstaub vor, die größten Mengen geben aber die Betten der Flüsse her. Man hat auch Bergwerke, wo man es mit rotem Lehm und Grus vermischt und in Stücken weißen Granits erhält. Viele Sklaven sind durch das ganze aschantische Land mit dem Einsammeln desselben beschäftigt. Die größte Menge soll man aus dem Flusse Barra und aus der Provinz Gaman erhalten; aber die Politik der Könige von Aschanti setzt uns infolge ihrer Behinderung des Verkehrs mit dem Innern außer Stand, mit großer Gewißheit über diesen Punkt zu sprechen. Es findet sich auch in großer Menge in einigen Teilen des Akimlandes, welches ebenso reich daran zu sein scheint wie Aschanti. In Wassah und Denkera giebt es Gruben. Das holländische Gouvernement nahm sich die Mühe, eine Grube im erstern Lande zu bearbeiten, aber infolge der schlechten Wahl der Örtlichkeit, der Krankheiten der Bergleute und der Untauglichkeit ihrer Apparate war das Unternehmen von wenig Erfolg begleitet und ist gegenwärtig ganz aufgegeben. In den meisten Gegenden des Fantilandes ist der Boden leicht mit Gold geschwängert, aber das unvollkommene Verfahren der Eingeborenen bei der Scheidung desselben macht die Mühe kaum bezahlt. Sie füllen einen Kürbis zu einem Teile mit Erde an, mischen diese mit Wasser und schütteln sie. Die Goldteilchen sinken zu Boden und die Erde wird herausgeworfen. Durch dieses fortgesetzte Verfahren wird das Gold vollständig von der Erde geschieden und in ganz kleinen Körnchen auf dem Boden des Kürbisses liegend gefunden. Auch bei Winnebah findet sich Gold in Granitstücken verlarvt, welche zerstoßen und auf dieselbe Weise gesichtet werden. Es läßt sich kaum bezweifeln, daß es auch noch in Teilen des Innern in großer Menge und in reichen Adern sich finden werde. Wir selbst haben ein Stück von elf Unzen gesehen, und Dupuis sagt, er habe in Kumassi Stücke von einem Gewichte von vier Pfund gesehen. Es scheint nicht, daß die von der Goldküste ausgeführte Quantität des Goldes sich in den neuern Jahren vermehrt habe; im Gegenteil ist sie, wenn wir die hierüber gemachten Angaben als genau ansehen dürfen, bedeutend gesunken. Mr. Swanzy spricht es in seinem, vor dem Komitee des Parlaments im J. 1816 gegebenen Berichte als seine Meinung aus, daß jährlich hunderttausend Unzen Gold erzielt werden. Dies ist beinahe doppelt so viel, als gegenwärtig ausgeführt wird.

Die Importen sind Baumwollen-, Seiden-, Sammet- und Wollenwaren, Spirituosen, Wein, Tabak, Eisen, Messing, Kupfer, Blei, kurze Waren, Töpferzeug, Messerschneidewaren, Flinten, Pulver, Flintensteine, Eingesalzenes, Hausgerät, Kügelchen zu Schnüren, Muschelschalen (Kauris), Thee, Zucker, Bier und eine unendliche Menge gewöhnlicher Verbrauchsartikel. Der Handelsgeist ist im Afrikaner sehr stark. Gewissermaßen besteht die ganze Bevölkerung aus Handelsleuten. Auch die afrikanischen Frauen haben ihre Lust daran, auf den Marktplätzen unter den Bäumen zu sitzen und hier ihre Waren zum Verkaufe auszulegen oder sie durch die Straßen der Stadt und von Dorf zu Dorf hausieren zu tragen. Ihr Handel ist indes bislang noch wenig mehr als der Austausch einer Ware gegen eine andere.

Die Häuser der Goldküstenbewohner zeigen nicht viel architektonischen Schmuck oder eine große Mannigfaltigkeit und Menge von Gelassen und Bequemlichkeiten; aber selbst die armseligsten bieten ihren einfachen Bedürfnissen ein geräumiges Obdach dar. Die niedrigste Art von Wohnungen, die wir gesehen, sind in der Nähe des Flusses Salküm bei Akkra und in einigen Fischerdörfchen zwischen Axim und Dixcove zu finden. Diese bestehen aus kleinen, heuschoberähnlichen Hütten, die mit Gras überdeckt sind, nur eine kleine Öffnung haben, durch welche der Bewohner auf Händen und Füßen aus- und einkriecht, und die ohne alle Ordnung beisammenstehen. Das Aussehen dieser jämmerlichen Hütten verrät auf den ersten Blick die Armut, den Schmutz, die Dummheit und das faule Leben und Treiben dieser tiefgesunkenen Geschöpfe, die hauptsächlich vom Einsammeln von Muscheln zum Kalkbrennen leben. Ihnen zunächst folgen die kleinen Weiler im Innern des Landes, deren Häuser zum größten Teile Wände von Bambus und anderm Rohrgeflecht haben, mit Mörtel bekleidet und mit Pisang und Palmblättern überdeckt sind. Diese Hütten enthalten ein, zwei oder mehr Gemächer und haben viereckige Löcher, welche zu Fenstern und Thüren dienen, die des Nachts durch eine Schutzwehr von Bambus, welche über die Öffnungen herabgelassen wird, geschlossen und inwendig zugemacht werden, um die wilden Tiere abzuhalten. Manche dieser Hütten, die höhere Ansprüche machen, haben Fensterläden und Thüren mit Bändern und Riegeln. Die kleineren Städte bestehen durchweg aus solcherlei Hütten. Sie liegen meistens in der Nähe der bedeutendsten Landgüter und Plantagen und sind zur Bequemlichkeit der auf diesen beschäftigten Arbeiter gebaut worden, die vielleicht in einer der Hauptstädte des Distrikts Wohnhäuser besserer Art besitzen.

Das Land Fanti zeigt gegenwärtig in dem allgemeinen Anblicke seiner Städte und Weiler die Spuren dieser fortschreitenden Änderung. Die vornehmsten Städte werden durch die große Menge dachloser Mauern in allen möglichen Stadien des Verfalls entstellt, während massive Häuser von höheren Ansprüchen auf neuen Stätten in unbewohnten Gegenden des Landes sich erheben. Die Häuser werden aus Lehm erbaut oder aus „Swisch", wie er genannt wird, wenn er zum Gebrauche fertig ist, zu welchem Ende man die Erde mit Wasser mischt und mit den Füßen tritt, dann die Masse zu einem Haufen sammelt, mit Stroh überdeckt und einige Tage gähren läßt, wodurch sie eine große Zähigkeit erlangt. Darauf wird sie in Schichten — jede zu etwa achtzehn Zoll Höhe — gelegt, der Sonne ausgesetzt, deren heiße Strahlen das Geschäft des Verbrennens so kräftig verrichten, wie es nur ein Ofen vermöchte, und ihr die Dauerhaftigkeit, Gedrungenheit und Härte des Backsteins geben. Die gewöhnliche Form ihrer Häuser ist das Viereck, seine Seiten bilden die Gemächer, die einen viereckigen Raum einschließen, dessen Verhältnisse der Größe der seitlichen Gemächer entsprechen. Man tritt durch eine Thür oder ein Portal ein, und zwar zunächst in eins dieser Zimmer, das meistens als offene Loge oder Empfangssaal dient, durch welches man in den viereckigen Raum gelangt und worin der Häuptling oder Kabossir seine Trommeln zu haben pflegt. Zur Seite des Vierecks, der Loge gegenüber, ist die Flur der Zimmer um ein paar Fuß über dem Boden erhöht und nach dem Viereck oder Hofe zu durchaus offen. Bisweilen ist nur ein Teil davon offen, indem ein kleiner Raum an beiden Enden zu Zimmern verwendet ist. Die anderen zwei Seiten des Vierecks bestehen aus Gemächern mit Thüren und Fenstern, deren Flure im Niveau mit dem Erdboden liegen; oder sie bestehen, wie bei der niedern Klasse, aus erhöhten und offenen Schuppen. Diese Häuser haben selten Fenster nach vorn zu, so daß der Eingang durch das Portal das einzige Verbindungsmittel nach außen ist. Daher genießt jede Familie, selbst im Mittelpunkte der Stadt, die größte Abgeschiedenheit und kann ihre häuslichen Geschäfte im Freien, entweder in dem viereckigen Raume oder unter den seine Seiten bildenden offenen Schuppen oder Gemächern besorgen, ohne von den Nachbarn gesehen zu werden.

Natürlich herrscht je nach dem Geschmacke der Bewohner einige Mannigfaltigkeit in der Einrichtung der Häuser, aber der herrschende und, wie er genannt werden kann, eigentliche Landesstil ist so wie wir ihn beschrieben haben. In Häusern, die neuerdings erbaut worden, weichen die offenen Gemächer jetzt Zimmern mit Thüren und Fenstern, indem man selten mehr als ein nach dem Hofe offenes Gemach findet. Sie bestehen häufig aus einer Reihe vierseitiger Gebäude und Höfe, deren Zahl von dem Ansehen und Reichtum des Besitzers und der Größe seiner Familie abhängt. Eine kleine verbindende Thür in einer der Ecken führt aus einem Hofe in den andern. Die Frauen des Hauses bewohnen eine dieser inneren Zimmerreihen, wo sie ihren häuslichen Geschäften, dem Kornmahlen, obliegen. Der Kochherd befindet sich in der Mitte des Hofes und besteht aus drei kleinen Kegeln von Thon, die in der Form eines Dreifußes dicht beisammenstehen; die Kochgerätschaften stehen zwischen ihnen, und das Brennholz liegt unter ihnen auf dem Boden; der Rauch steigt frei in die Luft, und da der Hof von den Mauern des

Hauses eingeschlossen ist und selten starker Wind weht, so ist die Luft während des Kochens oft mit dickem Qualm erfüllt.

Häufig hat die eine Seite des Hofes und bisweilen alle Seiten noch ein zweites Geschoß. Dies gilt für notwendig, um der Idee eines Hauses des weißen Mannes zu entsprechen, dem sie ja so gern in allem nachzuahmen pflegen.

Wir haben oben bemerkt, daß diese Häuser von Lehm oder Swisch gebaut sind. Sie haben ein starkes Dach von Balken und Stroh, das meistenteils über die Mauern des Hauses um zwei bis drei Fuß vorsteht und den Bewohnern einen angenehmen Schatten bietet, unter welchem sie auf einer niedern Bank oder einem Sitze von Erde, der an den sämtlichen Seiten des Hofes hinläuft, sitzen. Diese niedrige Bank, die mit einer roten Erde eingeriebenen und davon glänzenden Fußböden, die weißangestrichenen Mauern, kurz die ganze äußere und innere Einrichtung — alles trägt das Gepräge der Reinlichkeit, Nettigkeit und eines gewissen Glanzes an sich, und sein malerischer Anblick wird noch mehr erhöht durch Musketen und andere kriegerische Werkzeuge, die an den Wänden des offenen Hauptzimmers, das der Herr des Hauses als Empfangszimmer und Audienzsaal gebraucht, in Parade aufgehängt sind.

In anderen Teilen des Hauses finden wir die Wände mit einer Menge Porträts und Kupferstichen, hauptsächlich französisches Fabrikat und gemeine Sudelei, behangen. Die Afrikaner sind ganz toll darauf, ihre Zimmer mit Bildern auszuschmücken, und diesen Hang zu befriedigen, muß alles herhalten, was ihnen gerade in die Hände fällt. Hier kann man Napoleon in seinem dreieckigen Hute zu Fuße und zu Rosse, entweder schreiendbunt gemalt oder einfach in Holzschnitt, und Georg IV. (jetzt K. Victoria) im Krönungsornate um den Platz streiten sehen mit Punch und seinem Hunde Toby, wie sie an der Spitze seines Blattes (des „Punch") erscheinen, ferner mit den Krügen, Thee- und Kaffeekannen von Cox, Savory & Comp., wie sie in ihren Ankündigungen zu sehen sind, oder auch mit dem königlichen Wappen von England, strahlend im ganzen Glanze einer Anzeige eines Krämers Ihrer Majestät.

Dieses Modewerden von Bildern ist weit entfernt, die einzige europäische Neuerung zu sein, die unsere Aufmerksamkeit auf sich zieht. Bis dahin, wo ihnen die Sucht nach Änderung eingeimpft ward, die ihr Verkehr mit Europäern täglich mehr und mehr entwickelt, waren ihrer häuslichen Bedürfnisse äußerst wenige und diese von der einfachsten Art, und bei vielen Leuten im Lande hat darin auch bis heute noch wenig Veränderung stattgefunden. Mit einem Stück Zeug, um sich damit zu bedecken, einer Matte, um darauf zu schlafen, einem Kürbis zum Trinken, zwei Steinen zum Maismahlen, einem Zuber zum Zerstoßen der Pisangfrüchte und einer Schippe und Hacke zur Bearbeitung seiner Pflanzung ist der Fanti in der Lage, einen Haushalt zu begründen, und besitzt hierin alles zur häuslichen Einrichtung Nötige. Allgemach aber umgiebt er sich, den Gewohnheiten des weißen Mannes folgend, mit überflüssigen Luxusartikeln. Es ist possierlich, in vielen Häusern aus deren mannigfachen Einrichtungen den Fortschritt der Ideeen unter ihren Bewohnern und die verschiedenen Stufen der Verbesserung zu ersehen, während sich doch ihr alter Aberglaube noch in der Flasche oder der Schnur kundgiebt, die über der Thür hängen, sowie in dem Fetischbaume im Hofe und in den Pfählen, die in den Ecken und hinter den Thüren errichtet sind, um Gefäße mit Fetischsubstanzen zu tragen.

Den bejahrten Leuten kommt es nicht in den Sinn, den Brauch ihrer Väter zu ändern, und beschränken sie sich auf die einfachen Lebensbedürfnisse, nicht sowohl darum, weil sie die Annehmlichkeiten eines civilisierten Zustandes nicht vorzögen, als vielmehr, weil sie sich nicht die Mühe nehmen mögen und können, sich die Mittel zu deren Herbeischaffung zu erwerben. Die nackten Wände ihres Zimmers, ihre Matten und Schemel, ihre irdenen Töpfe und Kürbisgefäße — alles zeugt von starrem Stehenbleiben ihrer Begriffe. In einem andern Zimmer des nämlichen Hauses finden wir vielleicht Schüsseln von Zinn und Steingut, einen Löffel, ein Messer und eine Gabel, einen Tisch, einen Lehnstuhl, ein Bett und eine Truhe und weißgetünchte und mit Bildern und der Patronentasche des Herrn behangene Wände. Weiter finden wir in dem nämlichen Hause ein nach unseren europäischen Begriffen von Komfort schön ausgestattetes Zimmer und seinen Bewohner gleich einem Engländer gekleidet und fähig zu lesen und zu schreiben, und sehen auf seinem Tische oder Sofa die Bibel, Bunyans „Pilgerreise" und andere religiöse Bücher liegen.

Dieses wunderliche Gemisch giebt ihrer ganzen häuslichen Einrichtung ein groteskes und komisches Gepräge. Es giebt indes jetzt in der Nähe von Cape-Coast und anderen Hauptstädten nur noch wenige Häuser, in denen viele von den Annehmlichkeiten und den Luxusgegenständen des civilisierten Lebens nicht zu finden wären;

und viele Eingeborene leben in einem behaglichen Überflusse und führen ein üppiges Leben, wie wir es nimmermehr in der nackten Einfachheit ihrer Kleidung suchen würden, wenn uns nicht unser Umgang mit ihnen thatsächlich davon unterrichtete; denn nicht bei denjenigen allein, welche die europäische Kleidertracht nachahmen, finden wir die Annehmlichkeiten und Bequemlichkeiten des Lebens. Überhaupt herrscht unter allen Klassen eine weit allgemeinere Verbreitung eines mäßigen und hinreichenden Auskommens, als vielleicht in irgend einem andern Lande der Welt zu finden ist, vollständiger Mangel aber ist geradezu unbekannt. Indessen zeigt sich gegenwärtig ein starker Hang, an die Gegenstände ihres Strebens einen höhern Maßstab anzulegen, ein Hang, der hauptsächlich in der Sucht, europäische Lebensgewohnheiten nachzuahmen seinen Grund hat; und diese Nachahmung, insbesondere in äußerlichen Vorzügen, möchte jetzt das große Ziel und Streben des jungen Afrika sein. Der Wetteifer in dieser Beziehung ist so groß, daß er viele zu Grunde richtet; denn nicht zufrieden, den langsamen Prozeß, durch Fleiß und Genügsamkeit sich die Mittel zur Vermehrung ihrer Genüsse zu verschaffen, abzuwarten, welches der allen offen liegende Weg zum Reichtum ist, pflegen sie sich in unmäßige Ausgaben zu stürzen, ohne irgendwie darüber nachzudenken, ob sie auch fähig sind, sie auszuhalten. So ist es gar nichts Ungewöhnliches, einen Menschen sich in tollem Leichtsinn tief in Schulden stürzen zu sehen, während er dabei ein Haus baut, das vielleicht von seinen Gläubigern, noch ehe es der Bauunternehmer bis zum Bewohnen fertig gemacht hat, verkauft wird. Andere stecken mit gleicher Unbesonnenheit ihr ganzes Vermögen in den Bau eines kostspieligen, in keinem Verhältnis zu ihren Mitteln stehenden Hauses, das sie halbvollendet, als ein bloßes Stückwerk liegen lassen müssen, ein Denkmal der Thorheit und des Übermutes seines Besitzers, das endlich die Regenfluten aus Erbarmen zerstören. Aber allerwegen gewahren wir das Streben, Gebäude von weit höheren Anforderungen aufzuführen, als die vorhergehende Generation für ihre Bedürfnisse für nötig hielt, und keineswegs ist das Mißlingen die jedesmalige Folge solchen ehrgeizigen Strebens, im Gegenteil sind jetzt viele zu finden, deren Wohnungen und Lebensweise in jeglicher Beziehung unseren europäischen Begriffen entsprechen.

Aus diesen Bemerkungen wird der Leser wenig Mühe haben, sich die unendliche Mannigfaltigkeit von Abstufungen in der Nachahmung der Gewohnheiten eines höhern Grades von Civilisation vorzustellen. Er wird sich ebenso leicht die seltsamen Widersprüche denken können, auf die er stößt, wenn er die gegenwärtigen Zustände des Volkes genau betrachtet; denn er wird in einem afrikanischen Hause vergebens jene nette Einrichtung, Behaglichkeit und Anständigkeit suchen, die in einem wohlbestellten Hause zu finden ist und mit Recht als Zeichen eines richtigen Geschmackes betrachtet wird.

Die Tugend der Gastfreundschaft ist allgemein und so sich ganz von selbst zu verstehen, daß jeder von ihnen, wenn auch noch so fremd, zu denken scheint, er habe ein Recht, diese Gastfreundschaft auf die Probe zu stellen, indem er sein Quartier da aufschlägt, wo es ihm gerade dünkt. Bereitwillig wird dem Einsprechenden ein Zimmer gewährt, ohne daß man dafür Bezahlung erwartet, und bei Gelegenheit eines Besuches von Freunden wird der Gast ohne Ausnahme mit Geschenken bewillkommt. Gegen Europäer bezeigen sie sich dergestalt gefällig, daß sie nicht zögern, ihre eigenen Häuser auf eine Zeit lang zu räumen, um sie nur recht anständig zu beherbergen, und wenn sie sie auch nicht mit einer Mahlzeit versorgen, zu deren gehöriger Bereitung sie sich das Geschick nicht zutrauen, so bringen sie ihnen doch Schafe, Geflügel, Yamswurzeln, Pisangfrüchte und Palmwein als Geschenk herbei, auf daß ihre eigenen Diener das Mahl davon bereiten mögen. Der Verfasser hat in der anspruchslosen Art, mit welcher wahre Gefälligkeiten erwiesen wurden, die größte Zartheit beobachtet, und er selbst hat während eines langen Aufenthaltes bei ihnen so viele Beweise ihrer Achtung und Zuneigung empfangen, daß er ihnen für alle Zeit ein liebevolles und dankbares Andenken bewahren wird.

III.
Ein Fetischhaus auf der Goldküste.

In Pramgram, einer bedeutenden Stadt auf der Goldküste, östlich von Christiansborg, erhebt sich eine Fetischhütte, wie alle Heiligtümer jener Gegend, und wie ursprünglich vor dem Bekanntwerden mit den Europäern vielleicht überhaupt alle Negerhütten, ein runder Bau mit Binsengras gedeckt, ohne Fenster, mit niedriger Thüröffnung. Im Innern einer solchen Fetischhütte sieht es recht armselig aus. Da liegt etwa ein Holzklotz oder ein Stein oder ein Fischgerippe, vielleicht auch eine Trommel auf dem Boden oder irgend etwas Derartiges, das weder Wert noch Sinn hat. Aber es sind bedeutungsvolle Dinge für den Neger, denn in ihnen haust der Fetisch oder „Wong", dem das Heiligtum geweiht ist. Allerlei Thongeschirr liegt am Boden aufgestapelt, daneben Büffel= und Ziegenhörner, Muscheln und Vogelfedern, die als Zaubermittel oder zum Schutz gegen Zauber als Amulette dienen. An den Wänden hängen allerhand Firlefanz und Fetischschellen. Zahllose Spinnen spinnen hier ihr Gewebe, und widerliches Geschmeiß durchschwirrt den dumpfen, finstern Raum, welcher zugleich die Schlafstätte des Priesters ist, der den Dienst am Heiligtum versieht. Unter dem Grasdache nistende Fledermäuse und sonstige dem Fetisch geheiligte geflügelte Nachttiere umkreisen des Abends die heilige Stätte und beleben die tiefschattigen Laubbäume, welche die Hütte umschließen. In diesem heiligen Raume waltet der Oberpriester. Sein Haupt ist mit einem hohen Amtsbarret von Strohgeflecht bedeckt; wie's die Würde erheischt, schmückt ihn ein sorgfältig gepflegter Bart, der ihm vom Kinn bis auf die Brust reicht. Aus dem dunklen Negergesicht spricht die dem Fetischpriester eigene Verschmitztheit. Um den Hals hängen ihm weiße Korallenschnüre als priesterlicher Schmuck; an ihnen steigt bei der Beschwörung der Fetisch herab. Ein seidenes, phantastisch geknotetes, buntfarbenes Tuch, an dem allerhand Zaubermittel ihren Platz finden, wallt über das Priesterkleid herab. Die Hand hält einen Binsenwisch als Fetischwedel, der, je und je mit einem Kuh= oder Büffelschwanz vertauscht, stets bei den Fetischmännern als Abzeichen priesterlichen Amtes gesehen wird. Bei den Zeremonieen wird er wie ein Ysop gehandhabt. Rotlederne Sandalen zieren die bloßen Füße. Die Fußgelenke sind von Korallenketten umschlossen. Ihm stehen zur Seite zwei Priesterinnen, gleich ihm mit Korallenschnüren und allerlei Amuletten geschmückt. Stirn, Arme, Brust und Füße sind mit weißer Erde höchst kunstlos — überall mit zwei gleichlaufenden Linien — bemalt. Dieses Bemalen wird an den Fetischweibern aus Anlaß von religiösen Zeremonicen vorgenommen, und wer bei einer solchen Gelegenheit die konvulsivischen Tänze und Sprünge dieser Weiber je gesehen hat, der glaubt sich Besessenen gegenüber, die, von Dämonen inspiriert, im Solde des Satans stehen.

Heidenbote 1884. S. 4.

Das unbekannte Land zwischen der Goldküste und dem oberen Niger.

Neue Route durch die große Wüste zwischen den Flüssen Afra und Volta. — Das Elefantenparadies. — Die Stadt Karatye und der Fetisch Obente. — Bagbamso am Volta. — Die große Handels- und Fetischstadt Salaga. — Der Missionar Buß in Karatye und Salaga. — Kommerzielle Wichtigkeit der neuen Route.

Bis in die neueste Zeit hat man das Herz Westafrikas, Timbuktu am oberen Niger, auf drei Wegen erreichen können: von den französischen Niederlassungen am Senegal und Gambia aus, auf dem Wasserwege den Niger hinauf oder von Nordafrika aus durch die Wüste (Barth, Lenz). Das unbekannte weite Gebiet zwischen dem Niger und den Negerreichen von Aschanti und Dahomey ist erst vor einigen Jahren durch das mutige Vordringen der Baseler Missionare erschlossen worden. Da das Hinterland der Goldküste vom deutschen Togogebiete aus, welches von der Mündung des Voltaflusses kaum 30 Kilometer entfernt ist, in naher Zukunft das Ziel größerer Handelsunternehmungen werden wird, so bieten die Ergebnisse dieser ersten Forschungsreisen, die wir in einem Auszuge aus einer Mitteilung des Dr. G. Beck in der Sitzung der Geogr. Gesellschaft zu Bern (25. November 1880) folgen lassen, das höchste Interesse.

Salaga, unter 8° 20′ nördlicher Breite und 40′ westlich vom Meridian von Greenwich gelegen, wurde in den letzten Jahren, d. h. 1877 und 1878, dreimal von Missionaren der Baseler Stationen besucht. H. A. Krause war 1886 und 1887 dort.

Schon früher hatten Kaufleute Berichte über eine im Innern liegende große Handelsstadt in die im britischen Protektorat gelegenen Stationen gebracht. Doch war sowohl die allzu große Entfernung dieser Stationen, als auch die Zugehörigkeit der zu durchreisenden Strecken zum Aschantireich ein absolutes Hindernis einer längst projektierten Reise. Als nun aber nach dem Kriege mit England die im Herzen des Aschantireiches liegende Station Abetifi gegründet wurde und die Berichte aus dem Innern über den Viehreichtum und den lebhaften Handel, der dort herrschen sollte, deutlicher und sicherer wurden, da beschloß der in Basel gebildete schwarze Missionar David

Aschante, der auch im Kriege eine Rolle gespielt, auf eigene Faust den sagenhaften Ort aufzusuchen und dort Milchkühe, deren Mangel an der ganzen Küste so schwer empfunden wird, auch Pferde und Schafe einzuhandeln. Sobald sein Projekt bekannt wurde, riet man ihm von allen Seiten ab, das Unternehmen zu wagen, da die Einwohner im höchsten Grade unduldsam und räuberisch, und die Gegenden, die zu durchschreiten seien, teils unwirtbar, teils voll von Elefanten, Löwen und Leoparden seien. Auch müsse man ganze Tagereisen durch eine menschenleere Wüste ziehen. Blieb Aschante nun auch fest, so war es um so schwerer, die nötigen Träger und Begleiter zu finden und mußte er dann auch mit nur wenig Getreuen die monatelange Reise am 18. Januar von der Station Kjebi aus antreten. Als Mundvorrat hatte er hauptsächlich Chokolade, Brot, Mais und Bodennüsse bei sich, ferner Cognac und Chinin, das notwendige Übel auf einer Afrikareise. Nach drei Tagen erreichte die kleine Karawane die nördlichste Baseler Station Abetifi, nordöstlich von Kumassi gelegen, und pflegte da einige Tage der Ruhe; neue Schwierigkeiten erhoben sich hier, da sich keine Träger nach Salaga engagieren lassen wollten und die finanzielle Ausrüstung unseres Reisenden 20 L. nicht viel überstieg. Doch regelten sich diese Sachen endlich zu leiblicher Befriedigung, und nun wurde die Reise durch die ehemals zu Aschanti gehörige Provinz Okwau in nordöstlicher Richtung fortgesetzt. Die erste Tagereise brachte die Reisenden nach Akwantanan, dem letzten Okwaudorf, und die nächstfolgende an den wegen seines Fischreichtums berühmten Fluß Afram, den schon 1869 die gefangenen Missionare Ramseyer und Kühne mit den Aschanti zu Fuß passiert hatten. Derselbe ist etwa 80 Schritte breit und kann in der nassen Jahreszeit nur auf Booten passiert werden, da er sehr reißend ist. Derselbe ist jedenfalls ein Nebenfluß des Volta.

Jenseits des Afram beginnt eine weite, ganz unbewohnte Grasebene, eben jene Wüste, vor der man David Aschante gewarnt hatte. Dieselbe muß aber die letztere Bezeichnung jedenfalls mit Unrecht tragen. Denn nach Aschantes Schilderung ist diese Ebene nicht allein mit hohem Gras und Gebüsch bewachsen, sondern überaus reich an Wasser und deshalb auch ein wahres Paradies für Elefanten, Antilopen und Gewild aller Art, aber natürlich auch für Löwen und Leoparden. Aschante vergleicht diese Gegend mit der Akra-Ebene zwischen Akuapem und der Küste; nur findet er sie viel fruchtbarer. Wilder Yams, der sich häufig vorfand, bildete auf dem 5 Tage langen Marsch in nordöstlicher Richtung die Hauptnahrung der Karawane. Die Nächte waren in dieser wasserreichen Gegend so kalt, daß das Thermometer fast bis auf den Gefrierpunkt sank. Endlich war der Volta und damit wieder die bewohnten Gegenden erreicht. Die Ufer des Stromes sind an der Stelle, die von Aschante berührt wurde, von dem Pae-Völklein bewohnt, Leute, die in mehrfacher Beziehung unsere Beachtung verdienen. Ihr Wohnsitz war früher rechts des Volta; doch wurden sie durch die fortwährenden Raubzüge der Aschanti gezwungen, sich auf dem jenseitigen Ufer anzusiedeln, wo sich ihre Hauptstadt Ahen-Kuro befindet. Diesseits besitzen sie nur noch 4 Dörfer. Die Pae sprechen Tschi und sind Unterthanen des Okwau-Königs von Abetifi. Sie sind einfache Leute von mittlerer Größe und tragen noch Zöpfe, was an der Küste ein schon längst überwundener Standpunkt ist. Ihre Häuser sind klein, rund und fallen durch ihre spitzen Dächer und ihre kleinen Hauseingänge auf, die nur 5' hoch und 2' breit sind. Die Landwirtschaft liefert Baumwolle und einen feinen Tabak, der aber nur zum Schnupfen verwendet wird. In der Töpferei sind die Pae sehr erfahren und produzieren vorzüglich schöne Geschirre, die unserem Steingute nahe kommen sollen. Die Viehzucht dagegen liegt ganz im Argen, da nur wenige Zwergziegen, Enten, Hühner und Perlhühner gehalten werden. Jagd und Fischerei wird eifrig betrieben, und die Kunst des Bierbrauens aus Guineakorn erfreut sich ebenfalls einer eifrigen Pflege.

Nachdem der Volta überschritten war, erreichten die Reisenden in 2½ Stunden den Nebenfluß Oti, der viel tiefer als der Volta ist und von Krokodilen und Flußpferden wimmelt. Nach 6 Stunden kamen die Reisenden in das Gebiet eines andern Stammes, nämlich der Karakyeer, die ebenfalls Tschi sprechen. Neben dieser Sprache wird aber noch der sogenannte Kyerepongdialekt gesprochen, der sich auch näher der Küste um Akropong, Date 2c. herum noch findet. Die Karakyeer sind nämlich aus ihren ehemaligen Wohnsitzen in der Dategegend zur Zeit der Akwamuherrschaft ausgewandert und haben den heimatlichen Dialekt noch bewahrt. Dieses Land ist weit und breit bei allen Fetischdienern berühmt und gefürchtet, weil sich dort der größte Fetisch Odente aufhält und eine wahre Schreckensherrschaft über die leichtgläubigen Schwarzen ausübt. Auch die Begleiter Aschantes betraten dieses Gebiet mit Zittern und Zagen, und ein energisches Auftreten war nötiger als je. Das Volk ist zahlreicher als die Pae, schmutzig und bigott im höchsten Grade. Ihre runden Häuser besitzen weder Gehöfte noch Schattenbäume, noch Zäune, weil der Fetisch dieselben nicht leiden will. Der König hat fast gar keinen Einfluß, umsomehr aber der Fetischpriester, der das ganze Volk in Sklaverei hält. Weder Pferde noch Esel werden in der Gegend gedulbet, auch ist es streng verboten, nachts ein Licht anzuzünden, da das vom Fetisch ebenfalls ungern gesehen wird. Zwillinge werden über einen bestimmten Felsen in den Volta geworfen und selbst die Bezeichnung derselben — Ata — darf nie ausgesprochen werden. Zeigt sich der Fetischpriester, so schreit alles aus Leibeskräften — der große Vater kommt, er kommt —, denn es würde auf ein wenig lautes und eifriges Schreien eine arge Strafe folgen. Man kann sich daher vorstellen, was es für eine Erregung gab, als Aschante nachts ein Licht anzündete und trotz aller königlichen Botschaften nicht löschte, und als er gar am andern Tage vor dem Hause des Fetisches predigte. Sogar seine Leute gaben ihn verloren und waren überaus erstaunt, als sich an seinem ruhigen und festen Auftreten die Wellen des Volksauflaufes brachen.

Die Hauptstadt Karakye liegt am Volta auf felsigem Boden und ist ein sehr besuchter Wallfahrtsort. Handel und Viehzucht werden wenig betrieben, obschon in Karakye alle Schiffe, die den Volta hinauf nach Salaga Waren bringen, wegen der großen Stromschnellen, deren Brausen man in Karakye beständig hört, umgeladen werden müssen. Die Händler beladen oberhalb des Falles die Schiffe wieder und führen dieselben dann den Volta hinauf, bis 2 Tagereisen vor Salaga, das etwas abseits vom Volta liegt; oder sie führen die Waren auf dem Landweg in 5 Tagereisen nach Salaga.

Am 5. Februar marschierte Aschante, nachdem er in Karakye seinen Leuten eine Ruhezeit gegönnt, wieder in nördlicher Richtung weiter und kam nach 2 Tagen in das Gebiet der Ndschumuru. Dieses Volk ist weniger zahlreich als die Karakyeer, diesen aber in Sprache und Beschäftigung fast ganz ähnlich. Auch hier wird der Küstendialekt Kyerepong noch dann und wann gesprochen. Die Ndschumuru tätowieren sich sorgfältig. Ihre Toten begraben sie vor den Häusern, was die Karakyeer nie thun, die besondere Begräbnisstätten haben. Die Hauptstadt ist Bagyamso, die wahrscheinlich identisch ist mit dem Orte Bediamesso der neuen Andreeschen Karte nach den Angaben des französischen Händlers Bonnat, dem die Ehre gebührt, als erster Europäer die Stadt Salaga betreten zu haben. Derselbe besuchte bald nach dem Aschantikriege, während welchem er in Kumassi mit den Missionaren gefangen war, zu Schiff den Volta hinauf jene Gegenden. Baghamso, am Volta gelegen, ist noch größer und schöner als Karathe und zeichnet sich, wie das ganze umliegende Land, durch wohlgepflegte Straßen aus. Die 6000 Einwohner fallen durch ihre bedeutende Größe und ernste, kriegerische Haltung vorteilhaft auf. Ein Gefühl beseelt alle und kam im Gespräch mit den Reisenden stets zum Vorschein — ein tiefer, glühender Haß gegen ihre früheren Bedrücker, die Aschanti. Von hier bezog der König von Kumassi zur Zeit seiner Herrschaft alljährlich große Steuern an Menschen und Pulver, und man kann sich deshalb vorstellen, wie sehr die Engländer, von denen hier freilich noch niemand welche gesehen hatte, in Achtung stehen. Man hatte in Baghamso noch während des Krieges ein deutliches Gefühl, es gehe mit der Kumassiherrschaft zu Ende, und wie das bei allen despotischen Herrschaften der Fall ist, beeilte man sich, so rasch als möglich die lästigen Ketten zu zerbrechen. Wer es wagte, über die gesperrten Grenzen nach Aschante Pulver zu schmuggeln, fiel der Volkswut zum Opfer, und an einem Tage wurden alle im Lande angesessenen Aschanti niedergemetzelt. In der Gegend von Saren, westlich von Baghamso, wurden die Boote der Aschanti, die dort Pulver holen sollten, an einen unterminierten Ort gelockt, und unter dem Vorgeben, man wolle mit ihnen unterhandeln, in die Luft gesprengt. Als die Wenigen, die dabei mit dem Leben davon gekommen, wieder in Kumassi angelangt waren, so erzählt Ramseyer in seinen Tagebüchern, habe sich dort ein großes Wehegeschrei erhoben, und einer der Geretteten habe ihm gesagt, es seien die meisten der Verunglückten nach der Katastrophe so rot gewesen, so rot wie — Meister Bonnat.

Alle Länder bis 14 Tagereisen nördlich von Salaga haben jetzt das Aschantijoch abgeschüttelt und haben die Macht Englands, d. h. des weißen Mannes, kennen gelernt. In dem Lande der Abschumuru haben die Priester des großen Fetisch Odente den Glauben verbreitet, der Fetisch habe sich mit der Königin Viktoria gegen die Aschanti verbündet. Ja, diese Verbindung sei eine so enge, daß sie gar nicht mehr aufgehoben werden könne und niemand sei imstande, in dem engen Bunde zu entscheiden, welches Odente und welches die Königin Viktoria sei, als diese beiden selber. Ein ganz nettes Müsterchen afrikanischer Mystik.

In Bagyamso erwartete David Aſhante ſeinen Vetter Opoku, der ſich ihm auf dieſer Reiſe hatte anſchließen wollen, ihn aber nicht mehr erreicht hatte. Opoku hatte mit ſeinen Begleitern den ganz gleichen Weg eingeſchlagen, und aus ſeinem Berichte haben wir denn auch manche Lücke bei Aſhante ergänzen können. In Bagyamſo verfehlten ſich die Beiden abermals, da von dort zwei Wege nach Salaga führen, einer nordweſtlich und einer direkt nach Norden. Als Aſhante wieder von Salaga abreiſte, kam Opoku erſt dort an, und werden wir denn auch weiterhin beide Schilderungen verweben.

Nach 5 ſtündigem nördlichen Marſch von Bagyamſo aus erreicht man den kleinen Fluß Daka und damit die Grenze zwiſchen der heidniſchen und mohammedaniſchen Welt. Freilich ſpielt das Fetiſchweſen in den Grenzgebieten noch unter der Hand ſeine Rolle fort, wird aber wohl alljährlich mehr ſeine Gewalt an den Islam verlieren. Die Grenzbewohner ſprechen alle noch Tſchi und Kyerepong-Dialekte und tättowieren ſich ſtark. Nachdem noch eine Reihe von Dörfern in wohlbebauten Gefilden paſſiert waren, erreichte Aſhante am 10. Februar das Reiſeziel Salaga, die Fetiſchſtadt.

Mit Begeiſterung ſprechen die wackeren Männer von dem herrlichen Anblick, den die von 50 000 Menſchen bewohnte Stadt aus der Entfernung gewährt. Mitten in üppigem Grün, in langgeſtrecktem, reizendem Thale gelegen, nimmt ſich die Stadt mit ihren runden und ſpitzen Türmchen wie ein mächtiges Fort aus. Alle Häuſer ſind rund und tragen mehr oder minder hohe, ſpitze Dächer, und noch bevor man die Stadt betritt, bemerkt man das rege Leben, das hier pulſiert. Dem Fremden werden ſchon vor den Thoren in gaſtfreundlichſter Weiſe Quartiere angeboten, was ſich dann freilich als ein gar nicht übles Geſchäft der Einwohner entpuppt, indem der Gaſt dem Hausherrn von allen auf dem Markte verkauften Waren Prozente laſſen muß. Dafür wird man dann aber aufs beſte und zuvorkommendſte von der wohlhabenden mohammedaniſchen Bevölkerung verpflegt. Die Straßen ſind ſehr unregelmäßig gebaut und häufig eng und ſchmutzig. Die Bewohner ſind eifrige Anhänger des Islam, in hohem Grade freiheitsliebend, unabhängig, fleißig und intelligent, dabei freilich oft roh und grauſam.

Salaga beſitzt zwei große Hauptmarktplätze neben einer Anzahl kleinerer. Alle Morgen früh wird ein Gemüſe- und Eßwarenmarkt abgehalten; beſonders findet man da Yams, Guineakorn, Mais, Gewürze, Weihrauch, schwarze europäische Kartoffeln, frisches Ochsen-, Schaf- und Ziegenfleisch in großer Menge vor. Das Pfund Ochsenfleisch wird mit 100 Kauri = ½ Penny bezahlt, ebenso viel kostet ein Schoppen Milch und 3—8 Stück Yams. Butter wird ebenfalls verkauft, aber merkwürdigerweise nicht gegessen, sondern findet als Lederschmiere und Pomade eine nach unseren Begriffen unpassende Verwendung. Zur Zeit der großen Märkte werden von den einheimischen Schlächtern 40 bis 50 Ochsen täglich geschlachtet. Dann sind aber auch Händler aller umliegenden Volksstämme in Salaga versammelt, besonders liefern Bornu, Joruba, Haussa, Mossi, Timbuktu und Marokko sogar starke Karawanen. Man erzählte Afhante, es seien aus dem Norden schon weiße Leute auf den Markt gekommen, die aber Mohammedaner gewesen seien. Der Nachmittagmarkt ist aber noch bedeutender als der Morgenmarkt. Da werden alle Arten einheimischer, nordafrikanischer, ägyptischer, arabischer und sogar europäischer Artikel geführt, Seide, Baumwolle, Leder, Waffen ꝛc. Salaga besitzt auch förmliche Bazars, worin den ganzen Tag verkauft wird; auch eine Menge Barbierbuden, Nagelschmiedwerkstätten ꝛc. Die Haupthandelsleute sind die Haussas, welche den Markt mit Elfenbein, wollenen Mänteln, Teppichen, Seidenzeugen, Korallen, Pferden, Eseln, Mauleseln, Ochsen, Schafen, auch hornlosen Schafen versehen. Die Mossi liefern neben den Haussas das Hauptkontingent der Kaufleute. Zieht eine große Mossikarawane in die Stadt, so läuft alles zusammen, schreit und jubelt den Ankommenden entgegen, Freudenschüsse werden gethan, so daß dem guten Afhante der Wunsch entschlüpfte: wenn's nur bei uns an der Goldküste auch schon so wäre. Die Mossis bringen außer selbst fabrizierten Baumwollenzeugen hauptsächlich Sklaven, Rinder, Esel, Hühner, sowie eine Art Pflanzenbutter, die selbst bei großer Hitze fest bleibt und massenhaft in die Küstengegenden ausgeführt wird, wo sie als Salbe Verwendung findet. Neben Kauris dient Silbergeld als Verkehrsmittel und fanden die Reisenden Geldstücke aus allen europäischen Ländern, sogar preußische Thaler. Die aus dem Innern kommenden Händler nehmen als Rückfracht außer Salz und einigen europäischen Stoffen fast ausschließlich sog. Kola- oder Kaunüsse (Sterculia acuminata) mit, welche in Aschanti gepflanzt und bis tief ins Innere des Kontinents als ein vorzügliches Genuß- und Toilettenmittel von den Negern gesucht sind. Gekaut schmecken dieselben angenehm bitter und färben sich die Lippen bei fortgesetztem

Gebrauch schön rot. Die Last Kolanüsse wird mit 6—20 Schilling bezahlt, je nach der Jahreszeit.

Zur Zeit der Aschantiherrschaft war Salaga Centrum des Sklavenhandels, der zwar auch jetzt noch in hoher Blüte steht. Traurig lauten die Schilderungen Opokus über die Leiden der armen Opfer, die meistens Kriegsgefangene sind. Für wenige Schilling, ja für ein Stück Tuch kann man die halbverhungerten Geschöpfe schon erstehen. Die Bevölkerung von Salaga besteht aus Eingewanderten aller obengenannten Stämme und aus den Eingeborenen, welche einen allerdings stark gemischten Kyerepong-Dialekt sprechen. Die Salagas leben besser als alle ihre Stammesgenossen und sind deshalb auch schöner und besser gebaut. Jeder ordentliche Mann besitzt ein gut gebautes Haus mit gemauertem Brunnen, Hof- und Nebengebäuden für die Dienstleute und Gäste. Das Wasser dieser Brunnen schmeckt leicht salzig. Fast holländische Reinlichkeit herrscht überall, darf man doch nicht einmal auf dem Hofe ausspucken, dafür stehen überall mit Sand gefüllte Kalebassen. In der streng mohammedanischen Stadt finden sich viele Bethäuser, private und öffentliche Schulen, die sich Schulgelder zahlen lassen. Deshalb kann auch fast jeder Salagamann arabisch schreiben und lesen. Neben dem aus Guineakorn gebrauten Bier trinkt man dann und wann auch einen starken, aus Honig bereiteten Branntwein, in welchem Stück es mithin mit dem Koran nicht gerade sehr genau genommen wird.

Die Salagas beschäftigen sich ausschließlich mit Kommissionsgeschäften. Die fremden Händler übergeben ihrem Hausherrn ihre sämtlichen Waren und bestimmen den Preis derselben. Der Verkauf wird dann von dem Hausherrn besorgt, der auch alle Zahlungen für den Fremden in Empfang nimmt. Auch die Einkäufe besorgt der Hausherr auf Rechnung des Händlers und erhält auch davon seine Prozente. Es ist deshalb begreiflich, daß die Salagas Muster von Zuvorkommenheit und Höflichkeit sind und daß man sich den Aufenthalt in jener Stadt sehr angenehm machen kann. Neben diesen Börsengeschäften blüht aber in Salaga eine weit ausgebreitete Industrie. Kupfer-, Silber- und Eisenschmiede haben stets vollauf zu thun, und zwar sind deren Erzeugnisse, z. B. Rasiermesser, geschmiedete Kessel ꝛc., den europäischen nicht untergeordnet. Selbst Blinde suchen sich durch Korbflechterei und andere leichtere Thätigkeiten ihren Lebensunterhalt zu verdienen, eine in Afrika gewiß unerhörte Thatsache.

Salaga ist merkwürdigerweise nicht Hauptstadt des Landes, sondern der kleine Flecken Pami, eine Stunde östlich von der Stadt; dort wohnt der König und die Großen des Reiches und dort hat kein Niebrigstehender Zutritt. Die Stadt Salaga wird von Quartiervorstehern regiert, die von den fremden Händlern für den König eine Markttaxe erheben. Auch sind in Salaga eine Art Konsuln sämtlicher handeltreibenden Völkerschaften des Umkreises stationiert, welche den ihrigen beizustehen haben.

Nachdem die mitgebrachten Waren günstig verkauft und dafür Pferde, Esel, Kühe, Schafe ꝛc. in großer Menge eingehandelt waren, trat Ashante am 20. Februar wieder den Heimweg an, der aber natürlich in solcher Begleitung viel mühsamer war und viel mehr Zeit erforderte, als die Herreise. Der in Abetifi stationierte Missionar Buß, angeregt durch Ashantes Schilderungen und voll Eifer, seiner Station ebenfalls Milchkühe zu verschaffen und jene große Handelsstadt im Innern zu sehen, entschloß sich im Januar 1878, die Reise ebenfalls zu unternehmen. Auch ihm wurden zuerst die lebhaftesten Schreckbilder von all den Gefahren, die ihm zumal als weißem Mann widerfahren sollten, vor Augen gestellt, so daß er Mühe hatte, nur 15 Träger für seine Waren zu erhalten. Er reiste am 31. Januar 1878 von Abetifi ab, überschiffte den Afram am 2. Februar und begann gleich am folgenden Tage den 7 tägigen Marsch durch die Wüste. Er schildert dieselbe ebenfalls in einer Weise, daß man das herrlichste Jagdgebiet vor sich sehen muß, wenn auch das häufige Vorkommen von Elefanten, Löwen und Leoparden für eine so friedliche Karawane nicht angenehm sein mag. Die Flüsse, die die Ebene durchziehen, sind überaus fischreich, besonders der Waa in der östlichen Hälfte derselben. Dort fand Buß auf einer Strecke von 12 Stunden rote und weiße Sandsteine, welche Felsen von 2000' Länge und 100' Höhe bilden. Der rote ist sehr weich, der weiße dagegen überaus hart. Am Volta angekommen, wollten die Pae den Weißen nicht übersetzen, und sandte Buß deshalb einen seiner Leute schwimmend hinüber, der dort einfach ein Boot wegnahm. Das Pferd, welches Buß mitgenommen, wurde nun an das Boot gespannt und zog dasselbe samt den Insassen hinüber. Dort erhielt Buß dann sofort anstatt Scheltworte für sein eigenmächtiges Verfahren ein reiches Geschenk in Lebensmitteln. Der Empfang, der dem Reisenden in der Fetischstadt Karakye zu teil ward, war aber noch ungleich abschreckender und gefahrbrohender.

Er erzählt die kleine Episode folgendermaßen: „Beim Einreiten in die Stadt tanzte das Weibervolk wie wahnsinnig um mein Pferd herum, und schrie, als wollte es mich samt meinem Pferde aufessen. Ich bezog nun bei einem Kaufmann ein Logis und hatte mich kaum gesetzt, als auch schon Königsboten mit einem Gruß vom König kamen, er freue sich, daß ich sie seines Besuches wert gehalten habe, aber er müsse mich ersuchen, noch heute mein Pferd aus der Stadt zu thun, denn die Fetischweiber samt allem Weibervolk hätten ihm sein Haus gestürmt und würden dasselbe nicht eher verlassen, bis der Weiße sein Pferd aus der Stadt gebracht habe. Ich erwiederte seinen Gruß, aber mein Pferd könne ich nicht von mir weg thun lassen. — Ich glaubte nun meinen Jufu mit Ruhe essen zu können, aber ich täuschte mich. Kaum waren die Boten fort, so kam der König mit seinen Ältesten und hinterher ein ganzer Zug Weiber, welche schrieen und tobten, daß einem die Ohren gellten. Nun erklärte mir der König rund heraus, daß mein Pferd auf der Stelle aus der Stadt müsse, denn der Fetisch habe schon gedroht, er werde wegen des Pferdes ein großes Unglück über die Stadt bringen. Er wolle mein Pferd auf dem nächsten Plantagendorf gut verpflegen lassen. Ich erklärte dem König nun, vor allem wünsche ich, daß das Weibervolk sein Geschrei und Tanzen gänzlich unterlasse, oder ich werde ihm kein Wort auf seine Fragen antworten, und so lange ich spreche, wünsche ich ungestört zu sprechen. — Alle waren nun still und schauten einander verdutzt an. Ich zündete mir dann zuerst eine Cigarre an und setzte dann dem König kurz auseinander, warum ich nach Salaga reise und daß er wohl wisse, wir Missionare machten uns aus dem Fetischgeschwätze nichts, daß der Fetischdienst nur ein scheußlicher Betrug sei! Er solle mich nur ganz allein das Pferde-Palaver mit dem Fetisch Odente ausmachen lassen, ich werde schon mit ihm fertig werden — könne ihm auch mein Wort darauf geben, daß kein Unglück über die Stadt komme, auch wenn mein Pferd hier bleibe. Endlich zog der König ruhig ab und ich ließ mein Pferd sogar 4 Tage in Karathe frei herumlaufen, ohne daß ihm jemand was gethan hätte." Auf seinen kleinen Touren fand Buß in dem Hügel, auf dem Karathe liegt, bedeutende Lager von Eisenerzen, die sich längs des Volta etwa eine Tagereise hinziehen sollen. Aus diesen Erzen bereiten die umliegenden Stämme ihr Eisen seit langer Zeit selber.

Nach 4tägigem Aufenthalt in dieser Fetischstadt erreichte Buß am 15. Februar die letzte Stadt des Karakyereiches, Altareso, Ort mit 5000 Einwohnern. Er wurde freundlich bewirtet und beschenkt, zog aber schon den folgenden Tag weiter ins Reich der Abschumuru, deren Hauptstadt Bagyamso er ebenfalls wegen der dort herrschenden Reinlichkeit rühmend erwähnt. Unterdessen war das Gerücht von dem Anrücken des weißen Mannes schon nach Salaga vorausgeeilt und als Buß mit seiner kleinen Karawane am 19. Februar bald nach Sonnenaufgang in die mächtige Stadt eintritt, umschwärmten ihn Tausende von Menschen, die alle schrieen: „Der Europäer kommt, der Weiße kommt!" Er nahm sein Absteigequartier bei dem Mohammedaner, der schon Opoku und Ashante beherbergt hatte und der sich durch diesen Vorzug hoch geehrt fühlte. Als Bewillkommnungstrunk wurde frische Kuhmilch gebracht, über welches seit Jahren entbehrte Labsal der gute Mann sich kindlich freute. Dann kamen Metzgerburschen, die Ochsen- und Kalbfleisch anboten, Frauen mit Milch und Butter, Mädchen, die Honig und Biscuit anpriesen. Bald erscholl draußen aber lautes Geigen- und Pfeifenspiel. Es waren Boten des Königs, die in Liederform den Gruß des Königs brachten. Er lautete: 1. Wir sind Königsboten und bringen dir, dem weißen Mann, unseres Herrn Gruß. 2. Du, weißer Mann, kommst von einer großen Nation, welche uns von unseren Feinden befreit hat. 3. Jedes Jahr mußten wir 1000 unserer Brüder für das Kumassimesser liefern und dem Kumassikönig all unser Geld ohne Murren. 4. Ihr weißen Leute sollt alles haben — alles Geld — weil ihr uns befreit habt rc.

Gleich am folgenden Tage besuchte nun Buß mit seinem Hausherrn die Märkte der Stadt. Zuerst betrat er den Hauptmarkt für die ausländischen Waren, der eine Länge von etwa ⅛ Stunde hat und wohl mit Waren gefüllt, aber leer von Käufern war. Es waren alle Handelsleute aus dem Innern ausgeblieben und besonders die Moravas und Mosces fehlten gänzlich. Der Pferde- und Eselmarkt war ganz leer. Als der Reisende aber den Sklavenmarkt betrat, da sah er, daß wenigstens dieser Zweig des Handels unter der Krisis nicht gelitten hatte. Seine Schilderung erinnert an bekannte Kapitel aus Onkel Toms Hütte, und ist die unmenschliche Grausamkeit, womit diese armen Geschöpfe behandelt werden, auch wirklich schauderhaft. Da in der Ramadanzeit das Trinkwasser weit her nach Salaga gebracht werden muß und dort verkauft wird, so ist es begreiflich, daß die Sklaven, die doch ohne Obdach der brennenden Sonne ausgesetzt sind, davon wenig erhalten. Aber auch die Nahrung wird ihnen nur sehr spärlich gereicht und dazu von einer Qualität, daß Buß sagt, europäische Schweine würden dieselbe verachten.

Interessant ist auch der Besuch, den Buß beim Könige von Salaga machte, dem er als Geschenk eine Wanduhr und einen Teppich überbrachte, worüber derselbe eine große Freude bekundete. Es entspann sich bei dieser Gelegenheit ein Gespräch zwischen dem Kronprinzen und Buß, worin ersterer mit hohem Wortschwall seine Genugthuung darüber ausdrückte, daß nun auch Europäer zu ihnen kämen. Besonders sei er den Weißen zu Dank verpflichtet, daß sie die Macht der Aschantier gebrochen, dieselben besäßen jetzt nichts mehr als Kumassi und ein paar Dörfer rings herum, während sie vor dem Kriege bis 14 starke Tagereisen nördlich von Salaga hinein geschaltet und gewaltet hätten. —

Während eines lang anbauernden Fiebers wurde Buß von Mohammedanern und seinem Hauswirte aufs beste verpflegt. Einer ließ ihm sogar 1½ Stunden weit ausgezeichnetes Quellwasser holen.

Daß mit der Küste denn auch noch gar kein nennenswerter Handelsverkehr besteht, geht schon daraus hervor, daß Buß in Salaga große Elefantenzähne das Pfund à 1 Schilling angeboten wurden, von denen an der Küste das Pfund mit 6 Schilling bezahlt wird. Er behauptet, wenn er noch Geld gehabt hätte, so wäre es ihm möglich gewesen, mit dem Gewinn an ein paar Zähnen die ganze Reise herauszuschlagen. Seine Schilderung des Volkes stimmt genau mit den Angaben Ashantes und Opokus überein; ja er bezeichnet das Salagavolk geradezu als das begabteste und bedeutendste Volk von ganz Westafrika.

Am 8. März trat Buß seine Rückreise nach Abetifi wieder an, wo er nach glücklich vollbrachter Reise (ein Pferd war ihm unterwegs gefallen) am 27. März ankam. In Ahenkuro am Oti war er genötigt gewesen, die Boote zur Überfahrt mit Gewalt zu nehmen, da der Schiffer eine unverschämte Forderung gestellt hatte, die Buß nicht erfüllen konnte. In Karakye hingegen blieb beim Einzug der fünf Pferde alles still — der große Fetisch Odente hatte sich ins Unvermeidliche gefügt.

Sowohl für die wissenschaftliche Aufschließung Afrikas, als auch namentlich für die Eröffnung neuer Handelsbeziehungen können diese Reisen nun ohne Zweifel die günstigsten Folgen haben, besonders wenn man noch in Berücksichtigung zieht, daß der Volta, nach den Angaben Bonnats, auf großen Strecken stets und zur Zeit des Hochwasserstandes in seinem ganzen Laufe für Dampfer fahrbar ist. Die Barre an der Mündung ist für flachere Fahrzeuge kein Hindernis, da nach allen Angaben das Fahrwasser an der schwierigsten Stelle doch noch 2 Faden (12') und darüber beträgt. Die ersten tiefgehenden Schiffe, die die Voltabarre forcierten, waren eine amerikanische Brigg und ein dänischer Schoner, diesem folgte 1861 im November Lieutenant Dolben, der 80 englische Meilen aufwärts gelangte. Im Jahre 1869 befuhr dann der englische Gouverneur Kennedy den Strom 14 Tage lang auf einem kleineren Kolonialdampfer. Er sagt in seinem Berichte: „Der Volta ist ein stattlicher Strom, frei von Schlamm, und erschließt eine reiche und wertvolle Gegend."

Kapitän James Croft befuhr 1872 den Volta mit einem eigens dafür erbauten Dampfer. Er kam bis Batto, wo er die Reise in Booten fortsetzte. Nach Bonnat soll bei Hochwasser im September und Oktober der Fluß weit hinauf für Dampfer schiffbar sein.

Hat man die armen Küstenländer hinter sich, so findet man nach allen Reiseberichten im Innern Völkerstämme, deren hohe Bildung und Wohlstand dem Handel um so bessere Aussichten eröffnen, da diese Völker mit den Produkten arabischer Kultur bekannt sind und Salaga seit langer Zeit besonders in regem Handelsverkehr mit Timbuktu und dem ganzen Sudan steht.

Im Jahre 1882 durchzog Mauricio Buonfanti das ganz unbekannte Gebiet von Timbuktu nach Lagos an der Sklavenküste, jedoch verlor derselbe durch einen Überfall der Maritu nördlich von Aschanti alle seine Aufzeichnungen über diese Reise.

Der Afrikareisende Gottlob Adolf Krause erreichte im J. 1886 Salaga und drang im Oktober bis Woghobogho, der Hauptstadt von Mossi vor, in der Absicht, durch Dahomey und das Togogebiet nach der Sklavenküste zurückzukehren. Er unternahm diese Reise von Akra an der Goldküste aus, und zwar unbewaffnet und ohne jene Massen von Tauschartikeln, Lebensmitteln, Munition und Reiseeffekten, welche einen Troß von Trägern und Begleitmannschaften erfordern und jede Reise so sehr verlangsamen. In Akra knüpfte er freundschaftliche Beziehungen mit der zahlreichen Kolonie der Mohammedaner an, zu welcher auch die englischen Mietstruppen gehören, und welche, obschon meistens dem Haussastamme angehörend, ein geiſtliches und weltliches Oberhaupt in der Perſon eines geborenen Arabers haben. Seine Kenntnis des Arabiſchen und des Hauſſa, der lingua franca im ganzen Sudan bis Ägypten hin, verſchafften ihm Empfehlungen an alle einflußreichen Araber auf den Etappenstraßen, ſowie die wertvollſten Nachrichten über die zu durchwandernden Gebiete. Seine Reiſe dürfte für die von unſerm Togogebiete aus zu unternehmenden Handelsoperationen von großer Bedeutung werden. (S. Paul Steiner in der Kolon.-Z., 1. März 1887.)

B.

Abeokuta.

Bild einer ſieben Jahre lang ſich ſelbſt überlaſſenen Chriſtengemeinde in einer weſtafrikaniſchen Stadt.

Der um die Afrikaforſchung hochverdiente Dr. Pechuël-Löſche hat in einem Aufſatze über das **centralafrikaniſche Problem** die Behauptung aufgeſtellt, daß die „Wilden" nie echte Chriſten würden, daß ſie die hohen Lehren einer ganz außerhalb ihres Daſeins ſchwebenden Religion nur formal begriffen. „Selbſt der günſtigſte Fall iſt nicht ausgenommen, wenn eine kleine, allezeit unter den Augen der Lehrer befindliche Gemeinde auf abgeſchloſſener Inſel lebt. Der Gegenbeweis wäre zu liefern, indem man die dem Chriſtentume gewonnenen Heiden ein halbes Menſchenalter ſich ſelbſt überließe. Wer hegt nicht die Überzeugung, daß ſie der unbegriffenen Lehre recht bald den Rücken kehren und zu ihren Göttern zurückkehren würde." — Dr. R. Grundemann widerlegt dieſe Behauptung in höchſt praktiſcher Weiſe (Allgem. Miſſions-Zeitſchrift 1885, S. 353 ff.), indem er an dem Beiſpiele von Abeokuta den Gegenbeweis liefert, daß heidenchriſtliche Gemeinden, längere Zeit ſich ſelbſt überlaſſen, nicht ins Heidentum zurückgefallen ſind, ſondern ſich vielmehr in markierter Oppoſition gegen dasſelbe halten und in den Hauptzügen ſich als Chriſten charakteriſieren.

Wir teilen Dr. Grundemanns Darſtellung nachſtehend im Auszuge mit.

Die Scenerie der großen Stadt von 100—150 000 Einwohnern an dem breiten Ogunfluſſe mit den vereinzelten ſchroffen Porphyrfelſen iſt bekannt genug, als daß wir hier näher darauf einzugehen hätten. Die dicht bevölkerten niedrigen Häuser, jedes mit vier Flügeln einen Hof umgebend, mit Grasdächern und Lehmwänden ohne Fenster, sind sehr unregelmäßig zusammengehäuft. Der erste Eindruck, den wir erhalten, ist der, daß hier alle Baupolizei fehlt. Jeder baut nach Bequemlichkeit, selbst wenn er den öffentlichen Weg versperren sollte. Die einzelnen Stadtteile sind durch weite Strecken verwilderten Landes getrennt. Hier und da wächst Gebüsch, dort eine Baumgruppe, sonst grobes Gras in Büscheln. Der Regen hat tiefe Furchen ausgespült, die den Weg gefährden. Noch mehr geschieht dies durch tiefe Lehmgruben, um deren Zuschüttung sich niemand kümmert; das in ihnen stagnierende Wasser verpestet monatelang die Luft. Von Sanitätsmaßregeln keine Spur. Überall Misthaufen. Ja, wenn die Pocken herrschen, so finden wir dort ins Gebüsch oder zwischen die Felsen hingeworfene Leichname, um die sich Aasvögel sammeln, denn die an jener Krankheit Gestorbenen werden nach der Landessitte nicht begraben. Ich kann nicht sagen, ob sich etwa auch einer oder der andere von den christlichen Hausvätern solchen Greuels schuldig macht. Ich glaube es nicht, jedenfalls dürfte es bei ihnen nur vereinzelt vorkommen. Auffallend ist der Mangel an Wasser. (Wahrscheinlich muß der Bedarf größtenteils vom Ogun geholt werden, von dem doch die meisten Stadtteile weit entfernt liegen.) Die schlechte Einrichtung der Wohnungen befördert ansteckende Krankheiten. Manche Häuser der Christen zeugen bereits von etwas mehr Verständnis für Licht und Luft. Das von befreiten Sklaven (unter Leitung der Missionare) angelegte Dorf Wasimi bildet mit seinen geraden und reinlicheren Straßen einen auffallenden Gegensatz gegen die übrigen Stadtteile. Auch sonst zeigen die Christenhäuser etwas mehr Ebenmaß und Regelmäßigkeit. Die von den Missionaren eingeführten Handwerke, Ziegelbrennen, Brettschneiden u. s. w., scheinen aber immer noch nicht in großer Ausdehnung angewendet zu werden.

 Sehen wir nun die Leute selber an. Laut schwatzend und lebhaft gestikulierend stehen oder sitzen sie gruppenweise unter einem Baume. Händler schlendern langsam mit allerlei Waren einher, die sie mit übertreibenden Ausdrücken anpreisen. Dort sitzt eine Höferin mit einem großen Gefäß, aus dem sie Suppe verkauft. Männer und Frauen mit eigentümlichen Hacken gehen hinaus nach den Plantagen. Zuweilen kommt ein Vornehmer daher, hoch zu Roß sitzend, oder ein Mohammedaner mit Turban und weitem Kaftan. Die

Bekleidung der Christen ist fast ausnahmslos anständiger, als die ihrer heidnischen Nachbarn. Letztere haben aus Nachahmung häufig auch vollständigere Kleidung angenommen, ein Hemd oder ein Leibchen und Beinkleider bis zum Knie, die Frauen Röcke und Shawltücher; das krause Haar wird meist mit bunten Tüchern verdeckt. Manche Spuren von Eitelkeit und Modethorheit sind an der Kleidung, die oft noch mangelhaft bleibt, zu bemerken, und auch manche Christen sind davon nicht freizusprechen. Eines aber unterscheidet die christlichen Egbas von den heidnischen auf den ersten Blick. Diese tragen ihre Amulette meist um den Hals, und würden es nicht wagen, ohne solche zu sein, während die Christen diesen heidnischen Greuel verabscheuen.

Vor den meisten Häusern der Heiden steht ein kleines Hüttchen in Zuckerhutform, das dem Teufel (Eschu) zur Wohnung dient, dem allerlei Kleinigkeiten geopfert werden, damit er nur ja nicht ins Haus komme. In dem letzteren aber hat jeder Heide seinen Ifa, Fetisch, lächerliche Sachen, Nüsse, Muscheln, Scherben, die oft in einem kunstvoll geschnitzten Behälter aufbewahrt werden. Bei jeder wichtigen Gelegenheit läßt er den Babalawo (Priester) kommen, damit er deute, was der Ifa dazu kundgiebt. Auch Stätten des öffentlichen Götzendienstes giebt es genug. Früher wurden den Fetischen (unter denen der Kriegsgott eine Hauptrolle spielt) nicht selten Menschen, sehr häufig aber Tiere geopfert. Die ersteren Opfer sind durch den Einfluß des Christentums bis auf vereinzelte Fälle ganz abgestellt, die letzteren wenigstens viel seltener geworden. Die Christen haben mit diesem heidnischen Unwesen gründlich gebrochen und sind von der Nichtigkeit der Fetische überzeugt, dagegen von der festen Zuversicht erfüllt, daß der Christengott, zu dem sie beten, der rechte Helfer ist. Dann und wann wird einer von ihnen vielleicht in lang anhaltender Krankheit verleitet, zur Zauberei seine Zuflucht zu nehmen. Aber wenn es herauskommt, schließt man ihn deshalb von der christlichen Gemeinschaft aus. Auch in anderen Fällen wird die Kirchenzucht gehandhabt.

Der christliche Egba hat in seinem Hause keinen Ifa, wohl aber haben die meisten die Bibel oder einen Teil derselben in ihrer Muttersprache. Viele können darin recht fließend lesen und manche mit dem Verständnis eines gläubigen Herzens. Etliche, die etwas von der englischen Sprache aufgeschnappt haben, ziehen es vor, das englische Neue Testament zu benutzen. Das Kokettieren mit der fremden Sprache wird zuweilen recht unangenehm. Andere haben die Bibel, aber lesen sie nicht — wie sie ja auch in unserm Vaterlande in manchem Hause unbenutzt liegt. Und wenn sie oder das Gesangbuch auch hier zuweilen noch zur Wahrsagerei und Zauberei benutzt werden, so können wir uns nicht wundern, wenn es unter den Egbachristen solche giebt, denen die Bibel an die Stelle des alten Ifa getreten ist.

Die treue Feier des Sonntags ist ebenfalls ein Zug markierten Unterschiedes zwischen Christen und Heiden. Die letzteren leben alle Tage in gleicher Weise dahin. Die Christen haben ihren Ruhetag, den sie selbst in bedrohlichen Kriegszeiten nicht fallen lassen. Sie sind fleißige Kirchengänger. Aber etwas mehr Ehrerbietung vor dem Gotteshause möchte man ihnen wünschen. Vor Beginn und nach dem Schlusse des Gottesdienstes ist die Unterhaltung mit lebhaften Gestikulationen sehr laut.

Die Christen in Abeokuta sind meist arme Leute; nur zu einem kleineren Teil gehören sie den vermögenden und einflußreichen Klassen an. Dennoch erreichen ihre Beiträge für kirchliche Zwecke meist eine sehr anerkennenswerte Höhe. Wir erwähnten schon die Kollekte von 1400 Mark bei dem Eröffnungsgottesdienst in der Ake-Kirche. Ich greife aus einem Jahresberichte der C. M. S. (1879) die Angabe heraus, daß die betreffenden Gemeinden 8400 Mark freiwillig für christliche Zwecke beigetragen hatten. Es ist ein Fonds gegründet, aus dem allmählich das Gehalt der Pastoren bestritten werden soll. Einige von den Schriftvorlesern werden schon vollständig von den Gemeinden unterhalten, sowie die Kosten für die weiteren Missionsarbeiten auf einigen Außenstationen (Osojupupa und Osaba) getragen.

Wenn wir der Feier des heil. Abendmahls beiwohnten, so würde uns das Mißverhältnis zwischen der Zahl der Männer und der Frauen auffallen. Erstere bilden oft nicht den vierten Teil der Kommunikanten. In Abeokuta hat die Erscheinung einen andern Grund als bei uns, und damit kommen wir auf einen der Hauptschäden der dortigen Gemeinde. Manche der jungen Männer, die dem Gottesdienste mit beiwohnten, entfernen sich vor der Feier des Sakraments. Sie sind ausgeschlossen, weil sie den Versuchungen zur Polygamie nicht widerstanden haben. Die soziale Stellung wird im Volksbewußtsein noch immer nach der Zahl der Weiber geschätzt, die ein Mann sein nennt. Ein Dienstmädchen zu halten, oder zu Zeiten eine bezahlte Pflegerin, das ist ihm etwas ganz Fremdartiges. Man darf sich nicht verhehlen, daß eine völlige Umänderung solcher Grundelemente des socialen Lebens sich nicht in einigen Jahrzehnten bewirken läßt. Mancher schwarze Christ versucht es, der Forderung der christlichen Sittenlehre zu folgen. Er sieht vielleicht auch an dem Pastor den Segen eines christlichen Familienlebens und hat den guten Vorsatz, dem Vorbilde zu folgen. Da kommen die Versuchungen: Gespött oder gutes Zureden von heidnischen Verwandten. Es kommen Zeiten, wo die eine Frau den freilich ziemlich einfachen Haushalt nicht gut besorgen kann; der Mann wird verstimmt, weil er nicht seine Bequemlichkeit hat. Er fängt an zu grübeln und nimmt ein zweites Weib, wobei er sich durch die heilige Schrift gedeckt glaubt. Den Christenglauben will er nicht verleugnen und zu den eitlen Götzen nicht zurückkehren. Er meint, es könne doch nichts schaden, zwei christliche Frauen zu haben. Es kommt vor die Ältesten der Gemeinde; die Ermahnung fruchtet nichts — und er wird ausgeschlossen vom heil. Abendmahl. So ist es mit Hunderten in Abeokuta gegangen. Aber bis jetzt ist die Kirchenzucht aufrecht erhalten worden.

Der Schaden, den wir soeben berührt, ist gewiß schwer. Aber daß die Gemeinde trotz ihrer langen Isolierung einen Kern in sich bewahrt hat, welcher die Aufrechterhaltung der Kirchenzucht ermöglicht, ist ein erfreuliches Zeichen von der Echtheit des christlichen Lebens, mag auch an ihrer Peripherie der Schaden eine sehr bedauerliche Ausdehnung erreicht haben.

Ein anderer, in der Christengemeinde zu Abeokuta tief eingewurzelter Schade ist das Sklavenhalten. Auch hier stehen wir einer socialen Institution gegenüber, deren Beseitigung dem Neger ganz unmöglich erscheint. Der Begriff der freien Arbeit ist ihm ganz fremd. Arbeiter für Lohn findet er nicht. Wer frei ist, arbeitet höchstens für sich, soviel die Not des Lebens erfordert. So entschuldigen sich denn auch jene Christen, die Sklaven kauften, um ihre Plantagen bearbeiten zu lassen: sie konnten keine anderen Arbeiter finden. Neuerdings ist jedoch von der Missionsgesellschaft der Kampf gegen die Sklaverei wieder energisch aufgenommen worden.

Ein weiterer Schaden ist der Gebrauch europäischer Spirituosen, deren Import seit 1877 ganz außerordentlich gestiegen ist, zum Teil auch bei den Mitgliedern der Gemeinde recht nachteilig wirkt. Man macht die leider allgemein gewordene Sitte mit, jedem Besucher Schnaps vorzusetzen und selbst mitzutrinken.

Dagegen finden sich nach dem Zeugnis der Missionare in fast allen Gemeinden eine Anzahl treuer Mitglieder, die in manchen Beziehungen als Muster christlichen Lebens gelten können, und die sich auch der Achtung ihrer heidnischen Landsleute erfreuen. Sehr charakteristisch ist diese Anerkennung von heidnischer Seite, obwohl die Feindschaft gegen die von den väterlichen Sitten abgefallenen Volksgenossen keineswegs erloschen ist, wenn sie auch nicht mehr in solchen Ausbrüchen wie 1849 sich offenbart. Die Heiden begnügen sich die Book people (Buchleute, so werden die Christen genannt) durch ein Wortspiel zu necken und zu verspotten, denn Baku heißt: verschmäht, verachtet. Doch können sie sich des Einflusses der Verachteten nicht entziehen. Selbst in solchen politischen Angelegenheiten, wie eine Häuptlingswahl, haben sie ihre Stimme zur Geltung gebracht, wo nicht den Ausschlag gegeben. Bei einer andern Gelegenheit waren es die Christen, an die sich die auch aus Christen bestehende Gesandtschaft von Ibadan wandte, um den langjährigen Krieg zwischen den beiden Städten zu beenden, und wenigstens für eine Zeit lang wurde durch diese Vermittlung der Frieden herbeigeführt.

Aber der Einfluß geht noch tiefer. Die Heiden müssen z. B. von der Ehrlichkeit der Christen einen tiefen Eindruck empfangen haben. Einer der Zolleinnehmer, die wie weiland im jüdischen Lande als Volksaussauger und Betrüger bekannt sind, antwortete auf die Ermahnung des Missionars, sich doch auch den Christen anzuschließen, daß er dies doch nicht könne, weil er sonst seine schöne Einnahme drangeben müsse; denn als Christ dürfe er doch niemand betrügen.

In einem sonst ganz von Heiden bewohnten Dorfe Afese lebt ein schlichter Mann samt seiner Frau von den Erträgen ihrer Pflanzungen, die sie fleißig bearbeiten. Jahrelang hat sich kein Missionar um sie bekümmert. Als nun ein solcher schließlich hinkommt, findet er die Familie dem christlichen Glauben treu geblieben. Sie haben den Sonntag gefeiert und sich aus ihrer Bibel regelmäßig erbaut. Nicht aber das allein; sie haben durch ihre Ermahnungen und durch ihr Vorbild eine Anzahl ihrer heidnischen Landsleute um sich gesammelt, die auch entschlossen sind, Christen zu werden.

Dies Beispiel an sich schon ist eine Widerlegung der oben angeführten Behauptung und ein Beweis für die Echtheit des Christentums, wie sie bei den durch die Mission Bekehrten also doch vorkommt.

Der christliche Kriegshäuptling John Okenla war ein interessanter Charakter, den seine Energie den spöttelnden Vorbereitungen zur Polygamie gegenüber zu einer treuen christlichen Ehe leitete, welche die oberflächliche Behauptung, daß ein Neger nicht in Monogamie leben könne, wirksam widerlegt. In der Kirche finden wir diesen christlichen General immer auf seinem Platze, und er schämt sich des Wortes Gottes nicht. Im Kriege mit den Dahomiern wurde er durch einen kühnen Handstreich der Befreier seiner Vaterstadt, so daß ihm auch die Herzen der Heiden zufielen. Als treuer Kirchenältester hat er in den Versammlungen des Kirchenrats manche treffliche Rede gehalten. Besonders nachdrücklich trat er gegen den verderblichen Genuß des Branntweins auf. Bei Gründung einer neuen Kirche weiß er die Christen in praktischer Weise zur Mithilfe anzuleiten. Als reicher Plantagenbesitzer sorgt er dafür, daß seine Leute neben äußerlichen Wohlthaten reichlich Unterweisung in Gottes Wort erhalten, so daß sein Dorf eine blühende Außenstation der Mission geworden ist. Für kirchliche Zwecke hat er stets eine offene Hand, und der Greis läßt es sich nicht nehmen, beim Erntefest selbst seinen Beutel mit 20 000 Kauris in die Kirche zur Kollekte zu tragen. Er starb am 7. Sept. 1882 hochgeachtet und viel beweint nicht bloß von den Christen, sondern auch von vielen Heiden und Mohammedanern.

Im Vorstehenden sind nicht die Lichtseiten einseitig hervorgehoben und der Leser erhält ein objektiv richtiges Bild, worin er erkennen wird, daß die so lange isolierte christliche Gemeinde allerdings Schädigungen erlitten hat, daß sie jedoch auch gesunde Elemente genug bewahrt hat, um jetzt bei besserer Pflege erfreulich gedeihen zu können.

Das Beispiel von Abeokuta widerlegt also die Behauptung von dem Unvermögen des Christentums, den Negervölkern neues Leben einzuflößen, dauernd auf sie einzuwirken und sie zu festen Überzeugungen von der Wahrheit christlicher Lehren zu bringen. Allerdings ist eine längere Zeit nötig, um deren ganzes Leben und Denken definitiv umzugestalten und zu bestimmen, was ja auch den christlichen Missionaren mit den germanischen Völkern nicht in kurzer Zeit gelungen ist.

Deutsch-Äquatorial-Afrika.

Togoland.

Notwendigkeit des Reichsschutzes in Westafrika. — Umfang des Togolandes (1887). — Beschreibung der Küste und des Binnenlandes. — Die Hauptortschaften. — Ein afrikanischer Nero. — Kulturzustände.

Der deutsche Handelsverkehr im tropischen Westafrika übersteigt heute weit den Wert von 100 Millionen Mark, worunter allein für mehr als 35 Millionen Mark Palmkerne und 40 Millionen für Palmöle; ein Verkehr, der noch weit riesenhaftere Verhältnisse annehmen wird, wenn einmal, was in nächster Zukunft sicher zu erwarten steht, die dichte Negerbevölkerung der Hinterländer dem Handel in weiterem Umfange als bisher zugänglich geworden sein wird. An der Küste von Guinea haben zahlreiche Hamburger und Bremer Häuser Niederlassungen und Handelsfaktoreien, u. a. Woermann 74, und die Thatkraft der Deutschen beginnt sogar an mehreren Punkten, z. B. in Lagos, die Engländer vom Markte zu verdrängen.

Bis zum Jahre 1884 war dieser ganze Verkehr der Willkür der Negerbevölkerung ausgesetzt, und bei den häufigen Streitigkeiten auf die nicht immer zuverlässige Hülfe der Engländer oder Franzosen angewiesen, welche sich nicht selten des Landes mit den blühenden Niederlassungen der Deutschen bemächtigten und als neue Kolonie unter ihre eigene Schutzherrschaft stellten. Allen diesen Benachteiligungen des deutschen Handels in Äquatorial-Westafrika wurde im Sommer 1884 dadurch ein Ende gemacht, daß der Forschungsreisende Dr. Nachtigal als Kaiserlicher Generalkonsul auf der Küste des Togolandes und des Kamerungebietes die deutsche Schutzherrschaft proklamierte.

Togoland, um dessen genauere Kenntnis sich der Forschungsreisende Hugo Zöller besonders verdient gemacht hat,*) umfaßte anfangs einen Flächenraum von 1300 ☐ Kilometern mit 40 000 Einwohnern, vergrößerte sich dann, nachdem der Kaiserliche Kommissar Falkenthal die kleinen Königreiche Towe, Kewe und Agotime unter kaiserlichen Schutz genommen hatte, auf 4000 ☐ Kilometer mit 80 bis 100 000 Einwohnern und besitzt heute nach dem Grenzabkommen mit Frankreich (Februar 1887) einen Flächenraum von 18 676 ☐ Kilometer (beinahe so viel wie das Königreich Württemberg) mit wenigstens 575 000 Einwohnern (nach Zöller, Köln. Ztg., 29. April 1887). Zufolge des deutsch-französischen Übereinkommens erstreckt sich heute das dem deutschen Einflusse gesicherte Gebiet von der nur 30 Kilometer langen Küste 322 Kilometer (ungefähr die Entfernung von Köln bis Basel) weit landeinwärts und umfaßt nicht bloß Atakpame, das große Handelscentrum des Binnenlandes, für uns so bedeutend wie Salaga (100—150 000 E.) für die englische Goldküste und Timbuktu für das französische Senegambien, sondern auch das nördlich von dieser großen Stadt bis beinahe zu Alpenhöhe sich auftürmende Gebirge, das noch von keines Weißen Fuß betreten worden ist.

Togoland ist ein Kronschutzgebiet, ebenso wie Kamerun und Südwestafrika; es steht unter einem vom Kaiserlichen Gouverneur in Kamerun eingesetzten Verwaltungsrat, der aus drei europäischen Mitgliedern nebst einigen Eingeborenen zusammengesetzt ist. Die Beziehungen zu den Eingeborenen haben sich so freundlich gestaltet, daß einer der kleinen Könige sogar als deutscher Beamter fungiert.

Der Handel ist Tauschhandel und wird mit dem stark bevölkerten Hinterlande ausschließlich durch Vermittelung der Eingeborenen betrieben, welche durchaus keine Zwischenhändler zulassen; doch werden in Lome jährlich für eine Million Mark Waren gegen Geld verkauft. Hauptausfuhrartikel sind Palmöl und Palmkerne; Einfuhrartikel Gewehre, Eisen- und Manufakturwaren, Rum u. s. w. In Togoland wie in den übrigen deutschen Schutzgebieten liegen die Verhältnisse noch so, daß man keinem auswanderungslustigen Kauf-

---

*) Das Togoland und die Sklavenküste von H. Zöller. Berlin und Stuttgart, 1885. Zöller vollführte diese Reise im Auftrage der Kölnischen Zeitung. Wir werden ihn weiter unten als Durchforscher des Kamerungebietes kennen lernen. Das frisch und spannend geschriebene Werk Zöllers über Togoland und Kamerun (II. u. III.) kann allen, die sich für diese Kolonieen interessieren, nicht dringend genug empfohlen werden.

manne raten kann, auf eigene Faust hinzuziehen. Er muß sich vorher genau nach allem erkundigen, besonders beim Auskunftsbureau des Kolonialvereins in Berlin, und thut am besten, wenn er sich den bereits bestehenden Handels- oder Kolonialgesellschaften anschließt. An Plantagenbau ist in Togoland noch lange nicht zu denken; ob die hier arbeitenden deutschen Firmen Viktor Söhne, Göbelt, Wölber und Brohm geneigt wären, sich Konkurrenten heranzuziehen, ist zweifelhaft, zumal zu einer raschen Ausdehnung der Handelsoperationen nach dem Innern die Bedingungen noch nicht vorhanden sind. Hier wie in Kamerun wird die umfangreichere Aufschließung der Hinterländer allein eine Änderung schaffen.

Die ungefähr 36 Kilometer lange Togoküste ist ein kaum 1 bis 3 Kilometer breiter, sandiger Uferstreifen, hinter welchem sich in der ganzen Länge eine fast ebenso schmale Lagune erstreckt, die sich ostwärts zu dem fast 10 Kilometer langen und ebenso breiten Togosee erweitert, dessen Ufer durch undurchdringliches Schilf und Buschwerk nur schwer zu erreichen sind. Gewaltige Affenbrotfruchtbäume oder Baobabs und Pullabäume ragen aus diesem Dickicht hervor, auch zeigen sich überall bei den zahlreichen Ortschaften Kokospalmen, Ölpalmen, Bananen, Fächerpalmen, Papayabäume, allein die prachtvollen tropischen Landschaften mit großen Palmenwäldern und Affenbrotfruchtbäumen oft von über 12 Fuß Durchmesser beginnen erst weiter in dem allmählich ansteigenden Innern, namentlich an dem in den Togosee mündenden Hahoflusse.

Die Hauptortschaften des Togolandes sind:

Togo (2500—3000 Einwohner), Hauptstadt, besteht aus fünf äußerst sauber gehaltenen Dörfern, nur von Negern bewohnt, umgeben von Kokospalmen- und Bananenwäldern, sowie von gut bebauten Kassafeldern der Eingeborenen.

Der Buschmarkt Wo, großer Markt für Palmöl, wo jeden fünften Tag bis zu 6000 Neger zusammenströmen.

Porto Seguro, ein äußerst schmutziger Ort von 1200 Einwohnern, jetzt ohne Faktorei, die Händler sind Farbige. Hier haust ein ehemaliger Ruderknecht als König Mensa, unter dessen Bedrückungen der Handel immer mehr zurückgeht. Höchst charakteristisch ist die Schilderung von Zöllers Zusammentreffen mit diesem afrikanischen Nero.

„Der Königssitz bestand aus einer Zusammenwürfelung anspruchsvoll in grellen Farben angetünchter, aber baufälliger Hütten, vor deren Thoreingang zwei alte Kanonen umgestürzt im Sande lagen. Wir wurden von einem unnatürlich leck auftretenden farbigen Kommis mit Stiefeln und rosarot geblümter Hose zum ersten Stockwerk eines links gelegenen halbeuropäischen Hauses hineingeführt. Das Empfangszimmer war mit einem Tisch, einem Rohrsofa, mehreren Stühlen, einem längst erblindeten venetianischen Spiegel und — einem Christusbild ausgestattet. Alles dies erinnerte ein wenig an den Orient, wo auch bei äußerster Barbarei bisweilen gerade solche Anklänge an europäische Kultur auftauchen, wie man sie am wenigsten erwarten sollte.

Nachdem man etwa fünf bis zehn Minuten lang hatte warten lassen (auch diese Herren verstehen sich aufs Antichambrierenlassen), erschien König Mensa mit affektierter Würde in einem wahrhaft verblüffenden Aufzug. Seine Füße waren ebenso wie diejenigen seines Ministers unbekleidet, seine Schultern umflatterte eine buntgeblümte Toga, das ehrwürdige Haupt des alten Sünders aber umschloß — oh, daß ich hätte zeichnen können! — eine weiße europäische Frauen-Nachtmütze und darüber ein schon wenigstens zehnmal eingetriebener Cylinder, ein in dieser Vollendung nie wieder zu erreichendes Vorbild für alle zukünftigen Aufführungen der „Fledermaus". Mensas Alter schätzte ich nach seinen Zügen und dem geringen Anfluge von grauem Bart auf etwa 50 Jahre. Seinen wundervollen Cylinder abnehmend, schritt Mensa mit einiger Zurückhaltung auf mich zu und reichte mir, während ich ruhig auf meinem Platze sitzen blieb, behufs zweimaligen Knipsens mit dem Mittelfinger seine würdige Rechte. Alsdann ließ er die Toga von den Schultern bis zum Gürtel herunterfallen und nahm in einiger Entfernung von mir auf dem Rohrsofa Platz. Der rothosige Kommis machte den Dolmetscher, übersetzte dem Könige meine Komplimente, wiederholte dann, obwohl Mensa selbst ganz gut Englisch versteht, dessen endlose Höflichkeitsphrasen, und fragte schließlich in meinem Namen, wie viel Weiber und Pickenins (Kinder) Mensa besitze. Die Antwort lautete: 20 Weiber und 47 männliche Kinder.

Als ich schon wieder gehen wollte, wurden noch zwei Flaschen Bier herbeigebracht und nach einigem Zögern auch geöffnet, nicht aber ohne daß Mensa mich ersucht hätte, ihm bei Gelegenheit ein, wenn auch bloß in wenigen Flaschen Bier bestehendes Geschenk zu machen. Man hatte mich, da Vergiftungen hier zu den tagtäglichen Dingen gehören, vor etwaigen, von Mensa verabreichten Speisen oder Getränken gewarnt, da aber der Hals der Flaschen noch unversehrt mit Staniol umkleidet war, so glaubte ich, um der Höflichkeit willen, die Vorsicht hier außer acht lassen zu dürfen. Schon aus der mir zu Teil gewordenen Warnung wird man ersehen, daß Mensa sich keines allzu guten Rufes erfreut. Um nur einiges aus dem langen Sündenregister dieser netten Pflanze anzuführen, sei erwähnt, daß er sich mehrfach als Seeräuber oder vielmehr Strandräuber hervorgethan und seinen leiblichen Bruder durch Pfählung vom Leben vom Tode gebracht hat. Mensa begleitete mich beim Abschied mit ausgesuchter Höflichkeit bis zum Thore seines Gehöftes, ich aber hatte, als ich die 2 km lange Strecke zwischen Lagune und Meer zurücklegte, das Gefühl, als ob ich aus der Höhle einer Hyäne herauskäme."

Bagidá, ein Haupthandelsplatz mit 5 Faktoreien (2 deutsche) in „Bagidá Strand"; die 1½ km weiter liegende „Bagidá Stadt" mit kaum 200 Einwohnern ist der Sitz eines schwachen, trunksüchtigen Häuptlings, der trotzdem in solchem Ansehen steht, daß, als Zöller mit dem Bremer Kaufmanne einen Ausflug in das Innere nach dem großen Dorfe Abobba am Togosee machte, „ein als Empfehlung und als Kennzeichen seiner Würde mitgegebener, in alte Lumpen gewickelter Ochsenschwanz allerwärts mit Ehrfurcht entgegengenommen wurde".

Lóme, der bedeutendste deutsche Handelsplatz mit 7 Faktoreien und einem Handelsumsatz von jährlich 720—960 000 Mark. Fast die ganze Einfuhr kommt aus Deutschland. Der Ort zählt nur einige hundert Einwohner, ist jedoch in raschem Aufblühen begriffen. Eine Stunde weit landeinwärts liegt die

Fetischstadt Be (2000—2500 E.), engl. Bey. Diese Stadt, in deren Umgegend selbst das Gras heilig ist und von Fremden nicht betreten werden darf, ist dem Sternschnuppen- und Kriegsgotte Njikpla geweiht, den sich die Neger in europäischer Kleidung zu Pferde sitzend vorstellen. Ein Europäer darf daher nur fast unbekleidet die heilige Stadt betreten, weshalb der Verkehr mit den wilden und fanatischen Bewohnern, die selbst von den Haussakriegern gefürchtet werden, vermieden wird.

Alle anderen Ortschaften, wie Aguewe, Lebbe, Abobbo, Gbome, Seva, Tahasu, Agome u. s. w. haben teils über 1000 Einwohner, teils nicht viel weniger, und zeichnen sich insgesamt durch eine

Sauberkeit der Straßen und Hütten aus, die zahllosen europäischen Dörfern zum Muster dienen könnte.

In neuester Zeit ist das so lange unbekannte Hinterland von Togoland, namentlich von Missionaren, bereist worden. Der Bremer Hornberger durchzog die Landschaften Ana und Kposo; P. Menager drang bis zur großen Stadt Abangbe, Baudin von Ague aus bis Atakpame, dem großen Centralhandelsplatze vor; im Oktober 1886 erreichte der Afrikareisende G. A. Krause von Akra aus Woghobogho, die Hauptstadt von Mosi, und fand, daß der Lauf des Volta weit länger ist, als man bisher glaubte, und daß seine Quelle nördlich von Woghobogho liegt. Besonders wichtig ist das Ergebnis, daß Aschanti und Dahome nicht (wie auf den Perthesschen Karten) nördlich vom Togosee aneinander grenzen, sondern durch eine ganze Anzahl kleiner, unabhängiger Landschaften getrennt sind.

Die Neger des Togolandes, die einen mit der Ewesprache verwandten Dialekt sprechen, sind nicht ohne Kultur. Sie treiben, allerdings mit primitiven Geräten, Ackerbau, und die sorgfältig gepflegten Felder liefern ihnen Bataten und Mais, sie verstehen von alter Zeit her Baumwollengarn zu spinnen, schmale Streifen Zeugs zu weben und auf der Töpferscheibe Thongefäße zu formen. Jedes Dorf hat sein Gerichtsgebäude. Als Hugo Zöller im Jahre 1884 das Togoland durchforschte, wobei er einige Meilen von der Küste auf zahlreiche Dörfer stieß, deren Bewohner niemals einen Weißen gesehen hatten, gab es dort weder einen Christen, noch Mohammedaner, wohl aber hochentwickelte, an das klassische Altertum erinnernde heidnische Religionssysteme mit einem ganzen Olymp von Göttern, mit Tempeln und Götzenbildern, mit Tierdienst, Priesterschaften, Mönchs- und Nonnenorden. Giftmischerei ist in entsetzlicher Weise verbreitet und bleibt unbestraft. Die deutsche Kulturarbeit hat hier ein höchst schwieriges, gänzlich brachliegendes Feld zu bebauen, und je eher die deutschen Missionen hier ihre Thätigkeit entfalten, desto besser wird es für die Sicherung und gedeihliche Entwickelung dieses deutschen Kolonialbesitzes sein, von dessen Ostgrenzen her die sehr rührigen Franzosen in das Hinterland vorzudringen begonnen haben.

J. Baumgarten.

Eine Faktorei im tropischen Westafrika.

Bau und Aussehen einer Faktorei. — Lebensgewohnheiten und tägliche Arbeiten. — Die Kruneger, ihre Sitten und Sprache. — Haushalt der Weißen.

Alle Faktoreien, die deutschen sowohl wie die französischen, sind nach einer und derselben Schablone angelegt; bei der nachstehenden Beschreibung habe ich besonders die Bremer Faktoreien von Bagiba und Klein-Popo, deren Gast ich für längere Zeit gewesen bin, im Auge.

Zur Anlage einer Faktorei gehört ein sehr umfangreiches Grundstück; das deutsche Wort „Gehöft" kommt dem Begriff einer Faktorei noch am nächsten. Schon vor dem Beginne der Bauten umgiebt man das Grundstück, welches die Faktorei darstellen soll, mit einem soliden Bretterzaun und pflanzt häufig auch noch eine Kaktushecke rund herum. Es wird besonderer Wert darauf gelegt, daß die zahlreichen Gebäude rings herum am Zaune liegen, damit der Hof frei bleibe und leicht übersehen werden könne. Besondere Schwierigkeiten verursacht sowohl beim Bauen wie beim spätern Verkehr in der Faktorei jener knietiefe Sand, der überall an der Küste zu finden ist. Man hat versucht, mit Benutzung des aus dem Innern bezogenen roten Thons wenigstens quer über die Höfe der Faktoreien hinüber solidere Fußpfade anzulegen; die Ergebnisse haben aber der aufgewandten Mühe nicht entsprochen. Doppelt unangenehm ist der Sand in den Höfen der Faktoreien, weil er, wenn nicht völlig von Stroh- und Holzabfällen rein gehalten, überall dort, wo der Einfluß des salzhaltigen Meereswassers nicht mehr zu verspüren ist, von Sandflöhen wimmelt. Diese unangenehmen Insekten, die im vorigen Jahrzehnt von Brasilien her eingeschleppt worden sein sollen und sich immer weiter an dieser Küste verbreiten, werden Chikas oder Mamitossus genannt. Sie bohren sich mit besonderer Vorliebe unter die Nägel der Zehen, aber auch an anderen Stellen des Fußes ein und verraten sich dann durch einen schwarzen Punkt und ein leichtes Gefühl des Juckens. Sobald man dergleichen merkt, wird einer der schwarzen Hausknaben herbeigerufen, um mit einer Nadel das gar nicht schmerzhafte Werk des Herausziehens zu beginnen; später reibt man, um etwa zurückgebliebene Eier der Insekten zu zerstören, Tabaksasche in die kleine Wunde hinein.

Zu den Außengebäuden einer Faktorei gehören die Magazine für Öl, Kerne, Salz u. s. w., ein besonderes, gewöhnlich aus Wellenblech mit Holzverschalung gebautes Pulvermagazin, eine unter freiem Himmel angebrachte, von einem Dach aus Palmblättern überschattete Einrichtung zum Ölkochen, eine cementierte Tenne zum Trocknen der Palmkerne, eine der Feuersgefahr wegen abseits vom Wohnhaus liegende Küche, sowie eine beliebige Anzahl von Taubenschlägen, Affenhäusern, Hühnerstiegen u. s. w. In allen mir bekannten Faktoreihöfen sind Kokospalmen angepflanzt worden, auch wimmeln dieselben von Hühnern, Riesenenten, Tauben, Perlhühnern, Zibetkatzen, Hunden, Affen und anderem Getier. Am häufigsten sieht man die in keinem zoologischen Garten Europas fehlenden Hundsaffen, etwas seltener sind jene schwarzen Affen, deren langhaariges Fell für die Muffe von Damen, die in Trauer sind, sehr gesucht wird. Die Nachtruhe störendes Ungeziefer ist, mit Ausnahme der Moskitos, hierzulande sehr selten, und zwar deshalb, weil die in keinem Hause fehlenden Kakerlaken das Aufkommen von Flöhen oder Wanzen verhindern. Auch die Moskitos und sonstigen fliegenden Insekten haben einen erbitterten Feind in jenen possierlichen und ganz harmlosen Eidechsen, die zu Dutzenden und Hunderten in jeder Faktorei zu finden sind.

Wenn irgend möglich, erbaut man aus Gesundheitsrücksichten die Wohnhäuser der Faktoreien zweistöckig. Das Material zum Bau dieser größtenteils aus Holz bestehenden Häuser wird fertig zugeschnitten aus Europa herübergesandt; nur die schweren Balken entnimmt man dem „Agobim" genannten und sehr dauerhaften Holze der Fächerpalme.

Die Möblierung der westafrikanischen Häuser ist mit Ausnahme der Rohrmöbel und Moskitonetze vollkommen europäisch. Obwohl man behauptet, daß unter allen Küstenplätzen besonders Bagida seiner Moskitos wegen berüchtigt sei, so habe ich selbst mich doch niemals eines Moskitonetzes bedient, sondern jeden Abend diese beengende, unsern Himmelbetten ähnelnde Einrichtung recht sorgsam entfernt. Und doch speisen zur Regenzeit, wenn die Moskitenplage am schlimmsten ist, manche Leute sogar unter dem Netze zu Mittag. Die Krujungen, die ihre nackten Glieder viel weniger gut gegen Insektenstiche schützen können, schlafen, wenn es gar zu arg wird, am Strande, wo die Seebrise alle Moskitos verscheucht. Klein-Popo hat, obwohl dicht an der Lagune gelegen, die wenigsten Moskitos;

am schlimmsten fand ich die Plage in der Nähe der Schilfdickichte von Lebbe, Gbome und Seva.

Mit Ausnahme der Sonntage verkündet jeden Morgen um 5½ Uhr, b. h. kurz vor Sonnenaufgang, ein Glockenschlag, daß die Zeit des Arbeitens gekommen sei. Man nimmt dann bloß eine Tasse Kaffee, weist den Kruleuten ihre Arbeit an und setzt sich gegen 8 Uhr zum gemeinsamen Frühstück nieder. Um 12 Uhr folgt das zweite Frühstück und hinterdrein eine kleine Siesta. Aber schon um 2 Uhr sind die Kaufleute wieder vollauf in Thätigkeit, sei es im Hofe, wo Öl und Kerne gemessen werden, sei es im Laden, wo vom Anker bis zur Stecknadel alles und jedes zu finden ist, wonach das Herz eines Eingeborenen sich sehnen mag. In einigen Faktoreien wird um 5 Uhr, in anderen erst um 6 Uhr geschlossen. Es folgt, falls nicht die Bücher abgeschlossen oder Briefe nach Europa geschrieben werden müssen, die Zeit der Erholung und des Vergnügens. Man nimmt gegen 6½ Uhr die Hauptmahlzeit ein und macht dann Besuche in anderen Faktoreien, um bei einem Glase Bier, Rotwein, Sherry oder Cognac mit Wasser den Gang der Geschäfte, persönliche Angelegenheiten und die neuesten Kunststücke des Kochs (b. h. Kunststücke nach der negativen Seite hin) zu besprechen. Die äußerste Beschränktheit des zur Verfügung stehenden Gesprächsstoffes ist für zwei oder drei gebildete Leute, die Woche um Woche und Monat um Monat, außer dem Umgang mit Schwarzen, bloß auf sich selbst angewiesen und außerdem sogar noch Konkurrenten sind, eine wahre Kalamität. Das Leben pulsiert hier an der Sklavenküste in volleren Schlägen als in Liberia, aber leider wirft auch die sehr stark entwickelte Konkurrenz viel dunkle Schatten rings um sich her. Hierin liegt eine Gefahr, von der ich meine lieben und wackeren Landsleute warnen möchte. Von dieser Küste Abschied nehmend, möchte ich ihnen noch zurufen: „Haltet stets so brav wie bisher zusammen, vergeßt nie, daß legitime Konkurrenz euch nimmermehr verhindern darf, in allen nichtgeschäftlichen Dingen Hand in Hand zu gehen."

Je nachdem sie sich müde gearbeitet haben oder etwa einen Gast bewirten, suchen die in Westafrika lebenden Europäer entweder recht früh oder ziemlich spät ihr Lager auf. Aber unausgesetzt wird man daran erinnert, daß das hiesige Leben sich doch einzig und allein um Handel, Geschäft und Sicherheit der Faktorei dreht. Kurz nach Dunkelwerden wird in einigen Faktoreien eine große, den ganzen Hof beleuchtende Lampe angezündet, und in allen Faktoreien ohne Ausnahme sind die nächtlichen Wächter angewiesen, bei ihren Rundgängen beständig auf eine leere Flasche oder Blechkiste zu klopfen. Stockt dieses für den Neuling recht fremdartige Geräusch auch nur wenige Minuten, so kann man gewiß sein, daß der alsdann aus dem Schlaf aufwachende Verwalter der Faktorei hinauseilen wird, um die Ursache der Unterbrechung zu ergründen. Es ist im höchsten Grade bedauerlich, daß die meisten Firmen beinahe gar nicht auf die Ausrüstung ihrer Faktoreien mit guten und modernen Waffen bedacht gewesen sind. Den Agenten und jungen Leuten kann das füglich nicht zugemutet werden. Und doch hängt die Sicherheit einer Faktorei häufig genug von dem bloßen Vorhandensein von Waffen ab, ohne daß dieselben benutzt zu werden brauchten.

Die zu jeder Faktorei gehörigen Krutrupps schlafen meistens innerhalb und bloß in sehr seltenen Fällen außerhalb der Umzäunung. Falls einmal besonders viel Arbeit vorliegt, werden auch einheimische Arbeiter, und zwar Männer und Weiber untermischt zu einem Lohne von Mk. 0,75 bis Mk. 1,— gemietet, aber da diese Leute sowohl träger als unbescheidener sind, so giebt man in jeder Hinsicht den Krus den Vorzug. Die einzelnen Trupps, von denen jede Faktorei einen, wenn nicht zwei hat, bestehen aus 10 bis 12 Ruderern und je einem ersten und einem zweiten Hauptmann. Als Schlafstätte dient irgend ein leeres Magazin, welches alsbald durch die in keiner Krukaserne fehlenden Zeichnungen von Dampfschiffen und jene täglich gemachten Striche, welche als Kalender und Zeitmaß dienen, bemerkbar wird. Obwohl die Krus im Dienste der Europäer sehr schnell alle möglichen Dinge (nur nicht das Christentum) auffassen und erlernen, so ist doch von dem Augenblicke an, wo sie ihre geliebte Heimat betreten, dieser Firniß völlig verschwunden. In gleichem Umfange findet sich diese Anhänglichkeit an die Heimat und ihre Sitten bei keinem andern Negerstamme. Auch wenn ein Krutrupp sich einmal ausnahmsweise auf länger als ein Jahr verdingen sollte, so kehrt er in der Zwischenzeit doch stets wieder einmal in die Heimat zurück. Und wie sie sich auf diese Heimreise freuen! In Lome sah ich das am Abend vor der Abreise gefeierte Abschiedsfest eines heimkehrenden Trupps. Während auf einer leeren Kiste der Takt dazu geschlagen wurde, tanzten die schwarzen Teufel bei magischem Mondlichte einen cancanartigen und gliederverrenkenden, aber doch ganz rhythmischen Tanz. Der kleine Koch, einer der fröhlichsten unter allen, machte die tollsten Sprünge. War er jemals müde, so legte er sich platt auf die Erde, um schon nach wenigen Augenblicken wieder aufzuspringen und sich dem allgemeinen Reigen wieder anzuschließen. Der zweite Hauptmann dieses Trupps war schon vorher in die Heimat entsandt worden, um — fernerhin selbst als erster Hauptmann — eine neue Mannschaft anzuwerben und hinauszubringen. Als diese Leute anlangten, war das erste, was man mit ihnen vornahm, die Aufzeichnung der schon vorhandenen oder die Verleihung neuer Namen. Alle Kruleute, deren wahre Namen zu schwer auszusprechen sind, haben außerdem noch englische „noms de guerre". Bei dieser seltsamen Art von Taufe geht es etwa wie folgt zu:

„Wie heißt du denn?" fragt der Weiße. — „Erbsensuppe!" antwortet der Schwarze. — „Und du?" — „Seebrise." — „Und du?" — „Affenschwanz."

Der vierte in der Reihenfolge hat noch keinen Namen, und mein Landsmann schlägt, mich lächelnd ansehend, den Namen „Schmetterling" vor. „All right, Master," erwiedert der Schwarze, „my name be butterfly" (sehr schön, Herr, ich werde Schmetterling heißen). In dieser Weise geht es weiter fort, ich notierte mir die Namen Pfannkuchen, Sonntag, Weinglas, Papagei, Theetopf, Napoleon, Bratpfanne, Fünfgroschen, Fliegende Wolke, Bismarck und Moltke. Mit den zwei letzten, meinte der Verwalter der Faktorei, könne ich es schon wagen, durch die schlimmste Brandung zu gehen.

Da die Krus der Togo- und Popo-Sprache nicht mächtig sind, so unterhalten sie sich mit den „gebildeteren" Eingeborenen in einem Englisch, dessen Stil der obigen Namengebung ziemlich nahe steht. Man wird dabei häufig genug solche Dinge wie here be my brother, him be girl („hier ist mein Bruder, aber er ist ein Mädchen," anstatt „hier ist meine Schwester"), oder he live for die („er lebt, um zu sterben," anstatt „er liegt im Sterben") u. s. w. zu hören bekommen. Der Himmel der Kruleute ist Essen und Trinken, obwohl man von ihrer Kost durchaus nicht behaupten kann, daß sie luxuriös wäre. Es ist etwas Außerordentliches für den Krujungen, wenn er auch nur 3 d. (25 Pfg.) für seinen täglichen Unterhalt ausgiebt.

Was die Stellung des Untergebenen zu seinem Herrn anbelangt, so wird die landläufige Ansicht von der Treue und Anhänglichkeit des Negers, die uns von Amerika her überkommen ist, hier für unzutreffend erklärt. Dennoch aber habe ich Beispiele, daß auch hier solche Neger, die, abseits von ihrer Heimat, unter und mit

Europäern leben, sich selbst in höchster Gefahr treu und anhänglich erweisen. An dem Zaune einer deutschen Faktorei, die über und über mit Pulver gefüllt war, wurde Feuer angelegt, welches der aufwachende Hauptmann der Kruleute erst bemerkte, als es zu spät war, um an die Möglichkeit des Löschens denken zu können. Er eilte in das Zimmer seines schlafenden Herrn, der sich, aufspringend und beinahe nackt, durch die Flammen hindurch in den nahegelegenen Wald rettete. Der Neger eilte zurück, um auch noch die Kasse zu retten. Aber es war zu spät, das Gebäude flog in die Luft und mit ihm der treue Schwarze.

Der Haushalt einer jeden Faktorei ist die vollendetste Junggesellenwirtschaft, die man sich nur denken kann. Als Köche erfreuen sich die Leute von Akkra, namentlich die in den Schulen der Baseler Mission unterrichteten, des besten Rufes. Da aber diese nur schwer zu haben sind, begnügt man sich mit einheimischen Köchen, die notdürftig Brot backen, Suppe kochen und Hühner braten können. Eigenes Nachdenken darf von diesen Schwarzen nicht erwartet werden. Zur Bedienung hat jeder Weiße einen „Boy" (Knaben) von 10—15 Jahren.

Hugo Zöller.

Bilder aus der Kolonie am Kamerun.

I.

Umfang und Wichtigkeit Kameruns. — Ed. Robert Flegel. Seine Vorbereitungen zu Forschungsreisen. — Die Frage der Gesundheitsstationen (Sanatorien). — Schilderung der großartigen Natur Kameruns. — Kamerun und das Benuegebiet, nach Flegel und Brix Förster.

Die von Dr. Nachtigal am 21. Juli 1884 unter den Schutz des Deutschen Kaisers gestellte Kolonie am Kamerun ist gegenwärtig, nach dem Übereinkommen zwischen England und Deutschland (7. Mai bis 2. August 1886) von dem Niger=Benuegebiet der britischen Machtsphäre durch eine Demarkationslinie getrennt, welche vom linken Ufer des mittleren Alt=Kalabar= oder Crohflusses in diagonaler Richtung bis Yola am oberen Benue geht; sie umfaßt mehr als 300 000 Quadrat=Kilometer, ist also größer als das Deutsche Reich.

Kamerun steht unter einem von der Reichsregierung ernannten Gouverneur (H. von Soden) und genießt dadurch die Wohlthat eines wirksameren Schutzes der deutschen Faktoreien und einer energischeren und umfangreicheren Herbeiführung geordneter Zustände, als dieses in Kolonieen von Privatgesellschaften möglich ist.

Kamerun ist unsere zukunftsreichste Niederlassung in ganz Westafrika, und zwar nicht als Ziel der Auswanderung deutscher Ackerbauer, sondern als das lohnendste Feld für den Handel und die Plantagenwirtschaft. „Durch die Besitznahme der Kamerungegend", sagt Dr. A. Reichenau in seinem, „nach eigener Anschauung" geschriebenen schönen Werkchen (Die deutsche Kolonie Kamerun. Berlin, 1884), „treten wir endlich in die Reihe derjenigen Völker ein, welche schon seit Jahrhunderten die in unkultivierten Ländern ruhenden Schätze zu heben beschäftigt sind und dem überseeischen Handel zum größten Teil ihren nationalen Wohlstand verdanken. Noch in letzter Stunde ist, Dank dem energischen Eingreifen unseres großen Reichskanzlers, eines der bedeutendsten Eingangsthore zum centralen Afrika für Deutschland gesichert worden".

Das Verdienst, Deutschland zuerst auf das Kamerungebiet, als für deutsche Kolonisten im hohen Grade geeignet, aufmerksam gemacht zu haben, gehört dem Entdecker der Benuequellen, Ed. Robert Flegel, bei dem wir einen Augenblick verweilen wollen.

Für den Kaufmannsberuf erzogen, wurde er durch die Erfolge der Afrikareisenden Barth und Vogel für die Durchforschung des „unbekannten Innern des dunklen Erdteils" begeistert, trat 1875 von Hamburg aus seine erste Reise als Kaufmann an und verweilte 3 Jahre in Lagos, um sich an das heiße Klima zu gewöhnen. „Die Hauptfrage für mich und die Realisierung meiner Pläne", sagte er,*) war die, ob mein Körper auch fähig sei, dem mit Recht verrufenen Klima für eine Reihe von Jahren Trotz zu bieten. Die Geschichte der Entdeckungen in Afrika beweist, daß, wie jedes Handwerk, jede Wissenschaft und Kunst ihre Lehrzeit fordern, auch der Reisende, namentlich in Afrika eine solche durchzumachen hat. Wer ohne Vorbereitung, ohne sich selbst und seinen Körper genau zu kennen, in das Innere Afrikas einzudringen versuchte, hat diese Übereilung meist mit dem Tode gebüßt. Welch' herrliche Resultate sind dagegen von Männern wie Barth, Schweinfurth, Nachtigal und

---

*) Vortrag in der Sitzung der Gesellschaft für Erdkunde zu Berlin vom 6. März 1880.

Rohlfs erzielt worden, die alle ihre Vorschule in Afrika durchgemacht hatten, bevor sie ihre epochemachenden Reisen antraten.

„Über die ersten 3 Jahre, die ich in Lagos und dessen nächster Umgebung zubrachte, will ich nur so viel sagen, daß sie für meine eigentlichen Ansichten in mehr als einer Hinsicht fördernd waren. Dieser Aufenthalt an der Küste klärte meine Anschauungen und festigte meine Entschlüsse. Ich suchte meinen Körper durch Reiten, häufige Spaziergänge und kleine Anstrengungen aller Art an Strapazen in diesem abnormen Klima zu gewöhnen und gewann bald die frohe Überzeugung, daß, wenn auch mein Körper unter dem Einfluß des Klimas litt, ich doch manches mehr wagen und ertragen konnte, als andere. Auch lernte ich meine Kräfte beurteilen und wußte bald genau, wie viel ich mir physisch zumuten durfte und was vom Übel war.

„Zwei weitere große Vorteile, die diese Zeit mir brachte, waren die Erwerbung einiger Kenntnis afrikanischer Sprachen und die Erfahrungen über den Charakter des Negers und die Art des Umganges mit demselben, die zu sammeln ich in stetem Verkehr mit den verschiedensten Stämmen dieser Rasse so reichlich Gelegenheit fand."

Nach längerem Warten gelang es Flegel endlich im Jahre 1879 als Clerk eines Handelsagenten, auf dem der Church Missionary Society in London gehörigen Dampfer Henry Venu die Reise nach Kamerun zu machen. Es sollte daselbst die Möglichkeit der Herstellung eines bequemen Weges für Lasttiere und Kranke die Berge hinauf, bis etwa 7000 oder 8000 Fuß Höhe, festgestellt, ein geeigneter Platz zur Erbauung eines Sanatoriums aufgesucht und der Kostenanschlag gemacht werden. Schon vor 20 Jahren ist dieser Vorschlag der Errichtung einer Gesundheitsstation auf dem Kamerun von dem ersten Durchforscher seines Gebietes, Burton, und später von fast allen Besuchern des Gebirges gemacht worden.

Es ist bekannt, daß die Engländer ohne ihre Sanatorien im Himalaya und in Central-Indien nicht im stande wären, Hindostan durch europäische Beamte zu verwalten, daß die Holländer durch Verlegung der Beamten- und Kaufherrnwohnungen aus dem ungesunden Batavia nach einem höher gelegenen Platze bedeutende Erfolge erzielt haben. Warum sollten sich in einem 10—15 000 Fuß hohen Gebirge von mehr als 110 km Ausdehnung und verschiedenartigster Bodengestaltung nicht Stellen finden, die sich zu Gesundheitsſtationen eignen. Allerdings haben ſich Autoritäten, wie Dr. Max Buchner (Verſammlung deutſcher Naturforſcher und Ärzte. Spezial=heft b. Deutſchen Kolon.=Zeitung, 1886, S. 559 ff.), gegen jede Mög=lichkeit ausgeſprochen, allein ebenſo bedeutende Forſcher, und dazu gehören faſt alle franzöſiſchen Reiſenden und Ärzte, namentlich La=caze und Signol, ſprechen ſich entſchieden dafür aus, daß ſich die Bedingungen zu einem guten Sanatorium ſelbſt in Central=Afrika zuſammenfinden könnten, und es läßt ſich als Beiſpiel Kita im weſtlichen Sudan anführen, das 650 m hoch liegt, auf trockenem Boden, geſchützt vor den Oſtwinden und den fieberbringenden Aus=dünſtungen der ſumpfigen Niederungen.*) Allerdings hat gerade am Kamerun die Anlage eines Sanatoriums große Schwierigkeiten zu überwinden: europäiſche Arbeiter ſind nicht zu gebrauchen, afrikaniſche ſchwerlich zu erlangen. Auch hat Dr. Bernhard Schwarz conſtatiert, daß eine Höhenlage von 700 m noch nicht gegen Fieber ſchützt, denn in Mapanja, wo in dieſer Höhe die Hitze bei Tage kaum über 20° R. ſteigt und das Thermometer bei Nacht nicht unter 12—13° R. ſinkt, litten die dort anſäſſigen ſchwediſchen Kautſchukhändler an Rheumatismen und Fieber. Aber die Hoffnung, paſſende Stellen zu finden, ſcheint nicht aufgegeben zu werden, denn die im Juli 1887 abgegangene Expedition des Premierlieutenants Kund hat u. a. die Aufgabe, eine wiſſenſchaftliche Station zu errichten, von wo aus auch die Geſundheitsverhältniſſe ſtudiert werden ſollen.

Wir laſſen jetzt Robert Flegels kurze Schilderung der groß=artigen Natur des herrlichen Gebirgslandes folgen:

„Am Fuße der meerumwogten vielgeſtaltigen Felſen bis zur Höhe von 2500—3000' zeigt ſich die tropiſche Vegetation in ihrer ganzen üppigen Schönheit. Da erfreuen neben den Rieſen der tro=piſchen Pflanzenwelt, an denen der Blick mit Staunen emporſtrebt, ſchlanke Palmen mit ihren Federkronen und das herrliche Grün der Bananen und des Piſang das Auge. Endloſe Lianen mit ſeltſam gefärbten und geformten Blumen und Früchten und Rotanggewächſe ranken von Baum zu Baum. Hoch in den Zweigen laſſen farben=prächtige Vögel ihre Stimmen ertönen, unter denen man leicht das Girren der ſchönen, grünen Waldtaube und das Gekreiſch des grauen, rotgeſchwänzten Papageis herauskennt. Von Zeit zu Zeit führt der Weg über Wieſen, die mit 10—12' hohem Graſe beſtanden ſind, und

---

*) S. Ed. Dupouy. Le Sanatorium de Kita. Arch. de méd. nav. 1883. Novembre.

die dichtgedrängten kräftigen Halme hindern den Wanderer, der seinen meist nur fußbreiten Pfad durch dieselben zu verfolgen hat, an jeder Aussicht. Hier in der Nähe der Dörfer weiden die schönen, wohlgenährten Herden der Bubis, und durch das Pflanzengewirr des Waldes stampft sich der schwere Fuß des Elefanten seinen Weg.

Höher hinauf nimmt der Wald ein ernsteres, gleichmäßigeres Aussehen an. Palmen kommen nicht mehr vor, aber Haine von graziösen Farnbäumen von 30 und 40' Höhe treten auf. Ein dichtes Laubdach wehrt den Sonnenstrahlen, den Boden zu erwärmen, und die tropische Unwegsamkeit ist verschwunden, mit ihr freilich auch der Reichtum an Formen und Farben in der Pflanzenwelt. Unterholz ist sehr wenig vorhanden, aber schöne Farnkräuter decken den Boden, und das Auge, das hier frei die Umgebung übersehen kann, haftet oft an heimischen ähnlichen Formen. Noch höher hinauf blühen Veilchen und Vergißmeinnicht am Wege, und es giebt Gelegenheit, Brombeeren zu pflücken. Der Wald ist schweigsamer und ernster, als man ihn sonst so nahe am Äquator gewohnt ist. Mit Untergang der Sonne erwacht hier weder eine lärmende Insektenwelt, noch leuchtet es ab und zu auf im Grase und in der Luft von Myriaden Tierlein, wie am Fuß der Berge.

Über 8000 und 9000' hinauf hört der Wald auf. Nur Büschelgras und vereinzelt stehendes Gesträuch (gelbblühende Papilionaceen) deckt die Lava. Häufig ist auch dieser Rest der Vegetation von den Eingeborenen durch Feuer zerstört, zu Jagdzwecken und um Honig einzusammeln, und dann sieht das Auge nichts als die aschebedeckten, wild durcheinander liegenden Lavastücke, ausgebrannte Krateröffnungen, tiefe Erdrisse, was den Reisenden glauben machen kann, er sei der Erde entrückt und durchwandere eine Landschaft des Mondes.

Hier, wo vor Jahrtausenden glühende Lavaströme sich von diesen gewaltigen Höhen unter furchtbarem Getöse ins Meer hinabstürzten, herrscht jetzt tiefernstes Schweigen. Nur der heisere Schrei eines Adlers unterbricht von Zeit zu Zeit die feierliche Stille, bis, auf dem Gipfel angelangt, jede Spur pflanzlichen wie tierischen Lebens aufgehört hat und nur jähe Abgründe und Kraterschlünde den Wanderer umgeben. Die Mühe des Steigens lohnt vom Gipfel ein Bild von mächtig die Seele packender Großartigkeit.

Im Westen senkt sich eine ziegelrote Wand lothrecht in die Tiefe, ihr gegenüber, wie von dieser losgerissen, liegt schräge und nach

Nordwest eine andere, aus der zwei gewaltige Kraterschlünde empor=
gähnen. Der Krater zur Linken ist kreisrund, sein rechter Nachbar
nach unten zu spitz auslaufend, beide sind von schwarzer Lava=Asche
auf weite Strecken hin umgeben, die etwa wie Steinkohlengrus aus=
sieht. Über weite Felder solcher Asche, an deren äußerstem Rande
der Fuß knöcheltief einsank, klommen wir zum Gipfel empor. Rechts
nach Norden zu liegen nahebei noch zwei Kuppen, welche die freie
Aussicht nach dieser Richtung verhindern. Nach Nordost und Ost
senkten sich die erkalteten Lavaströme zu Thal. Im Südost und
Süden begrenzten mächtige Bergrücken den Horizont und im Westen
lag eine Welt von Kraterschlünden mitten unter Lavageröll, ebenfalls
begrenzt durch hohe, viel= und schöngezackte Bergrücken.

Die beiden großen Kraterschlünde mit ihrer Umgebung würden
unter Künstlerhand ein Gemälde werden, wie es von der reichsten
Phantasie nicht tiefernster und großartiger ersonnen werden könnte.

Dieses herrliche Land mit seinem überaus fruchtbaren Boden,
der nicht allein alle tropischen Gewächse, sondern auch die der ge=
mäßigten Zone hervorbringen könnte, würde die fleißige Hand, die
ihn bebauen wollte, überreich für die Mühe belohnen. Es erweckte
in mir den Gedanken und lebhaften Wunsch, hier eine deutsche Ko=
lonie gegründet zu sehen, mit dem Zwecke, in die gleichfalls gesunden,
sehr fruchtbaren und volkreichen Gegenden südlich vom Benue
herabzusteigen, um diese der Kultur zu gewinnen.

Diese reichen Gebiete auszubeuten, dem Vordringen der Fellatas
ein Ziel zu setzen und die volkreichen Gegenden vor allmählicher
Entvölkerung durch blutige Kriege zu bewahren, die Menschen hier
zur Arbeit heranzuziehen, daß sie den Wert und Nutzen derselben
für sich und die Welt kennen lernen und dieses alles nicht aus
rein philanthropischer Absicht, sondern zum eigenen
Nutzen nicht minder, wie zu dem des Vaterlandes, das
wäre eine Aufgabe, würdig für Männer unserer Tage, deren In=
angriffnahme wenigstens nicht dem kommenden Geschlechte im kom=
menden Jahrhundert überlassen zu werden brauchte. Ein solches
Unternehmen könnte freilich nur von einem Volke durchgeführt wer=
den, welches feste Rückhalte in blühenden Kolonieen an der Westküste
besäße. Als geeignetster Ort für diese, und um Fuß zu fassen in
Westafrika, erscheint mir das Kamerungebirge."

Robert Flegel ist zwar mit dem schmerzlichen Bewußtsein ge=
storben, durch seine Forschungsreisen am Benue für Deutschland nichts

erzielt zu haben, die Engländer haben den unteren und mittleren Flußlauf in Beschlag genommen, aber uns bleibt noch immer ein weites, produktenreiches Hinterland und ein offener Zugang zum Quellengebiet des Benue und zum mittleren Sudan. Durch seine so bedeutsame letzte Reise hat Flegel der deutschen Kolonie am Kamerun das Ziel aller künftigen Bestrebungen gezeigt: die Eröffnung einer Handelsstraße nach Nordosten und Norden. Die ganze Handelsbewegung am Kamerun würde dadurch einen kolossalen Aufschwung nehmen. Ein anerkannter Kenner afrikanischer Dinge, Brix Förster, wies sofort auf die Tragweite der Flegelschen Arbeiten und Bestrebungen hin.*)

„Die Erforschungen Flegels", sagt dieser scharfblickende Forscher, „in den Ländern am Benue erhalten durch die Gründung der Kamerunkolonie eine außerordentliche Bedeutung; denn da er auf die günstigen Verhältnisse zur Ausbreitung des deutschen Handels und zur Gründung von Niederlassungen in jenen Gegenden hingewiesen, hat er den Anstoß zur Kolonisierung des Benuethales gegeben und damit die Verschiebung der Begrenzung der Kamerunkolonie um vier Breitengrade nach Norden zur ausführbaren Tendenz erhoben. Der Blick haftet nicht mehr am schmalen Küstensaum, er irrt nicht mehr in unbekannte endlose Territorien: er sieht ein in den äußeren Linien abgeschlossenes Ganzes vor sich, das zum fruchtbaren Arbeitsfeld deutscher Handelsthätigkeit ausgebreitet liegt. Eine Verbindung des mittleren Benue und des unteren Kamerun durch eine Forschungsexpedition ist also das erste unumstößliche Bedürfnis. Mit der Zeit, und wenn es auch lange währt, werden die Handelsstationen von beiden Grenzlinien etappenweise vorrücken, bis sie sich endlich berühren. Was der internationalen afrikanischen Gesellschaft auf der kolossalen Entfernung zwischen Zanzibar und Boma nahezu vollständig gelungen ist, dürfte auf der verhältnismäßig kurzen Strecke zwischen Adamaua und der Biafra-Bai eine lösbare Aufgabe der deutschen Nation sein."**)

---

*) Bereits jetzt beläuft sich der Export aus dem Kamerungebiet jährlich auf mehr als 800 000 Gallonen Palmöl, 12—15 000 Pfd. Elfenbein, 8000 Zentner Palmkerne rc.
**) Geographische Universal-Bibliothek Nr. 2. Die deutschen Niederlassungen an der Guineaküste. Weimar. Geogr. Institut. 20 Pf. Das vortreffliche Schriftchen kann nicht genug empfohlen werden.

II.
Die Ersteigung des Götterberges (Dezember 1884).

Hugo Zöller hat in seiner eigentümlich fesselnden, durch scharfe Objektivität sich auszeichnenden Darstellungsweise eine Beschreibung seines Ersteigens des Kamerun gegeben,*) aus welcher wir das Interessanteste im Auszuge folgen lassen:

Nachdem Zöller mit seinen beiden europäischen Begleitern und den Krunegern den gewaltigen, den drei Hauptkuppen („Schwestern") des Kamerun vorliegenden, mit zahllosen Laboströmen bedeckten Bergwall bis über 2900 m Höhe erstiegen hatte, begann die Temperatur von 18½° C. im Schatten rasch zu sinken, sobaß die darunter arg leidenden Schwarzen sich mühsam fortschleppen konnten.

„Als ein dichter Nebel", erzählte er, „über uns hinwegzog, wurde die Kälte so groß, daß unsere Kruleute zu heulen begannen und dicke Thränen aus ihren Augen hervorquollen. Wir wickelten sie, so gut es eben ging, in Decken ein. Wir befanden uns auf dem Kamm einer ersten Kette, aber dahinter türmten sich viele Berge und Krater und auch eine noch höhere Berglette auf. Hinter jener zweiten Berglette glaubte unser Führer durch den Nebel hindurch in nordöstlicher Richtung abermals den Gipfel des großen Kamerunberges zu entdecken. Geradeaus vor uns, aber ein wenig nach links, lag dicht in der Nähe der mit Lavablöcken, wie der Pudding mit Mandeln, gespickte Calvo-Krater. Auch hier wäre noch, wenn wir das vorher gewußt hätten, von verdorrten Ginsterbüschen herrührendes Brennholz in einer für unsere Bedürfnisse ausreichenden Menge zu finden gewesen. Zukünftigen Besuchern des Kamerungebirges werden vielleicht meine Mitteilungen das Knacken der sehr harten Nuß ein wenig erleichtern.

Um 10 Uhr stellte sich die Temperatur im Winde auf 10° C. Wir kamen an zwei kleinen Kratern vorüber, von denen der eine von einem Gewirr tiefschwarzer und noch gar nicht verwitterter Lavablöcke umgeben war. Der Boden, über den wir hinwegschritten, bestand weiterhin aus grauem, vulkanischem Sand, aus dem bloß stellenweise die schwarze Lava hervorragte. Und immer noch und unaufhörlich ging es bergauf, bald über zackige Felsrücken, bald durch Thäler und ausgedehnte Bergkessel. Um 11 Uhr wurde vor

---

*) Forschungsreisen in der deutschen Kolonie Kamerun. Berlin und Stuttgart. Spemann, 1885.

einem ungeheuren, einem sturmbewegten See gleichenden Lavafelde
halt gemacht. Ich habe selten etwas fremdartigeres gesehen, als
dieses Gewirr von schwarzen Eiszapfen und ebenso schwarzen, aber
an der Oberfläche mit einer dünnen Moosschicht überzogenen Lava=
blöcken. Der Führer riet, die Träger hier zurückzulassen, da dieselben
mit ihren nackten Füßen nicht über die spitzigen Nadeln des Lava=
feldes würden hinübergelangen können. Hinter einem ungeheuren,
das Lavafeld an einigen Stellen einschließenden Lavawalle fanden
wir Schutz vor dem eisigen Winde und beschlossen, an einem ziemlich
tief gelegenen, gutgeschützten und deshalb auch mit Gras bestandenen
Plätzchen unser Lager aufzuschlagen. Es ist merkwürdig, wie überall
an der geschützten Seite der Berge selbst hier noch Gras, Moose,
Blumen und sogar einzelne Sträucher vorwärtskommen, während die
dem Winde ausgesetzte Seite der Berge vollkommen kahl ist. Das
Aufstellen des Zeltes nahm diesmal längere Zeit in Anspruch. Da
der Härte des Bodens wegen keine Pflöcke eingeschlagen werden
konnten, so trugen wir schwere Lavastücke herbei, welche die Zelt=
leinwand am Boden festhalten sollten. Unsere Kruleute ermangelten
in dieser Höhe und bei dieser Temperatur der Energie und mußten
öfters ermutigt werden. Es ist überhaupt schon schwer genug,
Schwarze, die an das Gebirgsklima nicht gewöhnt sind, bis zu solcher
Höhe mit hinauf zu bringen. Obwohl der Götterberg jetzt bloß
halb verdeckt von einem andern Berge geradeaus vor uns liegen
mußte, so ließ sich doch des starken Nebels wegen die genaue Rich=
tung noch nicht feststellen.

Als aber nach anderthalbstündiger Rast der Nebel zerriß, traten
wir sofort, bloß von Silva begleitet, den letzten entscheidenden Marsch
an. Zunächst mußten wir das etwa drei Kilometer lange und ebenso
breite, einen flachen Bergkessel ausfüllende Lavameer passieren,
welches, wie wir später zu beobachten Gelegenheit hatten, von zwei
großen Lavaströmen gebildet worden ist, die sich aus dem seitdem
erloschenen und zusammengestürzten Krater des Götterberges ergossen
haben. Die Lava ist in unzählige große und kleine Blöcke zer=
spalten, auf denen eine eisgraue, in einzelnen Gegenden von Angola
als Geld dienende Moosart wuchert. Es war schon wieder sehr
neblig geworden, und unser Führer mußte aufmerksam ausschauen,
um den wahren und wirklichen aus drei Kuppen bestehenden Ka=
merunberg nicht zu verfehlen. Dem englischen Missionar Thomson
ist es in Begleitung desselben Führers Silva wiederfahren, daß er

einen viel niedrigeren Berg bestieg und anfänglich (b. h. bis der Nebel sich lichtete) fest überzeugt war, auf dem dicht dahinter sich erhebenden großen Kamerunberge gewesen zu sein. Als wir das Ende des Lavafeldes erreicht hatten, befanden wir uns vor einem niedrigen, jenen Berg, den Thomson fälschlich für den Götterberg gehalten, mit einem hübsch geformten Krater verbindenden Gebirgssattel, über den vor Zeiten zwei mächtige Lavaströme heruntergestürzt sind. Diese sahen in ihrer Erstarrung ähnlich, nur unendlich viel großartiger aus, als der Rhonegletscher. Auf dem Kamme des erwähnten Gebirgssattels, den wir, um zum Fuße des Götterberges zu gelangen, überschreiten mußten, entdeckten wir eine Anzahl hübscher, kleiner, vor dem Wind geschützter Kessel, die sich vortrefflich zum Aufschlagen des Lagers geeignet haben würden. Wir waren bereits 1¼ Stunde von der zuerst gewählten Lagerstätte her unterwegs und bereuten jetzt (da es unmöglich schien, am gleichen Tag den Götterberg zu besteigen und wieder zum ersten Lager zurückzugelangen), die Kruträger nicht mit uns bis hierher gebracht zu haben. Wir sandten daher den Führer zurück, um das Zelt abbrechen zu lassen und die Träger nebst dem Gepäck zu den kleinen Höhlen auf dem Kamme des obenerwähnten Gebirgssattels zu geleiten. Eine halbe Stunde lang waren wir, und zwar jetzt, da über die Richtung kein Zweifel mehr bestehen konnte, so schnell als nur irgend möglich über vulkanischen Sand und verwitterte Lavaströme dahingeschritten, als wir den von Thomson fälschlicherweise für den Götterberg angesehenen, in seiner Form dem Vesuv und der Somma gleichenden Gipfel hinter uns lassend am Fuße der höchsten Erhebung des ganzen Kameruͤngebirges standen. Es war 1 Uhr 45 Minuten. Vor uns türmte sich in unheimlicher Steilheit (aber ausgenommen den höchsten Kamm ohne senkrechte Abstürze) eine 600 Meter hohe Bergmasse empor. Sollten wir, so freundlich auch die drei Schwestern herunterzuwinken schienen, noch zu so später Stunde das Wagnis unternehmen? Die Überlegung dauerte bloß wenige Minuten, dann hieß es „vorwärts, vorwärts!" Eine fliehende Antilope, deren Fußspuren wir noch weit bergaufwärts verfolgen konnten, schien uns den Weg zeigen zu wollen. Aber welche Riesenarbeit hatten wir ohnehin schon Ermüdete unternommen! War man, auf Händen und Füßen vorwärtsstrebend, zu einem Absatz oder Haltepunkt gelangt, so entsank beinahe der Mut, wenn man zurückblickend die zurückgelegte Entfernung mit der noch übrigbleibenden verglich. Um 2½ Uhr stand ich in der

Mitte eines Bergrutsches von vulkanischem Sand auf einem daraus hervorragenden hohen Felsen, dessen Erwähnung, da er auch von unten her gesehen werden kann, meinen etwanigen Nachfolgern als Richtschnur für den einzuschlagenden Weg dienen mag. Bald mußten wir über Lavablöcke, bald über vulkanischen Sand dahinklettern. Letzterer war am unangenehmsten, weil man, indem man drei Schritte machte, stets wieder zwei zurückrutschte. Allmählich wurde ich heiser und immer heiserer, bis ich schließlich gar nicht mehr sprechen konnte; erst nach kurzem Ausruhen auf dem Gipfel kehrte mir die Stimme zurück. Die Steilheit des Berges und die Schwierigkeit des Steigens wurden, je weiter wir gelangten, immer größer. Ab und zu machte man auch wohl eine unfreiwillige und nicht sehr sanfte Rutschpartie. Ob die Seite, die wir zum Aufstieg gewählt hatten, die günstigste ist, vermag ich nicht anzugeben; mir scheint es, als ob man vermittelst eines mehrstündigen Umweges auf bequemere Art zum Gipfel gelangen könnte. Glücklicherweise erwies sich meine Besorgnis, von der Bergkrankheit befallen zu werden, als unbegründet. Um 3 Uhr 15 Minuten standen wir drei Weiße auf jener stolzen, erst zweimal vorher bestiegenen Höhe, von der aus wir, trotz der undurchsichtigen Luft, doch noch immer ein kleines Königreich zu überblicken vermochten. Leider fehlte jedes, auch das kleinste zum Rasten und Ausruhen einladende Plateau. Die drei Kuppen, von denen die mittlere — der eigentliche Götterberg — die höchste ist, liegen in einer Linie, und da von dem ehemaligen Krater des Götterberges, nachdem die ganze Nordhälfte abgesprengt wurde und hinunterstürzte, bloß ein zackiger Rand stehen blieb, so gleicht der ganze Gipfel mehr einem Kamm, als einer Fläche. Auf der einen Seite (Nord) ein grauenhafter senkrechter Absturz von rotem Gestein, auf der andern ein steiles, mit kümmerlichen Moosen bestandenes Gehänge, auf dem man mit großer Vorsicht einherschreiten muß, wenn man nicht von dem rasenden Sturmwinde über jenen Kamm geschleudert werden will, hinter dem sich der Abgrund eröffnet. Es schauderte mir, als ich, vorsichtig auf Händen und Füßen mich fortbewegend, hinunterblickte. Zu unseren Füßen schien jene ganze Fabrik des alten Zeus zu liegen, in der zur Beunruhigung der armen Sterblichen Wolken und Wetter, Donner und Blitz gemacht werden. Wenn ich ein Maler wäre, so würde ich mir diese abenteuerlichen und riesenhaften, an die Figuren der nordischen Mythologie erinnernden Wolkengebilde zum Gegenstande eines Bildes gewählt haben. Leider schienen dieselben Wolken, deren Majestät wir bewundern mußten, neidisch alles übrige verhüllen zu wollen. Als aber endlich, vom Sturme gerüttelt, der dichte Schleier sich ein wenig lichtete, da war der Blick auf diese Krater, diese Lavaströme und Lavameere unbeschreiblich, unnennbar, namenlos großartig.

Vom Sturmwind umheult, legten wir uns nieder, um, obwohl unsere erstarrten Hände kaum die Feder zu halten vermochten, eine Urkunde über unsere erfolgreiche Besteigung abzufassen. Dieses Papier wurde dann in eine Flasche gesteckt und mit derselben zwischen herbeigetragenen Steinblöcken vor der Gewalt des Windes geschützt.

Die Temperatur betrug oben um 4 Uhr nachmittags, wenn Wolken vorüberzogen, 4° C., wenn die Sonne schien, 5° C. und beim Auflegen des Thermometers auf den Erdboden 6° C. Stieg ich aber auf der andern, vor dem Winde geschützten Seite des Berges bloß ein klein wenig abwärts, so zeigte das Thermometer beim Auflegen auf den Erdboden 11° C. Es ist eine Ehrensache, wenn man einmal im Kamerungebirge umherreist, alsdann auch die höchste Spitze erklommen zu haben, aber bis hierher vorzubringen ist, solange keine Drahtseilbahn auf den Götterberg führt, ganz gewiß kein Vergnügen. Die eingeborenen Bakwiri sind der Ansicht, die weißen Männer stiegen auf den Götterberg, um dort eine Medizin zu holen, die sie noch stärker und klüger mache, als sie ohnehin schon seien. Die schon etwas mehr gewitzigten Kruleute, denen der Sinn und Nutzen aller dieser Anstrengungen natürlich ebenso unbegreiflich ist, sagen, es sei „book-palaver" (eine Büchersache). Schwarze Jäger sollen ihre Streifzüge ab und zu bis zum Fuße des großen Kamerunberges ausdehnen; wenigstens will man nächtlicher Weile ihre Lagerfeuer dort bemerkt haben. Zum Gipfel selbst scheint aber des Aberglaubens wegen niemals ein Eingeborener gelangt zu sein. In der Sprache der Eingeborenen lautet der Name des Berges „Mongoma-l.oba", d. h. „Götterberg".

Da einesteils die Kälte (die auch durch das Auffinden eines erfrorenen Vogels veranschaulicht wurde), andernteils die Notwendigkeit, vor Einbruch der Nacht wieder mit unseren Leuten zusammenzutreffen, zum Aufbruch drängten, so verbrachten wir bloß 40 Minuten auf der sturmumsausten Höhe. Beim Abwärtssteigen waren wir sehr besorgt, ob wir auch unsere Schwarzen finden und nicht etwa einem der zahlreichen Abstürze allzu nahe kommen würden. Glücklicherweise zerriß der Nebel, während wir noch mehr herunterrutschten als stiegen, und von jetzt ab dienten uns die bekannten Bergformen als Richtschnur. Mit großer Freude sahen wir von der Stelle aus, wo wir uns von dem Führer getrennt hatten, Rauch aufsteigen. Unsere Schwarzen, obwohl vor Kälte zitternd, begrüßten uns, als wir 1¼ Stunde nach dem Aufbruch vom Gipfel bei ihnen eintrafen, mit aufrichtiger Freude.

III.
Kamerun und die Küste bis Kap St. John.

Bodenbeschaffenheit. — Handelshäuser. — Bewohner. — Die Küste südlich von Kamerun.

Die Ufer des Kamerunflusses bestehen bis kurz unterhalb King Bells Town aus Mangrovensumpf. Hier steigt das Terrain schnell an, so daß sich hinter einem schmalen Sandufer eine Terrasse findet, auf welcher sich die Ortschaften der Eingeborenen in fast ununterbrochener Reihenfolge hinziehen. Der Boden besteht aus gelbem, weiter oberhalb rötlichem Lehm. Das Land ist mit üppiger Vegetation bedeckt, zwischen welcher die gelben Wege und Plätze vor den Häusern aus der Entfernung einen sehr freundlichen Eindruck machen. Man ist daher bei der Annäherung von See aus geneigt, hier ein wohl kultiviertes Land mit parkähnlichen Anlagen zu vermuten, während in Wirklichkeit es an gangbaren Wegen, namentlich in der Regenzeit, gänzlich mangelt.

Von europäischen Handelshäusern finden sich zwei deutsche und sieben englische, meist kleine Firmen, vertreten. Die Deutschen haben angeblich mehr als die Hälfte des Landes in der Hand. Die Europäer leben zum größeren Teil auf den im Fluß verankerten Hulls, so daß nur drei deutsche und zwei englische Faktoreien und zwei Missionsstationen am Lande den Ort bilden, welchen man Kamerun nennen könnte, der in Wirklichkeit aber noch durch die Eifersucht der beiden Oberhäupter King Bell und King Aqua so scharf in zwei Teile geteilt ist, daß das Haus Woermann für jeden derselben eine Faktorei und die Baptist-Mission je eine Station haben errichten müssen.

Die Bewohner des Landes, dem Stamme der Dualla angehörig, leben ausschließlich von dem lebhaften Tauschverkehr, welchen sie zwischen den Europäern und den Bewohnern des Innern vermitteln.

Sie wachen streng darüber, daß ein direkter Handelsverkehr zwischen Europäern und dem Hinterlande unterbleibt und finden dabei ziemlich mühelos reichen Erwerb. Infolge dessen sind alle Lebensmittel, wenn überhaupt zu haben, außerordentlich teuer. Geldeswert ist ein sehr unbestimmter Begriff, fast alles muß durch Vermittelung der Faktoreien im Tauschhandel erworben werden. Selbst diese waren nicht im stande, regelmäßige Lieferungen von frischem Fleisch zu übernehmen, weil die Preise zu hoch und die Quantitäten zu gering waren. Ebenso waren Früchte, Eier u. dergl. kaum zu erlangen.

Eine staatliche Ordnung existiert hier wie fast an der ganzen Guineaküste, Dahome ausgenommen, nicht. Die Oberhäupter King Bell, King Aqua ꝛc. haben über die anderen Häuptlinge sehr wenig Gewalt und thun nichts Wichtiges ohne deren Zustimmung. Ihr Ansehen ist begründet in ihren starken Familien und ihrem Reichtum an Sklaven. King Bell gab an, daß er etwa 350 Frauen habe, einschließlich solcher, welche er seinen erwachsenen Söhnen gegeben. Unter diesen Frauen werden Sklavinnen nicht mitgerechnet, sie sind alle aus freien Familien gekauft. Diese Oberhäupter sind eifrige Händler mit entsprechend höherem Kredit, als die kleineren Leute. Sie begeben sich mit ihren Kanoes auf Wochen in das Innere, um Landesprodukte einzutauschen, gegen die Tauschartikel, welche ihnen von den Faktoreien auf Kredit übergeben sind. Unter solchen Verhältnissen sind Arbeitskräfte aus dem Lande selbst gar nicht zu haben. Die Faktoreien verfügen über zahlreiche Kruneger als Arbeiter, welche von Liberia kommen und nach ein bis zwei Jahren wieder in ihre Heimat zurückgehen.

Die Küste südlich von Kamerun bis Kap St. John kann nach den Bewohnern eingeteilt werden in drei Abschnitte:

1. Der nördliche Teil von Kamerun bis circa 3° nördl. Br., bewohnt von demselben Stamme, welcher am Kamerun ansässig ist, den Duallas. In demselben befinden sich die Handelsplätze Malimba, Small Batonga (3° 10,6' nördl. Br.) und Plantation (3° 3,8' nördl. Br.).

2. Der mittlere Teil von 3° nördl. Br. bis zum Campofluß (2° 22,7' nördl. Br.), bewohnt von den Stämmen der Banoko und Wapuko, mit den Handelsplätzen Kribby, Batonga (2° 53' nördl. Br.) und Campofluß (2° 22,7' nördl. Br.).

3. Der südliche Teil vom Campofluß bis Kap St. John, bewohnt von den Kumbestämmen mit den Handelsplätzen Campoland

(Bird Rock 2° 13,3′), Awumi, Bata (1° 52,7′), Benito. Südlich von Benito finden sich vereinzelt wieder Wapuko-Ortschaften. Europäische Agenten sind nur vorhanden in Malimba, Small Batonga, Bata und Benito. Außer den deutschen finden sich noch englische Faktoreien in Batonga und Bata. Die ganze Küste hat ein sehr gleichartiges, aber nicht einförmiges, sondern walbiges und hügeliges Aussehen. Ebenso unterscheiden sich die Bewohner in Sprache und Sitten nicht wesentlich von einander. Staatliche Verbände existieren kaum; im Norden giebt es noch erbliche Könige, deren Machtbereich aber räumlich und effektiv ein sehr unsicher begrenzter ist; im Süden lockern sich die Verbände noch mehr. Unter den Häuptern einer Anzahl Dörfer wird zwar oft einer als King bezeichnet; derselbe wird aber abgesetzt, wenn er etwas thut, was den anderen nicht richtig scheint. Der Besitz des Landes, soweit dasselbe nicht mit Häusern bebaut oder kultiviert ist, hat infolge dessen wenig Interesse für die Leute. Alle sind Händler und begierig, Handelsvorteile zu erlangen. Das höchste Streben ist eine Faktorei im eigenen Bezirk zu haben; es erscheint erniedrigend, in das Nachbarland gehen zu müssen, um seine Waren zu verhandeln. Die Handelshäuser, welche die Faktoreien verteilen, haben daher schon allein dadurch die Gewalt, das Ansehen eines Häuptlings zu vermehren oder zu vermindern, und alle Verträge, welche an der Küste abgeschlossen sind, drehen sich um die Einsetzung neuer oder Vergrößerung bestehender Faktoreien. Die einsam gelegenen Faktoreien erfreuen sich einer ziemlichen Sicherheit. Sie zahlen an einen der Häuptlinge eine bestimmte Abgabe, wogegen sich dieser für jeden Diebstahl u. s. w. verbürgt, so daß der Agent sein Haus Tage lang verlassen kann, ohne eine Beraubung zu befürchten. Soll aber eine Faktorei verlegt oder aufgehoben werden, so kann das nur allmählich und heimlich geschehen, die Eingeborenen würden sonst offenen Widerstand leisten.

Annalen der Hydrographie
und Maritimen Meteorologie, XII., Heft 9, 488 ff.
(Bericht des Korvettenkapitäns Hoffmann.)

IV.
Kulturbilder aus den Anfängen der Kamerunmission.*)

Gräuel des Heidentums. — Der Missionar Saker und seine heldenmütige Ausdauer und Wirksamkeit. — Wie er die Duallasprache lernt. — Verfolgungen.

Bis in die neueste Zeit hat im Kamerungebiete die grauenhafteste Barbarei geherrscht und der Handel, auf der untersten Stufe, der des Tausches stehend, für die soziale und sittliche Hebung der Negerbevölkerung noch sehr wenig leisten können. Vor dem Jahre 1850 bauten die Neger nicht einmal in hinreichender Menge die Nahrungspflanzen, von Kulturen für den Export konnte also keine Rede sein; Handeltreiben, Betrügen und Stehlen gaben ihnen die Mittel, ihre Bedürfnisse an Branntwein, Baumwollengewebe, Tabak u. s. w. zu befriedigen. Trunksucht und Blutrache waren an der Tagesordnung. Der Aberglaube veranlaßte viele Mordthaten. Nicht selten wurde der Tod eines Negers der Zauberei zugeschrieben, und der Dschudschu-Mann spürte den Missethäter auf, der getötet und in den Fluß geworfen wurde; ebenso wurde bei Epidemieen für jeden Gestorbenen ein zweites Opfer geschlachtet; der gestorbenen Wöchnerin wurde das Kind mit ins Grab gegeben.

Wenn auch hierin in neuester Zeit einige Besserung einzutreten scheint, so dauert das Unwesen der Geheimbündelei (S. weiter unten: Der Egboebund von Prof. Dr. Bastian) noch fort. Jeder Stamm, ja jede Klasse eines Stammes (Freie, Halbfreie und Sklaven) hat seine besondern Mysterien, die von den Mitgliedern eines Geheimbundes betrieben werden, die eine wahre Schreckensherrschaft ausüben. Die Gegner der Bestrebungen des Bundes, der auch politisch auftritt, werden durch Gift beseitigt, so daß das ganze Volk in beständiger Furcht schwebt. Daneben herrscht, dem Negercharakter entsprechend, das entgegengesetzte Extrem: der ausgelassenste Leichtsinn, aus allen Negerdörfern erschallt in der Nacht der Lärm der Tanzenden.

Obige Zustände fand der Missionar Saker, als er im Jahre 1850 nach achtjähriger Arbeit auf Fernando Po die erste christliche Missionsstation am Kamerun gründete.

Nur selten hat ein Missionar unter so vielen Schwierigkeiten

---

*) Grundemann. Das Kamerungebiet und die Mission daselbst. Allg. Miss.-Zeitschr., 1885.

den Grund aufzubrechen gehabt wie Mr. Saker. Nachdem es ihm gelungen war, sich einigermaßen die Freundschaft des Königs Aqua (eines Großvaters des Häuptlings, der jetzt diesen Namen trägt) zu sichern, wurde es ihm nach langen Palavern (Ratsversammlungen) gewährt, sich mit Frau und Kind in nächster Nähe der Königsstadt niederzulassen. Damals wohnte noch kein einziger Europäer am Kamerun. Die Anfänge waren sehr bescheiden. Die Missionsfamilie mußte sich zuerst mit einer landesüblichen Hütte als Wohnung begnügen. Der unumgängliche Bau eines besseren Hauses, ohne welchen die Gesundheit leichtsinnig aufs Spiel gesetzt worden wäre, führte zu den einfachsten Kulturarbeiten. Mit großer Geduld unterwies Saker einige junge Leute im Gebrauch der Axt, der Säge und des Hobels. Bis dahin waren die Werkzeuge dort ganz unbekannt gewesen. Die Neuheit der Sache hatte etwas Anziehendes, und bei einem Teile der Dualla wurden Zimmermannsarbeiten zu einer Art Sport, besonders da man mit denselben allerlei viel begehrte Artikel europäischer Industrie als Zahlung erlangen konnte. Damals waren solche Sachen noch wenig im Volke verbreitet und meist auf die Häuser der Häuptlinge beschränkt. Der Missionar sorgte selbst mit persönlichen Opfern dafür, die Einführung guter Werkzeuge zu fördern. Er ließ ein paar Blocksägen kommen und arbeitete mit seinen schwarzen Lehrlingen unermüdlich, bis sie selbständig brauchbare Bretter herzustellen gelernt hatten. Auch die Unterweisung in der Böttcherei hatte eine weittragende Bedeutung, da früher alle zur zur Verpackung des Öls nötigen Fässer hatten importiert werden müssen; nun aber wurden sie an Ort und Stelle verfertigt.

Es bedurfte natürlich langer, unermüdlicher Anleitung zur erfolgreichen Einführung dieser Handwerke. Das zuerst erbaute Häuschen, sowie die später daneben errichtete kleine Kapelle ließen noch viel zu wünschen übrig. Doch genügten sie zunächst dem Bedürfnis. Saker aber betrieb die Sache nicht bloß mit Rücksicht auf die eigenen Bedürfnisse, sondern zur Hebung des Kulturstandes der Eingeborenen. So führte er denn weiter die Ziegelbrennerei ein — zu der der dortige Boden vorzügliches Material liefert, und bildete Maurer aus. Ihm ist es zu danken, daß jetzt am Kamerun schon manches rote Backsteingebäude zwischen den Bananen hervorschimmert, das nicht bloß haltbarer ist, als die vom Wetter und den weißen Ameisen bald zerstörten Holz- und Bambushäuser, sondern auch der Gesundheit zuträglicher und überhaupt einen Kulturfortschritt bezeichnet.

Fügen wir hier sogleich hinzu, wie sich Mr. Saker auch um die Hebung des Landbaues bemühte. Er selbst schreibt einmal darüber in einem Privatbriefe:

„Ich lehrte sie ein besseres Kulturverfahren und bebaute selbst Stücke als Muster. Ich führte Saaten von anderen Teilen der Küste mit beträchtlichen Kosten ein — die Gegend wurde wohl versorgt mit der süßen Kartoffel, und ich hatte die Freude, zu sehen, wie sich die Kultur allmählich ausbreitete und dadurch dem Nahrungsmangel abgeholfen wurde. Als wir zuerst hierher kamen, überstieg die ganze Landesproduktion nicht den jährlichen Bedarf der Bevölkerung für drei Monate. Die übrige Zeit herrschte halbe Hungersnot; man lief hier und dort hin, um Nahrungsmittel zu hohen Preisen zu kaufen. Im Laufe der Jahre sind wir nun soweit gekommen, daß an einigen Früchten sogar Überfluß ist."

In demselben Briefe deutet Saker noch den bemerkenswerten Umstand an, daß er alle Handwerkszeuge, Materialien u. s. w. für die genannten Arbeiten der Eingeborenen leihen mußte. Anfänglich war dies „Leihen" identisch mit „Schenken". Nach und nach, als die Arbeiten Ertrag lieferten, gewöhnte er sie daran, wenigstens einen Teil der Kosten zurückzuzahlen und brachte es schließlich dahin, daß alle solche Gegenstände sogleich beim Empfang zu vollen Preisen bezahlt wurden. Um nicht die Missionskasse mit derartigen Ausgaben zu belasten, was ihm durchaus unzulässig erschien, legte er (und seine gleichgesinnte Gattin mit ihm) lange Zeit sich die größten Entbehrungen auf. Nur wer das Leben der Europäer im Tropenklima kennt, versteht, was es bedeutet, daß Sakers jahrelang auf gleichem Niveau mit den Eingeborenen lebten. „Wir aßen so ziemlich die gleichen Speisen und lebten wie sie — nur wir waren gekleidet — sie nicht."

Saker brannte vor Verlangen, den Schwarzen das Evangelium zu verkündigen. Aber die wenigen Brocken aus der englischen Sprache, die sich durch den Handel bereits am Kamerun eingebürgert hatten (wahrscheinlich auch mit portugiesischen Wörtern aus früherer Zeit zu einem schlimmen Kauderwälsch vermischt) waren zu nichts weniger als zur Verkündigung des Evangeliums geeignet. Auf die immer zweifelhafte Hilfe eines Dolmetschers scheint sich Saker nicht viel verlassen zu haben. Mit aller Energie ging er daran, selbst die Duallasprache zu lernen — ein schwieriges Unternehmen bei diesen Leuten, die noch keine Ahnung hatten von der Kunst des Schreibens und jedesmal, wenn der Missionar einen von ihnen erfragten Ausdruck in sein Notizbuch eintrug, eine Zauberei vermuteten. In blinder Furcht suchten sie sich vor Behexung zu schützen, indem sie die Gegenstände, über die sie befragt wurden, mit falschen Wörtern bezeichneten. Auch als der Missionar nicht mehr sofort aufschrieb, war doch das Mißtrauen nicht beseitigt; man führte ihn in eine heillose Sprachverwirrung. Nun mußte er, ohne zu fragen, nur lauschen. Am meisten gelang es ihm, indem er sich an dem harmlosen Spiel der Knaben beteiligte. Nach und nach wuchs das Vokabular; die grammatischen Elemente der Sprache wurden fixiert, tägliche Übungen angestellt, und nach nicht langer Zeit hörten die Eingeborenen mit Staunen, wie der weiße Mann anfing, in ihrer Sprache zu reden.

Zu jener Zeit bot die Missionsstation, die den Namen Bethel (Betheltown) trägt, einen sehr bescheidenen Anblick dar. Auf einem der Uferberge stand das Fachwerkhäuschen mit dem flachen Palmblattdache, nicht weit davon die ähnliche provisorische Kapelle, die wohl auch als Schule benutzt wurde. Ringsumher gediehen die üppigen Bananen und die von Saker eingeführten Mangobäume, die jetzt schon über die ganze Gegend verbreitet sind. Die schlichte Verkündigung des Evangeliums fand viele taube Ohren, aber doch brachte sie einige der Eingeborenen dem Missionar näher. Schon wurde mit einem kleinen Häuflein Gottesdienst gehalten. Dort oben erklangen die ersten christlichen Duallalieder in rechtem Gegensatz zu dem Heidenlärm, der unten auf dem Flusse die häufigen Gräuelscenen begleitete. Zuerst kümmerte sich niemand um die Anhänger des Missionars; ja, manche andere kamen auch wohl aus Neugierde zum Gottesdienste. Sobald aber einige, die tiefer vom Evangelium ergriffen waren, sich weigerten, die heidnischen Gebräuche mitzumachen, begann die Verfolgung. Ein Abfall von der väterlichen Sitte sollte nicht geduldet werden. Der Haß aber wandte sich nicht bloß auf die abtrünnigen Landsleute, sondern auch auf den Weißen, den man als Verführer betrachtete. Es wurden Zaubermittel gegen ihn angewendet, die ihn zwingen sollten, das Land zu verlassen, manchmal drohte man ihm den Tod; es werden Versuche erwähnt, ihn zu vergiften, und einmal war das Missionsgehöft von ruchloser Hand angezündet. Das Feuer wurde glücklicherweise rechtzeitig entdeckt und die Gebäude gerettet.

Einige Jahre später erhielt Saker einige Mitarbeiter aus England und Jamaika und die Mission konnte nun ihr Arbeitsfeld erweitern. Ein großes Hindernis war das Klimafieber, welches Saker öfters heimsuchte, trotzdem arbeitete er 33 Jahre lang am Kamerun mit Unterbrechung von einigen kurzen Erholungsreisen nach Europa. Seine wackere Gattin scheint etwas von seinem Heldenmute und seiner zähen Natur besessen zu haben: sie hielt standhaft bei ihm aus, ja als er 1860 eine der erwähnten Erholungsreisen machen mußte und kein Vertreter für ihn auf der Station sich befand, blieb sie allein am Kamerun zurück, eine einzelne weiße Frau unter dem barbarischen Volke.

V.
Die Negervölker am Kamerun.
Nach eigener Anschauung von Reichenow*) und Buchholz.**)

In südlicher und südwestlicher Richtung, das fast ausschließlich mit Urwald bedeckte Land durchbrechend, münden in der Bucht von Biafra, an den östlichen Abhängen des Kameringebirges, zwei Flüsse, der Kamerun- und der Djamur- oder Bimbiafluß, welche an der Küste ein ungeheures, etwa 40 Quadratmeilen großes gemeinsames Delta bilden.

Die Kameringegend ist von Stämmen bevölkert, welche die Duallasprache reden, ein Zweig der Kafirsprache, die sich weit über Südafrika verbreitet. Es sind diese Stämme jedoch nicht die ursprünglichen Bewohner jener Gegenden. Vielmehr sind dieselben von Nordwesten, von den Kamerunbergen her eingewandert, also Abkömmlinge der Bakwiri, die noch jetzt die Berge bewohnen; sie haben die ursprünglichen Bewohner, die Quaqua, zurückgedrängt. Wie es scheint, haben mehrere solcher Einwanderungen zu verschiedenen Zeiten stattgefunden. So sind die jetzigen Wuri zu einer früheren

---

*) Vortrag in der Berliner Gesellschaft für Anthropologie rc. vom 15. November 1873. Reichenow stellte die wissenschaftliche Untersuchung des Kameringebietes mit H. Lühder an, welcher durch zu langen Aufenthalt in den Sumpfniederungen den Tod fand. Höchst lesenswert ist die Schrift: Die deutsche Kolonie Kamerun. Nach eigener Anschauung geschildert von Dr. A. Reichenow. Mit 1 Karte. Berlin, 1886. M. 1,50.

**) Reinhold Buchholz' Reise in Westafrika. Herausgegeben von Heinersdorff. Leipzig, Brockhaus, 1880. Ein vortreffliches, nicht genug zu empfehlendes Werk.

Zeit an den Fluß gekommen und durch die später nachrückenden jetzigen Kamerunneger den Fluß hinauf, tiefer in das Innere gedrängt, wo sie nun die Landschaft Wuri inne haben. Andere Zweige, die Jabjang und Abo, von den Bergen sich nach Osten ausdehnend, setzten sich an dem Nebenflusse oder zweiten Quellflusse des Kamerun, dem Abo, fest.

Alle diese, den Fluß umwohnenden Stämme haben einen schönen, kräftigen Körperbau und unterscheiden sich hierdurch vorteilhaft von ihren Stammeltern, den Bakwiri, welche hager und schwächlich, ich möchte sagen, oft wahre Jammergestalten sind. Ihre Gesichtszüge dagegen sind häßlich, was besonders beim weiblichen Geschlecht auffällt. Auch hinsichtlich der geistigen Fähigkeiten stehen sie weit hinter anderen Stämmen, die ich kennen lernte, zurück. Es ist ein stumpfes, der Bildung wenig zugängliches Volk; daher auch die dort stationierten englischen Missionare geringe Fortschritte machen. Die Hautfarbe der Dualla ist hell, wie die der Bubi auf Fernando Po.

Das Tättowieren der Haut ist wenig verbreitet, und man bemerkt nicht dergleichen Zeichnungen im Gesicht, wie sie bei vielen Stämmen als charakteristische Erkennungsmerkmale im Gebrauch sind. So zeichnen sich die Ga durch drei, über die Schläfe zum Auge laufende und ebensolche über die Backen zum Mundwinkel gerichtete Schnitte aus, während man bei den Frauen derselben meistens einen Kreuzschnitt auf dem Backenknochen bemerkt; die Kruneger charakterisieren sich durch einen breiten, über Stirn und Nase laufenden Strich; die Bubi entstellen das Gesicht förmlich durch zahlreiche Schnitte auf Stirn und Backen. Bei den Kamerunnegern aber fand ich nur bisweilen Zeichnungen auf der Brust, welche oft eine bestimmte Bedeutung haben. Farbige Tättowierungen, die auch bei vielen Negern Westafrikas in Gebrauch sind, z. B. bei den Bubi, die häufig das ganze Gesicht gelb oder rot bemalen, kommen am Kamerun gar nicht vor.

Staatliche Einrichtungen fehlen bei den Dualla, wie in vielen Gegenden Westafrikas, fast vollständig. Die einzelnen Orte haben ihre Häuptlinge, welche durchaus unabhängig einander gegenüberstehen, deren Macht im eigenen Gebiete aber auch nur beschränkt ist, da ihnen in der Regel ein Rat der Ältesten zur Seite steht. Ausnahmsweise kommt es vor, daß einige Orte, gewöhnlich durch Verwandtschaftsbande verknüpft, zusammenhalten und in ein abhängiges Verhältnis zu einander treten, oder daß ein Häuptling durch hervorragendes Alter, Reichtum oder Bedeutung seines Fleckens einen Einfluß auf die umliegenden Ortschaften gewinnt. Beständiger Hader und Streit ist natürlich die Folge einer solchen Zerrüttung, so daß auch die Städte desselben Stammes in dauernder Fehde mit einander liegen; da der Tod eines freien Mannes auch im Kriege eine Blutrache fordert, solche aber wieder eine neue von Seiten der Gegenpartei nach sich zieht, so können die Kämpfe niemals beigelegt werden.

Auch bei meiner Ankunft am Kamerun traf ich einen Krieg zwischen den beiden bedeutendsten Häuptlingen jener Gegenden, Bell und Aqua, an dem fast alle Orte des Kamerundeltas teilnahmen. Derselbe hat mir manche interessante Episode aus der Gefechtsweise der Kameruner geboten, wovon ich einiges hervorheben möchte, da es dazu beiträgt, diese Neger zu charakterisieren.

Die große Einfuhr von Schußwaffen aller Art durch die Europäer hat die einheimischen Waffenarten, Lanzen, Speere und Pfeile, vollständig verdrängt. Meistens sind Feuerschloßgewehre im Gebrauch, natürlich ganz elende Schießprügel, die, kaum begreiflich, die ungeheure Pulverladung aushalten, welche die Neger hineinstecken; neben diesen aber auch Büchsen, sogar auch Hinterlader. Trotz solcher Bewaffnung bleiben die Kämpfe doch sehr gefahrlos, da die Neger mit den Gewehren nicht umgehen lernen. Das Aufblitzen des Pulvers in der Pfanne fürchtend, wendet der Schütze beim Losdrücken den Kopf weg; an ein Treffen ist da natürlich nicht zu denken. So werden denn in den Gefechten nur wenige Leute verwundet, und zwar in der Regel nicht solche, welche in der Schlachtreihe stehen, sondern Unbeteiligte, die eine fehlgegangene Kugel zufällig erreicht.

Die religiösen Anschauungen der Duallastämme sind sehr einfach, auch tritt das Fetischpriestertum nicht in solchem Grade hervor, wie an der Goldküste. Der große Haufe hat und macht sich gar keine Vorstellung über die Wirkung der Naturkräfte, die Religion ist Privilegium der Vornehmen. Unter den wenigen Gottheiten, über welche sie auch nur ganz unklare Begriffe haben, ist der höchste der Elung. Ihm zu Ehren werden in mondhellen Nächten Feste gefeiert, um durch Sang und Klang den Herrn bei guter Laune zu erhalten, der mit Geheul durch die Wälder und um die Ortschaften ziehen soll. Auch Umzüge werden des Nachts unter großem Lärmen und Schießen veranstaltet, wobei die Gottheit in Gestalt eines Götzen herumgetragen wird. Nur Freie nehmen an diesen Zügen teil. Den Weibern, Kindern und Sklaven ist es bei Todesstrafe verboten, denselben zuzuschauen und den Götzen zu sehen. Sie werden während der Zeit in die Häuser eingesperrt. Auch dem Europäer verheimlicht man diese Umzüge. Während meines Aufenthaltes in Acquatown, einem bedeutenden Orte, fanden oft derartige Feste statt, aber dennoch hatte ich keine Gelegenheit, denselben beizuwohnen. Man bewachte mich in meiner Hütte und mein Wirt bat mich dringend, mich nicht der Gefahr auszusetzen, da der aufgeregte Haufen mich sofort niedermachen würde. Ein anderer Gott ist der Mungi, der böse Gott: wenn auftretende Seuchen viele Menschen wegraffen, glaubt man, der Mungi hole sie, um eine Mahlzeit zu halten. Ferner der Donnergott, welcher auf dem Kamerunpik seinen Sitz hat und nachdem letzterer auch „mungo ma lobah", Berg des Donnerers, benannt ist.

Über die Lebenserscheinungen haben Einige ganz gesunde Ansichten, die freilich auf Unwissenheit beruhen. Auf meine Frage, was sie glaubten, daß nach dem Tode mit ihnen geschähe, wurde mir in dem famosen Negerenglisch geantwortet: suppose man die, palaver settled. Sobald man gestorben, ist es vorbei. Dann liegt man noch zwei Monate oder drei und es ist vorüber. Andere meinen auch, daß der Schwarze zum zweiten Male als Weißer auf die Welt komme: der Weiße (mucala) habe schon einmal als Neger gelebt, daher kenne er auch das Land so genau und wisse den Weg zu den Schwarzen zu finden, um zu handeln.

Vom Treiben der Fetischpriester nimmt man, wie ich schon erwähnte, wenig wahr. Ich hörte nur, daß bei vorgefallenen Verbrechen, Mordthaten oder Diebstählen der Fetischtrank, die Abkochung irgend einer giftigen Pflanze, zur Entdeckung des Thäters benutzt werde. Derselbe wird auch bei dem sogenannten Krokodilpalaver angewendet. Bei der Häufigkeit der Krokodile im oberen Fluß kommt es nämlich oft vor, daß Neger aus den Kanoes von diesen Tieren weggeschnappt werden. Nun glaubt man, daß ein Feind des getöteten Mannes, welcher die Krokodilsprache versteht, sich in ein solches Tier verwandelt und den Mann gefressen habe. Man übergiebt also die Sache dem Krokodildoktor zur Untersuchung. Der Krokodildoktor versteht auch die Sprache genannter Tiere, erkundigt sich bei den Altmeistern dieser Zunft nach dem Vorgefallenen und erfährt von ihnen den Namen des Übelthäters. Es wird darauf eine Versammlung berufen, und der Krokobildoktor bezeichnet nun den Mann oder mehrere, die ihm die Krokobilältesten genannt haben. Selbstverständlich sucht er sich hierbei seine speciellen Freunde aus, oder solche, deren Tod ihm Nutzen bringen kann. Die Bezeichneten müssen, um sich zu reinigen, den Fetischtrank nehmen. Tritt sofort Erbrechen ein, so ist die Unschuld bewiesen, die Krokobile haben gelogen, und der Doktor übernimmt es, sie dafür zu züchtigen; im andern Falle aber liegt das Verbrechen klar, der Schuldige gesteht seine That, und es wird ihm mit Buschmessern der Kopf abgeschnitten.

Aufgestellte Götzen habe ich bei den Dualla niemals bemerkt, während ich an der Goldküste an allen Wegen aus Holz oder Thon gefertigte Fetische, zu welchem die Neger Cauries, Früchte, Erträge des Feldes und Kohlen als Opfergaben brachten. Nur sieht man in der Kamerungegend vielfach, was an der Goldküste ebenfalls vorkommt, an Feldern, Häusern oder Gerätschaften Bündel von Gras oder Bananenblättern, auch Kürbisflaschen aufgehängt. Diese werden „Juju" genannt und haben den Zweck, betreffende Gegenstände gegen Diebstahl zu sichern, denn man glaubt, daß derjenige, welcher derartig geschützte Sachen antastet, vom Elung geholt wird und eines qualvollen Todes stirbt. Besonders fand ich bei den Wuri am oberen Kamerunfluß eine große Achtung vor diesen Juju. Wir hatten dort einmal ein Nilpferd geschossen. Das Tier war von den Negern an das Land geschleppt, und die Häuptlinge hatten, um das Fleisch bis zum andern Tage, wo die Verteilung stattfinden sollte, zu sichern, Juju dabei gesteckt. In der Nacht kamen nun einige Neger, welche wohl bei der Verteilung nichts zu erwarten hatten, zu mir, und baten um Fleisch. Ich sagte ihnen, sie sollten sich abschneiden, soviel ihnen beliebte; aber aus Furcht vor dem Juju wagten sie das nicht, und erst als ich die Büschel heruntergeschlagen, machten sie sich dabei.

Geheimbünde, wie sie namentlich am Kalabar beobachtet wurden, kommen auch in der Umgegend vor. Es existieren Verbindungen der Freien sowohl wie der Sklaven, und ebenfalls haben die Weiber solche. Eine große Verbindung ist die der Mungi, deren Mitglieder als Erkennungszeichen Kreise auf der Brust tättowiert haben. Der Egbo von Kalabar dehnt sich nicht bis zur Kamerungegend aus.*)

---

*) S. weiter unten das Stück: Der Geheimbund des Egboe-Ordens. Von Prof. Dr. Bastian.

Auch diese Verbindungen werden vor dem Europäer sehr geheim gehalten, und ich glaube nicht, daß es einem Weißen gelingen könnte, sich in dieselben aufnehmen zu lassen; wenigstens haben wir uns vergeblich darum bemüht.

Die Stellung der Sklaven ist eine zwar sehr untergeordnete, da ihnen nicht das geringste Recht zusteht, aber doch eine sehr erträgliche, so daß oft Leute, die zu träge sind, für den eigenen Unterhalt zu sorgen, sich freiwillig in Sklaverei geben. Die Sklaven kommen meistens von Kalabar, den Balungbergen im Norden oder aus nordöstlichen Gegenden, von Budiman, Banem und Bonleng; doch müssen einzelne sehr weit aus dem Innern gebracht werden. Solche erzählten uns, daß Araber, welche sie uns als weiße Männer, die auf Pferden gesessen, beschrieben, ihre Ortschaften angezündet und sie vertrieben hätten.

Wie bei allen Negerstämmen haben auch bei den Kamerunnegern die Frauen einen sehr untergeordneten Rang, sie sind nichts mehr als Haustiere. Sie bilden neben den Sklaven den Reichtum des Mannes. Es ist eine arge Unsitte im Gebrauch, den Kindern, insbesondere den Mädchen, die Augenwimpern auszureißen, wodurch jene sehr entstellt werden, und was wohl auch Schuld ist an der Entzündung der Augen, die man häufig bei Mädchen bemerkt.

Interessant waren mir die Haartouren der Negerdamen, welche ich bei südlichen Stämmen, vom Kamerun bis Gabun übereinstimmend und verschieden von denen der Goldküstenbewohner, fand. Die Weiber der Ga an der Goldküste flechten in der Regel das Haar zu einem oder mehreren Zöpfen zusammen, welche gehörig mit Palmöl behandelt, hörnerartig steif aufrecht stehen. Derartige Zöpfe kommen nun bei den Kamerunern gar nicht vor. Die gewöhnliche Haartour ist hier ein vom Wirbel spiralförmig um den Kopf laufender Scheitel oder eine Scheitelung von drei konzentrischen Kreisen. Aus dem Haar zwischen den Scheiteln werden hier viele kleine anliegende Flechten gebildet. Das Herstellen dieser künstlichen Haartouren erfordert natürlich viel Zeit, und es werden dieselben denn auch jedesmal auf längere Zeit angefertigt. Hierbei werden Kämme, aus dünn geschnitzten Stäbchen von Weinpalmenholz gemacht, benutzt. Auch tragen die Frauen sehr künstlich aus Elfenbein geschnitzte, mit Ebenholz ausgelegte Pfeile im Haar.

Ihre Hütten errichten die Dualla, wie alle Negerstämme der Westküste vom Niger südwärts, mit großer Kunstfertigkeit aus

Mattengeflecht und Rinde, im Gegensatz zu den Bewohnern der Goldküste, die Lehmhütten bauen, welche, eng zusammengedrängt und schmutzig, einen sehr häßlichen Eindruck machen. Bei den elenden Bergbewohnern, den Bakwiri, ist auch nur geringe Sorgfalt auf die Häuser verwandt. Dieselben sind hier auf dem nackten Boden errichtet, länglich viereckig. Die Wände bestehen aus einem gitterartig aus Stangen gebildeten Gerippe, das notdürftig mit Rinde belegt ist. Das mit Palmblättern liederlich gedeckte Dach schützt nur wenig gegen den Regen.

Eine bedeutend größere Mühe und Sorgfalt verwenden die Flußanwohner auf ihre Hütten, die eine große Reinlichkeit und Sauberkeit zeigen. Diese Hütten sind auf einem zwei bis drei Fuß hohen Lehmsockel errichtet. Die Wände werden aus den Blattstielen der Weinpalmen, Bambu genannt, hergestellt und sorgfältig mit Schalen von Bananenstämmen belegt und dicht gemacht. In der Mitte der einen Längewand befindet sich das Thürloch, welches durch ein Mattengeflecht oder eine Thür aus Planken geschlossen werden kann. Fensterlöcher fehlen; nur das durch die Thüröffnung eindringende Licht erhellt den Raum, den der Neger eigentlich nur während der Nacht benutzt. Der ebenfalls aus Bambu gefertigte Dachstuhl wird mit Palmblättern gedeckt. Die Hütten machen einen außerordentlich freundlichen Eindruck.

Die Industrie beschränkt sich auf die einfachsten Gegenstände. Die Frauen fertigen Kochtöpfe und Schalen aus dem Schlamm des Flusses, welchen sie sehr geschickt aus freier Hand formen, an der Sonne trocknen und nachher brennen. Die Männer schnitzen Holzschüsseln und Löffel von ganz zierlicher Form. Auch im Flechten sind sie geschickt, fertigen Matten und Taschen aus langem, geschmeidigem Grase. Aus Elefantenzähnen werden Armringe geschnitten, auf welche die Küstenbewohner gern von den europäischen Kaufleuten ihre Namen schreiben lassen, und welche sie dann zur Legitimation benutzen. Zum Fischfange gebrauchen sie Gitter, obwohl sie auch Bindfaden aus den Fasern des Pisang machen und das Netzstricken verstehen.

Die Kleidung besteht bei den Kamerunnegern, welche durch die Europäer hinreichend mit Baumwollenzeugen versehen werden, sowohl bei Männern wie bei Frauen, in einem schmalen, um die Hüften geschlungenen Zeugstreifen.

Der Trägheit der Kamerunneger entsprechend sind denn auch

Festlichkeiten bei ihnen nur selten und tragen nie den munteren Charakter wie bei den aufgeweckteren, beweglicheren Bewohner der Gold- und Krukūste, in deren Ortschaften man ein beständiges Lärmen und Singen hört. Ein allgemeines großes Fest findet bei den Kamerunern einmal des Jahres statt. Es ist eine Art Ringfest, bei welchem die einzelnen Ortschaften Kämpfer stellen, die gegen einander in die Schranken treten. Die Gegner nähern sich bei diesen Kampfspielen in gebückter Stellung, und jeder versucht, den Fuß des Gegners zu fassen und den Mann auf diese Weise zu Fall zu bringen.

Außer den erwähnten Umzügen und Feierlichkeiten zu Ehren der Gottheiten kommen dann noch die Totenfeste vor, die bei allen Negern der Westküste gebräuchlich sind. Je nach dem Range des Verstorbenen dauern diese Feste einen oder mehrere Tage. Die Weiber führen dabei Einzel- oder Gesamttänze auf, die von den Männern mit einer freilich höchst unharmonischen Musik begleitet werden. Die Musik oder wie man besser sagen muß, der Höllenlärm, wird auf Trommeln, Zithern, durch Aneinanderschlagen von Becken und Stöcken hervorgebracht und von den Zuschauenden mit Händeklatschen begleitet. Die gemeinsamen Tänze sind Rundgänge in bestimmtem, gleichmäßigem Takte, wobei die einzelnen Teilnehmer sich bemühen, in jeder möglichen Weise den Körper zu verdrehen und zu verrenken. Der Solotanz besteht in eigentümlichen Fußstellungen und ebenfalls in Körperverdrehungen.

Nur der Tod von Männern, und zwar von Freien, wird auf solche Weise durch Feste geehrt, Weiber und Kinder genießen nicht diese Berücksichtigung.

Bei dem Tode eines Familienhauptes scheren sich die Frauen zum Zeichen der Trauer das Kopfhaar ab und schwärzen das Gesicht mit Ruß. Es erscheinen dann die Klageweiber, welche sich vor der Leiche mit Sand bestreuen und Einzeltänze aufführen, die sie mit Schreien und Heulen begleiten. Der Tote wird sodann in eine Kiste gelegt oder in Matten gewickelt und, nachdem man verschiedene Gegenstände, seine Waffen, Zeug und Lebensmittel hinzugelegt, in seiner Hütte begraben. Letztere wird später verlassen und zerfällt.

Höchst einfach und erbärmlich ist die Lebensweise der Dualla. Außer Fischen, welche frisch gekocht oder über Feuer getrocknet werden, genießen diese Neger kein Fleisch, zuweilen vielleicht einmal ein gefallenes Vieh oder einen Hund. Die wenigen Haustiere, welche sie ziehen, werden gewöhnlich an die Küste gebracht und den Europäern verhandelt. Neben Pisangs, welche unreif in Wasser gekocht, mit Palmöl zubereitet oder geröstet werden und das Hauptnahrungsmittel bilden, baut man Yams, Cassave (Jatropha) und Koko (Colocula esculenta). Yams wird im Flußgebiete nur wenig gezogen, gedeiht aber ausgezeichnet in den Bergen. Mais wird nur wenig gebaut. Halbreif am Feuer geröstet, vertritt derselbe die Stelle des Brotes. Die Früchte eines häufig vorkommenden Brotbaumes werden dagegen nicht benutzt; sie haben auch einen sehr häßlichen, widerlichen Geschmack. Wild wachsende Ananas und Zuckerrohr sind als Genußmittel sehr beliebt.

Von den Früchten der Ölpalmen machen die Neger das Palmöl, mit welchem alle Speisen zubereitet werden, das ja außerdem der bedeutendste Ausfuhrartikel ist. Aus den Weinpalmen (vinifera) wird der sogenannte mimbo oder mao, der Palmwein, gewonnen, zu welchem Zweck man die Bäume fällt. Die Bakwiri holen den mimbo aber auch von den Kokospalmen, da die Weinpalmen in der Höhe von 1000' über dem Meere nicht mehr vorkommen.

Von Haustieren werden hauptsächlich Ziegen und Schafe gehalten. Erstere scheinen dem Hircus reversus von Inner-Afrika nahe zu stehen, stammen auch wahrscheinlich von demselben ab. Die Schafe gleichen im Habitus im allgemeinen dem Fettsteißschafe (steatopgya) Inner-Afrikas, haben aber keinen Fettschwanz. Ovis longipes kommt in der Kamerungegend gar nicht vor, dasselbe scheint auf den Niger beschränkt zu sein. Eine kleine spitzschnauzige, glatthaarige Hunde-Art wird von den Flußanwohnern meistens für die Küche gezogen. Das Hundefleisch ist sehr beliebt. Die Bakwiri richten diese Hunde auch zur Jagd ab. Rinder, welche man zuweilen an der Küste findet, sowie Schweine und Hühner sind erst von Europa eingeführt, ebenso die Moschusente von Südamerika. Katzen habe ich nie gesehen. Zum Haustier ist in der Kamerungegend aber auch unsere Wanderratte geworden, die, durch Schiffe eingeschleppt, schon bis auf 10 Meilen in das Innere vorgedrungen und eine große Plage ist. Die Zahl der Krankheiten ist gering. Ich fand einen bösen Ausfatz, der oft ganze Gliedmaßen zerstört, und sehr häufig Elefantiasis. Von den in vielen Distrikten Afrikas so bösartigen Augenkrankheiten scheinen die Kamerunneger verschont zu sein. Der Guineawurm kommt auch nur selten vor. Um ihn zu entfernen, wickeln die Neger das hervortretende Ende — das Heraustreten des Wurmes findet in der Regel in der Gegend des Knies statt — um ein Stückchen Holz, damit es nicht wieder zurückgezogen werden kann, denn gewaltsam herausziehen kann man den Wurm nicht; derselbe würde dabei zerreißen. Nach und nach wird er nun durch Drehen des Stäbchens mehr und mehr herausgezogen und aufgerollt, und auf diese Weise der Wurm endlich entfernt. Hin und wieder tritt das gelbe Fieber an der Küste auf und rafft viele Menschen hin.

Als Medikamente werden Abkochungen einiger Pflanzen und äußerlich besonders Palmöl angewendet, obwohl dieses bei Wunden böse Entzündungen hervorruft. Natürlich sind sympathische Heilmittel auch vielfach gebräuchlich, und es werden als solche vorzugsweise Leopardenzähne und Krallen, Schildkrötenschalen und Antilopenhörner benutzt.

Auch bei den Kamerunern fand ich bestätigt, daß die Neger infolge der schlechten Lebensweise sehr früh altern, und daß die Zahl ihrer Lebensjahre gering ist. Ich glaube, daß 60 Jahre im allgemeinen das höchste Alter ist, welches ein Neger erreicht: ein Zeichen, daß die Kultur nicht das menschliche Leben verkürzt, sondern es verlängert.

Als Ergänzung zu der vorstehenden Schilderung der Kamerunneger von Reichenow, an welcher seit der deutschen Besitznahme des Landes kaum etwas zu ändern ist, geben wir eine Mitteilung des Forschungsreisenden Reinhold Buchholz.

Besonders charakteristisch für die Dualla ist die förmliche Wut, mit der sie Handel treiben, während ihre Industrie sich auf wenige Sachen, wie Elfenbeinringe, Ebenholzstöcke, Messer- und Schwertscheiden beschränkt; alles Übrige, was sie besitzen, haben sie im Handel von den Europäern eingetauscht, der die Mehrzal von ihnen zu wohlhabenden Leuten gemacht hat. Infolge dessen will jeder, vom Häuptling bis herab zum Halbfreien, nur Handel treiben, nicht produzieren oder gar Feldarbeit verrichten. Nur das Nötigste an Yams und Bananen läßt ein jeder durch seine Frauen und Sklaven pflanzen und bezieht alles Übrige durch den Handel. Nach der Anzahl der Weiber, die ein Neger besitzt, wird sein Reichtum geschätzt. Die Weiber werden von ihren Vätern verkauft und kosten durchschnittlich 900 bis 1000 Mark, oft aber, wenn die Väter angesehene Leute sind, viel mehr. Daher müssen arme Dualla oft lange dienen, ehe sie heiraten können; nachher aber disponieren sie völlig frei über ihre Frauen, behandeln sie wie Lasttiere und können sie weiter verschenken, verleihen oder verkaufen. Viel Kinder gelten als ein großes Glück; selten aber bringt eine Frau deren mehr als zwei zur Welt. Bei gänzlicher Unfruchtbarkeit fordert der Mann seine Kaufsumme zurück. Noch rechtloser sind die Sklaven daran, welche gekauft (das Stück etwa zu zwanzig Mark) oder auf Kriegszügen geraubt werden. Dieselben, welche nebst ihren etwas besser gestellten Nachkommen an Zahl die freien Neger bei weitem übertreffen, wohnen in besonderen großen Dörfern und werden gerade nicht immer schlecht behandelt, schweben aber stets in Gefahr, beim Ableben eines Häuptlings an einen andern Stamm verkauft, dort als Totenopfer geschlachtet und wahrscheinlich auch aufgefressen zu werden. Es kommt sogar vor, daß Häuptlinge, denen es nicht gelingt, solche Opfer durch Überfall eines feindlichen Stammes zu erlangen, heimlich einigen ihrer eigenen Sklaven die Köpfe abschlagen lassen, um dieselben als Trophäen heimzubringen. Die Sklaven werden von den freien Neger „Nigger" genannt, ein Ausdruck, welcher, auf einen Freien angewendet, als die größte Beleidigung gilt. Etwas besser gestellt sind, wie gesagt, die Nachkommen solcher Sklaven, denn obgleich auch sie als unfrei angesehen werden, so dürfen sie doch Handel auf eigene Rechnung treiben, Vermögen erwerben u. s. w., haben aber bei allen Beratungen des Stammes keine Stimme.

VI.
Ein Bild westafrikanischer Justizpflege.*)

Das Bild westafrikanischer Justizpflege, welches ich in folgendem entwerfen will, spielte sich unmittelbar bei der von mir geleiteten Beka-Faktorei am 30. August 1882 ab. Ich muß dazu noch vorausschicken, daß ich in Handelsverbindung mit drei ganz verschieden sprechenden und aussehenden Völkerstämmen getreten war: die Assagunocomi, am Flusse Comi-Rhembue selbst wohnend, die Aschiras, weit aus dem Innern kommend, und die Bakelle, welche am oberen Flußlaufe des Comi-Rhembue angesiedelt waren. In einem Dorfe regierte nun zu allgemeiner Zufriedenheit der in schon etwas vorgerückterem Alter stehende König Juba. Als dieser sich eines Tages in etwas stark angeheitertem Zustande zu einem Jagdzuge auf Gorillas bereit machte, sprach zu ihm ein Freund, der über einen

---

*) Aus: Tagebuchaufzeichnungen in Westafrika von K. L., Leiter einer Woermannschen Faktorei. D. Kolon.-Ztg., 1886. S. 721.

seiner eigenen Sklaven sehr ärgerlich war: „Wenn du meinen Sklaven im Buschwald zufällig triffst, so schieße ihn nieder." Juba traf den Sklaven und führte den ihm gewordenen Auftrag aus. Aber nicht genug damit, er zerschnitt den Krieger in kleine Stücke und warf sie im Walde umher. Nach einiger Zeit vernahm der König der Könige, Ogula Wanje, gleichzeitig aber oberster Gerichtsherr über alle am Flusse wohnenden Völker, den Vorfall und schiffte sich mit allen seinen Familienangehörigen und Sklaven ein, um sich nahe bei meiner Faktorei eine Art Feldlager einzurichten; da in ganz Westafrika die Blutrache herrscht, so hatte Juba selbstverständlich das Leben verwirkt. König Ogula Wanje berief die Einwohner sämtlicher umliegenden Dörfer zum Palaver und ließ auch den ruhig im Dorfe verweilenden Juba rufen. Nach der Sitte der Bakelle hat ein Mörder ungefähr einen Monat Zeit, sich freiwillig zu stellen, überschreitet er dann diesen Zeitraum, so wird ganz kurzer Prozeß gemacht, er wird festgenommen und verurteilt. Jeden Tag läßt nun Ogula Wanje den König Juba rufen, letzterer vertröstet des Königs Abgesandte mit: mene mia bia (morgen komme ich). Ende August, eines Nachmittags, kommt er auch mit seiner Familie, ruhig seine aus einem Bambusstiele bestehende Pfeife rauchend. Es wird von sämtlichen Negern ein loser Kreis gebildet, wobei viele am Boden liegen oder sitzen. Juba wird hineingeführt und die Verhandlung beginnt; es wird viel gesprochen und noch mehr getrunken. Sechs Uhr abends, bei Dunkelheit, begiebt man sich, ohne Bewachung des Delinquenten, nach Einnahme der Abendmahlzeit zur Ruhe, um am frühen Morgen mit Sonnenaufgang die Verhandlung wieder aufzunehmen. Da, am dritten Tage des Palavers, sitzen wieder König Ogula Wanje und drei minder mächtige Könige, mit hellroten Zipfelmützen auf dem Kopfe, in der Mitte des aus etwa 400 Personen beiderlei Geschlechts bestehenden Kreises. Der Oberste geht mit ausgestreckten Armen auf Juba zu und spricht: „Aue ocho bia adiu" (Du König mußt sterben). Jubas Frage, ob er nicht noch etwas essen könne, wird durch seine Niederwerfung rückwärts in den weißen Flußsand beantwortet. Ein etwa 25 cm dicker und 4 m langer Prügel wird ihm über den Hals gelegt, und auf beiden Seiten treten des Königs Sklaven so lange auf das Stämmchen, bis der Tod durch Erstickung eingetreten ist. Sodann wird mit einer Axt der Kopf abgehauen, derselbe auf einen zugespitzten Pfahl gesteckt, samt Kleid und dem verhängnisvollen Messer. Die Stelle, wo der Pfahl als warnendes Beispiel für die Zukunft aufgepflanzt wurde, ist am Zusammenfluß der Flüsse Comi und Ofuwu. An der gleichen Stelle war auch unsere Handelsniederlassung erbaut, und noch bei meinem Weggange im vorigen Jahre war der Kopf an Ort und Stelle. Den kopflosen Körper nahmen die Angehörigen weg und bestatteten ihn beim Heimatdorfe.

Bei Juba war der Fall klar, daß er der Schuldige gewesen, aber meistenteils bekennt sich ein Neger nicht zur That, und man schreitet dann zu Fetisch- oder Zaubermitteln oder auch zum Sachewood-Trank. Dieser Art von Zauberei hatte ich oft Gelegenheit beizuwohnen. Der König mit seinen Söhnen, den Freunden und Anverwandten der Angeklagten war stets zur Stelle, etwas weiter innen in dem geformten Kreise saßen auf der Erde in gleichen Abständen von einander drei Sklaven, welche unter Gesang fortwährend mit einem Bündel Reisig auf die Erde schlugen. Die eines Mordes Angeschuldigten stehen in der Mitte, ein jeder einen langen Stab in den Händen, um nach dem Genusse des Hexentrankes unter Umständen eine Stütze zu finden, jeder der Delinquenten mit einem Becher in der Hand, welcher gefüllt ist mit einer dickroten Flüssigkeit, dem sogenannten Sachewood-Extrakt. Sachewood ist eine im Urwalde wachsende Holzart. Die Angeklagten trinken den Becher leer, und es gilt derjenige als der wirkliche Schuldige, der auf den Genuß des Getränkes unwohl resp. krank niederfällt. Da nun das Getränk für jeden gleichmäßig bereitet erscheinen sollte, so müßten auch die Folgen die gleichen für jeden sein. Aber gerade in dieser Weise ist die Verschmitztheit der Könige eine sehr große. Der als oberster Richter fungierende König läßt sämtliche Vertrauten, Anverwandten c. der vermutlichen Attentäter insgeheim zu sich rufen und erfährt nach mancherlei Fragen doch den richtigen Missethäter. Diesem wurde nun in einem kurz vor meiner Abreise erlebten Falle ein scharfes Pflanzengift in das Getränk gegossen, so daß seine Schuld vor aller Augen klar war. Entsetzlich ist es anzusehen, wie sich die Wirkung des Giftes in kurzer Zeit bemerkbar macht. Zuerst den Kopf fest auf den obersten Teil des Stockes gestützt, sinkt der Körper allmählich unter konvulsivischen Bewegungen am Stocke nieder. Es ist nun höchste Zeit, dem Schuldigen Gegenmittel zu geben, die den Eingeborenen vermöge ihrer großen Kenntnis der Natur auch reichlich und mit Erfolg zur Verfügung stehen. Der weitere Verlauf der Verhandlung ist wie der früher erzählte beim König Juba.

Aber auch von manchen guten Eigenschaften der Neger in jenem Teile Westafrikas kann ich berichten. Der Europäer, kurzweg „tangani" genannt, ist bei ihnen im allgemeinen geehrt und geachtet, so lange er nicht durch Täuschungen oder durch Rohheit das Vertrauen der Wilden verscherzt. Kommt ein Weißer in ein Negerdorf, so ist er Gast des Königs und genießt seinen Schutz. Es wird ihm dessen Haus oder ein daran stoßendes zur Verfügung gestellt, ein Bett, Feuerholz, Proviant sowohl für sich als die stets mit dem Europäer kommenden Ruderer und Bedienung. Eine Unsitte ist's allerdings, daß der König, wenn er auch für sich selbst nur etwas Rum, einige Pfeifen nebst Tabak fordert, die gewöhnlich große Schar seiner Ehegemahlinnen schickt, und zwar jede mit einem anderen Wunsche. „Ke:ke pange mia alugu, tschawo, onamba, epele, osewe, sebinde." (K. gieb mit Rum, Seife, Kleider, Teller, Löffel, Töpfe.) Am besten ist's, man giebt ihnen ein paar Pfeifen, etwas Tabak und einige Flaschen Rum und macht sich mit seinen Kanoes auf und davon. Lang wird vom Ufer noch nachgeschrieen, aber das schnell unter dem Gesange seiner Ruderer die Wogen durchschneidende Kanoe läßt bald das Dorf hinter sich. Der Neger ist der Meinung, daß der Weiße nordwestlich von ihm wohne. Der Engländer heißt bei ihnen „engesi", der Franzose „fuala", der Portugiese „oputa", der Deutsche „compini". Als Sprachprobe will ich den Anfang eines der Lieder geben, welches ich von meinen ungefähr 60 Bootsleuten auf oft vier Wochen langen Flußfahrten häufig zu hören bekam: „Onome belle banda oantho, oantho pa belle, nega negissa ewere niango bia. / Adeoa asawani, onomo bia oantho boata ogoere mpolo." — (Ein Mann wollte eine Frau heiraten, die Frau wollte nicht, da kam plötzlich ein ganz kleiner Fisch [Unglück]. Sie blieben bei einander, darauf ging der Mann und die Frau davon.)

Oft kamen mir Entwendungen aus meinen Privatkoffern vor, nur konnte ich nie einen eigentlichen Diebstahl zum Zweck des Verwertens der entwendeten Gegenstände konstatieren, denn wenn ein Negerknabe Photographien, Rot- oder Blaustifte, Nägelzwicker, Papier, ein leeres Notizbuch entwendet, kann man dies nur als eine Art Raschhaftigkeit ansehen. Diebstahl bei den Eingeborenen kann, wenn das Individuum auf der That ertappt wird, seitens des Negers oder Weißen mit sofortigem Niederschießen des Betreffenden bestraft werden. Aber wie ich aus vieler Neger Mund erfuhr, ist diese Strafe mehr dafür, daß der Stehler so ungeschickt war, sich erwischen zu lassen, als nur des Vergehens halber. Während sonst jeder Mord, wie oben erwähnt, durch Blut gesühnt wird, folgt auf die Tötung eines auf frischer That erwischten Diebes keine Strafe seitens der Eingeborenen, höchstens Zahlung einer Entschädigungssumme an die Anverwandten.

VII.
Der Geheimbund des Egboe=Ordens unter den Negern in Alt=Kalabar.*)

Wie die Auflösung aller staatlichen Bande im Mittelalter das Vehmgericht auf der roten Erde Westfalens hervorrief, so entstanden überall in Afrika, wenn keine Centralisation der Staatsgewalt durch fremde Eroberer angebahnt wurde, jene religiös=politischen Weihe= bünde, die durch den Schrecken einer geheimen Verbindung über die Vollziehung der Gesetze wachen. Als solcher herrscht der Egboe= Orden. Gegenwärtig ist derselbe schon wieder in der Auflösung begriffen (scheinbar), da er vor einigen Jahren durch seine despoti= schen Eingriffe einen Sklavenaufstand hervorrief, aus dem der Geheimbund der „Blutmänner" entsprang, hat sich indes in letzter Zeit durch Hervortreibung eines jungen Stammes in den „Inkas" zu reformieren gesucht.

Der Egboe=Orden oder Efik (Tiger) ist in elf Grade abgeteilt, von denen die drei obersten, Nyampa, Obpoko oder der Messinggrad und Kakunba, für Sklaven nicht käuflich sind; andere Grade bilden der Abungo, Makaira, Bambim boko u. s. w. Der gewöhnliche Weg ist, daß Eingeweihte sich in die höheren Stufen nacheinander einkaufen; das dadurch erlöste Geld wird unter die Nyampa oder Nyampai verteilt, die den innern Bund bilden; dem König selbst kommt die Präsidentschaft zu, unter dem Titel Eyamba. Jede der verschiedenen Stufen hat ihren Egboetag, an welchem ihr Idem oder ihre gespenstische Repräsentation eine absolute Herrschaft aus= übt, wie sie die Römer dem Diktator in Zeiten übertrugen, und auch Glieder anderer Stufen des Egboe=Ordens, wenn sie ihnen begegnen sollten, mit seinen Strafen nicht verschont. Das Land findet sich gleichsam in einem permanenten Belagerungszustande, der durch die

---
*) Nach Adolf Bastian. Geogr. u. ethnologische Bilder. Jena, 1873. p. 152.

Überzahl der Sklaven und Frauen nötig wird, indem die traditionellen Gebräuche des alten Herkommens durch die regelmäßig einander folgenden Egboetage und der damit verbundenen Proklamierung des Kriegsgesetzes beständig außer Kraft gesetzt und suspendiert werden.

Sobald ein Egboetag verkündet ist, fliehen Sklaven, Weiber und Kinder nach allen Richtungen, da der Jdem, mit seiner schweren Peitsche bewaffnet, umgeht und durchaus nicht skrupulös in ihrer Anwendung ist. Eine gelbe Flagge auf dem Haus des Königs verkündet den Tag der Braß-Egboe oder des Messinggrades, wo selbst von den Freien sich nur sehr wenige außer dem Hause zeigen dürfen. So oft bei dem Egboe-Orden eine Klage anhängig gemacht ist und der Missethäter bestraft werden soll, wird durch geheime Zeremonieen der im fernen Buschlande wohnende Jdem citiert, der dann mit einer phantastischen Kleidung aus Matten und Zweigen von Kopf bis zu den Füßen bedeckt und mit einem schwarzen Visir vor dem Gesicht erscheint. In Kamerun werden die Glieder des Ordens selbst durch ein, in einen künstlichen Knoten geschürztes Laubwerk vereinigt, so daß sie sich als eine zusammenhängende Masse bewegen. Ein jeder, Mann, Frau oder Kind, hat das Recht, die Hilfe des Egboe gegen seinen Herrn oder seinen Nachbarn anzurufen, und dazu bedarf es nur, daß er ein Mitglied des Ordens auf der Brust berührt oder an die große Egboetrommel schlägt. Der Beanspruchte muß alsogleich einen Konvent zusammenberufen, wo die Klage untersucht und, wenn gerecht, befriedigt wird. Erweist sie sich dagegen als unbegründet, so wird der Kläger bestraft; hat das Gericht ein Verdammungsurteil gefällt, so läuft der Jdem, mit seiner schweren Peitsche in der Hand und von einem lärmenden Gefolge von Egboebrüdern umgeben, direkt nach dem Hause des Verurteilten, aus dem sich niemand rühren darf, bis die Strafe vollzogen und gewöhnlich das ganze Haus zusammengerissen ist, so daß alle Einwohner mehr oder weniger Schaden nehmen. Während dieser Zeit, sowie überhaupt während der ganzen Dauer einer Egboesitzung, würde es für jeden nicht dabei Beteiligten der Tod sein, wenn er sich auf der Straße blicken ließe, und erst wenn die Egboetrommel den Schluß des Gerichtes verkündet, können die Geschäfte des gewöhnlichen Lebens wieder begonnen werden. Mitglieder des Ordens sollen, wenn verurteilt, das Recht haben, im Rausch zu sterben. Leute, die auf Reisen zu gehen gezwungen sind, stellen meistens ihr Eigentum unter den Schutz des Messing-Egboe, und ein gelbes Stück Zeug, das über der Thür angebracht ist, genügt, das Haus gegen jede Beschädigung zu schützen; der in den Messinggrad Einzuweihende wird am ganzen Körper mit einem gelben Pulver eingerieben. Am Kamerun ist ein Bündel grüner Blätter, der an einen Pfahl gebunden wird, das Zeichen, daß das Eigentum unter dem Schutz des Egboe steht.

Seine Entstehung soll der Orden der freien Egboes auf den Messen genommen haben, die auf einem großen Ölmarkte des Innern (halbwegs zwischen dem Kalabar und dem Kamerun) abgehalten wurden. Da dort der Handel zur Aufrechthaltung des Kredits eine genaue Einhaltung der übernommenen Verpflichtungen forderte, so bildete sich dieses Institut als eine Art Hansa unter den angesehensten Kaufleuten zu gegenseitiger Wahrung ihrer Interessen, und gewann später eine politische Bedeutung, indem es die ganze Polizei des Kalabar und Kamerun in seinen Bereich zog. Die Könige suchten sich stets die Großmeisterschaft in diesem Orden zu sichern, da ohne dieselbe ihr Ansehen zu einem Schatten herabsinkt.

Europäische Kapitäne haben es mehrfach vorteilhaft gefunden, sich in die niederen Grade einweihen zu lassen, um ihre Schulden leichter eintreiben zu können. Ein Mitglied des Egboe hat das Recht, den Sklaven seines Schuldners, wo immer er ihn finde, als sein Eigentum zu beanspruchen, indem er eine gelbe Schleife an das Kleid oder Tuch desselben befestigt. Der Charakter eines Egboe wird selbst im Innern noch geachtet und gefürchtet, und giebt eine Unverletzlichkeit, wie sie für ausgedehntere Handelsspekulationen in Afrika durchaus notwendig ist. Als Vorbereitung für ihre Aufnahme unter die freien Egboes werden am Kamerun die aufwachsenden Knaben für längere Zeit zu den Makolo, einem Buschvolk des Innern, geschickt. Um einen Besuch, vorzüglich einen europäischen, besonders zu ehren, pflegt man am Kamerun die Egboeziege vorzuführen, deren Anblick dem Volke sonst nur selten gestattet wird.

Prof. Dr. Adolf Bastian,
Geogr. u. ethnol. Bilder. Jena, 1873.

VIII.
Klima und Gesundheitsverhältnisse der Kolonie Kamerun.

1. Die Vorzüge.

In klimatologischer Hinsicht sind die Verhältnisse des Kamerungebietes ziemlich günstig. Es ist weder sehr heiß noch sehr ungesund. Überhaupt gehört die Westküste Afrikas, ihre nördlicheren Teile ausgenommen, zu den vergleichsweise kühlen Tropengebieten, und es scheint für dieselben ein Gesetz zu sein, daß die höchsten Temperaturen von Nord nach Süd abnehmen, mit mancherlei Unstetigkeiten zwar, aber völlig unbekümmert um den Äquator. In St. Louis am Senegal unter 16 Grad nördlicher Breite sind 40 Centigrade keine Seltenheit, in Loando unter 8 Gr. südlicher Breite ist innerhalb dreier Jahre, aus denen exakte Aufzeichnungen vorliegen, kein höherer Thermometerstand beobachtet worden, als 35 Centigrade oder 28 Gr. R., was auch zu Hause in Deutschland fast jeden Sommer an einem oder zwei Tagen vorkommt. Nicht viel anders dürfte auch in Kamerun die Temperaturbewegung sich herausstellen, und wahrscheinlich ist es hier weniger heiß als an der Kongomündung. Dazu kommt noch als lokaler Vorzug der eigentlichen Kamerunortschaft die täglich in den Vormittagsstunden mit großer Pünktlichkeit auftretende Seebrise, aus Südwest, die so wild und ungestüm zu Fenstern und Thüren hereinweht, daß die Gardinen sich gleich Flaggen aufbäumen und alle nicht mit der peinlichsten Sorgfalt beschwerten Papiere auf- und davonfliegen. In der ersten Nachthälfte schläft die Seebrise ein und wird dann von einem viel schwächeren, oft kaum bemerkbaren Landwinde aus Nord abgelöst, der bis etwa 9 Uhr morgens anhält. Ab und zu, namentlich des Morgens nach regnerischen Nächten, kann man sogar ordentlich frieren. Das Regenwasser hat gewöhnlich 23 Centigrad und wirkt dann, getrunken, als köstliche Erfrischung. Allerdings lernt man auch hier die Sonne hassen, wenn sie einmal ordentlich durchbricht, und bald wird man eine gleichförmige graue Bewölkung des Himmels, wie sie zum Glück bisher Regel war, als das angenehmste Wetter schätzen.

Noch viel weniger als hier in dem eigentlichen Kamerun hat man in den herrlichen Waldregionen der Nachbarschaft, welche uns nicht bloß im Norden, gegen den Berg zu, sondern ziemlich allseitig zu umgeben scheinen, von Hitze zu leiden. Dort kann man im tiefen Schatten riesiger Bäume zu jeglicher Tagesstunde spazieren gehen, ohne selbst von der brennendsten Sonne Unangenehmes zu empfinden.

Man kann Kamerun als einen klimatischen Kurort ersten Ranges betrachten. Allerdings fehlt es unter den Europäern nicht an Fieberanfällen, dieser allgemeinen tropischen Plage, ja es kommen zuweilen sogar perniciöse, mit Tod endende Fälle vor. Im großen Ganzen aber scheint sich das Miasma nicht öfter und nicht heftiger geltend zu machen, als an hundert anderen tropischen Küstenstrichen der Erde, obgleich die hygienischen Verhältnisse, unter denen man hier zu leben gezwungen ist, viel zu wünschen übrig lassen.

Um übrigens auf den tröstlichen Begriff „Kurort" zurückzukommen, so liegt offenbar eine Verwechslung vor mit dem seit vielen Jahren geplanten und vielfach erwähnten Sanatorium, das die englischen Missionare von Victoria oben auf dem Kamerunberge, in einer mittleren Höhe errichten sollten oder, wenn man will, errichtet haben. Es existiert nämlich unter diesem Namen dort oben bei Mans Spring eine kleine Holzhütte, die gegenwärtig von zwei entsagungsfrohen schwedischen Naturforschern bewohnt und erhalten wird, was indes nicht verhindert, daß die beiden Herren auch oft genug am Fieber leiden.

Gewiß lassen sich an den schönen Kamerunberg, dessen Spitze erst neulich, am 15. September, in weitem Umfange mit Schnee bedeckt war, so daß wir durch das Fernrohr einen Anblick aus den Hochalpen genießen konnten, die schönsten Hoffnungen sanitärer Art knüpfen (s. oben S. 318). Aber bis auf jenen unwirtlichen Hängen wirklich ein richtiges Sanatorium, d. h. doch mindestens ein komfortables Hotel, zu stande kommt, darüber möchte noch manches Jahr vergehen, und außerdem ist zu bedenken, daß das Fieber, wenn es sich einmal festgesetzt hat, auch im besten Sanatorium nicht sofort weicht, daß sogar das Sanatorium selber ein Fieberherd werden kann, falls es dem höhnischen Bacillus wieder einmal behagt, menschlicher Voraussicht zu spotten, und daß man fieberkranke Europäer nicht ohne weiteres einem schroffen Klimawechsel aussetzen darf.

Viel mehr in dieser Beziehung scheinen mir die sanfteren Hügel von Bimbia, da wo sie der Seebrise ausgesetzt sind, zu versprechen.

Wir befinden uns gegenwärtig, 15. Oktober, am Ende der Regenzeit und im Beginn der Gewitter und sogenannten Tornados.

Die Regen während der eigentlichen Regenmonate Juli, August treten nämlich immer ohne Donner und Blitz auf, ganz im Gegensatz zum Süden. Nur in den Übergangsmonaten Mai, Juni, September, Oktober kommt der Regen zuweilen mit Gewitter, und im März, April, November, Dezember steigern sich diese ab und zu bis zu den sogenannten Tornados, worunter Gewitter mit Sturmböen, aus der Osthälfte des Horizontes zu verstehen sind. Die gewöhnlichen Regen kommen dagegen aus Südwest. Die reine Trockenheit mit dichten Nebeln ist Januar und Februar, entspricht also auch hier dem Winter der Hemisphäre. Die jährlich niederfallenden Regenmengen scheinen reichlich zu sein. So fielen im August 575,6 Millimeter, davon am 27. nicht weniger als 123,5 Millimeter.

(Allgem. Zeitung vom Jan. 1884.)

2. Die wirklichen Gefahren.

Es darf nicht verschwiegen werden, daß von anderer Seite Klima und Gesundheitsverhältnisse Kameruns nicht so günstig dargestellt werden. Die Warnungen Woermanns vor Auswanderung nach Kamerun beruhen auf der, auch von den meisten Forschern geteilten Überzeugung, daß hier Ackerbaukolonieen für deutsche Auswanderer ganz unmöglich seien und man sich auf Plantagenwirtschaft und Faktoreien beschränken müsse. „In der Bodenbeschaffenheit", sagt Dr. Reichenau*), „wie in den Witterungsverhältnissen sind die hier denkbar günstigsten Vorbedingungen für eine wenig Mühe erfordernde und die reichsten Erträge versprechende Landwirtschaft gegeben, aber der Europäer kann hier keine Bodenarbeit vornehmen, sich nicht körperlichen Anstrengungen unterziehen; Malariafieber, Dysenterie und Leberkrankheiten raffen ihn weg. Wenn sich nun auch in neuerer Zeit durch richtigere Behandlung des Fiebers, mancherlei Erfahrungen hinsichtlich der Lebensweise und eine gesündere, dem Europäer zusagendere Ernährung, wie sie die Konserven gestatten, diese Verhältnisse etwas günstiger gestaltet haben, so ist doch immer die Sterblichkeit unter den in Kamerun weilenden Kaufleuten eine erschreckende." — Letzteres jedenfalls unter denjenigen, welche länger als 2 Jahre dort verweilen. Die große Sterblichkeit der Engländer (mehr als 40 Proz.) kann hier nicht absolut maßgebend sein, da sie, wie in Indien und überall, ihre Lebensgewohnheiten

---

*) Die deutsche Kolonie Kamerun. Nach eigener Anschauung geschildert. Berlin, 1884.

nicht ändern und unter dem Äquator essen — und trinken, wie es höchstens unter den kalten Nebeln Englands eine Zeitlang ungestraft geschehen kann. Doch ist, hiervon abgesehen, das Klima noch gefährlich genug, um die Engländer zu veranlassen, die Mannschaften ihrer in der Benneblicht stationierten Schiffe jährlich ablösen zu lassen. (S. Bastian, Geogr. u. ethnogr. Bilder. S. 142. — Europäische Kolonieen in Afrika. S. 23 u. 32.) — Man hat seit 1833 mehrmals Fahrten mit Dampfschiffen auf dem Niger unternommen, anfangs mit großen Verlusten (1842 von 300 Mann 295), später, seit der Expedition der Plejabe 1854 hat man mit Erfolg Vorsichtsmaßregeln angewandt; nicht zu langes Verweilen an demselben Platze, Vermeidung der miasmatischen Ausdünstungen durch Aufsuchung von gesünderen Standpunkten, prophylaktischer Gebrauch von Arzneimitteln, strenge Beobachtung aller sonstigen hygienischen Vorsichtsmaßregeln. Da auf Kriegsschiffen und bei wissenschaftlichen Expeditionen die Mannschaften strenge hierzu angehalten werden können, so erleiden diese auch viel weniger Verluste, als die Palmölschiffe.

B.

Fernando Po.

Der Clarence Pik, dem Kamerun gegenüber. — Die spanische Stadt St. Isabel. — Tropische Scenerieen. — Die Bevölkerung.

Über den Waldgürtel, der den Fuß der Insel umschließt, hinwegschweifend, traf der Blick, höher an den Bergstrahlen, die alle dem Clarence-Pik zulaufen, einen so großartigen Palmenreichtum, wie ich ihn später nie wieder in solcher Fülle gesehen habe. Wipfel neben Wipfel, ein Fieberblatt neben dem andern; von fern sah ich Tausende und Abertausende prächtig grüner Wedelsterne, die sich förmlich durcheinanderschoben und nur selten von alten, weißrindigen Baumriesen überragt wurden.

Die dichten Ölpalmenwälder, die die Insel zu einem der reichsten Plätze Westafrikas machen, umgürten den Riesenleib des Piks im ersten Drittel seiner Höhe, die dann weiter hinauf bis zum Gipfel mit dichter Laubwaldvegetation bedeckt ist. Bis 3500 m hoch bildet er mit dem auf dem Festlande gegenüber lagernden, noch gegenwärtig thätigen Kamerunvulkan von 4620 m Höhe ein mächtiges Thor, das an die Säulen des Herkules erinnert.

Um 9¹⁄₂ Uhr dampften wir auf der Rhede von St. Isabel (Clarence=Cove) zu; schon von weitem sah ich die Häuser der Stadt als weiße Pünktchen aus dem dunkeln Grün von Palmen und Wollbäumen (Eriodendron, Silk-cottontree), und mir fiel die besonders nach Westen zu buchtenreiche Uferbildung der Insel auf. Bald arbeitete die Maschine half speed, bald slowly, endlich klingelte der Telegraph im Raume: stop! und der schwere Anker rasselte an der Riesenkette in die klare Tiefe. Nun konnte ich mit Muße das Fleckchen Erde betrachten, das mir für einige Tage zum Aufenthalte dienen sollte, und brauchte nicht mehr das fortwährende Verschieben des Bildes, wie es störend bei der Fahrt ist, zu fürchten.

Die Bucht, die sehr tief ist und selbst Schiffen von größerem Tiefgange dicht bis ans Ufer zu fahren erlaubt, dehnt sich in einem nach Norden offenen Halbkreise aus. Sie mahnt mit ihren schroffen Steilabfällen, die, mit Bomben und Lavasetzen gespickt, nackt zu Tage liegen und nur selten in einem Riß von üppigen Gräsern oder Bananenbüschen geziert sind, an einen Kraterrand, und in der That bilden einige höchst pittoreske, am Gipfel bewaldete und mit überhängenden Pflanzenguirlanden reizend geschmückte Felseninseln die Fortsetzung des Westendes des Halbrundes. Der größere dieser Felsenbrocken, der früher Adelaide (nach Williams IV. Gemahlin) genannt wurde, jetzt aber Isabelinsel heißt, zeichnet sich durch die sonderbarsten Thore und Türmchen, die das ewig weiterfressende Meer herausgewaschen hat, aus, und zeigt auf der siennafarbenen Grundfarbe der in Winkeln von 45 Grad nord=süd fallenden Schichtung die wundervollsten Zeichnungen von hellgrauen Steinflechten. Das Ostende des Halbrundes, das im Durchmesser ziemlich ein Kilometer spannt, bildet der frühere Williamspoint, jetzt Isabelpoint. Er trägt ein sehr niedriges und trübes, deshalb kaum nützliches Leuchtfeuer und ist mit einigen Geschützen ausgestattet, die wohl niemandem mehr schaden können. Merkwürdig bleibt der Williamspoint, weil auf ihm ein Denkstein für die auf der Baikischen Expedition Gestorbenen, also auch für unsern Landsmann, den Botaniker Theodor Vogel, errichtet steht.

Nach Westen blickend, sieht man der Reihe nach in eine Menge Buchten, die von weit ins Meer laufenden Bergstrahlen des Piks gebildet werden und den Ankerschuß unserer Schiffskanone in einem großartig rollenden, viele Minuten andauernden Echo wiedergaben.

In der nächsten Bucht lag das Wrack eines gestrandeten spanischen Kriegsschiffes. — Die Stadt St. Jsabel, die sich mehr in die östliche Seite des Halbkreises schiebt, besteht aus äußerst freundlich blicken= den Häusern, teils mit anheimelnden, roten Ziegeln, teils mit dem tropischen Palmenwedeldach gedeckt. Die stattlichsten und schon vom Meere auffallendsten sind die Kirche mit schmucklosem, viereckigem Turm, das mit blauer Ornamentik geschmückte weiße Haus des Gouverneurs, welches, dem Hafen drei Giebelfronten zukehrend, von einer besonders breiten Veranda umgeben wird; daneben das feste, kleine Häuschen des Hafenmeisters; neben der Kirche ein stattliches Gebäude, das die wehende englische Flagge als das Besitztum des Agenten der Dampferlinie kennzeichnete. Ein anderes Haus, ein wahres Schmuckkästchen an Sauberkeit, liegt ganz isoliert und von Ficusbäumen und Kokospalmen umschlossen, am Westende der Bucht, während weiter hinauf an der Filswand, an deren Fuße die Stadt liegt, noch zwei perspektivisch kleine Häuschen aus dem Waldesgrün lugen. Wie ich später hörte, werden sie von zwei dort oben hausen= den Pflanzern bewohnt.

Zu beiden Seiten des künstlichen Aufstiegs, der von dem schmalen Uferrand aus rundgespülten Lavastücken und Kies an dem steilen Felshang in sanfter Windung empor zur Stadt führt, standen Ma= gazine und Warenlagerräume der in St. Jsabel ansäßigen Kaufleute. Im Rücken derselben, zwischen ihnen und der Felswand, sammelte sich im Laufe der Zeit genug Nahrungsstoff für die herrlichen Pisang= büsche, deren Blätter je näher dem Meere, desto bläulichere Färbung anzunehmen scheinen, für die verwilderten Mais= und Zuckerrohr= büsche an, die von üppigem Gewirr verschiedener Passifloren und Cucurbitaceen durchflochten waren.

Kaum hatte ich Zeit, dieses reizende Bild flüchtig zu durch= mustern, als ich von einem englischen Kaufmann, dem Agenten der Dampfergesellschaft mit der in jenen europäerarmen Gegenden so außerordentlich liebenswürdig ausgeübten Gastfreundschaft aufgefor= dert wurde, sein ansehnliches Haus neben der Kirche für die unbe= stimmte Zeit meiner Anwesenheit auf Fernando Po als das meine zu betrachten. Das Anerbieten war mir natürlich äußerst will= kommen, da „Hotels" dort selbstverständlich nicht zu finden sind, und ich in St. Jsabel auf den nächsten, von England kommenden Dampfer, der mich weiter nach Süden, zur deutschen Expedition, bringen sollte, warten mußte.

Ein Spaziergang mit meinem Wirt, der schon seit dreizehn Jahren in Westafrika lebte und gewissermaßen nur aus Knochen und Sehnen bestehend, trotz der noch jetzt fast regelmäßig monatlich eintretenden Fieberanfälle, den klimatischen Einflüssen zähen Widerstand leistete, führte mich durch die ganze Stadt — wenn diese Bezeichnung auf einen Ort mit etwa vierzehn oder sechszehn größeren Häusern, zwischen welchen zahlreiche kleine Häuschen eingestreut sind, anwendbar ist. Die Straßen sind mit wurzelbehangenen Ficusbäumen oder niedrigen Erythrinen eingefaßt; häufig auch wich ein am Wege stehender Zaun dem Zahne der Zeit, und seine Stützpfosten, gewöhnlich Spondiaspfähle (Sp. Jutea) hatten Wurzeln geschlagen, Zweige mit Blättern und Blüten getrieben und bildeten nun stellenweise hübsche, schattenspendende Alleeen. Nur in ihren ersten Anfängen von der plaça d'España aus gerade laufend, verzweigen sich die Straßen bald nach dem Gefallen der Neger, die die kleinen, aus Baumstämmen und größeren (Cannaceen- und Zingiberaceen) Blättern gebauten Häuschen im Vorwalde zerstreut bewohnen. Neben den schon erwähnten Kokospalmen, Bananen- und Brotfruchtbäumen, spenden auch mächtige Wollbäume, Mango-, Orangen-, Guaven-, Limonenbäumen, Öl- und Fächerpalmen den niedrigeren Maniok-, Mais- und Batatenfeldern, die neben den Negerhüttchen in kleinen Lichtungen angelegt sind, Schatten. Überall verwildert und gehegt stehen mächtige Ananasbüsche umher; die stachliche Opuntia, die von Hanse aus nur zu Einzäunungen angepflanzt wurde, hat sich überall festgesetzt und hindert den nach einem flüchtigen Schmetterling Jagenden in oft für Kleider und Haut sehr empfindlicher Weise; überhaupt sind der Dornen, Stacheln gar viele, und oft, wenn ich die Hand nach einer sammetbraunen, glänzenden Bohnenfrucht ausstreckte, zog ich sie, mit hunderten glasharter, feiner Brennhärchen besetzt und glühend wieder zurück.

Die Stadt, die mit der Insel zugleich als Deportationsort dient, zeugt im ganzen von früherem Feuereifer bei ihrer Anlage und von jetziger großer Vernachlässigung, wie ich sie auch in allen Besitzungen Portugals an der Westküste Afrikas fand. Die stattlichen Gebäude der Spanier werden nicht erhalten, sondern mangelhaft ausgeflickt, und im Walde, schon von schönen Bäumen überwuchert, fand ich die Fundamentmauern von Lazarethen, Kasernen, sowie in den weichen Boden tief eingesunkene Kanonenrohre. Die Cacao- und Kaffeepflanzungen der Regierung, die ich im Laufe der nächsten Tage flüchtig besuchte, waren halb verwildert, das Unkraut stand üppiger, als die mühevoll angepflanzten Fruchtbäume: und die Ananas, die zur Abteilung zwischen die Baumreihen gepflanzt waren, hatten sich des größten Teils des Bodens bemächtigt; nur die hohen Mangopflaumenbäume (Mangifera indica), die Aprikose der Tropen, welche größere Feldabteilungen umrahmten, ließen sich vorläufig noch nicht durch das kleinere Pflanzengelichter da unten stören und zeigten prachtvolle, kugelförmige Kronen, deren Blätter die Länge des Oleanderblattes mit der Breite und Farbe des edlen Lorberblattes verbinden. Noch hingen hier und da an den Stielen, die an die unserer herbstlichen, beerenlosen Weintrauben erinnern, Überreste verfaulter oder überreifer, braungolbiger Früchte.

Die Bewohner der Stadt: Spanier, Engländer und Neger, unterscheiden sich in vieler Hinsicht von einander. Obenan steht natürlich der spekulative, fleißige und nüchterne Sohn Albions, der auf der Insel die besten Geschäfte, hauptsächlich in Palmöl, macht. Ihm fühle ich mich versucht, den Neger anzureihen, d. h. den Neger in der Stadt, der an Mäßigkeit, Ausdauer und Fleiß über dem gewöhnlichen Spanier der Insel steht. Die Stadtneger sind Kolonisten aus Sierra Leona und Kruneger, die, verhältnismäßig wohlhabend und bedürfnislos, sich als Pflanzer, Handwerker, Wäscher, Fischer und dergl. ernähren. Viele von ihnen, die in den Missionen die Künste des Schreibens und Lesens erlernten, sind Handlungsdiener oder Aufseher bei den spanischen und englischen Kaufleuten und Plantagenbesitzern, erlernten die Sprache der Waldbewohner von Fernando Po und vermitteln den Geschäftsverkehr zwischen diesen und ihren Herren. Die Spanier fielen mir durch ihre krankhaft graugelbe Gesichtsfarbe, die matten, ausdruckslosen Züge und die schlaffe, kraftlose Haltung des Körpers auf. Zusammengesunken hutscht solch ein erbärmliches Menschengestell, wenn es sich überhaupt einmal auf die sonnige Straße wagt, im Schutze eines Sonnenschirms dahin und wirft sich dann, im kühleren Hause angekommen, erschöpft und fast aufgelöst durch diese außerordentliche Anstrengung, auf das vielbenutzte Lager. Die Hauptbeschäftigung dieser verkommenen, unwürdigen Söhne einer kraftvollen Nation, die einst eine neue Welt vor sich zittern machte, in Fernando Po ist Schlafen, Essen, Trinken und Kartenspiel, oder die Nächte hindurch das Billard, das auch dorthin seinen Weg in früheren, besseren Zeiten gefunden hat. — Achtungswerter, weil ernst und redlich an der

Erfüllung ihrer großen Aufgabe arbeitend, sind die spanischen Missionare von der Gesellschaft Jesu, die mehr im Innern der Insel, hauptsächlich in Banebari und an anderen kleineren Orten, ihr mühevolles, opferreiches und an Erfolgen armes Leben unverdrossen verbringen. Ihre Bemühungen, die Abiyas — nach Bastians „Dorfbewohner" — zur Annahme des Christentums und europäischer Gesittung zu bewegen, sind mit verhältnismäßig geringen, kaum in einigen nichtssagenden Äußerlichkeiten bestehenden Erfolgen belohnt.

Die Abiyas, bekannter unter dem Namen „Bubis", der ihnen von den Europäern gegeben ist, weil sie jeden mit „Bubi", d. h. Freund, anreden, kamen erst nach der Entdeckung des damals, wie alle atlantischen Inseln, unbewohnten Eilands durch den Portugiesen Fernão do Po, aus dem Gabunlande von den aus dem Innern herandrängenden M=pongwes verjagt, auf die Insel hinüber. Sie sind nur in den Wäldern ansässig, und in St. Isabel wohnen keine Abiyas, denn trotz einer ungewöhnlichen Sanftmut in ihrem Charakter fühlen sie sich von den Europäern und deren Lebensgewohnheiten nicht angezogen. Frei und höchstens nur von Missionaren aufgesucht, leben sie in kleinen Dörfern, die sich dem an den Ufern der Insel entlang Fahrenden durch zahlreiche Rauchsäulen verraten, mitten im Walde und kommen nur in die Faktoreien der Weißen und die Stadt, um die Erzeugnisse ihres Landes — dieselben wie die ganz Westafrikas — zum Austausch gegen europäische Waren anzubieten. Zeuge werden von ihnen, im Gegensatz zu allen anderen Negern jener Länder, fast gar nicht verlangt, denn sie gehen, mit Ausnahme eines schmalen Schamtuches, das häufig aber auch nicht einmal vorhanden ist, nackt.

Ihr einziges Kleidungsstück, das nie fehlt, ist ein breitrandiger, oder besser, nur aus einer mächtigen Krämpe bestehender Hut, aus den zerspaltenen Blättern der Fächerpalme geflochten; derselbe wird auf dem dichten Haar durch lange, dünne Stäbchen oder Knochen, die wie kleine Spieße aus dem Flechtwerk hervorsehen, festgehalten. Das Haar, meist künstlich zu großen Toupets aufgebondert, wird gewöhnlich mit gelber Erde, wohl Ocker, eingerieben, und zwar so, daß die einzelnen Haarsträhne mit der feuchten Erde zu kleinen Kugeln geballt sind. Um den Hals und die Handgelenke tragen sie aneinandergereihte Knochen oder Steine, auch wohl Fellstreifen oder reiche Schnüre europäischer Stickperlen. Ihre Bewaffnung besteht häufig in einem Feuersteingewehr, sonst in einer Lanze, seltener einer

Keule. Am linken Oberarm trägt jeder Mann an einer Schlinge ein großes Messer in einer Holz- oder Hautscheide; die Frauen tragen an derselben Stelle eine Tabakspfeife. Die Abinas sind ein großer, stark und kräftig gebauter Volksstamm von tief-dunkelbrauner Farbe, leider aber, besonders bei Frauen, häßlichen Gesichtszügen. Ihr Wesen ist sanftmütig und ruhig, und im wohlthuendsten Gegensatz zu dem Schreien und Lärmen aller anderen Neger hört man von ihnen, selbst beim Handel mit den Europäern, kaum einen heftigen Wortwechsel.

Hermann Soyaux.*)

Am Benue.

Reisebilder von Gerhard Rohlfs.

Wir verließen nachts um 10 Uhr die Stadt Ubéni, wo der Fetischdienst von den Negern am ausgeprägtesten betrieben wird. An demselben Tage noch, als ich nachmittags Abschiedsaudienz beim Sultan hatte, konnte ich mich davon überzeugen, welche eigentümlichen Opfer diese Stämme ihren Götzen darbringen. War es ein wirkliches Fest, oder war es, um den Zorn der aus Thon geformten Götter zu versöhnen, weil ein Weißer mehrere Tage in den Mauern der Stadt geweilt hatte, das konnte ich nicht erfahren.

Die Götter sind meist aus Erde, oft auch aus Holz geformt, und bewohnen eigene kleine Hütten. In den Gegenden am Benue sind es hauptsächlich Dobo und Mussa, denen man allgemeine Verehrung und Anbetung zollt. Es giebt nämlich Götter, die allgemein sind, und Privatfetische; jeder hat z. B. seinen eigenen Hausgötzen, außerdem hat man Stadtgötter, Thorgötter, Feld- und Gartengötter, Flußgötter rc.

Als ich abends mit meinen Leuten die schmale Brücke überschritt, die uns aus dieser Hexenstadt mit ihren Blutopfern wieder

---

*) Dieser bedeutende Botaniker, Teilnehmer an den afrikanischen Expeditionen von Homeyer und Pogge, dann Direktor der Woermannschen, von ihm selbst angelegten Kaffeeplantagen am Gaboon schrieb außer zahlreichen Aufsätzen in Zeitschriften das für das Studium Afrikas unentbehrliche Werk: Aus Westafrika, 1879. 2 Bde. Er hat handgreiflich die hohe nationale Bedeutung des botanischen Studiums bewiesen.
R.

ins Freie brachte, dauerte es lange Zeit, trotz der herrlichen Nacht, trotz der lieblichen Gegenden, bis mir die Opfer, die ich nachmittags im Hause des Sultans mit angesehen hatte, wieder aus dem Sinne kamen. Immer schwebten mir im Geiste die Bilder vor, wie unter Pauken- und Trommelschlag nackte Sklaven Schafe, Hühner und Tauben abstachen, die irdenen Bilder mit Blut beschmierten und dann Federn daran klebten. Aber endlich riefen die Stille der Natur und die üppige Pflanzenwelt andere Gedanken hervor. Man sah, daß die Nähe des Benue hier schon einen mächtigen Einfluß auf die Entwickelung der Vegetation ausübte. Schweigend durchzogen wir die Ebene; denn nachts vermeidet man gern° jedes Geräusch. Waren wir doch überdies in einer Gegend, wo fortwährend Krieg und Überfälle an der Tagesordnung sind, auf der äußersten Grenze der Macht der Fellata oder Pullo (Fulbe) nach Süden zu. Voran gingen zwei riesige Neger aus Keffi-abd-es-Senga; jeder trug auf seinem Kopfe einen 3 Ellen langen, an 80 Pfund schweren Elefantenzahn. Ich hatte das Elfenbein gegen meine Pferde ausgetauscht. Dann kam einer mit mehreren kleinen Zähnen, dann drei Sklaven, die unser Gepäck trugen, und den Schluß machten wir selbst.

Die Stille der Natur wurde fast durch nichts unterbrochen, nur zuweilen hörte man von fern das Krachen der Zweige im Gebüsch, durch welches ein unförmliches Flußpferd weidend sich den Weg brach, oder aufgescheuchte Vögel, welche eine andere Schlafstelle suchten, flogen kreischend davon. Mehrere Male wurde Rast gemacht, denn die Elfenbeinträger, obwohl es schien, als ob sie nichts zu tragen hätten, weil sie so rüstigen Schrittes vorwärts eilten, hatten doch von Zeit zu Zeit eine Erholung nötig. Nach einem vierstündigen raschen Dahineilen gelangten wir plötzlich in einen dichten, hohen Wald; nur tastend konnten wir vorwärts kommen, denn die Kronen der Bäume bildeten ein so dichtes Dach, daß kein Stern durchfunkelte. Indes war der Pfad ziemlich breit, aber viele im Wege liegende Baumstämme und große Wurzeln machten das Weitermarschieren sehr beschwerlich. Dann wehte uns plötzlich eine kühlere Luft an, der Weg wurde frei und vor uns lag eine weite Ebene. Unsere Träger hielten an und legten, sich gegenseitig helfend, das Elfenbein auf den Boden; ein Gleiches thaten die Gepäckträger. Schon glaubten wir, es handle sich um eine bloße Rast; als ich weiter vorwärts ging, sah ich, daß ein weiter, blanker See zu unseren Füßen sich ausdehnte.

Aber nein, es war kein See, es war der Benue. Nach rechts und links dehnte sich das Wasser, so weit man sehen konnte, aus, doch gegenüber sah man an einzelnen Lichtern und Wachtfeuern die Grenze des majestätischen Stromes. „Ist dies das andere Ufer?" fragte ich die Neger. — „Nein, das ist bloß eine Insel, Loko, von Bassanegern bewohnt, und hier werden wir bei Tagesanbruch übersetzen," war die Antwort. Sobann luden sie uns ein, uns auf den Sand niederzustrecken, da bei Tagesanbruch, sobald die Bassa uns sähen, sie mit ihren Kähnen herüber kommen würden, um uns abzuholen. Wir labten uns mit einem Trunke Wassers; seit wir abends die Stadt verließen, hatten wir trotz des schnellen Marsches nichts getrunken, weil niemand Wasser mit sich führte. Dann legten wir uns ruhig nieder und erwarteten, halb wachend, halb schlafend, den Morgen.

Beim ersten Grauen des Tages hörten wir sofort Geschrei und Lärmen und sahen, wie von der mit Ölpalmen bewachsenen Insel, auf deren nördlichem Ufer zahlreiche kleinere Hütten standen, eine Menge Kähne ins Wasser stießen und von nackten Negern auf die Stelle zu hingeschaufelt wurden, an der wir uns befanden. Wir stiegen nun auch den Strand hinab, der jetzt beim niedrigsten Wasserstande des Benue sehr breit war, und bald waren wir den Bassa gegenüber. Diese schienen sehr erstaunt, ein paar Weiße vor sich zu sehen, denn hatten sie jemals welche gesehen, so waren diese den Benue herauf in eigenen Schiffen gekommen. Anfangs schienen sie uns sogar für Fulbe, die ihre erbittertsten Feinde sind, zu halten. Nachdem aber die uns begleitenden Neger ihnen die Versicherung gegeben hatten, daß wir diesem Stamme nicht angehörten, überdies keine Mohammedaner wären, sondern Nassara (Christen, mein mohammedanischer Diener Hammed ließ es sich ganz gern gefallen, hier als Christ mit zu passieren), wollten sie sich sogleich ohne weiteres unseres Elfenbeins bemächtigen, sowie des Gepäckes, um dieses und uns in die ausgehöhlten Baumstämme (ihre Kähne) zu werfen. So, dachte ich indes, geht das nicht. Die Menschen sind überall dieselben, und wenn man in Italien oder im Oriente nicht wohl daran thut, sich, ohne zu parlamentieren, in die Hände des dienenden Publikums zu geben, so glaubte ich auch hier vorerst dingen zu müssen. Wir rissen ihnen also unsere Habe wieder aus den Händen, und ich machte ihnen begreiflich, daß sie mir zunächst den Preis für das Übersetzen sagen müßten. Zu dem Zwecke legte ich

100) Muscheln (Kauris) auf den Boden und fragte durch Zeichen, wie viel sie solcher hundert haben wollten? Nach langem Streiten und Handeln wurden wir dann handelseins über 4000 Muscheln, was allerdings teuer genug war, wenn man bedenkt, daß es sich bloß ums Übersetzen handelte, 4000 Muscheln aber den Wert von einem Maria=Theresia=Thaler repräsentieren. Die anderen Neger, welche, wie ich gehofft hatte, uns bis nach Loko begleiten würden, erklärten dann, daß sie zurück müßten, um noch vor der großen Hitze Ubéni zu erreichen. Nachdem sie uns dann in die Baumstämme geholfen, die so klein waren, daß kaum zwei Mann darin Platz hatten, und wir deshalb mehrerer bedurften, nahmen wir Abschied, wir stießen vom Lande und wurden von den Bassa rasch nach ihrer Insel hinüber geschaukelt.

Die Ankunft von Fremden ist auf solchen Plätzen immer ein Ereignis, wenigstens des Morgens früh, wo alles eben vom Schlafe erwacht und noch nicht der Arbeit nachgegangen ist. Als wir landeten, hatte sich ein zahlreiches Publikum versammelt, das vielleicht noch außergewöhnlich vergrößert war, weil man längst gesehen hatte, daß zwei Weiße die Fremden seien. Wie besorgt ich nun anfangs war, mich so ganz ohne irgend eine Stütze unter den Bassa zu befinden, von denen die anderen dem Julbe des Reiches Sokoto unterworfenen Negerstämme mir nicht schlecht genug zu sprechen wußten, so legte sich doch meine Besorgnis, da ich bald sah, daß alles Böse, was man von ihnen gesagt hatte, Übertreibung sei. Obgleich von Hunderten dieser Leute umringt, die sich so dicht wie möglich an uns herandrängten, uns befühlten und befragten, und sich dann wunderten, daß wir nicht in ihrer Sprache zu antworten vermochten, that man uns nichts zu Leide, sondern wir wurden einfach in einen von mehreren Hütten gebildeten Hofraum gedrängt. Man gab uns zu verstehen, daß wir uns setzen möchten. Nachdem uns dann eine recht nett aussehende alte Negerin ein Gefäß voll warmer Suppe gebracht hatte, fragte man uns durch Zeichen und Laute, ob wir denn gar keine der dort üblichen Sprachen verständen, und nacheinander nannten sie eine Menge Sprachen, als: Fulfulde, Berbertji, Arabtji, Haussa, Nupe ꝛc. Ich glaubte nun zu verstehen, daß unter ihnen Individuen wären, die eine dieser Sprachen verständen, und erwiederte sogleich Arabtji, Berbertji. Unter letzterem Worte bezeichnen nämlich alle diese Negerstämme die Bewohner und Sprache von Bornu (das Kanuri). Die Bassa schienen ebenso froh zu sein wie

ich, als ich Berbertji antwortete; es wurde gleich darauf einer fort=
geschickt, der dann mit einem anderen zurückkam, welcher uns schon
von weitem sein La-Le-La-Le, Ko lafia-le n-la togë etc.: „Sei ge=
grüßt; Friede; wie befindet sich deine Haut" ꝛc. entgegenrief.

Fand er sich im Anfange etwas getäuscht, daß ich nicht so flie=
ßend zu antworten vermochte, als er sich wohl gedacht hatte, so sah
er doch schnell ein, daß es sein Vorteil sei, uns zu Freunden zu
behalten, und ich meine gar, er sagte den Bassa, daß wir wirkliche
Kanuri vom Tsad=See seien, was sie indes nicht glauben wollten,
sondern ihm entgegneten, wir wären Inglese und Vettern von den
beiden weißen Christen in Lokoja (der bekannten, von Dr. Baikie
gegründeten Station an der Mündung des Benue in den Niger).
Er selbst war gerade nicht von Bornu, sondern von einer im Reiche
Sokoto gegründeten Kolonie Namens Lafia=Bere=Bere. Er sagte
mir dann, daß man eine Hütte für uns in Stand setze, und daß
der König der Insel mir einen Besuch machen würde, den ich später
zu erwiedern hätte.

Unterdessen nahm ich die Gelegenheit wahr, mich etwas umzu=
sehen. Unser Kanuri erzählte mir, daß die Bassa auf Loko haupt=
sächlich von der Fähre lebten, da hier ein Hauptübergang sei; bei
Hochwasser sei die ganze Insel, welche jetzt etwa 16 Fuß über dem
Wasserspiegel lag, überschwemmt, und die meisten Leute zögen sich
dann aufs linke Ufer zurück, während nur die zur Besorgung der
Fähre unumgänglich notwendigen jungen Leute in hohen, auf Pfählen
ruhenden Hütten zurückblieben.

Die Bassaneger wohnten früher alle auf dem rechten Benue=
Ufer, wurden aber von den Fellata, ihren fanatischen Feinden, zurück=
gedrängt, so daß nur noch einige wenige Plätze von ihnen am
rechten Ufer behauptet werden. Die Bassa sind mit den Afo= und
Kotonegern eng verwandt und scheinen sanfter Natur zu sein; sie
nähren sich hauptsächlich von Fischen, die der Benue ausgezeichnet
und in unglaublicher Menge liefert. Dem Äußeren nach sind sie
echte Neger, ohne doch dabei häßlich zu sein. In der Jugend gehen
beide Geschlechter nackt, und unter den Erwachsenen haben die är=
meren Leute höchstens ein Schurzfell um die Hüften geschlagen.
Eigentümlich ist die Art ihrer Begrüßung, indem sie den Vorderarm
der Länge nach aneinander legen, derart, daß einer dem andern
den Ellenbogen umfaßt. Sie sind wie die Afoneger Fetischdiener,
ohne jedoch einen so ausgeprägten Penatendienst wie jene zu haben.

Endlich war die kleine, runde Hütte, welche man provisorisch aus Matten aufgeführt hatte, fertig, so daß wir einziehen konnten. Kaum hatten wir uns niedergelassen, als der Galadima oder König der Insel kam. Er besah alles, that viele Fragen mittels des Kanuri und sagte, er würde nach einem Araber als Dolmetscher senden. Im ganzen benahm er sich recht anständig. Als er sich entfernt hatte, war meine erste Sorge, ein Schiff zu mieten nach Jmaha (wird auch von den Arabern und Solotonegern Um-Aischa genannt), einem Orte, der drei Tagereisen unterhalb am Benue liegt und wohin wir zunächst mußten. Das war keineswegs leicht, nicht etwa deshalb, weil die Leute zu hohe Preise forderten — sie verlangten, ich glaube 10 000 Muscheln, was mit den 4000 für's bloße Übersetzen also in gar keinem Verhältnis stand —, sondern weil wir gar kein bares Geld, d. h. Muscheln, mehr hatten. Ich versprach ihnen, in Jmaha zu zahlen, wo ich einen Burnus, das letzte Stück, was mir von meinen Waren geblieben war, zu verkaufen gedachte. Aber kein Mensch wollte Kredit geben; es blieb uns also nichts anderes übrig, als alle Kleidungsstücke, die wir entbehren konnten, zu verkaufen, um so die Summe zu stande zu bringen. Indem wir uns auf das notwendigste beschränkten, gelang es uns, 8000 Muscheln zusammen zu bekommen, und indem wir gleich im voraus bar bezahlten, konnten wir von den 10 000 Muscheln 2000 abdingen.

Nachdem dies in Ordnung war, machte ich dem Könige meine Aufwartung. Er mochte wohl ein hübsches Geschenk erwartet haben, ich konnte ihm aber bloß einige kleine einheimische Baumwollentücher geben, mit denen sich in Haussa die Weiber bekleiden. Damit gab er sich zufrieden, weil er selbst vorher gesehen hatte, daß wir gar nichts mehr besaßen. Er machte dann die freundschaftlichsten Versicherungen, und meinte, er wünsche nichts so sehr, als mit den Engländern direkt in Handelsverbindung zu treten. Ja, als ich zu Hause ankam, sandte er mir sogar ein Gegengeschenk: ein Huhn, trockene Fische, Madidi, d. h. eine Art Kleister in Bananenblätter gewickelt, und 1500 Muscheln bar.

Denselben Tag konnten wir natürlich nicht an die Abreise denken, und es war auch gut, daß wir blieben. Denn am Abend kündigte sich die Regenzeit mit einem solchen Tornado (Orkan) an, daß ich fest glaubte, es sei ein Erdbeben damit verbunden. Da das Unwetter gegen Sonnenuntergang hereinbrach, also um eine Stunde, da alle Leute ihren Topf auf dem Feuer hatten, so kann man sich denken, wie sehr die Weiber sich beeilten, die Feuerstellen zuzudecken. Die Windstöße waren so heftig, daß in einem Nu mehrere Hütten weggeführt und Gott weiß wohin geweht wurden. Glücklicherweise lag unsere Hütte zwischen anderen so geschützt, daß wir nicht zu fürchten brauchten, fortgeweht zu werden. Das hinderte aber nicht, daß, als die Wolken an zu brechen fingen, Ströme Wassers von oben und unten hereinfluteten, so daß wir in einem Augenblicke durchnäßt waren. Es ist gut, daß dergleichen Unwetter in der heißen Zone nie lange anhalten; nach einigen Stunden hatten wir einen vollkommen sternhellen und unumwölkten Himmel, und am andern Morgen tauchte die Sonne wie neu aus dem Benue, dessen früher staubige, dunkelbuschige Ufer jetzt durch den Regen rein gewaschen waren und wie im Frühlingsgrün prangten. Bei uns in Europa hat man keine Idee davon, wie rasch belebend der erste Regen auf die tote Natur einwirkt. Schon nach einigen Tagen sproßt alles neu und frisch aus dem Boden, welcher sich wie durch Zauber in einen grünen Teppich voll bunter Blumen umwandelt. Und sobald die Pflanzenwelt erwacht, thut es nicht minder die kleine Tierwelt; Schmetterlinge und Käfer, die man sonst nur in Thälern, wo immer fließende Bäche und Rinnsäle rieseln, bemerkt, treiben sich überall herum.

Am andern Morgen endlich nahmen wir von unseren Bassa=freunden in Loko Abschied und bestiegen unsern hohlen Baum. Dieser Kahn war gerade groß genug, um uns beherbergen zu können; nur ein Neger stand auf dem Hinterteile, um mit einer Schaufel das schnell stromabwärts treibende Schiffchen zu lenken. In seinem Munde hatte er eine lange Pfeife, die bis auf den Boden ging und nur von Zeit zu Zeit fortgelegt wurde, wenn die Lenkung des Schiffchens vielleicht mehr Aufmerksamkeit wie gewöhnlich er=heischte. Wenn uns ein anderer Kahn begegnete, dann wurde sicher beigelegt, um einige Züge gemeinschaftlich zu schmauchen. Die meisten hatten sogar ein kleines Feuer in einem irdenen Topfe auf dem Vorderteile des Kahnes brennen, teils um Fische im Rauche des Feuers vor Fäulnis zu bewahren, teils um die Pfeifen anzünden zu können.

Es ist die Sitte des Rauchens hier bemerkenswert genug; während z. B. in ganz Nord=Central=Afrika, Uadai, Bornu, Haussa, Bambara 2c., überall Tabak gezogen wird, verwenden die dortigen Einwohner dies Kraut nur zum Kauen, indem sie es pulverifiert mit Natron mischen, zuweilen auch zum Schnupfen; erst in der Nähe des Benue wird das Rauchen allgemein.

An Abwechslung fehlt es bei dieser Fahrt natürlich nicht; zahlreiche Herden von Flußpferden, Haufen fauler Kaimans, die sich auf den Sandbänken sonnten, fliegende Fische, die unser Fahrzeug umgaukelten, in den dichtbelaubten Bäumen am Ufer Herden von Affen aller Art, die neugierig auf uns herunterschielten, — hier und da, und dies meist am linken Ufer, ein Negerdorf. Auch sah ich die mannigfaltigsten Vorkehrungen zum Fischfange; sie nahmen sich wie große Vogelbauer aus und standen überall an seichten Stellen im Benue. Die Zeit wurde mir nicht lang. Nachts legten wir bei einer Sandbank inmitten im Strome bei, unterhielten aber immer Feuer, damit die gefräßigen Kaimans nicht zu nahe herankämen. Am dritten Tage endlich waren wir im Angesichte Amahas, wo wir bei Sultan Schimmegö, einem Freunde des verstorbenen Dr. Baikie, die freundlichste Aufnahme fanden.

Der Kongostaat.

I.

Umfang des Kongostaates. — Ergebnisse deutscher Durchforschungen des Landes. — Das eigentliche Königreich Kongo. — Die eingeborenen Könige und Häuptlinge. — Die internationale Gesellschaft.

Der Kongostaat, d. h. das Areal, worin durch den Berliner Kongreß dem König der Belgier die Ausübung der Souveränität als ausschließliches Recht vertragsmäßig verbürgt worden ist, umfaßt einen Länderkomplex, der fünf- bis sechsmal so groß wie Teutschland ist, aber weder 80 Millionen Einwohner, nach Stanley, noch 25 Millionen, nach Hübner, sondern, nach Pr. L. Kund, höchstens 10 Millionen E. zählt, von denen ⁹/₁₀ noch keinen Weißen gesehen haben. So erfreulich es auch ist, daß der neue Staat, dem der hochherzige König der Belgier seine Fürsorge zuwendet, die Ausbreitung europäischer Kultur im Herzen von Afrika mächtig fördern und dem Vordringen der mohammedanischen Barbarei einen dauerhaften Damm entgegenstellen wird, so wenig ermunternd für deutsche Kaufleute und Plantagenbauern sind die Aussichten, welche dieses Land noch auf Jahrzehnte bieten kann. Die Afrikanische Gesellschaft in Berlin, welche der Wissenschaft und dem Handel schon so viele und wichtige Dienste geleistet hat, sandte 1884 im wohlverstandenen Interesse Deutschlands eine Expedition nach dem Kongo, die aus den Herren Premierlieutenant Kund, den Lieutenants Schulze und Tappenbeck, Dr. Büttner und Dr. Wolf bestand, zu dem Zwecke, das westliche Kongogebiet genauer zu studieren und namentlich die hygienischen und klimatischen Zustände, die Produktionsfähigkeit des Bodens, sowie die für Deutschland maßgebenden Handelsverhältnisse mit unbefangenem, kritischem Auge — gegenüber den pomphaften Schilderungen Stanleys und der Belgier — zu untersuchen. Das Ergebnis dieser gewissenhaften, fast zwei Jahre, 1884—6, dauernden Untersuchungen, welches Herr Premierlieutenant Kund in der Versammlung des Deutschen Kolonialvereins zu Berlin am 20. Januar 1887 und in der Junisitzung 1887 der Gesellschaft für Erdkunde mitteilte, läßt sich in folgenden Sätzen zusammenfassen, die mit den Untersuchungen von Pechuel-Lösche, Oskar Lenz, Tisdel, Max Buchner und Mönkemeyer in allem Wesentlichen übereinstimmen:

1) Das ganze untere Kongogebiet von der Mündung bis Vivi ist wegen der Unfruchtbarkeit des Lateritbodens, sowie wegen der Spärlichkeit und Unregelmäßigkeit des Regenfalles für jede geregelte Bodenwirtschaft größeren Umfanges durchaus ungeeignet.

2) Das Klima ist für Europäer am unteren Kongo in hohem Grade gefährlich. (Von den hunderten Europäern, die im Dienste der Internationalen Gesellschaft am Kongo beschäftigt waren, haben kaum sechs Mann die kontraktliche Zeit von drei Jahren aushalten können. Nach Ripperdey gingen z. B. auf der Station Manyango innerhalb dreier Tage vier Missionare am hämaturischen Fieber zu Grunde.)

3) Ohne eine Eisenbahn zwischen Vivi und Stanley Pool (15 bis 18 Tagemärsche), welche das obere Kongogebiet dem Handel zugänglich macht, hat der Kongostaat überhaupt keine Zukunft und ist, wie selbst Stanley in seiner Erwiederung auf Pechuel-Lösche (New-York Herald, 29. November 1885) eingestand, keine zwei Schilling wert.

4) Eine solche Eisenbahn durch den Kataraktendistrikt wird

ungeheure Summen kosten und in den ersten Jahrzehnten die Betriebs=
kosten nicht decken.*)

5) Im ganzen ist nur der Uferrand des Kongo und einiger
Nebenflüsse (oft nur oberflächlich) bekannt; es ist demnach eine ge=
nauere Durchforschung des ganzen Gebietes das nächste und unab=
weisbarste Arbeitsziel.

Eine zuverlässige Belehrung über alle Kultur= und Produktions=
verhältnisse des Kongostaates findet man in der Schrift: Betrach=
tungen über das tropische Westafrika, speciell über das Unter=Kongo=
gebiet. Von W. Mönkemeyer, früher Chef der Kulturen zu Boma
am Kongo. Berlin, 1886. 60 Pf. — Dieser gründliche Sachkenner
schließt sich ganz den Ausführungen und Grundsätzen des Dr. Pechuel=
Lösche an, der nach eigener Anschauung der Dinge am Kongo es
zuerst wagte, den Übertreibungen des sonst so verdienten Stanley
entgegenzutreten und nachzuweisen, daß das Kongoland niemals ein
„Indien" für Europäer werden kann. Daß jedoch das obere
Kongogebiet für Handel und Plantagenbau weit bessere Aussichten
bietet, wird selbst der ärgste Pessimist nicht leugnen können, und
hier wird sich auch in Zukunft die Hauptthätigkeit der Europäer
geltend machen.

Das Verhältnis des Kongostaates zu den eingeborenen Besitzern
des Landes darf nicht, wie es oft geschieht, mit Stillschweigen über=
gangen werden; wir entnehmen eine kurze Darstellung desselben dem
Werke Stanleys**), der zur Gründung dieses Staates den Haupt=
anstoß gegeben hat:

---

*) In der Sitzung der Geogr. Gesellschaft in Wien vom 19. April 1887
sagte Dr. Lenz allerdings: „Ich bin überzeugt, daß diese Eisenbahn für die
ersten Jahrzehnte wahrscheinlich nicht einmal die Betriebskosten tragen wird,
aber," fügte er hinzu, „für mich steht es fest, daß der Kongostaat ohne diese
Bahn überhaupt nicht lebensfähig ist. Es wird mit Vollendung dieses Schienen=
geleises ein großer Umschwung in den ganzen Handelsverhältnissen am unteren
Kongo eintreten, der jetzt in Banana befindliche Handel wird an den Stanley=
Pool verlegt werden und von hier aus werden der mehr als 1000 Kilometer
schiffbare Kongo und seine Nebenflüsse bis hinauf zu den Stanley=Fällen von
den Dampfern befahren werden können. Die Buschbewohner an den Ufern
des Stromes können für längere Zeit noch Erzeugnisse liefern; es wird aller=
dings auch eine Zeit kommen, wo das Elfenbein selten wird und ganz aufhört,
bis dahin aber werden die Neger gelernt haben, andere Artikel für den europäi=
schen Händler zu beschaffen. Es scheint, daß jetzt die finanziellen Bedingungen
für den Bau der Kongobahn gegeben sind, und es wird damit zweifellos eine
bedeutende Kulturarbeit geschaffen, die freilich ihre Zinsen erst in später Zukunft
tragen wird".

**) Henry M. Stanley. Der Kongo und die Gründung des Kongo=

Baumgarten, Afrika. 24

Wie groß die Ausdehnung Kongos und der verschiedenen benachbarten Länder im 15., 16., 17. und 18. Jahrhundert und welcher Art die politische Macht auch gewesen sein mag, welche die von den alten Chronikschreibern in prahlerischer Weise Könige, Potentaten, Prinzen, Herzöge und Grafen genannten Häuptlinge besaßen: gegenwärtig und bis so weit zurück, wie die ältesten Leute, denen ich begegnet bin, denken konnten, deutet kein Zeichen darauf hin, daß die Verhältnisse früher wesentlich verschieden von den heutigen gewesen seien.

Das Kongoland ist ein Binnenland und im Süden von dem oberen Laufe des Ambrisetteflusses begrenzt. Im Westen läuft die Grenze nördlich bis zu einem etwa 45 km von Nokki entfernten Punkte; von da geht dieselbe etwa 96 km weit in östlicher Richtung, dann in gewundener Linie südöstlich, südlich und südwestlich, und am westlichen Abhange der Maites Quemados oder „Verbrannte Felsen" hin nach dem Ambrisette. Das Gesamtareal des Königreichs beträgt etwa 4000 engl. Quadratmeilen oder 10 340 □ km. Die Stadt des Häuptlings wird von den Eingeborenen Ambassi, von den Portugiesen aber noch immer San Salvador genannt. Herr Comber, welcher den Ort im Jahre 1878 besuchte, schildert den König Totela als eine unbedeutende Persönlichkeit, obgleich derselbe den Titel „Se. Maj. Dom Pedro, König von Kongo" angenommen hatte. Die Nationalflagge war dunkelblau mit goldenem Stern in der Mitte.

Alles übrige Land am linken Ufer des Stromes und an der Küste wird von kleineren Königen in Anspruch genommen und steht unter der Herrschaft von ebenso vielen Häuptlingen oder noch gewöhnlicher von Gruppen von Ältesten, zu denen, je nach der Größe des Distriktes, 3 bis 10 Personen gehören. Der landesübliche Titel eines Häuptlings oder Ältesten, der 2 oder 3 Sklaven besitzt, ist „Nfumu", was zweifelsohne gleichbedeutend mit „König" gewesen ist. Nachdem aber die Sklavenbesitzer so zahlreich geworden sind, ist der Titel allmählich von demjenigen, welcher in alten Zeiten glücklicher Sieger über Tausende und dadurch der Herr seiner

---

staates. Aus dem Engl. von H. von Wobeser. Mit über 100 Abbildgn. und Karten. Leipzig, Brockhaus, 1885. — Es ist wohl überflüssig, auf die Bedeutung dieses, alle Kolonialfragen des neuen Kongostaates umfassenden Werkes hinzuweisen, wenn auch seine Schilderung des unteren Kongos den oben mitgeteilten Korrekturen der deutschen Forscher unterworfen werden muß.

Gefangenen in Bezug auf Leben und Freiheit war, auch auf den anmaßenden und ehrgeizigen Sklaven übergegangen, der mit Hilfe seiner Schlauheit, Sparsamkeit und Betrügereien so viel Vermögen zu erwerben gewußt hat, daß er sich selbst ein paar Sklaven hat kaufen können. Hier und dort findet man wohl am linken Ufer einen eingeborenen Herrscher, wie z. B. Makoko von Usansi, den Sohn des gleichnamigen Makoko, der, als wohlhabender und mächtiger Herr über ein erworbenes großes Gebiet, gestorben ist, dessen nominelle Macht sich über ein, mehrere tausend Quadratkilometer großes Gebiet erstreckt, und dem eine Anzahl von Dorfhäuptlingen einen gewissen Respekt und Gehorsam bezeugen. Ein solcher Souzerän ist auch Buguku von Ubuma. Aber selbst in dieser Form ist die Macht eigentlich nur die stillschweigende Anerkennung der Seniorität im Range, in Bezeugung einer Achtung, wie sie in England etwa ein wohlhabender Kaufmann dem Sprößling eines edlen Hauses gegenüber hegt. Am rechten Ufer des Kongo findet man vielleicht zwei oder drei hervorragendere Häuptlinge: Manipambu von Loango, Mpumu-Ntaba von Mbe, die Nachfolger des Makoko, von dem in jüngster Zeit vielfach die Rede gewesen ist, und Samuna, den Häuptling von Nsanda bei Vivi.

Die Agenten der Internationalen Association, die mehr als 400 mit über 2000 Unterschriften versehene Verträge mit den Häuptlingen auf beiden Ufern des Kongo abgeschlossen haben, mußten sich notwendigerweise mit diesen Thatsachen bekannt machen und bei der Verteilung der von ihnen zu leistenden Zahlungen demgemäß verfahren. An der Spitze dieser seltsamen Gruppen von Häuptlingen steht stets ein von allen anerkannter Ältester, indes hat derselbe, wenn sein Rang auch unbestritten ist, nur das Privilegium, für sich eine größere Entschädigung, die häufig genug nur höchst unbedeutend ist, zu verlangen; aber selbst der kleinste Häuptling hat oft die Macht, den Abschluß eines Vertrages zu verhindern, wenn er glaubt, daß seine Ansprüche nicht berücksichtigt oder vernachlässigt worden sind." Soweit Stanley.

Das Voranstehende gilt nur von dem unteren Kongo und einzelnen Punkten weiter flußaufwärts; am mittleren und oberen Kongo und an zahlreichen Nebenflüssen, die in das Innere des Kontinents führen, und welche, nachdem Grenfell den Ubangi, Wißmann den Kassai, v. François den Uriki und L. Wolf den Sankuru und Lumani befahren haben, schiffbare Wasserstraßen von mehr als

8000 Kilometer Länge bieten, sind erst an wenigen Stellen geregelte Beziehungen zu den Eingeborenen vorhanden, und es dürfte zweifelhaft erscheinen, ob von dem kleinen Belgien aus dieser ungeheure Länderkomplex genügend bewirtschaftet und geschützt werden kann. Dr. J. Falkenstein (l. c. 34) wies schon vor zwei Jahren darauf hin: „Kein mit den Verhältnissen Vertrauter wird sich darüber täuschen, daß wir an einen genügenden Schutz einzelner Stationen längs des ganzen Laufes dauernd nicht denken können. Auch hier wird, wie am Nil, die Zeit kommen, wo die wilde Bevölkerung von allen Seiten herandrängt, um die Fremdlinge wieder zu verjagen, und die Behauptung der Plätze würde, wenn sie überhaupt möglich wäre, unendliche Summen von Kraft und Geld erfordern. Mir würde daher nur die Sicherung des Kongo bis zur Stelle, wo er schiffbar wird, nötig erscheinen, was ohne große Opfer zu bewerkstelligen ist. Da also, etwa am Stanley=Pool, oder an irgend einer Stelle zwischen der Alima= und Quangomündung soll ein großer und „fester" europäischer Handelsplatz entstehen, von dem aus die Dampfschiffe den ganzen Strom befahren und aus dem „freien" Negerlande die Produkte holen. — So gut wie dort schon große Märkte bestehen, so gut wie an anderen Orten, z. B. der Samoagruppe, die Eingeborenen sich daran gewöhnen, zu den Ankunftstagen der Dampfer an den Landungsstellen zu kommen, so gut werden auch hier die Neger zu dem regelmäßigen Stationshandel zu erziehen sein."

Nach den Entdeckungen des Dr. Ludwig Wolf, der 1886 den Kassai und dessen Nebenfluß Sankuru, sowie des letzteren Zufluß Lomani hinauffuhr und dadurch das durch seine Kupferminen berühmte Katangegebiet und das bereits von Livingstone seiner Fruchtbarkeit und seines Reichtums wegen gepriesene Mangemagebiet als für Dampfschiffe zugänglich nachwies, wird in Zukunft der Hafen von Leopoldville am oberen Kongo in den Vordergrund treten, denn er bildet den Ausgangspunkt eines Wasserstraßennetzes, wie es im Gebiete des Amazonas oder des Mississippi kaum in gleicher Ausdehnung vorhanden ist.

Wenn Dr. Falkenstein und alle anderen Forschungreisenden das westliche Äquatorial=Afrika vom Niger bis Benguela für durchaus ungeeignet zu Ackerbaukolonieen mit europäischen Arbeitern halten und die Thätigkeit der Europäer nur auf Handelsunternehmungen beschränkt wissen wollen, so macht doch dieser zuverlässige Forscher eine Ausnahme mit Mossamedes und dem bis zum Cuenc gehenden Küstenstrich, sowie mit dem Hochplateau jenseits des Randgebirges, wo das Land nach allen Berichten gleichmäßig gesund und zuträglich sei. Hierzu treten die Schilderungen des Dr. Pogge, welcher 1883 mit Lieutenant Wißmann den oberen Kongo bereiste. Sie fanden u. a. im Lande der Baschilange (22° 28' östl. L.-Gr. und 6° 6' südl. Br.) einen außerordentlich fruchtbaren Boden, so daß die Eingeborenen eine „reine Brachwirtschaft treiben und jedes Jahr neue Urbarmachungen für ihre Pflanzungen von Maniok, Büffelhirse, Bohnen, Pferdezahnmais, Erdnüsse u. s. w. vornehmen. Bataten, Yams, Baumwolle, Hanf, Tabak, Ricinus kommen vorzüglich fort, denn während der Regenzeit findet reichlicher Regenfall statt, während Kassandsche und Malandsche öfters durch Dürre heimgesucht wird. Dazu kommt die unerschöpfliche Menge des prächtigsten Nutzholzes für Bau- und Luruszwecke in den Wäldern, die auch Harze, Kautschuk und Baumöl in Fülle liefern. Die Station ist bereits in raschem Aufblühen begriffen und vergrößert immer mehr ihre Felder und Herden".

Jedenfalls sind über diese und andere Gebiete des oberen Kongo, welche vielversprechend fruchtbar und scheinbar gesund gefunden worden sind, die Untersuchungen und Kultivationsversuche noch nicht abgeschlossen, aber wie sie auch schließlich ausfallen mögen, ohne die oben erwähnte Eisenbahn durch das Kataraktengebiet des Kongo werden sie wegen der Kosten und Schwierigkeiten des Warentransportes dem Handel niemals ein so ergiebiges Feld der Thätigkeiten bieten können, wie das Stromgebiet des Niger und des Benue, dessen sich die klugen Engländer — fast durch Überrumpelung — bemächtigt haben.

Baumgarten.

II.

Charakteristik der Bevölkerung. — Die Neger am unteren Kongo.

Die Menschen der Gegend, sagt Pechuel-Loesche, gehören alle einem Stamme an, dem der Bantuneger; sie scheiden sich aber in eine Reihe von Völkerschaften mit verschiedenen Dialekten und unzähligen kleinen Staaten. Der Häuptling herrscht oft nicht weiter als bis zum letzten Hause seines Dorfes; dennoch hält sich jeder von ihnen für den mächtigsten Fürsten. Je weiter man von der Küste in das Innere vordringt, umsomehr verschwinden die Spuren der Einwirkung europäischer Kultur, umsomehr treten aber auch die Eigentümlichkeiten der einzelnen Völkerschaften hervor. Im Innern hat jedes Volk seine besondere Tracht, besondere Abzeichen, auch besondere Verunstaltung des Körpers. Durchgängig sind die Männer mehr bekleidet, als die Weiber.

Seitdem Stanley durch die Gegend gezogen ist, findet man auch da schon vereinzelt Stücke europäischer Kleidung; so sieht man zuweilen einen Neger mit einem alten Cylinderhut, oder in einem abgesetzten bunten Uniformrock einherstolzieren. Die liebenswürdigste dieser Völkerschaften sind die Basunti, nördlich vom Kongo, die viele Dörfer haben und starken Ackerbau, auch Fischfang treiben. Bei ihnen haben namentlich die jungen Mädchen eine eigentümliche Mode angenommen. Sie kneten aus Kohle, Ruß und Erdnußöl eine ölige, klebrige Masse zusammen, mit welcher sie ihr Haar zu einzelnen kleinen Knäueln zusammenballen. Wenn die Mädchen schwitzen, läuft das Fett vom Kopf herunter, löst die Aschenkruste, mit welcher der Körper fast immer überdeckt ist, auf, und versieht so den ganzen Körper mit vielen lotrechten parallelen Strichen.

Die jungen Männer lieben es, den ganzen Körper mit einer oder mehreren farbigen Massen einzusalben. So sieht man zuweilen Basuntis, deren rechte Körperhälfte schwarz ist, während die übrige im schönsten Hochrot prangt. Sie lieben ferner, den ganzen Körper mit roten und blauen Perlen zu schmücken. Die Balwenden haben weniger gutes Land, sind auch magerer und häßlicher als die Basunti. Die Bateken, die sich weiter nach Osten anschließen, schneiden sich eine Menge Narben in die Wangen und flechten ihr Haar in einen Zopf, welcher steif gemacht und nach vorne gebogen wird und so wie ein Horn vorausragt.

Auch bei diesen Völkern zeigen sich schon gewisse dürftige Anfänge einer Kunst. An solchen Stellen, wo der Boden ganz kahl ist, macht man Ritzen in den letzteren, die einfach die Gestalt von Kreisen haben oder bestimmte Dinge, z. B. Räder, Wagen, Schiffe, die sie bei Stanleys Durchzug kennen gelernt haben, darstellen. In diese Ritzen legt man Steine, die man oft weit herbeiholen muß, weil da die Felsen meist mit der mürben Masse des Laterits überdeckt sind. Die Wohnungen sind da überall ziemlich gleich. Weil man nicht, wie an der Küste, Palmenblätter hat, bedeckt man sie mit Gras. Auf dem gekrümmten Dach ist ein gewöhnlicher Aufenthaltsort der

Hühner, Katzen und Ziegen. Die Dörfer sind ziemlich reinlich, halten allerdings den Vergleich mit den Dörfern an der Küste schon deshalb nicht aus, weil das Wasser fehlt. Aus demselben Grunde baden die Stämme im Innern nie, während die Küstenstämme dies sehr häufig thun. Der Hauptverkehr bei den Stämmen des Innern findet bei Gelegenheit der Wochenmärkte statt. Die Woche hat da vier Tage. An jedem Tag ist in einem bestimmten Bezirk an einem bestimmten Punkte Markt, der nach den Tagen der Woche benannt wird. Zu diesen Märkten kommen die Leute mit ihren Nahrungsmitteln, einfachen Geräten und Haustieren, besonders Ziegen und Hunden und sehr kleinen Hühnern von weitem herbeigezogen. Sie tauschen dieselben einfach aus oder benutzen blaue Bruchperlen als Zahlmittel. Gegen Fremde sind die Leute durchweg liebenswürdig. Sie kaufen von ihnen mit Vorliebe bunten Flitterkram. Für ein ganz leichtes, aber recht buntes Taschentuch bringen sie mehrere ihrer kleinen Hühner oder zehn bis zwölf entsprechend kleine Eier. Die Weiber bestellen das Feld, die Männer sorgen für Fleisch und Palmwein, hüten die Ziegen und treiben Fischfang. Am Kongo werden die Fische vielfach geräuchert, um verschickt zu werden. Daß die Leute der Gegend Kannibalen sind, ist vielfach behauptet, aber nie bewiesen worden; daß es weiter im Innern Afrikas noch Menschenfresser giebt, ist nach den Aussagen der Leute allerdings sicher."

Die vorstehende Schilderung von Pechuel-Lösche ergänzen wir durch die interessante Darstellung des Freiherrn Dr. A. von Danckelmann, welcher im Auftrage des Königs der Belgier zwei Jahre lang das untere Kongogebiet studierte.*)

„Es existieren am unteren Kongo keine größeren Reiche, wie wir sie in Central- und Ostafrika haben, die Bevölkerung zerfällt vielmehr in eine Unzahl kleiner Stämme, die keine Beziehungen zu einander haben und sich mehr oder weniger feindlich gegenüberstehen. Die einzelnen Volksstämme wohnen dann wieder in Ortschaften weit über das Land verteilt, ohne von besonders einflußreichen Herrschern regiert zu werden. Die Verfassung ist eine republikanische, der einzelne König oder Dorfhäuptling nimmt etwa die Stellung unserer Dorfschulzen ein; er hat herzlich wenig zu sagen, und ebenso hat auch der Stammeshäuptling kein allzu großes Ansehen; despotisch

---

*) Vortrag auf der III. Generalversammlung des Westdeutschen Vereins für Kolonisation und Export. 1884.

regierende Herrscher giebt es nicht. Als eine besonders charakteristische Eigenschaft der Völker am unteren Kongo muß es bezeichnet werden, daß sie insgesamt eine große Abneigung gegen den Krieg haben; man sucht thunlichst alle Streitigkeiten durch Verhandlungen, sog. Palaver, die oft tagelang dauern, und bei denen eine erstaunliche Redefertigkeit entwickelt wird, zu schlichten. Es zeigt dies eine nicht zu unterschätzende Stufe von Gesittung, die beispielsweise seltsam gegen das waffenstarrende Europa kontrastiert. Kommt es wirklich einmal zu Blutvergießen, so giebt es kein männermordendes Abschlachten, sondern es fallen gewöhnlich nur ein paar ganz zufällig getroffene Opfer dem Kriegsmoloch anheim, und dann wird die Sache alsbald durch neue Palaver zu Ende geführt. Bewaffnet sind jene Völker jetzt alle mit Steinschloßgewehren, die einen großen Handelsartikel ausmachen, aber auch Hinterlader haben schon vielfach Eingang gefunden.

Bei allen diesen Stämmen herrscht Polygamie, die Treue der verheirateten Frau wird im allgemeinen sehr eifersüchtig bewacht und Untreue hart bestraft; nicht ganz selten sieht man an Kreuzwegen Holzkreuze errichtet, an denen menschliche Gebeine hängen: hier haben die Ehebrecher ihre Schuld gebüßt, indem sie lebendig angebunden und dann dem Hungertode überlassen wurden. Die Hauptlast der Arbeit ruht auf den Frauen; sie haben die Felder zu bestellen und den Hausstand zu versehen, während der Mann die Produkte des Handels nach den Faktoreien trägt, in Palavern seine Redekunst hören läßt, oder die Zeit mit Rauchen und süßem Nichtsthun verbringt.

Im allgemeinen ist der Kongoneger gutmütig und leicht zu behandeln, umsomehr, je weniger er mit dem Europäer bis jetzt in Berührung gekommen ist. Man kann augenblicklich von Vivi nach Stanley-Pool mit einem Stock in der Hand wandern, ohne befürchten zu müssen, eine Gefährdung für sein Leben von Seiten der Landesbewohner zu erfahren. Dort freilich, wo der Neger lange bereits mit dem weißen Mann verkehrt hat, wie an der Küste, wo er alle die niedrigen Leidenschaften desselben zu beobachten Gelegenheit gehabt hat, da ist er schwieriger zu behandeln. Ein jeder, der den Neger und seine Natur in den verschiedensten Lebenslagen vorurteilsfrei studiert hat, wird zugeben müssen, daß der afrikanische Schwarze, selbst wenn er Kravatte und gepuhte Stiefeln trägt und Missionsschulen besucht hat, im Durchschnitt nicht auf gleiche Stufe mit dem Weißen zu stellen ist. Jenes Takt-, Pflicht- und Ehrgefühl, welches wir im allgemeinen bei dem Weißen finden, wird man nie oder nur äußerst selten bei einem Neger erwarten können. Der von der Kultur noch nicht beleckte und verdorbene Neger ist wie ein kleines Kind; giebt man allen seinen Launen und Wünschen nach, so wird er frech und aufbringlich, will alles und jedes haben, was er sieht, und wird ein unausstehlicher Patron. Weiß man ihm aber von vornherein seine Stellung deutlich zu machen, so ist er sehr leicht zu lenken. Darin liegt das Geheimnis der großen Erfolge Stanleys, daß er, wie sobald kein anderer, den Neger bei seinen Schwächen, seiner Eitelkeit zu fassen weiß, seinen Charakter und seine Gesinnungen eingehend studiert und durchschaut hat, so daß er schließlich auch den Widerwilligsten sozusagen um den Finger wickelt.

Der größte Feind alles Fortschrittes in Afrika wird stets die heftige Abneigung des Negers gegen die Arbeit sein, obwohl er, wenn er will, erstaunliches leisten und dann, nach harten Anstrengungen des Tages über noch bis spät in die Nacht hinein singen und tanzen kann. Allein er arbeitet in den meisten Fällen nur gezwungen. Das wenige, was er zu seinem Lebensunterhalte bedarf, wächst von selbst, oder unter geringer Nachhilfe; ihn drücken keine Sorgen um Steuern, Wohnung, Kleidung und Heizung, und deshalb arbeitet er auch nur gerade soviel, als er absolut muß, um sein Leben zu fristen und die Mittel zum Ankaufe einiger ihm werter Genüsse, wie Tabak und Branntwein, zu verdienen.

Er wird nie der freiwillige und zugleich ausdauernde und zuverlässige Arbeiter des Weißen werden; er wird zwar hier und da bereit sein, mit Hand anzulegen und gegen Bezahlung eine Arbeit übernehmen, sobald er aber genug verdient zu haben glaubt, um sich einige Zeit dem vergnüglichen Nichtsthun hinzugeben, wird er regelmäßig vom Arbeitsplatz verschwinden, und es wird auf ihn für eine Zeitlang nicht zu rechnen sein.

Man denke nur an den verwahrlosten Zustand der westindischen Inseln, vor allem Domingo und Jamaica, die seit Aufhebung der Sklaverei und Zwangsarbeit so unendlich zurückgegangen sind.

Da, wo der Schwarze in Westafrika arbeitet, verlangt und erhält er notgedrungen regelmäßig mehr Lohn als bei uns der gewöhnliche Tagelöhner und Arbeiter. Zimmerleute aus Akkra an der Goldküste, die recht geschickt arbeiten, aber viel weniger Arbeit täglich leisten, als ein weißer Zimmermann, erhalten 4—6 L. Lohn pro Monat, außerdem noch freie Station, in der sie nicht selten sehr anspruchsvoll sind und europäische Konserven verlangen. Hinlänglich bekannt sind die Preise, die zuweilen für Trägerdienste verlangt und bezahlt werden. Am unteren Kongo werden für einen dreitägigen Marsch, wobei der Träger circa 30 kg zu tragen hat, nach europäischem Geld circa 10 M. in Manchesterwaren und Rum bezahlt und womöglich noch Reis als Proviant für die Reisedauer hinzugefügt. Dem gegenüber sei nur nebenbei angeführt, daß ein deutscher Landbriefbote, der viel mehr Kilometer täglich zurücklegen muß, um seiner Aufgabe gerecht zu werden, durchschnittlich 480 bis 590 M. pro Jahr erhält, in einzelnen Gegenden sogar nur 75 Pfg. bis 1 Mk. pro Tag bei 8—10stündigem Dienste. Schwer dürfte es sein, einen Neger zu finden, der durch seiner Hände Arbeit es zu etwas gebracht hätte. Die selbst nach europäischen Begriffen ganz wohlhabenden Neger, die man an der Westküste von Afrika zuweilen findet, und die es sich eine Ehre sein lassen, den sie besuchenden Weißen mit Champagner und allerhand europäischen Konserven zu bewirten, sind zu ihrem Reichtum, der es ihnen gestattet, aus Europa eingeführte Holzhäuser zu bewohnen und diese mit Möbel und Gerümpel aller Art höchst geschmacklos anzufüllen, nur durch den mühelosen, Gewinn bringenden und von ihnen monopolisierten Zwischenhandel zwischen Europäern und den Bewohnern des Hinterlandes gekommen.

Je ferner von seiner eigentlichen Heimat man den Neger bei der Arbeit verwenden kann, desto bessere Resultate wird man mit ihm im allgemeinen erzielen, da er unter solchen Umständen nicht jeden Augenblick die Sache liegen lassen und nach Hause gehen kann, wenn ihm die Anstrengung leid wird. Die Arbeiter aus Zanzibar, welche unter Stanleys eiserner Faust den Dampfertransport am Kongo bewerkstelligten, würden in ihrer Heimat diese Arbeit jedenfalls nicht geleistet haben. Fern von derselben mußten sie aber ausharren und konnten nicht davonlaufen, wenn sie nicht im ersten besten Dorfe von den Bewohnern aufgefangen und zu Sklaven gemacht sein wollten; so würden sie ihre Heimat nie wieder zu sehen bekommen.

Eine Institution, welche die Kongovölker mit allen mittelafrikanischen Völker gemeinsam haben, ist diejenige der Sklaverei, und es ist wohl am Platz, bei diesem Punkte einen Augenblick zu verweilen.

Ein Sklavenhandel und Sklaventransport besteht bekanntlich im Gegensatz zu Ost- und Nordostafrika an der Südwestküste dieses Erdteils, soweit es die Beteiligung von Weißen an demselben betrifft, nicht mehr, die portugiesischen Kolonieen etwa ausgenommen, wo eine Art Zwangsarbeit auf Zeit mit einer gewissen Berechtigung noch aufrecht erhalten wird. Das letzte Sklavenschiff hat etwa 1874 die Kongomündung verlassen, es kommt also diese Seite der Sklavenfrage für die Kongoländereien nicht mehr mit in Betracht. Aber gerade diese war die gehässigste. Im allgemeinen läßt sich wohl sagen, daß erst durch die Rohheit und Grausamkeit, mit welcher die Europäer die Sklaven, namentlich als der Handel mit denselben für illegitim erklärt und verpönt wurde, behandelten, die Institution den verabscheuungswürdigen und hassenswerten Charakter angenommen hat. Die Sklaverei unter Negern selbst hat einen ganz anderen, viel milderen Charakter. Der Neger betrachtet seinen Sklaven nicht wie der Europäer als eine Maschine, die man zu energischer Thätigkeit anspannen und ausnutzen muß, um Geld mit ihr zu verdienen, sondern ihm gilt der Sklave, da er selbst die rastlose Thätigkeit des Europäers nicht kennt, vielmehr als ein Mittel zur Gewinnung eines vermehrten Ansehens, denn als ein wenig rentables Anlagemittel seines Vermögens. Die Sklaverei unter den Negern selbst hat viel mehr den Charakter der Hörigkeit, als den, welchen wir gewöhnlich unter der Bezeichnung Sklaverei verstehen. Die Institution der Sklaverei ist daher auf das innigste mit dem ganzen Wesen der Neger verwachsen.

III.

Die Negerkönigreiche am unteren Kongo.*)

Der Distrikt zwischen dem Kongo und Loango, letzteres mit eingeschlossen, ist in drei Königreiche eingeteilt: Ngoyo oder Cabinda, Kakongo und Loango. Jedes ist von ziemlich beträchtlicher Ausdehnung, und hinsichtlich der Größe stehen sie zu den winzigen

---

*) Herr R. E. Phillips, seit vielen Jahren in Ponto da Lenha an der Kongomündung als Kaufmann ansässig, übersandte der Geographischen Gesellschaft in Bremen eine interessante sociologische Studie über „die Volksstämme am Kongo" (Deutsche Geogr. Blätter, 1884, Heft 4), woraus wir die nachstehende Skizze herausgehoben haben.

Königreichen südlich vom Kongo in großem Gegensatze. Die Königreiche Ngoyo und Kakongo haben die Eigentümlichkeit, ungefähr seit den letzten vierzig Jahren „Regentschaften" zu sein; wahrscheinlich werden sie auch in Zukunft noch für unbestimmte Zeit ohne gekrönte Häupter bleiben. Die „Regentschaft" ist nur nominell und in gewissem Grade eine Ceremonie; irgend welche besondere politische Macht scheinen die Regenten nicht zu besitzen. Das Königreich Kakongo sowohl wie Ngoyo ist in bestimmte Bezirke eingeteilt, und die Häupter der bedeutendsten Städte halten Ordnung und entscheiden kleine Streitigkeiten. Es ist auch ein höherer Beamter vorhanden, der Mambuku, der in solchen Angelegenheiten zu Rate gezogen wird, die von den Häuptern der Bezirke nicht entschieden werden können, auch giebt es einige Beamte, die unter dem Titel: Mongovo Kapita bekannt sind, und einige andere. Der Mambuku würde dem Könige folgen, wenn ein König vorhanden wäre, aber da der „Regent" wenig Macht hat, so ist der Mambuku wirklich der mächtigste Mann im Königreiche. Es giebt mehrere Mambukus in verschiedenen Gegenden, aber nur einer von ihnen hat den erwähnten hohen Rang.

Das Königreich Loango wird von einem regierenden König beherrscht, aber seine wirkliche Macht erstreckt sich nur auf Gegenden, die von seiner Stadt aus leicht erreichbar sind; die Regierung des übrigen Teils des Königreichs (soweit es von den Franzosen oder der internationalen afrikanischen Gesellschaft noch nicht in Beschlag genommen wurde) ist in den Händen kleiner Potentaten, so wie sie in Kakongo und Ngoyo bestehen. Dieser Übergang königlicher Macht in die Hände von Lokalregenten ist gewöhnlich ein Zeichen teilweiser socialer Auflösung; der plötzliche Wechsel der Verhältnisse läßt Unterwerfung unter eine centrale Autorität weniger zweckmäßig erscheinen als sonst, denn solcher Wechsel mindert gewöhnlich die Notwendigkeit militärischer Leistungsfähigkeit. Tritt ein derartiger Fall ein, so bleibt die monarchische Form erhalten, aber die Volksmacht steigt. Wo der Wechsel plötzlich stattfindet, ist die bezeichnete Folge sehr wahrscheinlich.

Im Königreich Ngoyo besteht eine Einrichtung, die augenscheinlich aus einer Zeit, die kriegerischer war als die jetzige, stammt, und welche, obgleich sie ihren Nutzen verloren hat, doch in der Form sich noch erhält. Ich spreche von einer Anzahl Nbunga (Zinbunga im Plural) genannter Hofbeamten. Diese Leute bilden eine geheime

Organisation; sie tragen einen mächtigen Mantel aus Palmblättern, welcher sie vom Kopf bis zum Fuße bedeckt, und eine abscheuliche Maske überragt alles. Diese Maske dient wahrscheinlich dazu, daß jeder seine Gefährten erkennen kann, aber sie wird oben auf dem Kopfe getragen, das Gesicht ist vom Mantel bedeckt. Die Öffnung vorn im Mantel gestattet dem Träger herauszublicken, ohne selbst erkannt zu werden, und ferner dient sie dazu, einem Hakenstock freien Spielraum zu gewähren, mit welchem der Nbunga in allerlei kleine Gegenstände hineinhakt, die er zu stehlen Lust hat. Diese Männer haben das Vorrecht, alles, was sie erreichen können, zu stehlen, ja, sie dürfen sogar den, der sich ihnen dabei widersetzt, töten, und vor allem töten sie jeden, der ihre Identität entdeckt. Nichts, was sie in ihrem Charakter als Nbunga thun, ist strafbar, und wenn sie sich im Walde verbergen und ihre Tracht ablegen, so weiß niemand, daß der Mann, der da in seiner gewöhnlichen Kleidung wieder herauskommt, Nbunga ist. Sie verstellen ihre Stimmen, wenn sie mit anderen reden und sprechen mit Fistelstimme. Dieses erhöht noch die durch ihr scheußliches Aussehen hervorgebrachte Wirkung. Nur durch die althergebrachte Sitte ist es zu erklären, daß bei dem gegenwärtigen socialen Zustande des Volkes diese Inkogniträuber noch geduldet werden. Sie sind eben ein Überbleibsel aus früheren Tagen, als der König noch mächtig, als die Bevölkerung noch in militärische Rangstufen eingeteilt, jeder der Sklave der höheren und der Herr aller niederen Rangstufen war. Wie erlangte aber in jenen Zeiten der Schwache Beistand gegen den Stärkeren, wenn er tyrannisch behandelt wurde? Er hatte einen unbekannten Freund; der Nbunga klagte den Unterdrücker beim König an, ohne die Rache zu fürchten. Sie waren die geheime Polizei, welche den König von den Mißhandlungen der Stärkeren gegen die Schwachen in Kenntnis setzten. Die Dienste, welche sie dem Volke leisteten, waren von so großem Werte, daß die Nbunga für unverletzlich angesehen wurden, welche Räubereien sie auch begehen mochten. Ohne Zweifel pflegte der König die Nbunga zurückzuhalten, wenn er erfuhr, daß ihre Handlungen die Grenze der Mäßigung überschritten, aber sie müssen ihre Stellung durch ihren unzweifelhaften Nutzen behauptet haben, und das Ansehen, welches sie auf diese Weise erlangten, sichert noch heute ihren Bestand, obgleich sie ihren Zweck nicht mehr erfüllen. Was ich hier berichte, ist die Tradition, welche sich unter diesen Stämmen erhalten hat, mit Ausnahme der Voraussetzung, daß es eine kriegerische Organisation des Volkes gewesen ist; wir müssen dies aber, wie ich glaube, nach den bekannten früheren Funktionen des Ndunga zu urteilen, doch annehmen. Es ist ziemlich augenscheinlich, daß als die Einsetzung der Zinbunga erfolgte, eine engere Gemeinschaft bestanden haben muß, wogegen jetzt die einzigen Spuren von Gemeinschaft gelegentliche Einmischung einer Stadt in die Angelegenheiten einer andern und auch die Ansprüche einiger Fürsten auf eine gewisse Herrschaft in einer der Nachbarstädte sind.

Das nördliche Ufer des Kongo hat ähnliche Züge hinsichtlich der Regierungsform aufzuweisen, und in der Gegend, von welcher aus ich schreibe, Ponta da Lenha, sind die Gemeinschaften einfach, indem nur den benachbarten Häuptlingen von den Einwohnern eine gewisse Ehrerbietung, je nach Stand und Macht, bezeugt wird; von einer Unterordnung unter eine Centralherrschaft, König oder Regent, ist hier nicht die Rede. Wenn wir den Fluß aufwärts gehen, finden wir in Boma acht gemeinschaftlich regierende „Könige", die in den Unterhandlungen mit weißen Kaufleuten präsidieren. So kommen wir auch hier wieder auf eine gelegentliche Phase des Rückschrittes der politischen Organisation; der vereinigte regierende Vorstand hat etwas Ähnlichkeit mit der Einrichtung im Königreiche Ngoyo, wo die Centralmacht verschwunden ist, und nur einzelne Lokalregenten mit lediglich nomineller Lehnspflicht zurückblieben.

Das ganze südliche Ufer des Flusses und die das nördliche Ufer begrenzenden Inseln von Ponta da Lenha bis Banana, wo die Inseln enden, sind von Stämmen, die unter dem Namen Misorongo bekannt sind, bewohnt; ihre Gebräuche und Sitten weichen von denen der Stämme von Ponta da Lenha etwas ab. Sie werden von Lokalkönigen und Beamten regiert, die nur Häupter gewisser Städte sind, aber mehr persönliche Macht haben, als ihre Nachbarn, die mit dem Cabindastamme ein Bündnis geschlossen haben. Bis vor kurzem haben sie sich immer durch ihre Räubereien ausgezeichnet, die nach einem gewissen System betrieben wurden. Sie haben die Einrichtung der Ndunga nicht, aber es giebt hier noch ein Überbleibsel einer anderen eigenartigen, Nkimbi (Plur.: Zinkimbi) genannte Einrichtung, welche höher am Flusse hinauf von den Yalafällen bis ins Innere in Blüte steht.

Die Zinkimbi gleichen den Zinbunga von Cabinda insofern, als sie ebenfalls privilegierte Räuber, jedoch anderer Art, sind. Wir müssen sie weiterhin noch genauer erwähnen, da sie die persönliche

Macht des Häuptlings vermehren. Wir finden hier auch die Sitte der frühen Verlobungen und überhaupt einige Einrichtungen, die von denen der anderen Flußstämme verschieden sind, wie z. B. die größere Streitbarkeit der Misorongo. Indem wir diese Verschiedenheit betonen, müssen wir doch zugleich anerkennen, daß bei verminderter Kriegslust und zunehmender Industrie die Mißstände in der Regierung sich abschwächen und vermutlich bald ganz verschwinden werden.

In Bezug auf die Stämme höher am Flusse hinauf ist meine Kunde nur sehr mangelhaft. Ich muß jedoch erwähnen, daß an den Orten des südlichen Ufers gegenüber der Landstrecke zwischen Boma und Vivi (welche beide Orte am nördlichen Flußufer liegen) die Häuptlinge bis zu einem Grade Lehensmänner des Königs von Kongo sind, d. h. des Herrschers des ehemaligen großen Königreiches Kongo, das vom Flusse ab ziemlich weit ins Innere reichte und an die portugiesische Provinz Angola grenzte.

Die persönliche Macht des Königs von Kongo scheint jetzt auf eine kurze Strecke im Umkreis um die Stadt San Salvador und auf dieselbe beschränkt zu sein, seine Gewalt über die untergeordneten Häuptlinge bezieht sich nur noch auf die Bestätigung ihrer Wahl durch die Ceremonie der „Krönung" oder auf die Überreichung ihrer Amtstracht.

Seit ich diese letzten Bemerkungen niederschrieb, bin ich auf einen Umstand aufmerksam geworden, der die Regel, daß gemeinsame Gefahr die Macht des Königs stärkt, in helles Licht stellt. Die Entfaltung oder Behauptung königlicher Macht hat bis jetzt geruht und ist erst durch die Notwendigkeit des Schutzes gegen die Ansprüche der internationalen Gesellschaft erweckt worden. Nachdem diese weit und breit das Recht der Herrschaft „erworben" hat, so wendet jetzt der König von Kongo dagegen ein, daß die betreffenden Häuptlinge seine Vasallen seien und verweigert die Rechtsabtretung anzuerkennen. Die in Frage stehenden Häuptlinge erkennen natürlich lieber ihre Abhängigkeit vom König von Kongo, als von der „internationalen Gesellschaft" an, jetzt, nachdem sie wahrgenommen haben, daß dieses die Bedingung ihrer „Verträge" ist, und es läßt sich voraussetzen, daß von dieser Seite her versucht werden wird, der Gesellschaft Widerstand entgegenzusetzen. In diesen Gegenden finden wir die Zinkimbi, die ich schon erwähnte und denen ich jetzt noch ein paar Worte widmen muß. Die Zinkimbi sind eine Anzahl Eingeborener, die für Zauberer gehalten werden, sich weiß bemalen, ihre Lippen schwärzen und unbekleidet gehen, mit Ausnahme eines Zipfels von Palmblättern, den sie mit Hilfe eines Bandes um den Leib schlingen. Es gehört eine förmliche Unterweisung dazu, um in diesen Orden eintreten zu können. Der Neuling wird von dem obersten Zauberer unter den Einfluß eines kräftigen Einschläferungsmittels gestellt, und man glaubt, daß die Wirkung der Medizin sei, den Jüngling zu töten, jedoch der Zauberer erweckt ihn nach drei Tagen. Danach ist er, wie sie sagen, ein anderer Mensch, bekommt auch einen anderen Namen und erhält Unterricht in der Nkimbisprache, eine Sprache, die, wie ich aus guter Quelle erfahren habe, den übrigen Eingeborenen sowohl ihrer Bedeutung, als dem Ursprung nach ganz unbekannt ist. Zwei Monate lang ist das Waschen verboten und allerlei feierliche, geheimnisvolle Gebräuche werden erlernt, deren Natur ich nicht kenne. Einige sagen, daß Fleischspeisen dann für immer verboten sind, aber ich weiß nicht, ob das wirklich so ist. Diese Zinkimbi sind den Häuptlingen bestimmter Gegenden ergeben, doch kenne ich ihre Funktionen nicht. Sie weigern sich, ihre Muttersprache zu sprechen, wenigstens so lange sie in ihrer eigentümlichen Tracht sind, und sie dürfen jeden, der sie mit ihrem früheren Namen anredet, töten. Dies ist alles, was ich über die Zinkimbi weiß, aber es ist ganz offenbar, daß eine, so wie die der Kongo-Eingeborenen eingerichtete, Gemeinschaft, solch eine Institution nicht ins Leben rufen konnte; die einzige, mir hierfür möglich erscheinende Erklärung ist, daß in früheren Zeiten diese Gegend von einer erobernden Rasse überwältigt worden ist, die einen Orden von Priestern mitbrachte, welche zugleich Zauberer waren, und daß einige aus der besiegten Rasse in den Priesterorden aufgenommen worden sind, die dann die Vorrechte der Sieger hatten. Der Priesterstand, der sich gewöhnlich einer älteren Sprache bediente, als der sonst gebräuchlichen, behielt diese geheiligte Sprache bei und überlieferte sie späteren Nachkommen, wie die Nkimbisprache wirklich eine überlieferte ist, und nur durch diese Annahme kann ich eine Antwort auf die Frage „Woher kam diese fremde Sprache?" finden.

R. C. Phillips.

Muſſumba.

(Ein Städtebild aus dem Lunda-Reiche im Süden des Kongoſtaates.)

Muſſumba, die Hauptſtadt des Matiamvo*) im Lunda-Reiche, bietet zur Anlage einer Station den Europäern nicht bloß ein geſundes Klima, ſondern auch, obſchon 150 d. Meilen von der Küſte im Innern gelegen, mehr Sicherheit des Lebens und des Eigentums als manche Küſtenſtadt.

Das Klima der Gegend von Muſſumba gleicht in der That dem eines nicht heißen Sommers in Deutſchland, ſobaß der Europäer dort ebenſo leben kann, wie in ſeinem Vaterlande, ohne im geringſten von der Witterung ungünſtig beeinflußt zu werden. Der Reiſende, welcher von einem heißen, nicht geſunden Küſtenſtriche allmählich weiter und weiter nach Oſten zieht, trägt den beſten Maßſtab eines heißen und nicht milden, günſtigen und ungünſtigen Klimas an ſeiner Geſundheit von Gegend zu Gegend mit ſich fort, und wenn er 8 Monate lang und länger in Ländern gereiſt iſt unter ungewohnten Entbehrungen und Strapazen aller Art, die an der Küſte die verſchiedenſten Krankheiten zur Folge haben würden, ohne auch nur im geringſten von einer Unpäßlichkeit befallen geweſen zu ſein, ſo wird er berechtigt ſein, das Klima als ein ganz beſonders geſundes zu ſchildern; und unter dieſer Vorausſetzung kann ich das Klima der Länder zwiſchen dem Lulua-Fluß und Muſſumba, ſowie den letzteren Ort ſelbſt, für außerordentlich angenehm und geſund erklären. In zweiter Linie würde ſich Muſſumba beſonders darum für europäiſche Anſiedelungen eignen, weil der ganze Volksſtamm des Lunda-Reiches, namentlich aber die Einwohner in der Mitte des Landes, die Kalunda**), ein gutmütiges, friedliches und dem Europäer gewogenes Volk ſind. Während diejenigen Kalunda, welche, fern von ihrer Hauptſtadt***), das Land bewohnen, nicht intelligent genannt werden können, zeichnen ſich die

---
*) Matiamvo ſt. Muata Jamvo (Großer Vater Jamvo), nach der Ausſprache der Eingeborenen.

**) Ka heißt der Mann, Lunda das Land; Kalunda, der Lunda-Mann.

***) Das Land der Kalunda beginnt wenige Tagereiſen weſtlich vom Kaſſai-Strome und iſt nicht zu verwechſeln mit dem der Kioko, welche ebenfalls in Lunda wohnen und Unterthanen des Muata Jamvo ſind.

Bewohner von Muſſumba durch Intelligenz und Umgänglichkeit im Verkehr mit den Weißen vorteilhaft vor allen mir bekannten Eingeborenen aus.

Die regelmäßige Handelsverbindung, welche die Hauptſtadt ſeit vielen Jahren durch Vermittelung ſchwarzer Händler mit der Küſte unterhält, die Tributſendungen der verſchiedenen Häuptlinge von Lunda an Muata Jamvo, und die damit verbundene langjährige und fortdauernde Berührung mit andern Stämmen werden das Ihrige dazu beigetragen haben, die Einwohner von Muſſumba, ſpeziell die Mitglieder der Dynaſtie Muata Jamvo's, auf eine verhältnismäßig hohe Kulturſtufe zu bringen.

Muſſumba bietet denn auch dem Weißen einen ungleich angenehmeren Aufenthalt als irgend ein anderer Ort in dem von mir durchreiſten Gebiete. Ein freundliches, ehrerbietiges Benehmen wird ihm von allen Seiten entgegengebracht, und die ca. 10 000 Einwohner zählende Stadt mit dem Hoflager des Fürſten, den Großen des Staats, den zum Beſuch weilenden Handels- und Tribut-Karavanen ferner Länder, mit Freien und Sklaven, mit Reichtum und Armut, eröffnet ihm in ethnologiſcher Beziehung ein reiches Feld für ſeine Thätigkeit. Wer in Lunda gereiſt iſt und gewohnt war, in menſchenleerer Wildnis oder in jämmerlichen 1 bis 200 Seelen zählenden Dörfern zu 'leben, wird beim Betreten von Muſſumba denſelben Eindruck empfinden, den vielleicht der europäiſche Dorfbewohner beim erſten Beſuch der großen Reſidenz ſeines Vaterlandes erhält. Während in den gewöhnlichen Dörfern von Lunda kein öffentlicher Kaufmarkt abgehalten wird, und die Häuptlinge ihren Unterthanen an perſönlicher Einfachheit faſt gleichkommen, findet zur großen Bequemlichkeit des Reiſenden in Muſſumba täglich während der Vormittagszeit ein bedeutender Markt ſtatt, auf dem Lebensmittel und Induſtrieprodukte feilgeboten werden, und das luxuriöſe Hofleben Muata Jamvo's, ſowie das Treiben der zahlreichen Menſchen bietet reichlich Stoff zu intereſſanten Beobachtungen und zur Unterhaltung. Das luſtige, geräuſchvolle Volksleben erreicht ſeinen Höhepunkt in den regenloſen Sommertagen, hauptſächlich des Nachts; da erleuchten nach allen Richtungen hin, von nah und fern, zahlreiche Wachtfeuer, hoch auflodernd, den Himmel; von allen Seiten ertönt der Tam-tam, die Trommel, und der gellende Chorgeſang zum Tanze, ohrenbetäubend und ſchlafverſcheuchend wirkend auf ein nicht an das geräuſchvolle Leben der Großſtadt gewöhntes Ohr.

Eine Schattenseite, hervorgerufen durch die häufigen Intriguen zwischen den zahlreichen reichen Familien, ist in Mussumba die Fetischverdächtigung. So lange ein Reisender nur kleine Dörfer berührt, wo die Einwohner unter ihrem Häuptling gleichsam eine Familie bilden, sind Fetischverdächtigungen äußerst selten, während in der großen Hauptstadt Fetischerklärungen mit Hinrichtungen seitens des Häuptlings oder Gifttrinken sehr häufig sind. Muata Jamvo selbst ist sehr abergläubisch, sodaß die Ursache des kleinsten Ereignisses stets auf Zauberei zurückgeführt wird; indessen ist jeder Weiße eo ipso vom Verdachte des geistigen Zauberverbrechens ausgeschlossen, da er in Folge seiner geistigen Überlegenheit mit dem Häuptling auf derselben Stufe rangirt. Muata Jamvo gilt in seinem Reiche als der größte Zauberer, der als solcher heimlich schützen und strafen, aber niemals von einem Menschen als Zauberverbrecher angeklagt werden kann. Ein Europäer in Mussumba müßte sehr unvorsichtig sein und ganz besondere Umstände müßten eingetreten sein, um ihn bei den Eingeborenen in den Verdacht der strafbaren Zauberei zu bringen. Muata Jamvo gab einen besonderen Respekt vor meinen Fähigkeiten kund, wenn er sich regelmäßig allerlei Gegenstände, z. B. Spiegel, Brennglas, Salz, Ziegen 2c. von mir holen ließ, um sie zu gebrauchen, wenn er, wie üblich, fast alle 4 Wochen einen oder zwei Tage im Geheimen mit seinem Zauberassistenten beschäftigt war, Staatszaubermedizin zu bereiten.

In Mussumba ist man stolz darauf, schon seit so langer Zeit mit den Europäern gehandelt zu haben, und die ganze Nation betrachtet es als ein besonderes Glück, wenn eine Karavane von Küstennegern oder gar ein Weißer die Hauptstadt besucht. In ganz Lunda, so sagt man in Mussumba, sei noch niemals — so lange ein Muata Jamvo regiert — ein Küstenhändler erschlagen worden, und als der jetzige Herrscher im Mai 1874 den schwarzen Händler Deserra, aus Ambacca in Angola, hinrichten lassen wollte, weil er nach dem Tode des Vorgängers im Verdacht stand, gegen seine Thronbesteigung intriguiert zu haben, traten sämtliche Kilolos (Edelleute) und die Lukokescha (Königin) zusammen und protestierten gegen die Exekution, um das Land nicht mit der Schande eines Mordes an einem Händler von der Küste zu beflecken.

Der Landwirtschaft ist Boden und Klima von Mussumba besonders günstig. Die weite, nach vielen Quadratmeilen zählende Ebene von Mussumba ist ein Grasmeer mit wenig Büschen und

Bäumen, in dem unzählige Stationen überall die ausgedehntesten Plantagen und Viehweiden anlegen könnten. Überall sind die Mulden zwischen den Hügeln von Bächen durchfurcht, welche klares und gesundes Wasser liefern und in einzelnen Schluchten der Bäche, sowie auf dem Plateau nach Kabebe befinden sich mächtige Urwälder, welche das Bau= und Brennholz liefern. Obgleich die Eingeborenen reichlich Lebensmittel bauen und Muata Jamvo sogar recht ansehnliche Plantagen besitzt, so beschränkt sich der bebaute Boden im Verhältnis zu den weiten unbebauten Flächen auf ein Minimum, sodaß von eigentlichem Ackerbau in unserm Sinne überhaupt nicht die Rede sein kann. Ähnlich verhält es sich mit der höchst unbedeutenden Viehzucht, die namentlich durch Einführung von Rindvieh einer außerordentlichen Entwickelung fähig werden könnte.

Dr. Paul Pogge.

(Mittheil. der Afrik. Gesellschaft. Berlin 1880. II. 3.)

Dondo,
ein Fiebernest in Angola.

Dondo am Koanza, dieses giftigste Fiebernest von ganz Angola, weit berüchtigt wegen seiner Hitze, in dem der Weiße zu beständiger Kränklichkeit verurteilt ist, wo man es kaum wagen darf, während des Tages weiter als eben nur über die Straße zu gehen, liegt gerade am oberen Ende der Koanzaniederung, gerade da, wo sich diese mit einer dreieckigen Bucht zwischen die Berge hineinschiebt. Die vollständig eben gelegene, mit einer Zone von Maisfeldern umgebene Ortschaft, bedeckt einen verhältnismäßig ziemlich ausgedehnten Raum, da alle die in zierlichem und sehr entsprechendem Stil gebauten steinernen Häuser der Kaufleute weite Höfe und Lagerschuppen umschließen. Es mögen davon ungefähr fünfzig hier sein. Vier oder fünf besitzen ein oberes Stockwerk, alle anderen haben nur ein Erdgeschoß, Glasfenster giebt es hier nicht mehr, sie sind auch gänzlich entbehrlich bei der gleichförmig schwülen Temperatur, die hier Jahr aus Jahr ein herrscht. Eine sehr schabhafte Kirche, die äußerlich jedes Schmuckes entbehrt, eine Kaserne und ein Gefängnis, aus dessen vergittertem Innern beständig schwarze Gesichter herausgrinsen, dann oben auf dem Berge das höchst dürftige Hospital und zugleich verfallene Fort mit drei zerbrochenen Kanonen sind die öffentlichen Gebäude. In der Mitte ein großer viereckiger Platz, mit Cajabäumen (Sgondias lutea) aus Brasilien bepflanzt und einige gerade breite Straßen, überall voller Unrath, dahinter und außen herum drei oder vier Gruppen von Negerdörfern mit ihrem Labyrinth schmaler, schmutziger Gassen von Strohzäunen und Strohhütten, dann vorne am Palmenufer des Koanza eine zertretene Wiese, auf welcher die kleinen, schwächlich aussehenden Rinder und Ziegen der Gemeinde weiden und wo unter Tamarinden, Mafumeiras und Cajas der tägliche Markt abgehalten wird, sind die wesentlichsten Sehenswürdigkeiten. Namentlich der Markt mit den großen, zu Reihen geordneten Schüsseln, weißschimmernden Maniokmehles, mit den Haufen von Maiskolben, von Bohnen und Erbsen, von Brennholz und gedörrten Fischen, hinter welchen robuste schwarze Hökerinnen sitzen, um die sich unter dem nie fehlenden Gezänk und Gepolter den ganzen Tag ein dunkles Gewimmel von Negern und Negerinnen streitet, dürften den Neuling am meisten interessieren. Dort hat man auch Gelegenheit, zu beobachten, welche elende Rasse dieses feindliche Klima erzeugt. Da ist kaum eines der vielen nackten dünnbeinigen Kinder mit dicken aufgeschwollenen Hängebäuchen ohne faustgroßen Nabelbruch und jedes zehnte dieser verkümmerten menschlichen Wesen ist einäugig und lahm. Hier kann man die abschreckendsten Dinge von schlecht geheilten Beinbrüchen, Contracturen, Brandwunden und Geschwüren sehen. Hier sah ich das Entsetzlichste, was mir jemals vorgekommen — ein lebendes Skelett, mit Schmutz bedeckt, in schmutzige Lumpen gehüllt, mit struppigem Haar, statt des Gesichtes nichts als eine unförmliche Geschwulst voll vertrockneten Eiters mit zwei tiefen Löchern, von denen das eine Zähne fletschend, Mund und Nase, das andere ein bereits verlorenes Auge bedeutet, während das zweite Auge noch unversehrt aus seiner Höhle hervorleuchtet. Es ist offenbar ein bösartiger Krebs an der Schädelbasis, was diese fürchterliche Zerstörung angerichtet hat. Seitdem ich neulich so unvorsichtig gewesen bin, jenem unglückseligen Scheusal einen Macuta zuzuwerfen, tanzt es jeden Morgen vor meinem Fenster auf der Straße unten, und ein zahlreiches Publikum von Weibern und Kindern steht herum und freut sich mit äffischem Gebaren des gräßlichen Anblicks.

Auch unter den Weißen und Halbweißen sieht man hier die traurigsten Gestalten. Namentlich die wenigen Mischlingskinder sehen erbärmlich leidend und freudlos aus und auch bei ihnen findet man nur zu häufig Geschwüre der schlimmsten Sorte. Was für elende Existenz führt hier so mancher kleine Kaufmann, der hohlwangig, gelb und vom Fieber geschüttelt, dazu verdammt ist, Tag für Tag in seinem kleinen Laden zu lauern, hinter lauter Schundartikeln, schlechten Messern und schlechtem Kattun, roten Uniformröcken und rot angestrichenen Steinschloßgewehren mit fichtenen Schäften, eben nur gemacht, um damit die dummen Neger um ihren Kaffee, ihr Wachs oder ihren Kautschuck zu prellen.

Es fehlt übrigens nicht an manchen anziehenderen Bildern in Dondo. Man begegnet hier schon einer Menge wild aussehenden, mit Katzenfellen behangenen Volkes aus dem Innern und aus den südlichen Gegenden, welches als Träger hierher geraten ist, und fast täglich kommen und gehen Karavanen, meist von und nach Casengo, dem großen Kaffeedistrikte. Am häufigsten sind Bailundas, kenntlich durch fingerlange Löckchen über dem ganzen Kopf, die sie aus ihren krausen Haaren geflochten und durch Stirnbänder festgebunden haben. Solche Karavanen, bis zu 80 Mann stark, bivouakieren des Nachts um große Feuer gelagert in den Höfen der Kaufhäuser und ist das Wetter gut, so ertönen schöne melodische Lieder bis zum frühen Morgen gen Himmel. Regnet es, so flüchten sie sämtlich unter den Schutz der Gebäude, verlegen Flur und Treppen, und kommt man spät nach Hause, so ist es oft schwer, über alle die schlafenden menschlichen Körper hinweg, sein Zimmer zu erreichen. Während des Tages lungern sie dann auf den Straßen herum und verschachern ihren Verdienst, lange Stücke weißen Baumwollenzeuges, gegen andere Artikel, wobei es nicht selten zu Prügeleien kommt.

Fast mit jedem Dampfer gehen jetzt etliche fünfzig kontraktlich engagierte Schwarze aus dem Lande der Libollo als Arbeiter für San Thome nach Loanda. Jeder mit einer Blechnummer um den Hals und mit Gepäck beladen, marschieren sie gewöhnlich in geschlossener Kolonne an Bord und ein mächtig klingender, sehr harmonischer Gesang feiert auch bei ihnen den Abschied vom Vaterlande. Die musikalischen Leistungen der hiesigen Neger, wenigstens soweit sie vokaler Natur sind, verdienen alle Achtung. Vor einigen Tagen wurde ich morgens um vier, als es noch dunkel war, durch ein merkwürdig ergreifendes Klagelied, welches ganz Dondo durchhallte, geweckt. Sechs Negerinnen unter Anführung eines Mannes liefen durch die Straßen und verkündeten singend, daß einer der Ihrigen gestorben sei. An zwei Stellen von Dondo haben sich Schmiede aus Ambaca angesiedelt und fertigen, beschirmt von niedrigen Strohdächern, mit denselben naiven Blasebälgen und Hämmern, von denen bereits Exemplare im Berliner Museum sind, eiserne Hacken zum Bearbeiten der Erde.

Die gelehrten Stände sind in Dondo durch zwei Hindus aus Goa vertreten. Hindus aus Goa trifft man überhaupt häufig hier zu Lande, namentlich als Priester. Auch der hiesige Priester und der hiesige Arzt sind Söhne des Lotosblumenlandes. Dr. Collaco ist ein sehr angenehmer und hervorragend gewissenhafter Kollege, mit dem ich mich oft und gern unterhalte. Er ist derselbe, der seinerzeit in Benguella Cameron an seiner Glossitis behandelte. Als rühmenswerte Ausnahme geistigen Strebens, als ein Mann, der seine Bibliothek besitzt und sich lebhaft für Naturwissenschaft interessiert, ist ferner Herr Fortunato Zagury, einem alten Judengeschlecht auf den Azoren entsprossen, zu nennen. Diesem echten Gentleman sind wir Reisende zu großem Dank verpflichtet. Denn er war es, der sowohl Herrn von Meschow als auch mir die nötigen Träger verschaffte.

Dr. M. Buchner.

Mittheil. der Afrik. Ges. 1879. III.

Central-Afrika und die Negerbevölkerung.

Kurzer Blick auf die Geschichte der schwarzen Rasse*).

Die schwarze Rasse, speziell die Neger, ja selbst die Fulbe haben nie Reiche von solcher Bedeutung und Dauer zu gründen vermocht, wie die Azteken, Centralamerikaner und Peruaner. Die Negerstaaten sind in ewiger Fluktuation begriffen, in alter Zeit waren in Westafrika die Soninkié oder Serrakolets und Malinkié oder Manbingos die Hauptmächte; erstere sind jetzt bedeutungslos und es stehen nur noch die Manbingos und die Fulbe auf der Bühne. Im Mittelalter gründeten die Berbern mit den Serrakolets die Reiche Glanata und Melle. Viele Negervölker sind ganz geschichtslos, es giebt aber selbst in der weißen Rasse ungeschichtliche, roh gebliebene Stämme. Das aus Ostafrika stammende Hirtenvolk der Fulbe drang, nach Barth, vor mehreren Jahrhunderten gegen Westen vor, stürzte mehrere Negerreiche und gründete die Staaten Massina, Ganbo, Sokoto und Abumua und erreichte im 16. Jahrh. den oberen Senegal, wo es im 18., vermischt mit den Manbingos und Joloffs ein großes westislamitisches Fulbereich stiftete, während seine Aussenblinge zwischen Niger und Tschadsee das östliche Fulbereich gründeten. 1848 rief sie ihr Haupt El Hadji Omar zu einem Glaubenskampf gegen die heidnischen Neger und Franzosen auf, der 1860 mit einem für letztere günstigen Waffenstillstand endigte. Omar unterwarf hierauf bis zu seinem Tode 1864 eine

---

*) Nach Perty, Anthropologie II.

Anzahl Völker des Westsudans und vereinigte sie zu einem Reiche, sein Sohn setzte den erbitterten Kampf fort, der noch mehrere Jahre wütete. — Baker behauptet, der allgemeine Charakter des Sudans sei höchstes Elend; von Ägypten schreibt er (die Nilzustände in Abyssinien, II, 247), die Menschen seien an den Ufern des Nils noch eben so roh und wild, wie zur Zeit des Baues der Pyramiden. „Der Nil ist ein Segen, der jetzt bloß halb zu Wirkung kommt, aber es wird eine Zeit eintreten, wo die Welt mit Bewunderung auf ein mächtiges Ägypten blicken wird, dessen wogende Kornfelder über dieselben durstigen Wüsten, wo jetzt nur das Kamel mit der erschöpften Natur zu kämpfen vermag, bis in die weitesten Fernen laufen. Von einigen hohen Punkten werden die Menschen auf ein Netzwerk von Kanälen und Becken blicken, welches das von Fruchtbarkeit überquellende Land überall durchzieht."

In Abyssinien blühte im 4.—7. Jahrh. n. Chr. das Reich von Axum, wo das Gherz gesprochen wurde; es bestand aber schon vor der christlichen Ära eine Kultur daselbst, das Christentum wurde von 330 n. Chr. an eingeführt. Später wurde das Reich sehr durch die Kämpfe mit den Mohammedanern geschwächt, seit dem 16. Jahrh. durch die Gallas verheert. Nach der Vernichtung der Herrschaft Kasa's (Kaiser Theodor I.) durch die Engländer 1868 fiel das Land wieder in Anarchie, die wohl zur Stunde noch nicht beendigt ist.

Das berberisch-maurische Reich Marokko ist bis auf den heutigen Tag auf einer ziemlich tiefen Kulturstufe stehen geblieben, war früher ein Piratenstaat, dem die kleinen europäischen Seemächte bis in die vierziger Jahre dieses Jahrhunderts Tribut bezahlten, in den letzten Jahrzehnten mit den Spaniern und (wegen Ab el Kader's Unterstützung) wiederholt mit den Franzosen in Krieg verwickelt, der mit Niederlagen endigte.

Die neueste Zeit charakterisiert sich einerseits durch das fast unaufhaltsame Vordringen des Mohammedanismus vom Sudan aus nach Süden und Westen, andrerseits durch das Eindringen europäischer Kolonieen und christlicher Religion und Kultur von allen Küsten des Festlandes aus nach dem Innern. Hoffentlich wird der Fortschritt des halbbarbarischen, kulturfeindlichen Islam zurückgedämmt werden.

Die Kulturbefähigung der Neger.

Vom Herausgeber.

In dem letzten Jahrzehnt ist die Negerbevölkerung Afrikas von zahlreichen Forschungsreisenden und Missionaren so eingehend studiert worden, daß das höchst ungünstige Urteil mancher Ethnographen sich wesentlich geändert hat; namentlich wird keiner mehr alle Negervölker über einen Kamm scheeren und allgemeine absprechende Meinungen wie die Franklin's: „Der Neger ist ein Tier, welches möglichst viel ißt und möglichst wenig arbeitet," unterschreiben wollen. Als Carus 1849 die bis dahin angestellten Studien zusammenfaßte*), kam er zu dem Ergebnis: „Der typische Kopfbau des Negers zeigt ein weniger entwickeltes Vorderhaupt, aber ein ausgebildetes Mittelhaupt bei einem gewöhnlich sehr stark ausgebauten Hinterhaupt. Zieht man die Lehren von der Grundbedeutung dieser Kopfgegenden zu Rate, so erhält man den Begriff eines Seelenlebens mit niederer Befähigung zu hoher Intelligenz, aber bei viel Gemütlichkeit mit starkem Begehren und kräftigem Wollen. — Die Möglichkeit zu einem wenn auch etwas materiellen, aber doch immer echt menschlichem Lebensglück." — Bekanntlich ist die Negerrepublik Liberia, die der Geograph Ritter 1853 als einen „Lichtpunkt" bezeichnete, zum größten Teile in die alte afrikanische Barbarei zurückgefallen; doch zeigen sich auch hier unter allen Mißständen Anfänge einer bessern Gesittung und eines Rechtsbewußtseins, welches diese Neger, im Laufe eines dazu jedenfalls nötigen längeren Zeitraumes, der europäischen Kulturstufe näher zu bringen verspricht.

Zu den Negern, die sich durch Talente und Kenntnisse oder durch literarische Leistungen ausgezeichnet haben, gehören noch der Negerbischof Dr. Crowther, die Naturforscher Ferguson und Leadbetters, der Autodidakt Ellis, ein Schmied aus Alabama, der Latein, Griechisch und Hebräisch gelernt hatte. Bekannt ist der Schauspieler Ira Aldridge. Die Civilisationsfähigkeit der Neger ist nach den Stämmen derselben äußerst verschieden. Rohlfs stellt z. B. die Neger von Lagos sehr hoch: er fand dort eine schwarze Salondame, welche die schwierigsten Stücke von Beethoven und Mozart meister-

---

*) C. G. Carus, Über die ungleiche Befähigung der verschiedenen Menschheitsstämmen für höhere geistige Entwickelung. Leipzig 1849.

haft spielte. Dagegen spricht der Missionär Morlang von „affenartigen Negerstämmen" am oberen Nil. — In den amerikanischen Schulen ist nach Spele vielfach beobachtet worden, daß Negerknaben schneller fassen als die weißen und daß sie besonders untereinander schlagfertig in scharfen Antworten sich zeigen. — Übrigens sind, nach Rohlfs, die Negervölker des Sudans in der Kultur weiter vorgeschritten, als unsere Vorfahren vor 2000 Jahren waren.

Die bisherigen Untersuchungen über die geistige Begabung des Negers faßt Friedrich Müller (Allgemeine Ethnographie, 2. Aufl. Wien 1879, p. 153—5) in folgenden Worten zusammen:

Der vorwiegend receptiven Grundlage des Gemütes entspricht auch die geistige Begabung des Negers. Im Allgemeinen sind alle jene Geistesgaben, bei deren Bethätigung es vor allem auf Nachahmung ankommt, beim Neger gut entwickelt, während er in betreff jener Geistesfähigkeiten, wo ein selbständiges Denken erfordert wird, auf einer niederen Stufe steht.

Das Negerkind ist in den ersten Jahren seiner Entwickelung, wo es ausschließlich auf's Aufnehmen von Kenntnissen ankommt, in der Regel dem weißen Kinde überlegen; es bleibt aber in der Periode der Pubertät, wo die selbständige Verarbeitung der aufgenommenen Kenntnisse und Erfahrungen beginnt, stehen, während das weiße Kind stetig fortschreitet. Hiermit in Übereinstimmung steht auch die oft gemachte Wahrnehmung, daß der Neger gleich dem Kinde mit einem eminenten Gedächtnisse begabt ist und z. B. sehr leicht fremde Sprachen, oft mehrere zu gleicher Zeit zu erlernen im stande ist. Dagegen zeigt er gar keinen Sinn für Zahlen. Dies geht so weit, daß oft ein Individuum nicht einmal sein Alter anzugeben im stande ist. Während die Azteken in Central-Amerika einen Kalender konstruiert haben, der den griechischen an Genauigkeit weit übertrifft, haben die Negervölker es stets nur zu einer unvollkommenen Zeitrechnung gebracht.

Mit diesen Bemerkungen steht jene, daß der Neger namentlich im Handelsverkehr mit den Fremden große Findigkeit und List zeige, nicht im Widerspruche. Gerade dieser Zug illustriert so recht die Beschränktheit des Negers, aus der das Mißtrauen, die Quelle der List, leicht zu erklären ist. Pflegen ja in der Regel geistig nicht besonders entwickelte Weiber in betreff der List und Findigkeit selbst hochbegabte Männer zu übertreffen.

Die Beschränktheit des Negers offenbart sich auf anderer Seite darin, daß er alles, was über die Capacität seiner Geisteskräfte hinausgeht, d. h. was er nicht im täglichen Leben mit eigenen Augen geschaut hat, dem andern unbedingt glaubt. Über das unmittelbar Gesehene durch Schlüsse hinauszugehen und sich über das von anderen Gehörte selbst eine bestimmte Meinung zu bilden, ist nicht des Negers Sache. Daher findet selbst das Unsinnigste und Lächerlichste beim Neger Glauben und der erste beste Betrüger, der es versteht, seine Phantasie gefangen zu nehmen, vermag ihn zum Spielballe seines Willens zu machen.

Diese an einzelnen Individuen gemachten Erfahrungen bestätigen auch vollkommen die Negervölker. Dieselben, seit uralten Zeiten mit höherstehenden Rassen verkehrend, haben es in der sogenannten äußeren Kultur, deren Formen bloße Produkte der Nachahmung sein können, ziemlich weit gebracht, sie haben sich aber nie zu einer selbständigen höheren Kultur erhoben. In allem, wo es auf die Initiative ankommt, sind sie immer von den höheren Rassen abhängig gewesen; selbst die Bildung von Einheitstaaten scheinen die Neger dem Impuls des Islam ausschließlich zu verdanken. Gleich dem unselbständigen Kinde wurden und werden sie von anderen geleitet.

Wenn man bedenkt, daß andere Rassen unter denselben oder viel ungünstigeren klimatischen und materiellen Verhältnissen, z. B. die Amerikaner in Mexiko und Peru, es zu derselben oder einer höher entwickelten Kultur gebracht haben, wiewohl sie nicht dem Einflusse höher gebildeter Rassen ausgesetzt waren, oder dort, wo letzteres stattgefunden (z. B. auf Java), sie den Neger bei weitem übertroffen haben, so kann man nicht umhin, eine gegenüber anderen Menschenvarietäten viel geringere geistige Begabung der Negerrasse anzunehmen.

Diese Inferiorität der Negerrasse in geistiger Beziehung zeigt sich auffallend sowohl in der mangelhaften Benutzung der von der Natur dem Menschen zur Verfügung gestellten Schätze, als auch in dem Verhältnisse, welches, wie die Geschichte bestätigt, die Negerrasse stets zu den anderen Rassen eingenommen hat.

Manches in Afrika einheimische zähmbare Tier war der Neger zu zähmen nicht im stande, während bem Weißen dies stets gelang. Seit den ältesten Zeiten finden wir, wie die ägyptischen und westasiatischen Denkmäler darthun, den Neger als Sklaven im Dienste der weißen Völker, wodurch sich, stritten nicht dagegen Christentum und Moral, ein historisches Recht der am höchsten entwickelten weißen Rasse auf die Sklaverei des Negers ableiten ließe.

Im ganzen und großen wird man aber in betreff des Negers bei der von unbefangenen Beobachtern gemachten Bemerkung bleiben müssen. Der Neger läßt sich zwar abrichten, aber nur sehr selten wirklich erziehen."

Die neuesten Erfahrungen teilt Konst. Rammstedt in der Kolon.-Zeitung von 1887 (4. u. 5. Heft) mit. Er erkennt, wie die neuesten Forscher, im Sklavenhandel, der keine Sicherheit im Besitz des Erworbenen aufkommen ließ, die Hauptursache der Faulheit der Neger. Über die Kulturbefähigung der Neger spricht er sich wie folgt aus:

"Von einzelnen Gelehrten ist die Behauptung aufgestellt, es sei vergebliche Mühe, Afrika zu erschließen, da der Neger nicht fähig sei, die Kultur in sich aufzunehmen, und die niedrige geistige Stufe des Negers werde durch die niedrige Stufe der Gliederung Afrikas gerechtfertigt. Die Ansicht möchte ich als irrig bezeichnen, wenigstens lassen sich gegen dieselbe hunderte von Beispielen anführen. Die unter der Leitung des schwarzen Bischof S. D. Ferguson stehenden Erziehungsanstalten der Protestant Episcopal Mission nehmen, mit wenigen Ausnahmen, nur Kinder der Natives auf. Sie lernen dort lesen, schreiben, rechnen u. s. w., und werden dort besonders talentvolle Schüler zu Lehrern und Missionaren ausgebildet. In Kap Palmas befindet sich das sogenannte Asyl, eine Erziehungsanstalt für Töchter von Eingeborenen, und in Half-Cavally, einem Negerdorfe etwa vier Stunden vom Kap, ist das Hofmanns-Institut, in dem Knaben bis zum sechszehnten Jahre ihre Erziehung erhalten. Verheiratet werden die jungen Christen nach vollendeter Erziehung miteinander und in besonderen Dörfern und Kolonieen angesiedelt. Mancher schwarze Missionar oder Lehrer, der im schwarzen Tuchanzug den Weißen mit europäischen Manieren begrüßt und in gutem Englisch zu unterhalten versteht, trägt die über der Nase sich hinziehende blaue Marke, der beste Beweis, daß die direkten Abkömmlinge von sogenannten wilden Eingeborenen sehr wohl unsere Kultur in sich aufzunehmen im stande sind. Mich besuchte in Harper häufig ein solcher, in dem Hofmanns-Institut erzogener Schwarzer, dessen Vater, ein Grebro-King, ihn der genannten Schule übergeben hatte. In dem Institute hatte er den Namen Appelton als Familiennamen erhalten, und war nach beendigter Erziehung nach Fishtown, einem Negerdorfe, unter lauter Eingeborene als Dorfschullehrer geschickt worden. Bei einem solchen Besuche brachte er auch seine Frau, die im Asyl erzogen war, mit. Ich bat beide, an meinem Nachmittagskaffee teilzunehmen, und ganz wie Europäer wußten sie sich zu benehmen. Ein Gespräch entwickelte sich über naheliegende Sachen, und nur zu natürlich kam Mr. Appelton auf seine Kinder zu reden. Er erzählte mir von seinem zehnjährigen Söhnchen, der so besonders gut lerne und den er gerne in eine deutsche Schule geben möchte; doch seien die Kosten zu unerschwinglich für ihn; ob ich nicht behilflich sein könnte, seinen Wunsch zu verwirklichen. Über seine Schule äußerte er: Die Schule wird an fünf Tagen der Woche regelmäßig mit dem Vorlesen eines Abschnittes aus den Büchern des Neuen Testaments, in der Grebrosprache, eröffnet. Die täglich gebrauchten Bücher sind das New American Spelling Book, Reader's Arithmetics, Grodrich's Child's Pictoral History of the United States, Mitchell's first and second Lessons in Geography, Richardson's Temperance Lesson Books und Fuster's Story of the Gospels and Bible mit farbigen Illustrationen. Die Kinder sind begierig zu lernen. Die Nativekinder besonders schätzen ein Buch mehr als die Kinder von Liberianern.

Geistige Erzeugnisse und Geistesverfassung der Neger.

Sprichwörter und Rätsel. — Zwei Beschuanenmärchen. — Kulturfeindlicher Einfluß der arabischen Märchen. — Charakteristische Gespräche: Burton und der Neger ohne Zahlensinn. Mit dem Obmann der Eseltreiber Der mohammedanische Glaubenseiferer und der skeptische Neger. Der Missionar und sein Schüler.

Sehr viele Negersprachen, vor allen die Mpongwesprache, sind ungemein reich an Sprichwörtern, worin sich bekanntlich der Witz und die Weisheit eines Volkes am charakteristischsten kundgiebt. Die Sprichwörter sind das ungeschriebene Gesetz und das Sittenbuch dieser Naturvölker und bei den Mpongwe stehen dieselben in solchem Ansehen, daß man von einem sehr weisen Manne sagt: Er versteht die Sprichwörter.

Wir geben einige der charakteristischsten:

Der Steigbügel ist der Vater des Sattels (Aller Anfang ist schwer).

Der Faden ist gewohnt, der Nadel zu folgen.

Die Fußsohle kommt in allen Schmutz des Weges (Schlechter Umgang ꝛc.).

Ohne Pulver ist die Flinte nur ein Stock.

Fast bringt nichts ins Haus.

Eine einseitige Erzählung ist nicht allemal richtig; höre auch die andere Seite, ehe du entscheidest.

Wer eine schöne Frau nimmt, nimmt Unruhe ins Haus.

Heute ist der ältere Bruder von Morgen.

Ein Tag Regen macht die Dürre von Wochen gut.

Das Schlinggewächs will mit jedem Baume verwandt sein.

Man soll nicht den Fisch fragen, was auf dem Lande geschieht, und die Ratte nicht, wie es im Wasser aussieht.

Der Tod brachte den Fisch in den Palast.

Wenn der Fuchs stirbt, trauert keine Henne, denn der Fuchs zieht kein Hühnchen auf.

Wenn der Fisch getötet ist, wird ihm der Schwanz ins Maul gesteckt (Wer den Schaden hat, braucht für Spott nicht zu sorgen).

Die Sterne folgen dem Mond, wie die Küchlein der Henne.

Die Leute meinen, der Arme sei nicht so klug wie der Reiche, denn, fragen sie, wie könnte er arm sein, wenn er klug wäre.

Der Sklave ist kein Stück Holz (wörtlich: Kein Kind eines Baumes). Wenn er stirbt, weint seine Mutter, denn auch der Sklave war einst ein Kind in seiner Mutter Hause.

Zorn zieht Pfeile aus dem Köcher, Geduld Nüsse aus dem Sack.

Wohin ein Mann sich wendet, sein Charakter geht mit ihm.

Außer den Sprichwörtern besitzen diese Völker auch viele Märchen und Rätsel. Wenn die Familien im Mondenscheine an Sommerabenden in dem offenen Hofe sitzen, welcher den Mittelpunkt der Wohnung ausmacht, und die Märchen sind erschöpft, so ergötzt man sich an Rätselaufgaben und über glückliche und unglückliche Lösungen derselben erhebt sich ein mehr als homerisches Gelächter. Solche afrikanische Rätsel sind z. B. folgende:

Wie heißt die kleine verschlossene Kammer, die voll Nadeln ist? — Der Mund mit den Zähnen.

Welchen kleinen Berg kann niemand ersteigen? — Das Ei.

Was kann jeder zerschneiden und doch sieht er nicht, wo er es zerschnitten hat? — Das Wasser.

Im allgemeinen gilt von den Erzeugnissen des dichtenden Volksgeistes der Neger das zusammenfassende Urteil von Friedrich Müller,

der dieselben auf Fabeln, Rätseln und Sprichwörter beschränkt. „Namentlich die letzteren, sagt er, zeugen von einer besonderen Originalität und angeborenem Mutterwitz. Die lyrischen Gesänge sind bei dem engen Gefühlskreise des Negers unbedeutend; die besseren derselben lassen fremden, arabischen Einfluß nicht verkennen."
Charakter und Gemütsleben eines Volkes treten am augenscheinlichsten und prägnantesten in dessen Märchen- und Erzählungslitteratur zu Tage, deren Wichtigkeit für die Kulturgeschichte erst gegenwärtig in ihrem ganzen Umfange gewürdigt wird. So zeigen denn auch die zahlreichen Märchen, welche sich die Betschuanas seit alten Zeiten erzählen, trotz manchen ungeheuerlichen, barbarischen Seiten Züge des lebhaft auffassenden afrikanischen Geistes, welchem selbst höhere moralische Regungen nicht fern liegen. In dieser Beziehung sind die folgenden zwei Märchen, deren Mitteilung wir dem katholischen Missionar Casalis verdanken, weit charakteristischer als manche weitläufige Sittenschilderungen.

I.
Kammapa und Litaolane.

Vor sehr alten Zeiten ging einmal das ganze Menschengeschlecht zu Grunde. Ein Ungeheuer, das man Kammapa nennt, verschlang alle, die Großen wie die Kleinen. Dieses Tier hatte eine solche Länge, daß die schärfsten Augen kaum von dem einen Ende zum andern sehen konnten. Nur Eine Frau blieb auf Erden übrig. Diese entging der Gefräßigkeit der Kammapa, weil sie sich versteckt hatte. Sie gebar einen Sohn in einem alten Kuhstalle. Als sie ihren Neugeborenen genau betrachtete, staunte sie nicht wenig, seinen Hals mit Amuletten geschmückt zu sehen.

„Da dem so ist" — sprach sie — „soll sein Name Litaolane (der Prophet) heißen. Armes Kind, in was für einer Zeit bist du zur Welt gekommen! Wie wirst du dem Kammapa entgehen? Was werden deine Amulette dir nützen?" So sprechend, sammelte sie draußen einige Handvoll Düngerstroh, die ihrem Säugling als Lager dienen sollten. Als sie aber wieder in den Stall trat, wäre sie vor Schreck und Staunen beinahe des Todes gewesen: das Kind war schon zum Manne herangewachsen und hielt Reden voll Weisheit. Litaolane ging sogleich hinaus ins Freie und wunderte sich über die Stille und Öde ringsumher. „Mutter" — sprach er — „wo sind denn die Menschen? Giebt es niemanden auf Erden außer dir und mir?"

„Mein Kind", — antwortete die Frau zitternd — „noch vor kurzem hat es von Menschen gewimmelt, auf Bergen und in Thälern; aber das Tier, vor dessen Stimme die Felsen erbeben, hat sie alle verschlungen."

„Wo ist dieses Tier?"

„Ach, es ist ganz in unserer Nähe!"

Litaolane nimmt ein Messer und geht, trotz der Vorstellungen seiner Mutter, um den Weltfresser zu bekämpfen. Kammapa öffnet seinen entsetzlichen Rachen und verschluckt den Litaolane; der Sohn des Weibes ist aber nicht tot; er ist, mit seinem Messer in der Hand, leibhaftig in den Magen des Ungeheuers gefahren und zerschneidet ihm die Eingeweide. Kammapa stürzt unter fürchterlichem Gebrüll zu Boden; Litaolane macht sich sofort ans Werk, um durch den Bauch des Ungeheuers eine Bahn zu brechen; aber sein spitzes Messer bedroht Tausende von Kreaturen, die gleich ihm selber eingeschlossen sind, mit dem Tode. Stimmen ohne Zahl schreien aus allen Winkeln des Bauches: „Durchbohre uns nicht!" Es gelingt ihm jedoch, eine Öffnung anzubringen, durch welche die Völker der Erde mit ihm aus Kammapas Bauch entkommen. Die geretteten Menschen sagen zu einander:

„Wer ist derjenige, den ein Weib allein geboren und der niemals die Spiele der Kindheit gekannt hat? Welches ist seine Abkunft? Er ist ein Wunder, kein Mensch — er kann nicht mit uns zusammen wohnen; sorgen wir, daß er wieder von der Erde verschwinde."

Darauf machten sie eine große Grube, bedeckten sie mit etwas Rasen und setzten eine Bank darauf. Dann schickten sie einen Boten an Litaolane und ließen ihm sagen: „Die Ältesten deines Volkes haben sich versammelt und wünschen, daß du in ihrer Mitte Platz nehmest." Litaolane kam; sobald er aber dem Sitze nahe war, stieß er einen seiner Widersacher in die Grube, und dieser verschwand für immer.

Als seine Feinde diese List vereitelt sahen, versuchten sie eine andere: „Litaolane hat die Gewohnheit", — sagten sie — „wenn der Tag heiß ist, an einem Röhricht zu ruhen; verstecken wir einen bewaffneten Krieger in dem Röhricht." Dieser heimtückische Kunstgriff gelangt nicht besser, als der erste; Litaolane wußte alles und seine Weisheit machte immer die Bosheit seiner Verfolger zu Schanden.

Nachher versuchten einige, ihn in ein großes Feuer zu werfen; aber sie fielen selbst hinein. Als er eines Tages hartnäckig verfolgt wurde, kam er zum Ufer eines tiefen Flusses und verwandelte sich in einen Stein; der Verfolger, erstaunt darüber, daß er ihn so plötzlich aus dem Gesichte verloren, ergriff zufällig diesen Stein und warf ihn an das jenseitige Ufer, mit den Worten: „So würde ich Litaolane den Kopf zerschmettern, wenn ich ihn drüben bemerkte." Der Stein wurde wieder Mensch, und Litaolane lächelte über seinen Widersacher, der jetzt seiner ohnmächtigen Wut mit Scheltworten und drohenden Gebärden Luft machte.

II.
Der kleine Hase.

Eine Frau bekam Lust, von der Leber des Niamatsane zu essen. Ihr Mann sagte ihr: „Weib, du bist toll; das Fleisch des Niamatsane ist gar nicht eßbar, und außerdem ist dieses Tier sehr schwer zu jagen, da es in einem Sprunge drei Tagereisen zurücklegt." Aber die Frau ließ nicht nach, und ihr Mann ging, da er fürchtete, sie würde krank werden, wenn ihr Gelüste keine Befriedigung fände. Er sah in der Ferne eine Herde Niamatsanes; Rücken und Beine dieser Tiere waren wie glühende Kohlen. Er verfolgte sie mehrere Tage, und endlich gelang es ihm, sie zu erreichen, als sie eben in der Sonne schliefen. Er warf einen starken Zauber auf die Tiere, tötete das schönste von ihnen, schnitt ihm die Leber aus und brachte seiner Frau die ersehnte Speise. Sie aß mit großem Appetit; aber bald darauf fühlte sie ihre Eingeweide wie von Feuer verzehrt. Nichts konnte ihren Durst stillen; sie lief an den See der Wüste, trank alles Wasser und blieb dann, jeder Bewegung unfähig, am Boden liegen. Am anderen Morgen erfuhr der Elefant, der König der Tiere, daß sein See ausgetrocknet sei. Er rief den Hasen und sagte ihm: „Du bist ein großer Läufer; eile und sieh, wer mein Wasser getrunken hat."

Der Hase lief mit Windesschnelle und kam bald wieder, seinem Könige anzuzeigen, daß es eine Frau gewesen. Der Elefant ließ einen Rat der Tiere berufen, es erschienen Löwe, Leopard, Rhinoceros, Büffel, Antilope — und alle sprangen und hüpften um ihren

König herum, daß die Wüste erbebte. Der Elefant rief zuerst die Hyäne auf und sagte ihr: „Du, deren Zahn so scharf ist, geh und durchbohre den Magen des Weibes." Die Hyäne antwortete: „Nein, Herr! Du weißt ja, daß ich gewohnt bin, die Menschen nur in offenem Kampfe anzugreifen." Dann rief er den Löwen und sagte ihm: „Du, dessen Klaue so stark ist, geh und zerreiße den Magen des Weibes." Der Löwe entgegnete: „Nein; du weißt, daß ich nur denen ein Leid anthue, die mich zuerst angreifen." Dann rief der Elefant den Strauß und sagte: „Du, der so gewaltige Schläge versetzen kann, geh und hole mein Wasser."

Der Strauß rennt fort, mit den Flügeln im Winde rudernd, und wirbelnder Staub bezeichnet seinen Weg; endlich naht er der Frau und stößt sie so heftig mit dem Fuße, daß alles eingeschluckte Wasser aus ihrem Munde sprudelt und in einem ungeheuren Bogen zurück in das Bett des Sees fällt. Die Tiere tanzen einen Reigen um ihren Gebieter und schreien freudig: „Das Wasser des Königs ist wieder da!"

Schon hatten sie drei Nächte geschlafen, ohne zu trinken; sie lagerten sich um den See und wagten es doch nicht, das Wasser des Königs zu berühren. Nur der Hase erhob sich in der Nacht und trank; dann nahm er etwas Schlamm und beschmierte damit das Maul und die Kniee des Springhasen, der neben ihm schlief. Am Morgen bemerkten die Tiere, daß das Wasser sich etwas vermindert hatte, und schrieen alle: „Wer hat von dem Wasser des Königs getrunken?" Der Hase sprach: „Seht ihr nicht, daß es der Springhase war? Seine Kniee sind kotig, weil er sich beim Trinken gebückt hat, und er hat so viel getrunken, daß Schlamm an seinen Lippen klebt."

Da fuhren alle Tiere in die Höhe, tanzten um den Elefanten und riefen: „Der Springhase hat den Tod verdient, er hat sich vermessen, das Wasser des Königs zu trinken!" Ein paar Tage nach der Hinrichtung des Springhasen fing der Hase, als er sich allein glaubte, zu singen an: „Häschen, wie bist du verschmitzt! Dein Nachbar hat für dich sterben müssen." Man hörte es und verfolgte ihn; er entkam aber und hielt sich verborgen.

Nach einiger Zeit ging er zum Löwen und sagte: „Freund, du bist sehr abgemagert; die Tiere fürchten dich, und es gelingt dir selten, eines zu erlegen; mach ein Bündnis mit mir, und ich werde dich mit Wild versorgen." Der Bund wurde geschlossen; nach

Anleitung des Hasen umzog der Löwe einen großen Raum mit starkem Pfahlwerk und grub in der Mitte ein ziemlich tiefes Loch. Der Hase ließ den Löwen in das Loch kriechen und bedeckte es so weit mit Erde, daß nur die Zähne hervorsahen. Dann lief er und schrie in die Wüste: „Ihr Tiere! kommt, ich zeige euch ein Wunder; ihr könnt eine Kinnlade sehen, die aus der Erde wächst!"

Die Tiere kamen von allen Seiten herbei; zuerst erschienen die Gnus, nach ihnen die dummen Knaggas, dann die verzagten Antilopen. Auch der Affe stellte sich ein, sein Junges auf dem Rücken tragend; er ging auf das Loch zu, nahm einen spitzen Stab, räumte etwas Erde weg und sagte: „Kind, halte dich fest an meinem Rücken — dieser Tote ist noch furchtbar!" Mit diesen Worten kletterte er behend das Pfahlwerk hinan und eilte fort. In demselben Augenblicke entstieg der Löwe dem Loche; der Hase verschloß den Eingang der Verpfählung, und alle Tiere wurden erwürgt.

Die Freundschaft zwischen beiden war jedoch nicht von Dauer; der Löwe machte seine überlegene Stärke geltend, und sein kleiner Verbündeter beschloß, sich zu rächen. „Mein Vater", — sprach er einst zum Löwen — „wir sind dem Regen und Hagel ausgesetzt; bauen wir uns eine Hütte." Der träge Löwe überließ dem Hasen die ganze Arbeit; dieser nahm des Löwen Schwanz und flocht ihn so geschickt in die Pfähle und das Rohr der Hütte, daß er für immer darin stecken blieb. So hatte der Hase die Freude, seinen starken Gegner vor Hunger und Wut sterben zu sehen: darauf zog er ihm die Haut ab und steckte sich hinein.

Von allen Seiten brachten die Tiere ihm zitternd Geschenke; man fiel vor ihm nieder und überhäufte ihn mit Ehren. Der Dünkel des Hasen wuchs immer mehr; er vergaß endlich seine Verlarvung und prahlte mit seiner List. Von dem Augenblicke an wurde er verfolgt, von allen Seiten bedroht, von allen Tieren verwünscht und verabscheut. So oft er sich zeigte, rief man: „Siehe da, der Mörder des Springhasen, der Erfinder der Zahngrube, der grausame Sklave, der seinen Herrn verhungern ließ!"

Um in seinen alten Tagen einige Ruhe zu genießen, mußte er sich endlich ein Ohr abschneiden, und erst nach dieser schmerzhaften Operation durfte er es wagen, unter seinen Mitbürgern zu erscheinen, ohne die Besorgnis, erkannt zu werden.

Geistige Erzeugnisse und Geistesverfassung der Neger.

Bekanntlich ist durch das Vordringen der Araber in Afrika deren Erzählungslitteratur, natürlich durch mündliche Überlieferung, weit nach Westen und Süden hin verbreitet. Mit ihren Märchen verbreiten die Mohammedaner ihre fabelhaften geographischen Anschauungen, von denen Burton uns ein Bild giebt. Als er einst einem mohammedanischen Scheich von Lamu die runde Gestalt der Erde und ihre Bewegung um die Sonne zu beweisen suchte, wurde der Scheich sehr unwillig und warnte alle vor solchen Lehren, welche dem Koran widersprächen. Hierauf setzte er seine eigene rechtgläubige Meinung den Passagieren auseinander:

1. Im Norden der Erde, sagte er würdevoll, giebt es ein Baher-el-Tulemat, d. h. ein Meer der Finsternis, weil am Ende der Erde beständige Finsternis ist, und weder Sonne noch Mond gesehen werden, und die Sterne aneinander schlagen. Es sind dort ungeheure Walfische, welche die größten Schiffe umstürzen. Die Franken gehen dorthin, um Gold und Silber im Wasser zu suchen. Dorthin kommt das viele Geld der Europäer, welche Esel und Pferde vor die Walfische werfen, damit sie ihre Schiffe nicht umstürzen.

2. Es giebt drei Wunder der Welt, welche von allen guten Mohammedanern geglaubt werden. Erstlich die Munara-el-Iskandaria, d. h. die Minarete von Alexandrien, welche sehr hoch sind und auf ihrer Spitze Kanonen haben, die bei einer Annäherung von Schiffen von selbst losgehen; zweitens die Mesdschib-el-Bannamai (die Moschee von Bannamai, welche jetzt zerstört ist), welche 300 Thore gehabt hat, die sich alle selbst öffneten, nachdem ein Thor geöffnet war; drittens El-Schagir-el-Hindie (der indische Baum), welcher eine Frucht erzeugt, die Frauen hervorbrachte, die riefen: „Waki, Waki!"

3. Jenseit China ist eine Insel, welche ihre Lage verändert nach der Beschaffenheit des Windes von Norden nach Süden, Osten und Westen. Dort ist der Baum Ekfir, welcher keinen Schatten giebt, aber eine Arznei enthält gegen alle möglichen Krankheiten und bösen Geister.

Mit solchen Märchen unterhalten sich die Araber auf den Schiffen, besonders nachts beim Mondschein, wenn sie lange nicht einschlafen. Aber sie verbreiten sie auch als Glaubensartikel unter den Negern. Sie lernen diesen kulturfeindlichen Unsinn in den Schulen. (S. Seite 174.)

Die Geistesverfassung der Neger, die Beschränktheit und die ungeheuren Schwierigkeiten, welche die Europäer, vor allen der Missionar, zu bewältigen haben, um sich in geistigen, namentlich religiösen Dingen verständlich zu machen und in ihre geistige Nacht einzubringen, läßt sich am objektivsten aus einigen Gesprächen zwischen Negern, Europäern und Arabern erkennen, welche wir nachstehend mitteilen und welche das höchste Interesse beanspruchen dürfen.

I.

In Ostafrika hatte Burton trotz seiner Kenntnis der Suaheli-Dialekte Mühe, sich einigen Völkern verständlich zu machen; sie konnten sich z. B. den einfachen Begriff einer Zahl nicht versinnlichen. Wenn er sie fragte, wie man in ihrer Sprache 1, 2 und 3 nenne, liefen sie fort oder saßen starrend und schweigend da. Er fragte etwa in folgender Weise:

„Höre, o du mein Bruder! In der Sprache der Küste (dem Kisawaheli) sagen wir 1, 2, 3, 4, 5." Dabei bezeichnete er die Sache an den Fingern, um sie besser zu versinnlichen.

Der wilde Mann entgegnete: „Hu, hu! Wir sagen Finger."

„Die sind nicht gemeint. Der weiße Mann will wissen, wie du 1, 2, 3 nennst?"

„Eins, zwei, drei? Was? Schafe, Ziegen, Frauen?"

„Das nicht, sondern nur 1, 2, 3 Schafe in deiner eigenen Sprache der Wapoka."

„Hi, hi! Was will der weiße Mann mit der Wapoka?"

In dieser Weise ging es fort; wenn aber die Wilden einmal ins Schwatzen gekommen waren, hörten sie nicht mehr auf. Mit Sklaven, die schon länger in Dienst waren, ging es schon etwas besser, obschon man auch mit ihnen nach zehn Minuten alle Geduld verlor.

II.

Burton teilt eine Unterhaltung mit, welche der Obmann der Eseltreiber, Tuanigana, anknüpfte; sie ist sehr bezeichnend. Der Kirangozo erkundigte sich zuerst nach der Gesundheit und sprach: — Dein Zustand, Mbuta? (d. h. Abdullah; der Negroide kann aber dieses Wort nicht aussprechen.) — Der Zustand ist sehr (d. h. gut). — Und der Zustand von Spikka? (Es ist Speke gemeint.) — Der

Zustand von Spikka ist sehr. — Nun fährt Tuanigana fort: Wir sind den Wagogo entronnen, weißer Mann, Oh! — Wir sind ihnen entronnen, mein Bruder. — Die Wagogo sind schlecht. — Sie sind schlecht. — Die Wagogo sind sehr schlecht. — Sie sind sehr schlecht. — Die Wagogo sind nicht gut. — Sie sind nicht gut. — Die Wagogo sind gar nicht gut. — Sie sind gar nicht gut. — Ich fürchtete mich sehr vor den Wagogo, denn sie töten die Wanyam= wezi. — Das thun sie. — Aber nun fürchte ich mich nicht mehr vor ihnen. Ich nenne sie (folgen einige derbe Schimpfwörter) und will mit dem ganzen Stamme fechten, weißer Mann, Oh! — So ist es, mein Bruder!

III.

Außer dem heidnischen „Medizinmann" besitzt die Karawane auch einen Araber, der das Amt eines mohammedanischen Priesters und Wächters in sich vereinigt. Ob er gleich ein arger Dieb ist, lastet doch die Religion schwer auf dem armen Manne. Während z. B. alle untereinander am Feuer sitzen, fährt er plötzlich im Be= kehrungseifer auf einen der Heiden los, der den für ihn sehr phan= tastischen Namen Mugunga Mbaya (der böse weiße Mann) führt, denn er ist so schwarz wie das Pique=Aß und sagt:

„Auch du, Mugunga Mbaya, mußt sterben."

„Ich!" antwortete der Angeredete, der sich persönlich beleidigt fühlt, „sprich nicht also. Auch du mußt sterben."

„Es ist ein bitteres Ding, das Sterben," fährt Gut Maho= meb fort.

„Hm," sagte der andere, „es ist schlimm, sehr schlimm, niemals wieder schönes Zeug zu tragen, nicht mehr bei seiner Frau und seinen Kindern zu sein, nicht mehr zu essen, zu trinken, zu schnupfen und Tabak zu rauchen. Hm! hm! es ist schlimm, sehr schlimm."

„Aber wir werden", entgegnete der Moslem, „Fleisch von Vögeln essen, sehr viel Fleisch, vortrefflich gebraten, und Zuckerwasser trinken und was wir sonst wünschen."

Den Afrikaner bringen diese Widersprüche in Verlegenheit. Vögel hält er nicht gerade für ein gutes Gericht, Braten dagegen liebt er sehr, „sehr viel Fleisch" vergleicht er mit seinem halben Pfund im Topfe und sich selbst würde er für Zucker verkaufen; aber er hört nichts von Tabak und fragt verlegen:

„Wo, mein Bruder?"

"Dort," antwortet Gut Mahomed und zeigt nach dem Himmel. Das versteht der andere nicht. Die Entfernung ist groß und er kann kaum glauben, daß der Araber oben im Himmel gewesen ist und die Vorräte dort gesehen hat. Er wagt also zu fragen: "Bist du dort gewesen, Bruder?"

"Verzeihe Allah!" ruft Gut Mahomed, halb zornig, halb erfreut, aus. "Was für ein Heide du bist! Mein Bruder, eigentlich dort gewesen bin ich nicht, aber Allah sagte es meinem Lehrer, der es seinen Nachkommen erzählte, die es meinem Vater und meiner Mutter mitteilten, daß wir nach dem Tode zu einer Pflanzung kämen, wo..."

"Hm!" grunzt Mugunga Mbaya, "es ist gut, daß du uns solchen Unsinn von deinem Vater und deiner Mutter erzählst. Also Felder und Pflanzungen giebt es im Himmel?"

"Ganz gewiß," antwortet Mahomed, der nun ausführlich die Vorstellung des Moslems von dem Paradiese auseinandersetzt, die der andere mit allerlei ungläubigen Ausrufungen unterbricht, bis er aus seinem Nachdenken plötzlich auffährt, den Kopf emporrichtet und fragt:

"Nun Bruder, du weißt alles; sage mir, ist dein Gott schwarz wie ich oder weiß wie unser Fremder oder braun wie du?"

Darauf weiß Mahomed nicht sogleich zu antworten; er hilft sich vorläufig mit Ausrufungen, bis er endlich den weisen Ausspruch thut: "Gott hat gar keine Farbe."

"Pfui!" ruft darauf der Heide, der sein Gesicht schrecklich verzerrt und verächtlich ausspuckt.

Er ist nun vollständig überzeugt, daß ihn der Araber zum Narren haben wollte. Das "sehr viele Fleisch" hätte ihn gegen seine bessere Überzeugung beinahe verleitet; jetzt schwand dies und nichts blieb ihm übrig, als das halbe Pfund im Topfe. Er hört auf gar nichts mehr, was der andere auch zu ihm sagen mag. —

IV.

Es ist eine ziemlich allgemeine Erfahrung der Forschungsreisenden und Missionare, daß die Neger häufig für Bekehrung und Überredung durchaus unempfänglich sind. "Die Missionare", sagt Burton von den Mombas, "mußten eingestehen, daß ihre schwarze Herde den ärgsten Ungläubigen und Spöttern in Europa nichts nachgebe und blasphemiere". Die Schwarzen sagten zu den Sendboten: „Euer Gott ist ein schlechter Gebieter, denn er heilt seine Diener nicht." Ein Mann, welchen man belehrt hatte, starb an einer Krankheit; daraus zogen die Wanika den Schluß, daß es einen Erlöser gar nicht gebe; ein solcher müsse ja doch dafür sorgen, daß seine Freunde nicht vom Tode hinweggerafft werden können. Bei Gesprächen über Gott äußern sie den Wunsch, ihn einmal zu sehen, aber nur um an ihm Rache dafür zu nehmen, daß Verwandte, Freunde und Ochsen gestorben sind; denn daran trägt ja er die Schuld.

Der westafrikanische Neger gleicht in dieser Beziehung vollkommen seinem ostafrikanischen Bruder. J. Smith, Trade and Travels in the gulf of Guinea and Western Africa, Lond. 1857, erzählt Folgendes:

Ich nahm jede Gelegenheit wahr, mit ihnen über Gott und Religion zu sprechen. Eines Tages sagte ich zum Häuptling:

„Was habt ihr gethan, König Pepple?"

„Dasselbe wie ihr; ich danke Gott."

„Für was?"

„Für alles Gute, das Gott mir sendet."

„Habt ihr Gott schon gesehen?"

„Schi! Nein! Ein Mensch, der Gott sieht, muß sogleich sterben."

„Werdet ihr Gott sehen, wenn ihr sterbet, König Pepple?"

„Das weiß ich nicht (dabei wurde er sehr aufgeregt). Wie kann ich das wissen? Denke gar nicht daran und will auch über diesen Gegenstand gar nichts mehr hören."

„Weshalb denn nicht?"

„Das geht euch nichts an und ihr habt nicht danach zu fragen, denn ihr seid hierher gekommen, um mit mir Handel zu treiben."

Smith schreibt weiter: Ich wußte nun, daß ferner nichts mit ihm anzufangen war, und ließ den Gedanken fallen. Indem ich von Sterben und Tod sprach, hatte ich eine zarte, sehr empfindliche Saite berührt. König Pepple sah nun wild und grämlich aus, der Ausdruck in seinem Gesichte wechselte rasch, und er war innerlich sehr aufgeregt. Endlich gebärdete er sich sehr heftig, sein Antlitz zeugte von wildem Grimm, und er fuhr dann mit den Worten heraus: „Wenn ich Gott hier hätte, so würde ich ihn auf dem

Flecke totschlagen." Nach so diabolischen Worten trat ich voll Entsetzen einen Schritt zurück.

„Ihr möchtet Gott totschlagen, König Pepple? Ihr schwatzt wie ein Verrückter, ihr könnt Gott nicht totschlagen. Aber angenommen, ihr könntet ihn umbringen, dann würde ja alles gleich aufhören, denn er ist ja der Geist, der das Weltall zusammenhält. Er aber kann euch töten."

„Ich weiß, daß ich ihn nicht totschlagen kann, aber wenn ich ihn totschlagen könnte, so würde ich ihn totschlagen."

„Wo lebt Gott?"

„Dort oben." Er zeigte nach dem Himmel.

„Aber weshalb möchtet ihr ihn denn totschlagen?"

„Weil er die Menschen sterben läßt."

„Aber, mein guter Freund, ihr möchtet doch nicht etwa ewig leben? Oder möchtet ihr das?"

„Ja, ich möchte immer leben."

„Aber nach und nach werdet ihr alt und dann schwach und hinfällig, wie jener Mann dort." In der Nähe stand ein blinder, abgemagerter Mensch. „Ihr werdet lahm und taub werden, wie dieser, und blind obendrein, und habt kein Vergnügen mehr auf der Welt. Wäre es nicht besser, ihr stürbet vorher, und machtet eurem Sohne Platz, wie euer Vater euch Platz gemacht hat?"

„Nein, das will ich nicht; ich will bleiben, wie ich bin!"

„Aber bedenkt doch; wenn ihr nun nach dem Tode an einen Ort kämet, wo es schön und herrlich ist und —"

König Pepple fiel mir ins Wort: „Davon weiß ich nichts, das kenne ich nicht; ich weiß, daß ich jetzt lebe, ich habe sehr viele Frauen, viele Niggers (Sklaven) und Kähne; ich bin König, und viele Schiffe kommen in mein Land. Weiter weiß ich nichts, aber am Leben bleiben will ich."

Ich konnte zu keiner Antwort kommen, denn er wollte nichts mehr hören, und wir sprachen dann von Handelsgeschäften.

Die afrikanischen Sprachen.

Die Riesenarbeit von Robert Needham Cust über die afrikanischen Sprachen. — Einteilung in sechs große Gruppen. — Segen der Missionen. — Verschiedenartige Abstammung der Negersprachen. — Charakteristisches über einige Negersprachen. — Die Sabir-Sprache als lingua franca. — Das Kreolische auf der Insel Mauritius. — Formenreichtum und Schönheit afrikanischer Sprachen. — Die merkwürdigen Probleme der Hottentotten-Sprache.

Bisher waren die Sprachforscher vor der Riesenarbeit zurückgeschreckt, das durch eine lange Reihe von Reisenden und Missionaren auf afrikanischem Boden gesammelte linguistische Material wissenschaftlich zu sichten, um endlich einmal eine genaue Übersicht und Klassifizierung aller heutigen afrikanischen Sprachen zu erlangen. Noch 1879 konnte Friedrich Müller (Allgemeine Ethnographie) nur die Unzulänglichkeit der Wissenschaft trotz der ansehnlichen Hilfsmittel gegenüber der „Unzahl der afrikanischen Sprachen und der beinahe unglaublichen Menge von Völkern" konstatieren.

Die Arbeit war um so schwieriger, da das oft kostspielige und seltene Material für die afrikanische Linguistik, die noch keinen Lehrstuhl an Universitäten besitzt, in keiner öffentlichen Bibliothek vollständig vorhanden ist. Der Forscher war also auf seinen eigenen Sammelfleiß, seine eigenen pekuniären Mittel angewiesen, es mußte ein Mann sein, der, wie Cust selbst in der Vorrede sagt, genügend freie Zeit, Geld, Fleiß und Intelligenz besaß, um durch Sammlung und Klassifizierung des ungeheuren Materials „den künftigen Sprachforschern eine solide und gesunde Basis zu verschaffen, von wo aus sie mit Sicherheit weiterschreiten können." Das Werk ist nicht bloß für Sprachforscher, sondern auch für Missionare von höchster Bedeutung. Erwägt man, daß Cust 438 unterschiedene Sprachen und außerdem noch 153 Dialekte bearbeitet hat und daß wohl vier Fünftel des Materials aus den von Missionaren geschriebenen, zum teil noch nicht veröffentlichten[*]) Wörtersammlungen, Grammatiken, einheimischen Fabeln und Geschichten, Übersetzungen von Liedern und heiligen Schriften, Schulbüchern, Gebetbüchern und Katechismen besteht, wie sie von der Mission für die Mission ausgearbeitet werden,

---

*) In den Archiven der Missionsgesellschaften, in Sir George Grey's Bibliothek in Capstadt ist noch der größere, wertvollere Teil vergraben.

so kann man seine Entrüstung über Unwissenheit und Oberflächlichkeit der Tagespresse und selbst einzelner Forschungsreisenden nicht zurückhalten, welche noch immer die Mär von der Unwissenheit und Nichtsthuerei der Missionare verbreiten, die nur darauf bedacht seien, unter den Heiden in aller Bequemlichkeit und Gemütlichkeit ihr Schäfchen zu scheren. Im Schlußworte sagt der Verfasser: „Lassen Sie mich noch einmal den Missionaren Lebewohl sagen, diesen guten und selbstlosen Leuten, welche wohl in ihrem eigenen Lande es hätten zu hohen Ehren bringen können und sind doch ausgegangen, in elenden Hütten zu wohnen, oft genug, um darin zu sterben; welche, während sie auf dem Amboß Afrika mit dem Hammer des Evangeliums hart arbeiten, auch helle Funken sprachwissenschaftlichen Lichtes hervorlocken, eine vorher in tiefstes Dunkel gehüllte Welt zu erhellen." — „Der Missionar ist das besondere Erzeugnis, der höchste Ruhm des 19. Jahrhunderts. Ich kümmere mich nicht darum, wer diese letzten Zeilen liest oder ungelesen läßt; aber sie sind durch eine lange, bewährte Erfahrung in Asien, durch eine genaue Beobachtung Afrikas diktiert, durch die Überzeugung, wie gut es für das Menschengeschlecht ist, daß neben dem Lärm der Kriegstrommel, dem egoistischen Ruf des Kaufmanns, dem Zischen der Peitsche des Sklavenhändlers, inmitten der Kolonieen, des Handels, des Krieges, in jedem Teile der Welt, besonders im dunkelsten, immer wieder ein ehrlicher selbstloser Mann sich finde, in Person die höchste und ritterlichste Form der Moralität gerade dort darstellend, wo dieselbe sonst am wenigsten zu finden; einer, der sich nicht fürchtet, für die Unterdrückten zu streiten, die übeln Sitten aufzudecken, gegen das Unrecht zu protestieren." — Als Mitglied des Übersetzungs-Komitee der Society for promoting christian knowledge, als honorary secretary der Royal Asiatic society, Komitee-Mitglied der Church missionary society, der Royal geographical Society war Cust im stande, die zuverlässigsten Erfahrungen über das Vorstehende zu sammeln.

Obgleich eine ganze Reihe von afrikanischen (namentlich die von Friedrich Müller, Allgem. Ethnographie, S. 20 als isolierte bezeichneten) Sprachen sich noch einer strengen Klassifizierung zu entziehen scheinen, da ja mit den vielen Völkermischungen auf afrikanischem Boden auch Sprachmischungen vor sich gegangen sind und selbst noch gegenwärtig stattfinden, so ist doch die von Cust nach dem Vorgange anderer Sprachforscher angenommene Einteilung in sechs große Gruppen im wesentlichen richtig. Eine Übersicht derselben mit einzelnen bekannten Namen dürfte allgemeines Interesse beanspruchen*).

I. Semiten.

A. Nördlicher Zweig.
  1. Punisch. 2. Arabisch mit 8 Dialekten: ägyptisch-arabisch, tripolitanisch-arabisch, Zanzibari, Sahari, ꝛc.
B. Ethiopischer Zweig.
  8 Sprachen, worunter Amharisch, Tigre, Harari, ꝛc.

II. Hamiten.

A. Ägypter.
  1. Ägyptisch. 2. Koptisch (mit 3 Dialekten).
B. Libyer.
  1. Libysch (Marokkanischer, Saharischer, Algerischer, Tunisischer Dialekt). 2. Kabylisch (mit 9 Dialekten). 3. Tamashek (mit 4 Dialekten). 4.—9. Sechs andere Sprachen mit 5 Dialekten.
C. Ethiopen.
  1. Somali. 2. Galli, ꝛc., ꝛc., 18 Sprachen mit verschiedenen Dialekten.

III. Nubah-Fulah.

A. Nubier.
  16 Sprachen, darunter Nuba, Masai, Monbutto, ꝛc., ꝛc., mit Dialekten.
B. Fulah.
  1. Fulah mit 5 Dialekten.

IV. Neger.

A. Atlantischer Zweig.
  Nördliche Sektion.
  28 Sprachen und viele Dialekte; unter den ersteren: Wolof, Serer, Bambara, Mande, Felup, ꝛc.
  Südliche Sektion.
  39 Sprachen und viele Dialekte (Kru, Aschanti, Dahome, ꝛc.).

---

*) Eine ausführliche Inhaltsangabe findet man in der Allgem. Missions-Zeitschrift von 1884. Büttner, Die modernen Sprachen Afrikas, S. 241 ff.

B. **Nigritier.**
   Westliche.
   23 Sprachen mit Dialekten (Ibzo, Ibo, Nupe, ꝛc.).
   Östliche.
   15 Sprachen (Efik, Moko, ꝛc.).
C. **Centralafrikanischer Zweig.**
   59 Sprachen mit Dialekten (Surhai, Haussa, Tibbu, Kuka, ꝛc.).
D. **Nilotiker.**
   31 Sprachen (Shilluk, Dinka, Bari, Sosi, Latuka, ꝛc.).

V. Bantu.
A. **Südlicher Zweig.**
   Östliche.
   1. Zulu (mit 4 Dialekten). 2. Xosa. 3. Guamba.
   Centrale.
   4 Sprachen und 7 Dialekte (Suto, Chuana, Kalahari, ꝛc.).
   Westliche.
   1. Herero. 2. Yeiye (mit Schubea). 3. Nbonga.
B. **Östlicher Zweig.**
   Südliche.
   20 Sprachen und 11 Dialekte (Toka, Nansa, Nganga, ꝛc.).
   Östliche.
   24 Sprachen und 9 Dialekte (Komoro, Konbe, Donbe, Swahili nebst 3 Dialekten, Sambara, Teita, Taweta, Chagga, ꝛc.).
   Westliche.
   34 Sprachen mit Dialekten (Hehe, Gogo, Zongoro, Kumu, Gamba, ꝛc.).
C. **Westlicher Zweig.**
   Südliche.
   25 Sprachen mit verschiedenen Dialekten (Kubele, Neka, Nano, Gangella, Bunda, Lunda, ꝛc.).
   Nördliche.
   55 Sprachen mit verschiedenen Dialekten (Kongo mit 11 Dialekten, Buma mit 3 Dialekten, Gala, Kamma, Fan, Ebigy mit 5 Dialekten), Dualla, Pangue ꝛc.

VI. Hottentotten — Buschmänner.
A. **Khoi-khoi.**
   1. Khoikhoi (mit Dialekten Nama, Kora, Dama, ꝛc.).

B. **Heloten.**
12 Sprachen (San, Bumantsu, Lala, ꝛc.).
C. **Pygmäen.**
1. Akka. 2. Obongo. 3. Bakke=Bakke. 4. Doko. 5. Mbi=bikimo. 6. Twa.

Cust fand wie seine Vorgänger (Friedrich Müller, Allgemeine Ethnographie, p. 177), daß die Negersprachen von einer einzigen Ursprache nicht ausgegangen sein können, sondern im Gegenteil mehrere von einander unabhängige Ursprungspunkte voraussetzen. Denn abgesehen davon, daß die Abweichungen im grammatischen Bau der Negersprachen solche sind, die nur zwischen ganz unverwandten Sprachen sich finden, lassen sich auch in lexikalischer Hinsicht, abgesehen von einzelnen entlehnten Kultur=Ausdrücken, keine Übereinstimmungen wahrnehmen, die irgend eine Verwandtschaft verraten könnten.

Besonders in der nördlichen Hälfte des afrikanischen Kontinents ist die Zahl und Verschiedenheit der Sprachen groß; doch scheint das Bedürfnis der Handelsbeziehungen im Sudan der Haussasprache als lingua franca des Verkehrs eine bedeutende Verbreitung gegeben zu haben. Friedrich Müller (p. 20) zählt hier nicht weniger als 24 Sprachen, resp. Sprachstämme, unter denen sich 14 isolierte Sprachen befinden, auf. In der südlichen Hälfte treten besonders hervor die eine große Familie bildenden Bantu=Sprachen (Kafer, Zulu); die ganz eigentümlichen Sprachen der Hottentotten und Buschmänner, die Zambesisprachen, sowie im Osten die Sprachen von Zanzibar (Kisuaheli, Kikamba, ꝛc.). Man schließt aus der größeren Verwandtschaft der südafrikanischen Sprachen, daß der nördliche Teil Afrikas durch die Negerrasse weit früher bevölkert worden sei als der südliche, oder daß die Ureinwohner des ersteren in nicht sehr entlegener Zeit ausgerottet worden seien; jedenfalls spricht die außerordentliche Verschiedenheit aller dieser Sprachen gegen einen gemeinsamen Ursprung, wie viele körperliche Ähnlichkeiten auch vorhanden sein mögen.

Wir wollen einiges Wissenswerte über den Charakter mehrerer Negersprachen mitteilen.

Die am meisten verbreitete Sprache im äußersten Westen, wo der Negertypus am reinsten sich erhalten hat, zwischen dem Senegal und Niger ist die der Wolof (Yolof oder Giolof, d. h. die Schwar=

zen im Gegensatz zu den Fulah, den „Gelben"). Es ist wahrscheinlich die älteste Negersprache im Westen.

Die Obschi-Sprache ist nicht minder verbreitet: sie wird gesprochen in den Reichen Asante (Aschanti), Assin, Fanti, Akim, Akwapim und Akwambu und ist sehr verwandt mit der Ga-Sprache (in Akra) und mit der Weyhe-Sprache in Whida (Ouida, Juda) und zwischen dem Gebiete des Obschi und Yoruba.

Im Nigerdelta und dem Kamerungebiete sind die Sprachen ganz besonders zahlreich und wie die Sprachen von Bonny, die des Braß-Landes, die von Kwa und Andonny höchst unverständlich und schwer zu erlernen.

Die Sprache der Mandingo (Mande) ist durch die Eroberungszüge dieses mächtigen Volkes weit in die Gebiete der Wolof und Fulup vorgedrungen und hat sich mehrere westafrikanischen Sprachen assimiliert.

Die Haussasprache, die Handelssprache im Sudan, steht isoliert unter den westafrikanischen Sprachen und weist viele semitisch-hamitische Elemente auf.

Im französischen Senegambien hat sich neben dem Wolof, der Volkssprache der Schwarzen und Mulatten, noch kein französischer Jargon wie auf den Antillen gebildet. Nur haben die Neger eine kleine Anzahl europäischer Wörter, merkwürdiger Weise meistens portugiesischer, die jedenfalls vor der französischen Besitzergreifung aufgenommen wurden. So: signare, Dame; rapace, junger Diener; rapareille, junge Magd; laptot, Matrose; Tongal, Europa. — Tougal, b. h. Portugal, war für die Schwarzen, welche die Portugiesen zuerst sahen, ganz Europa. Bekanntlich hat Faidherbe eine kleine Elementargrammatik nebst Vokabular und Phraseologie in Wolof und Französisch veröffentlicht. — An der Südküste des mittelländischen Meeres hat sich dagegen aus französischen, spanischen, italienischen und arabischen Wörtern, eine lingua franca, von den Franzosen Sabir genannt, gebildet, die besonders zum Handelsverkehr dient, und auch in Algier im Verkehr zwischen Eingeborenen und Soldaten gebraucht wird. Diese Sprache hat keine Syntax, von der Formenlehre nur den Infinitiv.

Moi meskine, toi donnar sordi. Je suis pauvre, donne-moi un sou.

Toi bibir lagna. Tu bois de l'eau.

Lui fenir drahem bezef. Il a beaucoup d'argent.

Sbanioul chapar bourrico, andar labrizon. L'Espagnol a volé un âne (bourrique), il ira en prison. — Merkwürdig dabei ist, sagt Faidherbe, daß der französische Troupier, der sich so ausdrückt, glaubt, er spreche arabisch; der Araber, er drücke sich gut französisch aus.

Auf der Insel Mauritius, wo reines Französisch die Sprache der wohlhabenden Klasse ist, hat sich daneben unter dem Einflusse der Kulis aus Bengalen, China, Madagaskar eine französische Kreolensprache gebildet, deren Grundstock das Französische ist, welches die früher ausschließlich auf den Plantagen arbeitenden Schwarzen redeten. Dieser Dialekt hat merkwürdige Eigentümlichkeiten. Der Artikel wächst z. B. mit dem Hauptwort zusammen, licien (le chien), lamort, bei häufig vorkommenden Worten auch der partitive Artikel: dipain (du pain), Brot, dibois, Holz, difé, Feuer; Hauptwörter dienen oft als Zeitwörter: laguerre, kämpfen, coquin, stehlen.

Présent.

mon coquin, ich stehle;	nous coquin, wir stehlen;
to coquin, du stiehlst;	vous coquin, ihr stehlet;
li coquin, er stiehlt;	zotte coquin, sie stehlen.

Imparfait.

mon ti coquin,   to ti coquin, etc.

Futur.

mon va coquin,   to va coquin, etc.

Die Chinesen, Tamulen, Madagassen verändern wiederum dieses Kreolische, oft in der drolligsten, unverständlichsten Weise.

Von den südafrikanischen Sprachen (Bantusprachen) weiß man nach den neuesten Untersuchungen jetzt, daß sie trotz mannigfacher Verschiedenheiten doch viele Ähnlichkeiten besitzen und ihre gemeinsame Abstammung unzweifelhaft erscheint.

Viele dieser Sprachen, namentlich die, welche an der Seeküste gesprochen werden, haben eine größere oder geringere Anzahl fremder Wörter aufgenommen, je nachdem die Volksstämme größeren oder geringeren Verkehr mit fremden Nationen gehabt haben. Die an der westlichen Küste haben viel von dem Portugiesischen, jene in der Nähe des Vorgebirgs der guten Hoffnung von dem Englischen und Holländischen, die von Mozambique von dem Madagassischen, wie von dem Portugiesischen aufgenommen, während die an der nördlichen Küste namentlich aus dem Arabischen schöpften.

Baumgarten, Afrika.

Diese große Sprachenfamilie zeichnet sich, wenn man den Mpongwe-Dialekt als Muster annehmen darf, durch ihre Schönheit, ihre Zierlichkeit, ihren regelmäßigen Bau und ihre fast unbegrenzte Ausbildungsfähigkeit aus. Sie braucht darin den Vergleich mit keiner Sprache in der Welt zu scheuen, ja wenige kommen ihr gleich. Natürlich gilt dieses nicht von jener Seite der Sprache, welche die stetig fortschreitende Kultur und besonders die der Begriffsentwickelung ausdrückt.

Merkwürdig ist, welchen Reichtum au Wörtern und Ausdrucksweisen diese Sprachen durch Vorsetzen von Buchstaben erhalten, was nach bestimmten Regeln erfolgt. Als Beispiel diene aus der Sprache Yorubas:

Se, sündigen;
ese, die Sünde;
lese, in Sünde sein, immer sündigen;
elese, Einer, der immer sündigt;
ilese, das immer Sündigen;
ailese, das Reinsein von Sünde;
lailese, das nicht Sündigen, frei sein von Sünden;
alailese, Einer, der nicht sündigt.

Die Mpongwes bilden ihre Wörter ebenso durch vorgesetzte Buchstaben, z. B.:

Noka, lügen; inoka, die Lüge; onoka, der Lügner.

Jufa, stehlen; ijufa, das Stehlen, Diebstahl; ojufa, der Dieb.

Sunginla, retten; isunginla, die Rettung; osunginla, der Retter.

Die Art zu zählen ist verschieden. Der Grebo zählt bis fünf und verdoppelt dann die Zahlen bis zehn, von da bis zwanzig noch einmal; mit zwanzig geht es dann weiter bis zehn-zwanzig, d. h. zweihundert. Die Mpongwes und Mandingos haben eigentlich ein Decimalsystem, denn sie zählen bis zehn, dann folgt eine Verdoppelung, z. B. zehn und eins (elf), zwei-zehn (zwanzig), zehn-zehn (hundert).

Sehr reich sind die Formen der Zeitwörter in der Mpongwe-Sprache, die, ebenfalls meist durch Vorsetzen oder Umändern eines Buchstabens gebildet werden. So wird die vergangene Zeit gebildet durch Vorsetzen eines a und Umwandeln des End-a in i, z. B. mi tonda, ich liebe, mi atondi, ich liebte; die längst vergangene Zeit dagegen durch Ansetzen eines a vor die Imperativform und Umänderung des End=a in i, — mi arondi, ich habe geliebt.

Der außerordentliche Formenreichtum mehrerer afrikanischer Sprachen zeigt sich am auffallendsten in der Kaffernsprache, welche durch Präfixe und Flexionen die Verbalformen in merkwürdiger Weise variieren kann. So z. B. kann „ich war liebend" (amabam) zunächst durch acht Formen dargestellt werden. Da aber die dritte Person hier, wie im ganzen Verbum, schon des Subjektpräfixes wegen zehnmal sich verändern kann, so resultieren für diese allein, durch alle acht Formen des Imperfektes 80 Formen. Und doch handelt es sich hier nur von einer Person einer Unterabteilung der einen Vergangenheit!! — Endemann zählt in seiner Basutogrammatik nicht weniger als 37 Tempora und viel weniger sind es im Herero auch nicht. In jedem Tempus haben wir im Herero circa 20 Formen für die einzelnen Personen.

Wenn sich auch hier der sprachbildende Geist des Menschen von einer ganz neuen Seite zeigt, so muß man sich doch hüten, in dem Wortreichtum mancher afrikanischen Sprache eine besonders hervortretende geistige Entwickelung zu sehen. Völker von beschränktem geistigen Horizont und in einfachen Verhältnissen lebend, haben für dieselben Dinge eine Menge von Wörtern; die Malgassen z. B. 30 für die verschiedenen Arten das Haar zu flechten, 20 für das Wachstum der Ochsenhörner, die Araber gegen 100 Namen für das Kamel. Livingston hörte bei den Südostafrikanern, die für jeden Hügel, jede Schlucht, jedes Bächlein einen Namen haben, gegen 20 Zeitwörter, um die verschiedenen Arten des Spazierengehens auszudrücken und noch mehr zur Bezeichnung der verschiedenen Arten der Narren. Die Kultur vermehrt mit den Bedürfnissen und Erfindungen auch den Wortschatz, beschränkt dagegen die Zahl der überflüssigen Benennungen der Dinge.

Höchst interessant ist die Rolle, welche die Euphonie in den afrikanischen Sprachen spielt. Bei vielen werden nach Hellfrich die Sätze nicht nach der Gedankenfolge, sondern nach dem Wohlklang eingeteilt, was durch ein regelmäßiges Alliterationssystem bewirkt wird und Speke sagt von der Sprache um den Nyanzasee, sie sei so wundersam wie die Bewohner, beruhe auf Wohlklang und sei deshalb sehr compliciert; um das Geheimnis ihrer Euphonie zu enträtseln, müßte man die Eigentümlichkeit einer Negerseele kennen. Ba, dem Namen eines Landes vorgesetzt, bedeutet in dieser Sprache

„Menschen", M vorgesetzt bedeutet „einen Menschen", U „Ort oder Örtlichkeit", Ki, die „Sprache". So ist Wagogo das „Volk von Gogo", Mgogo ein „Gogomann", Ugogo, das „Land von Gogo", Ki=gogo, die „Sprache von Gogo". (In den einsilbigen Sprachen ist die Rolle der Betonung höchst bedeutend, so bedeutet im Anamitischen: ba, bà, bâ, bá, drei Damen gaben eine Ohrfeige dem Günstling des Königs").

Wir können die kurze Besprechung der afrikanischen Sprachen nicht schließen, ohne der merkwürdigsten derselben, der Sprache der Hottentotten zu gedenken, welche, von einem der am tiefsten in der Kultur stehenden Volke gesprochen, den Forschern die merkwürdigsten psychologischen und philologischen Probleme darbietet.

Hottentotten und Buschmänner, sagt Oskar Peschel (Völkerkunde), bilden eine gemeinsame Rasse; sie sind wie Th. Hahn bemerkt, Geschwister einer Mutter. Der eine Name bedeutet Stotterer und wurde ersteren zur Verspottung ihrer Schnalzlaute von den Holländern gegeben. Die Buschmänner werden von den Hottentotten San (Plur. von Säb) geheißen, die sich selbst Koi=koin, d. h. Menschen nennen, welchen Namen man auch gegenwärtig allgemein den Hottentotten giebt.

Sprachlich haben Koi=koin und Buschmänner nur die Schnalzlaute gemein, die durch ein Anlegen der Zunge an die Zähne oder an verschiedene Stellen des Gaumens und durch ein rasches Zurückschnellen hervorgebracht werden. Einen dieser Schnalzlaute gebrauchen Europäer, um ihren Verdruß auszudrücken, einen andern hören wir bei Fuhrleuten, die ihre Rosse ermuntern. Außer den Schnalzlauten besteht zwischen den Sprachen der San und der Koi=koin keine Ähnlichkeit, abgesehen von wenigen Worten, die beiderseits ausgetauscht worden sind.

Die Sprache der Koi=koin ist eine große Merkwürdigkeit der Völkerkunde. Der Missionar Moffat war der erste, welcher entdeckte, daß sie Ähnlichkeit mit der altägyptischen zeige. Dies war auch die Ansicht von Lepsius, Pruner Bey und selbst von Max Müller und Whitney. Blank giebt zwar zu, daß die Hottentottensprache in den Lautzeichen für die Geschlechter mit dem Altägyptischen und Koptischen inniger übereinstimme, als mit anderen Sprachen, daß sich aber auch wieder Anklänge an semitische Formen finden. Gegen die Verwandtschaft haben sich v. d. Gabelentz, Pott, Fr. Müller und Theophilus Hahn ausgesprochen und damit diese Streitfrage erledigt.

Jedenfalls ergiebt sich daraus deutlich, daß die Mundarten der Koi-koin eine sehr hohe Entwickelung haben müssen und zwar eine so hohe, daß ein Sprachforscher wie Martin Haug ihre höheren und feineren Bestandteile „nur durch Berührung mit einem civilisierten Volk" sich erworben denken kann. Ob dieses Volk das altägyptische gewesen sei, müsse vorläufig unbeantwortet bleiben.

Für eine solche Berührung spricht jedoch bis jetzt keine einzige Thatsache. Ehe daher nicht strenge Beweise für solche Vermutungen beigebracht werden, müssen wir vielmehr darauf bestehen, daß Sprachen auch durch solche Völker verfeinert werden können, welche ohne Berechtigung Wilde genannt worden sind. Die geselligen Zustände unserer Vorfahren zu Tacitus Zeiten waren nur wenig besser als die der Koi-koin, und dennoch besaß ihre Sprache schon damals arische Hoheit.

Das Nomna und die anderen Mundarten der Koi-koin befestigen die stark abgeschliffenen Formlaute am Ende der Wurzel. Aus koi, Mensch, ward koi-b, Mann, koi-s, Weib, koi-gn, Männer, koi-ti, Weiber, koi-i, Person, koi-n, Leute. Wir wählen dieses Beispiel, um hinzuzufügen, daß aus koi, Mensch, koi-si, freundlich, koi-si-b, Menschenfreund und koi-si-s, Menschlichkeit entsteht. Da sehr viele lieblose Anthropologen den altertümlichen Volksstämmen vorgeworfen haben, daß sich in ihren Sprachen keine Ausdrücke für Abstraktionen oder kein Wort für Gott oder Moral finde, so wollen wir daran mahnen, daß die Hottentotten, einst auf die tiefste Stufe gestellt, das obige Wort für „Humanität" besitzen.

Als Ergänzung zu dem Vorstehenden dürfte eine Erfahrung, die der Missionar Büttner bei der Übersetzung der Bibel in die Sprache der Herero machte, hier passend eine Stelle finden: es ergebe sich aus dem Studium der Sitte und Sprache derselben, daß sie im Sinken nicht im Steigen begriffen seien und der frühere Zustand der relativ vollkommenere gewesen sei. „So findet man, sagt er (Aus der Studierstube des Bibelübersetzers, Allg. Miss.-Zeitsch. 1881, S. 199), bei immer erneuerten Versuchen, den vorhandenen Sprachschatz zu fixieren, daß allerdings in früheren Zeiten auch manche jener vermißten höheren Begriffe doch einmal vorhanden gewesen sind, und viele derartige Wörter, wenn sie auch aus dem allgemeinen Verkehr beinahe verschwunden sind, finden sich doch noch zuweilen im Munde einzelner alter Leute. So hat es z. B. Jahre lang gedauert, bis man dahinter kam, daß die Herero ein eigenes Wort für 100 und eines für 1000 haben, nachdem man vorher geglaubt, sie könnten wirklich nur bis zehn zählen. Ebenso hat es viele Jahre gedauert, bis ein Wort für Gott, ein Wort für Götzenbild zum Vorschein kam. Natürlich ging es hierin immer besser, als auch einige von den Christen, zumal von den Ältesten, einmal begriffen hatten, um was es sich handelte und nun mit Eifer auch selbständig an solchen Untersuchungen sich zu beteiligen anfingen." — Dieselbe Beobachtung machten Missionare und Forschungsreisende bei den Insulanern des großen Oceans.

J. Baumgarten.

Deutsch-Südwestafrika.

I.

Erwerbung des ersten deutschen Kolonialgebietes. — Grenzen und Umfang von
Deutsch-Südwestafrika. — Zuverlässigkeit der Nachrichten und Untersuchungen
über dessen Kulturwert.

Die Aufhissung der deutschen Reichsflagge in Angra Pequena am 7. August 1884 bezeichnet einen denkwürdigen Wendepunkt unserer Geschichte: die Landgroßmacht Deutschland that den ersten Schritt zur Erringung einer Weltmachtstellung, indem sie zum ersten Male ein überseeisches Land unter Kaiserlichen Schutz stellte und damit den Grund legte zu einem Kolonialreiche, welches gegenwärtig in Afrika und Melanesien einen Flächenraum von mehr als 70 000 deutschen Quadratmeilen umfaßt.

Die Erwerbung der ersten deutschen Kolonie verdanken wir dreien thatkräftigen Männern, deren Namen künftig auf der ersten Seite der deutschen Kolonialgeschichte glänzen werden: dem Bremer Kaufherrn F. A. E. Lüderitz, welcher in den Jahren 1883 und 1884 das Küstenland bis an den Oranjefluß durch Kaufverträge erwarb und den Reichsschutz dafür nachsuchte; dem Fürsten Bismarck, der mit weitschauendem Scharfblicke die günstige Gelegenheit erkannte, durch Gewährung dieses Schutzes das Reich die ersten Schritte auf der Bahn der Kolonialpolitik thun zu lassen, den nationalen Spannkräften ein neues Feld der Thätigkeit, den industriellen und kommerziellen Bedürfnissen neue Hilfsquellen zu eröffnen; endlich dem Grafen Herbert Bismarck, welcher als Kaiserlicher Geschäftsträger in London mit seltener Geschicklichkeit und Energie den Widerstand des durch die Feinde der deutschen Kolonialbestrebungen gedrängten englischen Kabinets überwand und dasselbe zu einer dreimaligen offiziellen Anerkennung der deutschen Schutzherrschaft bestimmte. Noch am 6. Juni 1884 schrieb die angesehene englische Kolonialzeitung „The Colonies and India": „Irgend einer fremden Macht zu erlauben, Besitz von diesem Lande zu ergreifen, welches zwischen der Walfischbai und dem andern Teile der südafrikanischen Besitzungen gelegen ist, würde pure Tollheit sein." — Aber bereits am 21. Juni folgte die Anerkennung seitens der englischen Regierung, welche eingesehen hatte, daß sie durch eine Feindseligkeit gegen Deutschland ihre letzte Stütze auf dem Festlande verlieren würde, und daß sie überhaupt nicht den geringsten Rechtstitel auf die südwestafrikanischen Küstenländer besaß. Diese Anerkennung der deutschen Schutzherrschaft wurde wiederholt und weiter ausgedehnt am 22. September 1884 und im Frühjahr 1886, so daß nach der inzwischen mit Portugal getroffenen Vereinbarung das deutsche Schutzgebiet sich vom Oranjefluß bis zum Kuneneflusse und den portugiesischen Besitzungen*), sowie von der Seeküste bis zum 20. Grad östlicher Länge erstreckt. England hat noch hartnäckig, außer einigen Küsteninseln, die Walfischbai festgehalten, welche ihm höchstens zur Erhebung von Zöllen nützen kann, für Deutschland jedoch zur Entwickelung seines Handelsverkehrs mit dem Hinterlande als bester Hafenplatz nützlicher wäre, als selbst die Bucht von Angra Pequena.

In neuester Zeit hat man jedoch, um die den Engländern gehörende Walfischbai entbehren zu können, eifrig nach einem andern passenden Hafen geforscht und in dem Sandwichhafen einen ganz vortrefflichen Ersatz dafür entdeckt. „Sandwichhafen", sagt die Deutsche Weltpost (2. April 1887), „hat den großen Vorteil, daß es einen ausgezeichneten Hafen hat, so daß Schiffe von großem Tiefgange bis nahe an die Küste gehen können, so daß nur ein verhältnismäßig kleiner Peer nötig ist, also mit sehr geringen Kosten die Ausschiffungseinrichtungen herzustellen sind. Das Wasser im Sandwichhafen ist stets ruhig und gegen Sturm vollständig durch eine bedeutende Landzunge gesichert. Die Küste wird niemals durch Springfluten bedroht und überflutet. Dazu kommt, daß in Sandwichhafen

---

*) Die nördliche Grenze ist nach dem Vertrage mit Portugal, Ende 1886: der Stromlauf des Kunene von dessen Mündung bis zu dessen zweiten Fällen, weiter bis zum Kubango auf dem Breiten-Parallel, von hier folgt die Grenze dem Stromlauf bis Andora und wendet sich dann in gerader Linie bis zum Zambesi in der Gegend der Stromschnellen von Kolima.

sich gutes genießbares Trinkwasser findet und der Anbau der Küste bereits von den dort vorhandenen englischen Fischern mit Erfolg versucht ist. Man wird also dort leicht eine größere Weide herstellen können. Das Terrain hat von dem Hafen bis zu den Sanddünen eine Breite von circa 300 Meter, ist also breit genug, um ein größeres Fabriketablissement anzulegen.

Man hat bisher geglaubt, daß die Dünen, welche im Osten den Hafen begrenzen, ein Hindernis wären. Allein durch die neuen Forschungen ist bereits festgestellt, daß vom Sandwichhafen nach dem Kuisibthale keine allzu große Entfernung ist. Das Kuisibthal enthält ausgedehnte Weidefelder, sodaß dort größere Herden konzentriert werden können.

Deutsch-Südwestafrika ist, wie Kamerun und Togoland, ein Kronschutzgebiet, in welchem die Verwaltung und Rechtsprechung durch unmittelbar vom Kaiser oder von der Regierung bestellte Beamte ausgeübt wird, wogegen in Gesellschafts-Schutzgebieten, wie Deutsch-Ostafrika und Neu-Guinea, jene staatlichen Funktionen von einer Privatgesellschaft auf Grund eines Kaiserlichen Schutzbriefes vollzogen werden.

Da gegenwärtig die Nordgrenze von Deutsch-Südwestafrika sich von der Mündung des Kunene bis Kolima am Zambesi erstreckt und das deutsche Gebiet durch das Hinzutreten der Burenrepublik Upingtonia (Grootfontain), deren Bewohner, von den Ovambo und Damara gedrängt, sich freiwillig unter deutschen Schutz stellten, auf wenigstens 400 Kilometer nach dem Innern ausgedehnt worden ist, so ist bei einer Länge der Küste von 180 d. Meilen und einer Breite bis zum 20. Grad östlicher Länge der von George G. Brückner*) auf 20 000 deutsche Quadratmeilen berechnete Flächenraum nicht zu hoch gegriffen. Werden noch, was unumgänglich nötig ist, das Ovamboland am Kunene und Kubango, sowie die Länder am Ngami-See und südl. Zambesi unter Reichsschutz gestellt, so wird Deutschland ein südafrikanisches Kolonialgebiet von 30 000 deutschen Quadratmeilen haben.

Die Zahl der Einwohner ist schwer zu bestimmen, doch schlagen die Missionare die Zahl der Nama auf 17—30 000, der Bergdama

---

*) George G. Brückner, Jahrbuch der deutschen Kolonial-Politik und des Export. Berlin 1887. Dieses vortreffliche und für alle Kolonialfreunde unentbehrliche Werk wird alljährlich die Entwickelung unserer Kolonieen und die Fortschritte unseres Handels und Exportes eingehend schildern.

auf 50 000, der Herero auf 80 000 an, während die noch ganz unabhängigen Ovambo 98 000, die Damara 150 000 zählen sollen. Die bevölkertsten Landstriche befinden sich im Norden, resp. Nordosten. (S. weiter unten Schilderungen der Bevölkerung.)

Was den Kulturwert Südafrikas betrifft, so haben wir darüber nicht bloß die zuverlässigsten Berichte von Forschungsreisenden und Missionaren (das Land ist seit länger als 50 Jahren ein ergiebiges Arbeitsfeld der deutschen Mission), sondern auch die eingehenden Untersuchungen des Kaiserlichen Reichskommissars Dr. Goering, auf dessen Anregung in Verbindung mit Dr. Merensky und Büttner, welche als Missionare lange Jahre dort gelebt haben, sich im August 1886 die „Deutsch-Westafrikanische Kompagnie" als Sammelstelle der deutschen Kapitalkräfte zur Ausbeutung der reichen, noch unerschlossenen Naturschätze des Landes gebildet hat.

Die Handelsunternehmungen dieser Kompagnie werden nicht ins Blaue hinein vor sich gehen, sondern haben einen durchaus positiven Boden, auf dem die Engländer bereits vorangegangen sind. Es sollen von der Küste nach dem Innern durch Anlage von Handelsstationen der Zugang zum Hinterlande, besonders zu dem überaus fruchtbaren Gebiete am Kubango und oberen Zambesi bis zum Matabeleland, Betschuanaland und Transvaal erschlossen werden. Dieses Ländergebiet, fast dreimal so groß wie Deutschland, ist nach Livingstone, der dort länger als 20 Jahre lebte und wirkte und nach allen Richtungen hin Reisen unternahm, nicht bloß fruchtbar und stellenweise dicht bevölkert, sondern auch größtenteils gesund.

Im laufenden Jahre ist mit zwei sehr bedeutenden Handelsexpeditionen der Anfang zu diesen vielversprechenden Unternehmungen gemacht worden; dieselben werden in das Herero- und Ovamboland gesandt, um dort Tauschhandel zu treiben, Schlächtereien und Handelsstationen zu errichten. Die deutschen Missionare, deren mehr als 200 nebst 15 000 Deutschen in Südafrika leben, haben auch hier seit langer Zeit vorgearbeitet und solche Erfolge erzielt, daß man heute manche Herero trifft, welche deutsch sprechen, lesen und schreiben.

Von der Mündung des Orange-Flusses bis zum 16. Grad südl. Breite ist die Küste eine kahle Sandwüste. „Es giebt kaum etwas Traurigeres", sagt der auf der Missionsstation Bethanien geborene Deutsche Josaphat Hahn. „Diese Küste trägt, vom Kap der guten Hoffnung bis zum Fort Alexander (16°), denselben wüsten Charakter, der, wie die Eingeborenen selbst sagen, „einen Hund zum

Heulen bringen würde", also eine heulende Wildnis (a howling wilderness) im wahren Wortsinn."

Das trostlose Aussehen der Küste uub des einen ähnlichen Charakter zeigenden 750 Quadratmeilen großen Gebietes von Angra Pequena hat den Gegnern der deutschen Kolonialbestrebungen in Südwestafrika einen willkommenen Stoff geliefert, um letztere als thöricht und aussichtslos darzustellen; heute würde ein solches Verfahren als Beweis einer grenzenlosen Unwissenheit jedem Unbefangenen erscheinen, der die auf Augenschein und lange Erfahrungen begründeten Berichte von Merensky, Beck, A. Kirchhoff, Fabri, Büttner, Höpfner, Pechuel-Lösche, Goering u. a. über die Hinterländer gelesen hat. — Es möge hier zunächst eine Darstellung des Missionars Büttner aus dem Jahre 1883 folgen, welche auch die „wüste Küste" wertvoller erscheinen läßt, als man im allgemeinen glaubt.   J. Baumgarten.

II.
Die Bedeutung der südwestafrikanischen Küste.

Wenn Südwestafrika schon an und für sich manche gute Aussicht für verständig geleitete und mit geeigneten Mitteln ausgerüstete Unternehmungen bietet, so darf vor allem auch nicht außer Acht gelassen werden, welcher bequeme Zugang zu dem weiten und reichen Innern gerade hier geboten ist, sodaß das Land mit vollstem Recht eine Pforte von Innerafrika genannt werden kann. Allerdings ist gerade die Küste dieses Landes das am wenigsten anlockende Terrain. Sicher haben sich wer weiß wie viele in Deutschland, als sie die trostlosen Beschreibungen von Angra Pequena lasen, gefragt: was kann denn dort zu holen sein, wo kaum ein paar Fischerfamilien in der armseligsten Weise ihr Leben fristen können? Das Land wird jedoch besto besser, je weiter man von der Küste in das Innere fortschreitet. Und wenn man näher zusieht, weshalb diese Küste so abschreckend ist, so findet man bald, daß das einzige, was den Häfen vorgeworfen werden kann, nur dies ist, daß sie kein gutes Trinkwasser bieten. Jede weitere Untersuchung und nähere Vergleichung sowohl der Häfen von Südwestafrika als der Wege, die von ihnen aus ins Innere führen, mit denen des übrigen Südafrika wird uns darüber belehren, wo eigentlich der vorteilhafteste Zugang zu dem Innern zu suchen ist.

Schon eine Vergleichung der Häfen allein längs der ganzen afrikanischen Küste von Niederguinea bis nach Sansibar beweist es uns, daß kein einziger Hafen (abgesehen natürlich von Sansibar) dem landenden Schiffe so viele Bequemlichkeiten und so große Sicherheit bietet, als die Häfen von Südwestafrika, die Walfischbai und Angra Pequena. Entweder verhindern mächtige Barren allen größeren Schiffen außer zur Zeit der Hochflut den Zugang, wie in Port Elisabeth, Durban u. a., oder dieselben sind, wie die Tafelbai, gerade den gefährlichsten Winden offen, oder der landende Schiffer hat, wie in Niederguinea, mit einer mächtigen Brandung zu kämpfen. Und dieses alles hat sich bis jetzt auch durch die kostspieligsten Hafenbauten nur zum geringsten Teile verändern lassen. Dagegen bieten Angra Pequena und die Walfischbai ohne alle künstliche Nachhülfe (der Sandwichhafen mit geringer Nachhülfe, s. oben S. 424) einen fast vollkommenen sicheren Ankerplatz, der, was bekanntlich viel sagen will, auch bei ungünstigstem Winde sehr leicht zugänglich ist. Wie sicher die Einfahrt ist, habe ich selbst erlebt. Wir waren an einem Nachmittag aus der Walfischbai hinausgesegelt; aber bald erhob sich ein Gewitter mit recht starkem Winde, sodaß das Segelschiff, welches offenbar nicht genug Ballast für ein dort ungewöhnliches Wetter hatte, einige Gefahr lief und der Kapitän sich entschloß, die Bai wieder aufzusuchen. Unterdessen war es stockfinstere Nacht geworden und an der Walfischbai giebt es weder Landmarke noch Leuchtturm; nichtsdestoweniger wurde der Eingang ganz glücklich forciert, obwohl nur das Geräusch der Brandung über den Hafeneingang orientierte. So steil fällt das Land am Eingang der Bai ab, daß auch größere Schiffe ganz dicht an dem Lande vorbeisegeln können; in Angra Pequena sind die Verhältnisse nicht ganz so günstig, wie in der Walfischbai, aber immerhin ist auch dort für Schiffe bis 4 Fd. Tiefgang fast absolute Sicherheit.

Wenn man nun weiter die Wege von den Häfen Südafrikas ins Innere betrachten will, so muß man bedenken, was für gewöhnlich auf den Karten nicht angegeben zu sein pflegt. Dem Verkehre stellen sich in Südafrika drei Gegner entgegen: wasserlose Wüste, die Tsetse=Fliege und das Fieber. Beachten wir zunächst das Verkehrshindernis der Kalahari.

Dieses weite Becken, in welchem fast das ganze Jahr hindurch so gut wie gar kein Trinkwasser auf der Oberfläche oder in der Nähe derselben zu finden ist, macht allen Verkehr zwischen den

Küstenländern von Südwest- und Südostafrika ganz unmöglich und trennt die Kapkolonie von dem übrigen Afrika. Wo aber die Wüste nach Osten hin aufhört und wo sehr bald reichlich fließende Ströme den Ostabhang Südafrikas schmücken, stellen sich zwei neue Feinde ein. Die Buschgegenden um diese Flüsse sind von der Tsetsefliege besetzt, welche allen Haustieren so verderblich ist. Und wo sonst die Vegetation stärker wird, da pflegen auch beinahe überall die Fieber gerade dem frisch herankommenden Europäer nur zu bald Stille zu gebieten. Nur so wird es erklärlich, daß der Verkehr von der Delagoa-Bai und von Inhambane aus nach dem Innern ein Minimum ist. Sobald man auch nur ein wenig von der Küste sich entfernt, bleibt dort als einziges Beförderungsmittel der Träger übrig, und es ist wohl jedem nur zu klar, wie teuer ein solches Beförderungsmittel ist, ganz abgesehen davon, welche Mühen und Lasten die täglichen Streitigkeiten mit unwilligen, unverschämten und dabei furchtsamen Trägern einem jeden Reisenden und Händler fortwährend verursachen müssen.

Nun haben die südafrikanischen Kaufleute es allerdings versucht, dem Zuge der Boers von Port Elisabeth und Durban aus mit Ochsenwagen weithin zu folgen; aber ein einziger Blick auf die Karte belehrt, wie ungeheuer lang die zurückzulegenden Wege sind, wenn auch nur die Gegend am Ngamisee erreicht werden soll und wie es so gut wie aus dem Bereich der Möglichkeit ausgeschlossen ist, per Ochsenwagen Waren aus Natal noch weiter ins Innere, etwa gar bis an den Zambesi, zu befördern. Die Transportkosten, welche sich für die deutsche Meile per Ochsenwagen mindestens auf etwa 4 bis 5 Mark belaufen, steigern sich ins Unglaubliche bei diesen weiten Touren und auch die wertvollsten Waren können diesen Aufschlag nicht mehr ertragen. Fast alle diese Schwierigkeiten fallen aber fort, wenn man von Angra Pequena oder gar von der Walfischbai ausgeht; der Weg von hier nach dem Ngami oder dem Zambesi ist um ein bedeutendes kürzer, als von Durban oder gar von Port Elisabeth bis dorthin, ganz zu geschweigen davon, daß dort nicht jene hohen und gefährlichen Gebirgspässe zu passieren sind, wie von Natal aus. Braucht man doch, wenn man von der Walfischbai oder Otyimbingue und Okahandya nach dem Ngamisee fahren will, fast gar nicht den Hemmschuh anzulegen. Dann hat man nicht zu fürchten, daß man die Tsetsegegenden berührt, ehe man weit ins Innere vorgedrungen ist und ebenso werden sich auch in den ungünstigsten Jahren die Fieber in Damara- und Ramaqualand nur an ganz beschränkten Stellen finden. Es ist eben in Südafrika ein weites, verhältnismäßig sehr sicheres Terrain gegeben, von dem aus neuen Unternehmungen in das Innere Afrikas hinein nach allen Seiten hin die Wege offen stehen.

Werfen wir noch einen kurzen Blick auf die Völker Südafrikas, so bemerken wir wiederum, wie sich die kriegerischen Bantunationen, wie die Zulu, die Matebele, eben auch wieder nach dem Osten hingezogen haben, und wie alle Unternehmungen von der Südostküste her immer wieder Gefahr laufen, durch die politischen Bewegungen dieser unruhigen Völker gestört zu werden. Jeder Reisende ist dort nur zu sehr von den jedesmaligen Launen eines einzelnen Häuptlings abhängig, so daß im Handumdrehen alles immer wieder von neuem in Frage gestellt wird. In Südwestafrika dagegen begegnen wir zunächst und bis an den Zambesi heran nur friedliebenden Nationen mit patriarchalischen Sitten, Völkern, die sich einer ziemlichen Unabhängigkeit erfreuen und unter welchen auch der Fremde sich ebenfalls leicht eine ziemliche Unabhängigkeit verschaffen kann.

Allem dem gegenüber kann es also nur wenig ins Gewicht fallen, daß an den Häfen selbst nur sehr schlechtes Trinkwasser zu haben ist. Gerade dieses würde sich überall ohne große Schwierigkeit beschaffen lassen und mit jeder Meile, mit welcher der Reisende sich von der Küste entfernt, steigern sich hier nicht die Schwierigkeiten, sondern es wird ihm immer leichter, je weiter er vorbringt.

Und nun weise ich noch einmal zum Schlusse darauf zurück, wie gerade hier in Südwestafrika durch die deutschen Missionare bereits so viel vorgearbeitet ist, daß ein deutscher Reisender ungehindert bis an den Zambesi vordringen kann. Das Einzige, was zu fürchten, ist, daß eine fremde Macht auch auf diese Küste Beschlag legt, um auch hier zu ernten, was nicht von ihr gesäet ist. Mit den afrikanischen Schwierigkeiten wird gerade von dieser Seite her am ehesten fertig zu werden sein. (Diese Befürchtung des um die Kolonialsache so hochverdienten Mannes hat sich glücklicherweise nicht verwirklicht, denn die Küste und das Hinterland stehen jetzt unter Kaiserlichem Schutze.)

C. G. Büttner.
(Ausland 1883.)

III.
Kulturwert von Deutsch-Südwestafrika.

Ergebnis der Untersuchungen der Forscher, Ingenieure und Missionare. — Ovamboland, Kakoofeld, Nama- und Hereroland. — Fisch- und Viehreichtum.

In Deutsch-Südwestafrika giebt es außer der dürren, kahlen Küste und einigen feuchten, heißen und daher ungesunden Niederungen auf den Hochebenen des Innern weite Länderstrecken, deren Klima den Europäern zusagt und deren Boden zur Viehzucht und oft selbst zum Ackerbau durchaus geeignet ist. Es ist eine unverzeihliche Verkennung der Wahrheit und der thatsächlichen Verhältnisse, den Wert des ganzen Landes (20 000 ☐M.) nur nach dem 750 ☐M. umfassenden Angra Pequena-Gebiet und des durchschnittlich 15—20 Meilen breiten Küstenstriches zu beurteilen, wie es noch immer von Gegnern der Kolonialbestrebungen geschieht. Nach den zuverlässigen Untersuchungen der oben angeführten Forscher, Ingenieure und Missionare hat sich unzweifelhaft herausgestellt, daß in Ovamboland, einem reichen Kornlande, auch ausgedehnte Viehzucht betrieben werden kann und von den Eingeborenen zum teil schon betrieben wird, ebenso im ganzen Kakoofeld, weiter nach Süden; — im Piet Heibibsch-Gebiete, in Omahete, im Nama- und Hererolande findet sich nicht bloß vortreffliches Weideland, sondern selbst manche zum Ackerbau geeignete Landstrecke. Alfred Kirchhoff berichtet aus dem letzteren Lande, daß in günstigen Jahren die Weizenernte so reichlich gewesen sei, daß z. B. in Otyimbingue von 1 Pfund Aussaat 55 Pfund Weizen geerntet wurden, daß die Speicher der Missionsstationen mit Tausenden von Scheffeln des besten Weizens gefüllt waren, deren jeder an Ort und Stelle einen Wert von 25 bis 30 Mark = 1 Ochse oder 2 bis 3 Hammel hatte.

Dr. Goering, der Kaiserliche Reichskommissar, hebt in seiner Denkschrift besonders den unerschöpflichen Grasreichtum des Damaralandes hervor, wo einzelne Herero 30- bis 40 000 Rinder besitzen und ausgedehnte Gegenden vor dem Kriege von 1880 von den sogen. Bastards mit großem Erfolge zur Schafzucht benutzt worden waren. Weizenbau ist mit ausgezeichnetem Erfolg von den Missionaren betrieben worden. Mit Ausnahme der nach dem Kuenefluß abfallenden Ebenen eignen sich beide Länder ihres gesunden Klimas wegen zu europäischer Niederlassung. Dr. Goering zählt eine Reihe von Stellen in dem wasserarmen Namaqualande auf, wo sich, ähnlich wie vielerorts in Transvaal, dem Oranje-Freistaat und der nördlichen Kapkolonie durch Fangdämme ohne große Kosten die Flußbetten in Seeen verwandeln lassen, welche längere Zeit das für Viehzucht und Ackerbau nötige Wasser behalten. In der nördlichen Hälfte des Landes hält die Regenzeit länger an, und ist Wasser in Quellen und Flüssen genug vorhanden. In betreff des Mineralreichtums des Landes muß man die überschwenglichen Hoffnungen etwas herabsetzen. Als im Laufe der siebziger Jahre die große Kupferminengesellschaft zu Ookeep im Klein-Namaqualande so glänzende Ausbeute (bis an 100 Prozent Dividende) machte, wurden mehrere Jahre hindurch bedeutende Summen auf bergmännische Untersuchung des Namaqualandes verwendet. Man konstatierte nur nesterartiges Vorkommen des Kupfers. Im Damaralande mußten mehrere Gesellschaften trotz genügender Ausbeute liquidieren, weil die schlechten Transportwege, die Rinderpest, welche die Zugochsen zu Tausenden wegraffte, und der Krieg zwischen den Hottentotten und Hereros den Weiterbetrieb hinderten. Das bedeutendste Kupfergebiet in dem Viereck zwischen Otyimbingue, Gansberg, Rehoboth und Otyizeve ist mit Ochsenwagen 14 Tagereisen von der Küste entfernt. Eine Gesellschaft von Kapitalisten, welche eine leicht herzustellende schmalspurige Eisenbahn oder Drahtseilbahn, wie sie für Minenbetrieb überall gebräuchlich sind, anlegen würde, wäre einer höchst rentablen Ausbeutung sicher. Überhaupt ist, wie W. Beck und andere Kenner des Landes konstatiert haben, das Damara- und Ovamboland noch nicht genügend bergmännisch untersucht; es soll selbst Gold und Silber im Innern vorkommen.

Waldemar Beck und der Reichskommissar Dr. Goering haben auf den ungeheuren Fischreichtum hingewiesen, welcher durch einen kalten Polarstrom veranlaßt wird, der noch bei Mossamedes (15° südl. Br.) abkühlend wirkt und dort sehr ergiebige Fischereien hervorgerufen hat. Millionen von Delphinen, Tummlern, Haifischen, See-Aalen, Snuck (äußerst wohlschmeckend, wird gesalzen und gedörrt — besser als Stockfisch — zur Proviantierung der Schiffe nach Kapstadt ausgeführt), Steambrassen (Kabeljau ähnlich), auch Robben gewähren einen ergiebigen Fang an felsigen Stellen, die auch überall mit zahllosen wohlschmeckenden Austern bedeckt sind. Lüderitz und der Engländer Spence haben bereits sehr gewinnreiche Fischereien angelegt, und die Deutsch-westafrikanische Gesellschaft wird diesen Vorgängern folgen.

Ein noch weit ergiebigeres Feld der Arbeit wird ganz unzweifelhaft ein großer Teil von Deutsch-Südwestafrika der Häute- und Fleischindustrie Deutschlands bieten, in welcher wir uns namentlich von den Amerikanern haben überflügeln lassen. Man braucht kein Nationalökonom zu sein, um aus folgenden Thatsachen und Zahlen unwiderlegliche Schlüsse ziehen zu können.

Deutschland führt jährlich für durchschnittlich 99 000 000 Mark Häute und Felle ein, wovon für circa 8 000 000 M. aus dem britischen Südafrika kommen, ferner für circa 10 000 000 M. frisches und zubereitetes Fleisch, sowie aus den tierischen Abfällen bereitet (schon im Jahre 1883) für 3 273 000 M. Knochenmehl, für 4 103 000 M. Superphosphate, für 6 650 000 M. Knochenkohle, für 4 111 000 M. Hörner und Hornspitzen und für 18 188 000 M. Knochendünger. — Anstatt diese großen Summen den Amerikanern und Engländern zu zahlen, die bei ihrer hochentwickelten Industrie uns wenig davon zurückgeben, läßt sich der in dem Hererolande, im Kaloofelde und im Ovambogebiete vorhandene Viehreichtum dergestalt ausbeuten und entwickeln, daß wir einen bedeutenden Teil der oben angeführten riesigen Summen in unsere eigenen Taschen stecken können. Nach Merensky, Büttner, Belck, Goering u. a. betreiben die Herero und Ovambo eine großartige Viehzucht, einzelne Häuptlinge haben bis zu 50 000 Stück Rindvieh, auch erstreckt sich zwischen der Walfischbai und dem Cuneneflusse, oft in kurzer Entfernung vom See-Ufer, ein sehr fruchtbares Weideland von fast 2000 deutschen Quadratmeilen Umfang, das gegenwärtig nur von etwa 1000 zerstreuten Hottentottenfamilien bewohnt wird, und den geeigneten Boden bietet zur Anlage von ebenso bedeutenden Schlächtereien und Saladeros, wie in Uruguay und Argentinien, wo jährlich 7- bis 800 000 Stück Rindvieh geschlachtet werden. Fray Bentos fing mit täglich 200 Stück an, verbraucht jetzt täglich 1200 und besitzt ein Weideland von 27 deutschen Quadratmeilen, und es ist nicht der mindeste Grund vorhanden, um zu bezweifeln, daß wir in Südwestafrika ähnliche Etablissements anlegen könnten. Wenige Meilen von der Sandwichbai beginnt das obenerwähnte Weideland; hier wird die Deutsch-westafrikanische Compagnie ihre ersten Niederlassungen gründen und wahrscheinlich schon im nächsten Jahre mit der Fleisch- und Häute-Ausfuhr aus Afrika anfangen. Dieses ist um so erfreulicher und notwendiger, da die Entwickelung der deutschen Landwirtschaft mit der Zunahme der Bevölkerung von jährlich mehr als 500 000 Seelen nicht gleichen Schritt halten kann, das Bedürfnis der Fleischeinfuhr immer bestehen bleiben wird. Je größere materielle Kräfte die Deutsch-westafrikanische Compagnie einsetzen kann, desto bedeutender und rascher wird der Erfolg sein.

Baumgarten.

Die Eingeborenen von Deutsch-Südwestafrika.

Die Herero oder Damara.*)

I.

Der Volksnamen. — Die Herero als leidenschaftliche Viehzüchter. — Die Bergdamara und ihr Treiben.

Das Hinterland von Walfischbai und Angra Pequena ist, etwa den Süden abgerechnet, seit undenklichen Zeiten von nomadischen Bantuvölkern bewohnt, als deren bekannteste Repräsentanten heutzutage in Damaraland die Herero gelten können. Sie selbst nennen sich mit dem Artikel Ova-Herero**), von den übrigen Bantuvölkern werden sie Va-schimba, d. h. wohl „Brunnengräber", genannt; die Hottentotten bezeichnen sie, vielleicht mit einer Art Schimpfwort, als Daman. Damara ist davon der Dual fem., indessen ist diese Form vor allem durch die Engländer gewissermaßen die offizielle geworden. Ein an mich von einem Freunde in Europa nach „Hereroland" adressierter Brief ist lange Zeit auf den afrikanischen Postanstalten liegen geblieben und endlich als unbestellbar dem Absender zurückgegeben. Dagegen sind Briefe, welche neben meinem Namen nur die Bezeichnung „Damaraland" trugen, ohne Aufenthalt an mich gelangt.

Die Herero sind ein Volk, das, ohne eigentliches Oberhaupt in eine Menge Familien geteilt, nichts Höheres zu kennen scheint, als möglichst viel Vieh um sich zu haben. Obwohl der Viehreichtum einzelner Fürsten wie früher so noch jetzt bis an die tausende und

---

*) Wegen der großen Bedeutung dieses Volksstammes für Deutsch-Südwestafrika geben wir mehrere sich ergänzende Darstellungen von Missionaren und Forschungsreisenden, welche Land und Volk genauer kennen gelernt haben.

**) Nach Galton bedeutet Ova-Herero das fröhliche Volk, und ist Damup, der Namaqua-Name für Volk, von den holländischen Händlern zu Damara verderbt worden.

Die Eingeborenen von Deutsch-Südwestafrika.

zehntausende Stück von Rindern und unzählbare Schafe und Ziegen geht, so kennen sie doch nur weniges, was sonst nach ihrer Überzeugung des Menschen Herz erfreuen könnte. Wie ein richtiger Deutscher für den Wald schwärmt, so schwärmen sie für ihre Ochsen, und für einen Fürsten giebt es kein größeres Vergnügen, als zuzusehen, wie seine Rinder getränkt werden. Für eine Hererogesellschaft giebt es kein interessanteres Thema, als immer wieder die Erlebnisse ihrer Ochsen, die Stammbäume ihrer Kühe durchzusprechen. Ihres Herzens Sehnen ist erfüllt, wenn nur die Herde sich vermehrt. Daher wird auch kein Stück Muttervieh, überhaupt kein Kalb, kein Lamm geschlachtet, ja auch von den Ochsen und Hammeln wird, außer bei außerordentlichen festlichen Ereignissen, Begräbnissen u. dgl. nichts angegriffen; sonst ist man zufrieden, von der Milch der Herden zu leben, von dem, was die Jagd bietet, von dem, was aus der Herde von selbst stirbt. Denn selbstverständlich läßt man nichts umkommen, und dem gemeinen Manne in Damaraland ist es schon recht, wenn die Herden der reichen Leute durch irgend eine Seuche decimiert werden. Noch heute wird der reiche heidnische Herero, wenn in der dürren Zeit die Milch knapp wird, lieber mit Weib und Kind Hunger leiden und den Leibgurt (welcher deshalb auch von ihnen der „Hungerstützer" genannt wird) alle paar Tage um ein Loch enger schnüren, als daß er einen seiner lieben Hammel oder Ochsen bloß aus dem Grunde schlachtete, um sich einmal wieder satt zu essen.

Neben diesen reichen Nomaden und deren stammverwandten Vasallen und Knechten treibt sich im Damaralande ein rätselhaftes, schwarzes Volk umher, als wie eine Art Zigeuner, die Bergdamara, auf der tiefsten Stufe der Kultur stehend. Obwohl an Zahl verhältnismäßig nicht gering, haben sie unter sich gar keinen politischen Zusammenhalt, ein Volk von Sklaven und Vagabunden, das nur den einen Gedanken hat, sich den Bauch mit irgend etwas, das nach Eßbarem aussieht, vollzustopfen, mit Gummi arabicum oder zerklopften Baumwurzeln, das den Ameisen den gesammelten Grassamen aus ihren Löchern hervorholt, und für das es keine größere Freude zu geben scheint, als wenn die Heuschreckenscharen das Land überfallen, weil dann für sie beständig Kost genug vorhanden ist. Daneben betreiben sie auch wohl allerlei schwarze Künste, kennen allerlei heilsame Kräuter und tödliche Gifte, beschwören die Schlangen und wissen auf geheimnisvolle Weise den Kranken aus den schmerzhaften Körperstellen die fremden Körper hinauszusaugen, welche durch irgend einen Bösewicht hineingezaubert waren. Daß sie, wenn es nur irgend angeht, ihre Hände auch nicht von den geheiligten Rindern der Herero zurückhalten, ist selbstverständlich, wie es natürlich ist, daß die Nomaden, um den Raub zu rächen, die Bergbamarafamilien überfallen, die Alten erschlagen und die Kinder als Sklaven mitnehmen. C. G. Büttner.

(Das Hinterland von Walfischbai und Angra Pequena. Heidelberg, 1884.)

II.

Religiöse Vorstellungen. — Ihre merkwürdigen abergläubischen Meinungen und Gebräuche. — Ihre Hütten. — Putz, Gesänge und Musik. — Eigentümlichkeiten der Damarasprache. — Aussprache von R und L. — Ortssinn und charakteristische Denkweise der Damara.*)

Man kann den Namen „Religion" auf die einfältigen Wahngebilde der Herero nicht anwenden; die Nacht ihres Daseins wird durch keinen Strahl höherer Anschauung erhellt. Beginnen wir mit ihrer Schöpfungsgeschichte, worin ihr verworrenes Denken besonders hervortritt.

„Zu Anfang der Dinge gab es einen Baum (der Baum ist aber irgendwie doppelt, weil einer zu Omaruru und ein anderer zu Omutschamatunba sich befindet), und aus diesem Baume kamen Damaras, Buschmänner, Ochsen und Zebras. Die Damaras zündeten ein Feuer an, welches die Buschmänner und Ochsen verscheuchte; die Zebras blieben aber zurück. Daher kommt es, daß Buschmänner und wilde Tiere an allen Arten von unzugänglichen Orten zusammenleben, während die Damaras und die Ochsen das Land besitzen. Der Baum gebar alles andere, was da lebt; er ist aber in den letzteren Jahren nicht mehr fruchtbar gewesen. Es nützt nichts, an der Seite des Baumes zu warten, in der Hoffnung, die Ochsen und Schafe zu fangen, die er hervorbringen könnte.

Ferner, ungeachtet, daß alles aus diesem Baume kommt, haben die Menschen auf eine abgesonderte Art einen besonderen Ursprung

---

*) Nach Francis Galton. Bericht eines Forschers im tropischen Südafrika. Aus dem Englischen, Leipzig o. D. Neben den neuesten vortrefflichen Schriften von Büttner, Fritsch, Fallenstein u. a. behält Galtons Werk einen bedeutenden Wert, weil dieser zuverlässige und scharfe Beobachter zum ersten Mal das Damaraland und dessen Bewohner eingehend schilderte. Galton gab auch durch seine Reise zu den Ovambos den Anstoß zu der Christianisierung dieses intelligenten, fleißigen, ackerbautreibenden Volkes.

oder „Eanda". Es giebt sechs bis sieben Eandas, und jede Eanda hat eigentümliche Gebräuche. Die Stämme entsprechen diesen Eandas nicht, weil Menschen von jeder Abkunft in jedem Stamme gefunden werden."

Die Häuptlinge von Stämmen haben eine Art priesterlicher Autorität — und diese mehr als Kriegerautorität. Sie segnen die Ochsen, und ihre Töchter besprihen die fettesten alle Morgen mit einem in Wasser getauchten Reisbesen, wenn sie aus dem Kraal herausgehen. Sie erwarten keinen zukünftigen Zustand; doch beten sie über den Gräbern ihrer Eltern um Ochsen und Schafe — um fette und von der rechten Farbe. Kaum ein klein wenig Roman oder Zärtlichkeit oder Dichtung ist in ihrem Charakter oder Glauben enthalten; sie sind ein habsüchtiger, herzloser, dummer Schlag von Wilden. Unabhängig von dem Baume und dem Canda ist auch Omakuru; wohl kaum kann er eine Gottheit genannt werden, obgleich er Regen giebt und ihn zurückhält. Er ist an verschiedenen Orten begraben, an welchen allen gelegentlich zu ihm gebetet wird.

Die Damara haben eine ungeheure Menge abergläubischer Meinungen und Gebräuche, zwar alle sehr dumm, oft lächerlich und sehr grober Art; aber auch höchst charakteristisch. Boten werden mit Fett eingeschmiert, bevor sie auf eine Reise abgehen, und auch wieder eingeschmiert, wenn sie zurückkommen; Erwachsene essen nur von einer Art Ochsen; Erwachsene trinken nur aus einer besonderen Milchkalebasse, und so bis in das Unendliche weiter. Ein neugeborenes Kind wird gewaschen — das einzige Mal, daß es in seinem ganzen Leben gewaschen wird —, dann abgetrocknet, eingeschmiert und dann ist die Ceremonie vorbei. In irgend einer Zeit werden die Jungen während des Knabenalters beschnitten, aber in keinem besonderen Alter. Ehe findet in einem Alter statt, welches das fünfzehnte bis sechszehnte Jahr zu sein scheint; da aber die Damara keine Jahresrechnung halten, so ist kaum möglich, über ihr Alter Gewißheit zu erhalten; dem Eindrucke nach, den die Damara auf mich machten, waren sie nicht so früh reif, als Schwarze gewöhnlich sind. Die Zähne werden mit einem Feuersteine beschnitten, wenn die Kinder noch jung sind. Nach dem Tode wird der Leichnam in eine kauernde Stellung gebracht, wobei das Kinn auf den Knieen ruht, und in dieser Stellung werden sie in eine alte Ochsenhaut genäht (das Ding, worauf sie gewöhnlich schlafen) und dann in ein Loch hinabgelassen, das dazu gegraben worden ist, das Gesicht nach Norden gewendet und zugedeckt; endlich springen die Zuschauer rückwärts und vorwärts über das Grab, um zu verhindern, daß die Krankheit heraussteige. Eine kranke Person findet kein Mitleiden; sie wird von ihren Verwandten aus der Hütte vom Feuer weg in die Kälte gestoßen; sie thun alles, was sie können, um den Tod zu beschleunigen, und wenn sie im Sterben zu liegen scheint, häufen sie Ochsenhäute über sie, bis sie erstickt ist. Sehr wenige Damara sterben eines natürlichen Todes.

Die Hütten sind jämmerliche Dinge — die Frauen sind die Baumeister. Zuerst schneiden sie eine Anzahl von acht bis neun Fuß hohen Stöcken und streifen auch Quantitäten von Rinde von den Bäumen, welche sie in schmale Streifen schneiden und als Faden gebrauchen; dann werden Löcher gekromt (gegraben), in einem Kreise von acht bis zehn Fuß in die Quere, in welche die Stöcke aufrecht gestellt werden; dann wird ihr Oberteil zusammengebogen, verflochten und mit den Rindenabschnitzeln gebunden — dies bildet das Gerüste; rund herum wird Buschwerk verwebt und angebunden, bis das Ganze eine compacte Fläche annimmt; an der einen Seite wird ein Loch, drei Fuß lang und zwei Fuß breit, zur Thüre gelassen, und eine gabelförmige Stütze wird in die Mitte der Hütte gestellt, um das Dach zu stützen; das Ganze wird dann beschmiert und getüncht, womit das Werk vollendet ist. Da das Dach von der Hitze des Feuers trocken wird und springt, und weil es in der That gemeiniglich ein Loch statt der Feueresse hat, legen die Damara an der Außenseite alte Ochsenhäute oben darauf, die sie mit Steinen beschweren, damit sie nicht vom Winde weggeweht werden können; sobald sie Luftwechsel bedürfen, ziehen sie sie auf die Seite, bei Nacht aber, wenn sie die Hütten recht behaglich zu machen wünschen, ziehen sie sie darüber. Das Meublement der Hütte besteht aus ein paar Ochsenhäuten, um darauf zu sitzen und zu liegen, drei bis vier hölzernen Gefäßen, einem thönernen Kochtopfe, einem Sacke zu Erdnüssen, einem Lederbeutel, der etwas Putz enthält, wie rote Eisenerde, um sich damit zu bemalen, und einem kleinen Beutel mit Fett. Vielleicht befindet sich ein eisernes Messer und Holzspaltmesser dabei; alles Andere wird um die Person getragen oder im Geheimen in dem Boden vergraben.

Die Kinder werden, bevor sie laufen können, von der Mutter in einer Art von Ledershawl auf dem Rücken getragen; dann läßt man sie für sich selbst sorgen und sich den Lebensunterhalt unter den Erdnüssen, so gut sie können, suchen. Sie haben alle fürchterlich angeschwollene Magen und sind mager gestaltet. Es ist wunderbar, wie sie zu so schönen Menschen aufwachsen können. Die Damara tanzen nicht viel, nur bei großen Gelegenheiten, wo sie Kriegstänze aufführen; auch singen sie nicht zusammen, obgleich sie gern Solo's bei einer Liedersingerei lieben, wozu sie die Worte beim Singen selbst erfinden und einen Chor haben, der dann und wann einfällt. Ich habe eine Guitarre bei ihnen gesehen, sie war aber, wie ich glaube, von den Ovambo eingeführt; ihr einziges musikalisches Instrument ist ihr Bogen. Sie binden ein Stück Lederriemen um die Sehne und den Griff und binden sie fest aneinander an, dann halten sie den Bogen horizontal gegen ihre Zähne und schlagen mit einem kleinen Stocke an die gespannte Bogenschnur. Ein guter Spieler kann große Wirkung damit hervorbringen; auf den Rhythmus wenden sie mehr Aufmerksamkeit, als auf die Noten und ahmen mit ihrer Musik das Galoppieren oder Traben verschiedener Tiere vollkommen nach. Das plumpe Geplärr des Pavians ist das Meisterstück und wenn es gut ausgeführt wird, macht es, daß alle in ein brüllendes Gelächter ausbrechen.

Die natürliche Farbe der Damara ist keineswegs leicht zu bestimmen, außer während der heftigen Regen, die die Lagen Fett und roter Farbe herabspülen, mit denen sie sich so reichlich beschmieren. Bei trockenem Wetter erscheint der Damara dunkelrotbraun und glänzend, wie ein alter, gutpolierter Mahagonitisch; er riecht dann übel nach Oel, seine Züge sind dick und geglättet, sein Ansehn ist munter und warm; einige Stunden anhaltende Regengüsse verändern aber den Menschen gänzlich. Seine Haut bekommt ein totes Ansehn und verliert allen Glanz — keine Spur von Dunkelrot darauf, ist sie nicht einmal schwarz, sondern von blasser Schieferfarbe, oder wie altes Eisengeländer, das frisch angestrichen zu werden erfordert, und der Damara wird, wenn er gereinigt worden ist, ein höchst schäbig aussehender Gegenstand.

Bezüglich ihrer Sprache werde ich wenig sagen, weil dies nur Sprachforscher interessieren kann und zu deren Besten haben die ehrwürdigen Herren Hahn und Rath bereits ein höchst reichhaltiges Sprachlehr- und Wörterbuchmanuskript zusammengestellt. Ihre Sprachlehre ist mit der der Sitschuana- und Kaffernsprache beinahe übereinstimmend, die mit beinahe jeder bekannten Negersprache in Afrika verwandt sein sollen. Sie ist höchst biegsam, so daß, wenn ein neues Wort einmal erlangt ist, sie ein jedes Ableitungswort sogleich und

verständlich ausdrücken können. Wenn sie daher das Wort „Brot"
erlernten, würde es ihnen keine Schwierigkeit machen, sofort das
Wort „Bäcker" zu bilden. Die Hauptunbehilflichkeit der Sprache
ist ihr Mangel an Comparativen und Abjectiven. Sie besitzt eine
Haupt-, aber nicht eigentümliche Schönheit in dem Vorsetzworte,
welches jedes Substantivum hat. Diese Vorsetzwörter haben alle
eine specielle Kraft, die nicht leicht zu erklären ist, die aber der
Lernende bald faßt. Um ein einfaches Beispiel zu geben: Omu ist
das Vorsetzwort, welches Mannheit bedeutet; Otbschi ist ein Ding.
Nun ist Omunbu einfach ein Mensch; wenn aber gesagt wird:
Otbschimunbu, so wird die Idee von einem belebten Dinge der
Idee von einem Menschen noch hinzugefügt, und das Wort drückt
eine alte zahnlose Frau aus. Das Vorsetzwort des Substantivs,
welches den Satz regiert, wird durch alle declinirbare Worte desselben
fortgesetzt oder angedeutet, und giebt ein Vereinigungsband für das
Ganze ab. Der Wörterschatz ist von hübschem Umfange, in Bezug
auf Rindvieh ist er wunderbar reichhaltig; jede erdenkliche Art von
Farbe — wie gesprenkelt, scheckig, fleckig — ist genannt. In den
Cardinaltugenden ist sie nicht stark; denn für Dankbarkeit besitzt die
Sprache kein Wort; bei hastiger Übersicht meines Wörterbuches finde
ich aber fünfzehn verschiedene Formen, welche niederträchtigen Betrug
ausdrücken.

Höchst komisch ist es, daß Damarakinder, welche L sagen, wie
alle anderen Kinder, wenn sie das R auszusprechen versuchen, sobald
sie älter werden, die Sache umkehren und, die Aussprache des L
vergessend, stets R statt desselben sagen; so wurde Herrn Kolbes
Name in Korube verändert; mein Diener, dem wir den Namen Bill
gegeben hatten, wurde von den Damara „Biro" genannt. Sie gaben
sich ungeheure Mühe, meines Namens Meister zu werden, welcher
nach verschiedenen Umbildungen in Bortonio festgesetzt wurde, wobei
das „io" eine zärtliche Verkleinerungsanhängesilbe ist. Anderssons
Name enthielt zu viel Mitlauter für sie; verzweifelnd gaben sie ihn
auf und nannten ihn Kabandera (den Vogeltöter). Viele Ovambo-
und Damaraworte sind sich sehr ähnlich; so z. B. wenn man sagt:
„Bringe Feuer!", so heißt dies in der Damarasprache „el omuriro"
und in der Ovambosprache „ella omalilloo".

Anthropologisch höchst merkwürdig ist die Denkweise der Damara, wie wir in folgendem schildern werden. — In Anbetracht,
daß sie Wilde sind und den Instinkt der Örtlichkeit stark entwickelt

haben sollten, sind die Damara schlechte Führer. Bei späteren Gelegenheiten, als wir unsere Routen über weite Landstrecken zurückmachten, war es eine gewöhnliche Belustigung, gegenseitig unsere Erinnerung an den Weg zu prüfen, indem wir fragten, was der nächste Gegenstand oder welche die nächste Drehung des Pfades sein werde, an die wir nun kommen würden. Es ist aber schwer, die Idee eines Europäers von einem Lande mit der dieser Wilden zu vergleichen, weil sie es auf so verschiedene Weise betrachten und ihre Aufmerksamkeit auf so ganz verschiedene Dinge gerichtet wird. Ein Damara verallgemeinert nichts; er hat keinen einzelnen Namen für einen Fluß, aber für fast jede Strecke desselben einen anderen Namen; so ist Swakop ein Ramaquaname; es giebt fast kein Damarawort für ihn. Ein Damara, der den Weg von A nach B und ferner von B nach C vollkommen wußte, würde von einer geraden Strecke von A bis C gar keinen Begriff haben; er hat keine Karte vom Lande in seinem Geiste, sondern unendlich viel örtliche Einzelheiten. Er erinnert sich an jeden Baumstumpf oder Stein, und je kindischer der Gegenstand ist, desto stärker scheint er sich daran zu erinnern. Wenn man daher sagte: „ich will an der Seite des großen Berges schlafen, wo das Flußbett dicht unter seinem Fuße läuft", so würde er den Platz durch diese Beschreibung niemals erkennen; wenn man aber sagte, „unter dem Baume ein wenig an der anderen Seite des Ortes, wo der schwarze und weiße Ochse brüllte, als der rote Ochse vor ihm war und Coniati seine Hassagaie fallen ließ ɔc., so würde jeder Wilde von der Reisegesellschaft die Stelle genau begreifen, welche gemeint wäre. Die Damara wählen ihren Weg Schritt für Schritt; sie träumen niemals davon, eine Richtung zu nehmen und sich nach ihr zu halten. Ihre ganzen Beobachtungen sind auf Spuren, Stöcke und Steine gerichtet, und sie sehen beständig auf den Boden nieder und nicht um sich her.

III.

Geistige Fähigkeiten der südafrikanischen Eingeborenen, besonders der Herero.

Man macht sich in Europa im allgemeinen keine rechte Vorstellung von den geistigen Fähigkeiten der sogenannten „Wilden". Es ist ja noch nicht lange her, daß mit großer Begeisterung von vielen die Meinung kolportiert und angenommen wurde, diese „Wilden" ständen geistig nicht viel höher wie der Gorilla, und wir fänden sicher noch irgendwo in Central-Afrika den Menschen im tierischen Urzustande. Davon kann nun ja überhaupt keine Rede sein, und schon auf Grund der bloßen anatomischen Vergleichung eines Kaffer- und eines Gorillahirns wird ja der Unterschied völlig deutlich. Noch mehr tritt es zu Tage, daß sie zunächst genau solche Menschen sind wie wir, wenn man sich unter ihnen bewegt, in ihre Sprache und Denkweise einbringt. Da findet man denn bald eine Reihe von Thatsachen, welche mit dem Schmutz und der Unkultur, von der der europäische Reisende heutigen Tages sich abgestoßen fühlt, nicht übereinstimmen wollen, und die darauf hinweisen, daß die geistige Entwickelung dieser Völker sich schon seit langer Zeit nicht in aufsteigender, sondern in absteigender Linie bewegt, und die man nicht anders als Überreste aus einer besseren Zeit ansehen kann. Dahin gehört z. B. der kunstvolle Bau der Sprachen, deren Formenreichtum und Regelmäßigkeit in der Grammatik ins unglaubliche steigt. Dahin weist, daß die vergleichende Sprachforschung es als unzweifelhaft ergiebt, daß auch die Bantuneger ursprünglich Monotheisten waren und zum Teil noch bis auf diesen Tag eine Art von Bewußtsein davon haben, wenn sie sich auch um den ewigen unsterblichen Gott im Himmel nicht kümmern und in der Praxis lieber ihre verstorbenen Ahnen anbeten. Darauf weisen die Überreste von gottesdienstlichen Gebräuchen, deren Sinn dem Volke selbst jetzt völlig verloren gegangen, und die doch nur dann erklärlich sind, wenn man sie mit denjenigen religiösen Ceremonieen vergleicht, von denen wir sonst aus der Urzeit der Menschheit hören. Auch die wenigen technischen Fähigkeiten und Fertigkeiten, welche sich noch bei den Eingeborenen Afrikas vorfinden, lassen sich in Wahrheit nur als Überreste alter Kultur erklären; die Leute selbst haben schon lange nichts Neues erfunden, sondern handeln nur noch nach Anleitung der Tradition. So weist alles darauf hin, daß die sogenannten „wilden" Völker zu der übrigen Menschheit in dem Verhältnis stehen, wie Vagabunden zu ihren Stammesgenossen, zwischen denen sie umherschweifen.

Auch findet man bei näherem Zusehen beim Unterricht in der Schule immer wieder, daß die geistigen Fähigkeiten dieser „Wilden" um nichts von den geistigen Fähigkeiten des Durchschnittes in Europa zurückstehen. Allerdings giebt es auch dort Dumme und

Kluge, und mit einzelnen Schülern ist auch dort nichts für die Wissenschaften zu erreichen, aber wenn man die besser Begabten und Fleißigen vornimmt, so stellt sich heraus, daß diese Herero und Hottentotten ebenso gut fremde Sprachen lernen, wie ein Europäer, daß sie für die Musik sicher nicht weniger begabt sind, daß sie im Geschäftsverkehr ebenso schlau und listig sind, als irgend ein europäisches Handelsvolk. Auch wenn man das ganze Staatswesen dieser Afrikaner ansieht, unter denen die Unterschiede der Stände genau fixiert sind, obwohl sie alle, mit Ocker und Butter beschmiert, halbnackt umherlaufen, so wäre alles unerklärlich, wenn man es mit Wesen, welche sich aus dem herdenartigen Zustande der Tiere „emporarbeiten", zu thun hätte, während alles verständlich wird, wenn wir die gegenwärtigen Zustände als Überreste aus jener Zeit ansehen, wo ihr einfaches patriarchalisches Regiment von dem der Arier nicht sehr verschieden war.

Wie kommt es nun, daß trotz alledem diese Völker auf solch entsetzlich niedriger Stufe stehen? Woher hier dieses traurige Schauspiel, daß der Menschengeist mit all seinen Fähigkeiten und Entwickelungsmöglichkeiten als wie mit Ketten und Banden gefesselt erscheint? Da sind bei näherem Zusehen nur die moralischen Schwächen und Mängel als Ursache des tiefen Verfalls zu finden. Denn auf diesen Völkern lastet der schlimmste Egoismus, der sich denken läßt, der sich bei den Reichen und Vornehmen als der schmutzigste Geiz, bei dem geringen Volke als die verstockteste Trägheit offenbart. So sind sie alle miteinander in ihr Elend verkettet, keiner hat Lust, die andern, keiner Macht, sich selbst herauszuretten.

Und dazu kommt noch eine andere merkwürdige Erscheinung. Während es bei uns, innerhalb der Christenheit, einem jeden sozusagen in Fleisch und Blut übergegangen ist, daß die Menschheit im fortwährenden Fortschritte begriffen oder doch wenigstens zu fortwährendem Fortschritt berufen ist, findet man bei diesen „wilden" Völkern immer wieder den Gedankengang: alles ist eben so, wie es ist; es ist niemals anders gewesen, als wie es jetzt ist, und wird daher auch niemals anders sein; es ist nirgends anders als wie bei uns, und was sonst von anderen Menschen und anderen Sitten erzählt wird, sind Lügen, sind Märchen.

Es ist mir in dieser Hinsicht immer sehr interessant gewesen, die Vorstellungen, welche die Eingeborenen über die europäische Kultur und die europäischen Verhältnisse hegen, zu beobachten und zu ergründen. Reichliche Gelegenheit dazu hatte ich bei dem Unterrichte der Zöglinge des Augustinumseminars, welche aus den fähigsten Schülern unserer Elementarschulen ausgelesen, nun in den religiösen Wissenschaften, im Deutschen, Englischen, Holländischen, sowie in den Realien unterrichtet wurden. Natürlich kamen wir bei diesem Unterricht oft genug auf die europäischen Verhältnisse zu sprechen, und immer wieder machte ich die Erfahrung, wie wenig die Eingeborenen geneigt waren, unsere Erzählungen von den jetzt in Europa vorhandenen Zuständen für wahr zu halten, und wie ich oben ausgeführt, sie waren viel eher geneigt, die fremdartigen Dinge, welche sie in den Händen der Europäer sahen, für Naturprodukte anzusehen, als für Erzeugnisse einer kunstreichen menschlichen Hand.

Überhaupt imponierte dasjenige, was der Herero an den Europäern, die in sein Land kamen, sah und von ihnen hörte, ihm sehr wenig. Alle Erzählungen von den europäischen Einrichtungen in den großen Städten, der Ordnung in denselben, dem Verkehr, den Fabriken, den Eisenbahnen u. s. w. waren natürlich Märchen, mit denen der Fremde den Einheimischen täuschen wollte. Kam er doch eingestandenermaßen aus einem Lande, wo die Leute viel weniger Rinder besaßen, wie die Herero; wie konnte es in einem so armseligen Lande Besseres geben, als in Damaraland. Die Versuche, Kornfelder und Gärten einzurichten, erschienen den Nomaden als thörichte Spielerei im Sande, Kindereien, welche ernster Männer unwürdig wären. Und sie wurden in dieser Meinung nur bestärkt, als im Anfang ein Mißerfolg dem andern folgte und die prophezeiten Ernten in den ersten Jahren ausblieben.

Am naivsten sprach sich diese volkstümliche Anschauung über die europäische Kultur in einigen Bemerkungen aus, welche ein Herero mir gegenüber machte, der in der Kapstadt eine nähere Einsicht in das Leben der Weißen genommen hatte. Der englische Gesandte Mr. Palgrave, welcher eine Zeit lang Damaraland bereiste, hatte geglaubt, daß es von Nutzen für die englische Politik sein würde, wenn einige vornehme Herero nach der Kapstadt kämen, um dort einen persönlichen Eindruck von der Macht und Größe Englands zu bekommen. Unter andern wurden dabei auch mehrere vornehme Christen, wie z. B. Wilhelm Maharero, der älteste Sohn des Oberhäuptlings der Herero, und Salomo Inario, einer der tüchtigsten Gemeindeältesten, nach dem Kap eingeladen. Diese Leute, welche von Jugend auf in den Häusern der Missionare verkehrt hatten und mit ihrem bescheidenen und feinen Auftreten der Hereromission in der Kapstadt alle Ehre einlegten, waren auch der holländischen Sprache völlig mächtig, so daß ihnen alles, was sie sahen, ganz wohl erklärt werden konnte, und ebenso konnten sie sich überall in der Kapstadt weiteren Aufschluß erbitten. So sahen sie denn dort alles, was irgend des Sehens wert war; die Dampfer, die Eisenbahnen, die militärischen Einrichtungen, die Schulen, die Druckereien u. s. w. Als diese Leute nun von dem Kap zurückkamen, traf ich sie in der Walfischbai und fragte den Wilhelm Maharero: „Nun, welchen Eindruck haben denn alle jene Werke der Europäer auf dich gemacht?" Da antwortete er mir: „Ach, Muhonge, jene Sachen kannten wir ja schon alle, Ihr habt uns ja, wer weiß wie oft, davon erzählt und wir haben sie auf Euren Bildern oft genug gesehen. Aber wir hätten es nie geglaubt, daß es so sein könnte. So haben wir uns denn darüber gewundert, daß alles so war, wie Ihr erzählt hattet." So lag es nun nahe zu hoffen, daß es auf die gesamte geistige Entwickelung der Eingeborenen in Damaraland einen günstigen Eindruck machen würde, wenn man ihnen wenigstens in einigen Stücken die Art europäischer Arbeiten, das Leben europäischer Familien ad oculos demonstrieren könnte. Sie würden dann sehen, wie es allerdings noch eine andere Welt gäbe als die, in der sie von ihrer Väter Zeiten zu leben gewohnt. Sie sahen freilich dergleichen auch schon am häuslichen Leben des Missionars selbst, aber da meinten die Herero immer wieder, dergleichen sei eben für einen „Lehrer", der eben ein ganz besonders gearteter Mensch sei, nichts Auffallendes, sie selbst seien aber eben anders geartet. Wenn sie nun aber auch noch an anderen Leuten, die nicht „Lehrer" sind, sehen würden, wie sie anders lebten als sie selbst, so würde dann vielleicht die Möglichkeit des Fortschreitens auch hier für sie aufdämmern. Möglicherweise würde man auch junge Leute aus den Eingeborenen zu Lehrlingen heranziehen können und so der ganzen Mission einen neuen Aufschwung geben. Wenn es einmal gelang, die Herero aus ihrem bisherigen, nur von Ochsen, Kühen, Schafen und Ziegen erfüllten Gedankenkreisen herauszureißen, so hoffte man auch weiter auf sie einwirken zu können.

C. G. Büttner.
(Das Hinterland von Walfischbai und Angra Pequena.)
Heidelberg 1884.

IV.
Die Herero als Heiden und als Christen.

Vergleich der gegenwärtigen Zustände einer Heiden- und Christenwerft. — Praktischer Beweis der segensreichen Kulturarbeit der Missionare.*)

Wie die Missionare nach vieler Mühe, Arbeit und Not endlich eine Bresche in das wohlverrammelte Bollwerk der südafrikanischen Barbarei gelegt und welche Fortschritte die Kultur hier gemacht hat, zeigt am besten ein Vergleich der gegenwärtigen Zustände einer Heiden- und Christenwerft der Herero.

Daß überhaupt auf den meisten Missionsstationen eine Heiden- und Christenwerft unterschieden wird, zeigt zur Genüge, wie tiefgreifend die durch Annahme des Christentums verursachte Änderung ist. Es nimmt freilich auch kein Wunder, daß ein Mensch, welcher seine Menschenwürde im Lichte des göttlichen Wortes kennen lernte, die Werfte der heidnischen Herero nicht ferner als Wohnstätte benutzen kann. Ihre bienenkorbartigen Wohnungen, Pontocs genannt, bestehend aus Laubfachwerk mit einer dichten Schicht Kuhdünger, sind eine Heimstätte dichter Finsternis, furchtbaren Schmutzes und zahllosen Ungeziefers. Die einzige Öffnung des 10—15 Fuß im Umkreis fassenden Raumes ist die Thüre, durch welche man nur auf den Knieen hereinkriechen kann. Das Auge eines Europäers kann sich kaum an die im Innern herrschende Dunkelheit gewöhnen. Wo man mit Menschen oder Gegenständen auch nur in die leiseste Berührung kommt, bleibt eine Schicht dunklen Schmutzes kleben. Das Ungeziefer nimmt derart überhand, daß diese empfindungslosen Menschen selbst die Notwendigkeit erkennen, von Zeit zu Zeit das ganze Haus mit seiner Besatzung niederzubrennen.

Solchen häuslichen Zuständen entspricht auch das Gemeindeleben, welches von schmutzigen Sitten und Gebräuchen erfüllt ist. Den Mittelpunkt der Werfte bildet der Opferplatz mit seinem ewigen Feuer. Hier tritt noch als weiteres Charakteristikon die Furchtsamkeit hervor, das Mißtrauen gegen einander, die Furcht vor dem Feinde, die Furcht vor den Geistern der Ahnen. Diese letzteren zu bannen, ist der Zweck all ihrer Opfer und ihres ganzen niedrigen Kultus.

---
*) Nach F. A. Spieder. Mission und Handelspioniere der Civilisation. Nach praktischer Erfahrung beleuchtet. Allgem. Miss.-Zeitschrift, 1882.

Aus solchen Zuständen und Verhältnissen heraus kommen die Leute, welche durch die Kraft des Evangeliums zu menschenwürdigen Wesen herangezogen werden sollen. Die Notwendigkeit einer äußeren Trennung stellt sich dann gar bald heraus, und dies hat zur Folge, daß von einer Christenwerft gegenüber dem Sammelplatz jener heidnischen Wohnungen die Rede ist.

Während des vorbereitenden Unterrichts tritt zunächst die Forderung einer anständigen Kleidung in den Vordergrund. Vor der Aufnahme in die Gemeinde muß der Herero sich von der braunen Ockerschmiere entwöhnen. Sein Körper zeigt dann eine schwärzliche Hautfarbe und wird in europäische Kleidung gehüllt. Die sittliche Hebung des Volkes bedingt diesen schwierigen Prozeß, welchen die Mission mit stetig fortschreitender Kraft vollzieht. Seine Wirkung reicht jetzt schon über die Gemeinden hinaus, da auf einzelnen Stationen die noch heidnischen Häuptlinge und Großen des Stammes bereits europäische Kleidung tragen. Sie sehen wohl ein, daß sie den Weißen gegenüber durch solche Kleidung ihre Würde besser wahren können. Daß die Annahme europäischer Kleidung seitens dieser einzelnen Heiden nicht dem Einflusse des Handels zugeschrieben werden kann, geht daraus hervor, daß auf dem Felde, fern von den Stationen, kein einziger Herero sich einfallen läßt, europäische Kleidung zu tragen.

Wenn ein neues Gemeindeglied sich dann auf der Christenwerft ansiedelt, so ist es nicht immer im stande, sogleich ein Backsteinhaus zu bauen. Deswegen finden sich auch noch einzelne Pontocs auf den Christenwerften, aber auch diese zeichnen sich schon durch verhältnismäßige Reinheit vor den heidnischen Pontocs vorteilhaft aus. Wer aber eben kann, wird durch den Missionar veranlaßt, sich ein Backsteinhaus mit Fenstern und Thüren zu bauen, und so weisen die meisten Christenwerften schon eine stattliche Zahl Häuser mit verschiedenen Gemächern auf. Es finden sich in den meisten ein Wohnzimmer, ein Schlafzimmer für die Familie (teilweise mit netten, reinen Betten), ein anderes Schlafgemach für das Gesinde und eine Vorratskammer. Das Wenige, was zu kochen ist, wird meistens im Freien besorgt, und daß das Seifenkochen eine der häufigsten Arbeiten in diesem Fache ist, zeigt, wie sehr die Leute, welchen Reinlichkeit noch vor kurzem ein völlig unbekannter Begriff war, sich in ihr neues Leben eingewöhnt haben.

Wenn die Mission weiter nichts, als das bisher Genannte, zu

wege gebracht hätte, so würde man ihr einen hohen kulturellen Erfolg nicht absprechen können. Europäische Kleidung, luftige, helle Wohnhäuser, getrennte Schlafräume haben im Verein mit dem streng durchgeführten Gebot der Monogamie eine außerordentliche Hebung der Sittlichkeit zur Folge gehabt. Daneben hat der Schulunterricht und die Predigt des Wortes Gottes der Gedankenwelt der Herero, welche früher nur von Viehzucht, Feindesmord, Diebstahl und Geisterfurcht belebt war, eine höhere, menschenwürdige Richtung gegeben. Eine Sammlung von etwa 30 Volksliedern, durch Missionare gedichtet, unter welchen sich passende Umschreibungen der Lieder: Was ist des Deutschen Vaterland; Trarira, der Sommer ist nun da; Weißt du, wie viel Sternlein stehen, und ähnliche finden, wird auch immer weiter bekannt und entreißt die Leute dem dumpfen Dahinbrüten. Wie sehr vorteilhaft das Ganze auf die Charakterentwickelung gewirkt hat, trat besonders während des letzten Krieges der Herero gegen die Namaqua (seit 1880) zu Tage. Die Christen waren es, welche am zahlreichsten und in den vordersten Reihen fielen. In dem früheren Kriege (1863—1870) verdankten die Herero ihre einzelnen Siege der Anführerschaft zweier europäischer Jäger, welche sich wiederholt an ihre Spitze stellten. In diesem Kriege waren sie auf sich selbst angewiesen und, wo ein Sieg erfochten wurde, da ist er fast unbedingt den Christen zuzuschreiben. Es kam wiederholt vor, daß die Heiden sich weigerten, die Schlacht zu eröffnen, mit den Worten: die Christen sind noch nicht da!

Die Arbeit der rheinischen Missionare unter den Herero, welche sich auf 8 Stationen erstreckt, steckt noch in den Kinderschuhen und hat doch schon herrliche Früchte gezeitigt. Es kann kein Zweifel sein: der Widerstand des Heidentums ist gebrochen und die Civilisation resp. europäische Kultur findet in diesem kräftigen Volke einen dankbaren Boden.

Wo der Handel mit seiner civilisatorischen Macht erfolglos stand, hat die Mission durch unermüdliche Geduld und Selbstlosigkeit einen herrlichen Sieg für die Civilisation errungen! —

Vergegenwärtigen wir uns dann wieder das Resultat der beiderseitigen Einflüsse auf das Volk der Namaqua, wo der Handel sich als verderblich und die Mission als Retterin vom Untergang dieses Volkes erwies, so könnten wir zu dem Schlusse gelangen, daß dem Handel wohl kaum eine wirkliche, kulturelle Fähigkeit innewohne. Wir bezweifeln jedoch, daß eine solche Verallgemeinerung berechtigt sein würde. In beiden Gebieten stand die Unfruchtbarkeit des Bodens der Entwickelung des Handels entgegen, der sich in anderen Ländern, z. B. in Central=Afrika, für die Kultur ganz anders segensreich entfalten würde.

Bilder aus Groß=Nama=Land.

I.

Der Hauptort Bethanien. — Klima. — Charakter, Lebensweise, Religion der Hottentotten. — Staatliche Einrichtungen.

Bethanien, die Haupt= und Residenzstadt des Groß=Nama=Landes, würde in Deutschland wohl kaum Anspruch auf die Bezeichnung „Dorf" erheben dürfen: es stehen dort etwa 1½—2 Dutzend Hottentottenkraale mit hoch gerechnet 150—200 Einwohnern. Die Kraale sind in der gewöhnlichen Weise verfertigt: bienenkorbartig zusammengebogene Äste werden mit Binsenmatten bedeckt, wobei an einer Seite ein etwa 2½—3 Fuß hohes Loch zum Hereinkriechen freigelassen wird. Nur Kapitän Josef Frederiks besitzt ein aus Lehmziegeln erbautes Haus; ebenso ist auch das des Königs, worin er seine Sitzungen abhält, gebaut und mit Fenstern und Thüren versehen. Außer diesen ziemlich trist aussehenden Gebäuden befindet sich dann noch dort die sehr hübsch angelegte Missionsanstalt nebst Kirche unter der Leitung des Missionars Bam und etwas davon abgesondert ein Speicher der Firma F. A. E. Lüderitz. Was die Bodenverhältnisse anbelangt, so wächst auf Bethanien selbst und auch im Umkreise von einigen Meilen kein Gras; die dort wohnenden Hottentotten, meist sehr reiche, d. h. nach hiesigen Begriffen, oder auch sehr arme Leute, müssen ihr Vieh sehr weit weg auf die Weide schicken. Dafür hat man aber andererseits eine ziemlich starke Quelle guten Trinkwassers dort. Auch findet sich in allernächster Nachbarschaft Lehm und Kalk in Menge. Der Boden ist auch hier an und für sich nicht unfruchtbar, das beweist der dort betriebene Ackerbau. Aber wenngleich es hier oben im Lande und namentlich auch auf Aus bedeutend häufiger regnet, wie in der Bai (der landesübliche Ausdruck für Angra

Pequena), d. h. 4—6mal im Jahre, wozu sich auf Aus seiner hohen
Lage wegen noch sehr häufige nächtliche Niederschläge gesellen, so ist
doch diese Menge der Feuchtigkeit bei der hier stets herrschenden
trockenen Luft durchaus nicht hinreichend für eine rationelle Bebauung des Landes. Wie auf dieser von mir geschilderten Strecke,
so sieht auch im allgemeinen das ganze übrige Land aus, wie mir
von Händlern und anderen Leuten, welche das Land genau kennen,
berichtet worden ist. Mir selbst war es nicht möglich, mich hiervon
durch den Augenschein zu überzeugen; doch habe ich noch einige
Streifzüge nach Norden und Süden unternommen und gefunden,
daß in den von mir berührten Gegenden (zwischen dem 25° 55'
südlicher Breite und 27° südlicher Breite) das Land dieselbe Physiognomie trägt, wie sie soeben beschrieben worden ist. So findet
man auf Khuias (25° 55') eine gute Quelle, aber der Graswuchs
fehlt, so hat man auf Tiras (26° 5—10') ausgezeichnete Grasweide,
aber es fehlt an Wasser; ein gleiches gilt von Kleen Fontein (26° 43')
und von Kuck Aus (26° 56'), wo ebenfalls gute Weide, Wasser dagegen nur in sehr beschränktem Maße zu finden ist. Eines wird
dem Leser gewiß schon aufgefallen sein, daß nämlich überall, wo
gute Weide ist, das Wasser fehlt, und umgekehrt; es scheint dieser
Umstand charakteristisch für das Land zu sein; ich spreche natürlich
nur von dem Teile, den ich selbst gesehen habe. Doch steht zu erwarten, daß man an den meisten Stellen diesem Mangel durch
Bohren von Brunnen wird abhelfen können, namentlich aber an den
tiefer gelegenen Teilen des Landes. Aus dem hier Gesagten wird
sich nun wohl jeder leicht ein Bild des Landes konstruieren können;
mit kurzen Worten: eine langsam ansteigende Hochfläche, aus der
sich ziemlich häufig isolierte, nach allen Seiten steil abfallende Berg-
gruppen von 100 bis 700 Fuß Höhe erheben. Der fast durchweg
vulkanische Boden trägt aus Mangel an hinreichenden Niederschlägen nur an vereinzelten Stellen reiche Grasweiden. Hin und
wieder tritt eine mäßig stark fließende Quelle zu Tage, aber nur
für sehr kurze Zeit, dann wird ihr Lauf wieder unterirdisch; demgemäß enthalten die zahlreichen, auf den Karten verzeichneten Flußbette auch nur bei starkem Regen Wasser, zu anderer Zeit scheinen
sie völlig trocken zu sein. Aus alledem geht hervor, daß das Land
in agrikultureller Beziehung wenig Einladendes hat; was ihm in
den Augen der Europäer Wert verleiht, das sind seine Mineral-
schätze.

Was das Klima des Landes anbelangt, so ist es durchweg günstig für Europäer. Die Hitze ist im Verhältnis zur geographischen Lage nicht zu groß, und der Unterschied der Tages- und Nachttemperatur meist nicht sehr bedeutend, wenngleich er sich auch, namentlich auf Aus, oft recht fühlbar macht. Die mittlere Tagestemperatur im September betrug 23° C., doch gehört dieser Monat noch der kälteren Jahreszeit an, dem sogenannten Winter. Die Fauna wie die Flora ist eine durchaus nicht mannigfaltige. Von Raubtieren existiert nur noch der Leopard, die Hyäne und der Schakal in größerer Zahl. Strauße sind ziemlich selten, doch würde sich mit Leichtigkeit eine lohnende Zucht einrichten lassen. Außerdem kommt noch eine kleine und eine große Antilopenart, das Bergschaf, hier Gemsbock genannt, der Hase und einige Arten von Nagetieren vor. Als Haustiere werden vornehmlich Rinder, dann aber auch Pferde, Schafe, Ziegen und Hunde gezogen; doch verfallen letztere oft dem Hungertode. Schweine giebt es bis jetzt nicht im Lande. Die Bewohner des Landes zerfallen in Jäger-Hottentotten, Buschleute genannt, und in Nomaden-Hottentotten, kurzweg Hottentotten genannt; die Buschleute sind die Sklaven der letzteren, von ihnen soll später noch kurz die Rede sein. Die Hottentotten, ein, wie man annimmt, vom Norden Afrikas her eingewanderter Volksstamm, besitzen eine gelbe bis gelbbraune Hautfarbe; die Männer sind fast ausnahmslos über 5 Fuß groß, alle aber besitzen sie schwarzes, gekräuseltes Haar und rehbraune Augen, meist eine deutlich ausgeprägte Plattnase, nie aber Waden. Auffällig ist auch bei ihnen die Kleinheit der Hände und Füße. Ihr natürlicher Verstand ist ziemlich stark ausgebildet, dabei aber sind sie entsetzlich träge und die denkbar unzuverlässigsten Arbeiter. Zu alledem gesellt sich noch eine große Eitelkeit und starke Neigung für alkoholische Getränke. Sie gewöhnen sich überhaupt sehr schnell an die Bedürfnisse der Civilisation; nackte Hottentotten habe ich hier nirgends gefunden. Nächst Branntwein ist Tabak und Kaffee ihre Hauptleidenschaft. Zum Schutze gegen den Wechsel der Temperatur schmieren sie den Körper mit Fett ein; die Frauen gebrauchen auch eine Art Schminke, die sie aus Eisenocker und Fett bereiten, und mit der sie den oberen Teil des Gesichtes, einschließlich der Nase, dick bestreichen. Hierzu kommt noch, daß sie einen äußerst unangenehmen Geruch verbreiten, dessen Ursache in der Einreibung mit gewissen Pflanzenblüten, von ihnen „Buchu" genannt, zu suchen ist. Ihrer Religion nach sind sie teils Heiden, teils Christen, letztere sind wohl die zahlreicheren und vornehmeren, namentlich aber bekennen sich alle Häuptlinge zur christlichen Religion. Man würde aber fehlgehen in der Annahme, letztere habe besonders veredelnd auf ihren Charakter gewirkt; aus Überzeugung sind wohl nur die Wenigsten Christen, und ich glaube wohl kaum, daß einer von ihnen, mit Ausnahme vielleicht des Schullehrers und Kanzlers Christian Goliath, zum Märtyrer seines Glaubens werden würde. Wie schon vorhin gesagt, nähren sie sich gewöhnlich von Viehzucht, und hier ist es vor allen Dingen das Rindvieh, welches ihren Reichtum ausmacht; früher sollen sie bedeutend reicher an Vieh gewesen sein, aber seit sie sich an europäische Bedürfnisse gewöhnt haben, verarmen sie mehr und mehr. Hat doch vor kurzem erst ein Hottentotte an einem Tage 60 Schafe vertrunken, natürlich unter getreulichem Beistande guter Freunde und Nachbarn! — Das Vieh läuft auf den ausgedehnten Weideplätzen fast ohne jede Aufsicht frei umher; geschlachtet wird selten ein Stück, dagegen viel verhandelt an die im Lande umherziehenden Traber. Doch ist es z. B. allgemeine Sitte, daß der Mann am Tage der Hochzeit ein Rind schlachtet. Sonst besteht ihr Hauptnahrungsmittel aus Milch; dazu schlachten sie alljährlich vielleicht 4—6 Schafe oder Ziegen.

Was das staatliche Leben anbelangt, so zerfällt Groß-Nama-Land in 8 oder 9 Bezirke, von denen jeder unter einem besonderen Kapitän steht. Jedem derselben steht seit Einrichtung der Missionsstationen ein Rat von 12 der angesehensten Männer zur Seite, welcher über alle wichtigen Dinge entscheidet. Drei dieser Kapitäne sind von der Kapkolonie hierher gekommen und haben das Land von den früheren Bewohnern, ebenfalls Hottentotten, von den Holländern roie nazi, rote Nation, benannt, gekauft, zu ihnen gehört auch der Kapitän von Bethanien, Josef Frederiks. Sie waren es auch, welche nach den Erzählungen der Hottentotten, die ersten Kleider und auch Pferde in das Land brachten.

Die Buschleute stehen auf einer viel niedrigeren Kulturstufe; meist besitzen sie keine Kraale, sondern leben, wie es schon der Name besagt, im Buschwerk, das sie kreisförmig einige Fuß hoch aufhäufen. Sie leben von den Erträgen ihrer Jagd, die sie teils, wenngleich jetzt schon sehr selten, mit Bogen und Pfeilen (meist vergifteten — Schlangengift), teils mit Feuerwaffen ausführen; bei den Nomaden findet man dagegen nur Feuerwaffen vor. Gelingt es ihnen nicht, genügend Wild zu erlegen, so nähren sie sich wohl auch vom Harze des Kamelbornbaumes und von eßbaren Wurzeln. Dem Genuß solcher Nahrungsmittel sind denn auch die häufig vorkommenden aufgetriebenen Bäuche zuzuschreiben. Können sie trotz alledem ihr Leben nicht fristen, so stehlen sie den Hottentotten ihr Vieh weg, wobei sie allerdings im Falle des Ergriffenwerdens häufig genug erbarmungslos niedergeschossen werden, oder sie bieten irgend einem derselben für Beköstigung, d. h. für Milch — denn Fleisch bekommen sie noch viel weniger zu sehen, als die Hottentotten, höchstens wirft man ihnen die Knochen zum Abnagen hin —, ihre Dienste an. Auf diese Weise hat sich im Laufe der Zeiten das eigentümliche Verhältnis zwischen den Hottentotten und Buschleuten herausgebildet, das sehr stark das Gepräge der Sklaverei trägt.

Waldemar Belk.
(Deutsche Kolonialzeitung, 1885. 5. H.)

II.
Charakteristische Scenen von der Missionsstation Bethanien.*)

Die Hauptgebäude von Bethanien (4000' über dem Meeresspiegel) sind natürlich, da es eine Missionsstation ist, die zweitürmige Kirche und das ziemlich große Missionshaus, beide aus Stein und Lehm unter Strohdach erbaut. Dicht dabei steht das Parlamentsgebäude und der Palast Sr. Majestät des Königs Josef, ebenfalls von derselben Bauart, doch ist derselbe noch nicht fertig und Se. Majestät wohnt, gleich seinen getreuen Unterthanen, in einer bienenkorbartigen, von Ungeziefer wimmelnden und Schmutz strotzenden Lehmhütte. Die anderen Einwohner, circa 200 an der Zahl, wohnen in teils eben solchen, teils sogenannten Mattenhäusern, welche leicht transportabel und im Sommer bedeutend kühler, als die anderen Hütten sind. Solch eine Hütte hat ungefähr fünfzehn Fuß im Durchmesser und acht Fuß Höhe und die als Thür dienende Öffnung ist nur gerade so groß, daß man in gebückter Stellung hindurchkommen kann. Hier lebt nun die ganze Familie. Oft findet man

---

*) Aus Deutsch-Afrika. Tagebuch eines jungen Deutschen aus Angra Pequena (1882—1884) von E. W. Wegner, Angestellter in Lüderitzland. Leipzig, Schloemp, 1885, (1 M.) bildet die Nr. 1 der unter dem Titel: „Die deutschen Kolonialgebiete" begonnenen Reihe von populären Schriften aus der Feder von Augenzeugen über unsere Kolonieen. Sie verdienen die weiteste Verbreitung. B.

darin, da die Leute ein sehr hohes Alter erreichen, vier bis fünf Generationen. In der Mitte brennt ein Feuer, dessen Rauch sich den Ausweg selbst suchen muß, und um dasselbe hockt dann die ganze Gesellschaft bei Kaffee, dessen Zubereitung den jüngsten weiblichen Familiengliedern überlassen wird, und einer Pfeife Tabak, die Zeit im seligen Nichtsthun verträumend.

Der Hottentotte ist das faulste, unverschämteste und frechste Subjekt, das man sich denken kann, und es sieht wirklich so aus, als ob Gott Land und Leute im Zorn erschaffen hat. Das Volk verhungert lieber, ehe es sich zur ernstlichen Arbeit entschließt, und mir sagte neulich ein Missionar, daß man beim besten Willen das Fluchen nicht lassen könne, wenn man mit diesem Pack zu arbeiten hat. Obgleich auf dem Boden in Ui Ganis und hier bei einer halbwegs vernünftigen Bestellung alles wachsen und gedeihen würde, so liegt doch mit Ausnahme des Missionsgartens alles wüst da. Nur einige der fleißigeren Eingeborenen haben sich in der letzten Zeit um ihre Hütten auch Gärten angelegt. Alle Ermahnungen und Vorstellungen der Missionare helfen nichts; dieselben gehen zu einem Ohre hinein und zu dem anderen hinaus. Gar häufig sind die Bekehrten nur dem Scheine nach Christen und beten heimlich ihre heidnischen Götter nach wie vor an. Die drei hauptsächlichsten sind: Tsui-Gab (Morgendämmerung), Khab (der Mond) und Heitsi-Eibib (eine Baumart). Über diesen allen steht Kora (Gott), welcher im Homi (Himmel) lebt und Erde und alles geschaffen hat; doch beten sie dieses höchste Wesen nicht an, sondern benutzen die drei Erstgenannten als Vermittler. Diesen Gottheiten werden ebenfalls Opfer der verschiedensten Art dargebracht, doch sind die früher gebräuchlicheren Menschenopfer fast ganz abgeschafft und als Ersatz werden die Opfersteine mit roter Farbe beschmiert, mit welcher Substanz die Opfernden auch Gesicht und Brust einreiben.

Die erste Zeit, als wir nach Ui Ganis kamen, war der Missionar nebst Familie nicht zu Hause, und wir machten es uns in dem vorher gemieteten und in den anderen uns zur Verfügung gestellten Zimmern nach Kräften bequem. Der Herr Missionar kehrte jedoch bald zurück, und wir behielten zwar danach auch noch unser Schlafzimmer, mußten jedoch, wenn wir Karten spielen oder trinken wollten, in unser mitgebrachtes Zelt gehen.

Während der Abwesenheit des Missionars war die Kirche geschlossen gewesen, doch fing der Gottesdienst sofort nach Rückkehr desselben wieder an und wir versäumten es nicht, demselben beizuwohnen. Sonntag morgens 9½ Uhr begannen die Glocken zu läuten und wir betraten gegen 10 Uhr, nach langer Zeit wieder zum ersten Male, vollständig nach neuester englischer Mode gekleidet und von der bereits versammelten Gemeinde neugierig angegafft und bewundert, das Gotteshaus. Dasselbe ist durchaus einfach und primitiv, wird der Länge nach durch einen Gang in 2 Teile geteilt, an dessen Ende sich der Altar und die Kanzel und an den Seiten die einfachen Holzbänke für die Gemeinde befinden. Zu beiden Seiten des Altars sind noch Stühle für die Familie des Missionars und andere Weiße. Orgel oder Harmonium ist nicht vorhanden. Nachdem ich mich in einem der Stühle niedergelassen, faßte ich die Versammlung etwas näher ins Auge. In der Abteilung links vom Altar saßen die Frauen, Mädchen und Kinder, rechts die Männer. Letztere waren ziemlich respektabel gekleidet, d. h. sie hatten alle eine mehr oder weniger befleckte Hose an und ein Hemd, dessen Farbe man allerdings des darauf lagernden Schmutzes wegen nicht mehr erkennen konnte. Die Frauen dagegen schienen die althergebrachte Fellkleidung jeder anderen vorzuziehen, und man sah da groteske Aufzüge. Die Königin und einige Hofdamen hatten Kleider aus europäischen Stoffen an und die Füße der ersteren waren in ein paar alte englische full dress-Schuhe und Strümpfe gekleidet, und Ihro Majestät verfehlte nicht, um ihren Schatz allen deutlich zu zeigen, die Röcke sehr in die Höhe zu heben, daß sie auch ordentlich gesehen werden konnten. Die anderen Damen hatten teils Felle, teils große schottische Shawls um, und die Kinder zeigten sich wie sie Gott erschaffen hat. Meine Betrachtungen wurden jedoch bald unterbrochen, denn der Missionar trat ein, gefolgt von seinem Dolmetscher, einem Hottentotten, der auf einer Missionsschule in Damaraland erzogen ist. Dieses kleine, aber, wie ich später sah, sonst wohlgebaute Kerlchen war in einen Frack gekleidet, der seinem Schnitt und spiegelblanken Aussehen nach längst entschwundenen glücklichen Zeiten angehören mußte; aber trotz aller Anstrengung des jetzigen Besitzers wollte sich nur der oberste Knopf zumachen lassen, während er über der Mitte des Körpers weit auseinander stand, und da keine Weste vorhanden war, dem scharlachroten Hemde freie Aussicht gestattete. Die allzugroße Knappheit des oberen Kleidungsstückes schien das untere wieder gut machen zu wollen, denn es war dermaßen weit, daß man annehmen konnte, es habe einst die zarten Gliedmaßen eines baierischen Braumeisters geschmückt. Es schlotterte förmlich um die Beine herum und der Träger hatte, um die ihm von Natur versagte Rundung herzustellen, ersterer durch die Kunst unter die Arme gegriffen, d. h. er hatte sich einen dicken wollenen Shawl um den Leib gewickelt. Zum Schluß baumelte noch ein großes rotbuntes Taschentuch aus einer der Rocktaschen hervor, und man wird mir wohl beistimmen, daß bei einem solchen Anblicke das Ernstbleiben keine leichte Sache war. Die Predigt wurde in holländischer Sprache gehalten und von dem Dolmetscher Wort für Wort ins Nama übersetzt. Nach dem Gottesdienste war noch eine Taufe, doch habe ich darüber nichts Besonderes mitzuteilen. Bemerken will ich noch, daß während des Dienstes ein alter Mann fortwährend auf und ab ging und jeden oder jede, der sich hatte verleiten lassen, Gott Morpheus stille Opfer darzubringen, durch eine gehörige Ohrfeige zur Wirklichkeit zurückrief, und ich kann nicht unterlassen, ihn seiner Ausdauer wegen zu loben, denn er hatte harte Arbeit. Montag wohnten wir einer Trauung bei, welche ganz nach christlichem Gebrauch von statten ging; nachher nahmen wir auch an dem Hochzeitsmahle teil, welches allerdings von einem europäischen etwas abwich. Die Gäste waren bereits alle in einem aus Zweigen hergestellten Pavillon versammelt, nur der König, die Großwürdenträger und wir hockten in einem Mattenhause nieder und nun ging eine Esserei los, wie ich sie noch nicht gesehen habe. Jeder aß mit dem mitgebrachten Taschenmesser und den Fingern. Bei dieser einen Mahlzeit wurden von ca. 40 Gästen 2 Ochsen, 4 Schafe, ganze Berge von Fettkuchen und eine ungeheure Menge von Kaffee verzehrt, für europäische Begriffe doch kaum glaublich, und Essen ist auch das einzige, worin der Hottentotte etwas leisten kann; ich glaube, daß er an Gefräßigkeit selbst die Hyäne übertrifft.

III.
Charakteristisches über die Nama-khoi-khoin.

Die heutigen Bewohner des Landes, welche insgemein Hottentotten genannt werden, lassen sich diesen Namen nicht gefallen. Sie wollen selbst in 4 verschiedene Gruppen geteilt sein: 1) die Sän oder Buschmänner, früher zahlreich, jetzt zerstreut, das Proletariat des Landes; 2) die Huri-Sän und Gowa-Sän, vom Fischfang und der Jagd lebend; 3) die später eingewanderten Naman, Viehzüchter und Jäger; 4) die zuletzt über den Oranje eingewanderten Khoi=Khoin, welche aus den englischen Kolonieen schon einen höheren Grad der Bildung mitbrachten und meistens holländisch sprachen, sowie europäische Kleidung trugen und etwas Landwirtschaft trieben. Sie erlangten das Übergewicht über die Namas, mit denen sie sich immer mehr vermischten.

Die äußere Erscheinung der Nama=Khoi=Khoin hat wenig Gewinnendes. An Körperumfang, Muskelkraft stehen sie ihren schwarzen Nachbarn ein wenig nach. Sie besitzen dagegen eine große Gelenkigkeit der Glieder — schwingen sich wie ein Vogel auf den Zweig, so mit dem Gewehr in der Hand aufs Pferd, — sind ausdauernde Läufer, gewandte Reiter, tüchtige Schützen, und diejenigen, welche die Ochsenpeitsche zu regieren wissen, brauchbare Fuhrleute. Die Männer erreichen durchschnittlich eine Höhe von 1,60 m. Wohlgenährte Frauen sieht man häufiger als beleibte Männer. Das viele Sitzen am Boden mit den Knieen am Kinn und reichlicher Milchgenuß mag Ursache sein, daß ihr Beckenbau Abnormitäten aufweist und das Sitzen auf Stühlen erschwert.

Die Farbe ihrer Haut gleicht dem Leder in seinen verschiedenen Schattierungen. Bei neugeborenen Kindern ist sie hellgrau; im späteren Alter wird sie brauner, je mehr die Einzelnen der Sonne ausgesetzt sind. Nach 30 Jahren zeigen sich beim weiblichen Geschlecht schon Falten, die zu tiefen Runzeln sich ausbilden. Die Schläfen sind eingedrückt, die Stirn kugelig rückwärts gebogen, der obere Hinterkopf stark ausgebildet. Mit den Jahren treten die Backenknochen über den hohlen Wangen immer markierter hervor. Die Nase der Neugeborenen ist kaum sichtbar, später wird sie mehr proportioniert. Die Augen sind durch wulstige Lider gut gegen Sonnenstrahlen geschützt; ihre Sehkraft ist eine außerordentliche und vermag sehr wohl mit unseren bewaffneten Augen zu konkurrieren. Das Kinn unter den aufgeworfenen Lippen spitzt sich zu und zeigt geringen Bartwuchs. Die Kopfhaare hingen den „Alten" einst in Strähnen über die Schläfe und auf die Schultern herab; diese Pflege wird ihnen nicht mehr zu Teil. In ungekämmtem Zustande stehen sie gruppenweis zusammen, so daß kahle Furchen dazwischen sichtbar sind. Im höheren Alter werden sie grau und weiß. Kahlköpfe sieht man aber nur unter bejahrten Bastarden.

Im allgemeinen sind sie mehr ein ideal wie praktisch angelegtes Volk — Sanguiniker, seltener feste Charaktere. Wenngleich ihre

Sprache kein Wort für „Laune" besitzt, lassen sich die Leute doch
meist von ihr regieren. In ihrer Sucht nach Herrschaft und Freiheit
kennen sie keine Grenzen. In dem Streben nach Anerkennung ihrer
Persönlichkeit, in ihrem Bestehen auf wirklichem oder nur vermeint-
lichem Rechte sind sie Egoisten ersten Ranges. Wer ihrer Ehre zu
nahe tritt oder sie zu beschränken droht, hat es auf lange Zeit hinaus
mit ihnen verdorben. Das vielleicht schon Jahrtausend lange Ringen
um ihre Existenz den schwarzen Rassen gegenüber, eine 200jährige
Unterdrückung seitens der Weißen hat gewiß viel dazu beigetragen,
sie sehr reizbar zu machen, wie andererseits die nomadisierende Lebensweise jedem Einzelnen reichlich Gelegenheit bietet, im Kampf ums
Dasein sich nach allen Seiten zu üben. Strebt doch schon das
6 Monate alte Kind auf allen Vieren aus der dunklen Mattenhütte
hinaus ans Licht, in die Freiheit, in der es heranwächst, von Stufe
zu Stufe sich selbst überlassen, bis zum 90- und 100jährigen Greis.

Ihr Scharfsinn, soweit er sich aufs Naturreich und die Selbst-
erhaltung erstreckt, ist bewundernswert ausgebildet. So lassen sie
sich z. B. auf Zählversuche in ihren Herden nicht leicht ein, wissen
aber, wenn sie abends dieselben gemustert haben, ob von tausend
Stück eins fehlt, was sie zu dem Ausruf veranlaßt: „ich sehe ein
Schaf, das nicht hier ist." Die Quelle ihres Humors ist unversieg-
bar; ihrer Phantasie lassen sie den größten Spielraum. Wäre ihre
Kapazität im Reiche der Zahlen so groß, wie ihre Liebe zu Gesang,
Musik und Dichtung oder ihre Fähigkeit, fremde Sprachen sich anzueignen, dann wäre manches mit ihnen zu erreichen. — Nicht un-
bedenklich steht es mit ihrem Charakter. Er ist in seltenen Fällen
ganz zuverlässig. So großherzig sie sind im Begehren, so bereitwillig
sie vor uns stehen im Versprechen, so glücklich sie sich fühlen im Genießen, so ungeduldig werden sie, wenn ihre Lust unbefriedigt bleibt,
so kühl verhalten sie sich über ihre Wankelmütigkeit und Treulosigkeit, die man ihnen vorhält. Daß der Gläubiger die inzwischen
schon mannigfach veränderten Verhältnisse des Schuldners, seien sie
nun verschuldet oder unverschuldet, nicht genug berücksichtigt, kann
diesen möglicherweise zu amtlichen Anklagen veranlassen, eine Auffassung des Rechtes freilich, die mit ihrer traditionell gewordenen
Art Kommunismus zusammenhängt. Von derselben Quelle sind auch
herzuleiten ihre Gastfreundschaft, ihre Bereitwilligkeit, einander aus-
zuhelfen in drückenden Lagen. Leben und Lebenlassen ist ihr Grundsatz. Egoismus, was das Irdische anbelangt, Geiz, Habsucht sind

stark verpönte Eigenschaften. Im Ertragen körperlicher Schmerzen bewahren sie eine stoische Gleichmütigkeit; aber ebenso unempfindlich zeigen sie sich bei Übernahme eines unerwarteten Geschenkes, beim Anhören eines freudigen Ereignisses und dergl. Fällen, womit aber nicht gesagt ist, daß sie nicht im Kreise der Ihrigen zur rechten Zeit in die ungezügeltsten Freuden und Lobeserhebungen ausbrechen könnten. Zu tadeln ist ihre unverschämte Bettelei und Faulheit, Untugenden, die, wenn andere afrikanische Völker sie nicht mit ihnen teilten, für Europäer noch lästiger zu ertragen wären. Von verderblicher Wirkung wird ihr Hang zu geistigen Getränken, besonders beim männlichen Geschlechte, während Putzsucht und Sinn für Eitelkeit dem weiblichen in hohem Grade eigen ist und die übelsten Wirkungen hervorbringt.

In den ersten Lebensjahren gehen die Kinder unbekleidet. Knaben tragen an baumbreitem Lederbande ein handgroßes Fellchen, gais genannt, um die Lenden. Mit diesem zusammen hängt ein größerer Lappen weichen Leders hinten hinab. Die Vorderschürze der Mädchen ist mit Schnüren, Trobbeln und Perlen reich besetzt. Fuß-, Arm-, Ohren-, Fingerringe aus verschiedenem Metall waren beliebte Schmuckgegenstände und sind zum Teil heute noch im Gebrauch. Das Karoß, ein aus Schaf- oder Schakalfellen zusammengesetzter Pelzmantel, im Winter die Haare nach innen, im Sommer nach außen gekehrt, hängt, durch ein Riemchen auf der Brust zusammengehalten, über den Schultern und dient nachts auch als Decke. Das Einsalben des Körpers mit Fettsubstanzen, die mit pulverisiertem Holz der im Wasser erstickten gana-Wurzel, oder mit roter Farbe vermischt sind, geschah früher allgemein. Soweit die Einwohner unter christlichem Einfluß stehen, macht diese dürftige Bekleidung der europäischen Platz. Über dem Kattunkleid der Frauen hängt ein wollenes Tuch, um den Kopf ist Werktags ein buntes, Sonntags ein weißes Tuch gewunden. Die Männer tragen entweder selbstgefertigte Lederanzüge oder schweren Molskingstoff. Ein Filzhut auf dem Kopf, Bandelier um den Leib zum Aufbewahren von allerlei Reiseutensilien und Feldschuhe, nach dem Augenmaaß gemacht, vervollständigen den Anzug eines respektablen Nama-khoin.

In Groß-Nama-Land befinden sich auf den Missions-Stationen Warmbad, Keetmanshopp, Bersaba, Bethanien, Gibeon, Hoachanas, Rehoboth, Grootfontein mehr als 3300 Christen und man kann wohl sagen, daß das Volk der Namas im Großen und Ganzen in der

Chriſtianiſierung begriffen iſt. Viele heidniſche Sitten und Gebräuche ſind im Gebiete der Miſſions-Stationen kaum mehr wahrnehmbar, und das Volk hat in den letzten 20 Jahren ſichtbare Fortſchritte zu einer höheren Kulturentwickelung gemacht. Möge die neue Zeit, die jetzt für Groß-Nama-Land anbricht, das bis jetzt Gewonnene nicht ſtören, ſondern in geſunder Weiſe weiter fördern helfen!

Johannes Olpp.
(Angra Pequena und Groß-Nama-Land. Elberfeld 1886.)

Land und Volk der Kalahari,
des weiteren Hinterlandes von Angra Pequena.

Bodenbeſchaffenheit und Pflanzenwuchs, geeignet zu bedeutender Schafzucht. — Straßenparks-Anlagen. — Erſter Anblick der eingeborenen Bevölkerung.

Durch die Erwerbung von Lüderitzland in Südweſt-Afrika gewinnt das größtenteils unfruchtbare Hochland der Kalahari, welches zwiſchen beiden Beſitzungen liegt, eine beſondere Bedeutung für Deutſchland.

„Als ich im Jahre 1871“, ſagt Graf von Krockow, „während meiner ſüdafrikaniſchen Reiſe den Oranje-Strom überſchritt und zu Jagdzwecken in jene Gegend eindrang, habe ich einen Einblick in den Charakter der Kalahari erhalten.“

„Zunächſt kann ich nur beſtätigen, daß die in unſeren Lehrbüchern wiederholte Bezeichnung einer Wüſte für dieſen Landſtrich nicht zutreffend iſt, denn unter einer Wüſte muß jeder Leſer eine völlig unbewohnbare Einöde verſtehen. In der That iſt aber die Kalahari, ebenſo wenig wie die 1864 von mir zwiſchen Kaſalla und Berber nach dem Roten Meer durchreiſte Nubiſche Wüſte eine zu allen Zeiten trockene unwirtliche Gegend. Es giebt dort wohl Teile, welche nur aus dichtem Flugſand, ſowie mit Geröllе und Steinen bedecktem Boden beſtehen; ganz wüſt und völlig unfruchtbar iſt aber ſelbſt eine ſo armſelig trockene Gegend nicht zu nennen, denn nach der Regenzeit und den darauf folgenden Wochen reichlichen Taufalles pflegt auch der dortige Boden für wenige Wochen ſein Frühlingskleid anzulegen.

Die etwa 3000 Fuß hohe Hochebene ist hier und da von Hügeln durchzogen, im Osten und Westen durch Gebirge begrenzt, im Norden reicht sie bis an die südlichen Ufer des waldreichen Ngami=Sees. Nur da, wo ein brakig schmeckendes Wasser in den sandigen Boden bis auf die felsige Unterlage versinkt und der Umgebung einige Feuchtigkeit abgiebt, ist eine Pflanzen= und Baum=Vegetation zu bemerken. Diese Punkte werden von den Bewohnern vor fremden Leuten sorgsam verborgen, da die eigene Existenz von diesem öfter salzig schmeckenden Wasser abhängt. Es giebt in der ganzen Kalahari, wie es scheint, nur wenige reichhaltige Süßwasserquellen; doch diese wenigen geben den Beweis, daß **in der Tiefe das nötige Wasser zu finden ist, um dort größere Viehherden zu erhalten***).

Mit diesen Eigenschaften ist meines Ermessens die hochgelegene, trockene und gesunde Kalahari, ebenso wie im Kaplande die gleichfalls wasserarme große und kleine Karu, ein für Schafzucht vorzüglich geeigneter Landstrich. Die Menge Gras, welche in dieser merkwürdigen sogenannten Wüste wächst, ist überraschend, sogar für diejenigen, welche Indien genau kennen. Ich habe während meiner Reise durch die Karu an verschiedenen Stellen große Schafherden zu 5= bis 6000 Stück in dem dürren Steppenlande gesehen. Außerdem würde nach meiner Ansicht, wie im Kaplande, so auch in der Kalahari an geeigneten Stellen die Zucht von Straußen in Gehegen von Vorteil sein. Es sei mir gestattet, hier kurz zu berichten, was ich im Kaplande von Straußenparks gesehen habe. Ein sandiger, 2= bis 300 Hektar großer Raum, auf dem hier und da Gras und niedrige Sträucher wachsen und, wenn möglich, eine kleine künstliche Wiese gehalten ist, wird durch drei Drähte umhegt. Letztere sind 2, 4 und 6 Fuß vom Boden durch Pfähle gezogen, welche 80 bis 100 Schritt von einander stehen. An die oberen Drähte werden alte Fetzen, Lappen oder kleine Äste befestigt, damit die Strauße die Drähte sehen, nicht dagegen laufen und so die Hälse beschädigen oder abschneiden. Vor allem muß der Straußenpark sorgfältig vor Raubwild geschützt werden. Die kostbaren Federn werden den Vögeln alljährlich ausgerupft.

Um wieder auf die Kalahari zurückzukommen, so habe ich bemerkt, daß die von mir gesehene Gegend nur dünn von Menschen bevölkert war. Zwei Dorfschaften, welche ich auf meinem kleinen Abstecher besuchte, verdienen nach deutschen Begriffen diese Bezeich-

---

*) Es ist also die Anlegung artesischer Brunnen das nächste Erfordernis für Nutzbarmachung jenes Deutschland an Umfang übertreffenden Landes.

nung nicht. Die runden aus Strauch und dürrem Grase gemachten Hütten konnten mich nicht ermuntern, durch die einzige niedere Thüröffnung einzutreten, wo außer großem Schmutze mich gewiß auch eine Masse von Ungeziefer als frische Beute angegriffen hätte. Ihrer Abstammung nach setzten sich die etwa 300 Bewohner der Dorfschaft aus Betschuanen, Corannas, wenigen Hottentotten und Griquas zusammen. Die Corannaweiber sind sehr häßliche, schlecht gewachsene kleine Personen, welche, wie auch die Hottentotten, mit scheuen Blicken den Fremden angaffen und wenig Vertrauen erregen. Mehr oder weniger unter dem Druck der holländischen Buren stehend, haben alle südafrikanischen Menschenrassen und Mischlinge eine Scheu vor weißen Fremden, welche nach ihren Begriffen und ihrer Erfahrung nur neue und strenge Herren oder gar Feinde sind.

Das Gras sproßt gewöhnlich in Büscheln, mit kahlen Stellen dazwischen, oder die Zwischenräume werden von Schlingpflanzen eingenommen, deren Wurzeln tief unter dem Boden liegen und daher wenig von den Wirkungen der sengenden Sonnenhitze verspüren. Die Zahl der Pflanzen mit Wurzelknollen ist sehr groß und sie sind so eingerichtet, daß sie Nahrung und Feuchtigkeit zugeführt bekommen, selbst wenn während der anhaltenden monatelangen Trockenheit dies anderswo unmöglich wäre. Es giebt hier eine Pflanze, die für gewöhnlich keine Wurzelknollen hat, dieselben aber unter Umständen bildet, wo jenes Anhängsel notwendig ist, um zur Erhaltung ihres Lebens zu dienen. Sie gehört zu der Familie der Kürbisse und trägt eine kleine scharlachrote eßbare Gurke. Eine andere Pflanze, Leroschua genannt, ist für die Bewohner der Wüste ein wahrer Segen. An der Oberfläche sieht man nur eine kleine Pflanze mit einem Stengel, der nicht dicker ist als der Kiel einer Rabenfeder; graben wir aber einen bis anderthalb Fuß tief in den Boden, so stoßen wir auf einen Wurzelknollen, welcher zuweilen die Größe eines Kindskopfes erreicht; entfernt man die Rinde, so findet man, daß der Knollen aus einem Zellgewebe besteht, welches etwa wie bei einer jungen Rübe mit Flüssigkeit erfüllt ist. In Folge der Tiefe unter dem Boden, worin der Knollen sich findet, ist diese Masse gewöhnlich köstlich kühl und erquickend. Eine andere Pflanzenart, Mokuri genannt, findet sich in anderen Teilen des Landes, wo die anhaltende Hitze den Boden ausdörrt; es ist eine krautartige Schlingpflanze, welche unter der Erde eine Anzahl Wurzelknollen bildet, von denen manche die Größe eines Mannskopfes erreichen und welche sämtlich in einem Umkreis von einer bis anderthalb Armeslängen horizontal um den Stengel herum liegen. Die Eingeborenen schlagen den Boden rings herum mit Steinen, bis sie durch die Verschiedenheit des Tones hören, wo die wasserspendende Knolle unter dem Boden liegt, graben dann etwa einen Fuß tief nach und finden sie.

Die wunderbarste Pflanze der Wüste ist aber die Kafferngurke oder Wassermelone. In Jahren, wo der Regen in ungewöhnlicher Menge fällt, sind unabsehbare Strecken Landes buchstäblich mit diesen Melonen bedeckt. Dann erfreuen sich Tiere jeder Art und Benennung, den Menschen nicht ausgenommen, an den reichen Vorräten. Der Elefant, als wahrer Herrscher des Waldes, schwelgt in dem Genusse dieser Frucht, und seinem Beispiele folgen die verschiedenen Rashorn= arten, obschon sie von Natur in der Wahl ihrer Nahrung ganz von jenem abweichen. Mit gleicher Begier laben sich daran die ver= schiedenen Antilopenarten, und selbst Löwen, Hyänen, Schakale und Mäuse scheinen sämtlich die allgemeine Wohlthat zu kennen und zu würdigen. Diese Melonen sind jedoch nicht alle eßbar; einige sind süß, andere so bitter, daß die ganze Familie dieser Kürbisse die bittere Wassermelone genannt wird. Die Eingeborenen unterscheiden sie dadurch von einander, daß sie eine Melone nach der andern mit einer Axt anhauen und die Zunge in den Spalt stecken. So wissen sie freilich am schnellsten, ob sie süß oder bitter sind. Die bitteren sind giftig oder wenigstens schädlich, die süßen dagegen sind ganz gesund.

Graf von Krockow.

Die Ovambos in Deutsch=Südafrika.

Bekanntlich entdeckte Livingstone im J. 1849 den merkwürdigen Ngamisee im Centrum von Südafrika, indem er von Süden (von Kolobeny) nach Norden vordrang; erst 5 Jahre später gelang es dem schwedischen Naturforscher Anderson, von Westen her dahin zu gelangen. Auf seinen Kreuz= und Querzügen, die er vier Jahre lang, von der Walfischbai ausgehend, in das weite, gegenwärtig größtenteils unter deutschem Schutz stehende Hinterland unternahm, verweilte er auch unter den Ovambos, von denen er eine interessante Schilderung gab, die wir im Auszuge mitteilen.*)

*) S. Erforschungsreisen im Innern Afrikas. Livingstone, der Missionar. Leipzig, Spamer, 1860.

Anderson und sein Begleiter waren in der Walfischbai ohne einen bestimmten Reiseplan gelandet; endlich zeigte sich ein Ziel, dessen Erreichung der Mühe wert schien; sie hörten von einem in nördlicher Richtung gelegenen großen Süßwassersee, der Omanbonde heißen sollte. Von der Station Barmen ab gegen Norden lag aber lauter unbekanntes Land; die dort wohnenden Damaraleute wurden von den Eingeborenen als ungastlich, mißtrauisch und verräterisch geschildert. Doch die Reise wurde unternommen, und nach mancherlei Erlebnissen und Schwierigkeiten gelangte die Reisegesellschaft nach mehreren Wochen an den ersehnten Omanbonde, der, wie ihnen unterwegs gesagt wurde, eine Wasserfläche „so groß wie der Himmel" haben sollte. Aber groß war nur ihre Enttäuschung, der große Omanbonde erwies sich als ein kleiner ausgetrockneter Schilfweiher ohne einen Tropfen Wasser! Allerdings ergab sich aus der ganzen Örtlichkeit, daß früher viel Wasser hier gewesen sein konnte — ein neuer Beleg zu der merkwürdigen Verarmung Südafrikas an Wasser. Dahin war nun die Hoffnung, an einem lachenden See, umgeben von Elefanten, Rhinozerossen, Nilpferden u. s. w., ein fröhliches Jägerleben zu führen; man war aufs neue ohne Reiseplan und wußte nicht, ob man vor- oder rückwärts gehen sollte. Endlich entschied man sich für das Erstere. Die Reisenden hatten Kunde erhalten, daß fern im Norden eine Völkerschaft wohne, welche feste Wohnsitze habe, das Land baue, fleißig, zuverlässig und sehr gastfreundlich sei. Sie hießen Ovambos, was eben ihre Eigenschaft als Ackerbauer bezeichnen soll, und trieben mit den Damaras Tauschhandel, indem sie Vieh gegen Eisenwaren einhandelten. Es sei eine sehr zahlreiche und mächtige Nation und stehe unter einem König, der ein ungeheurer Riese sei. Über die Entfernung dieses Landes und die Beschaffenheit der zu durchreisenden Gegenden gaben die Damaras freilich nur unsichere, abenteuerliche Berichte zum besten. Obgleich man sich auf eine mehrmonatliche Reise gefaßt zu machen hatte, wurde doch beschlossen, das Wagstück zu unternehmen, und man ließ den verunglückten See hinter sich. Die Gegenden, durch welche die Reise ging, waren wenigstens keine Sandwüsten; man mußte sich meistens durch Gebüsch, hohes Gras und Wald den Weg bahnen. Wasser gab es zur Genüge und an Wild war kein Mangel, so daß die beiden europäischen Reisenden der immerwährenden Fleischkost endlich müde wurden, die eingeborenen Begleiter allerdings um so weniger. Einige Tage nach der Abreise vom Omanbonde wurden die Reisenden durch das erste Auftreten von Palmen in freudige Stimmung versetzt. Eine Art schlanker Fächerpalmen war in großer Zahl über die Gegend verstreut und verlieh ihr einen ganz ungewohnten Reiz.

Eben an der letzten Damaraniederlassung angekommen, traf die Reisenden das Mißgeschick, daß eine Achse ihres größten Wagens brach. Sie entschlossen sich daher, unter Zurücklassung der Fuhrwerke, die Reise zu den Ovambos mittelst Reit= und Packochsen zu bewerkstelligen. Der Häuptling aber wollte nicht nur keine Führer dazu geben, sondern verweigerte auch jede sonstige Auskunft, stellte jedoch den Reisenden anheim, sich an eine Handelskarawane anzuschließen, welche man nächstens aus dem Ovambolande erwarte. Die Karawane erschien auch glücklicherweise bald; es waren 23 große, starke, sehr dunkelfarbige, ernsthafte Leute, von Charakter sehr unähnlich den Damaras. Sie brachten Lanzeneisen, Messer, Ringe, kupferne und eiserne Perlen u. s. w., alles eigener Fabrik, die sie teuer genug an die Damaras absetzten, z. B. eine Lanzenspitze für einen Ochsen. Die Leute willigten ein, die Fremden mit in ihr Land zu nehmen, und als endlich die Rückreise angetreten wurde, war die Karawane nicht weniger als 170 Köpfe stark, denn es hatten sich viele Damaras, unter ihnen 70—80 Frauenzimmer, angeschlossen. Die Ovambos hatten eine schöne Rinderherde zusammengebracht, das Reiseziel sollte vierzehn starke Tagemärsche weit sein. Auf eine angenehme Landschaft folgten bald wieder Dorndickichte und höchst traurige Gegenden, die Wasserplätze wurden sehr selten, und die Reisenden lernten einsehen, wie unmöglich es sei, ohne einen gründlich erfahrenen Führer sich in solchen Wildnissen zurecht zu finden. Buschmänner, denen die Reisenden allerwärts begegnet waren, fanden sich auch hier, und es war den Reisenden wohlthuend zu sehen, wie auch diese überall verachteten und verhaßten Menschen von den Ovambos gütig behandelt wurden. Sie tauschten ihnen Kupfererze aus, die jene aus den benachbarten Hügelgegenden brachten.

Nach achttägigem Marsche gelangten die Reisenden auf die ersten den Ovambos gehörigen Viehweiden und rasteten ein paar Tage. Das landesübliche Willkommen bestand darin, daß jedem Ankömmling das Gesicht tüchtig mit Butter beschmiert wurde. Es wurden Boten vorausgeschickt, um die Fremden bei dem Könige Nangoro anzumelden, und dann ging die Reise weiter, die ersten

Tage durch ungeheure, mit Bäumen umgürtete „Salzpfannen" und dann über eine enblose Savanne, gänzlich baumlos und selbst ohne Büsche. Um so freudiger war ihre Überraschung, als sie endlich die schönen, fruchtbaren Ebenen Ondongas, des eigentlichen Ovambo= landes, vor sich sahen. Statt der ewigen Dickichte und Sandwüsten lagen jetzt vor ihnen enblose Getreidefelder, übersäet mit friedlichen Wohnungen, einzelnen riesigen Wald= und Fruchtbäumen und un= zähligen Palmen. Die Reisenden glaubten in ein Paradies zu treten, das immer anmutiger und fruchtbarer wurde, je weiter sie vorwärts kamen. Dörfer giebt es hier nicht; jede Familie wohnt patriarcha= lisch in der Mitte ihrer Besitzung auf einem Gehöfte, das mit starken Palissaden eingezäunt ist, denn auch diese friedlichen Bauern haben einen feindlich gesinnten Stamm in der Nachbarschaft, der ihnen fortwährend zu schaffen macht. Das Getreide besteht hier aus Negerhirse und einer andern Pflanze mit sehr kleinem Samen, der ein treffliches Mehl giebt. Beide erreichen eine Höhe von 8 bis 9 Fuß. Im Herbste werden die Samenbüschel abgeschnitten und der Rest dem Vieh überlassen. Ihren großen Viehbestand halten die Ovambos auf entlegenen Weideplätzen, wo sie auch Schweine von ungeheurer Größe ziehen sollen. Über die Ausdehnung des Landes und die Stärke des Stammes konnten die Reisenden nichts erfahren.

Am zweiten Tage kamen sie an die Residenz des gefürchteten Nangaro, ohne jedoch sogleich Zutritt in die Einfriedigung zu er= langen; vielmehr wurde ihnen eine Baumgruppe in der Nähe als Warteplatz angewiesen. Das Wartenlassen, das auch in Afrika für vornehm gilt, währte ganzer drei Tage. Endlich erschien die Ma= jestät, ein Riese allerdings, aber nur dem Querdurchmesser nach. Es war ein unförmlich dicker, häßlicher Mann, aber in den Augen seiner Unterthanen doch jeder Zoll ein König, denn das Fettsein gilt dem Afrikaner für ein Attribut, hier und da selbst für ein Vor= recht der Königswürde, während es einem Unterthanen geradezu als Verbrechen angerechnet wird. Die Antwort des dicken Königs auf die glänzende Anrede der Fremden bestand lediglich darin, daß er einige Male wohlgefällig oder mißfällig grunzte. Von Feuerwaffen hatte er so wenig wie seine Leute einen klaren Begriff; sie meinten, es seien unschädliche Dinger, sobald man nur oben in die Mündung blase. Sie erstaunten nicht wenig über die Wirkungen einer Spitz= kugelbüchse, und mehrere Neugierige fielen bei jedem Schusse flach auf das Gesicht nieder. Der König verlangte in der Folge, die

Fremden möchten für ihn Elefanten schießen, deren es in nicht weiter Ferne viele gebe und die oft viel Verwüstungen in den Feldern anrichteten. Die Schützen zogen es jedoch vor, diesen Antrag abzulehnen, da sie besorgten, der Gestrenge möchte das Elfenbein, dessen Wert er recht gut kannte, für sich allein behalten und sie vielleicht nicht eher wieder fortlassen, bis es nichts mehr zu schießen gäbe. Der Alte vergaß ihnen dies nicht. Übrigens wurden sie allerwärts freundlich und gastfrei empfangen. Der König bewirtete sie zuweilen mit Bier, und allabendlich war Hofball, wo die jungen Leute nach dem Tamtam und einer Art Guitarre tanzten.

Das Hauptnahrungsmittel der Ovambos ist ein grober Mehlbrei, der stets heiß mit Butter oder saurer Milch aufgetragen wird. Obwohl sie auch die Fleischkost sehr lieben und ihr Viehstand sehr groß ist, sind sie doch mit dem Schlachten sehr sparsam und scheinen das Vieh fast zum Vergnügen zu halten. Die Einrichtung der Gehöfte im Innern ihrer Palissadenzäune ist eine ziemlich verwickelte; man trifft da Wohnhäuser für Herren und Knechte, offene Plätze für Erholung und Besprechung, Scheuern, Schweineställe, Viehstände, Geflügelschläge u. s. w. Die Häuser und Hütten sind rund, zeltförmig und kaum über Manneshöhe, lediglich zum Kriechen und Schlafen geeignet. Die Getreidespeicher sind große, aus Thon gearbeitete Körbe, die eine ähnliche Binsenbedachung haben, wie die Häuser. Außer Rindvieh und Schweinen besteht der Haustierstand aus einigen Schafen, Ziegen, Hühnern und Hunden. Viele Buschmänner haben sich als Hintersassen zwischen den Ovambos angesiedelt.

Ein guter Zug dieser wirklich auf einer gewissen Stufe der Gesittung stehenden Völkerschaft ist es, daß sie nicht stehlen, vielmehr den Diebstahl für ein todeswürdiges Verbrechen halten. Während die Reisenden bei den Damaras und Namaquas sich vor Diebereien nicht genug schützen konnten, durften sie hier ihre Habseligkeiten getrost ohne Aufsicht umherliegen lassen. Der König hat alle Strafgewalt, und es sind hier und da im Lande Personen angestellt, welche alle vorkommenden Vergehen zur Anzeige zu bringen haben. Die sorgfältige Pflege, welche sie Gebrechlichen und Altersschwachen angedeihen lassen, ist ebenfalls ein schöner Zug der Ovambos; ihre Nachbarn, die Damaras, überlassen Erwerbsunfähige entweder ihrem Schicksale, oder treiben sie in Wald und Wüste, wo sie die Beute wilder Tiere werden, oder fertigen sie ohne weiteres mit ein paar Keulenschlägen ab.

Die Ovambos lieben ihr Vaterland ungemein und sind stolz darauf. Sie nehmen es übel, wenn man sie nach der Zahl ihrer Häuptlinge fragt, und sagen: „Wir erkennen nur einen König an; bei den Damaras freilich will jeder ein Häuptling sein, wenn er nur ein paar Kühe besitzt." Flüchtlinge von anderen Stämmen werden aufgenommen und dürfen im Lande heiraten, sind aber dann zum Dableiben verpflichtet.

Die Handelsleute unter den Ovambos machen jährlich vier Expeditionen nach dem Süden, wo sie Vieh, sowie Kupfer und Eisenerze eintauschen, die in ihrem Lande nicht vorkommen; sie geben dafür, nächst ihren Metallfabrikaten, Elfenbein, das sie sich durch Fangen der Tiere in Fallgruben verschaffen, und nehmen nebst Vieh am liebsten Glasperlen in Tausch, die eine Art Universalmünze bei allen südafrikanischen Stämmen bilden und ohne welche ein Reisender kaum fortkommen kann. Dabei muß man aber unumgänglich wissen, welche Sorten und Farben in den einzelnen Fällen bevorzugt werden, indem andere als diese gar nicht anzubringen sind.

Die Buren im Oranje-Freistaat.

Äußeres. — Wohnung. — Hausleben. — Gastfreundschaft. — Brautwerbung. — Grobheiten. — Religiöses Leben.*)

In seinem Äußern steht der Bauer entschieden einzig in der Welt da, er bildet die riesigste, kräftigste Rasse, die ich je gesehen. Ich hatte verschiedentlich Gelegenheit, bei Nachtmahl oder Konfirmation viele Hunderte von Bauern zusammen zu sehen, und obgleich ich selbst beinahe 6 Fuß hoch in den Strümpfen stehe — in der Gesellschaft kam ich mir vollkommen wie ein Zwerg vor. Hünen, Riesen u. bergl. sind Ausdrücke, die mir gar nicht genügen, denn es war weniger die kolossale Größe und Breite, als die stiermäßige Kraft der Männer, die mir imponierte. Ich habe Händchen gesehen, die einen bei den Hörnern gefaßten Ochsen umwerfen können und deren Handschuhmaß mindestens Nr. 24 sein würde. Dabei sagte

---

*) Aus dem höchst interessanten Buche des geistvollen Korrespondenten der Kölnischen Zeitung, Wilhelm Joest, Um Afrika. Mit 14 Lichtdrucken und vielen Illustrationen. Köln, Verlag von Dumont-Schauberg, 1885.

mir der Besitzer derselben halb verlegen, halb ärgerlich: „Oh, Neffe, ich kann doch die kleinsten Sachen anfassen, ohne sie zu zerbrechen." Ich mag hier einfügen, daß man den Familienvater „Ohm", seine Gattin „Tant" nennt, während die jungen Leute mit „Neef" und „Nicht", „Nichtje" angeredet werden, das beruht natürlich auf Gegenseitigkeit. Der respektvolle Titel ist „Baas".

Was das schöne Geschlecht angeht, so übertrifft dasselbe das männliche ganz entschieden noch an Körperfülle. Wenn die Gattin ihrem Gebieter das erste Dutzend Kinder geschenkt hat — darunter bleibt es selten —, dann setzt sie sich in den Lehnstuhl des Hauses und, wenn es irgendwie möglich ist, bewegt sie sich in ihrem ganzen Leben nicht mehr. Morgens steht sie auf, ihre Toilette ist rasch beendet, da sie sich nie wäscht und in den Kleidern geschlafen hat. Sie watschelt in ihren Lehnstuhl, läßt sich im Winter ein Kohlenbecken unter die Füße schieben, nimmt dreimal täglich an der Mahlzeit, die aus Fleisch, Mais, Reis, Eiern und Milch besteht, rührigen Anteil, trinkt in den Pausen 15—30 Tassen Kaffee und legt sich bei Sonnenuntergang wieder ins Bett, ohne oft während ganzer Monate auch nur einen Schritt mehr, wie gerade nötig ist, zu thun; den lieben, langen Tag hockt sie im Sessel, denkt an nichts, und thut nichts. Daß bei einem solchen Leben eine Verfettung des Körpers eintritt, ist leicht verständlich, und Kolosse von 300 Pfund sind gar nicht ungewöhnlich. Die Söhne und Töchter der Bauern sind unbeholfen und schmutzige Riesenkinder; ich lernte indes auch einige junge Damen kennen, die recht hübsch und dabei durchaus nicht schüchtern waren. Merkwürdig ist es, daß diese unverwüstlich aussehenden Leute nicht entsprechend gesund sind, zumal einige europäische Krankheiten, die ihnen meist wieder von den Farbigen übertragen werden, viel Unheil unter ihnen anrichten.

Der Bauer hält viel auf das, was wir Etikette nennen würden. Kommt man, sei es zu Pferde oder im Wagen, bei einer Farm an, wo man seinen Tieren etwas Erholung, Futter oder einen Trunk Wasser gönnen will, so wird man den Boer, der ebenso wie seine Gattin nichts zu thun hat und den ganzen Tag Pfeife raucht, Kaffee trinkt und sich langweilt, meist vor der Thür seines Hauses aufgepflanzt finden. Man glaube nun nicht, daß die Leute in gemütlichen, hübschen oder gar reinlichen Bauernhäusern leben. Nein, im Gegenteil, die meisten wohnen in elenden, strohgedeckten Hütten aus Lehm (Modder), der Boden ist festgestampfte Erde, die zollbick zum

Schutz gegen allzuviel Ungeziefer mit frischem Kuhdünger beschmiert ist; eine niedere Thür, die nach niederrheinischer Sitte horizontal in zwei Hälften geteilt ist, so daß man die obere unabhängig von der unteren öffnen kann, und zwei Fenster, oft ohne Scheiben, zieren die Front, während in die Rückseite nur einige dürftige Luftlöcher gebrochen sind. Beim Eintritt befinden wir uns im Wohn= und Eßzimmer; die Küche, wo der ewige Kaffeetopf über brennendem, aber nicht gerade angenehm riechenden Schafmist brodelt — Holz giebt's ja nicht — liegt meist linker Hand, während der Rest des Hauses von dem oder den Schlafzimmern eingenommen wird.

Der alte Bauer ist im Ochsenwagen geboren und groß geworden, er hat daher auch die alten Zigeunermanieren beibehalten. Oft schläft die ganze Familie in einem Zimmer; jeder schläft in seinen Kleidern und auch der reichste Bur würde nie mehr als etwa Rock und Stiefeln ablegen, wenn er in sein Federbett kriecht.

Gegen Waschen hat der Bauer eine unüberwindliche Abneigung; ist er sehr civilisiert, so erscheint morgens früh eine Hottentottin, und setzt eine Waschschüssel aus Blech und einen Kübel mit Wasser auf den Frühstückstisch. Der Baas des Hauses taucht die Finger in den Kübel und wäscht sich die Augen aus, darauf nimmt er einige kräftige Mundvoll Wasser und bespritzt damit, über die Schüssel gebeugt, seine Hände; dann folgt sein Sohn Nr. 1 und wäscht sich in diesem selben Wasser; die ganze Familie macht so den Prozeß durch, der Wasserkübel wird immer leerer und das Waschbecken immer voller, und zum Schluß wendet sich dann der Hausherr, wenn er gerade sehr liebenswürdig gestimmt ist, an den fremden Gast: „Zal die doctor ook en beetje water gebruike?" Der Doktor zieht aber vor, zu danken.

Im allgemeinen wäscht der Bauer mit Weib und Kind sich überhaupt nur an hohen Festtagen. Es giebt natürlich Ausnahmen hiervon; es giebt Bauern, die sich täglich waschen und deren Töchter sehr appetitlich aussehen, und es giebt Bauern, die sich in Felle und Leder kleiden und nie waschen; jedenfalls ist die dem Fremden zuerst in die Augen (und Nase) fallende Eigentümlichkeit des afrikander Bur seine widerwärtige Unreinlichkeit.

Aber kehren wir zur Beschreibung eines ersten Besuches bei dem Bauer zurück. Wir nähern uns dem Hausherrn und bieten ihm, natürlich ohne den Hut zu berühren, die Hand mit den Worten: „Tag, Ohm!" Ohne sich weiter zu bewegen, wird er seine Nr. 2¾ ausstrecken und nachlässig sagen: „Dag, Neef!" Dann beginnt ein wahres Examen, und zwar ein Fragen, das kein Ende zu nehmen scheint und das mit der größten Unverfrorenheit von jedem einzelnen Bewohner des Hauses stets wieder von neuem aufgenommen und fortgeführt wird, ohne Rücksicht darauf, ob man schon zwölfmal dasselbe gesagt hat.

Der Baas fängt mit der Ausfragerei an, und zwar ohne jede Spur von freundlichem Interesse, sondern ganz mit der unerschütterlichen Kälte eines neugierigen Inquisitors fragt er: „Wer bist du?" (Wörtlich: Wer ist du?) „Wo kommst du her? Wo willst du hin? Was hast du bis jetzt angefangen? Was willst du überhaupt hier im Lande? Was willst du auf der Farm hier?" u. s. w. Man läßt die Pferde dann, nachdem man eins ihrer Vorderbeine eng mit dem Halfter verbunden hat, so daß das Tier mit erhobenem Kopfe stets auf drei Beinen steht und nur langsam hinkend von der Stelle kann, frei ins Feld laufen, wo sie sich alsbald wälzen und zu grasen beginnen und kehrt zum Hause zurück.

An der Hausthür angekommen, sagt der Baas: „Komm binne!"

Im Zimmer thront die Dame des Hauses; ohne sich weiter aufzurichten, streckt auch sie die fleischige Hand aus: „Dag, Neef!" — „Dag, Tant!" — „Wer bist du?" „Wo kommst du her?" u. s. w. Wiederum muß man das ganze Interrogatorium durchmachen; dann kommen die lieben Sprößlinge, wie schon erwähnt, selten unter einem Dutzend, siebzehn ist eine beliebte Zahl; jedem, auch dem kleinsten Schmierfink, der gerade wie seine Geschwister und Erzeuger die Rechte eben noch als Schnupftuch benutzte, jedem muß man die Hand geben, dabei ist aber von einem wirklichen Händedruck durchaus keine Rede, die Menschen strecken einem die schmutzige Extremität entgegen, als sei sie tot oder gehöre gar nicht ihnen. Jeder erwachsene Sohn beginnt nun das fürchterliche Fragen wieder oder die ganze Gesellschaft unterhält sich über den Gast, wie etwa über ein wildes Tier, wobei die Antworten, die er gab, durchgesprochen werden. Man muß stets sagen, man sei verheiratet und habe sechs bis acht Kinder, das macht einen guten Eindruck.

Der Bauer ist ein außerordentlicher Freund von Medizinnehmen, wenn es nur große Quanta sind.

Die höchste Gunst, deren man als Gastfreund teilhaftig werden kann, ist die, zu einer Tasse Kaffee eingeladen zu werden. Eine der von der Familie benutzten Tassen wird dann von einer von Schmutz

starrenden Hottentottin in einem gelblich=grünen Spülwasser „ge=
waschen", dann reinigt die Hausfrau die Tasse wiederum mit einem
Taschentuch, welches sie stets in der Hand trägt und mit dem sie
zumal die fortwährend niederrieselnden Schweißtropfen abwischt, der
Löffel wird erst „rein" geleckt, dann mit dem Daumen ausgedreht,
die Tasse halb voll Zucker geschöpft, Milch hinzugethan und der Rest
mit Cichorienabguß angefüllt. Und dieses Gebräu, in dem noch
allerhand mögliche organische und anorganische Substanzen herum=
schwimmen, muß man mit Todesverachtung hinabwürgen, sonst würde
man seine Wirte aufs tieffte beleidigen.

Eine andere Liebhaberei der Bauern neben dem ewigen Kaffee=
trinken ist ihre Neigung, Süßigkeiten in ganz unglaublichen Quan=
titäten zu vertilgen. Besucht ein Bauer die Stadt, so kauft er sich
alle Taschen voll Zuckerzeug, die er sämtlich leert, bevor er den Weg
nach der Farm zur Hälfte zurückgelegt hat.

Die Bauern heiraten in sehr jugendlichem Alter. Sobald ein
Jüngling 20 Jahre alt geworden ist, sieht er sich nach einer Lebens=
gefährtin um. Bälle oder ähnliche heiratsvermittelnde Einrichtungen
giebts nicht; der Bauer besteigt daher sein Pferd, reitet von Farm
zu Farm, um sich eine Braut unter den Töchtern des Landes aus=
zusuchen. Man sieht ihm schon von fern an, was er im Schilde
führt. Er hat sich auffallend rein gewaschen, der Luxus des wollenen
Hemdes wird durch einen Papierkragen, vielleicht selbst durch eine
Kravatte erhöht, die Stiefel aus Rohleder werden zur Feier des
Tages einmal abgebürstet, der breitkrämpige Filzhut erhält ein neues
Band aus blau=weißer Seide und unter den Sattel wird eine neue
hellbunte Decke gelegt. So gehts im Galopp nach der nächsten
Farm; dort sattelt er ab, trinkt einige Liter Kaffee, raucht ein Dutzend
Pfeifen, ißt dreimal mit der Familie, verschlingt die Töchter mit den
Augen und spricht im übrigen so wenig wie möglich.

Nach Sonnenuntergang, wenn Licht in die Stube gebracht ist
und die Familie sich anschickt, in die ober das Schlafzimmer sich zu=
rückzuziehen, dann faßt er sich ein Herz und fragt die Mutter, die
natürlich schon lange auf diesen Wunsch wartet, ob sie erlaube, daß
er mit Minche, oder wie denn die betreffende Auserwählte heißt, noch
etwas aufbleiben (opzitten) dürfe. Der Wunsch wird bereitwillig er=
füllt, verlegen kommt Minche in die Wohnstube zurück, sie stellt ein
Licht auf den Tisch, setzt sich in eine Ecke des Zimmers und sagt
nichts. Der Freier sitzt in der andern Ecke, raucht, spuckt und sagt

auch nichts. Aber dennoch hat Minche verstanden, ihrem Courmacher anzudeuten, ob er ihr mehr oder weniger gefällt, indem sie danach die Größe ihres Talglichtes einrichtete: je größer die Kerze, desto länger können sie opzitten!

Am nächsten Morgen sattelt der Bauer sein Pferd und reitet nach einer andern Farm, wo sich die ganze Sache wiederholt, bis er sich endlich darüber klar wird, welche der Mädchen ihm eigentlich am besten gefallen hat. Zu dieser reitet er zurück, bleibt wieder eine Nacht opzitten und macht seinen Antrag ohne viel Redensarten, der natürlich mit Freuden angenommen wird. Am nächsten Kirchgangstag feiert man die Hochzeit. Stirbt ihm später die Gattin, so erwählt sich der Witwer oft schon nach drei Wochen wieder ein neues Weib.

Die alten Bauern haben jedem Kinde meist schon bei der Geburt einige Schafe und ein paar Stück Vieh als Eigentum reserviert, ein Besitz, der im Laufe der Jahre oft zu einem ganz ansehnlichen Vermögen heranwächst. Land besitzt jeder mehr, als er nötig hat; dem Sohne wird ein Terrain angewiesen, auf dem er sein Haus bauen und sein Vieh weiden lassen kann, und wenn ihm das nicht paßt, so spannt er seine Ochsen ein und zieht nach Norden oder Westen in herrenloses Land. Es ist merkwürdig, welche Abneigung der Bauer dagegen hat, irgend welche Nachbarn in seiner Nähe zu wissen. Er will eben unbeschränkter Großgrundbesitzer sein; soweit sein Auge reicht, wenn er es von seinem Lehmhause aus — das ohne eine Spur von Garten oder auch nur einige schattenspendende Bäume da erbaut ist, wo er auf der Wanderung zum letzten Male seine Ochsen ausspannte — über die Ebene schweifen läßt, will er nur eigenes Land sehen, eine fremde Farm in der Nähe wäre ein Nagel zu seinem Sarge, da verkauft er lieber sein Gut und zieht in die Ferne. Das Reisen kostet ihm beinahe gar nichts, denn er läßt sein Vieh auf fremdem Boden weiden.

Daß bei solchem Leben die Geistesfähigkeiten des Bauern sich nicht allzu hoch entwickeln, kann niemand wundernehmen. Dennoch aber liebt er es, und das ist ihm hoch anzurechnen, daß er seinen Kindern eine wenn auch noch so primitive Schulbildung zu teil werden läßt. Schulen giebt es auf dem Lande nicht, dafür findet man aber beinahe auf jeder Farm einen Hauslehrer. Das sind zwar keine großen Weisen und Schriftgelehrten, mehr wie lesen und schreiben kann der größte Teil derselben nicht, und der Bauer gestattet dem Schulmeister unter der Bedingung, seine Kinder mit diesen Künsten vertraut zu machen, gerne jahrelang, oft bis zu des Lehrers Tode, umsonst auf der Farm zu leben. Diese Kulturträger rekrutieren sich aus desertierten Soldaten, weggelaufenen Matrosen und — selbstverständlich zum größten Teil aus mehr oder minder heruntergekommenen Deutschen. Einer derselben, ein Prachtexemplar, erkundigte sich zuerst, zu welchem Armeekorps die 8. Kürassiere doch im Jahre 1846 gehört hätten und sagte dann: „Ja, sehen Sie, lieber Freund, ich habe auch einmal bessere Tage gekannt, ich war nicht immer das, was ich jetzt bin, ich kann sogar mit Stolz auf meine Vergangenheit blicken, denn im Jahre 1848 war ich preußischer Feldwebel!"

Die grobe Ungeschliffenheit, durch welche sich die Bauern auszeichnen, mag ein von ihren Vorfahren überkommenes Erbteil sein; den Schmutz haben sie sich auf ihren langen Wanderungen angewöhnt. Ich schüttele lieber zehn Kaffern die Hand, wie einem Bauer, und küsse lieber zehn Kaffernmädchen, oder vielmehr ich küsse lieber ein Kaffernmädchen zehnmal, wie einmal eine Bauerntochter. Von dem Geruch in den Bauernhäusern und dem Schmutz und Ungeziefer zumal in den Schlafzimmern — immer natürlich mit Ausnahmen — kann man sich keinen Begriff machen.

Der hervorragendste Charakterzug des Bauern aber ist seine Frömmigkeit. In jedem Hause findet man Bibeln und jeden Tag werden im versammelten Familienkreise einige Kapitel, vorzugsweise aus dem Alten Testament, vorgelesen. Es ist merkwürdig, daß, wie ich verschiedentlich auf meinen Reisen bemerkt habe, die Leute, die sich schmeichelten, ausnehmend gute Christen zu sein, stets aus dem jüdischen Alten Testament sich frischen Glaubensmut erholten. So auch der Bur; mit der allen Gläubigen eigenen Bescheidenheit hält er sein Volk für das auserwählte der Schrift, das Gelobte Land liegt oben im Norden und in den Engländern und Kaffern hat er seine Philister und Amalekiter. Christliche Demut wurde früher so weit getrieben, daß die Töchter des Hauses dem Gaste die Füße waschen mußten. Ganz und gar nicht hiermit im Einklang steht es aber, daß der Bur heute noch, wenn er von „Menschen" redet, sich und seinesgleichen versteht, die farbigen sind nur „Schepsels", Geschöpfe. Ich glaube im Übrigen nicht, daß der Bauer seine schwarzen Arbeiter schlechter behandelt, wie etwa die englischen oder deutschen Farmer die ihrigen; oben in Transvaal, wo er noch mit unabhängigen Kaffernstämmen in Berührung kommt und diesen Jahr für Jahr mehr ihrer Weiden und Wiesen abnimmt, da sind Streitereien,

Diebstähle und Kriege unausbleiblich, und dieser Kampf ums Dasein wird wohl auf beiden Seiten mit derselben Erbitterung und Rücksichtslosigkeit durchgefochten werden.

Merkwürdig ist, daß sich die Bauern, die außerordentlich stolz auf ihr reines weißes Blut sind, beinahe nie mit den Farbigen vermischt haben; ich glaube, in beiden Republiken giebt es keinen Bauer, in dessen Adern auch nur ein Atom farbiges Blut flösse.

Im gewöhnlichen Leben sind sie mäßig, vielleicht mehr infolge ihrer sehr nahe an Geiz streifenden Sparsamkeit, wie aus sittlichem Gefühl; an Feiertagen habe ich sie aber häufig ganz bedenkliche Massen des allergemeinsten, weil billigsten Schnapses vertilgen sehen. In ihren Adern fließt träges Fischblut, zu einer Leidenschaft schwingen sie sich beinahe nie empor; Verbrechen gehören denn auch zu den größten Seltenheiten. Ist der Bauer aber einmal gereizt, dann hält Haß und Wut lange bei ihm vor, wie wir das im Kriege der Transvaal=Bauern gegen England beobachten konnten. Die ewige schmachvolle Behandlung und Verfolgung seitens Englands hatte endlich ihr Blut heiß gemacht und da haben sie nicht geruht, bis sie den letzten Soldaten, es waren allerdings nur wenige, aus dem Lande gejagt oder erschossen hatten; an Gefangenen oder Verwundeten haben sie sich dagegen nie vergriffen. Dieser Sieg ist übrigens jedem Bauer in Afrika zu Kopf gestiegen; er bildet sich ein, Transvaal habe die ganze Macht Englands „besiegt" und er glaubt, es jetzt getrost mit jeder europäischen Großmacht aufnehmen zu können.

Engländer und Buren.*)
Nach Mitteilungen eines Südafrikaners.
(1885.)

Bücher, Zeitschriften und Tagesblätter haben sich in den letzten Jahren vielfach bemüht, dem deutschen Volke eine richtige Vorstellung von südafrikanischen Verhältnissen, namentlich von den Buren, ihren Schicksalen und Eigenheiten zu verschaffen. Trotzdem herrschen noch heute in Deutschland hierüber vielfach falsche Ansichten und der

---
*) Aus einer Mitteilung des Dr. A. Fick (Richmond, Südafrika, 10. Oktober 1884) in der Deutschen Kol.-Z., 1. Febr. 1885.

wißbegierige Leser wird es daher nicht übel nehmen, wenn er das so oft behandelte Thema von neuem aufgetischt bekommt, besonders da die Zustände Südafrikas im Augenblick so verworren sind, daß man sich aus den bloßen Zeitungsberichten nicht wohl ein genaues Bild von denselben machen kann.

Es ist noch heute ein allgemeiner Irrtum in Deutschland, daß die Buren in den dreißiger Jahren wegen Aufhebung der Sklaverei aus der Kapkolonie ausgewandert seien. Aber die Aufhebung der Sklaverei war nicht „der" Grund, sondern „ein" Grund unter mehreren anderen von gleicher Bedeutung, welcher einen Teil der Bauern zur Auswanderung aus der Kapkolonie bestimmte; heute will ich darauf aufmerksam machen, daß die augenblicklichen Zustände Südafrikas geradezu unverständlich sind, wenn man an dem Irrtum festhält, daß die Bauern insgesamt ausgewandert seien. In der That sind es nach den höchsten Schätzungen 10 000, nach anderen Angaben 5000 Seelen gewesen, welche die Kapkolonie verließen; selbst wenn man die höchste Schätzung als die richtige annimmt, handelt es sich doch nur um einen Bruchteil der damaligen Bauernbevölkerung des Kaplandes. Die Mehrzahl der Buren blieb ganz ruhig auf ihren Farmen innerhalb der Kapkolonie sitzen, vermehrte sich durch den großen Kinderreichtum der Familien bis auf ungefähr 200 000 Seelen jetzt, und bewirkte also die gerade heute so wichtige Thatsache, daß vom Tafelberge bei Kapstadt bis zum Limpopo, der Nordgrenze des Transvaal, ein und dieselbe Nationalität die herrschende ist, nämlich die der holländisch redenden Buren oder wie sie sich selbst nennen, der „Afrikander". Diese Thatsache spricht sich z. B. in dem Umstande aus, daß die Farbigen im allgemeinen unter sich holländisch sprechen, vorausgesetzt natürlich, daß sie sich überhaupt einer europäischen Sprache, nicht ihrer eigenen nationalen Sprache, bedienen. Freilich haben die Afrikander nicht überall das Heft in Händen; während der Westen der Kapkolonie fast rein holländisch und nur in den Städten mit englischen Elementen durchsetzt ist, gehört der Osten der Kapkolonie zum Teil, einzelne Distrikte des Ostens sogar fast ausschließlich englisch redenden Kolonisten an; denn gerade im Osten der Kapkolonie hatte ja das holländische Element durch den großen „Trek", d. h. Auszug, eine bedeutende Schwächung, das englische durch Einwanderung eine moralische Kräftigung erfahren.

Das englische Element ist nun aber keineswegs auf den Osten

der Kapkolonie beschränkt, vielmehr hat es in allen Städten und Städtchen, namentlich aber in den wichtigen Mittelpunkten des Handels und Verkehrs festen Fuß gefaßt, und zwar ist, selbst in den holländischsten Distrikten, die feste Burg des Englischen der Gerichtssaal, die Schule und die Schreibstube der Kaufleute. Bis jetzt ist nämlich das Englische noch die ausschließliche Amts= und Gerichtssprache der Kapkolonie; in diesen seit 1826 herrschenden Zustand ist insoweit bereits eine Bresche gelegt worden, als seit kurzem das Holländische im Kap=Parlament gesprochen werden darf. Der Unterricht wird namentlich in Mittelschulen und höheren Lehranstalten in englischer Sprache erteilt, was nicht wenig zur Verbreitung des Englischen unter den Afrikandern beiträgt; doch giebt es im Westen auch holländische Schulen höherer Ordnung.

Was endlich das „Geschäft" angeht, so gehört es ohne Zweifel zu den englischsten Einrichtungen der Kolonie. Denn einmal ist das Geschäft zum großen Teil in den Händen von geborenen Europäern, also Engländern und Deutschen, und dann bedienen sich selbst die Afrikander in Geschäftsbriefen und in der Buchführung der englischen Sprache; ich weiß dies in Bezug auf meinen Wohnort und glaube es mit Bezug auf selbst den Westen der Kolonie. Ja, wie ich höre, ist sogar im Oranje=Freistaat das Englische die allgemeine Geschäftssprache, obgleich doch dort die amtliche Sprache nicht englisch, sondern holländisch ist. Es sind eben auch im Oranje=Freistaat vorzugsweise Europäer hinter dem Ladentisch, — Afrikander, die vor dem Ladentisch stehen; und wenn auch einmal ein Afrikander in der Stadt ein Geschäft eröffnet, so hat er doch jahrelang in einem englischen Geschäfte gearbeitet, versteht englisch und muß dies im Briefwechsel mit den großen Kaufleuten in Port Elisabeth oder Port Durban (in Natal) wohl oder übel anwenden. Ja, ich habe Leute, die den Oranje=Freistaat genau kennen, behaupten hören, der Oranje=Freistaat sei englischer, als die Kapkolonie.

Bis zum Jahre 1877 wurden die Fortschritte der englischen Sprache von den Afrikandern gerade so ertragen, wie englische Herrschaft, nämlich nicht eben mit freundlichem Gesicht, aber doch ohne merkliches Widerstreben. Das änderte sich mit einem Schlage durch die Annexion des Transvaal, April 1877.

Das Transvaal wurde annektiert und dies hatte bei den Afrikandern der Kapkolonie die Folge, daß ihre bisherige Abneigung gegen englische Regierung und Engländertum zu einem heißen

Hasse sich verdichtete. Als nun gar im Sommer 1880/81 die Transvaaler sich erhoben und geradezu verblüffende Erfolge gegen die englischen Truppen errangen, als der bald geschlossene Friede (3. August 1881) den Transvaalern ihre Unabhängigkeit zurückgab, da machte die „Patriotenpartei" in der Kapkolonie reißende Fortschritte. Sie organisierte sich unter dem Namen „Afrikanerbund". Dieser Bund soll alle afrikanisch d. h. antienglisch gesinnten Kolonisten der Kapkolonie, des Oranje=Freistaates, des Transvaals, ja selbst Natals vereinigen, um den Afrikanern und deren Wünschen in allen gewählten Körperschaften, also insbesondere in den Stadtverwaltungen, in den Distriktsräten und im Parlament Geltung zu verschaffen; das letzte Ziel des Afrikanerbundes, die Herstellung einer Bundesrepublik nach dem Muster der Vereinigten Staaten von Nordamerika, ist zwar in den Satzungen des Bundes nicht ausdrücklich erwähnt, aber ohne viel Scharfsinn zwischen den Zeilen zu lesen. Die vollständige Freiheit, welche im Schatten der englischen Flagge herrscht, legte den Bestrebungen des Afrikanerbundes kein Hindernis in den Weg. So stellten denn die einzelnen Zweigvereine des Afrikanerbundes für Munizipal=, Distrikts= und Parlamentswahlen ihre eigenen Bewerber auf, die in vielen Fällen auch wirklich gewählt wurden. Auf diese Weise bekam der Afrikanerbund die Klinke der Gesetzgebung in die Hand, was sich für die Kapkolonisten sehr bald fühlbar machte. Die politisch wichtigste Leistung der Bundesmänner im Kap=Parlamente war wohl ohne Zweifel die Einführung der holländischen Sprache in dieses hohe Haus, deren sich jetzt jedes Parlamentsmitglied nach Wunsch bedienen darf. Einen weit wichtigeren Erfolg hatte der Afrikanerbund, oder richtiger der in ihm verkörperte Haß gegen die Engländer schon während seines Entstehens errungen, nämlich die Wiederherstellung der Unabhängigkeit des Transvaals. Kein geringerer, als Gladstone selbst, hat ja vor wenigen Wochen öffentlich (in Miblothian) erklärt, daß es wesentlich die im Kaplande auflodernde Begeisterung für die Transvaalschen Freiheitskämpfer gewesen sei, welche im Jahre 1881 die Englische Regierung zur Nachgiebigkeit gegen die siegreichen Bauern bestimmt habe. Und auch heute wieder soll, wie es scheint, die öffentliche Meinung der Kapkolonisten den Ausschlag geben in einer höchst wichtigen politischen Frage, in der Betschuanalandfrage. Diese Frage hat sich auf folgende Weise entwickelt:

Den Namen Betschuanaland führt ein Gebiet, das westlich vom

Transvaal und nördlich von der kapländischen Provinz West-Griqualand gelegen ist. Es soll ein schönes und fruchtbares Land sein. Bewohnt wird es von den Baralong, Batlapin und anderen Betschuanenstämmen, deren Häuptlinge sich um die Würde eines Ober-Königs der Betschuanen, gelegentlich auch um gestohlene Rinderherden blutig befehdeten. Dicht an der kapländischen Grenze, also im Südende des Betschuanalandes, waren es die Häuptlinge Gasibone und Mankoroane, weiter nördlich, etwa unter demselben Breitengrade wie Pretoria, die Hauptstadt des Transvaals, waren es die Häuptlinge Montsioa und Moshette, welche einander in der Wolle lagen. Je einem der Häuptlinge in den beiden verschiedenen Gebieten boten sich nun weiße Abenteurer als Hilfstruppen an, unter der Bedingung, daß das Land und Vieh des zu besiegenden Gegners der Lohn für ihre Kriegsdienste sein sollte. Es ist wichtig, zu wissen, daß diese Abenteurer nicht bloß aus Buren (Afrikandern) bestehen, sondern daß auch verhältnismäßig zahlreiche Engländer unter ihnen sind. Bei der gewaltigen Überlegenheit des weißen Mannes über den Farbigen dauerte es natürlich nicht lange und die Abenteurer hatten einen mehr oder weniger vollständigen Sieg errungen; sie verteilten das beste Land des Besiegten unter sich, steckten Farmen ab und ließen sich häuslich nieder. Weil nun aber Privatbesitz ohne eine Art von Regierung nicht bestehen kann, und weil selbst diesen rauhen und nicht gerade skrupulösen Grenzern das Bedürfnis des weißen Mannes nach Gesetz und Ordnung innewohnt, so errichteten sie einen Freistaat. Auf diese Art ist vor zwei Jahren die Republik Stellaland im Gebiete der Batlapin, hart an der Nordgrenze der kapländischen Provinz Griqualand, und vor wenigen Monaten die Republik Gosen im Gebiete der Baralong (Montsioa und Moshette) entstanden. Von dem Dasein der Republik Stellaland habe ich mich überzeugen können, denn eines schönen Tages fiel mir eine wirkliche Briefmarke dieser Republik in die Hände. Bezüglich der Republik Gosen ist mir ein ähnliches Lebenszeichen noch nicht zu teil geworden.

Bilder aus dem Leben der Buren.

Der Boer als Hausdoktor.

Die Huis-Apotheke im Blechkasten. — Merkwürdige Kurmethode. — Der Bien muß.

Das Klima in den englischen Kapländern gilt für sehr gesund und die Luft für sehr rein; doch findet sich in der That dieser Vorzug nur auf den Hochplateaus und im südlichsten Teile des Landes. Sonst leidet der Boer an denselben Krankheiten, wie der Europäer, besonders an katarrhalischen; die asiatische Cholera ist dagegen nie aufgetreten, häufig jedoch die endemische Cholera.

Bei der Seltenheit der Ärzte und dem isolierten Leben des Boers ist der Besitz einiger Hausmittel nötig. Es hat daher jeder Boer einen grün lackierten Blechkasten, worauf „Huis-Apotheek" steht und der mit einer Unzahl Fläschchen und anderen Medikamenten gefüllt ist, die zusammen über 3 Pfd. Sterling kosten und womit ein höchst einträglicher Hausierhandel getrieben wird.

Jeder Huis-Apotheek ist eine kurze Heilkunde beigegeben, infolge welcher alles, was des Apothekers Namenszeichnung und Stempel trägt, opregt ist und natürlich unfehlbar. Dann wird darin der kluge Rat erteilt, immer je zwei oder drei Mittel zu mengen. Ob die Wirksamkeit der einzelnen Mittel durch solches Gemengsel erhöht oder nur ein schnellerer Verbrauch befördert werde, überlassen wir dem Urteile der Konsumenten. Auf alle Fälle sind die Quantitäten, welche der unglückliche Patient, sei es Kind oder erwachsene Person verschlingen muß, wirklich schreckenerregend, und zur besseren Verständlichkeit wollen wir ein paar Skizzen aus dem gewöhnlichen Leben anfügen.

„Nichtje," quakt ein altes Weib, „dein Kind hat viel Koorts (Fieber); bring die Huis-Apotheek und das Doctersboek (das besagte Pamphlet, welches dieser Pandorabüchse beiliegt)".

Sofort wird der Kasten des Heils geöffnet und ein paar Theelöffel aus verschiedenen Fläschchen gereicht, woran das Kind beinahe erstickt.

„Nichtje," quakt der alte Fettklumpen wieder, „das kleine Schepsel (Kreatur) wird Steupe (Konvulsion) bekommen; siehst bu, wir müssen noch von den Steupe-Druppels geben". Und hinein geht noch ein Theelöffel Steupe-Druppels. Natürlich wird der kleine Patient sofort trunken und immer schlechter und noch mehr Medizin (der Herr vergeb' uns unsere Sünde) wird hineingefüllt.

„Tante muß noch von dem Pulvis vitalis geben, das Kind wird schlechter," krächzt eine andere alte Drohne.

„Ja, Tante," kräht eine Jüngere, „aber das Doctorboek sagt: halb Sol aris und halb Vitalis." Und hinein muß halb und halb.

„Und hier steht es geschrieben, Nichtje, daß noch Lebensessenz beigemengt werden muß," bemerkt die Alte wieder, welche indes mit einer Brille auf der Nase das Doctorsboek studiert hat. Und man filtriert Lebensessenz hinein.

Fast so schnell als immer nur das arme Wesen schlucken kann, wird Trank und Pulver und Gemengsel eingeflößt; und wenn nur ein Wunder den Patienten noch vom Tode erretten kann, läßt das Doctorsboek noch nicht verlegen, denn, sagt es, man gebe dann „Wonderessenz", bis man sich wundert, daß trotz Wunderessenz und Doktorbuch der Kranke doch verscheidet.

Und dieser greuliche Unfug wird weder vom Gouvernement verhindert, noch vom ärztlichen Stande gerügt.

Erzählen wir einen anderen Fall. „Neef Piet, Neef Jan, Oom Claas," schreit ein Mann, eilig aus der Hausthür tretend, einigen Männern zu, welche in kleiner Entfernung von dem Hause in einem Garten arbeiten, „kommt schnell, ruft Oom Dirk und Neef Andries. Kommt alle hastig! Tante Letje hat die Benaauwdheid. (Hysterischer Zufall!)"

Mit großer Hast eilen sechs Männer dem Hause zu, um die Benaauwdheid abzudrücken.

Um diesen Prozeß dem Leser verständlich zu machen, führen wir ihn in die Stube, wo Tante Letje liegt und auf bekannte Weise unter dieser Nervenstörung leidet. Da stürzen die sechs Männer mit Gepolter herein. Der eine kniet auf der Brust; der andere auf dem Unterleib; ein dritter zieht an den Füßen; die andern fassen an, wo sie nur können; und alle drücken mit Knieen und Fäusten, als ob sie einen Teig aus der unglückseligen Kranken zu machen beabsichtigten. „Hier ist er (der hysterische Teufel)," schreit der eine; „jetzt habe ich ihn," ein anderer; „drück, drück!" singt der ganze Chor, und wieder wird mit Knieen und Fäusten geknetet. Neue Exklamationen folgen.

„Er ist weg — hier hab ich ihn wieder — brück, Oom — halt ihn fest — reib, Neef — zieh — such!"

Alle sind außer Atem und schwitzen und drücken und reiben und ziehen und kneten unaufhörlich, bis das Weib wieder zur Besinnung kommt. „Dann die Huis-Apotheek her!" und nun muß sie schlucken, Löffel auf Löffel fließt in den elenden Magen: Roode Lavendel, Witte Dulcis, Benaauwbheids-Druppels, Kramp-Druppels ꝛc. (Hallesche Fabrikate oder Kapsche Erfindung), meist alle durcheinander gemengt, so rät das Doktorbuch, die Ergießung des besagten Apothekergenies.

In der That ist der Boer so überzeugt, daß diese Mittel allein wirkliche Medizinen sind, denn der zweideutige Firman des besagten Genies bestärkt ihn in seinem Glauben, daß er in den meisten Fällen dieses Zeug ärztlicher Hilfe vorzieht, und sollte der Ausgang der Krankheit dennoch unglücklich sein, so verdächtigt er keineswegs die Mittel, sondern giebt sich mit türkischem Fatalismus zufrieden, daß es so bestimmt gewesen sei — daß der Herr es so gewollt habe. Dem praktischen Arzte auf dem Kap ist eine genaue Kenntnis dieser Mittel unerläßlich, denn so unerschütterlich ist des Boers Glaube an die Vortrefflichkeit derselben, daß er jeden Arzt, welcher mit diesen voornaamen (vortrefflichen) Medikamenten unbekannt sein möchte, als Ignoranten betrachten wird. Politik veranlaßt daher leider mehrere Ärzte, zugleich Händler mit jenem Zeuge zu werden.

Dr. Eduard Kretzschmar.

Völkerverschiebungen in Südafrika
seit Gründung der Kolonie und Veränderungen der Hottentotten an Gestalt und Sitte durch Einfluß der Weißen.

I.*)

Auf den gewöhnlichen Karten entziehen sich die Veränderungen, soweit sie die Eingeborenen betreffen, der Betrachtung, da nur ein

---

*) Aus einem Vortrage von H. Fritsch in der Sitzung der Berliner Gesellschaft für Anthropologie, Ethnologie und Urgeschichte, den 14. März 1874.

bestimmter Zeitpunkt berücksichtigt wird; bei einem von inneren Versuchen zerrissenen Lande, wie Südafrika, ist aber der Wechsel der Verhältnisse so groß, daß auf diese Weise eine richtige Vorstellung nicht gewonnen werden kann.

Für Südafrika schließt eine Epoche, welche zusammenfällt mit der ausgedehnteren Etablierung der Kolonie bei völliger Unterdrückung der Hottentotten um das Jahr 1800 ab. Da die Nachrichten nach rückwärts sehr schnell immer dürftiger werden, so lassen sich frühere Phasen nicht wohl abgrenzen, und wir können beim heutigen Standpunkte der Wissenschaft nur festhalten, daß Südafrika mit Gründung der Kolonie in das Gebiet der Geschichte eintritt. Die früheren Berichte sind zu unvollständig und zum Teil mythisch, als daß man daraus eine genauere Vorstellung über die Verhältnisse ableiten könnte. Wir erkennen bei Vergleichung der frühesten Quellen nur, daß sich in den südlichsten Gebieten des Landes beim Einbringen der Europäer Hottentottenstämme vorfanden, deren Ausbreitung an der Westküste weiter hinaufreichte, als an der Ostküste. Diese Horden zogen wie Strichvögel umher, ohne daß sich ausgedehntere Züge oder Einwanderung nachweisen ließen. Andeutungen über solche größere Wanderungen finden sich nur bei der hierher gehörigen Abteilung der Korana, welche längs des Vaal- und Hart-Rivier von Nordosten in ihre späteren Wohnsitze herabgekommen sein wollen.

In allen diesen Gebieten bis hinunter zum Kap fanden sich schon damals in kleinen Gesellschaften oder einzelnen Familien die **Buschmänner** als Bewohner der Felsschluchten und Dickichte; in ihnen sehen wir unstreitig die ältesten Einwohner des Landes vor uns, und die neueren Entdeckungen über die verwandten Stämme des centralen Afrika berechtigen zu der Annahme, daß diese dünne Bevölkerung ohne jede staatliche Organisation in der That die Reste der Ureinwohner des Kontinents darstellt. Der Mangel der Organisation verhinderte sie an großen Zügen, welche in geschlossener Masse ausgeführt werden mußten.

Das Eindringen der Europäer veranlaßte bald ein Zurückweichen dieser Stämme, wir sehen daher die Reste der unabhängig gebliebenen nach dem sterilen Innern oder längs der Westküste hinaufziehen, um sich neue Wohnsitze zu suchen. Bis zum Jahre 1800 war die Etablierung der Kolonie in weiteren Grenzen vollzogen, die einschlägigen Veränderungen fallen daher meist in die Periode von 1800—1860, wo die Umwälzungen durch die dunkelpigmentierten Stämme die Hauptrolle spielten.

Diese dunklen, schwarzbraunen Eingeborenen, die Abantu, waren nach ihren Überlieferungen und ältesten Berichten viel früher vom Nordosten Afrikas abwärts gezogen, ohne daß man indessen den eigentlichen Ausgangspunkt ihrer Wanderungen bisher hat feststellen können. Ihre meiste Veränderung erlitten sie durch den Druck der Kolonisten, welche bei der entgegengesetzten Richtung des Vorbringens am Sonntagsfluß etwa auf sie stießen und rückläufige Strömungen veranlaßten, deren Wellen sich dann wieder mit neuen, aus dem Herzen der Stämme selbst entstandenen brachen.

Die bedeutendsten Züge wurden unternommen gegen Süden durch die zu den Ama-zulu zählenden Ama-fengu (Fingoe), gegen Westen und Nordwesten durch die Matabele, gegen Südwesten, die anderen kreuzend, von den Bamomtatisi (Mantati). Die Letztgenannten erscheinen als die spätesten Abkömmlinge in Südafrika und müssen in verhältnismäßig neuer Zeit von nördlicheren Wohnsitzen aufgebrochen sein. Sie bildeten den Nachtrab der Familie von Stämmen, welche man als Be-chuana zusammenfaßt, deren Wanderungen ebenfalls von Nordost gegen Südwest verlaufen, ohne sich indessen in größerer Ausdehnung mit völliger Sicherheit nachweisen zu lassen. Die am meisten westliche Richtung haben unter den dunkelpigmentierten Stämmen die Herero (Damara) gewonnen, welche sich bis nahe an die Westküste verschoben und hier gegen die nordwärts ziehenden Namaqua prallten.

Es schloß sich so der Völkerwirbel, dessen Mitte von der wasserlosen Kalahari eingenommen wird und dessen Hauptrichtung im Osten an der Küste abwärts, im Westen an derselben aufwärts führt, wenn auch manche kleinere Strömungen sich eigene Bahnen suchten.

Diese beständigen jähen Veränderungen ergaben das bunte Völkergemisch des heutigen Südafrikas, wo geschlossen lebende, unabhängige Stämme nur noch in kleinerer Zahl existieren, während die meisten als Trümmer zwischen den Kolonisten vegetieren.

Einige dieser Rassen haben den Charakter geschlossener Stämme angenommen und wiederum eine selbständige Rolle gespielt, wie die Griqua unter Adam Kok und Waterboer, deren Züge, entsprechend ihrem Ursprunge, mehr konform denjenigen der auswandernden Boeren verliefen.

Nur für die kolonisierten Gebiete wurden nach langen Zwistigkeiten genaue Grenzen festgestellt, während die Eingeborenen selbst den Grund und Boden viel zu wenig achteten, um genaue Grenzregulierung vorzunehmen. Das Bestreben der Kolonisten, den Eingeborenen diesen ihnen unbekannten Begriff zu oktroyieren, ist gerade ein Hauptgrund für die Verwickelungen und Kriege geworden.

II.*)

Die Hottentotten scheinen sich im Laufe der letzten zwei Jahrhunderte durch den Einfluß der Weißen, mit denen sie Südafrika nun teilen mußten, was Gestalt und Sitten angeht, ziemlich bedeutend verändert zu haben. Es ist vielleicht interessant zu hören, wie man sie 1626 schildert. Im Juli desselben Jahres landete nämlich eine englische Handelsflotte in Südafrika unter Sir Thomas Herbert. Dieser schildert die Hottentotten folgendermaßen: „Da sie von Ham abstammen, so tragen sie in Gesicht und Statur das Erbe seiner Verfluchung. Ihre Gesichter sind schmal und die Glieder wohlproportioniert, aber tättowiert in jeder Form, wie es ihnen einkommt. Einige rasieren den Kopf, andere haben einen Schopf auf demselben, andere tragen Sporenräder, kupferne Knöpfe, Stückchen Zinn u. s. w. in den Haaren, Dinge, die sie von Seeleuten für Vieh einhandeln. Ihre Ohren sind durch kupferne Ringe, Steine, Stücke von Straußeneiern und dergleichen schweres Zeug ausgedehnt. Arme und Beine sind mit kupfernen Ringen beschwert, um den Hals sind Tierdärme gewunden. Einige gehen ganz nackt, andere binden ein Stück Leder oder ein Löwen- oder ein Pantherfell um den Leib. An den Füßen tragen sie mit Riemen festgebundene Sandalen, welche die Hottentotten, die bei uns waren, in der Hand hielten, damit die Füße besser stehlen könnten, denn sie stahlen geschickt mit den Zehen, während sie uns ansahen. Es waren Heuschrecken vom Winde herbeigetrieben, die aßen sie gern, mit etwas Salz bestreut; aber in Wahrheit öffneten sie selbst Gräber von Leuten, die wir bestattet hatten, und aßen von den Leichnamen. Ja, diese Ungeheuer lassen oft Alte, Kranke und Hilflose auf Bergen umkommen, obwohl sie eine Menge von toten Walfischen, Seehunden und Pinguinen

---

*) Aus einem Vortrage des Missionssuper. A. Merensky. Berlin, Ges. für Anthropologie, 16. Jan. 1875.

haben, die sie als Leckerbissen verzehren, ohne sie erst zu braten. Man möchte sie für Abkömmlinge von Satyrn halten."

Heutzutage paßt diese Beschreibung glücklicherweise nicht mehr auf die Hottentotten. Für jene Zeit mag sie wahrheitsgetreu gewesen sein, abgesehen von der Beschuldigung, daß die Hottentotten Leichen aßen. Öffnung der Gräber durch Hyänen mag Anlaß zu jener Meinung gegeben haben.

Heute tättowiert sich kein Hottentotte mehr, noch dehnt er die Ohren unförmlich aus oder rasiert den Kopf. Es geht auch keiner mehr nackend, und rohe Seehunde würden schwerlich von diesem Volke angerührt werden. Eigentliche Hottentotten würden heute auch wohl kaum Angehörige in der Not verlassen. Selbst die noch heidnischen Hottentotten haben sich also, wie es scheint, zu ihren Gunsten verändert. Das Volk scheint auch im ganzen eine hellere Farbe angenommen zu haben, denn der schon erwähnte deutsche Gelehrte Kolbe, welcher Anfangs vorigen Jahrhunderts seine Beobachtungen im Kaplande anstellte, streitet wider die Meinung eines andern Schriftstellers, welcher sagt: die Hottentotten seien schwarz von Farbe. Schwarz, sagt Kolbe, sind sie nicht, sondern nur kastanien- oder kaffeebraun. Heutzutage sind auch diejenigen dieses Volkes, bei denen an eine Vermischung mit Weißen nicht zu denken ist, nicht etwa braun, sondern nur hellgelb zu nennen. Es muß also die Farbe dieses Volkes seit 170 Jahren sich bedeutend verändert haben, was bei der veränderten Lebensweise desselben auch sehr leicht möglich ist.

Die Hottentotten haben keinen kleinen Körper. Im Durchschnitt sind sie 5 bis 6 Fuß groß, auch hierin von den Buschleuten sich unterscheidend. Sie sind gut gebaut, starkknochig, Hände und Füße sind klein, Arme und Beine proportioniert. Der Gesichtswinkel ist etwas kleiner, als bei den Kaffern. Der Mund ist nicht zu groß, die Lippen sind nur wenig aufgeworfen. Häßlich wird das Hottentottengesicht durch die stark hervortretenden Backenknochen und die eingedrückte Nase. Bartwuchs ist fast nicht vorhanden, die wolligen Haare unterscheiden sich vom Negerhaar dadurch, daß sie mehr in einzelnen Büscheln auf dem Schädel stehen.

Die Hottentotten werden sehr alt. Anfangs des vorigen Jahrhunderts sollen Leute von 80 bis 120 Jahren unter ihnen häufig angetroffen worden sein. Beim Census, den man 1865 in der Kapkolonie anstellte, fanden sich 63 Personen über 100 Jahre in der

Kolonie vor. Die Kapbauern werden selten recht alt; wahrscheinlich kommt von diesen 63 über 100 Jahre alten Leuten die Mehrzahl auf Hottentotten.

Unter den farbigen Leuten der Kapkolonie sind etwa ein Drittteil zum Christentum bekehrt. Wohl haben die Hottentotten und Farbigen des Kaplandes keine uns gewinnenden oder interessierenden Eigenschaften; in ihren Ideeen, Sitten, nach ihrer Sprache sind sie ihren früheren Herren, den Kapbauern, fast gleich geworden, aber sie sind als dienende, als zweite Klasse der dortigen Gesellschaft nützlich und unentbehrlich. Mancher Reisende, welcher flüchtig jenes Land durchzieht, schilt über Bilder von Faulheit oder sittlicher Verkommenheit, die hier und da sich seinem Auge bieten, ohne daß er sich die Mühe nähme, auf Dörfern oder Missionsstationen Schulen, Gottesdienste und Wohnungen des christlichen Teiles der Bevölkerung Südafrikas zu besuchen. Ohne das Eingreifen des Christentums und der christlichen Mission würde die farbige Bevölkerung Südafrikas jetzt ein ungleich traurigeres Bild bieten.

Die Buschleute oder Saan.

Die Buschleute und die Hottentotten möchte ich fast die interessantesten unter den südafrikanischen Völkern nennen. Freilich sind diese Stämme nicht berufen, die Träger einer eigentümlichen Kultur zu werden, wie es vielleicht die Kafferstämme sind, aber als besondere Rassen des Menschengeschlechtes bieten sie in Körperbau, Sprache, Sitten und Lebensweise des Interessanten, ja des Rätselhaften viel.

Beide Völker sind von den Kaffern und den übrigen südafrikanischen Völkern grundverschieden.*) Während die Sprachen dieser dunkelfarbigen Stämme vom Südende Afrikas bis hinauf zum Äquator eine nahe Verwandtschaft zu einander zeigen, ist von diesem

---

*) Friedrich Müller (S. 179) und andere Ethnographen bezeichnen, nach dem Vorgange des Philologen Bleek, die Völker der großen südafrikanischen Sprachfamilie mit dem Namen Bantustämme, im Gegensatz zu den Negern. Merensky nennt diese Bezeichnung ebenso willkürlich, als nichtssagend, da Abantu in der Kaffersprache der Küstenstämme „Leute", „Menschen" bedeute, und man doch wissenschaftlich nicht von „Menschenstämmen", „Menschensprachen" reden könne.   B.

großen südafrikanischen Sprachstamme sowohl die Buschmanns-, als Hottentottensprache durchaus zu unterscheiden. Auch sonst, in Lebensweise, Sitten und Körperbau, haben die Stämme, welche uns hier beschäftigen, mit den dunkelfarbigen Kaffer- und Negerstämmen durchaus nichts gemein.

Die Buschleute und Hottentotten stehen einander näher; wenigstens in Farbe und Typus des Gesichtes sind beide Völker einander sehr ähnlich. Auch finden sich in beider Völker Sprachen die so sehr eigentümlichen Schnalzlaute, in den Mythen und Sagen beider spielen Sonne, Mond und Sterne eine Rolle, während die Sagen der dunkelfarbigen Afrikaner mit den Gestirnen nichts zu schaffen haben, und doch darf man Buschleute und Hottentotten nicht identifizieren. Schon die ersten Europäer, die sich am Kap niederließen, schieden zwischen beiden Völkern, indem sie ihnen verschiedene Namen beilegten. Unser Buschmann erhielt seinen Namen nach dem Orangutang, den die Holländer in Ostindien kennen gelernt hatten. Orangutang heißt bekanntlich Waldmensch, — holländisch „Boschman" oder „Bosjesman". Später ist von Reisenden öfter behauptet worden, die Buschleute seien Hottentotten, die, von den Kolonisten ihrer Herden beraubt, in die Wildnis sich zurückgezogen hätten. Das ist grundfalsch, denn Herden konnten dem Volke der Buschleute nie genommen werden, weil es niemals solche besessen hat.

Zwischen der Sprache beider Stämme ist nur eine geringe, vielleicht kaum nachzuweisende Verwandtschaft. Die Sprache der Hottentotten steht auf der agglutinativen, die der Buschleute auf der isolierenden Stufe, jene hat vier sogenannte Schnalzlaute, diese hat deren mehr und kennt auch Schnalzlaute, die mit den Lippen hervorgebracht werden. Die Hottentottensprache kennt Geschlechtsunterschied bei den Hauptwörtern, die der Buschleute nicht, jene bildet den Plural der Substantive durch Anhängung von Endsilben (Suffixen), diese durch Verdoppelung des Namens oder seiner ersten Silbe. Jene kennt Zahlbenennungen bis zur Zahl 20, diese nur bis 2, was darüber ist, ist oaya „viel". Das sind Wahrnehmungen, welche zur Genüge konstatieren, daß beide Völker, wenn auch vielleicht verwandten Ursprungs, doch schon seit langer Zeit sich gänzlich von einander getrennt haben.

Wenn wir die Bewohner Südafrikas nicht nach dem Maße ihrer Fähigkeiten und Anlagen, sondern nach dem Maße der Kultur, welches sie besitzen, einteilen, so nehmen die Buschleute oder Saan, wie sie sich selber nennen, die letzte Stelle ein. Basutho und Betschuanen, ebenso wie die kriegerischen Zulu und Amaswazi, sind seßhafte Ackerbauer und Viehzüchter; die Hottentotten, welche keinen Ackerbau kannten, ja zum Teil noch nicht kennen, waren reich an Rinderherden. Die Saan aber haben weder Rinder, noch kennen sie auch nur den geringsten Anfang von Bodenkultur, und doch ist der Buschmann, allem Anschein nach, der eigentliche Herr Südafrikas, hier war er ansässig, ehe die Kaffern und Betschuanenstämme, vielleicht auch ehe die Hottentotten einwanderten. Jedenfalls bewohnten die Saan einst Südafrika in großer Ausdehnung und hatten Gegenden inne, wo jetzt schwarzbraune Stämme sitzen. Manche Anzeichen bestätigen die Richtigkeit dieser Annahme. Die Buschleute gebrauchen als einziges Ackerwerkzeug, wenn man es so nennen darf, einen runden, durchlöcherten Stein, er steckt an einem gespitzten Holz, vermittelst dessen man Wurzeln und Knollen leicht ausgraben kann. Das Gewicht des Steines treibt die Spitze des Stockes beim Stoß in die Erde, und der Stein dient beim Ausgraben der Wurzeln wieder als Stützpunkt für den Hebel, als welcher der Stock nun dient. Die durchlöcherten Steine, welche den Saan einst zu diesem Zweck gedient haben, findet man an der Ostküste weit nach Norden hinauf, bis über den Wendekreis hinaus. Im Lande der Bapedi (dem Birilande älterer Berichte), eines kleinen Basuthostammes unter dem 24° südlicher Breite, fanden wir diese Steine, sowie eine, mit von Saan herrührenden Zeichnungen bedeckte Felsenwand, die augenscheinlich einer Horde dieses Volkes zum Aufenthalt gedient hatte.

Heutzutage finden wir die Saan nur noch in den Gebieten, in denen sie von Hottentotten, Kaffern und Weißen unbehelligt blieben, weil eben nur Buschleute in ihnen ihre armselige Existenz fristen können. Besonders sind es die im mittleren Südafrika befindliche Kalahari-Wüste, sowie die an diese Wüste im Westen und Norden stoßenden wüstenähnlichen Gebiete, in denen noch Saan in größerer Zahl umherstreifen. Auch die grasreiche Hochebene, auf welcher der Vaalfluß seinen Ursprung hat, war noch vor 10 bis 15 Jahren ein Lieblingsaufenthalt von vielen Saan, da die hier umherziehenden ungeheuren Antilopen- und Zebraherden ihnen eine unversiegbare Nahrungsquelle boten. Jetzt sind sie auch da verschwunden; die Weißen nahmen auch diesen Teil des Landes in Besitz. Einige Haufen haben sich im Dralengebirge und zwar da, wo der Großfluß oder Garrip seinen Ursprung in unzugänglichen Felsenklüften hat, zu einer gefährlichen Räuberbande zusammengezogen, von wo aus sie von Zeit zu Zeit Raubzüge hinunter in die Natalkolonie unternehmen.

Was die Lebensweise der Saan anbelangt, so steht der Buschmann, wie bereits oben bemerkt wurde, was Kultur angeht, auf der allerniedrigsten Stufe. Er hat kein Haus und keinen Hof, keinen König und kein Vaterland, er hat kein Vieh, nicht eine Kuh, noch Ziege nennt er sein. Allenfalls besitzt er einige halbwilde Hunde, mit diesen streift er im Gefilde umher, selbst einem Wilde des Feldes zu vergleichen.

Seine Wohnung sucht der Buschmann am liebsten unter Felsen, er ist noch heute ein rechter Troglobyt. In den Hochflächen, nahe den Quellen des Baalflusses, wo ich wilde Saan beobachten konnte, herrschte im Winter eisige Kälte, denn diese Flächen liegen 7—8000' über dem Meere; aber auch hier haben sie keine Hütten. Einige Matten werden nach der Seite hin, von welcher her augenblicklich kalte Winde blasen, an Stäben befestigt, hinter diesem Schirm kauert die Familie auf dürrem Grase. Hier bieten ihnen diese Matten noch den Vorteil, daß sie während des Tages abgenommen und auf den Boden niedergelegt werden können und so dem etwa nahenden Feind kein weithin erkennbares Objekt fürs Auge bieten.

Von Kleidung, Waffen und Geräten dieses Volkes ist fast nichts zu sagen. Einige Wildfelle, roh zubereitet, dienen als Decken. Töpfe mögen sie meist von benachbarten Stämmen erhandelt haben, ebenso Speere, die man häufig in ihrem Besitze findet. Ihre eigentliche Waffe ist Bogen und Pfeil, beides war ursprünglich klein und unansehnlich; die Pfeile sind vergiftet und werden mit großer Sicherheit geschossen.

Das Wild ist ihnen eine Hauptquelle des Unterhalts. Die Buschleute kennen die Eigentümlichkeiten jeder Gattung Wildes, sie vergraben sich im Sande an dessen Sammelplätzen, sie beschleichen es mit katzenartiger Geschicklichkeit, den Strauß z. B. erlegen sie nicht selten, indem sie sich in das Fell eines solchen Vogels stecken und unter dieser Maske ihm endlich so weit nahen, daß der Giftpfeil trifft, sie jagen und hetzen das Wild mit Hunden, oder graben Wolfsgruben zu dessen Fange. Sonst stellen sie auch Wasservögeln, Fischen und anderem Getier nach; der Hunger treibt sie auch wohl dazu, alte harte Wildhäute zu verzehren; man weicht sie ein und röstet sie. Müssen sie aber diesen eisernen Bestand angreifen, so klagen doch auch selbst die Buschleute über lahme Kinnbacken.

Die einzige Art vegetabilischer Nahrung der Saan bilden wilde Früchte, Wurzeln und Knollen des Feldes. Letztere werden mit dem oben erwähnten Instrumente ausgegraben. Wenn ihnen aber andere Existenzmittel fehlen, treibt sie der Hunger oder sonst auch wohl die Gier nach fetten Bissen zur Beraubung und zur Plünderung ihrer Nachbarn. Wie sie früher die Hottentotten und später die Bauern im Norden der Kapkolonie ausplünderten, so rauben sie noch jetzt in Natal von Zeit zu Zeit den Ansiedlern ihr Vieh. Bei diesen Raubzügen gehen sie mit äußerster Schlauheit und Klugheit zu Werke. In Natal war der Landstrich unter dem Drakengebirge eine Zeit lang für Weiße fast unbewohnbar wegen der Räubereien der Buschleute. Ungesehen kamen sie vom Gebirge herunter und flohen ebenso schnell in die unzugänglichen Felsenklüfte zurück. Endlich versetzte die englische Regierung einige kleine kriegsgeübte Zulu=stämme in den bedrohten Strich Landes. Man errichtete auch Truppen=posten am Gebirge, machte einen von den Buschleuten öfter benutzten Bergpfad durch Felsensprengungen ungangbar, trotzdem hat man den klugen, kleinen Räubern ihr Handwerk bis heute dort nicht ganz legen können. Ehe die Verfolger sie erreichen konnten, waren sie mit ihrer Beute schon in Sicherheit, oder stachen lieber das geraubte Vieh angesichts der Nachsetzenden nieder, als daß sie es diesen aus=geliefert hätten. Immer neue Wege wissen sie an den steilen Felsen=mauern des Drakengebirges ausfindig zu machen. Wenn das Rind=vieh sich vor den steilen Wänden fürchtet, so helfen sich die Saan dadurch, daß sie Kuhdung an die Stellen der Felsen streichen, welche das Vieh betreten soll. Stürzt auch ein Teil der Rinder in die Abgründe, dem Räuber ist es gleich, wenn er nur etwas von der Beute rettet.

Mit eben solcher Schlauheit schützen sich die Buschleute der Kalahari vor ihren Feinden und Verfolgern. Sie wissen die weni=gen Quellen der Wüste geschickt auszugraben, zu bedecken und wieder mit Erde zu überschütten, damit niemand deren Vorhandensein ahne und einen Stützpunkt finde, um ihnen in ihr Gebiet hinein zu folgen. Gehen sie hier auf Viehraub aus, so tragen sie oft Wasservorrat in vielen Straußeneiern mit sich, vergraben hier und da von diesen und bilden so Wasserdepots, welche ihnen später die Flucht mit dem ge=raubten Vieh in die Wüste hinein ermöglichen, während der Wasser=mangel die Verfolger bald zur Umkehr zwingt.

In Folge dieser Räubereien lebten die Buschleute mit ihren

Nachbarn von jeher entweder auf dem Kriegsfuße oder mußten sich ihnen unterwerfen. Am östlichen Ende der Kalahariwüste sind sie den benachbarten Betschuanenstämmen zinspflichtig und unterworfen und werden von diesen meist hart und grausam behandelt. Die Buschleute auf dem Hochlande am Vaal gehörten teils zu den Amaswazi, teils zu den Matebelen des Häuptlings Mapoch. Sie bezahlen an die Betschuanen und Kafferhäuptlinge ihren Tribut in Straußenfedern. Als die Bauernbevölkerung der Kapkolonie die Schneeberge erreicht hatte, begann sie einen furchtbaren Ausrottungskrieg gegen die Buschleute. Gewöhnlich wurde ein aufgespürtes Völklein in der Nacht umringt, bei dem ersten Tagesgrauen überfallen, die Männer und Frauen niedergeschossen, die Kinder gefangen und zu Sklaven gemacht. Wie planmäßig man die Ausrottung dieses Volkes betrieb, geht daraus hervor, daß Colonel Collins, der im Auftrage der englischen Regierung die Zustände an der Nordgrenze der Kolonie im Jahre 1809 untersuchte, einen sonst respektablen Mann erzählen hörte, er habe binnen 6 Jahren 3200 Buschmänner gefangen oder getötet. Ein anderer Bauer teilte mit, daß die Streifzüge, an denen er sich beteiligte, 2700 Buschleuten das Leben gekostet hätten. Noch ein anderer Kolonist hatte in 30 Jahren 32 solcher Züge (Kommandos) mitgemacht, auf deren einem 200 Buschleute das Leben verloren.

In neuerer Zeit tötete man selten das aufgespürte Völklein, nur Kinder sucht der afrikanische Bauer noch immer zu stehlen oder zu erhandeln, wo er Buschleute trifft. Wenn der Bauer auf jenen Hochebenen am Vaalfluß auf der Jagd ist, so macht er Jagd auf den Buschmann, den er etwa in der Fläche bemerkt. Hat der Letztere einen Vorsprung, so entkommt er meist. Das erste beste Loch, vom Ameisenbär gegraben, genügt dem gelenken Flüchtling, unsichtbar im Boden zu verschwinden. Ward der Buschmann gefangen, so zwang man ihn, das Lager seiner Horde anzuzeigen. Es sollen Fälle vorgekommen sein, wo solch arme Gefangene sich lieber haben tot peitschen lassen, als daß sie die Ihrigen verraten hätten. Findet der Bauer das Volk, so schlachtet er wohl einen Ochsen, und die eingeschüchterten Leutlein geben dann meist für dessen Fleisch einige Kinder her. Einer meiner Schwarzen hat mir erzählt, daß er einst in jener Gegend zu Pferd auf einen Haufen von Saan, Männern, Weibern und Kindern gestoßen sei; weil man ihn für einen Bauer gehalten, sei Alles eiligst davongeeilt, auf der Flucht aber hätten

Die Buschleute oder Saan.

einige Weiber die Kinder, die sie auf dem Rücken trugen, fallen lassen in der Hoffnung, daß der schreckliche Reiter die nehmen und sie laufen lassen werde.

Durch solche Nachstellungen sind die Saan mehr zusammengeschmolzen, denn wo die Ausrottung eines Volkes so planmäßig betrieben wird, wie es bei den Saan besonders im vorigen Jahrhundert in der Kapkolonie der Fall war, da muß sie wohl von Erfolg begleitet sein. Es leben aber bis zum 18° südlicher Breite hinauf noch immer Haufen dieses merkwürdigen Volkes in ursprünglicher Weise. Der Teil der Buschleute, den man zu einer seßhaften Lebensweise gezwungen hat, hat sich mit Hottentotten und anderen Farbigen vermischt.

Wir haben in den Saan einen der interessantesten Zweige des menschlichen Geschlechtes vor uns. Sie gehören zu den kleinsten Menschenrassen; nur etwa 4½ Fuß hoch ist der Mann, das Weib etwa 4 Fuß, wo man sie größer fand, rührt solches wahrscheinlich von Vermischung mit Hottentotten und Kaffern her. Ihr Typus ist bekannt, er ist dem Typus der Mongolen ähnlich. Entstellt wird das Gesicht durch die hervorstehenden Backenknochen und die eingedrückte Nase. Haben nun etwa die Recht, welche meinen, wir hätten in den Buschleuten eine Art Mittelrasse vor uns zwischen Mensch und Affen, eine Rasse, deren Existenz die Richtigkeit der Darwinschen Hypothese beweise oder unterstütze?

Nach unserer Überzeugung ist das nicht der Fall. Zunächst bemerken wir: „Die Saan haben eine Sprache." Ihre Sprache scheint unentwickelt zu sein, scheint unter den Sprachen der schwarzen Stämme Afrikas zu stehen, — aber sie ist zu wenig bekannt, als daß wir uns ein Urteil über dieselbe erlauben könnten. Weil aber die Sprache der Saan uns so wenig bekannt ist, so kennen wir auch das eigentümliche Geistesleben dieses Volkes, welches ja immer erst durch Kenntnis der Sprache erschlossen wird, fast nicht. Was Reisende, was Missionäre von Buschleuten gehört haben, haben sie in Sprachen gehört, die ursprünglich diesen Leuten fremd waren, also die eigenen Ideen des Volkes immer erst in anderem Gewand und anderer Färbung erscheinen ließen.

Wir finden bei den Buschleuten Fähigkeiten, die andere afrikanische Eingeborene nicht besitzen, z. B. die Gabe der bildlichen Darstellung. In den Schneebergen, im Drakengebirge, überall findet man Felsenwände, die mit Buschmannszeichnungen bedeckt sind.

Mr. Orpen, englischer Magistrat im freien Kaffernlande, drang, um rebellischen Eingeborenen die Wege zu verlegen, im Jahre 1873 weit in das öfter erwähnte Drakengebirge vor. Er miethete einen aus dem Gebirge stammenden Buschmann, Namens Quing, und befragte diesen nach der Bedeutung der Zeichnungen, die man hier und da an den Felsen sah. Besonders fielen Mr. Orpen Männer und Weiber mit Antilopenköpfen*) auf, welche dort dargestellt waren; er fragte, wer die denn seien. Er erhielt die Antwort, daß diese Leute einst zwar gelebt hätten, nun aber nur noch in den Flüssen lebten, sie seien vernichtet worden, da auch die Elenantilopen vernichtet wurden, und zwar von den Leuten, die an den Felsen tanzend dargestellt waren.

Da Quing bei seinen Erzählungen Cagan erwähnt hatte, fragte Orpen, wer Cagan sei, — die Antwort war: „Cagan macht alle Dinge, wir beten zu ihm. Wir beten: Cagan, Cagan, sind wir nicht deine Kinder, siehst du nicht unsern Hunger, gieb uns Essen, und er giebt uns beide Hände voll." — „Wer ist Cagan," frug man weiter, und die Antwort Quing's lautete: „Ich weiß nicht, aber die Elenantilope weiß es. Hast du nicht bei der Jagd seinen Schrei gehört, wenn die Elentiere schnell davon und seinem Rufe nacheilen? Wo er ist, sind Elentiere in Haufen." Auf weitere Fragen nannte Quing Coti als Cagans Weib; woher sie stamme, wisse er nicht, aber vielleicht sei sie mit den Leuten gekommen, welche die Sonne einst brachte. „Aber das sind Geheimnisse," fügte er hinzu, „ich kenne sie nicht, nur jene Tänzer dort auf den Bildern kennen sie."

Die Buschleute oder Saan erkennen also ein höchstes Wesen an, in unserer Erzählung ward es Cagan genannt, nach anderen Berichten heißt es Caang. Sie reden in ihren Sagen von einer früheren Rasse von Menschen, die vor den jetzigen Erdbewohnern gelebt hätten. Von diesen Alten hätten viele Wunder thun können, andere seien an den Himmel als Sterne versetzt; die Milchstraße ist Asche, welche ein Mädchen der früheren Erdbewohner dort oben ausgeschüttet hat.

Die Saan haben gute, natürliche Anlagen des Verstandes, haben auch unter allen Südafrikanern die meiste Anlage zur Musik. Überall bei den südafrikanischen Bauern muß der Buschmann zum Tanz aufspielen, die Fiedel ist sein Instrument.

Der „zahme" Buschmann ist als Diener sehr geschätzt. Er ist

---
*) Barth (Reisen I. 210) fand in der Breite von Murzuk ganz ähnliche, an Felsenwänden eingegrabene Darstellungen.

treuer, fleißiger, auch energischer als der Hottentott. Besonders als Hirt und Jäger leistet er seinem Herrn die besten Dienste. Ich selbst habe auch Buschleute unterrichtet und getauft, obwohl ich eigentlich unter Basuthos arbeitete. Ich fand, daß diese Leute lebhaften Geistes und Rührungen zugänglich waren, daß sie, was ihrer Fassungskraft angemessen war, gut und tief auffaßten, und habe an getauften Buschleuten Freude erlebt.

Als Charakterfehler macht sich bei Dienstleuten dieses Volkes geltend, daß sie öfter verdrossen und launisch werden. Jedenfalls aber berechtigen uns die bisher gemachten Wahrnehmungen zu dem Schluß, daß die Saan nicht halbe Affen, sondern Menschen sind.

A. Merensky.
Superintendent der Berliner Transvaal-Mission.
Beiträge zur Kenntnis Südafrikas. Berlin 1875.

Ein Vehmgericht bei den Kaffern.

Vor einigen Wochen war ich Zeuge und teilweise Mitspieler einer jener Tragödieen, die das Vehmgericht in Pondaland nur zu häufig in Scene setzt.

Hinter der Besitzung des Herrn Hughes auf einer zehn Minuten entfernten bewaldeten Anhöhe befindet sich ein Kaffirkraal aus 6 oder 8 Hütten bestehend.

Stammvater oder Oberhaupt desselben war ein halbzivilisierter Kaffir von Kingwilliamstown in der Kapkolonie, der unter Engländern aufgezogen und dann nach Pondaland übersiedelt war. Auch seine Frau war aus der Kapkolonie und ziemlich englisiert. Dadurch, sowie durch seinen Reichtum, nahm Jakob, dies war der Name des Mannes, eine höhere Stellung unter den Eingeborenen ein, was er aber seine Umgebung bedeutend fühlen ließ, so daß die Familie sehr unbeliebt war. Sein Vermögen würde ihn sogar bei uns als einen wohlhabenden Mann haben gelten lassen, denn er besaß viele gut bebaute Mais- und Gemüsefelder, einige Stück Rindvieh, was hier im Durchschnitt 80 Mark den Kopf wert ist, einen Ochsenwagen, der 1200 bis 1600 Mark kostet, zwei Gespann je 20 Stück Ziehochsen, 120 Mark den Kopf, und ca. 2000 Mark in barem Gelbe. Ihr werdet schon anderweitig gelesen haben, daß aller Transport in Afrika durch Wagen, mit Ochsen bespannt, besorgt wird. Denn da auf diesen ungeheuren Flächen oft (viele Tagereisen) weder Obdach noch Lebensmittel angetroffen werden, und man häufig ohne Wege nur der Richtung nach über Gebirge und steile Hügel, durch Flüsse und Thäler zieht, so ist jedes andere Transportmittel unmöglich. Nur auf gebauten künstlichen Wegen nach vielbesuchten Plätzen fängt man jetzt an, Maultiere zu verwenden. Diese Ochsenwagen sind demnach ungeheuer solide und stark gebaut, vom besten Material, werden von 16 bis 20 Ochsen gezogen und je nach den Wegen mit 60 bis 80 Zentnern beladen. Es ist erstaunlich, welche unebenen steilen Wege dieses Gespann passiert, auf denen ein Fußgänger oft Mühe hat, fortzukommen.

Doch zurück zu meinem Thema! Jakob war stolz auf seinen Reichtum und scharrte immer mehr zusammen, hatte seine Söhne und Treiber, nahm für die europäischen Händler Fuhren an, wofür er 20 Mark den Tag erhielt. Außerdem war er ehrgeizig und strebte danach, selbst ein kleiner Häuptling zu werden. Dies steigerte den Haß und die Habgier seiner Feinde und brachte ihn endlich zum Fall. Eine anscheinend geringe Ursache beschleunigte die Krisis. Jakob arbeitete an der Station eines Kaufmanns am St. Johns-Flusse, ein Schiff abladend. Ein dabei beschäftigter Kaffir, Unterthan des kleinen Häuptlings Umtage, stahl eine Tabakspfeife von Bord und Jakob brachte den Fall vor Gericht, worauf der Dieb bestraft wurde. Der Häuptling schwur Jakob Rache, und ob auch Jahre darüber vergehen, ein Kaffir vergißt dies nie. —

Eine geraume Zeit war vergangen, über 18 Monate, bis Umtage seine Rache ins Werk setzte. Er ging hin zum großen Häuptling Damahs, der im Lande zwischen dem Umtata-Flusse und St. Johns-Flusse oder Umzimvuvu herrscht und klagte Jakob an. Dies ist eine Art Vehmgericht, und das Verfahren ist folgendes: Der Ankläger nimmt einen oder zwei Ochsen, treibt sie vor den Kraal des Oberhäuptlings, macht demselben ein Geschenk damit und setzt sich dann der Hütte gegenüber mit trauriger, kummervoller Miene, ab und zu jammernd und wehklagend. Nachdem er stundenlang gesessen, fragt der große Häuptling, was sein Begehr?

„Königlicher Herrscher," sagt der Ankläger, „ich komme zu dir, damit du mich tröstest." — „Warum, was fehlt dir?" — „Fluch lastet auf meinem Kraale, meine jungen Leute und Kinder sterben, meine Frauen sind krank und werden von Tage zu Tage dünner, meine Kühe geben keine Milch mehr und sinken hin wie die Fliegen, darum ist es besser, du tötest mich, damit mein Kummer aufhört." — „Was denkst du, ist die Ursache?" — „O, es hat jemand mich behext." — „Hast du Verdacht auf irgend jemand?" — „Ja, großer Häuptling, auf den und den." —

Dann werden Gründe gefordert, Zeugen verhört und endlich die Räte und Zauberdoktoren befragt. Auf deren Aussagen wird dann der Angeklagte verurteilt und der Kläger ermächtigt, das Urteil zu vollstrecken.

Dies war auch der Verlauf mit Jakob. — Auf die Frage, auf wem der Verdacht ruhe, antwortete Umtaze entschieden: „Auf Jakob und seinem Kraale." — Mehrere Zeugen wurden vernommen, welche aussagten, sie hätten vor längerer Zeit Jakobs Leute Gift aus dem Galegalande (eines südlich vom Umtatalflusse wohnenden Kafferstammes, der durch seine Kenntnis verschiedener Pflanzengifte berüchtigt ist) holen sehen, wobei dieselben prahlerisch geäußert hätten, ihre Feinde würden bald zum Schweigen gebracht werden. Ein anderer Zeuge erzählte, er sei nachts vor Jakobs Hütte gekommen und habe die Thür verschlossen gefunden, inwendig aber Licht gesehen. Darauf habe er durch eine Öffnung geguckt und beobachtet, wie derselbe und seine Frau Rosa bei einem Topfe gestanden, in welchem eine rote, schäumende Masse gekocht habe, wobei die beiden Zauberformeln ausgesprochen haben des Inhalts, daß Umtaze solle sterben.

Dies war im Pondalande überzeugend und nachdem Räte und Zauberdoktoren befragt waren, gab Damahs seine Einwilligung zur Vernichtung Jakobs und zur Teilung seiner Habe unter den beleidigten Stamm Umtazes.

Schon lange hatte dieses Unheil über dem Haupte des Verurteilten gebrütet, und derselbe wußte es gar wohl, war aber so mutig und auf seine Macht vertrauend, daß er die drohenden Gerüchte nicht allein mißachtete, sondern sogar herausforderte.

Am 13. November sprengte ein Kaffer zu Pferde an der Hütte vorbei und rief: „Jakob, nimm dich in Acht!" und verschwand dann so plötzlich, als er gekommen. „Ach!" rief Jakob höhnend, „ich bin bereit; laß sie nur kommen!" Er glaubte, daß im Falle der Not die Nachbarschaft ihm beistehen würde, täuschte sich aber darin nur zu sehr. Am 14. November morgens gegen 4 Uhr wurde mit einem Male heftig an seine Hütte geklopft, und seine Feinde riefen ihm zu, er solle herauskommen und sich übergeben. Etwa 100 bis 150 Mann hatten des Nachts im Hinterhalte gelegen und den Kraal umzingelt. Es ist nämlich eine Eigentümlichkeit der Kaffern, daß sie alle ihre Überfälle kurz vor Tagesanbruch machen, und man findet dies bei den meisten uncivilisierten Völkern. Jakob wußte wohl, daß sein Leben verwirkt war, daß er getötet worden wäre, sobald er aus dem Hause trete, deshalb beschloß er, sein Leben so teuer als möglich zu verkaufen. Er verweigerte also seine Übergabe, ließ jedoch auf Verlangen seine Frau und Familie auf letzterer Wunsch hinaus. Sobald dieselben unter der Rotte der Feinde erschienen, wurde ihnen das Zeug vom Leibe gerissen, sie gingen nämlich europäisch gekleidet, und dieselben mißhandelt. Im Eifer aber, die Hauptperson zu erhalten, vergaß man die gehörige Vorsicht, so daß die Frau mit den Kindern nach der Station des Herrn Hughes entfloh, woselbst ich der Zeit mich aufhielt. Ein merkwürdiges fremdartiges Geräusch weckte mich aus meinem gewöhnlich sehr gesunden Schlummer, und emporfahrend hörte ich die Stimme des Kafferbieners, der in der Küche nahe beim Hause schlief. „Um Gotteswillen machen Sie schnell die Thür auf, man ermordet Jakob und seinen ganzen Stamm, die ganze Gegend ist im Aufruhr!"

Sofort sprang ich auf und öffnete die Thür, und im selben Augenblick stürzte auch Rosa mit ihren Kindern und Mägden in das Haus. Wie ich schon früher einmal erwähnt habe, ist nämlich das Haus eines Europäers ein Sanktuarium, das jeden Eingeborenen schützt, der in dasselbe flüchtet.

Jetzt folgte eine schauerliche Scene, im Hause das Jammern und Schreien der Kinder und Mägde, die ganze Gegend tageshell von den angezündeten Kafferhütten, Schießen, Heulen und Schreien, als ob alle Dämonen der Hölle losgelassen seien. Dies dauerte eine Zeitlang, bis der Tag anbrach. Ich stand gerade vor der Thür und wartete der Dinge, die da kommen sollten, als plötzlich einer der Treiber Jakobs, Macesa, atemlos mit ungeheuren Sätzen hundert Schritte von mir erschien und sich sodann urschnell platt auf die Erde in das hohe Gras warf. Im selben Augenblicke kamen zwei Männer, jeder mit 6 bis 8 Speeren bewaffnet, bei ihm vorbei und kamen vor mir zu einem plötzlichen Stillstande. Sie hatten ohne Zweifel die Fährte von Macesa verloren. Als sich dieser niederwarf, hob er noch die Hände bittend zu mir empor, daß ich ihn nicht ver= raten möchte. Den Anblick der beiden Verfolger werde ich nie in meinem Leben vergessen, die Augen schienen dreimal so groß als gewöhnlich, die Pupille blitzte furchtbar unheimlich, während das Weiße mit Blut unterlaufen war; vor dem Munde stand der dicke Schaum, und kann nur ein bis zur Tollheit gereizter Tiger so aussehen. Nachdem sie mich und das Haus einige Augenblicke wild angeschaut, als ob sie durch die Mauern des letzteren hindurchblicken wollten, fragten sie vor Wut und Aufregung keuchend, ob ich den Flüchtling nicht gesehen, was ich natürlich verneinte. Bei der Zeit war ich selbst so sehr in Aufregung geraten, daß ich krampfhaft meine Büchsflinte umfaßte und gar zu gern auf die Kannibalen losgebrannt hätte. Dieselben setzten dann wie Bluthunde in das Dickicht hinter dem Hause, um den Entflohenen aufzuspüren.

Sobald sie sich entfernt hatten, nahm ich den Flüchtling in das Boot und setzte ihn über den hier 200 Meter breiten Fluß, der unmittelbar vor dem Hause vorbeifließt. — Auf der andern Seite herrscht nämlich ein anderer Häuptling, Umtengela, so daß Flüchtlinge drüben geborgen sind.

Sobald Rosa und die Kinder aus der Hütte Jakobs waren, fingen die Kaffern an, dieselbe zu stürmen. Das war aber nicht so leicht: es hatte die Nacht geregnet, so daß die Feuerbrände nicht recht brennen wollten, und sowie sich ein Feind näherte, schoß Jakob durch die Öffnungen des Hauses auf denselben. Endlich aber fing das Strohdach Feuer und als dies einstürzte, konnte sich der Eingeschlossene nicht länger halten. Er machte einen ungeheuren Satz durch die offene Thür, die Verzweiflung gab ihm Löwenkräfte, er brach durch die Reihen der Belagerer und sprang über die Umzäunung in den Kraal, worin einige 60 Kühe sich befanden, durch dieselben und auf der andern Seite wieder hinaus dem Gebüsch zu. Aber viele Hunde sind des Hasen Tod. Eine Anzahl verfolgte ihn, ein Speer (Assagai) traf ihn in das Bein und eine Flintenkugel in die Schulter, so daß er stürzte. Im Nu war die Rotte auf ihm, man schlitzte ihm mit einem Assagai den Bauch auf und schnitt ihm die Kehle durch.

Zwei Treiber, der schon vorhin erwähnte Macesa und Magnan, den ich später über den Fluß setzte, über welche ebenfalls das Todesurteil gefällt worden war, entkamen, indem sie die Verwirrung, die Jakobs hartnäckige Verteidigung verursachte, benutzten, zu entfliehen.

Darauf nahmen Umtaze und seine Leute Besitz von des Getöteten Hab und Gut, schlachteten eine Kuh und wuschen sich die

Hände im Blute, ein Opfer, welches bedeutet: „Ich wasche meine Hände rein von Schuld, es war ein Gottesgericht." —

Des Tages über kamen mehrere Boten zu uns, die uns ansagten, daß, wenn man Rosa zu fassen bekäme, sie ebenfalls getötet würde; deshalb durfte dieselbe nicht aus dem Hause gehen, bis wir sie ebenfalls auf die andere Seite des Flusses befördern konnten.

Kapitän K. R. Weined.

Arbeit mit Hindernissen,

oder

ein Tag eines protestantischen Kaffern-Missionars.

Der Missionar Prabel lebt mit Frau und Kind auf einem einsamen Vorposten mitten im Kaffergebiet. Er ist so beschäftigt, daß er nur selten Zeit finden kann, durch einen Brief Kunde von sich zu geben. Um so interessanter ist ein Bericht von ihm, den das „Flugblatt der Brüdergem." 1883 Nr. 3 veröffentlicht und der den noch hier und da spukenden Wahn von dem unthätigen, müßiggängerischen Leben der Missionare in Südafrika in handgreiflichster Weise widerlegt.

Eines schönen Morgens saß Prabel da mit der Feder in der Hand, um seinen Bericht für das Missionsblatt zu schreiben.

„Mein letzter Besuch in Elukolweni . . .", so viel stand glücklich schon auf dem Papier, als der Viehwächter einbrach, ein Schäflein auf dem Arm. Das hatte sich ein Bein gebrochen und mußte verbunden und gepflegt werden. Und während Missionar Prabel noch damit beschäftigt ist, kommt ein Mann, sein Geld zu holen für die Pferde, die er zu eben jenem Ritt nach Elukolweni geliehen hatte. An und für sich brauchte diese Zahlung nicht viel Zeit zu kosten; aber die Kaffern sind samt und sonders der Ansicht, die man in Europa zum Glück doch nur bei manchen vertreten findet, daß es besser ist, auf Umwegen zum Ziel zu gelangen, als auf dem geraden Wege und daß es schade wäre, mit zehn Worten sich zu begnügen, wo sich eine so schöne Gelegenheit bietet, hundert anzubringen und wenn man fertig ist, noch einmal von vorne anzufangen. Der Pferdeverleiher nimmt sich also Zeit, Missionar Prabel übt sich tapfer in der Geduld und während dessen ruht seine Feder aus, obgleich sie noch gar nicht müde ist. Aber alles nimmt einmal ein Ende, selbst die wortreiche Umständlichkeit eines Kaffern, und die Feder kommt wieder in Bewegung. Ach, sie hat nicht Zeit warm zu werden, da tönt Hufschlag an das Ohr des Schreibers, und als er aufschaut, sieht er einen Reiter und zwei Reiterinnen vor dem Missionshäuschen absteigen. Ersterer giebt den zwei Sutu=„Damen" das Ehrengeleit. Es ist ein Jüngling, der zwar nur mit einem kurzen Deckchen geschürzt ist, aber eine Mütze und viel schöne Ringe trägt. Die eine Reiterin kleidet sich europäisch und ist eine der 7 oder 8 Frauen des Häuptlings Lehannah. Sie kommt, um für sich und sonst noch jemand Medizin zu holen. Die andere verschmäht durchaus jede Anlehnung an europäische Sitte und Kleidung, nur nicht die europäische Kunst des Zahnausziehens. Kein Wunder! Wenn so eine arme, von Zahnweh geplagte Frau sich in die Behandlung ihres braunen Herrn und Gemahls begiebt, so bohrt er ihr gelegentlich den kranken Zahn mühsam mit dem Taschenmesser heraus und das empfindet auch ein Kafferntiefer schmerzhaft. Da macht es der weiße „Lehrer" schon besser, auch wenn er kein gelernter Zahnarzt ist. Diese zahnweh= kranke Dame erschien, wohl um ihren Helfer und Retter zu ehren, im höchsten Staat, d. h. frisch rot geschmiert, glänzend und klebrig. Wer aber einen solchen „roten" Kaffern angreift, besudelt sich. Darum läßt der Zahnarzt die Patientin erst die wollene Zipfelmütze des Jünglings aufsetzen, um wenigstens von der Berührung mit den fetttriefenden Haaren geschützt zu sein, er trägt aber nichtsdestoweniger ziegelrote Hände davon.

Während er sich wäscht, haben wir Zeit ein paar ergänzende Bemerkungen über diesen Zweig der Missionsarbeit unseres Bruders zu machen. Er übt ihn oft und viel, denn die Leute kommen von weither zum Zähneausziehen, die Frauen häufig von ihren Männern begleitet, und da kommt es auch wohl vor, daß so ein zärtlicher Gatte, wenn er findet, die Operation sei zu schmerzhaft für seine Frau, zufährt und dem Doktor die Zange aus der Hand nimmt. Es ist Sitte und Brauch bei allen Missionaren, daß sie sich für Mühe und Zeitverlust (der durch Fettflecke verdorbenen Kleider gar nicht erst zu gedenken) eine Kleinigkeit zahlen lassen. Es ist das eine, wenn auch noch so geringe Einnahme für die Stationskasse. Das wissen die Kaffern auch sehr gut und haben die Gebühr meist schon richtig abgezählt bei sich. Trotzdem fragt aber nach glücklich vollendeter Operation so ein Kaffer meist mit verlegenem Gesicht: „Wo nehm ich Geld her? Ich habe keins!" Und nun hat der Mis=

fionar das Vergnügen, will er nicht um seinen wohlverdienten Lohn kommen, eines langen und breiten zu mahnen und zu bitten, zu feilschen und zu markten. Missionar Prabel ist auf ein treffliches Mittel verfallen, dieses ärgerliche und zeitraubende Treiben abzuschneiden. „Hast du kein Geld," sagt er, „gut, so komme her, da setze ich dir deinen kranken Zahn wieder ein. Gieb mal Acht, wie der dich wieder plagen wird!" Aber darauf hat es noch keiner der so Bedrohten ankommen lassen — flugs war das Geld zur Stelle!

Doch zurück zu unserer Tagesgeschichte. Die rote Reiterin mag wohl keine Schwierigkeiten wegen der Bezahlung gemacht haben, hat auch vielleicht keine Zeit dazu gehabt, denn ehe sie sich noch auf ihr Pferd geschwungen, ist schon ein anderer Reiter angesprengt gekommen, der viel wichtigeres mit dem „Lehrer" zu verhandeln hat, denn er ist glücklicher Bräutigam und will Tag und Stunde seiner Trauung festgesetzt wissen. Das wäre auch abgethan und kein Pferdehuf mehr in der Nähe des Platzes zu sehen. Missionar Prabel kann sich wieder an den Schreibtisch setzen, aber nur für zehn Minuten, denn es kommen abermals drei Zahnpatienten hoch zu Roß, und wieder sind es zwei Sutufrauen mit einem Begleiter. Die Scene von vorhin wiederholt sich, mit dem Unterschied, daß die eine von zwei Zähnen befreit sein will, die andere sich mit einem begnügt. Überglücklich, die Plagegeister los zu sein, reiten sie ab. Nun noch rasch eine Anzahl Schulkinder befriedigt, die mancherlei Anliegen haben, und es ist ½ Uhr geworden, d. h. verspätete Mittagsessenszeit. Wir gönnen es ihnen, nicht wahr? Das Essen und die kurze Ruhe, dem geplagten Missionar und seiner Frau, die wahrlich auch nicht müßig gewesen ist, denn sie hat neben ihren mütterlichen und häuslichen Pflichten auch noch Nähschule gehalten; und noch mehr gönnen wir ihnen den Nachtisch, der in europäischen Briefen besteht, welche gerade während des Essens anlangen — ein seltener, aber um so höher geschätzter Genuß! Wie wäre es, sie setzten sich nach Tisch ein halbes Stündchen zusammen, um die Briefe zu lesen? Ist doch auch endlich einer vom ältesten Kinde dabei, nach dem die Elternherzen noch schmerzliche Sehnsucht empfinden! Aber das geht nicht, denn der Tisch ist noch nicht abgeräumt, da steht schon der eingeborene Missionar von Mount Fletscher an der Thür und will Medizin und Schulbücher und guten Rat und noch vieles Andere haben, und als er befriedigt abzieht, ist's 5 Uhr, und da hat sich auch schon ein anderer Mann eingefunden, der gern Arbeit zuge=

wiesen bekäme, und dann ist an der Handmühle, die ein kleiner Junge bedient, etwas wieder in Ordnung zu bringen. Jetzt kann Missionar Prabel endlich einmal sich setzen und schreiben, aber gerade nur 5 Minuten, denn es gilt wieder 2 Bittsteller abzufertigen, einen Vater, der sein Kind zur Taufe anmeldet, und einen Kirchendiener. Über alle dem ist die Sonne untergegangen und wenn der Bericht geschrieben wäre, könnte der müde Missionar Feierabend machen; aber der Bericht ist eben nicht geschrieben und morgen geht die Post ab! — Nicht wahr, lieber Leser, das nennt man Arbeit mit Hindernissen, in einem Grade, wie du's vielleicht nicht kennst!

Anhang.

Die Station Bismarckburg im Togolande.

Marſch der Expedition Wolf. — Die Landſchaften zwiſchen der Küſte und Abeli.
— Der Fetiſchkultus in Abeli. — Wert mediziniſcher Kenntniſſe. — Sehr
günſtige Ausſichten der Kolonie. — Die gangbarſten Einfuhrartikel.

Die für die ganze künftige Entwickelung des Togolandes
äußerſt wichtige Station Bismarckburg wurde in der Landſchaft
Abeli ſehr zweckmäßig auf dem Bergkegel Ababo, 710 m hoch, in
der Nähe der Ortſchaft Zege, mehr als 250 km von der Küſte entfernt, angelegt. Nichts iſt lehrreicher über die Zuſtände und Ausſichten unſerer jungen Kolonie als der einfache, wahrheitsgetreue
Bericht des Dr. L. Wolf*), aus dem wir hier das Nötigſte entnehmen:

„Die von mir geleitete Expedition iſt nach 21 tägigem Marſch,
bei dem an einzelnen Tagen über 30 km zurückgelegt wurden, in
Zege angekommen und hat das ihr zunächſt geſteckte Ziel glücklich
erreicht.

Die von Klein Popo mitgenommenen Träger habe ich hier ent-
laſſen und ſchickte ſie nach der Küſte zurück, weil ich dieſe Gegend
für Anlage der Station ins Auge gefaßt habe und dieſerhalb mit
den Abelihäuptlingen in Verhandlungen getreten bin. Ich habe für
die Station einen dominierenden Hügel ausgewählt, deſſen Meeres-
höhe etwa 710 m beträgt. Das Land Abeli iſt gebirgig und ſo-
weit bis jetzt feſtgeſtellt werden konnte, auch waſſerreich. Rindvieh

---

*) Dr. Freiherr v. Dankelmann, Mitteilungen von Forſchungsreiſenden
und Gelehrten aus den deutſchen Schutzgebieten. III. Heft. Berlin 1888.

Die Station Bismarckburg im Togolande.

wird hier gehalten und befindet sich wegen der vorzüglichen Weide in einem sehr guten Nährzustande. Infolge des Gebirgscharakters befindet sich neben zum Ackerbau geeignetem auch viel steiniger Boden. Nach dem Stand der Feldfrüchte zu urteilen, ist die Ertragsfähigkeit des Landes eine gute. Einheimische Baumwolle wird viel angebaut. Die Eingeborenen verarbeiten dieselbe für ihre Kleidung. Reispflanzungen sind ebenfalls vorhanden. Auch in handelspolitischer Beziehung ist Abeli von großer Bedeutung, da von hier Verbindungen nach Salaga, Jendi und Sansanne bestehen. Der Hauptverkehr geht dann nach dem Wolta und von dort weiter nach der englischen Kolonie. Eine Verbindung mit Klein Popo wird sehr gewünscht, doch ist bis jetzt noch keine gute und sichere Karawanenstraße vorhanden. Infolge der Stationsanlage wird voraussichtlich schon in nächster Zukunft eine solche sich bilden. Der von den Portugiesen eingeführte Name „Popo" ist übrigens hier ebenso wenig als überhaupt im Innern bekannt. Man hört nur statt dessen Aneho. Abeli steht wegen seiner mächtigen Fetische, für die ein geregelter Kultus eingerichtet ist, weit und breit in hohem Ansehen. Die Nachbarvölker pflegen streitige Fragen hier entscheiden zu lassen und fügen sich dann dem Urteile Abelis. Das Land ist wildreich. Außer Büffel und Antilopen kommen auch Elefanten vor. Die Bevölkerung ist eine nur spärliche. Früher sollen öfters räuberische Einfälle von Nordosten her und auch von seiten der Aschanti stattgefunden haben.

Die von der Küste bis Atakpame (fast auf halbem Wege) durchreiste Gegend ist ein ebenes oder leichtgewelltes Gelände und in der Trockenzeit wasserarm. Die Expedition mußte auf dem Marsche Trinkwasser mit sich führen. Die Eingeborenen haben in ihren Ortschaften große Töpfe als Sammelbehälter für Wasser aufgestellt, das stets eine milchig trübe, schmutzige Farbe hat. Bäche und Flüsse waren fast sämtlich ausgetrocknet. Auch der zweimal durchschrittene Haho, dessen steiniges Bett 25, bezw. 10 m breit war, sowie der Dalakwé-Haho, 10 m breit, waren bis auf einige Tümpel vollständig ausgetrocknet. Der Chrafluß, 10—15 m breit, ein Nebenfluß des Haho, welcher in der Regenzeit nach Aussage der Eingeborenen mehr Wasser als der Haho führen soll, war an der Übergangsstelle und in deren Nähe trocken, so daß, da die Expedition an empfindlichem Wassermangel litt, in seinem Bett nach Wasser gegraben werden mußte. Ich habe den Eindruck gewonnen, daß sich in jener Gegend leicht Brunnenanlagen mit Erfolg machen lassen dürften, um dem Wassermangel abzuhelfen. Der Morgentau war sehr reich. Die Feldfrüchte, Mais, Maniok, Erbsen, Bohnen, Yams, sowie auch Baumwolle, standen vortrefflich. Der Charakter der Landschaft ist vornehmlich Baumsavanne und gewährt das Bild eines vernachlässigten Parkes oder Obstgartens. Das saftig, frisch grüne Gras eignet sich vorzüglich für Weide und bot hinreichend Nahrung für die Pferde und Esel der Expedition. Ein üppiger Palmenbestand, vorwiegend Öl- und Kokospalmen, wurde überall beobachtet. Letztere kamen noch in dem ersten Aposfolager vor — in Basafé. Alle Flußbette waren mehr oder weniger steinig. Jedoch bietet die Gegend keinerlei Schwierigkeiten für Anlage guter Verkehrsstraßen. Mit dem Überschreiten des Chraflusses, welcher die Grenze zwischen Atakpame und Muatschae bildet, tritt mehr Gestein in Form von Granit, Sandsteinkonglomerat und Raseneisenstein frei zu Tage. Außer den oben erwähnten Kulturen werden auch Reispflanzungen beobachtet. Die Gegend wird wasserreich. Der Amu, 15 m breit, bis 1 m tief, kommt aus WNW und fließt an der Übergangsstelle nach O und weiter in den Agome. Er hat ein steiniges Bett und eine Stromgeschwindigkeit von 60 m in der Minute. Außer zahlreichen Büffel- und Antilopenspuren, unter diesen ebenfalls von der Pferdeantilope (Hippotragus), wurden hier die ersten frischen Elefantenspuren beobachtet. Der Atakpamehäuptling Do in Do Koffi am ca. 15 m breiten und bis 0,5 m tiefen Amutui, hat eine Viehherde von mehr als 100 Kühen, welche täglich gemolken werden. Die Eingeborenen bereiten auch Käse.

Atakpame hat seine frühere Bedeutung verloren. Die ehemalige Stadt auf dem linken Ufer des Amutui in etwa 15 km nordöstlicher Richtung vom Lager Do Koffi gelegen, ist vom König von Dahome zerstört und es sollen nur noch Ruinen und zerstreut liegende kleine Ortschaften an ihrer Stelle bestehen.

Von Do Koffi durchzog die Expedition in sechs Tagemärschen das noch unerforschte Apossogebiet, überschritt das Apossogebirge, am 27. April mit nicht unerheblichen Mühen die Illawinanikette desselben, welche an einzelnen Stellen Steigungen bis 45° hatte. Das Apossogebiet zeigt durchgehends den Gebirgscharakter, Höhen von 700 und mehr als 800 m, steile Hänge, bewaldete, tief eingeschnittene Wasserläufe, Schluchten, die gewöhnlich einen reichen Bestand an Ölpalmen tragen. Außer mächtigen Wollbäumen fallen uns besonders Shea-Butterbäume (Bassia butyracea) und Bambus, sowie auch der nützliche Borbon auf. Wasser ist reichlich vorhanden, klar und kühl; die Nächte waren für uns kalt. Bei den Ortschaften wird Tabak angebaut. Geologisch fällt außer Granit, freiliegendem Eisenstein in mächtigen Blöcken, vornehmlich Quarz, Glimmer und Thonschiefer auf. Die Eselhengste von Teneriffa bewährten sich auf dem Gebirgsmarsche als Lasttiere vortrefflich und jeder trug bequem und sicher bis 100 kg, also viermal so viel als ein Träger."

Infolge der notwendig gewordenen Zurücksendung seiner Träger aus dem Togogebiet zur Küste, hatte sich Herr Dr. Wolf während der Regenzeit auf eine längere Abgeschlossenheit auf der Station gefaßt gemacht, wurde aber am 22. Juni durch den Besuch des Hauptmann von François überrascht, der nach Erfüllung seines Auftrages von Salaga kommend und auf dem Rückweg zur Küste befindlich, die Station berührte. Dr. Wolf war deshalb in der Lage, über den Fortgang seines Unternehmens am 20. Juni, wie folgt zu berichten:

„Der Stationsbau ist auf einer Stelle in Angriff genommen, die 2,5 km in nordöstlicher Richtung von dem unter ca. 8° 10′ nördl. Br. befindlichen Ort Jege, Residenz des Oberhäuptlings Kontu, gelegen ist. Als Platz ist der dominierende Hügel Abadó, welcher 700 m relative und ca. 710 m absolute Höhe hat, gewählt und scheint derselbe allen Anforderungen zu entsprechen. Das Land Abeli soll bis jetzt den Fremden mehr oder weniger verschlossen gewesen sein, Händler wagten sich aus Furcht vor dem hiesigen Fetischkultus nur selten hierher. Durch mein Zusammentreffen mit dem Oberhäuptling Kontu und seinem Priester in Aposso, ist nun ein glücklicher Umschlag eingetreten. Es gelang mir, bei dem genannten Oberhäuptling, der ein geistig hochstehender Neger ist und in früheren Jahren Reisen nach Salaga, Jendi, Sansanne und Mangho gemacht hat, Einfluß zu erhalten und sein anfangs bestehendes Mißtrauen zu beseitigen. Er unterließ dann nicht, die übrigen Häuptlinge und die Bevölkerung zu beruhigen und ebenfalls für die Expedition günstig zu stimmen. Am 20. Mai wurde auf einer großen Versammlung in dem Fetischorte Perëu die Anlage der Station von den Häuptlingen und der Priesterschaft gebilligt. Es begann dann sofort der Bau der provisorischen Häuser und die Anlage von Feldern, so daß am 2. Juni die Expedition bereits ihr

Lager von Jege nach dem Ababú verlegen konnte. Am selben Tage mittags wurde auf demselben die Flagge gehißt.

Die Expedition ist einstweilen am nordöstlichen Hange in Grashütten untergebracht. Das Planieren der steinigen Kuppe ist nahezu beendet und wird dann sofort mit dem Bau der bleibenden Häuser begonnen, wozu das Material beschafft ist. Die nahen Galleriewälder liefern vorzügliche Bauhölzer in reichlicher Menge. Gutes, kühles Trinkwasser giebt der 1—2 m breite Ababiá, welcher in einem steinigen Bett am Fuße des Ababú von O nach S in den Jege fließt. Der steile Abstieg, 40° im Mittel, ist bereits durch Anlage von 370 Stufen für das Wasserholen wesentlich erleichtert.

Mit der Anlage von Pflanzungen ist ebenfalls bereits begonnen. Außer verschiedenen europäischen Gemüsen, Bohnen, Erbsen, Spinat, Kartoffeln, Gurken, Radieschen, Salat u. s. w., die auffallend schnell aus dem Boden emporwuchsen und zur Zeit sehr gut stehen, sind Anpflanzungen von einheimischen Bodenerzeugnissen, Bohnen, Mais, Reis, Maniok gemacht. Die Fläche der jetzt bebauten Felder beträgt 8623 qm. Baumwolle und liberianischer Kaffee sollen in diesen Tagen angepflanzt werden. Das Reisfeld umfaßt 3652 qm. Auch ist bereits eine Anpflanzung von 500 Bananen angelegt, welche noch vergrößert werden soll. Der einheimischen Bevölkerung ist die Verwertung der Banane zu Hanf nicht bekannt, ebenso wenig kennt sie den Wert der Kautschukliane Landolphia, welche hier sehr häufig ist und für den Handel von Bedeutung zu werden verspricht.

Ich glaube schon jetzt darauf aufmerksam machen zu müssen, daß nach meiner Ansicht eine Station hierorts einen bleibenden Wert für die Zukunft und Fortentwickelung der vielversprechenden Togokolonie haben wird. Durch dieselbe kann ein Verkehr zwischen der Küste und dem Innern, den numerisch schwache, räuberische Stämme bis jetzt zu verhindern suchten, mit verhältnismäßig geringen Mitteln geschaffen und gesichert werden. In Apossa hatte man einen meiner Träger, einen Weh=Jungen, welcher mit seiner Last entfliehen wollte, aufgegriffen, beraubt und sofort als Sklaven verkauft. Als ich unter Androhen kriegerischer Maßregeln die Auslieferung verlangte, erfolgte dieselbe ohne weiteres. Zugleich bemühte man sich, die friedfertigsten Versprechungen für die Zukunft zu geben, die jedoch kaum länger gehalten werden, als die Station sich hier befinden wird. Seitdem die Expedition sich hier festgesetzt hat, sind die Sicherheitsverhältnisse bereits wesentlich bessere ge-

Die Station Bismarckburg im Togolande. 509

worden. Ohne den beschwerlichen Marsch über das Apossogebirge ist es möglich, einen viel kürzeren bequemeren Weg nach Klein Popo zu nehmen. Der Boden scheint fruchtbar zu sein, für Viehzucht ist er geeignet. Die handelspolitische Bedeutung der Station muß darin liegen, daß sie es sich zur Aufgabe macht, vornehmlich den Verkehr aus den nördlich und nordöstlich gelegenen Gebieten nach unseren Küstenplätzen zu vermitteln. Die Möglichkeit hierfür ist, wie es scheint, gegeben.

Die sozialen Verhältnisse sind hier noch sehr ungeordnet und es scheint hier mehr als irgendwo sonst in Afrika nur die Gewalt zu herrschen. Ich war überrascht, schon nach einer Tagereise von Klein Popo, richtiger Anehó, auf Eingeborene zu stoßen, welche in ihrem Äußern und in ihrem Benehmen mehr den Eindruck von „Wilden" machten, als die Bewohner am unteren Kongo bis Leopoldville oder die Angolas bis an den Kuango. Jetzt, hoffe ich, wird jedoch bald alles anders und besser werden. Die Station übt einen mächtigen Einfluß weit und breit auf die umwohnenden Volksstämme aus und ist zweifellos eine große Stütze für unsere Herrschaft an der Küste. Mit den hiesigen Eingeborenen ist das Verhältnis ein andauernd gutes und haben sich dieselben mir vollständig untergeordnet, ohne daß ich mir um die „Regierung" über sie irgend welche Mühe gegeben hätte. Sie bestehen darauf, alle ihre vielen Streitigkeiten, die sich oft Jahrzehnte hindurch fortgespielt haben, mir zur Entscheidung vorzulegen. Eine derartige richterliche Thätigkeit ist höchst unangenehm und zeitraubend. Wenn man sich ihr bis zu einem gewissen Grade auch im Interesse der Sache nicht gänzlich entziehen darf, so halte ich es doch im allgemeinen für richtiger, den Eingeborenen möglichst das Selbstregieren zu überlassen und sich nicht in alles einzumischen. Ich glaube, daß dadurch unser Ansehen und unsere Macht in Afrika am besten gewahrt und befestigt wird. Meine ärztliche Thätigkeit ist mir hier in Adeli sehr zu statten gekommen. Als ich im Apossogebiet noch nicht wußte, ob ich in das verschriene Fetischland Adeli hineinkommen, und der Gedanke, ob es mir überhaupt gelingen würde, schon in nächster Zeit einen günstigen Platz für die Anlage einer Station zu finden, mir viele Sorge machte, traf ich den mächtigsten und einflußreichsten Adelihäuptling Kontu, welcher an einer schweren und höchst schmerzhaften Regenbogenhaut-Entzündung litt. Ehe ich mit ihm zusammen kam, hatten sein Sohn und sein Fetischpriester mich bereits aufgesucht und in Gegenwart einer großen Volksversammlung die Götter Abelis, Neijo, Frikko und Nikkola, befragt, ob ich als ihr Freund oder als ihr Feind käme. Um sich hierüber zu vergewissern, wurde einem Huhn öffentlich die Kehle fast durchgeschnitten und dasselbe zappelnd und mit den Flügeln schlagend weit weg auf den Boden geworfen. Das Huhn fiel auf den Rücken und verendete zum Glücke für mich und die Expedition in dieser Lage. Ich sage zum Glück, denn wäre das Tier auf die Brust gefallen und so gestorben, so hätte man mich als Feind Abelis betrachtet und behandelt. Die Erklärung hierfür ist folgende: Ehe das Huhn geopfert wurde, bestrich der Priester mit demselben meinen Dolmetscher und meinen Führer als meine Vertreter. Beide mußten dann in den geöffneten Schnabel hineinspucken, um dem Tier dadurch ihre und vor allem meine Gedanken und Ansichten mitzuteilen. Als das Huhn nun im Todeskampfe auf dem Rücken liegend verendete, lieferte dieses den Eingeborenen den Beweis, daß, wie die Brust desselben frei da liege, ebenso auch die meinige, i. e. mein Inneres frei von Hintergedanken sei. Einige Tage später traf ich mit dem Häuptling Kontu zusammen und konnte ihn bald durch Atropin u. s. w. von seiner höchst schmerzhaften Augenkrankheit heilen. Die Atropinblättchen eignen sich vorzüglich für die Tropen und verlieren nicht ihre Wirkung. Man darf ebenso wenig Morphium als Atropin in Lösung mit nach Afrika nehmen.

Als ich in Abeli angelangt war und mit Vorsicht Verhandlungen über Anlage einer Station anfangen wollte, in der Bevölkerung aber noch ein großes Mißtrauen gegen uns als die erst gesehenen Weißen bestand, erhielt ich das neugeborene Kind des Sohnes und Erben von Kontu, welches nahe daran war, der Erstickung zu erliegen, und von den Angehörigen bereits aufgegeben wurde, durch künstliche Atmung am Leben. Der Häuptling Kontu und sein Sohn wurden nun meine ergebensten Freunde und versichern mich fortwährend ihrer Dankbarkeit. Das betreffende Kind zeigte bei der Geburt übrigens auch die helle Farbe wie ein neugeborenes kaukasischer Rasse und eine braune Iris. Die Station ist nun so weit gesichert und nimmt ihre Entwickelung einen erfreulichen Fortgang. Der Gesundheitszustand ist andauernd gut und hat das Aufwühlen des frischen Bodens mit seinen Gefahren uns noch nicht geschadet. Bugslag arbeitet den ganzen Tag von morgens früh bis abends spät mit der Axt, Säge oder mit dem

Spaten im Garten. Sein Arbeitseifer ist nun mal nicht zu zügeln. Seit einigen Tagen essen wir bereits Gurken, Radieschen und Salat aus unserem Garten. Alle Früchte stehen gut, Bohnen, Erbsen, Wurzeln, Kohl, Kartoffeln, auch Klee und Luzerne. Die landesüblichen leichten Fieber in der Expedition sind bis jetzt stets auf Erkältung als Entstehungsursache zurückzuführen gewesen. Auf dem Adalo pflegt eine frische SW-Brise vorherrschend zu wehen. Wir tragen natürlich alle wollenes Unterzeug. Die Jägerwolle ist am angenehmsten. Man nimmt Unterjacken und Unterbeinkleider am besten weiter als gewöhnlich in Europa und dünn, die Unterjacke nicht doppelt auf der Brust, sondern links an der Seite von oben bis unten zum Zuknöpfen, wodurch das Aus- und Anziehen erleichtert wird. Ich trage zur Zeit über einer solchen Unterjacke noch ein seidenes Hemd, dann eine Weste und eine sog. Wiener Bluse von blauem Flanell. Die Eingeborenen leiden am meisten an rheumatischen und Lungenkrankheiten und neigen als Gebirgsbewohner sehr zu Kropf. Knaben und Mädchen von etwa 14 Jahren haben oft ein kopfgroßes Struma. Ich bin sehr gespannt auf die Resultate unserer meteorologischen Beobachtungen während der Trockenzeit. Sämtliche Instrumente funktionieren gut. Das Quecksilber-Barometer befindet sich wohl und sicher aufgehoben und wird wie ein Kleinod behütet.

Ich habe nicht umhin können, mir bis jetzt über die Zukunft unserer Togokolonie und deren Hinterland, soweit ich es kennen gelernt habe, eine sehr günstige Ansicht zu bilden. Der Wechsel in der Terrainformation und der Bewässerung ist überraschend. Während der erste Teil des Marsches von der Küste bis Atakpame (Gleji) über ein ebenes oder leicht gewelltes Gelände führt, dessen Wasseradern, auch die größeren wie der Haho, Chra u. s. w. in der Trockenzeit vollständig ausgetrocknet sind, so daß oft empfindlicher Wassermangel eintritt, sind die hydrographischen Verhältnisse von dort ab für das ganze Jahr günstige. Diese Gegend hat einen entschiedenen Gebirgscharakter und ist von zahllosen Bächen und Flüßchen durchschnitten, die nie austrocknen und ein erfrischendes, kühles Trinkwasser von der bekannten vertrauenerweckenden bläulichen Farbe liefern.

Ich will nicht unterlassen, die von der Küste ab gangbarsten Tauschartikel, über die ich in Deutschland nichts Bestimmtes erfahren konnte, kurz anzuführen, eine Mitteilung, die vielleicht unserer heimischen Industrie von Nutzen sein könnte.

Die beliebtesten Zeuge sind: **Taschentücher und Kattune**, rotgeblümte Muster und sog. Fancy-Points; **Blättertabak** in Bündeln (heads), billige Löffel und Messer, gewöhnliche Perlen, sog. **Popo-Beads, Glaskorallen und echte Korallen, Feuersteine** für Steinschloßgewehre, Decken, billige Filzhüte, sog. Triumphhüte, und Hemden, weiß oder gestreift, sind beliebt als Geschenke für Häuptlinge, Parfüme, wie Lavendel, und weiter: **Rotgarn in Päckchen**, Blaugarn, dicker Messingdraht (brass rods), rote Fez, **Spiegel** (Soldatenspiegel), Sammet, Nähnadeln, Shirting, **türkisch-roter Kattun**, weiße Baumwollenzeuge (Grey baff und Grey superior). Langschäftige Steinschloßgewehre, sog. Daneguns, und rot angestrichene mit großer Mündung, sog. Buccaneer, für Elefantenjagd, sowie Pulver sind sehr geeignet zum Ankauf von Pferden und Rindvieh, ferner Seide in Stücken oder Tüchern, rot oder rotgeblümt.

Taschentücher und die eingeführten Kattune sind überall sehr beliebt als Tauschartikel. An der Küste und während der ersten Marschtage waren kleine Silbermünzen, bis jetzt noch englische 3 und 6 Pence, höchst erwünscht und vorteilhaft zu verwerten. Kattune und Seide habe ich in Deutschland erheblich teurer bezahlen müssen als an der Küste. Sollte unsere Industrie diese nicht ebenso billig für den afrikanischen Markt beschaffen können als die englische? Eisenwaren, wie kleine und große Messer (sog. butcher knives), Haumesser und Hacken, Taschenmesser haben als Exportartikel nach hier eine Zukunft.

Seit 8 Tagen lasse ich auf der Station von einheimischen „Damen" weiße Uniformen echt indigoblau färben. Indigo wächst hier wild und kann ebenso wie Kautschuk ein Ausfuhrartikel werden. Die Landolphia ist sehr verbreitet, doch ist ihre Verwertung den Eingeborenen noch unbekannt. Glücklicherweise, denn da ist es hier vielleicht noch möglich, den afrikanischen Raubbau zu verhindern und die Ausbeute, sowie die Pflege derselben rationell zu betreiben.

Der Schulmeister von Kamerun.
Ein Kulturbild aus der deutschen Kolonie.

Deutschland hat bekanntlich zwei Württemberger als „Reichsschulmeister" nach Kamerun gesandt, um mit deutscher Gründlichkeit die Erziehung der Neger zu unternehmen. Der eine, Herr Christaller, weilt gegenwärtig zur wohlverdienten Erholung in Deutschland, der andere, Herr Flad, hat am 8. Mai 1889 im „Schwäbischen Merkur" seinen speziellen Landsleuten einen höchst interessanten und lehrreichen Bericht über sein Leben und Treiben unter den Afrikanern veröffentlicht, aus dem wir folgendes hervorheben:

Die schwarzen Jungen begreifen sehr schnell. Im Rechnen treffen sie oft instinktiv das richtige, was allerdings nicht zu verwundern, da die Duallas ein Handelsvolk sind, das Juden und Armenier weit übertrifft. Es macht mir deshalb, zumal ich mich körperlich so wohl fühle wie in Deutschland, und vom Fieber noch nicht geplagt wurde, das Schulgeschäft viel Freude. Und in einer fremden Sprache sich zu versuchen, hat auch seinen Reiz.

Den zweiten Stock mit drei Zimmern und einer breiten Veranda auf drei Seiten des Hauses bewohnen die Schulmeister. Ein neu angelegter Garten umgiebt idyllisch Kameruns Bildungsstätte. Originell, von gewissem Reichtum und nicht unbedeutender Leistungsfähigkeit zeugend, umrahmen, in Ermangelung von Steinen, Bierflaschen seine „Länder" und verwehren dem ergiebigen Boden das Entrinnen bei tropischem Regen. Bananen und Planten mit ihren riesigen Blättern und süßen Früchten siedeln sich ungerufen darin an. Mangobäume, unseren Wallnußbäumen ganz ähnlich, mit pflaumenartigen Früchten, spenden köstlichen Schatten. Daß ich im Lande, wo der Pfeffer wächst, bin, zeigt wildwachsend ein ansehnlicher Strauch.

Drunten unter der Höhe, auf der das Schulhaus steht, fließen die Wasser des 1 km breiten Kamerun nach Ebbe und Flut abwärts und aufwärts. Eine Menge Fahrzeuge beleben ihn. Sieben Hulks beherbergen, äußerst wohnlich eingerichtet, englische Kaufleute. „Nachtigall", „Hyäne" und „Habicht" sind heute hier, morgen dort als Horte des Friedens zum Kriege gerüstet bereit. Musikam habe ich allezeit lieb gehabt und Konzerten bis zu später Stunde mit

Vergnügen zugehört. Aber allzuviel, wie ich es hier habe, ist beinahe ungesund.

Es ist 7 Uhr, schon seit 6 Uhr fast ohne Dämmerung Nacht, heute allerdings prächtige Mondnacht. Von dem Festschmaus, den einer der Herren Häuptlinge oder gar „King" Bell zur Feier des Tages gegeben und bei dem der Schnaps, oder, um dem Fusel einen besseren Namen zu geben, der Rum wie gewöhnlich die Hauptrolle gespielt hat, kehren eingeladene Gäste von der anderen Seite des Flusses in ihren Kanus unter etwas rauhem Gesang ihrer Nationallieder glücklich in die Heimat zurück und ihre Gesänge verstummten allmählich. Aber Geiger und Pfeifer, b. h. Zikaden und Grillen und Zirpen, haben auch schon begonnen und sind in Vorführung ihrer Kunst unermüdlich, Frösche stimmen vom nahen Fluß aus kräftig mit ein. Elektrische Beleuchtung spendet von oben der Mond und von unten eine Menge fliegender Leuchtkäferchen, welche sich dem „Nachtwandler" ringsum als blitzartig aufleuchtende Funken zeigen. Zu solchem Leben schweigt auch der Schwarze nicht. Tagsüber wohl ausgeruht unter schattigen Mangos, lebt er jetzt neu auf.

Der Lärm von Tänzen und Reigen oder gräßliches Klagegeschrei um jüngst Verstorbene, auch die Nacht durch fortgesetzt, um der lechzenden Gurgel den labenden Trank zu verdienen, oder Gejammer über Verlust von Hühnern, Ziegen u. s. w. durch Diebstahl, und anderes Getümmel übertönt die nicht unschön klingende, von Weißen nicht verstandene Sprache der Trommel. Wachhabende „Kruboys", vom Gouvernement und von deutschen und englischen Kaufleuten zur Sicherung von Gut und Leben angestellt, beginnen schon um 8 Uhr ihr weithin schallendes, Wachsamkeit beweisendes, oft wiederholtes „Brüllen". Lange vor Anbruch des Tages fangen auch Kameruns Hähne zu rufen an, und ernsthaft mahnt bald der „Hyäne", des Kriegsschiffes, Tagwache zum Aufstehen.

Ruhiger verläuft der Tag. Schon in der Frühe des Morgens kommen Männer und Jünglinge kräftigen Schlages mit langen, stützenden Stäben angewankt, um sich's unter Schattenbäumen sitzend oder liegend bequem zu machen. Ihre Ausdauer ist zu bewundern. Stunden und Tage verbringen die Kerle oft in hockender Stellung zu 20 und 30 beisammen im Nichtsthun. Daß sie dabei im Stillen viel philosophieren, bezweifle ich. Doch da kommt plötzlich jammernd und klagend ein Weib und verkündet einem aus der faulen Gesellschaft den Tod seiner Frau. Obwohl dem Ehemann noch 17 geblieben, ergreift ihn doch diese Trauerpost tief. Denn sie war sein Hauptweib und ein gut Teil seines Vermögens und er hat sie einst als schöne Maid von King Bell um 4000 Mark mühsam erworben. Und kräftiger Trauermusik verdankt mancher manch labenden Schluck, deshalb säumt keiner, alsbald mit greulichem Geheul zu beginnen und dem Hause der Toten zuzueilen.

Unterdessen hat die Sprechtrommel die Botschaft auch schon nach allen Seiten der Stadt hingebracht und die innigste Teilnahme wird von überall her bekundet. Die Weiber finden sich vor der Hütte der Toten zu Tänzen zusammen und „niemand tröstet mich!" ist dabei ihre Klage. Drei Tage und drei Nächte geht solches fast ununterbrochen fort. Am neunten Tage nach ihrem Abscheiden von diesseits kommt die Verstorbene wieder, um ihre Kleider zu holen, und zur Feier des Tages gelangt das lange Gehörte nochmals zur Aufführung.

So lange die Kerle zu essen haben, werden sie nicht zur Arbeit greifen, das ist Sache der Weiber. Der Fischfang, den sie nachts in Gesellschaften ausführen, liefert reichlich Fleisch zu Jams und Maniok, ihren Lieblingsspeisen aus dem Pflanzenreich. Hin und wieder wird auch eine Seekuh gefangen oder ein Elefant erlegt und alles lebt in Hülle und Fülle. Wer außer auf Fristung seines Lebens auch auf Vergrößerung seines Mammons, das heißt auf Erwerb eines bedeutenden Weiberschatzes bedacht ist, geht auf den Handel ins Innere — ist so Vermittler zwischen Binnenländern und Weißen — und erwirbt ein Weib nach dem anderen.

Die Kaufpreise sind sehr verschieden. Kräftige, schöne Jungfrauen werden teuer bezahlt. Bell hat es auf 34 gebracht, während sein Nachbarkönig Akwa noch um zehn reicher ist. Erlauben einem armen Heiratskandidaten seine Mittel den Kauf eines Weibes nicht, so ist dessen Vater, wenn er nicht im stande ist, seinem Sohne eine Maid zu kaufen, verpflichtet, von seinen Weibern ihm eines abzutreten.

Was thut denn aber der Weiße unter diesem glücklichen, immer heiteren Naturvolk? höre ich Sie fragen. Deutsche und englische Kaufleute in Faktoreien und auf Hulks beglücken mit Rum und Pulver, beide Haupthandelsgegenstände natürlich von den besten Sorten, und außerdem mit Kleidungs- (Lendentuch, Rock, Hut und Halskette für Gentlemen) und Haushaltungsstücken. Dafür handeln sie Palmkerne und Palmöl ein und lassen solches in großen Massen nach Deutschland wandern.

Die Herren vom Gouvernement suchen Alt- und Neu-Deutschlands Bestes. Mit Rechtsprechen, Friedenstiften, Ordnungschaffen oder, um den hier üblichen Ausdruck anzugeben, mit „Palawer setteln", giebt es da und dort immer viel zu thun, denn die Kerls haben alle Augenblicke Händel.

Wer auf Europas Genüsse Anspruch macht und sie nicht verschmerzen zu können glaubt, ist übel dran. Alles poesielos! ist Vieler und war auch anfangs meine Klage. Aber seitdem ich mich bequemt, auch die guten Seiten afrikanischen Lebens zu beachten, fühle ich mich nicht mehr so unglücklich. Einem Deutschen, der in der Frische des dämmernden Morgens der Vögel Sang gern lauscht und in der Kühle des Abends an rötlich strahlenden Höhen und Gipfeln sein Auge geweidet, der am Wechsel zwischen Tagen des Sommers und Winters und Frühlings und Herbstes viel Reiz gefunden, will es zwar nicht recht passen, daß die Tagesordnung Kameruns jahraus, jahrein dieselbe ist, daß, ob Dezember oder Juni, um 6 Uhr der Tag und um 6 Uhr die Nacht einbricht. Aber dafür ist Erdölverbrauch und Augenverderben bei Morgenstudien auf Null gesunken, denn die Sonne des Tages sendet schon in der Frühe dem Fleißigen Licht.

Allerdings trillern nicht Lerchen durch die Luft und der Wachtel Schlag und der Amsel Sang sind nicht zu vernehmen, wohl aber geübter und nicht geschulter Papageien merkwürdig Gepfiff und anderer Vögel schönklingende Lieder. Im Grase hüpfen niedliche Schwarzköpfchen, auf blühenden Bäumen allerliebste, vielschimmernde Kolibris. Und Ebenen, Hügel und Berge ringsum, ewig jung, ewig grün!

Um 7½ Uhr des Morgens ladet die Glocke Kameruns Knaben zur Schule, um 8 Uhr hissen „Cyklop", „Hyäne" und „Nachtigall" ihre Flaggen, und in demselben Augenblick thut des Schulhauses Glocke durch acht Schläge kund, daß der Unterricht beginnt. Zum Mittagsmahl fahre ich per Kanu ¼ Stunde aufwärts in die Mission, wo mir's sehr gut gefällt.

Von 2 bis 4 Uhr nachmittags halte ich wieder Schule. Die Kleidung dabei ist etwas einfacher als in Stuttgarts Mittelschule. Kragen, Krabatte, Manschetten und Weste kommen in Wegfall. Im weißen, aus Hose und Juppe bestehenden Anzug erscheint der Schulmeister, wenn er gar noch eine silberne Uhrkette trägt, seinen mit Hüftentuch bekleideten, und wenn's hoch kommt, mit einer Halskette geschmückten Schülern als Stutzer.

Die Hitze ist zu ertragen. Um 12 Uhr ersetzt der frische, kühlende Seewind des Landwindes Fächeln, damit das Thermometer 27° R. nicht erreiche. Von Ungeziefer sind wir hier nicht viel belästigt. Ich arbeite am Schreibtisch ohne Moskitonetz und ohne Rauchen den Tag über so ungestört wie in Deutschland im Winter.

In den Abendstunden bekomme ich allerdings viel lichtsuchende Gäste. Da begehrt die Gottesanbeterin Einlaß durchs Fenster. Bock- und Hirschkäfer stellen sich unangemeldet ein, und es wird ihnen Trunk und Bad in dem hier vielbegehrten Fusel gestattet. Auch hübsche Nachtfalter verirren sich in des Schulmeisters Behausung. Allabendlich zeigen sich, gelockt durch des Harmoniums Töne, bescheiden an die Wände geklammert, einige niedliche Eidechsen als treue gestrenge Polizisten, die jeden Ruhestörer unbarmherzig mit dem Tode bestrafen, wenn er in ihren Bereich kommt. Vergeblichen Kampf kämpfe ich mit ihnen gegen „Kakrutschen" und „Kakerlaken", die ehrenwerten Vettern unserer „Schwaben". Den Tag über vollbringen diese lästigen, maikäfergroßen Dinger in Schlupfwinkeln an Kleidungsstücken u. s. w. ihr Zerstörungswerk in aller Ruhe, um abends mit merkwürdiger Schnelligkeit die Lampe zu umschwirren, an Wände oder an des Schreibers Schädel mit erschreckendem Geräusch zu stoßen und dann, mit Büchern und Heften oder auch mit dem Hausschuh verfolgt, bald da, bald dort sich zu zeigen und wieder zu verschwinden.

Der Kongostaat.

I.

Aussichten des Kongostaates.

Nach Wißmann und de Brazza.

Der Kongostaat, dessen Erschließung für den internationalen Handel und gesicherte Stellung vor allem dem einsichtsvollen und thatkräftigen Eingreifen des Fürsten Bismarck gegenüber den Separatbestrebungen Englands und Portugals auf der Berliner Konferenz (1884) zu verdanken ist, geht trotz des Antriebes des genialen

Königs der Belgier, welcher für denselben aus seiner Tasche mehr als 13 Millionen Francs gespendet hat, einer ungewissen Zukunft entgegen, da diesem ungeheuren Ländergebiete von 3 Millionen Quadratkilometern mehrere Hauptbedingungen einer gesunden Entwickelung noch fehlen. Er hat nur eine Seeküste von 37 km, der größte Teil des Unterlaufgebietes ist in den Händen von Frankreich und Portugal, die Wasserstraße ist durch Stromschnellen, Wasserfälle und endlose Felsenriffe beeinträchtigt, die Grenzen nach Norden und Süden gegen Angriffe nicht gesichert, die unentbehrliche Militärmacht noch viel zu schwach; der Handelsverkehr trotz der 29 Stationen (5 am Unterlauf, 18 am Mittellauf, 6 am Oberlauf) weniger bedeutend als man erwartete. Der Bau der Eisenbahn am unteren Kongo, zu dem Belgien 10 Millionen giebt, wird im nächsten Jahre beginnen und jedenfalls in allen Beziehungen außerordentlich günstig wirken. — Die allgemeine Teilnahme, welche das Schicksal des jungen Staates in Deutschland erregt, wird es rechtfertigen, daß wir hier die neuesten Zustände und Aussichten desselben von drei der besten Sachkenner, Wißmann, de Brazza und Karl v. François besprechen lassen. Nach unserer unmaßgeblichen Meinung liegt die Zukunft des Kongostaates in seinem Oberlaufe und dessen Verkehrsentwickelung mit dem Seeengebiete und Deutsch-Ostafrika, resp. der vom Tanganyika nach der Ostküste zu bauenden Eisenbahn. Hierin liegt auch ein äußerst bedeutendes, kolonialpolitisches Interesse des Deutschen Reiches!

Auf meiner ersten Reise von Loanda nach Sansibar habe ich den ganzen Süden der Kongostaaten — von 21° bis 30° östlicher Länge — zu Lande durchwandert; auf meiner zweiten Reise habe ich abermals den Süden der Staaten zwischen 11° und 23° östlicher Länge, teils zu Lande, teils zu Wasser, dem Laufe der Flüsse folgend, kennen gelernt. Wenn ich auch Herrn Pechuël zugebe, daß man auf einer Flußreise verhältnismäßig wenig von Land und Leuten sieht, wie bisher Herr Stanley und alle anderen späteren Erforscher des Kongobeckens, so kann gerade ich auf Grund der Landreisen mir eine ausreichende Beurteilung der durchreisten Striche anmaßen und, da ich auf diesen Reisen nicht Flußläufen folgend, sondern dieselben kreuzend, nicht nur Flußthäler, die eventuell besser bewässert, reicher und bewohnter sein könnten, sondern auch das höhere Land sah, berechtigte Schlüsse auf benachbarte Länderstriche oder auf unter gleichen meteorologischen Verhältnissen sich befindende

Gegenden ziehen. Ich teile der Güte nach die Kongostaaten in drei Teile.

Der bei weitem größte Teil, das eigentliche äquatoriale Zentralafrika, ein Rechteck zwischen 17° und 60° östl. Länge von Greenwich und 4° nördl. und 6° südl. Breite, der mittlere Kongo, ist ein immens reich bewässertes Tropenland in einer günstigen Höhenlage über dem Meere, ohne ausgedehnte große Versumpfungen. Das Land ist außerordentlich stark bevölkert.

Der zweite Teil, der obere Kongo (Bualaba), südlich des 6.° südl. Breite bis hinauf zum Bangweolo-See, zwischen 24° östlicher Länge und dem Tanganjika, ist weniger günstig bewässert, d. h. hat eine nicht günstige Trockenzeit, hat viele Versumpfungen und ist geringer bevölkert.

Der dritte Teil, von 17° östl. Länge bis zur Küste, der untere Kongo, ist ein ungünstig bewässertes, schwach bewohntes, zum Teil tief liegendes Land. In dieser kurzen Charakteristik sind die Hauptmomente, die den Wert eines Landes für Zivilisation bedingen, enthalten.

Herr Pechuël-Loesche kennt durch eigne Anschauung nur den letzten, kleinsten, ungünstigsten Teil, den Teil, der nur in Frage kommt als Verbindung des reichen Inneren mit der Küste . . . . . Herr Dr. Pechuël-Loesche sagt, daß die zu lange anhaltende Trockenzeit waldbildende Holzgewächse durchaus nicht aufkommen ließe. Die ungünstige Trockenzeit nun existiert nicht; die Galerie-Urwälder sind bei der kolossalen Bewässerung vielfach so häufig und so breit ausgedehnt, daß sie, wie in dunklem Marmor starkem Geäder gleich das Gelände durchziehen, ja sich oft auf den zwischen zwei Wasserläufen stehengebliebenen Plateauresten begegnen. Auch die Regenwälder, deren Fehlen Herr Dr. Pechuël-Loesche als ein Zeichen der Unfruchtbarkeit angiebt, existieren in großer Ausdehnung. Stundenlang zu durchwandernde Urwälder trifft der Reisende häufig zwischen dem Kassai und Tanganjika, tagelang den Reisenden beschattende Urwälder sind vielfach nachgewiesen. So fand Pogge zwischen dem Lulua und Kassai, südlich der Vereinigung beider Flüsse, wohl den westlichen großen Urwald in dieser südlichen Breite. Auf dem ganzen Plateau zwischen Lubi und Lubilasch durchwanderte ich einen ununterbrochenen Urwald. Man denke an Stanleys Mitamba. Der ganze untere Lulua und der Kassai von der Lulua-Mündung bis weit abwärts der Sankuru-Mündung sind von ununterbrochenen, unabsehbar weit ins Land gehenden Urwäldern eingefaßt. Das ganze nördliche Manyema, ebenso wie Uregga, wird als ununterbrochenes Urwaldgebiet geschildert. In allen diesen Wäldern wächst wilder Kaffee. Diese Urwälder sind unbewohnt; um so bevölkerter sind dagegen die vom Walde frei gebliebenen Prärieen und Savannen, und in welcher Üppigkeit geben diese Savannen den Eingeborenen ihre Lebensbedürfnisse!

Man macht sich an der Küste keinen Begriff davon, zu welcher Größe, Fülle und Reichheit Maniok, Mais, Hirse und die Erdnuß gedeiht. Ich verweise auf den Bericht meiner ersten Reise, was die Bevölkerung des von mir, die Flußläufe schneidend, durchwanderten Zentralafrika anbelangt, und doch sagt Dr. Pogge, daß er erst auf seiner Rückkehr von Nyangwe nach Westen, da die Eingeborenen, nun von der Friedfertigkeit der Expedition überzeugt, sich zeigten, Gelegenheit hatte, die immense Bevölkerung zu bewundern. Diese bewohnten Prärieen und Savannen sind trotz der Üppigkeit und meist damit verbundenen Härte der Gräser auch für Rindvieh sehr brauchbar. Vom Osten aus ist das Rindvieh schon bis westlich vom Lomami vorgedrungen; vom Westen aus ist es von Pogge und mir bis östlich über den Lulua gebracht worden. Alle Araber züchten Rindvieh; überall fand ich dasselbe in vorzüglichem Zustande. Mit richtiger Anwendung von Bränden kann man stets für dem Rindvieh zuträgliches Gras sorgen... Ich bin der festen Überzeugung, daß mit der Kongo-Eisenbahn, die nun zu meiner größten Genugthuung zur Ausführung gelangen soll, die volle Lebensfähigkeit der Kongostaaten gesichert ist. —

Dem Grafen Savorgnan de Brazza, einem der kühnsten Afrikaforscher, der neben Barth, Livingstone, Nachtigall, Rohlfs und Stanley gestellt zu werden verdient, verdankt Frankreich die Erweiterung seiner schönen Kolonie am Ogowé bis an den Kongo und die Wissenschaft und Kenntnis des oberen Ogowélaufes und der Wasserscheide zwischen demselben und dem Kongo, sowie die Entdeckung der schiffbaren Nebenflüsse des letzteren, Alima und Likoma. Durch seine beiden ersten Entdeckungsreisen 1875 bis 1878 und 1880 bis 1882, wobei er einmal 8 Monate lang barfuß unter tausend Gefahren durch die Wildnis wandern mußte, suchte er einen Weg, der für die künftigen Handelsbeziehungen mit dem mittleren und oberen Kongo von unermeßlicher Bedeutung werden könnte, da derselbe mit Benutzung des mehr als 600 km langen schiffbaren Teiles des Ogowé und der Kongozuflüsse Alima und Likoma das schwierige Katarakten-Gebiet des Kongo umgehen und zur See die 700 km lange Küstenfahrt von der Mündung des Ogowé bis zur Kongomündung ersparen würde. Das Hauptergebnis seiner Reisen war jedoch nicht das anfangs bezweckte, denn er fand, daß nicht der Ogowé, sondern das Thal des 500 km südlicher in das Meer mündenden Kiulu die beste Eingangspforte in den Kontinent und zunächst zum mittleren Kongo sei, bequemer als die Kongoroute selbst. Die französischen Kammern hatten Einsicht genug, um Brazzas kolonisatorische Pläne mit reichlichen Mitteln zu unterstützen, so daß er nicht weniger als sieben jetzt in Blüte stehende Stationen gründete, von denen Brazzaville am Kongo seinen Namen erhielt.

De Brazza vollendete seine Kenntnisnahme des Kongo auf einer dritten Reise 1882. Er ist jetzt Gouverneur der von ihm Frankreich geschenkten vielversprechenden Kolonie.

Sein Urteil über die Aussichten und Aufgaben des Kongostaates stimmen mit dem von uns nach andern Forschern gegebenen Ansichten S. 367—373 ziemlich genau überein.

De Brazza nennt den unteren Kongo absolut unfruchtbar, der Kongostaat habe eine gute Zukunft nur durch den oberen Kongo. Plantagenwirtschaft und Handelsniederlassungen seien allein möglich, von Kolonisation resp. Ackerbau durch Europäer könne keine Rede sein. Die nächste Aufgabe des Kongostaates müsse die Anlegung von Straßen und einer Eisenbahn sein, welche große Dienste leisten würde. Ein bedeutender Kostenaufwand sei erforderlich, allein derselbe werde sich durch die Steigerung des Einfuhrhandels lohnen. Auch die Ausfuhrartikel der Eingeborenen werden dereinst mit der Zunahme der Bevölkerung in Europa an Wert steigen, so daß in Afrika selbst schwerlich jemals eine Überproduktion der Bodenerzeugnisse eintreten könne. So betrachtet, schließt de Brazza, erscheint die Besiedelung von Afrika vielleicht zwar verfrüht, aber nicht verfehlt. Mag aus den besiedelten Gebieten zunächst werden, was da wolle, sie müssen eben doch besetzt werden. Sonst hätten andere zugegriffen, so daß in hundert Jahren, wenn sie sich als gute Anlagen erwiesen, nichts mehr zu machen gewesen wäre. Dabei müssen wir uns für jetzt beruhigen und bedenken: für die Gründer des Kongostaates gab es keinen andern Weg. Hiermit spricht Graf de Brazza die Praxis der Kolonialpolitik aus, welche England zur ersten überseeischen Weltmacht gemacht und demselben mehr als

70 Prozent des Welthandels gegeben hat. Die Engländer haben in Neu-Seeland, Australien und Oceanien mit Ländererwerbungen und Anlage von Kolonieen nicht gewartet, bis man ihnen deren Erträge oder authentische Zinskoupons derselben auf einem Präsentierteller entgegenbrachte. Die wackern Belgier treten am Kongo in ihre Fußtapfen, sie bauen dort die so nötige Eisenbahn und sind im Begriffe den ganzen Kongostaat „königlich belgisch" zu machen, was für Wahrung aller Interessen das beste wäre. Ähnlich steht es mit unserem Deutsch-Ostafrika. Die Zwitterstellung muß so bald wie möglich der direkten Reichsangehörigkeit weichen.

Für die geographische und ethnographische Wissenschaft ist die Thätigkeit der Belgier am Kongo schon recht ersprießlich gewesen. Zuletzt hat noch der Kapitän R. van Gèle das große Uëlle-Rätsel gelöst, indem er mit dem Dampfboote „En Avant" am 21. Novbr. 1887 die Songostromschnellen des Mobanije oder Ubanije erreichte, der von Grenfell im „Peace" bis zum Songo (4° 30' nördl. Br.) befahren und von ihm wie von Wauters für gleich mit dem Uëlle gehalten worden war, und darauf nach Bugsierung des Bootes durch die Stromschnellen den Fluß bis zum 22° östl. Länge hinauffuhr, wodurch er den Endpunkt von Junker vom 25. Februar 1883 fast erreichte. Hierdurch werden schon manche Nachteile der Mißwirtschaft einzelner Beamten ausgeglichen. B.

II.
Die verschiedenen Ansichten über die Zukunft des Kongofreistaates. — Widerlegung der absprechenden Urteile über denselben.

Von Karl von François.*)

Was die Zukunft des jungen Staates anlangt, so herrschen hier die verschiedensten Ansichten. Ich will dieselben nur kurz zusammenfassen.

„Das Personal des Staates ist faul und thut nicht seine

---

*) cf. die Erforschung des Tschuapa und Lulongo. Reisen in Central-Afrika von Karl von François. Mit 33 Abbildungen, 12 Kartenskizzen und 1 Übersichtskarte. Leipzig, Brockhaus 1888. Elftes Kapitel.

Pflicht.*) Von gegenseitiger Unterstützung ist keine Rede, Belgier und Engländer werden bevorzugt. Ausbeute wird nie lohnen. Ansiedler vertragen das Klima nicht. Der Boden der Küstengegend ist ganz unfruchtbar, es kostet sogar Mühe einheimische Gemüse aufzuziehen. Produkte aus dem fruchtbaren Binnenlande heranzubringen lohnt, der Transportschwierigkeiten wegen nicht. Der Bau einer Bahn zur Umgehung der untern Stromschnellen oder gar die Anlage eines Kanals werden damit hinfällig. Das ganze ist ein Unsinn."

In dieser Weise werden eine Reihe herber, absprechender Urteile vorgebracht, die aber ebenso viele entkräftende Antworten erfahren.

Daß das Personal faul und pflichtvergessen sein soll, ist eine übertriebene Verallgemeinerung aus dem Gebahren einzelner Persönlichkeiten. Solche Persönlichkeiten finden sich überall in jedem Stande und in jedem Lande. Daß unter Widerwärtigkeiten und Strapazen die Zahl dieser Persönlichkeiten wächst, ist sehr erklärlich. Dieselbe Erfahrung macht man aber bei allen schwierigen Lebenslagen. Bei der Beurteilung des ganzen muß daher billigerweise diesem Umstande Rechnung getragen werden.

Die Kongoregierung verfährt mit großer Umsicht und Stanley hat großes geleistet.

An gegenseitiger Unterstützung fehlt es ohne Zweifel. Nichts ist aber schwieriger. Die Entfernungen, der Egoismus und Selbsterhaltungstrieb der einzelnen sind mächtige, schwer besiegbare Hindernisse. Auch darf nicht vergessen werden, daß die Leitung des Kongostaates von Brüssel ausgeht, und daß von dort bis Banana die Entfernung 10 380 km, von Banana bis Boma 95 km beträgt.

Der Telegraph geht bis Loanda, es braucht aber ein Telegramm von Boma über Gabun nach Brüssel mindestens zehn Tage. Doch das ist ein Faktor, mit welchem die Generaladministration rechnen kann und der deswegen nicht sehr ins Gewicht fällt.

---

*) Es sei hier bemerkt, daß der Lieutenant Warlomont in seinem hinterlassenen Tagebuche die Thätigkeit der Beamten in ähnlicher Weise schildert: „Die meisten europäischen Beamten sind Beutelschneider der geringsten Sorte; sie bereichern sich mit dem Golde des Kongostaates, ohne für Recht, Sicherheit und Gesundheit der Kongo-Agenten zu sorgen. Sie stecken den größten Teil des für Lieferungen empfangenen Geldes in die eigene Tasche und mit dem übrigen kaufen sie dann verdorbene Eßwaren u. s. w."

Störender aber sind die großen Entfernungen zwischen den einzelnen Stationen.

Matabi — Leopoldville . . . . 681 km
Leopoldville — Äquatorstation . . . 376 „
Äquatorstation — Bangala . . . . . 195 „
Bangala — Stanley-Fall . . . . . 834 „
Leopoldville — (Luebo) Wolfshafen 900 „

Von gegenseitiger persönlicher Unterstützung kann daher bei den oberen Stationen gar keine Rede sein. Das fühlt jeder Stationschef und deswegen denkt er hauptsächlich an die Sicherung der eigenen Station, auf der er monatelang aushalten muß ohne jede Hilfe von irgend woher. Worauf könnte sich nun die gegenseitige Unterstützung erstrecken? Darauf muß geantwortet werden: Auf die Überweisung von Vorräten an Tauschwerten, Lebensmitteln in den Fällen, wo eine Station Überfluß hat, und auf regelmäßige Beförderung des Nachschubes, an welchem es von Europa her nicht fehlt. Nun, das ist ebenfalls sehr schwierig und mit Recht beurteilt die Generaladministration die Tüchtigkeit des Stationschefs danach. Aber in dieser Hinsicht wird viel aus Gleichgültigkeit und Egoismus gesündigt. Auch für die Stationen könnte und würde vielfach mehr geschehen, wenn das Personal weniger häufig wechselte und homogener zusammengesetzt wäre. Manche Stationschefs sagen sich jetzt: Warum dich überflüssigerweise anstrengen? Lange bleibst du doch nicht. Wozu da erst viele Arbeit und Schererei machen. Was nachher kommt ist mir egal.

Daß solche Anschauungen mir als deutschem Offizier ganz besonders auffielen, die wir gewohnt sind, Stein auf Stein zum gemeinsamen Bau zu legen und jedem Kameraden ebenso vorzuarbeiten, als ob wir selbst die Früchte genießen sollten, war nur zu erklärlich. Diese Verhältnisse werden aber bestimmt besser werden, denn wie viel oder wenig jetzt gemacht werden mag, die Vorarbeiten sind überall gethan und etwas wird überall dabei geschaffen, die Stationen werden wohnlicher und gesunder und die Vorsteher werden länger bleiben. Mit den regelmäßigen Verbindungen wird die gegenseitige Unterstützung und das Gefühl der Zusammengehörigkeit wachsen.

Die Zusammensetzung des Personals aus Angehörigen verschiedener Nationen ist allerdings ein Übelstand. Europäer, die sieben verschiedene Sprachen sprechen, lassen sich nicht ohne Schwierigkeiten durch einen Gouverneur befehligen. Daß der Generaladministrator alle diejenigen Angestellten, welche seine Sprache reden, unwillkürlich vorzieht, ist ein naturgemäßes Ergebnis der Bequemlichkeit. Eine absichtliche Bevorzugung von Belgiern und Engländern, die sich in gegebenen Vorschriften aussprechen müßte, habe ich nicht gemerkt. Ob die Gehälter nach den Nationalitäten verschieden hoch bemessen werden, wie man dies häufig hört, weiß ich nicht. Ich weiß nur, daß alle Agenten des Staates jährlich 3000 Francs und die Handwerker 2000 Francs erhalten.

Was soll das nun heißen: „Die Ausbeute wird nie lohnen?" Warum soll die Ausbeute eines von etwa 20 Millionen Menschen bewohnten Gebietes und 60 000 Quadratmeilen Flächenausdehnung, worunter wenigstens ein Drittel fruchtbarsten Bodens, nicht lohnen? Irgend etwas muß doch in einem solchen Raume vorhanden sein, was mit Vorteil ausgenutzt werden kann. Es giebt doch keine bekannte Gegend der Erde, welche nicht mit einem Erzeugnisse die weitesten Reisen durch schwer passierbare Gegenden machen muß. Was für riesige Strecken durchmessen die Produkte Amerikas, Australiens und der Südsee, welche den europäischen Markt überschwemmen! Der chinesische Thee kommt auf dem denkbar schwierigsten, 15 000 km langen Landwege durch Wüsten, Hochgebirge, Steppen und Waldlandschaften, heiße und kalte Gegenden bis in die entlegensten Städte des russischen Reiches. Viel größer wie dort sind aber die Transportschwierigkeiten im Kongobecken nicht. Ja, wenn erst eine Eisenbahn die Katarakte des unteren Kongo umgeht, werden wenig Verkehrsschwierigkeiten vorhanden sein. Schon jetzt verlohnt der Transport von Elfenbein, Gummi und Kopal. Ein großer Teil des Gummi, der in Loanda verladen wird, kommt auf dem 1500 km langen Landwege aus dem Lande der Baluba, und der Handel findet dabei seine Rechnung.

Der Export würde außerdem noch folgende afrikanische Produkte liefern, sobald erst eine Bahn die untere Kataraktgegend umgeht. Es sind dies: Angolaholz, Ebenholz, Palmöl, Palmkerne, Orseille, Ricinussamen, Erdnüsse, Kolanüsse, Zucker, Wachs, Hippopotamuszähne und Felle. Das sind lauter vorhandene Produkte, die von den Eingeborenen meist schon gewonnen werden oder deren Einerntung leicht zu erreichen ist. Hierzu können durch Anpflanzungen noch treten: Reis, Kaffee, Gewürze, Tabak und Baumwolle.

Der ganze Abfall der inneren Hochebene, die Kataraktengegend bis zur Küste sollen unfruchtbar sein, nicht einmal einheimische Gemüse sollen fortkommen.

Ja, woher kommen dann die Mengen Warenballen, die man in allen Küstenorten von Kamerun bis Loanda aufgestapelt sieht? Zum Teil doch gewiß aus dem als unfruchtbar verschrieenen Küstengebiete. Und wenn sie weiter herkommen, würde dies dann nicht der beste Beweis dafür sein, daß ein Export aus dem Binnenlande lohnt?

Soweit ich dieses Binnenland bis jetzt kenne, das ist das Land zu Seiten einer etwa 4500 km langen Route, scheint mir dasselbe einer begünstigten Tropengegend anzugehören. Die Ergiebigkeit des Bodens ist allerdings verschieden. Am geringsten scheint er in Leopoldville und im Unterlaufe des Kongo zu sein, dagegen sind die Gegenden am mittleren Kassai, an dessen linken Nebenflüssen und dem Lulua vorwiegend fruchtbar und für Plantagenanlagen geeignet.

All diese Fruchtbarkeit würde aber nichts nützen, wenn das Klima dem europäischen Ansiedler es nicht erlaubte, Innerafrika für längere Zeit zu bewohnen. Das unterliegt keinem Zweifel, daß das afrikanische Klima für den Europäer Gefahren enthält. Die anhaltend hohe, feuchte Wärme, der häufige Verwesungsgeruch, die furchtbare Glut der Sonne an klaren, wolkenlosen Tagen können schädlich und gefährlich sein. Sie haben lähmende, kalte und schnell verlaufende, zersetzende oder auch schleichende Fieber im Gefolge. Zahllose Giftbacillen scheinen in der Luft zu schweben und verursachen ekelhafte Hautgeschwüre. Auch mit dem Wasser kann man Keime des Verderbens aufnehmen, scheußliche Magenblutegel oder Guineawürmer, die sich durch den ganzen Körper fressen und schließlich an irgend einer Stelle in Pestbeulen auseitern.

Doch genug von diesen Gefährlichkeiten. Es würde zu weit führen, wenn ich all die hunderterlei Gefahren aufzählen wollte, welche das Klima und die niederen Organismen dem Ansiedler bereiten. Es könnte auch danach scheinen, als ob ich die Bewohnbarkeit des inneren Afrikas bezweifelte. Ich bin aber weit davon entfernt. Nach meiner Ansicht kann der Europäer in Innerafrika ohne besonderen Nachteil für seine Gesundheit wohnen und sogar einige Stunden am Tage arbeiten.

In der Mehrzahl der Tage im Jahre ist der Himmel bedeckt, und dann ist die Temperatur sehr erträglich. Auch an den klaren, sonnenhellen Tagen ist es wohl möglich, früh von 5—8 Uhr und abends von 4½—6½ Uhr, also fünf Stunden zu arbeiten. Bewegung ist sogar ebenso nötig wie bei uns. Nur müssen alle Dinge noch sorgfältiger vermieden werden, welche wie bei uns die Gesundheit schädigen können: Zug, Erkältung und unbedeckter Aufenthalt in der Sonnenglut.

Wenn aber der Handel jetzt schon lohnt, wenn europäische Ansiedelung möglich, dann soll Innerafrika keine Zukunft haben, 20 000 Quadratmeilen ergiebigen Bodens sollten nicht im stande sein, eine Fülle von Produkten für den Weltmarkt zu liefern? 20 000 Quadratmeilen fruchtbaren Landes sollten nicht im stande sein, viele tausende von Plantagenbauern und ebenso viele Kaufleute reich zu machen?

Nun, ich bin der festen Ansicht, daß das ganze Kongounternehmen Erfolg haben wird, sobald eine Eisenbahn die Kataraktengegend des unteren Kongo umgeht. Das ganze ist eben kein Unsinn und kein Schwindel, sondern ein Kulturwerk von weittragender Bedeutung.

Notizen.

Der Gebrauch des Namens Damaraland auf den Landkarten statt Hereroland ist nicht zu rechtfertigen; richtig ist nur das von den deutschen Missionaren stets gebrauchte Wort Hereroland (s. S. 434). — Nach Fabri (Fünf Jahre d. Kolonialpolitik S. 58) ist der Name Nama (eigentlich Naman) und Namaland ausreichend und zutreffend, und die frühere Form Namaqua bezeichnet nur die männlichen Einwohner des Landes.

Der Name „Somali" und andere geographische Namen (zu S. 7 u. 419). — Burton und Hartmann geben zwar an, „Somali" sei der Singular, „Somal" der Plural, aber nach genaueren Untersuchungen (Kolon.-Polit. Korresp. 1887, Nr. 19) lautet der Singular „Somâl", der Plural „Sómal"; jedenfalls ist also der Gebrauch von „Somali" überhaupt zu verwerfen. Die verschiedenen Abteilungen des Wortes sind alle zweifelhaft: von So mali, d. h. Gehe, melke! (Haggenmacher), oder von Tumal, Schmied; Hildebrand sagt, somal bedeute „schwarz" in der Landessprache, aber in der Somalsprache heißt schwarz madou; nach Paulitschke vom arab. saumal,

b. h. tapfer, oder von somal, hohe Hügel, ꝛc. Die Somal selbst kennen den Namen nicht, und die Araber nennen das Land Bar Hajem. Zum Verständnis mancher geographischen Namen zwischen der ostafrikanischen Küste und den Seeen diene noch folgendes: In der Suahelisprache, einer Präfixsprache wie alle Bantusprachen, bedeutet Wa Volk, Bewohner, Wasuahili, die Bewohner des Suahililandes, Ki Sprache, also Kisuahili, die Sprache des Suahililandes; das Vorsetzen eines m bedeutet: Mann, Person aus einem bestimmten Volke, also Msuahili ein Suahili; u bedeutet Land, also Usagara das Land Sagara, Uniamesi das Land Niamesi.

Die Stationen und Expeditionen der Deutsch=ost= afrikanischen Gesellschaft (zu S. 58). — Die Deutsch=ostafri= kanische Gesellschaft hat in kaum fünf Jahren eine wahrhaft be= wundernswerte Thätigkeit entfaltet. Vom Dezember 1884 bis anfangs 1888 hat sie 17 Stationen, Faktoreien und Depôts an= gelegt; die wichtigsten sind: Zanzibar, Simathal, Kiora, Halule, Dunda, Madimola, Korogwe, Usaungula, Petershöhe, Bagamoyo, Tanganijko, Hohenzollernhafen, Masi, sowie nicht weniger als 18 Ex= peditionen ausgeführt, worunter 2 Kilima=Ndjaro= und 4 Somal= Expeditionen. — Der Gesamthandel zwischen Deutschland und Zan= zibar war in Ein= und Ausfuhr auf ca. 5 Millionen Mark gestiegen und wird mit der Wiederherstellung der Ruhe sich rasch heben.

Dazu kommen die Stationen der Ostafrikanischen Plantagen= Gesellschaft: Deutschenhof, Mbzini, Kburne, Manyanya. Dieselben waren fast alle im erfreulichsten Aufblühen begriffen, als der Auf= stand losbrach. Die dabei zerstörten Niederlassungen werden zuver= lässig im nächsten Jahre (1890) wieder hergestellt sein.

Die Kaffernsprache (zu S. 419). — Die Kaffernsprache er= setzt die Flexionen durch Präfixe und geht in der Wortbildung, resp. Begriffsentwickelung so weit, daß sie u. a. für die Personal= pronomina im Präsens, Perfektum und Futurum besondere Wörter hat: ich heißt dia im Präsens, da im Perfektum und do im Fu= turum. Das Präsens von ukubiza, rufen, lautet:

diabiza, ich rufe;	audiabiza, ich rufe nicht;
uabiza, du rufest;	akabiza, du rufest nicht;
eabiza, er ruft;	atibiza, er ruft nicht;
siabiza, wir rufen;	asibiza, wir rufen nicht;
neabiza, ihr rufet;	nosibiza, ihr rufet nicht;
piabiza, sie rufen;	pakabiza, sie rufen nicht.

Thompson fand merkwürdige Übereinstimmungen zwischen der Kaffernsprache und den Mundarten auf den Komoreninseln, Anjouan und Madagascar; andere weisen hin auf ethnographische Ähnlichkeiten zwischen den Tamulen in Süd=Hindostan, den Totta=Vebbahs (Autochthonen), den Arabern und den Eingeborenen von Madagascar, den Komoren und Seychellen. Barrow hebt die Ähnlichkeit der Kaffern und Araber (Beduinen) in Gestalt, Gesichtsbildung, Lebensweise, Gewohnheiten und Charaktereigenschaften besonders hervor.

Organisation des Kongostaates (zu S. 370—1). — Der Kongostaat steht unter einem Generaladministrator an der Spitze eines Exekutivkomitees, das aus dem Appellationsrichter und den Dienstdirektoren (den Direktoren der Justiz, der Finanzen und des Marine= und Transportdienstes) besteht. Der Staat zerfällt in Distrikte unter je einem Distriktscommissarius. Die Kongoflotte besteht heute aus 18 Dampfern (wovon 15 auf dem oberen Kongo). Die öffentliche Macht besteht aus 2000 Schwarzen mit 12 Kanonen und 2 Mitrailleusen unter dem Befehl belgischer Offiziere.

Klima und Bewohnbarkeit der Tropenländer.

Es darf nicht verschwiegen werden, daß zu allen Zeiten die Kaufleute, um die Konkurrenz abzuschrecken, sogenannte Handelslügen, das heißt abenteuerliche Schilderungen der entlegenen Gebiete ihrer Thätigkeit, namentlich übertriebene Darstellungen der Gefährlichkeit des tropischen Klimas verbreitet haben. Zöller, Kersten=Decken, Kirchhoff, Rohlfs, Hübbe=Schleiden u. v. a. Forschungsreisende heben dieses ausdrücklich hervor und erklären sich entschieden gegen die von Reisenden, welche nur einen winzigen Teil Afrikas gesehen haben, aufgestellte Behauptung, das tropische Afrika sei ungesund. „Hätte man", sagt G. Rohlfs in seiner vortrefflichen Schrift: „Zur Klimatologie und Hygiene Ostafrikas." Leipzig 1885. S. 14, „anstatt schlechtweg die heiße Zone ungesund zu nennen, mehr darauf gehalten, nach den lokalen Ursachen der Ungesundheit zu forschen, und wäre nach Auffindung derselben darauf bedacht gewesen, sie zu entfernen, zu heben und zu zerstören, so würde man sich ein viel größeres Verdienst um die Menschheit erworben haben, als jene zu erhalten meinen, die die Welt erschrecken wollen mit dem so unmotivierten, wie unbewiesenen Rufe: Die Tropen sind ungesund, die Indogermanen können dort nicht leben! Das sind Schlagworte, die wir gar nicht mehr gelten lassen dürfen." — Die durchaus ungeeignete Lebensweise der Engländer, des Haupthandels=

volkes in den Tropen, hat wohl am meisten zur weiten Verbreitung dieses Schlagwortes beigetragen; aber die Hamburger und Bremer Kaufherren lassen sich nicht dadurch abschrecken, jahraus, jahrein 250—300 Faktoristen in Äquatorial-Afrika zu beschäftigen und guten Gewinn einzustreichen. [Nach Ad. Burdo (Niger et Bénué, P. 1880) machen die Kaufleute am Niger 52 Prozent!]

Von den neuesten Schriften über das afrikanische Klima heben wir hervor: „Gustav Leipoldt. Die Leiden des Europäers im afrikanischen Tropenklima und die Mittel zu deren Abwehr. Ein Beitrag zur Förderung der deutschen Kolonisationsbestrebungen. Leipzig 1887."

Durch längeren Aufenthalt im tropischen Afrika und ausgedehnte Kenntnisse dazu befähigt, schrieb Hermann Soyaur sein für viele koloniale Fragen maßgebendes Werk: „Deutsche Arbeit in Afrika. Erfahrungen und Betrachtungen. Leipzig, Brockhaus. 1888", worin u. a. Das Klima unserer Kolonieen. — Die Pflanzung. — Versuchs- pflanzungen. — Die Erziehung afrikanischer Eingeborener. — Pro- dukte der Gegenwart und Zukunft. — Die koloniale Erziehung unseres Volkes — eingehend besprochen werden.

Inhalt.

                                                             Seite

Vorwort III

Zur Übersicht der deutschen Kolonieen in Afrika.

Togoland.
Heutige Ausdehnung und Zustände. — Ziele und Aufgaben der Kolonieen IX

Kamerun.
Heutige Zustände. — Die letzten Forschungsreisen. — Die Ergebnisse von Kunds Expedition, entscheidend für die Zukunft der Kolonieen. — Notwendige Rectifizierung der Grenzen. — Zustand der evang. Missionen XII

Südwestafrika.
Ursachen der Rückschritte und Gefährdung der Kolonie. — Die Notwendigkeit und die Mittel der Wiederherstellung der deutschen Reichsautorität. — Der jetzt festgestellte Goldreichtum. — Plan einer erfolgreichen Expedition XVIII

Deutsch-Ostafrika XXIII

Das deutsche Ostafrika.

Einleitung.
Umfang nach der Vereinbarung mit England. — Beschaffenheit und vielversprechende Zukunft des Landes 1

Bilder aus Deutsch-Ostafrika.
1. Die Landschaften Useguha, Nguru und Usagara 8
2. Die Hochebene von Ugogo und deren Bewohner 12
3. Ein Urwald im Dschagga-Lande. Charakteristik der Bewohner des Landes 14
4. Das Felsenlabyrinth Teita und die Waldfestung Taweta am Kilima-Ndjaro 16
5. Moschi am Kilima-Ndjaro. Ein ostafrikanisches Landschaftsbild . 20
6. Das Binnenmeer Tanganyika 22
7. Zusammentreffen Stanleys mit Livingstone am Tanganyika-See . 26
8. Unter den wilden Massai in Deutsch-Ostafrika 30
9. Die ostafrikanischen Karawanen 35
10. Leben und Treiben in einem ostafrikanischen Dorfe 40
11. Charakter der Ostafrikaner 44

Deutsch-Wituland.
  Schilderung von Land und Leuten 50
  Die Suaheli.
    Die Suaheli-Sprache. — Charakteristik des Suaheli-Negers. —
    Der Ackerbau. — Bodenprodukte und Ausfuhr 55
Die Niam-Niam und Monbuttu 59
Die Entdeckung des Albert-N'nyanza-Sees.
  Einleitung. — Die Vorkämpfer der britischen Weltmacht. — Samuel
  White Baker und seine Gattin; ein Bild ihrer Thätigkeit. — Wie
  Baker mit seiner heldenmütigen Gattin die entsetzlichsten Mühselig-
  keiten und Gefahren überwindet und bis zum Albert N'nyanza vordringt 64
Bilder aus Mombassa und Feretown an der Ostküste Afrikas . . 82
Die Gallaländer.
  Produkte, Klima, beste Lebensweise der Europäer 86
Die Somal an der Ostspitze Afrikas.
  Nach Burton, Haggenmacher und Klaus von Auberten 90
  Ein Palawer bei den Somal 100
Die Stadt Harrar, das Paradies im Osthorn Afrikas 102
Lebensweise und Krankheiten in Ostafrika.
  Unnötige Furcht. — Wirksamste Diät für Europäer. — Örtliche Ein-
  flüsse. — Gesunde Orte. — Neueste Erfahrungen. — Klima im
  Somallande 106
Das Reich Schoa und dessen Bewohner.
  Grenzen. — Das Heer. — Der König. — Das Christentum der
  Schoauer. — Litteratur. — Entsetzlicher Aberglaube und sittliche
  Versumpfung 122
Der abessinische Badeort Wansaga 125
Massuah.
  Charakter und Lebensweise der Bewohner. — Klima. — Handels-
  gewohnheiten der Abessinier. — Vorzüge der Mohammedaner . . 126
Abessinische Kriegsbilder.
  I. Gründonnerstag 1868 in Magdala. — Anrücken der Engländer.
     — Niedermetzelung der Gefangenen 132
  II. Die Schlacht am Charfreitag. — Sieg der Engländer. — Ver-
     zweiflung des Königs. — Sein Selbstmord 134
Äthiopische Bilder.
  Die Landschaften. — Meine Abende am Nil. — Selbsterlebte arabische Nächte. — Charakter der arabischen Märchen. — Die Geschichte von der Sultanin Zubeydeh und dem Holzhauer 140
Scenen aus dem Volksleben in Ägypten.
  1. Ein Tag und eine Nacht in Kairo 154
  2. Eine arabische Schenke. — Die heulenden Derwische . . . 171
  3. Eine ägyptische Elementarschule 173
  4. Gebet eines mohammedanischen Knaben 176
  5. Der Ramadan-Taumel. Scenen aus dem mohammedanischen Leben 177
  6. Die Krokodilengrotte zu Maabdeh 181
  7. In der Moschee 187

Inhalt.

Arabische Erzählungen.
   1. Ibrahims Gottvertrauen 194
   2. Schwierige Wahl 197
Das Klima von Ägypten 198
Mohammedanische Lebensbilder aus Algerien.
   1. Das Ait ol Kebsch oder Hammelfest 200
   2. Das Begräbnis eines Marabut 201
   3. Das Verhältnis der Eingeborenen zu der christlichen Einwanderung 203
   4. Straßenbilder aus Tlemcen 205
Bilder aus der Sahara.
   1. Die Wüstenaraber und die Karawane. — Am Brunnen . . . 213
   2. Eine arabische Erzählung. — Sprichwörter 216
Der arabische Adel in der Wüste 218
Die Bevölkerung Marokkos (1884).
   I. Gährung in der mohammedanischen Welt. — Die Bevölkerung Marokkos. — Die Auwasah. — Die Landessprachen. — Fanatismus der Marokkaner 226
   II. Die Bewohner des Rif 231
Bilder marokkanischen Aberglaubens.
   1. Der rettende Wahn 233
   2. Die bezauberte Turmuhr 234
Kulturfeindlichkeit des Mohammedanismus.
   1. Die marokkanische Frage. — Der Mohammedanismus fremd und feindlich der Kultur und ohne Vaterlandsgefühl 236
   2. Islam und Afrikaforschung 237
Berber und Araber in Marokko.
   Gegensätze ihrer Charaktereigenschaften und Lebensweise 243
Die Westküste von Afrika.
   Die Küste von Goree bis zum Alt-Kalabar-Strom. — Schilderung von Dule-Town. — Der Negerkönig. — Die Eingeborenen . . 245
Die Kruneger 252
Das Klima in Senegambien.
   Ein Tag während der Regenzeit am Senegal 258
Bilder von der Goldküste.
   1. Anblick der Goldküste vom Meere aus. — Die Wälder. — Fischerflotten. — Cape-Coast-Castle 261
   2. Die Neger der Goldküste 265
   3. Ein Fetischhaus auf der Goldküste 282
Das unbekannte Land zwischen der Goldküste und dem oberen Niger.
   Neue Route durch die große Wüste zwischen den Flüssen Afra und Volta. — Das Elefantenparadies. — Die Stadt Karatye und der Fetisch Odente. — Baggansso am Volta. — Die große Handels- und Fetischstadt Salaga. — Der Missionar Buß in Karatye und Salaga. — Kommerzielle Wichtigkeit der neuen Route 284
Abeokuta.
   Bild einer sieben Jahre lang sich selbst überlassenen Christengemeinde in einer westafrikanischen Stadt 297

Deutsch-Äquatorial-Afrika.

Togoland.
Notwendigkeit des Reichsschutzes in Westafrika. — Umfang des Togolandes (1887). — Beschreibung der Küste und des Binnenlandes. — Die Hauptortschaften. — Ein afrikanischer Nero. — Kulturzustände ... 304

Eine Faktorei im tropischen Westafrika.
Bau und Aussehen einer Faktorei. — Lebensgewohnheiten und tägliche Arbeiten. — Die Kruneger, ihre Sitten und Sprache. — Haushalt der Weißen ... 310

Bilder aus der Kolonie am Kamerun.
I. Umfang und Wichtigkeit Kameruns. — E. R. Flegel. Seine Vorbereitungen zu Forschungsreisen. — Die Frage der Gesundheitsstationen (Sanatorien). — Schilderung der großartigen Natur Kameruns. — Kamerun und das Benuegebiet nach Flegel und Brix Förster ... 315
II. Die Ersteigung des Götterberges ... 322
III. Kamerun und die Küste bis Kap St. John. — Bodenbeschaffenheit. — Bewohner. — Die Küste südlich von Kamerun ... 327
IV. Kulturbilder aus den Anfängen der Kamerunmission. — Greuel des Heidentums. — Der Missionar Saker; seine heldenmütige Ausdauer und Wirksamkeit. — Wie er die Duallasprache lernt. — Verfolgungen ... 330
V. Die Negervölker am Kamerun ... 334
VI. Ein Bild westafrikanischer Justizpflege ... 344
VII. Der Geheimbund des Egboe-Ordens unter den Negern in Alt-Kalabar ... 348
VIII. Klima und Gesundheitsverhältnisse der Kolonie Kamerun.
  1. Die Vorzüge ... 351
  2. Die wirklichen Gefahren ... 353

Fernando Po.
Der Clarence-Pik, dem Kamerun gegenüber. — Die spanische Stadt Isabel. — Tropische Scenerieen. — Die Bevölkerung ... 354

Am Benue ... 360

Der Kongostaat.
I. Umfang des Kongostaates. — Ergebnisse deutscher Durchforschungen des Landes. — Das eigentliche Königreich Kongo. — Die eingeborenen Könige und Hauptleute. — Die internationale Gesellschaft ... 367
II. Charakteristik der Bevölkerung. — Die Neger am unteren Kongo ... 373
III. Die Negerkönigreiche am unteren Kongo ... 379

Mussumba.
Ein Städtebild aus dem Lunda-Reiche im Süden des Kongostaates ... 385

Dondo, ein Fiebernest in Angola ... 388

Kurzer Blick auf die Geschichte der schwarzen Rasse ... 392
Die Kulturbefähigung der Neger ... 394

Geistige Erzeugnisse und Geistesverfassung der Neger.
Sprichwörter und Rätsel. — Zwei Betschuanenmärchen. — Kulturfeindlicher Einfluß der arabischen Märchen. — Charakteristische Gespräche: Burton und der Neger ohne Zahlensinn. Mit dem Obmanne der Eseltreiber. Der mohammedanische Glaubenseiferer und der skeptische Neger. Der Missionar und sein Schüler 398
  I. Kammapa und Litaolane 400
 II. Der kleine Hase 402

Die afrikanischen Sprachen.
Die Riesenarbeit von Robert Needham Cust über die afrikanischen Sprachen. — Einteilung in sechs große Gruppen. — Segen der Missionen. — Verschiedenartige Abstammung der Negersprachen. — Charakteristisches über einige Negersprachen. — Die Sabir-Sprache als lingua franca. — Das Kreolische auf der Insel Mauritius. — Formenreichtum und Schönheit afrikanischer Sprachen. — Die merkwürdigen Probleme der Hottentotten-Sprache 411

Deutsch-Südwestafrika.

  I. Erwerbung des ersten deutschen Kolonialgebiets. — Grenzen und Umfang von Deutsch-Südwestafrika. — Zuverlässigkeit der Nachrichten und Untersuchungen über dessen Kulturwert 423
 II. Die Bedeutung der südwestafrikanischen Küste 427
III. Kulturwert von Deutsch-Südwestafrika.
Ergebnis der Untersuchungen der Forscher, Ingenieure und Missionare. — Ovamboland, Kaoofeld, Nama- und Hereroland. — Fisch- und Viehreichtum 431

Die Eingeborenen von Deutsch-Südwestafrika.
Die Herero oder Damara.
  I. Der Volksnamen. — Die Herero als leidenschaftliche Viehzüchter. — Die Bergdamara und ihr Treiben 434
 II. Religiöse Vorstellungen. — Ihre merkwürdigen abergläubischen Meinungen und Gebräuche. — Ihre Hütten. — Putz, Gesänge und Musik. — Eigentümlichkeiten der Damara-Sprache. — Aussprache von R und L. — Ortssinn und charakteristische Denkweise der Damara 436
III. Geistige Fähigkeiten der südafrikanischen Eingeborenen, besonders der Herero 441
IV. Die Herero als Heiden und Christen.
Vergleich der gegenwärtigen Zustände einer Heiden- und Christenwelt. — Praktischer Beweis der segensreichen Kulturarbeit der Missionare 446

Bilder aus Groß-Nama-Land.
  I. Der Hauptort Bethanien. — Klima. — Charakter, Lebensweise, Religion der Hottentotten. — Staatliche Einrichtungen . . . 449
 II. Charakteristische Scenen von der Missionsstation Bethanien . . 453
III. Charakteristisches über die Nama-Thoi-thoin 456

Land und Volk der Kalahari, des weiteren Hinterlandes von Angra Pequena.
Bodenbeschaffenheit und Pflanzenwuchs, geeignet zu bedeutender Schafzucht. — Straußenparks-Anlagen. — Erster Anblick der eingeborenen Bevölkerung 460

Inhalt.

	Seite
Die Ovambos in Deutsch-Südafrika	463
Die Buren im Oranje-Freistaat.	
Äußeres. — Wohnung. — Hausleben. — Gastfreundschaft. — Brautwerbung. — Grobheiten. — Religiöses Leben	468
Engländer und Buren	475
Bilder aus dem Leben der Buren.	
Der Boer als Hausdoktor.	
Die Hausapotheke im Blechkasten. — Merkwürdige Kurmethode. — Der Bien muß	480
Völkerverschiebungen in Südafrika seit Gründung der Kolonie und Veränderungen der Hottentotten an Gestalt und Sitte durch Einfluß der Weißen	482
Die Buschleute oder Saan	487
Ein Vehmgericht bei den Kaffern	495
Arbeit mit Hindernissen oder ein Tag eines Kaffern-Missionars	500

Anhang.

Station Bismarcksburg im Togolande.	
Marsch der Expedition Wolf. — Die Landschaften zwischen der Küste und Abell. — Der Fetischkultus in Abell. — Wert medizinischer Kenntnisse. — Sehr günstige Aussichten der Kolonie. — Die gangbarsten Einfuhrartikel	504
Der Schulmeister in Kamerun.	
Ein Kulturbild aus der deutschen Kolonie	513
Der Kongostaat.	
1. Aussichten des Kongostaates. Nach Wißmann und de Brazza	517
2. Die verschiedenen Ansichten über die Zukunft des Kongostaates. — Widerlegung der absprechenden Urteile über denselben. Von Karl von François	522
Notizen.	
Die Namen Damaraland, Hereroland, Nama, Namaqua	527
Der Name Somali, Somal und andere geographische Namen in Ostafrika	528
Die Stationen der deutsch-ostafrikanischen Gesellschaft und der Plantagen-Gesellschaft	528
Die Kaffernsprache	528
Organisation des Kongostaates	529
Klima und Bewohnbarkeit der Tropenländer	529

Druck von G. Bernstein in Berlin.

www.ingramcontent.com/pod-product-compliance
Lightning Source LLC
Chambersburg PA
CBHW031939290426
44108CB00011B/615